애플 인 차이나

APPLE IN CHINA
The Capture of the World's Greatest Company

Copyright © 2025 by Patrick McGee
All rights reserved.

Korean translation copyright © 2025 by Influential, Inc.
Korean edition is published by arrangement with
Scribner, an Imprint of Simon & Schuster, LLC
through KCC(Korea Copyright Center Inc.).

이 책의 한국어판 저작권은 ㈜한국저작권센터(KCC)를 통해
저작권자와 독점 계약한 ㈜인플루엔셜에 있습니다.
저작권법에 의해 국내에서 보호를 받는 저작물이므로 무단 전재와 복제를 금합니다.

애플 인 차이나

중국에 포획된 애플과 기술패권의 미래

APPLE IN CHINA

패트릭 맥기 지음
이준걸 옮김

인 플 루 엔 설

이 책에 쏟아진 찬사

2025년 8월 도널드 트럼프 대통령을 만난 애플 CEO 팀 쿡은 미국에서 더 많은 제품을 생산하겠다는 의지를 담아 특별한 선물을 건넸다. 세계 최고 기업의 CEO는 어째서 세계 최강국의 대통령에게 선물을 바쳤을까?

1996년 애플은 파산 위기 속에서 효율적인 제조와 운영이 가능한 중국을 최적의 파트너로 선택했다. 그러나 제품의 90퍼센트가 중국에서 생산되고 중국 시장 의존도가 높아지면서 애플은 완벽하게 포획되었다. 약 20년에 걸친 이 과정 속에서 애플의 기술과 자금을 통해 최고 수준의 제조업 근로자 3000만 명이 중국에서 탄생했다. 애플의 기술 유출로 성장한 중국의 빅테크기업들은 이제 애플과 삼성의 경쟁자가 되어 글로벌 시장점유율을 높여가고 있다.

《애플 인 차이나》는 미중 충돌의 결정적 계기와 트럼프 정부의 애플 압박에 대한 근본적인 이유를 묻는다. 중국은 어떻게 제조 강국이 되었고, 애플은 어쩌다 중국에 모든 것을 의존하게 되었을까? 이 책은 애플이 중국에 포획되어 미중 충돌의 한복판에 놓이게 된 과정을 낱낱이 폭로한다.

애플은 과연 중국에서 벗어날 수 있을 것인가? 중국은 이를 어떻게 가로막을 것이며, 또 미국의 다음 수는 무엇인가? 기술패권 시대의 향방을 가를 질문들 속에서 저자의 시선을 따라가다 보면, 우리가 나아가야 할 방향에 대한 깊은 통찰을 얻게 될 것이다.

— 박종훈 | 지식경제연구소 소장, 《세계 경제 지각 변동》 저자

2018년 사용자 프라이버시를 신념처럼 외치던 애플은 원칙을 깨고 중국 사용자의 아이클라우드 데이터를 국영 서버로 이전하는 결정을 내렸다. 전 세계를 상대로 개인정보 보호의 중요성을 역설하던 팀 쿡의 모순적 행동을 목도하던 순간이었다. 트럼프 행정부의 계속된 압박에도 핵심 제품의 생산라인을 중국에 유지한 애플. 과연 애플은 중국과 어떤 관계이길래 이토록 중국에 수동적인 것일까?

《월스트리트저널》과《파이낸셜타임스》에서 금융과 테크산업의 이면을 파헤친 베테랑 기자 패트릭 맥기의 책은 '혁신의 아이콘'이라는 가면 뒤에 숨겨진 애플의 민낯을 정면으로 드러낸다. 세계 최고라 자부하던 애플의 철통 보안 공급망마저 중국의 집요한 기술 탈취 앞에 속수무책이었음을 암시하는 대목은 충격적이기까지 하다. '협력'이라는 미명하에 이루어진 애플과 중국의 복잡하고도 위험한 공생을 낱낱이 고발하고, 미중 기술패권 전쟁의 최전선에서 애플이 마주한 현실을 담아낸 이 책은 첨단 테크기업들을 위한 통찰력 있는 필독서가 될 것이다.

— 김지윤 | 정치학 박사, 〈김지윤의 지식Play〉 운영자

중국의 개혁개방 속에서 삼성전자의 휴대전화 공장과 한국 협력사들의 공장은 대륙에서 사라졌다. 대신 아이폰과 아이패드를 생산하는 폭스콘, 페가트론 등의 대만 기업이 그 자리를 차지했다. 애플의 강도 높은 품질 관리 속에 중국 제조업체들의 기술 경쟁력은 이미 세계적인 수준에 올랐다. 이러한 기술력은 화웨이, 샤오미, 오포, 비보 등 중국 기업들의 경쟁력 상승에 크게 이바지했고, 이제 애플과 삼성전자를 위협하고 있다.

왜 애플처럼 세계적인 품질과 브랜드 선호도를 자랑하는 기업이 공급망을 다변화하지 않고, 정부의 영향력이 큰 중국에 전적으로 의존하는 걸까? 이 책은 그 이유를 명쾌히 설명하면서, 무역 분쟁으로 미국이 제조업 재건을 강조하는 오늘날 우리에게 필요한 통찰을 건넨다. 제조업에 종사하는 사람뿐 아니라 다양한 시장 참여자 모두에게 강력히 추천한다.

—노근창 | 현대차증권 리서치센터 센터장

글로벌 공급망의 복잡성과 이를 중국과 분리하는 일의 어려움을 보여주는 훌륭한 작업. 초점은 애플에 맞춰져 있지만, 그 통찰은 다른 기업들에도 적용할 만하다.

—스콧 케네디 | 전략국제문제연구소(CSIS) 선임고문

《애플 인 차이나》는 애플이 어떻게 미국의 미래를 희생시키면서까지 중국의 부상을 가능하게 했는지 보여준다. 독자들은 세계에서 가장 높은 수익성을 자랑하는 기업이 세계에서 가장 강력한 독재자에게 허를 찔리는 모습을 목격하게 된다. 패트릭 맥기는 애플이 거의 모든 첨단 제조시설을 중국의 손아귀에 두어 비용을 절감하려 한 결정 탓에 자유를 잃어버린 과정을 생생히 그려낸다. 깊이 있는 조사로 집필된, 충격적이면서도 깨달음을 주는 책이다.

―크리스 밀러│터프츠대학교 교수, 《칩 워》 저자

설득력 있는 폭로. 이 책이 파괴적이고도 명확하게 드러내듯, 애플이 자사 제품의 약 90퍼센트를 중국에서 생산하기로 한 결정은 자기 자신뿐 아니라 미국에도 실존적 취약성을 초래했다. 중국의 기술력이 미국의 혁신을 앞지를 수 있는 여건이 마련되었다.

―《뉴욕타임스》

지금 읽기에 이토록 시의적절한 책이라니! 글로벌 공급망의 복잡성을 탁월하게 설명한다. 애플이 어떻게 중국과 불가분의 관계를 맺게 되었고, 국제무역의 분열이 세계에서 가장 가치 있는 기업 중 하나인 애플에 어떤 의미를 지니는지 탁월하게 묘사한다.

―《이코노미스트》

애플과 중국의 파우스트적 거래에 관한 이야기를 대담하고 생생한 필치로 써 내려간다. 애플과 중국의 진정한 운영 방식을 다룬 유익한 가이드로, 세계 각국의 정책 결정자(그리고 실리콘밸리의 거물)들이 주목해야 할 책이다. 저자는 공급망 구축 과정이 극적으로 느껴지고, 사출성형 공정이 매력적으로 다가오도록 서술하는 데 성공했다.

—《포린폴리시》

혁신적인 제품 디자인을 둘러싼 장대한 서사, 전설적인 경영자들의 화려한 초상을 통해 글로벌 공급망이라는 무미건조한 주제를 매혹적으로 그려낸다. 글로벌 자본주의가 어떻게 중국을 정복했는지 그리고 그 반대의 일이 어떻게 벌어졌는지에 대한 흥미로운 분석으로 가득하다.

—《퍼블리셔스위클리》

수십 년에 걸친 대중 투자로 눈부신 성공을 거둔 거대 컴퓨터기업과 기술 강국으로 부상하게 된 중국을 둘러싼 흥미진진한 이야기.

—《뉴욕포스트》

돌이켜보면 지난 세계화의 시대는 애플의 시대였음을 알려주는 책. 꼼꼼하기 그지없다.

—《뉴요커》

세계에서 가장 부유하고 영향력 있는 기업인 애플을 비롯한 빅테크산업이 국가만큼이나 막강한 권력을 행사한다는 것은 의심할 여지가 없다. 하지만 잘 알려지지 않은 사실은, 중국이 경제적·정치적 목적을 위해 이러한 기업들을 조종하고 있다는 점이다. 이 엄청나게 중요한 책은 애플이 중국에서 부와 권력을 추구할수록 자기 자신은 물론이고, 미국의 기술패권마저도 결국 파멸시킬 수 있음을 보여준다.
—라나 포루하 | 《파이낸셜타임스》 부편집장, 《메이커스 앤드 테이커스》 저자

애플은 세계 최고의 기업 그 이상의 의미를 지닌다. 즉 애플은 세계화의 필수적인 존재다. 저자는 애플의 장대한 역사를 서술할 뿐 아니라, 세계 최대 비자유주의 국가인 중국에 어떻게 장악당하게 되었는지를 설명한다. 단순히 손에서 놓을 수 없는, 흡입력 강한 작품이라고만 표현하는 것은 이 책의 중요성을 오히려 축소하는 일이다. 한 세대에 한 번 나올까 말까 한 필독서다.
—로버트 D. 카플란 | 국제문제 전문 저널리스트, 《지리의 복수》 저자

단연코 매혹적인 책. 탁월한 필치로 풀어낸 이 비범한 이야기는 애플과 테크 산업 그리고 지리경제학에 중대한 함의를 가지고 있다.
—피터 프랭코판 | 옥스퍼드대학교 교수, 《실크로드 세계사》 저자

나의 가족에게

한국어판 서문

한국은 어쩌면 가능했을지 모를 또 다른 역사적 경로, 즉 중국의 기술력이 민주적 통치와 함께 발전했다면 가능했을 대안적 경로를 보여주는 나라다. 바꿔 말해 혁신이 권위주의적 통제에 주권을 내어주지 않고도 꽃필 수 있었던 세계를 상징한다.

한국의 독자들에게 이 책의 초반부는 특히 공감을 불러일으킬 것이다. 경상북도 구미에서 LG가 최초의 반투명 아이맥을 생산한 뒤 멕시코와 웨일스로 생산을 확대한 이야기가 담겨 있기 때문이다. 그 파트너십은 애플이 세 개 대륙에 걸쳐 탄력적인 공급망을 구축할 수 있었던, 그러나 선택하지 않았던 길을 나타낸다. 한국 기업들이 체득한, 공급망을 어느 한 국가에 의존하지 않아야 한다는 교훈을 애플이 배웠더라면, 이 책은 전혀 다른 이야기를 전했을 것이다.

불행하게도 LG와 관계가 틀어지면서 애플은 폭스콘과 중국의 산업 클러스터로 발길을 돌리게 되었고, 이는 사실상 되돌릴 수 없는 선택이 되었다. 이 결정은 애플에 막대한 부를 안겨주었지만, 동시에 기술력과 경험의 측면에서 미국의 최대 경쟁국을 한껏 무장시키는 결과를 초래했다.

한국의 이야기는 그 자체로 내 관점에 대한 가장 설득력 있는 반론이다. 애플은 중국의 국가 주도형 자본주의에 얽혀 들어갔지만, 삼성은 전혀 다른 길을 개척했다. 오늘날 삼성은 아르헨티나부터 베트남까지 6개국에 걸쳐 스마트폰을 생산하고 있는데, 이로써 위험한 의존이 아닌 탄력적인 공급망을 형성했다. 이러한 지리적 다변화는 전략적 통찰을 반영한다. 아무리 효율적이라고 해도 단 하나의 권위주의적 파트너가 기업의 생존을 좌우하게 돼서는 안 된다는 것이다.

애플의 대중 전략을 이해한다는 것은 삼성의 최대 경쟁자를 이해한다는 뜻이기도 하다. 애플의 막대한 대중 투자는 세계적 수준의 산업 클러스터를 형성했고, 삼성의 지배력을 위협하고 있다. 진짜 위험은 애플이 삼성을 추월하는 것이 아니라, 애플이 구축한 공급망을 발판 삼아 성장한 중국의 경쟁자들이 삼성을 위협한다는 점이다. 실제로 이 위협은 중국에서 현실이 되었다. 삼성의 중국 시장점유율은 2013년 약 20퍼센트에서 2019년 1퍼센트 이하로 급락했다. 그사이에 중국 기업들이 무섭게 치고 올라왔다.

한국이 겪은 사드THAAD 사태는 애플이 처한 곤경을 바라볼 또 하나의 관점을 제공한다. 한국은 정치적 이해가 엇갈릴 때 중국과의 경제적 통합이 어떻게 경제적 강압으로 변하는지를 몸소 경험했다. 그러나 여기에도 차이점은 존재한다. 한국은 대안을 유지했지만, 애플은 그러지 못했다.

《애플 인 차이나》는 세계에서 가장 상징적인 기업이 중국과 계속해서 밀접한 관계를 유지할 수 있는지를 묻는다. 사업적 유대는 끊기 어려워 보이지만, 정치적 관계는 지속 가능하지 않다. 한국의 독자들에게 이 질문은 단지 경쟁자를 이해하는 데 그치지 않을 것이다. 이 책을 통해 민주적 통치, 전략적 다변화, 기술적 자립이라는 한국의 선택이 어떻게 21세기의 국가 간, 기업 간 경쟁에서 더 지속 가능한 모델을 만들어냈는지 되새겨보길 바란다. 경제적 의존이 곧 정치적 취약성으로 이어지는 시대에 한국이 걸어온 길은 앞으로 나아갈 수 있는 또 다른 길을 보여줄 것이다.

2025년 8월
패트릭 맥기

유럽은 오랫동안 잊혔거나 소홀히 여겨졌던 고대 그리스·로마의 유산에, 이른바 야만인들이 들여온 기술과 동방의 더 발전된 문화에서 획득한 기술을 더함으로써, 14세기까지, 확실히는 15세기까지 지식과 기술의 체계를 발전시키는 데 성공했다. 이처럼 축적된 지식과 기술로 그들의 스승을 훨씬 능가했으며 결정적 힘의 우위를 움켜쥘 수 있었다. 이를 바탕으로 무기력한 희생자에서 전 세계적인 침략자로, 마땅한 상품이 없어 노예를 수출해 무역수지를 맞춰야 했던 가난한 변방에서 부유한 생산기지로 변모하게 되었다.*

―데이비드 랜즈, 하버드대학교 경제사학자

강력한 제조업 없이는 국가도 민족도 존재할 수 없다.
─중국 정부가 2015년 발표한 '중국제조 2025' 중에서

프롤로그 ─── **비교할 수 없는 오만함**

　　　　　　시진핑習近平은 세계 최대의 빅테크기업에 과거와는 다른 질서가 시작되었음을 알리는 데 주저하지 않았다. 2013년 3월 15일, 그가 중국의 신임 주석으로 공식 취임한 바로 다음 날 중국의 국영방송 CCTV는 〈소비자의 날〉이라는 프로그램을 방영했다. 1991년부터 방영된 이 프로그램은 수백만 명이 시청하는데, 주로 고객을 부당하게 대우한 기업들을 비판한다. 1990년대에는 중국 기업들이 가혹한 비판의 대상이었는데, 2000년대 들어서는 외국 기업들이 철저한 감시를 받기 시작했다. 2012년 맥도날드와 프랑스의 식료품 유통업체 까르푸가 식품위생 문제로 지적받았다. 그리고 2013년에 표적이 된 것은 애플이었다. CCTV는 애플이 중국 소비자들을 차별적으로 대우했다고 비판했다. 해외에서는 고장 난 아이폰을 새 제품으로 교체해주면서 중국에서는 재생 부품으로 수리해준다는 것이었다.

　　캘리포니아주 쿠퍼티노의 애플 본사는 이러한 비난에 당혹감을 감추지 못했다. 처음에는 걱정보다 혼란스러움이 앞섰다. 단순한 오해라고 생각했다. 애플의 품질보증정책은 중국이든 캐나다든 거의 동일하게 적용되고 있었기 때문이다. 하지만 그저 품질보증정책 때문이라기에는 보도 내용이 너무나 심각했다. 아이폰 제조사인 애플은 여느 기업과 마찬가지로 감정을 배제한 채 사실관계를 바로잡는 방식으로 대응했다. 중국에서의 품질보증정책은 "미국 및 전 세계와 대체로 동일하다"라고 해명했다. 나아가 애플은 "비교할 수 없는 사용자 경험"을 제공하고 있다는 점도 강조했다.

중국의 지대한 역할

하지만 이는 명백한 오판이었다. 쿠퍼티노는 중국 정부가 지원하는 언론이 애플을 겨냥해 수 주 동안 벌인 조직적 공세에 곧바로 직면하게 되었다. 어떤 신문은 애플을 "부정직하다"라고 비난하며 고객 서비스 수준이 형편없다고 지적했다. 중국 품질기술감독국은 애플이 품질보증정책을 개선하지 않을 경우 "심각한 결과"를 초래할 것이라고 경고했다. 중국 정부를 대변하는 《인민일보》는 1면 사설을 통해 애플의 "공허하고 자기 찬양에 불과한" 입장문을 질타했다. 수백만 명의 중국인이 〈애플의 '비교할 수 없는' 오만함을 타도하자〉라는 제목의 해당 사설을 읽으며 아침을 맞이했다. 글은 애플이 탐욕스럽고 "권력을 남용하고 있다"라고 비난하면서, 중국 소비자를 착취하는 새로운 외국 기업일 뿐이라고 묘사했다. 아울러 "서양인의 우월 의식이 문제를 일으키고 있다"라고 지적했다. "중국 소비자를 불쾌하게 해도 아무런 위험이 없고 비용까지 절감할 수 있다면 마다할 이유가 없다는 말인가?" 사설은 중국 소비자들이 "애플의 놀라운 실적을 떠받쳐왔다"라고 강조하며 일종의 협박조로 '그렇지 않으면…' 식의 분위기를 풍겼다. 무언가 불미스러운 일이 벌어진다면 안타까울 거라는 뉘앙스가 깔려 있었다.

이번 사안은 애플에 막대한 이해관계가 걸린 일이었다. 1976년 차고에서 창업한 이래 1980년대 눈부신 성장기를 거쳐 1996년 파산 직전에 몰렸던 시기까지, 애플은 대부분의 컴퓨터를 자체 생산해왔다. 캘리포니아주와 콜로라도주, 아일랜드, 싱가포르에 주요 생산시설도 운영하고 있었다. 그러나 1997년 스티브 잡스Steve Jobs가 복귀하기 직전, 이러한 전략을 점차 폐기하고 생산을 해외의 위탁생산업체contract manufacturer에 맡기는 오프쇼어링offshoring 방식으로 전환하기 시작했다. 초기에는 한국과 대만으로 생산거점을 옮겼고, 이어서 멕시코, 웨일스, 체코, 중국으로 확대했다. 이렇게 여러 국가에서 생산거점을 실험하다가, 결국 값싸고 유연하며 근면한 노동력을 대규모로 공급하는 중국이 핵심 거점으로 자리 잡았다. 이는 저임금, 환율 통제, 느슨한 노동법 등을 무기로 다국적기업을 유치하려는 중국 정부의 정책적 지원이 뒷받침한 결과였다. 중국 학자 친후이秦暉의 표현에 따르면, 중국의 경쟁력은 "저임금, 저복지, 저인권"에 기반하고 있었다.[1]

이러한 운영 방식은 애플의 성공에 지대한 역할을 했고, 그 결과 2011년에는 이를 조용히 이끌어오던 COO(최고운영책임자) 팀 쿡Tim Cook이 잡스에 의해 차기 CEO로 발탁되었다. 쿡은 잡스와 달리 카리스마 있는 리더도, 제품에 대한 비전을 제시하는 혁신가도 아니었다. 하지만 전례 없는 운영 효율성을 구축해 애플의 성장에 결정적 역할을 했다. 이 인사는 향후 10년간 애플의 목표가 혁신적인 제품을 새로 개발하기보다는 이미 탄생한 제품들을 대규모로 유통하고 확산시키는 데 있다는 점을 알려주었다.

"그 오만한 고개를 숙이게 되었다"

〈소비자의 날〉 사태 이후 애플을 향해 쏟아진 악의적 논평들과 중국에서의 매출 급감은 애플이 중국에 구축한 거대한 생산체계가 오히려 가장 큰 취약점이 되었다는 사실을 알려주었다. 중국이라는 단 하나의 나라에 공급망을 의존하고 있다는 사실이 새롭게 드러났던 것이다. 10년 전만 해도 이러한 위험은 현실과는 거리가 먼 것으로 여겨졌다. 중국은 세계에 문을 열고 자본주의를 수용하며 민주주의로 나아가는 듯 보였다. 그러나 2013년 시진핑은 중국을 전혀 다른 방향으로 이끌었다. 다국적기업의 안식처였던 시절은 끝났다. 그는 '자주적 혁신'을 중시하며 경직된 분위기를 조성했고, 중국으로 이익을 '환원'하도록 기업을 강하게 압박했다. 이런 조치는 중국을 의심할 여지 없는 기술 선도국으로 만들겠다는 목표 아래 추진되었다.

당시 애플의 중국 사업은 급속도로 성장하고 있었다. 이는 2008년의 베이징 올림픽 무렵과 비교하면 전혀 예상치 못한 전개였다. 그때까지만 해도 애플은 중국에 첫 번째 매장을 막 오픈한 상태였고, 그해 매출은 10억 달러에도 못 미쳤다. 그러나 2012년에는 매출이 거의 230억 달러에 이르며 폭발적으로 성장했다. 하지만 부정적인 여론이 일면서 매출은 급락했다. 2012년 4분기에는 중화권 매출이 67퍼센트나 늘었지만, 2013년 1분기에는 성장률이 8퍼센트로 떨어졌고, 2분기에는 오히려 14퍼센트 감소했다. 애플은 내부 보고서에서 매출 하락이 "〈소비자의 날〉 사태를 계기로 중국 정부가 애플을 표적으로 삼기로 한 결정에 영향받았을 가능성이 크다"라고 분석했다.[2] 그 어떤 위협에도 흔들리지 않을 것 같던 자신감은 불과 몇 주 만에 자사 제품이 블랙리스트에 오를지 모른다는 두려움으로 바뀌었다.

〈소비자의 날〉 사태 이후 18일 만에 쿡은 중국어로 된 서한을 애플의 중국 공식 웹사이트에 게시하며 사과에 나섰다. 그는 "진심 어린 사과"를 전하며, 중국에 대해 "깊이 존중하는 마음"을 지니고 있다고 밝혔다. 또한 "소통 부족"으로 애플이 오만하게 보였거나 중국 소비자를 중시하지 않는다는 인상을 준 점을 인정했다. 그는 미국 현지의 수준을 뛰어넘는 새로운 품질보증정책을 도입하겠다고 선언했다.[3]

그 후 수년 동안 애플 내부에서는 18일 동안 벌어진 일에 대해 두 가지 해석이 자리 잡게 되었다. 하나는 쿡이 일종의 21세기식 여론 재판을 겪었다는 해석이다. 중국 정부가 사실이 아님을 알면서도 의도적으로 애플을 비난해 권력을 과시하려 했다는 것이다. 이 모든 사건은 애플의 위치가 중국보다 아래라는 사실을 인식시키고, 공개적으로 굴복시키기 위해 연출된 쇼였다는 해석이다. 실제로 중국의 강경파는 쿡의 사과를 그렇게 받아들였다. 어떤 소셜미디어 이용자는 애플이 마침내 "그 오만한 고개를 숙이게 되었다"라며 환호했다.[4]

하지만 이에 맞서는 또 다른, 더욱 정교한 해석도 존재했다. 이 해석은 중국 소비자들이 실제로 겪은 피해를 강조한다. 이때 문제의 핵심은 애플이 아니라, 전국 곳곳에서 판매된 가짜 아이폰 때문에 발생한 일련의 복잡한 소란들이었다. 어떤 경우에는 사기꾼이나 사기당한 소비자들이 가짜 아이폰을 가지고 애플스토어에 찾아와 제품에 결함이 있다며 교환을 요구하기도 했다. 애플 직원들은 불법 복제품을 판별하고 이를 거절했다. 상황을 더욱 복잡하게 한 것은 공식 매장을 내지 않은 도시들에 수십 개의 가짜 매장이 생겨났다는 사실이다. 이 매장들은 외관이 너무 정교해서, 심지어 일하는 직원들조차 자신이 진짜 애플스토어에서 근무한다고 믿을 정도였다. 이러한 가짜 매장은 실제 정품을 팔기도 했지만, 근본적으로는 소비자를 속이기 위한 사기 행위였으며, 고장 난 제품을 교환해주려는 의지도 없었다. 소비자들이 이러한 매장에서 도움을 받으려다가 제대로 된 응대를 받지 못한 경험은 오해를 불러일으켰고, 이는 분노로 이어져 정부기관에 대한 민원으로 번졌다. 결과적으로 상황은 모순적이었다. 중국 정부의 문제 제기는 실제로 존재했던 소비자 불만을 반영한 측면에서는 정당했지만, 엄밀하게 말해 정확한 것은 아니었다. 애플의 품질보증정책은 전 세계적으로 거의 동일하게 적용되고 있었기 때문이다.

예상 밖의 성공과 의도하지 않은 노력

그러나 이 두 가지 해석 중 어느 것도 이 책에서 밝힐 이야기를 완전히 설명하지 못한다. 어쨌든 〈소비자의 날〉 사태와 그 여파는 애플에 결정적인 전환점이 되었다. 쿠퍼티노는 중국에 얼마나 깊이 노출되어 있는지 그리고 그러한 상황을 파악하고 대응할 준비가 얼마나 부족했는지 깨달았다. 애플 경영진은 갑작스럽게 '중국 정부를 상대로 한 전략은 무엇인가?', '중국의 정치적 상황에 대응할 전략은 무엇인가?'와 같은 기본적인 질문에조차 아무런 답을 가지고 있지 않다는 사실을 인식하게 되었다. 수년 동안 애플은 중국 지방정부들과의 관계에서 노동문제나 공급망 같은 현안을 풀어가야 할 때 대만의 대형 공급업체인 폭스콘을 비롯한 협력사들에 의존했다. 종합적이고 체계적인 전략은 존재하지 않았다. 당시 중국에서 약 1,000명의 엔지니어를 고용했지만, 그들 중 누구도 고위급 인사는 아니었다. 방대한 생산 네트워크의 운영도 철저히 수면 아래에서 이뤄지는 일이었다. 단 한 곳의 생산 시설도 '애플'이라는 이름을 달지 않았고, 한 입 베어 문 사과 로고를 내걸지 않았다. 그런데도 2012년 중국에 보유한 생산설비의 자산 가치는 73억 달러에 달했다. 이는 애플이 미국에 보유한 건물과 소매점을 모두 합친 금액보다도 컸다.[5] 애플은 사실상 자체 생산 없이 세계 최고의 제품을 만들어내는 방법을 완벽히 터득한 셈이었다. 이는 일반적인 의미의 '아웃소싱'과는 거리가 멀었다. 단순히 설계도를 외부 업체에 넘기고, 그들이 알아서 제조하게 하는 방식과는 달랐던 것이다. 그 대신 미국에서 엔지니어와 디자이너, 구매 전문가, 법무 인력들을 정기적으로 중국 전역의 수백 개 공장으로 파견했다. 그들은 현지에서 기계를 반입하고 수많은 노동자를 교육하며, 중간재 공급을 조율하고 공급업체들을 철저히 점검해 기준을 준수하는지 확인했다. 애플의 영향력은 막대했지만, 놀랍게도 중국에 상주하는 고위 임원은 단 한 명도 없었다. 현지 정치에 대한 이해도 부족했으며, 중국 사업을 총괄할 책임자조차 두지 않았다.

  2009년까지만 해도 현장 인력이 적다는 점은 주목받지 않았다. 애플은 중국을 단순한 생산기지로, 즉 제품을 만들어 전 세계로 수출하는 생산자로만 여겼다. 그러나 2012년 아이폰이 중국 소비자들에게 폭발적인 인기를 끌며 중국 매출은 무려 2,830퍼센트나 증가했다. 이러한 성장은 애플의 탁월한 제품설계 능력과 세계 최고 수준의 생산 역량이 결합한 결과임을 보여주는 강력한 증거였다. 하지만 중국에서 거둔 이례적 성공은 전혀 예상한 것이 아니었으며, 치밀한 전략의 결과도 아니었다. 불과 몇 년 사이에 중화권 시장은 애플의 매출에서 거의 비중이 없다가 단숨에 전 세계 매출의 약 15퍼센트를 차지하는 핵심 시장으로 부상했다. 이처럼 폭발적인 성공은 쿠퍼티노에도 놀라운 일이었으며, 쿡조차 이를 "믿기 어려운 일"이라고 표현했다. 2012년 중반 《타임》의 기자 해나 비치Hannah Beech는 〈중국을 휩쓴 애플 열풍The Cult of Apple in China〉이라는 제목의 커버스토리에서 다음과 같이 날카롭게 짚었다. "애플이 중국에서 이룬 성장의 많은 부분은 의도하지 않은 노력으로도 어떻게 성공할 수 있는지를 보여주는 하나의 사례다."

'중국화'의 진정한 의미

《애플 인 차이나》는 지금껏 제대로 다뤄지지 않았던 거대한 이야기를 들려준다. 애플이 어떻게 중국을 생산기지 삼아 세계에서 가장 가치 있는 기업으로 성장했는지 그리고 그 과정에서 어떻게 냉혹한 권위주의 국가와 뗄 수 없는 관계로 묶이게 되었는지를 보여줄 것이다. 애플은 중국 정부를 설득해 자신들이 단순한 사업자가 아니라 중국 제조업체들의 후원자이자 조력자로서 자금을 지원하고 인력을 교육하며, 생산을 감독하고 부품을 공급해왔음을 입증해냈다. 따라서 이는 전자산업의 세계화에 관한 이야기가 아니다. 오히려 그것의 '중국화Chinafication'에 관한 이야기다.

애플과 중국의 관계를 둘러싸고 서구에서 통용된 지배적 서사는 놀라울 만큼 협소하다. 지난 20여 년간 중국이 애플의 제품을 조립하고 생산한다는 단조로운 이야기뿐이었다. 저임금, 미성년 노동자, 하루 16시간 노동, 폭스콘의 노동자 자살 사건, 신장위구르자치구에서의 강제 노동에 대한 비판 등이 주요 내용이었다. 이러한 서사가 틀린 것은 아니지만, 퍼즐의 가장 중요한 조각을 놓치고 있다. 문제는 애플이 중국 노동자를 착취했다는 것이 아니다. 중국 정부가 그리하도록 허용했으며, 이를 통해 그들이 애플을 착취할 수 있는 구조를 만들었다는 점이 진정한 핵심이다.[6]

애플이 오늘날의 애플이 되는 데 중국의 역할이 결정적이었다는 말은 이제 진부하게 들릴 정도다. 전 세계 어디에도 중국만큼 비용 절감, 효율성, 대규모 생산 역량을 동시에 제공할 수 있는 곳은 없다. 하지만 이 책이 주장하는 바는 훨씬 더 흥미롭다. 오늘날의 중국 또한 애플 없이는 존재하지 않았을 것이라는 점이다. 애플이 중국에 쏟아부은 투자는 단순한 기업 활동을 넘어, 비용과 인력, 영향력 면에서 국가 건설 사업에 필적할 수준이었다. 애플 자체 추산에 따르면, 2008년 이후 애플이 중국에서 훈련한 노동자 수만 최소 3000만 명에 달하는데, 이는 캘리포니아주 전체 노동인구보다도 많은 수다. 중국은 애플의 단기적 필요를 자국의 장기적 이익과 정교하게 맞바꾸는 전략을 펼쳤다. 1999년까지만 해도 애플의 제품은 중국에서 단 한 개도 생산되지 않았지만, 2009년이 되자 거의 모든 제품이 중국에서 생산되었다. 이처럼 급속한 생산 집중은 단순히 조립의 문제가 아니라, 기술과 노하우의 이전이라는 중대한 변화를 나타내며, 베를린장벽 붕괴에 비견될 만한 지정학적 사건이라 할 수 있다. 다만 이 사건은 수년에 걸쳐 점진적으로 전개되었고, 엄격한 NDA(비밀유지계약)와 검열된 미디어 환경이라는 이중 장벽 속에 가려져 있었기에 세상의 이목을 끌지 못했다.

이 책의 집필 과정에서 입수한 내부 문서에 따르면, 애플이 2015년 한 해 동안 중국에 투자한 금액은 무려 550억 달러에 달한다. 이는 천문학적인 수치이며, 그마저도 하드웨어에 들어가는 부품, 이른바 BOM(자재명세서)에 포함되는 부품 비용은 제외한 수치다. 이 비용까지 포함하면 전체 금액은 두 배 이상으로 불어난다. 이를 조 바이든Joe Biden 대통령의 대표적 산업정책인 반도체및과학법CHIPS and Science Act 과 비교해보자. 당시 상무부 장관이었던 지나 러몬도Gina Raimondo는 이 법안을 "한 세대에 한 번 있을까 말까 한 투자"라 부르며, "미국의 첨단 반도체 제조를 이끄는 새로운 시대를 열 것"이라고 강조했다. 미국 내 반도체 생산을 촉진하기 위해 설계된 이 법안의 핵심 내용은 총 4년에 걸쳐 520억 달러를 관련 산업에 쏟아붓는 것이다. 이는 애플이 10년 전 중국에서 한 해 동안 투자했던 금액보다도 30억 달러 적다. 다시 말해 애플이 지난 10년간 해마다 중국에 투자한 금액이 미국 정부가 "한 세대에 한 번 있을까 말까 한 투자"라 자부한 액수보다 최소 네 배 크다는 점은 분명히 짚고 넘어갈 필요가 있다.

애플이 제품을 중국에서 제조한다는 사실은 이제 비밀이라 할 수 없지만, 이 빅테크기업이 중국에서 수행해온 중대한 역할은 지금까지 거의 주목받지 못했고, 제대로 알려지지도 않았다. 이에 비해 대만이 수십 년에 걸쳐 중국의 산업화를 이끌기 위해 행한 투자와 노동자 교육의 중요성은 널리 인식되어 있다. 2017년 이후 이 주제를 다룬 주요 영문 저서만 최소 세 권 출간되었다. 대만을 병합하려는 의도를 가진, 대만인을 기꺼이 칭찬할 이유가 전혀 없는 시진핑조차 중국의 개혁개방 성과는 "대만 동포와 대만 기업의 공으로 돌려야 합니다"라고 인정한 바 있다.[7] 대만 정부는 1991년부터 2022년까지 자국의 민간기업이 중국에 투자한 누적 투자액을 2030억 달러로 추산한다.[8] 이는 어떤 기준에서 보더라도 막대한 수치이지만, 쿠퍼티노의 기록과 비교하면 예외적이라고 보기 어렵다.

애플의 규모와 영향력은 워낙 파악하기 어려워 온전히 이해되지 못하고 있다. 예를 들어 인구 14억 명 규모의 중국 시장이 미국 전체 산업에 걸쳐 간접적으로 창출하는 일자리는 100만 개에서 260만 개 수준인 데 반해,[9] (쿡의 추산에 따르면) 중국 내 약 500만 개의 일자리가 애플 하나에 의지하고 있다.[10] 그중 300만 개는 제조업 일자리이고, 180만 개는 앱 개발 관련 일자리다. 단 하나의 초거대 기업이, 중국의 전체 산업이 미국에 미치는 고용 효과보다도 더 큰 영향력을 중국에서 발휘하고 있는 것이다. 이처럼 완전히 뒤집힌 구조는 상식적으로 이해하기 어려울 정도다.

초보적이면서도 치명적인 실수

애플은 2025년에 4140억 달러의 매출을 올릴 것으로 예상되며, 이는 회사 역사상 최대 실적이다. 아울러 2007년 이후 아이폰 하나만으로 누적 2조 달러의 매출을 기록했다.[11] 애플의 사업 규모와 수익성은 압도적이어서, 2024년의 순이익만 해도 940억 달러로, 엔비디아의 전체 매출을 웃돌았다. 참고로 엔비디아는 시가총액이 3조 달러에 달하며, 현재 애플과 세계에서 가장 가치 있는 기업의 자리를 놓고 경쟁 중이다. 요즘 애플이 정체기에 접어들었다는 말이 흔히 들린다. 혁신이 둔화했거나 하드웨어 시장이 포화에 이르렀다는 이유에서다. 하지만 아이폰이 일상에 깊숙이 자리 잡으면서, 최근 몇 년간 애플은 서비스 부문에서 엄청난 수익을 올리기 시작했다. 2025년 기준, 23억 5000만 대 이상의 애플 제품이 전 세계적으로 활발히 사용 중이며, 그중 14억 대가 아이폰이다. 그 사용자들은 하루에 네 시간 이상 아이폰 화면에 몰입하며, 세계 인구 가운데 소득 상위 20퍼센트에 해당한다. 애플은 이들에게 광고를 띄우거나, 무선 결제, TV 콘텐츠, 음악 스트리밍, 피트니스 서비스 같은 기능을 추가 비용 없이 노출할 수 있다. 실제로 구글은 자사의 검색엔진이 아이폰의 기본 검색 기능으로 사용되도록 애플에 매년 200억 달러에 가까운 금액을 지급하고 있다.

애플이 생태계를 통제하는 방식은 특별하다. 2021년 애플은 인스타그램이나 페이스북 같은 서드파티third party(원래 제조사가 아닌 제3자가 개발한 소프트웨어나 하드웨어—옮긴이) 앱이 사용자 활동을 추적하는 방식을 변경했다. 표면적으로는 아이폰 사용자의 프라이버시를 보호하기 위한 조치였다지만, 메타는 이 정책 변화로 연 매출이 100억 달러 감소할 것으로 추정했다.[12] 반면 '프라이버시를 우선한다'는 애플의 광고 사업은 2020년 10억 달러에서 2026년에는 300억 달러까지 성장할 것으로 예상된다. 한 광고업계 관계자는 이 변화를 두고 "반년 만에 마이너리그에서 월드시리즈로 직행한 셈"이라고 표현했다.[13] 애플의 서비스 부문은 평균 70퍼센트를 넘나드는 수익률을 기록하고 있으며, 이는 하드웨어 부문의 두 배에 달한다. 서비스 부문은 지난 6년간 연평균 20퍼센트씩 성장했는데, AI 기능이 더해진다면 성장 속도는 더욱 빨라질 것이다. 요컨대 애플이 정점에 이르렀다는 주장은 전혀 근거 없는 이야기다. 그러나 아킬레스건은 분명히 존재한다. 애플의 모든 하드웨어 생산이 전적으로 미국의 최대 경쟁국인 중국의 선의에 의존하고 있다는 점이다.

  이 책의 핵심 서사 중 하나는 세계에서 가장 정교한 공급망을 구축한 기업이 어떻게 해서 광범위한 생산 활동을 단 한 지역에 집중시키는 초보적이면서도 치명적인 실수를 저지르게 되었는지에 관한 것이다. 테크산업 애널리스트이자, 특히 애플에 정통한 것으로 유명한 호러스 데디우Horace Dediu는 다음과 같이 꼬집었다. "세계에서 가장 위대한 미국 기업이자 자본주의의 정수라 할 수 있는 기업이 공산주의라는 이름표를 달고 있는 국가에 생존을 의존하고 있다는 사실은 도무지 이해하기 어렵습니다." 잡스 사후 몇 년 동안 데디우는 애플에 가장 중요한 일로 조직과 문화를 유지하는 것을 꼽았다. 하지만 그는 지금 이렇게 말한다. "오늘날 쿡을 잠 못 이루게 하는 것은 바로 중국입니다. 중국은 애플의 존립 여부를 좌우할 수 있는 중대한 과제입니다."

공급망의 색이 변하다

  이 책은 대만의 제조업체 폭스콘이 어떻게 1960년대 미국에서 처음 고안된 개념인 '전자제품 위탁생산'을 정교하게 발전시켰는지 그리고 중국에서 쉽게 확보할 수 있는 값싼 노동력을 활용해 세계 어느 곳에서도 볼 수 없는 규모로 첨단 기술 역량을 구축하고 이를 전례 없는 수준으로 끌어올렸는지를 상세히 설명한다. 중국의 제조 기술이 크게 부족하던 시기에 대만 기업가들은 그곳에 사업 기반을 구축하고 기술을 이전하는 데 핵심적인 역할을 했다. 그중에서도 폭스콘의 영향력은 단연 독보적이었다. 현재 폭스콘의 매출은 메타와 엔비디아의 매출을 합친 것보다도 크다. 폭스콘이 세계 최대의 전자제품 제조업체로 성장할 수 있었던 배경에는 애플이 대규모로 본사 엔지니어들을 파견해 자동화, 공학, 제조 기술을 전수한 것이 결정적인 동력이 되었다.

그러나 애플이 사실상 주도권을 쥐고 지방정부와 공급업체들이 주문을 따내기 위해 안간힘을 쓰던 상황은 이제 달라졌다. 2017년 이후 중국 정부는 애플에 점차 더 많은 요구를 하기 시작했다. 아이폰용 앱과 관련 콘텐츠에 대한 통제를 강화하고, 사용자 데이터를 중국에 있는 데이터센터에 보관하도록 강제하며, 애플이 더 많은 현지 기업과 협력하도록 압박했다. 쿠퍼티노는 이러한 강압적 요구들에 맞서 정치적 자산을 소진하는 대신 수용하는 길을 택했다. 애플은 중국에서《뉴욕타임스》, 왓츠앱 같은 암호화 메신저 그리고 중국의 인터넷 감시·검열 시스템인 '만리방화벽Great Firewall'을 우회할 수 있게 해주는 VPN(가상사설망) 앱 수천 개를 삭제했다. 그뿐 아니라 미국 의회에서 초당적으로 뜻을 모아 자국의 안보를 위협한다고 지목한 중국의 반도체기업 YMTC에도 협력 의사를 내비쳤다. 2000년대 초 애플이 생산기지를 중국으로 이전했을 당시, 미국 정부는 자유무역이 중국의 중산층을 성장시키고 그곳에 민주주의를 정착시킬 것이라고 믿었다. 하지만 현실은 달랐다. 경제적 성공은 중국 지도부의 권력을 더욱 공고히 했고, 그들은 이제 제조 역량을 무기화할 수 있게 되었다. 어느 전직 애플 엔지니어의 말처럼, "우리는 한 나라 전체를 훈련했고, 이제 그 나라는 그렇게 배운 것을 우리에게 사용하고" 있다.

애플은 중국의 공장들을 세계 최고 수준으로 끌어올리고자 인프라와 인력 교육에 수십억 달러를 투자했기에, 이제 중국 정부의 요구에 따르는 것 외에는 별다른 선택지가 없다. 그 결과 아이폰 핵심 부품의 생산과 공급이 점점 더 중국 기업 중심으로 재편되고 있다. 특히 '붉은 공급망red supply chain'이라 불리는 국가보조금을 받는 중국 기업들이 애플의 오랜 협력사였던 미국, 대만, 일본 업체들을 밀어내고 점점 더 많은 수주를 따내고 있다.

중국의 침공, 미국의 대응, 애플의 선택

이 책은 21세기 애플의 역사를 본격적으로 다룬 최초의 책으로 제품의 디자인이나 소프트웨어의 기능보다는 하드웨어가 어떻게 만들어지는지에 초점을 맞춘다. 이는 애플의 50년 역사 전체를 지정학적 맥락 속에 배치하는 작업이 될 것이다. 2000년대 초 다국적기업들은 자신들이 판을 주도하고 있다고 믿었지만, 실제로는 그렇지 않았다. 사실은 새로운 초강대국이 보내는 유혹의 노래에 이끌리고 있었다.

오늘날 애플은 50개국 이상에서 1,500개가 넘는 공급업체와 협력하고 있다. 그러나 모든 길은 중국으로 통한다. 전 세계 생산의 90퍼센트가 중국에서 이루어지고 있으며, 최근 주목받는 베트남과 인도에 있는 생산시설들도 중국 중심의 공급망에서 자유롭지 않다.

아이폰 생산만 놓고 봐도 중국에서만 약 200개의 생산라인이 가동되고 있으며, 각 라인당 평균적으로 하루 3,330대, 연간 2억 5000만 대에 가까운 아이폰을 생산한다. 2007년부터 2019년까지는 모든 아이폰이 중국에 진출한 대만 기업에서 생산되었지만, 그들의 영향력은 빠르게 약화되고 있다. 중국 정부에 지원받는 기업들이 필요한 기술을 배운 다음, 점차 생산 주도권을 넘겨받고 있기 때문이다. 애플의 어느 전직 수석디자이너는 돌아보면 모든 것이 명확해진다는 듯이 이렇게 말했다. "중국의 전략은 대만의 인재를 흡수해 필요한 모든 것을 배운 뒤 그들을 정리하고, 결국 그 자리를 차지하는 것처럼 보입니다." 대만이 여전히 가장 강한 분야는 반도체로, 애플의 모든 주요 제품은 대만의 TSMC가 공급하는 반도체에 의존하고 있다. TSMC는 단연코 세계에서 가장 앞선 반도체 제조업체이자, 중국의 침공 가능성에 맞서는 대만의 '실리콘 방패'이기도 하다.

미국 정부는 중국이 권위주의 국가로 돌아선 것을 어쩔 수 없이 받아들이고 있지만, 미국 최대 기업인 애플은 그렇지 않아 보인다. 어쩌면 그럴 수 없을 것이다. 아이폰 제조사인 애플과 중국의 관계는 정치적으로 더는 지속 불가능한 수준에 이르렀지만, 사업적으로 결코 끊을 수 없게 되어버렸다. 프리미엄 제품을 연간 5억 대 가까이 출고하는 데 필요한 높은 수준의 품질관리와 거대한 규모, 유연함을 제대로 조합해 제공할 수 있는 나라는 중국 외에 존재하지 않는다. 게다가 세계 최대 규모의 중산층을 보유한 시장을 포기할 수도 없는 노릇이다. 중국에서 연간 100억 달러 이상을 벌어들이는 다국적기업은 10여 개에 불과한데, 그중 애플은 700억 달러에 달하는 매출을 기록하며 단연 1위를 차지하고 있다.[14] 애플이 다음 세대의 혁신을 구상하는 일은 차치하더라도, 중국 문제는 이 기업이 직면한 가장 큰 리스크이며, 쿡의 리더십이 역사적으로 어떻게 평가받을지 좌우할 중대한 불확실성이자, 미국 정부가 시급히 대응해야 할 전략적 과제로 부상하고 있다.

이 책은 애플이 어떻게 여기까지 이르게 되었는지를 설명할 것이다.

차례

한국어판 서문 13

프롤로그   비교할 수 없는 오만함 18

1부   위대한 제조기업의 탄생

- 1장   IBM과 애플의 PC 전쟁 45
- 2장   아웃소싱으로 마련한 돌파구 63
- 3장   스티브 잡스가 돌아오다 75
- 4장   Think Different 87
- 5장   아이맥, 디자인으로 압도하라 100

2부   중국을 향한 대장정

- 6장   첫 번째 파트너가 된 한국 121
- 7장   LG와 애플의 동상이몽 131
- 8장   두 번째 파트너가 된 대만 141
- 9장   폭스콘이라는 해결사 156
- 10장   팀 쿡의 마법 165
- 11장   재고 제로를 달성하다 176
- 12장   미국에서 사라지는 공장들 189

3부   아이팟, 아이맥, 아이폰

- 13장   MP3플레이어에서 아이팟으로 203
- 14장   아이맥 G4를 위한 애플 클러스터 217
- 15장   아이팟의 성공과 인벤텍의 실패 231
- 16장   폭스콘의 비밀 무기 241
- 17장   가장 확실한 미래, 아이폰 255
- 18장   엄격한 스승과 열정적인 제자 268
- 19장   애플의 중국화, 중국의 애플화 281

4부   끝없는 수요

- **20장**   중국이라는 신대륙 299
- **21장**   대륙을 열광시킨 아이폰 4 312
- **22장**   10억 명 규모의 회색시장 324
- **23장**   중국을 이해하지 못하다 337
- **24장**   폭스콘과 TSMC의 베팅 349
- **25장**   중국이라는 거대한 덫 364

5부   발톱을 드러낸 중국

- **26장**   가면을 벗은 독재자 381
- **27장**   중국을 상대할 8인의 갱 394
- **28장**   중국에 속다 403
- **29장**   자발적으로 복종하라 414
- **30장**   중국의 후원자를 자처한 애플 424
- **31장**   애플의 승리? 중국의 승리! 440
- **32장**   통제당한 만큼 보호받다 454

6부   붉게 물든 사과

33장   중국은 탄압하고, 애플은 돈을 번다   477
34장   중국계 관리자의 등장   491
35장   화웨이, 붉은 공급망의 최대 수혜자   504
36장   팀 쿡이 말하지 않은 것   516
37장   도널드 트럼프의 위협   527
38장   미국을 눈뜨게 한 YMTC 스캔들   540
39장   완전히 포획되다   552
40장   인도는 대안이 될 수 있을까   559
41장   TSMC라는 변수   573

에필로그   기록되지 않은 유산   580

감사의 말   592
주   599
찾아보기   629

1부
위대한 제조기업의 탄생

개인용 컴퓨터의 시대를 연 'IBM Personal Computer 5150'. 줄여서 'IBM PC'로 불린 이 컴퓨터는 1981년 8월 출시되자마자 선풍적인 인기를 끌며 PC의 대중화를 이끌었다. 그 전까지 컴퓨터는 비싼 가격 탓에 보통 회사에서만 사용되었다. 하지만 IBM PC는 CPU나 메모리 같은 하드웨어 및 OS를 자체 개발하는 대신 기성품을 사용하고, 생산 또한 아웃소싱을 활용해 가격을 대폭 낮춤으로써, 일반 소비자에게도 선택받았다. 한편 애플은 1977년 6월 세계 최초의 올인원 PC인 '애플 II'를 출시해 시장을 선점했지만, 자체 개발과 생산을 고집한 탓에 여전히 비쌌고, 그 결과 IBM PC에 왕좌를 내주어야 했다.

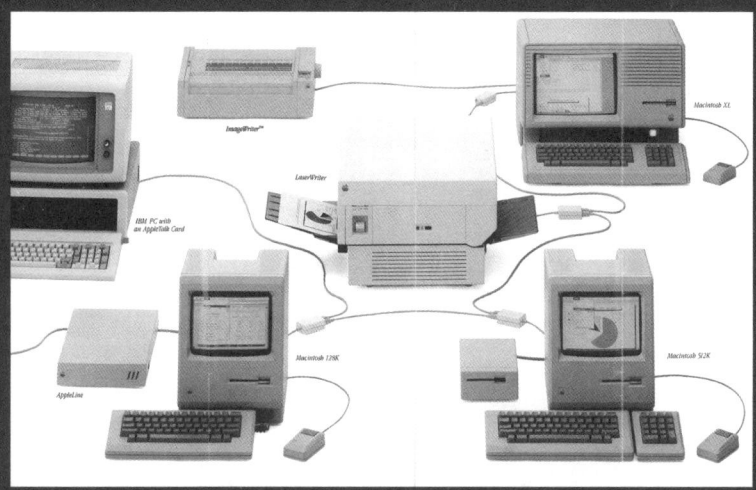

맥의 탄생. 1985년 배포된 브로슈어의 일부다. 1984년 1월 애플은 GUI를 표방한 '매킨토시 128K'를 출시했다. 마우스라는 굉장히 직관적인 장치 덕분에 압도적인 편리성을 자랑한 이 PC는 사실 시장에서 고전을 면치 못했다. 비싼 가격과 생산의 비효율성 때문이었다. 반전의 계기는 '레이저라이터'라는 레이저프린터였다. 애플이 아웃소싱을 준 최초의 제품인 레이저라이터는 맥의 가치를 끌어올렸다. 특히 맥과 레이저라이터를 묶어 파는 전략이 적중하며 PC 시장을 석권했다.

잡스의 실패작, '넥스트큐브'. 애플을 떠난 잡스가 새로 창업한 넥스트에서 개발한 제품으로, 1990년 9월 첫 모델이 출시되었다. 넥스트큐브는 영상 편집, 시뮬레이션 등 전문적인 작업에 쓰이는 워크스테이션이었는데, 전통의 강자들에 밀려 거의 주목받지 못했다. 복잡하고 비효율적인 생산 과정과 폐쇄적인 생태계 또한 문제였다. 다만 넥스트큐브의 OS만큼은 탁월하다는 평을 받았는데, 월드와이드웹 개발에 사용될 정도였다. 바로 이 OS 개발 경험 때문에 잡스는 다시 애플로 돌아갈 수 있었다. 잡스는 애플로 복귀한 후에도 한동안 넥스트큐브를 사용했다.

'아이맥 G3'와 잡스. 1998년 8월 출시된 아이맥 G3는 애플로 복귀한 잡스의 첫 작품이었다. 아이맥 G3는 그 자체로 빛나는 혁신이었을 뿐 아니라, 애플의 정체성을 완전히 재정의했다. 독특하고 복잡한 디자인을 구현하기 위해 사출성형 공정의 한계를 뛰어넘어야 했고, 아웃소싱의 전 과정에 개입하는 애플 특유의 공급망 관리가 처음 시도되었으며, 판매 면에서도 애플 역사상 가장 빠르게 팔린 제품으로 기록되었다. 이 과정에서 잡스는 폭언을 동반한 카리스마를 뿜어냈는데, 결과적으로 직원들에게 하나의 목표를 향해 함께 일한다는 팀워크를 부여했다.

1장 | IBM과 애플의 PC 전쟁

　　　조 오설리번Joe O'Sullivan은 콜로라도주 파운틴에 있는 애플의 매킨토시Macintosh, 이하 맥 공장을 신속히 매각해야 했다. 1996년 3월 말 애플은 지난 분기에 7억 달러의 손실이 발생했다고 발표하며 시장을 충격에 빠뜨렸다. 애플 역사상 최대 규모의 재정적 타격이었다. 만기가 도래한 부채를 상환하기 위해 현금이 절실했다. 하지만 파운틴 공장의 매각은 단순한 자산 매각이 아니었다. 그것은 항복을 의미했다.

　PC산업은 지난 15년 동안 엄청난 변화를 겪었다. 초기에는 기업이 자체 생산했으나, 이후 가능한 한 대부분의 생산공정을 아웃소싱하는 방식으로 전환되었다. 애플은 그 변화의 마지막 저항자였다. 1976년 이름이 스티브로 똑같은 대학 중퇴생 두 명이 창업한 이래 제조는 애플 기업문화의 핵심이었다. 그러나 이제 그 방식은 한계를 드러내고 있었다. 다른 기업들은 생산의 상당 부분을 위탁생산업체에 넘겼고, 이들 업체가 훨씬 더 기민하고 비용 효율적이라는 사실을 증명했다.

"이번 주 안에 서명해야 해요"

오설리번은 자신을 낮추며 솔직하게 말하는 아일랜드인이었고, 이후 15년 동안 세 개 대륙에서 애플의 글로벌 운영을 담당하며 부사장 자리까지 오를 터였다. 그는 파운틴 공장을 SCI 시스템즈SCI Systems, 이하 SCI에 매각하기 위해 협상을 진행 중이었다. SCI는 브랜드 인지도는 낮지만, PC산업의 초창기 역사에서 중요한 역할을 했던 위탁생산업체였다.

SCI는 스페이스 크래프트Space Craft라는 이름으로 1961년 설립되었는데, 스푸트니크 발사 이후 소련과 경쟁하는 미국을 돕기 위해 만들어졌다. CEO인 올린 B. 킹Olin B. King은 설립 당시 젊은 엔지니어이자 대담한 기업가였으며, '로켓 시티'라 불린 앨라배마주 헌츠빌의 자택 지하실에서 SCI를 공동 창업했다. 킹과 그의 팀은 NASA의 마셜우주비행센터 근처에서 미국 정부를 위해 위성을 제작하며 기술력을 쌓아갔다. 1970년대 들어서는 전략을 전환해 강대국 간 군비경쟁에 필요한 미사일 부품을 제작했으며, 나아가 인류를 달에 보낸 새턴 V 로켓의 계측기도 제작하게 되었다.

SCI가 이상적인 인수 후보로 떠오른 데는 몇 가지 이유가 있었다. 애플 제품의 제조를 그대로 인계받을 수 있었고, 1,100여 명에 달하는 기존 인력을 상당 부분 유지할 수 있었기 때문이다. 오설리번은 3만 2000제곱미터에 달하는 공장이 정당한 가격에 매각되어야 한다고 고집했지만, 협상은 교착 상태에 빠졌다. 애플 직원들은 티셔츠 차림의 캘리포니아주 출신이었고, 전통을 깔보는 태도를 보였다. 대부분 30대였던 이들은 양복을 차려입은 상대방을 두고 "헌츠빌에서 온 심술궂은 노인들"이라 부르며, 제공된 베이글에 대해 불평을 늘어놓아 SCI 측의 심기를 건드렸다. 게다가 애플은 조립된 제품 중 상당수가 고객 손에 들어간 뒤 수개월이 지나 문제가 발생하더라도 SCI가 그 책임을 져야 한다고 요구했다. SCI는 이를 부담스러운 리스크로 간주하고 계약서에 서명하길 거부했다. 실제로 그것은 과도한 위험이었다.

킹은 만만한 인물이 아니었다. 괴팍하고 다루기 까다로운 사람이었으며 '헌츠빌의 대부'로 불리는 것을 즐겼다. 돈과 그로 인해 누릴 수 있는 사교 생활을 좋아했던 그는 고급 수입차가 거의 없던 앨라배마주에서 대형 BMW를 몰고 다녔다. 킹은 누구보다도 앞서 전자제품 위탁생산을 탄생시킨 인물이었다. 이 산업은 일반 소비자의 눈에는 잘 띄지 않지만, 오늘날 연 매출 5000억 달러에 달하는 거대한 규모로 성장했다.

오설리번은 애플 측 변호사들과 함께 밤새도록 협상을 이어갔다. 그는 노련한 협상가였고, 가능한 한 최상의 조건을 얻어내기 위해 인내하는 것을 마다하지 않았다. 그러던 중 어느 늦은 밤 프레드 포사이스 Fred Forsyth에게 전화가 걸려왔다. 그는 애플에서 글로벌 운영을 담당하는 수석부사장이었다. 오설리번의 상사인 포사이스는 이렇게 말했다. "이번 주 안에 서명해야 해요."

오설리번이 교착 상태를 설명하며 시간을 들여 신중히 진행하는 것이 현명하다고 강조하자, 포사이스는 그의 말을 가로막았다. 밤샘 협상으로 지쳐 있던 오설리번은 처음에는 포사이스의 말투에 담긴 긴박함을 곧바로 알아차리지 못했다. 그래서 아무렇지 않게 이렇게 답했다. "우리에게 유리한 조건을 원한다면 서두를 수 없어요." 그러자 포사이스는 음성과 억양에 힘을 실으며 이 아일랜드인을 단번에 불안하게 했다. "이 거래는 빨리 끝내야 해요. 그러지 않으면 목요일에 당신은 급여를 받지 못할 겁니다."

불과 몇 초 만에 대화는 느긋한 분위기에서 일자리를 위협하는 상황으로 급변했다. 오설리번이 반발했다. "설마요. 그런 식으로 위협할 필요는 없잖아요!" 이에 대한 포사이스의 대답은 오설리번 개인에게는 안도감을 주었지만, 동시에 상황에 대한 긴장감을 더욱 고조시켰다. 오설리번은 이렇게 설명했다. "그런 뜻이 아니에요. 당신은 지금 상황을 잘 모르고 있네요. 이번 거래가 성사되지 않으면, 우리 모두 목요일에 급여를 못 받게 될 거예요."

자금이 바닥나다

애플은 실제로 파산할 가능성이 매우 컸기 때문에, 관련 자문을 구해야 할 정도였다.[1] 애플은 로펌인 웨일, 고트샬 앤드 맹기스Weil, Gotshal & Manges의 대표 변호사 하비 밀러Harvey Miller를 고용했다. 밀러에게 파산 신청에 필요한 서류를 작성하라고 지시할 단계에 이르지는 않았지만, '챕터 11'(미국 연방파산법—옮긴이) 신청이 어떤 결과를 가져올지 검토하고 있었다. 1996년 3월 애플의 CFO(최고재무책임자)로 합류한 프레드 앤더슨Fred Anderson은 훗날 이렇게 고백했다. "회사는 그야말로 죽음의 소용돌이에 빠져 있었습니다."[2]

몇 달 전 애플의 재무 담당자는 이사회에 "5월쯤이면 자금이 바닥날 것"이라고 경고했다.[3] 현금 보유액이 5억 달러까지 줄어들었는데, 이는 직원이 1만 3000명에 달하고, 4월에 1억 5000만 달러의 대출 만기가 도래하는 기업에는 심각할 정도로 낮은 수준이었다.[4] 1995년 연말 성수기에는 크리스마스 시즌 등으로 막대한 이익이 예상되었지만, 마이크로소프트의 윈도우 95 출시에 당황한 영업팀이 시장점유율을 유지하고 재고를 처리하고자 최대 30퍼센트까지 가격을 인하해 원가 이하로 판매했다.[5] 그 결과 애플의 매출은 사상 최고치인 31억 5000만 달러를 기록했지만, 제품을 팔 때마다 손실이 발생한 탓에 6900만 달러 적자를 기록했다. 1억 5000만 달러의 흑자를 예상했던 월스트리트는 완전히 충격에 빠졌다.

참담한 실적 탓에 독일 출신의 CEO 마이클 스핀들러Michael Spindler는 자리에서 물러나야 했다. 저가형 맥을 대거 시장에 쏟아부어 PC와 경쟁한다는 전략은 바로 그의 생각이었다. 애플의 창고에는 무려 10억 달러에 달하는 재고만 쌓였는데, 이는 지난 3년간 벌어들인 순이익을 모두 합친 것보다도 많은 금액이었다. 이사회는 이 위기를 벗어날 최고의 방법은 회사를 매각하는 것이라고 판단했다. 그들은 이미 수개월 전부터 IBM, 썬 마이크로시스템즈Sun Microsystems, 네덜란드의 전자기업 필립스에 인수 의사를 타진하고 있었다. 협상은 별다른 진전을 보이지 않았지만, 괜찮은 제안이 들어왔다면 애플은 거의 확실히 수락했을 것이다. 불행하게도 애플의 몰락은 너무나 뚜렷했다. 1996년 1월 말 썬 마이크로시스템즈의 CEO 스콧 맥닐리Scott McNealy가 인수하겠다고 나섰을 때 그는 시장가격조차 지급하려 하지 않았다. 당시 애플 주식은 한 주당 약 28달러였지만, 맥닐리의 제안은 23달러로 애플의 가치를 겨우 28억 달러로 평가한 셈이었다.[6] 애플은 이 제안을 터무니없고 모욕적이라 여겼지만, 맥닐리의 평가는 결과적으로 정확했다. 오히려 관대한 편이었다. 불과 6주 후 애플 주식은 한 주당 23달러 아래로 떨어졌고, 1년 안에 15달러 이하로 하락했다.

썬 마이크로시스템즈와 진행했던 협상이 결렬된 직후, 《비즈니스위크》는 검은색 배경 위에 배치한 무지갯빛 애플 로고로 표지를 장식했다. 회색의 굵은 글씨로 적힌 표지 제목은 〈미국 아이콘의 몰락The Fall of an American Icon〉이었다. 기사 내용은 "거의 붕괴 직전 상태"에 처한 애플의 상황을 정확히 묘사하며 "긴급 경영 진단"이 필요하다고 지적했다.[7] 이 기사는 큰 반향을 불러일으켰다. 애플의 다른 수석부사장인 게리노 데루카Guerrino de Luca는 잡지가 발행된 주에 샌프란시스코에서 주택 구매 계약을 진행 중이었다. 이미 주택담보대출을 승인받았고 매수 제안까지 완료한 상태였다. 모든 것이 순조롭게 진행되었으나 《비즈니스위크》의 구독자였던 집주인이 바로 그 기사를 보고 불안해했다. "이 사람, 애플 직원이잖아요!" 그는 항의했다. 데루카의 은행 담당자는 아무런 문제가 없으며 대출도 이미 승인된 상태라고 설명했지만, 집주인은 들으려 하지 않았다. 결국 데루카의 매수 제안은 거절당하고 말았다.

떠나는 잡스, 추락하는 애플

어떤 면에서는 더 낮은 원가와 더 뛰어난 유통망을 갖추고 컴퓨터를 판매해온 경쟁자들에 맞서 여기까지 살아남았다는 사실이 놀라운 일이었다. 애플의 생존은 창업자들의 두 가지 상반된 힘이 만들어낸 결과였다. 첫 번째 힘은 스티브 워즈니악Steve Wozniak의 주도로 개발된 '애플 II'였다. 1977년에 출시된 이 제품은 PC의 표준을 제시한 최초의 모델로, 이후 10년간 애플의 가장 중요한 수익원이 되었다. 두 번째 힘은 맥의 OS인 '맥 OS'의 진보된 기술력이었다. 1984년 당시 28세에 불과했던 소년 같은 인상의 잡스는 청중으로 가득 찬 강당에서 극적인 방식으로 애플 II의 후속작인 맥을 공개했다. 여기에 탑재된 맥 OS는 당시 기준으로 10년은 앞선 기술이었다. 잡스가 그때만 해도 생소한 입력장치였던 마우스를 클릭하고 맥이 말을 시작하자 청중은 순간 숨을 멎은 듯 조용해졌다. 기계적인 합성 음성으로 맥은 이렇게 인사했다. "안녕하세요. 저는 매킨토시입니다." 마치 시리의 할아버지와 같은 음성이었다. "가방에서 나오니까 정말 기쁘네요(당시 잡스는 가방에서 맥을 꺼내는 퍼포먼스를 선보였다—옮긴이)."

그러나 다음 해 잡스가 쫓겨난 이후, 애플은 결국 시대의 흐름을 따라잡지 못했다. 아니, 정확히 말하자면 마이크로소프트가 애플을 따라잡았다. 이 소프트웨어 스타트업은 1970년대 후반 애플 II용 프로그래밍 언어를 개발해주었던 중요한 협력사였다. 그러나 이후 10년 동안 마이크로소프트는 맥 OS를 모방해 IBM과 다른 PC 제조업체들을 위한 각종 OS를 만들었고, 그 정점이 윈도우 95였다. 윈도우가 맥 OS만큼 우아하지 않다는 사실은 별로 중요하지 않았다. 마이크로소프트가 어떤 제품을 내놓든 그것이 곧 업계 표준이 되었기 때문이다. 델, IBM, HP, 컴팩Compaq을 비롯한 애플의 모든 경쟁자가 윈도우 기반 PC를 내놓았다. 1990년대의 PC 대중화 붐은 서드파티 개발자들이 만든 다양한 응용프로그램에 대한 수요를 폭발적으로 증가시켰고, 이 개발자들은 자연스럽게 시장점유율 90퍼센트 이상을 차지한 윈도우 사용자를 우선시하게 되었다.

하드웨어 측면에서도 상황은 다르지 않았다. 1991년 애플은 노트북과 데스크톱 생산을 위해 파운틴에 공장을 지었다. 한 차례의 지진을 겪으며 북미 지역의 모든 생산거점을 샌프란시스코 베이 에어리어에 집중시키는 게 과연 타당한지 의문이 제기되자 내려진 결정이었다. 애플은 비용 절감뿐 아니라 탄력성도 원했다. 그러나 델과 컴팩 같은 PC 업계의 선두 기업들이 유통, 물류, 제조 효율을 크게 개선해나가는 동안, 파운틴 공장은 가격이나 생산 규모 측면에서 경쟁력을 갖추지 못했다. PC업계는 범용 부품과 서드파티 공급업체 간의 치열한 경쟁에 의존해 원가를 낮출 수 있었던 반면, 애플은 소량 생산되는 맞춤형 부품을 많이 사용했다. 자연스레 생산 비용은 더 늘었고, 각 부품이 제대로 조립되도록 직접 관리해야 하는 경우도 잦았다.

1996년이 되자 애플은 한물간 기업으로 전락하고 말았다. 개발자들에게 외면받는 현실과 혁신적 우위를 상실한 것에 대해 불만이 쌓이며 사용자가 줄어들었고, 단지 값비싼 컴퓨터를 만드는 회사로 쪼그라들었다. 애플은 시장에서 의미 있는 존재로 남기 위한 필사적인 시도로 프린터, 스캐너, 카메라, 심지어 '애플 뉴턴Apple Newton, 이하 뉴턴'이라는 PDA까지 온갖 전자제품을 팔았다. 그러나 방향성과 전략은 실종된 상태였고, 팔리지 않은 재고는 산더미처럼 쌓여갔다.

애플이 잘못한 일들의 목록은 끝이 없었고, 실수 또한 셀 수 없었다. 한 벤처투자자는 "애플 경영진은 전쟁범죄로 재판을 받아야 마땅합니다"라고 말할 정도였다.[8] 잡스는 그 책임을 존 스컬리John Sculley에게 돌렸다. 스컬리는 잡스가 직접 영입한 CEO였지만, 결국 갈등 끝에 1985년 잡스를 축출하고 10년 넘게 애플을 이끌었다. 잡스의 시각에서 스컬리는 전략적으로 집중하지 못했고, 자신이 키워온 혁신의 문화를 약화한 인물이었다. 그러나 실패의 역사는 그보다 더 거슬러 올라가 1981년

8월, 26세였던 잡스가 방금 출시된 IBM의 첫 PC인 'IBM PC'를 처음 들여다봤을 때부터 시작되었다. 그는 그 안에 담긴 의미를 완전히 오해했다.

잡스가 이해하지 못한 IBM PC의 탁월함

IBM PC가 나오기 몇 달 전만 해도, 창업한 지 5년밖에 되지 않은 애플은 막 태동하던 PC 시장의 초기 선도자였다. 애플 II는 상당한 시장점유율을 확보했으며, 단순함과 우아함으로 명성을 얻고 있었다. 애플보다 40배나 더 큰 규모를 자랑했던 IBM은 PC를 만들지 않았지만, 메인프레임(다수의 사용자가 동시에 접속해 작업할 수 있는 대형 컴퓨터—옮긴이)의 제조, 판매, 유지, 보수라는 훨씬 더 거대한 시장을 거의 독점하고 있었고, 세계에서 가장 가치 있는 기업이었다.[9] 훗날 마이크로소프트의 CEO를 지내게 되는 젊은 시절의 스티브 발머Steve Ballmer는 IBM을 떠올리며 "컴퓨터산업의 태양이자 달이며 별"이라고 생각했을 정도였다.[10]

잡스는 수개월 동안 IBM의 시장 진입 가능성에 대해 불안해하고 있었다. '빅 블루Big Blue'라는 별명으로 불리던 IBM이 획기적인 기술을 선보일까 봐 두려워했다.[11] 그는 IBM이 괜찮은 수준의 PC를 발표하되, 가격이 너무 비싸 대중이 접근할 수 없는 제품이길 희망했다. 그렇게 되면 PC라는 개념 자체에 정당성이 부여되어 업계 전체에 도움이 될 수 있었기 때문이다.

그러나 빅 블루는 잡스의 예상 중 어느 쪽도 따르지 않았다. IBM은 자신들의 관료주의적 문제점을 인식하고 파격적인 결정을 내렸다. 바로 플로리다주 보카러톤에 12명으로 구성된 태스크포스팀을 꾸려, PC를 완전히 처음부터 개발해 시장에 출시하는 임무를 맡겼던 것이다. 태스크포스팀에 1년의 시간만을 허락한 IBM은 개발 속도와 대규모 생산을 최우선 과제로 설정했는데, 그들은 이 과제를 놀랄 만큼 성공적으로 달성했다. IBM은 메인프레임과 관련해서는 거의 모든 부품을 직접 제조하는 것으로 유명했지만, 태스크포스팀은 정반대의 접근 방식을 택했다. 즉 거의 모든 부품을 공급업체들에서 조달해 조립하는 방식으로 PC를 만들었다. IBM 내부에서도 부품을 공급받았으나, 그럴 때조차 입찰 경쟁을 붙였다. OS를 위해서는 당시 거의 알려지지 않았던 몇 명의 괴짜 프로그래머가 이끄는 스타트업을 찾아냈다. 뉴멕시코주 앨버커키에 있던 이 작은 집단은 자신들을 '마이크로-소프트Micro-Soft'라 불렀고, 리더는 25세의 빌 게이츠Bill Gates였다.

  IBM PC의 작동 방식은 평범했지만, 조립 방식에서 혁신을 이루었다. 그러나 잡스는 IBM이 이룬 탁월함을 전혀 이해하지 못했다. 1981년 8월 그는 IBM PC를 구매해 분해해본 뒤 쓸모없는 고철 조각이라며 폄하했다. 자신감이 얼마나 지나쳤던지 신문에 전면 광고를 내며 이렇게 썼다. "환영합니다, IBM. 진심으로요." 잡스의 오판은 곧 명백해졌다. 1980년 IBM의 PC 매출은 전무했지만, 불과 2년 뒤인 1982년에는 시장점유율 16퍼센트를 달성했고, 애플은 그 절반에도 미치지 못했다. 그리고 1984년 IBM의 PC 매출은 60억 달러를 넘어서며 애플의 세 배에 달했다. 빅 블루의 전략은 그저 성공한 수준이 아니라 애플을 완전히 압도했다. 하지만 IBM PC에는 불행하게도, 그 전략의 탁월함 속에는 결국 자멸로 이어질 씨앗 또한 함께 심겨 있었다. IBM은 마이크로

소프트가 OS를 다른 업체에도 제공할 수 있도록 허용했다. 이후 컴팩과 피닉스 테크놀로지스Phoenix Technologies 같은 컴퓨터 제조사들이 PC를 복제하는 방법을 알아내면서 IBM은 비용, 브랜드, 제조, 물류 등 모든 면에서 격렬한 경쟁에 휘말리게 되었다. 1990년대 초 IBM은 여러 전선에서 패배하고 있었고, 이 전략적 실수는 IBM뿐 아니라 애플의 생존에도 위협이 될 만큼 중대한 영향을 미쳤다.

몇 년이 지나자 컴퓨터 제조사들은 IBM PC가 정립한 표준을 받아들이거나 시장에서 사라졌다. 애플만이 유일하게 살아남았다. 만약 애플이 계속해서 혁신의 원동력으로 자리 잡았더라면, 오히려 번영할 수도 있었을 것이다. 하지만 그런 일은 일어나지 않았다. 윈도우 진영이 맥 OS의 수준을 따라잡자 애플의 높은 가격은 정당성을 잃었고, 시장 점유율 또한 무너졌다. 이 모든 사건은 15년에 걸쳐 일어났는데, 그 시작점은 결국 잡스가 첫 IBM PC를 하찮게 여겼던 순간으로 거슬러 올라간다.

잡스의 실수는 PC 경쟁이 애플의 기준, 즉 사용성과 디자인에 있다고 가정한 데 있었다. 하지만 IBM은 그와는 전혀 다른 접근을 택했다. 바로 '개방형 아키텍처open architecture'(규격이 공개되어 하드웨어나 소프트웨어를 자유롭게 개발하거나 연동할 수 있는 구조—옮긴이)를 도입했던 것이다. 이는 비용을 낮추고 경쟁을 촉진했으며 규모의 경제를 가능하게 했다. IBM은 PC 시장에서 새로운 플레이어였지만, 브랜드 신뢰도는 흠잡을 데 없었다. 그 시절 수백만 명의 미국인이 이름을 댈 수 있는 테크기업은 단 하나였고, 그것은 바로 IBM이었다. 이제 그 IBM이 소프트웨어와 하드웨어 양쪽 모두에서 수많은 서드파티업체의 지원까지 받고 있었다.

서드파티 개발자는 무임승차 중?

애플도 당연히 이런 지배적인 역할을 할 수 있었고, 한때는 그런 역할을 실제로 한 적도 있었다. 워즈니악의 주도로 개발된 애플 II는 잡스의 반대를 무릅쓰고 여덟 개의 확장 슬롯과 플로피디스크드라이브를 갖춘 개방형 아키텍처로 설계되었다. 이러한 구조 덕분에 서드파티 업체들이 애플 II를 위한 다양한 부품과 앱을 개발할 수 있었고, 그 결과 이 제품은 단순한 취미용이나 게임용을 넘어 업무 환경에서도 쓰일 수 있는 플랫폼으로 진화했다. 이 개방성은 1979년 10월, 획기적인 스프레드시트인 비지캘크VisiCalc의 탄생으로 이어졌는데, 이는 PC 역사상 최초의 킬러앱(하드웨어를 구매하게 할 정도로 매우 탁월한 앱—옮긴이)으로 평가받는다.[12] 초창기 워드프로세서 중 하나인 이지라이터EasyWriter와 함께 비지캘크는 애플 II를 단순한 장난감에서 실용적인 업무 도구로 탈바꿈시키는 데 크게 이바지했다.

애플 II의 개방성은 독특한 특징이었으며, 이는 성공의 핵심 요인으로 작용했다. 빅 블루가 IBM PC를 처음 출시한 것은 1981년이었다. 그때쯤 애플은 이미 다양한 앱과 주변기기를 개발하는 개발자 커뮤니티를 구축해놓은 상태였다. 그 과정에서 애플 자체의 비용은 거의 들지 않았다. 반면 아타리는 인기 비디오게임 '퐁Pong'의 개발사이긴 했지만, 자사 컴퓨터의 소스 코드를 프로그래머들에게 공개하지 않았고, 소매 유통의 강자였던 라디오섁RadioShack은 매장에서 경쟁사들의 소프트웨어 판매를 금지하는 정책을 유지했다. 역사학자인 레인 누니Laine Nooney는《애플 II의 시대The Apple II Age》에서 이를 다음과 같이 표현했다. "애플의 견고한 시스템과 자율성을 보장하는 접근 방식은 애플이 업계를 지배하기 위해 필요했던 비전문 사용자들을 위한 시장을 만들어냈다."[13] 1983년 말까지 애플 II는 시중의 어떤 컴퓨터보다 많은, 무려 2,000개가 넘는 프로그램 목록을 갖추게 되었으며, 사용자들이 컴퓨터라는 세계의 가장 폭넓은 가능성과 상호 작용할 수 있게 해주는 기반이 되었다.

그러나 잡스는 서드파티 개발자들을 무임승차자로 여기며 분개했다.[14] 1980년 초 잡스는 애플 이사회 의장이었던 마이크 마쿨라Mike Markkula와의 회의에서 애플 II를 기반으로 한 서드파티업체들의 증가에 불만을 드러냈다. 두 사람은 서로에게 이렇게 물었다. "왜 우리가 만든 혁신으로 다른 사람들이 돈을 벌도록 내버려둬야 하지?" 수년 후 이 회의에 참석했던 한 인사는 애플이 그때부터 서드파티 개발자들을 "적대적으로 대하기" 시작했다고 회상했다. 마이클 멀론Michael Malone이 집필한 《인피니트 루프Infinite Loop》에 따르면, 이 인사는 이렇게 말했다. "시간이 지나면서 상황은 더 악화되었고, 단순히 돈이 아니라 자존심의 문제가 되어버렸어요. 애플 내부에는 애플보다 더 잘할 수 있는 사람은 없다는 태도가 자리 잡았습니다. 그래서 키보드부터 온갖 부품까지 전부 스스로 만들려 했고, 결국 애플 컴퓨터는 경쟁사 제품보다 훨씬 더 비싸질 수밖에 없었습니다."

애플의 가내수공업 대 IBM의 자동화

1996년 파운틴 공장을 인수하기 위해 오설리반과 협상했던 SCI는 IBM의 성공에 굉장히 중요한 역할을 했지만, 지금은 거의 잊힌 존재다. IBM PC가 출시되었을 때 IBM은 회로기판을 만들기 위해 정밀공학 분야에서 경험이 있던 SCI에 의존했다. 회로기판은 전자제품이 작동할 수 있도록 해주는 컴퓨터의 핵심 구성 요소다. 1976년 출시된 애플의 첫 번째 컴퓨터였던 애플 I은 워즈니악이 설계한 "완전하게 조립만 되어 있는" 회로기판에 불과했다.

애플이 회로기판을 조립하기 위해 처음 택한 전략은 잡스의 어린 여동생이자 임신 중이었던 패티 잡스Patty Jobs를 고용하는 것이었다. 그들은 패티에게 회로기판 한 장당 1달러를 지급했다.[15] 멀론은 당시 상황을 다음과 같이 묘사했다. "커피 테이블 위에는 회로기판들이 쌓여 있었고, TV에서는 드라마가 흘러나오고 있었다. 거실 소파에 자리 잡고 앉은 패티는 어깨에 전화기를 끼운 채 친구들과 수다를 떨면서, 녹색 식탁 매트만 한 유리섬유 회로기판의 구멍에 애벌레처럼 생긴 작은 집적회로들을 줄지어 꽂고 있었다. 그는 아주 능숙한 작업자는 아니었다. 부품이 제대로 들어맞지 않을 때는 억지로 눌러 끼우는 경향이 있었고, 그로 인해 작은 금색 다리들이 구부러지면서 나중에 합선이 발생할 위험을 만들기도 했다. 그렇지만 패티는 싸고, 꼼꼼하며, 무엇보다 언제든 쓸 수 있는 인력이었다."

더 대중적인 제품이었던 애플 II의 경우, 작은 팀이 모든 부품을 모은 다음 작은 키트 단위로 분류했다. 며칠에 한 번씩 이 키트들은 캘리포니아주 로스알토스에 사는 한 주부에게 전달되었고, 그는 동남아시아 출신의 이민자 여성들과 미등록 멕시코인들로 가득한 주택과 아파트들을 중심으로 분산된 조립 네트워크를 조율했다. 멀론은 이렇게 썼다. "그 누구도 최저임금, 사회보장, 작업장 안전법 같은 말은 꺼내지 않았다. 애플 II는 관료적인 번잡한 절차와 사무 노동의 속박에서 사람들을 해방할 기계로 홍보되었지만, 실제로는 1년이 넘도록 노동환경이 열악한 공장에서 불공정하게 생산되고 있었다."

반면 IBM은 SCI를 선택했는데, SCI가 로켓을 제작하는 과정에서 SMT(표면실장기술), 즉 각종 부품을 회로기판에 직접 납땜해 안정적으로 조립할 수 있는 자동화 기법을 선도적으로 개발했기 때문이다. 컴퓨터가 점점 소형화되고 대중화되면서 '보드 스터핑board stuffing'이라 불리는 이 기술의 발전은 경쟁 우위를 결정짓는 요소가 되었고, IBM은 이를 바탕으로 대량생산과 저비용 생산을 동시에 실현할 수 있었다. 애플은 워즈니악 덕분에 정교하게 설계된 회로기판이 탑재된 혁신적인 컴퓨터를 만들어냈지만, IBM은 회로기판의 생산방식을 혁신함으로써 시장 지배력을 확보했다. 1980년대에 IBM과 애플 양쪽에서 근무했던 제이 엘리엇Jay Elliot은 이렇게 설명했다. "SCI야말로 컴퓨터를 실제로 작동하게 한 핵심이었어요. 컴퓨터가 제대로 기능하게 해주는 본질이자 연결 고리 같은 존재였습니다. SCI는 자동화 생산방식을 본격적으로 도입한 회사였어요."

전자제품 위탁생산이 시작되다

SCI의 창립자이자 CEO였던 킹은 이후 산업 전체의 전형이 될 만한 일을 해냈다. 그는 회로기판에 대한 전문 지식을 바탕으로 SCI가 그 인접 영역까지 사업을 확장하도록 이끌었다. SCI는 단순한 부품 납품을 넘어 제조공정에 대해 더 깊이 배우고 최신 유통 방식을 익힘으로써 부분조립subassembly 수주를 따내기 시작했고, 이후에는 전체 컴퓨터 제작까지 맡게 되었다. 심지어 IBM PC를 모방한 복제품까지 생산했나. SCI가 단순히 회로기판만 만들던 시절에는 그저 하나의 납품업체에 불과했지만, 아예 조립을 대행하기 시작했을 때 새로운 산업이 탄생했다. 그것이 바로 전자제품 위탁생산이다.

초기에 킹은 온갖 종류의 저항에 부딪혔다. 1980년대 초반 미국은 제조업에 정말로 관심이 많았다. 킹의 아이디어는 단지 새롭다는 것을 넘어 불쾌하게 받아들여졌다. 킹은 당시를 이렇게 회상했다. "나는 수없이 많은 곳에서 쫓겨났습니다. 제조업자에게 제조를 포기하라는 말은 사회적으로 용인되지 않는 일이었어요."[16] 하지만 킹이 제안한 모델의 경제적 논리는 매우 매력적이었다. 자체 공장을 운영하는 방식은 비용이 많이 드는 일이었다. 정규직 노동자에게는 수요가 줄어들거나 작업이 없는 시기에도 연중 내내 급여를 지급해야 했다. 킹은 제조를 하나의 서비스로 제안했다. 고객은 필요한 만큼만, 필요한 시점에만 비용을 지급하면 되었다. 고객이 많아질수록 자원을 더 효율적으로 배분할 수 있었고, SCI는 제조 노하우를 점점 더 축적해나갔다. 그는 기업들의 고정비 부담을 덜어주었고, 계약 조건에 따라서는 제품 결함에 대한 책임까지도 떠맡았다.

이 아이디어는 빠르게 힘을 얻었다. SCI의 매출은 1981년 4500만 달러에서 1985년에는 5억 달러로 급증했고, 최대 고객은 IBM이었다.[17] 곧 소렉트론Solectron, 플렉스트로닉스Flextronics, 셀레스티카Celestica, 자빌Jabil 같은 기업이 SCI의 뒤를 따랐다. 북미에 기반을 둔 이들 기업은 함께 힘을 모아 자체 생산과 수직통합(생산부터 유통까지 한 기업이 모두 운영하는 전략―옮긴이)을 고수하던 PC업계의 기존 모델을 사실상 무너뜨렸다. 1990년대 중반이 되자 대세는 완전히 기울었다. 윈도우 95는 맥 OS만큼 우아하지는 못했지만 충분히 쓸 만했고, SCI가 주도했던 생산 혁신 덕분에 PC는 점점 더 범용화되고 가격도 저렴해졌다. 애플이 뒤처지지 않기 위해 고군분투하던 그 시기, SCI는 《포춘》이 선정한 500대 기업에 이름을 올렸고, 17개국에 사업장을 운영하며 3만 명 이상의 직원을 거느린 세계 최대 전자제품 조립업체로 성장했다.

애플의 항복 선언

이런 이유로 애플이 파운틴 공장을 SCI에 매각한 일은 곧 항복을 의미했다. 공장을 넘긴다는 것은 잡스와 워즈니악이 차고에서 제품을 만들던 시절부터 지켜온 신념, 즉 제조를 통해 애플의 운명을 통제하겠다는 전략이 더는 유지될 수 없음을 명확히 보여주는 사건이었다. 공장을 인수하고자 하는 기업이 마이크로소프트 못지않은 경쟁사인 SCI라는 점도 의미심장했다. SCI는 애플을 몰락으로 이끈 전략을 선도한 기업이었다. 이제 오설리번은 애플의 재정 상황이 얼마나 심각한지를 인식한 나머지, 협상에서 어떤 수단도 포기한 채 거래를 서둘러 진행시켜야 했다. 결국 '헌츠빌에서 온 심술궂은 노인들'은 그 공장을 약 2억 달러에 인수했고, 애플 직원들은 다음 주 목요일에 급여를 받을 수 있었다. 이후 애플은 비용 절감을 위해 유사한 방식으로 자산을 잇달아 매각했으니, 전 세계적으로 4,200명의 정규직을 감축하고 운영을 축소하는 새로운 전략으로 방향을 전환했다.

오설리번은 애플 역사상 처음으로 '아웃소싱 그룹'을 조직했다. 목표는 '균형 잡힌 생산 전략'을 구축하는 것이었다. 그러나 재고가 쌓이기 시작하자 '균형'이라는 말은 사치에 불과해졌다. 애플은 생존을 위한 경쟁에 놓였다는 현실을 인식하고 나서, 결국 서의 모든 생산공정을 아웃소싱하기로 했다. 제품 조립은 대만을 중심으로 한 아시아 지역으로 이전되었고, 1980년대 초부터 아일랜드와 싱가포르에서 자체적으로 생산해오던 회로기판은 싱가포르에 본사를 둔 냇스틸NatSteel 같은 공급업체들에 넘겨졌다. 오설리번은 어느 주말에 아일랜드 섀넌공항의 활주로를 내달리던 보잉 747기 두 대를 기억하고 있다. 해당 비행기들은 아일랜드 제2의 도시인 코크에 있던 애플 공장의 회로기판 생산라인을 통째로 옮기는 중이었다. 싱가포르에서도 똑같은 일이 벌어졌다. 최후까지 수직통합 모델을 고수하던 애플이 방향을 바꾸고 있었다.

2장 아웃소싱으로 마련한 돌파구

　　　　　이전까지 애플은 아웃소싱을 전략이 아니라 전술 차원에서만 활용했다. 가령 일회성 프로젝트나 숙련된 제조 역량을 갖추지 못한 제품에만 적용하는 식이었다. 애플은 아웃소싱의 작동 방식은 알고 있었다. 실제로 10여 년 전, 어느 일본 기업과의 협력이 창피한 실패로 끝날 뻔한 위기에서 맥을 구해내기도 했다.

　1984년 1월 24일, 애플 II의 후속작으로 출시된 맥은 사용자가 복잡한 명령어를 일일이 입력할 필요 없이 시각적 아이콘과 창 그리고 드래그앤드드롭을 이용해 컴퓨터와 상호 작용할 수 있는 GUI(그래픽사용자인터페이스)를 선보였다. 이는 시대를 앞선 기술이었으나, 제대로 구현하기에는 맥의 메모리가 부족했다. 음성으로 자신을 소개했던 시연용 맥은 사실 소비자에게 실제 판매하는 128킬로바이트 모델이 아니라 512킬로바이트 모델이었다. 더 큰 문제는 맥용 프로그램 개발자가 극히 드물었다는 것이다. 그 결과 큰돈을 들여 제품을 구매한 소비자들은 실제로 할 수 있는 일이 거의 없었다. 애플은 개발자들을 끌어들이기 위해 노력했으나, 기존과는 전혀 다른 방식으로 소프트웨어를 개발해야 했기 때문에 어려움이 있었다. 심지어 프로그래머들에게 사전 세 권 분량에 달하는 매뉴얼이 따로 제공될 정도였다. 애플의 첫 번째 정규직 직원인 빌 페르난데스Bill Fernandez는 이렇게 회상했다. "디자인팀으로서 우리는 '와, 이건 정말 환상적인걸!' 같은 반응이 터져 나오리라 기대했지만, 실제로는 그렇지 않았습니다. 아무도 이해하지 못했어요."

실패작 매킨토시

맥은 "우리 모두를 위한 컴퓨터"라는 슬로건을 달고 시장에 등장했지만, 실상은 그렇지 않았다. 디자인팀은 1,000달러짜리 컴퓨터를 만들고자 했으나, 개발 과정에서 비용이 크게 불어나게 되었고, 잡스가 펩시에서 영입한 CEO 스컬리는 최종 가격을 2,500달러로 인상했다. 잡스가 주도한 생산 전략의 차질도 실패의 한 요인이었다. 그는 애플 II를 한 대 생산하는 데 6분이 걸렸던 기존 방식과 달리, 맥을 27초마다 한 대씩 생산하기 위해 프리몬트에 2000만 달러를 들여 최첨단 공장을 건설했다.[18] 그러나 부품 공급이 제때 이루어지지 않아, 생산라인은 몇 주씩 멈춰 섰다. 한술 더 떠 생산량 자체가 공장이 효율적으로 가동되기 위해 요구되는 수준에 도달하지 못했다.

부족한 메모리, 적은 수의 앱, 높은 가격 그리고 잘못된 생산 전략이 맞물리며 초창기 맥은 실패로 귀결되었다. 하지만 애플이 이 사실을 인식하는 데는 거의 1년이 걸렸고, 받아들이기까지는 더 오랜 시간이 필요했다. 당시만 해도 최신 제품을 가장 먼저 사용하고 싶어 하는 열성적인 소비자층인 얼리 어답터라는 개념을 거의 이해하지 못했기 때문이다. 이들 덕분에 맥 판매가 순조롭게 시작되어 첫 분기에 수익이 발생하자, 잡스는 애플이 9월까지 월 8만 대의 맥을 판매하게 될 것으로 예측했다.[19] 그러나 실제 판매량은 오히려 감소해 월 5,000대 수준까지 떨어졌다. 애플은 이를 만회하고자 큰 비용을 들여 마케팅 캠페인을 벌이면서 크리스마스 시즌을 겨냥해 생산량을 대폭 늘렸다.[20] 그 결과 1985년 1월 둘째 주가 되자 애플의 매출이 7억 달러에 이르렀다는 초기 징후가 포착되었다. 이는 전년도 크리스마스 시즌의 두 배가 넘는 수치였다. 그러나 당시에는 실시간 판매 정보를 파악하는 시스템이 갖춰져 있지 않아, 소매 유통망 곳곳에서 맥이 팔리지 않은 채 쌓여가고 있다는 사실을 인지하는 데 몇 주가 걸렸다. 소비자들이 실제로 구매한 것은 5억 달러어치에 달하는 애플 II였다. 맥에 대한 수요가 기대에 한참 못 미치자, 잡스와 스컬리는 월스트리트에 실적을 발표할 때 제품별 판매 성적을 공개하지 않기로 했다. 기업 운영을 담당하던 엘리엇은 이렇게 말했다. "맥의 실적이 이렇게 형편없다는 사실을 세상에 알리고 싶어 하는 사람은 아무도 없었어요."

애플 II의 주역이었던 워즈니악은 분노했다.[21] 수년 동안 그는 애플 II 개발팀을 "얼간이" 취급하는 잡스의 횡포를 참아왔다. 그런데 회사가 실적을 견인하는 애플 II의 지배적 역할마저 숨기자, 워즈니악은 스컬리에게 전화를 걸어 주주들을 기만하고 있다고 강하게 비난했다.

맥을 살리기 위해서는 핵심 소비자층이 필요했다. 그리고 결정적으로 킬러앱이 필요했다. 바로 그 점이 맥을 일본으로 이끌었다.

일본에서 찾은 돌파구

1984년 여름, 잡스와 엘리엇 그리고 대여섯 명의 엔지니어가 보잉 747기에 탑승했다. 그들은 프라이버시를 확보하고자 일등석 구역 전체를 구매했고, 커다란 원형 테이블 위에 당시 설계 중이던 컨트롤러 보드controller board의 도면을 펼쳐놓았다. 곧 열 시간에 걸친 비행이 시작되었으니, 이로써 맥을 살려낼 예상 밖의 프로젝트가 시작되었다.

한편 쿠퍼티노의 문서화팀은 서랍 세 칸짜리 캐비닛만 한 크기의 아주 비싼 제록스 레이저프린터를 구매해 사용하고 있었다. 잡스의 요구에 따라 맥은 여러 개의 아름다운 글꼴을 지원했지만, 프린터가 없으면 그 글꼴들은 화면 속을 벗어나지 못했다. 애플은 1982년부터 도트프린터를 생산했지만, 도트프린터의 픽셀 기반 인쇄 방식으로는 맥이 구현해내는 정교한 이미지를 제대로 다룰 수 없었다. 그러던 중 누군가가 캐논이 저가형 레이저프린터를 개발 중이라는 소식을 듣고 영감을 얻었다. 페르난데스에 따르면, 당시 애플은 '캐논은 품질 좋은, 신뢰할 수 있는 제품을 만든다. 그걸 맥에 호환되는 레이저프린터의 엔진으로 활용할 수 있겠다'라고 판단했다. 캐논의 레이저프린터를 연결할 수 있는 컨트롤러 보드를 설계해본 애플은 이 구상이 실현 가능하다는 결론에 도달했다. 이에 잡스 등이 일본으로 향하는 비행기에 올랐고, 비행 중에도 회로도 작업을 이어갔던 것이다.

애플은 첫 맥의 시제품 제작을 도와준 컨설팅기업인 프로그 디자인Frog Design에 의뢰해 고급스러운 흰색 플라스틱 케이스를 구상하도록 했다. 케이스와 컨트롤러 보드 생산을 캐논이 담당하기로 했다. 애플은 이미 소니를 비롯한 일본 부품업체들과 긴밀하게 협력해 디스크드라이브를 제작하는 등 아시아에서 공급되는 부품들에 상당 부분 의존하고 있었다. 레이저라이터LaserWriter는 애플이 직접 설계하고 애플 브랜드를 달았으면서도 제작은 제3자가 한 최초의 주요 제품이었다.

애플은 이 제품의 가격을 7,000달러로 책정했는데, 일반 소비자에게는 터무니없이 비싼 금액이었지만, 출판업계에는 적절한 수준이었다. 당시 레이저프린터는 보통 3만 달러 이상을 호가했기 때문이다. 애플은 단순히 뛰어난 제품 하나를 설계한 데 그치지 않고, 맥과 레이저라이터를 묶은 완성형 패키지를 약 1만 달러에 제공했다. 이전까지 맥은 너무 비싸다는 평가를 받아왔다. 그러나 훨씬 고가의 프린터와 함께 제공되자, 전체 패키지는 오히려 저렴하게 느껴졌다. 레이저라이터는 이후 어도비라는 작은 스타트업의 지원을 받아 본격적으로 날아올랐다. 어도비가 개발한 디지털 인쇄 프레임워크인 포스트스크립트PostScript 덕분에 사용자는 기존 PC에서는 상상도 할 수 없던 방식으로 다양한 서체를 고품질로 그리고 복잡한 레이아웃으로 자유롭게 다룰 수 있게 되었다. 그리고 맥은 마침내 페이지메이커PageMaker라는 첫 번째 킬러앱을 얻게 되었다. 페이지메이커는 레이아웃을 손쉽게 디자인할 수 있는 단순한 UI(유저인터페이스)를 제공했다. 맥, 레이저라이터 그리고 페이지메이커의 조합은 '데스크톱 출판desktop publishing'이라는 전혀 새로운 가능성을 열어주었다. 그 후 수년간 인쇄업에 종사하는 사람이라면 누구나 맥을 갖고 싶어 했다. 그리고 곧 다양한 소책자나 팸플릿을 인쇄하려는 이들까지 맥을 찾기 시작했다. 이에 대해 멀론은 "이 사업이 워낙 탄탄했던 나머지, 1985년 중반의 암울한 시기에는 애플이 컴퓨터회사가 아니라 프린터회사라고 주장해도 손색이 없을 정도였다"라고 썼다.

레이저라이터는 애플이 학생들, 혁신가visionary 그리고 세상을 바꾸고자 하는 사람들을 위한 컴퓨터회사라는 정체성을 강화하는 데 도움을 주었다. 그러나 레이저라이터의 성공이 잡스를 구하기에는 다소 늦은 감이 있었다. 맥이 기대에 미치지 못하자 잡스는 최악의 본성을 드러냈고, 스컬리와의 갈등은 점점 심해졌다. 스컬리와 벌인 이사회 결전에서 패한 뒤, 잡스는 대부분의 직무에서 해임되었고, 결국 1985년 9월 16일 사임했다. 그의 사직서는 아름다웠다. 그는 사직서를 새로 나온 레이저라이터로 출력해 제출했다.

애플을 살린 프랑스인 반미주의자

잡스가 회사를 떠날 무렵, 애플은 이미 일본과 강한 협력 관계를 구축해나가고 있었다. 1980년대 초에 잡스는 도쿄를 자주 방문했는데, 소니의 워크맨과 자동화 제조 기술의 부상에 점차 빠져들고 있었다. 엘리엇은 잡스와 함께 소니 임원진과 일본의 전통 코스 요리인 가이세키를 즐겼던 자리를 떠올렸다. 그 식사는 하루에 단 한 팀만 받는 호화로운 레스토랑에서 열렸다. 그러나 그 만남의 시작은 순조롭지 않았다. 엘리엇은 키가 193센티미터에 신발 크기도 300밀리미터였기에, 일본 전통 의상이 맞지 않았다. 엘리엇은 당시를 회상하며, "그들은 어찌할 바를 몰라 당황해했어요. 정말 속상해 보였습니다"라고 말했다. 그와 잡스는 다다미 위에 앉아 코스 요리 사이사이에 의례용 가면을 썼다. 하이라이트는 화려하게 장식된 나무망치를 건네받아 점토 냄비를 깨뜨려 여는 순간이었다. 그 안에는 섬세하게 조리된 요리가 담겨 있었다.

처음에 일본인들은 격식과 질서를 중시하는 성향 때문에, 젊고 거침없는 백만장자인 잡스를 대하는 데 어려움을 겪었다. 한번은 디스크드라이브 조립을 맡길 공장을 방문한 잡스가 샘플 제품을 집어 들고 잠시 살펴본 뒤, 몹시 불쾌한 표정을 지으며 이렇게 소리쳤다. "이걸 왜 보여주는 거예요? 완전히 형편없는 물건이잖아요! 이거보다 나은 디스크드라이브는 아무나 만들 수 있겠는데요."²² 그래서 공급업체의 CEO를 만나는 일은 나이 많은 엘리엇이 주로 하고, 잡스는 뒤에 남아 엔지니어들과 시간을 보냈다. 잡스가 회사를 떠난 뒤에는 애플 임원들의 일본 출장이 줄어드는 듯했지만, 레이저라이터가 엄청난 수익을 올리며 상황이 달라졌다. 더 많은 애플 임원이 도쿄를 오가며 새로운 관계를 맺었고, 그 과정에서 제조 기술의 발전을 직접 눈으로 목격할 수 있었다.

그중에는 장루이 가세Jean-Louis Gassee도 있었다. 1986년 그는 애플 최초의 휴대용 컴퓨터 개발에 착수했는데, 무게가 7.3킬로그램에 달하는 '매킨토시 포터블'이라는 괴물 같은 기기였다. 가세에 따르면, 배터리로 작동하는 이 컴퓨터는 당시로서는 최첨단 기술이었지만, 애플이 자체적으로 생산하는 데 큰 어려움을 겪으며 출시가 계속 지연되었다. 1989년 마침내 제품이 시장에 나왔을 때는 이미 경쟁력을 상실한 상태였고, 게다가 7,499달러라는 가격은 제품의 상업적 성공 가능성을 어둡게 했다.

애플의 제조 역량이 부족하다는 사실에 좌절한 가세는 매킨토시 포터블의 후계자인 '파워북PowerBook'의 생산을 일본의 제조업체에 맡기자고 주장했다. 이 주장은 쿠퍼티노 내부에서 격렬한 논쟁을 불러일으켰고, 심지어 몇몇은 프랑스 출신인 가세를 가리켜 "반미주의자"라고 비난했다. 그러나 그는 이 논쟁에서 부분적인 승리를 거두었다. 애플은 가격대에 따라 파워북 100, 파워북 140, 파워북 160 이렇게 세 가지 모델을 설계했는데, 이 중 파워북 100의 조립을 일본에 맡기기로 한 것이었다. 소니는 이 도전에 응하기 위해 다른 프로젝트들을 중단하고 최고의 엔지니어 일곱 명을 투입했다. 애플이 제공한 반쪽짜리 분량의 기술사양서를 바탕으로, 소니는 4,500달러짜리 맥의 내부 구성을 2.3킬로그램짜리 노트북 폼팩터(전자제품의 물리적 형태와 구조—옮긴이)에 담아내는 데 성공했다.[23] 이 프로젝트는 설계부터 생산까지 불과 13개월 만에 완료되었고, 애플은 그 완성도에 감탄했다. 제품 가격은 2,300달러로 책정되었다.

가세에 따르면, "그게 바로 위탁생산의 시작"이었다. "예전에는 디스크드라이브 같은 부품만 받아와서 우리가 직접 조립했지만, 이 일을 계기로 일본 제조업체에 의존하는 문화를 갖게 되었습니다." 그는 소니가 보여준 비용 절감과 높은 품질이 일본 제조업체, 더 나아가 아웃소싱업체 전반의 역량을 일깨워주는 계기가 되었다고 말했다. "그들은 정말 훌륭했어요. 그리고 나에게는 분명해졌습니다. 우리, 즉 미국인들은 그들이 해내는 일에 도저히 경쟁이 안 된다는 걸요."

애플의 제품 외형과 사용자 경험을 설계하는 산업디자인팀Industrial Design team을 이끌었던 로버트 브루너Robert Brunner는 애플의 초기 아웃소싱 시도가 "자체적인 제조 역량이 없던 프린터와 디스플레이 분야"에서 시작되었다고 설명했다. 그 또한 파워북 100을 소니에 맡기기로 한 결정이 "정말 격렬한 논쟁" 끝에 내려졌다고 기억했다. 애플이 처음으로 생산 로드맵에 그것도 CPU 수준부터 외부 업체를 참여시키는 결정이었기 때문이다. 브루너는 "그건 정말 큰 전환점이었어요"라고 회상했다. 애플은 일본 제조업체의 품질과 세심함에 큰 충격을 받았다. 브루너는 이와 관련해 다음과 같이 고백했다. "파워북 100은 기계적·전자적 관점에서 볼 때 애플이 만든 파워북 140이나 파워북 160보다 더 뛰어난 제품이었어요. 소니는 소형 기기 제작과 관련해 정말 심도 있는 경험을 보유하고 있었습니다."

애플이 일본에서의 입지를 다져가던 1993년, 운영팀Operation team에 있던 오설리번은 도쿄로 파견되어 공급업체 품질관리 업무를 총괄하게 되었다. 그의 임무는 생산 과정을 감독하고 품질이 기준에 부합하는지 확인하는 것이었다. 오설리번은 당시를 이렇게 기억했다. "일본에 도착한 지 채 5분도 안 되어 바로 느꼈어요. '애플이 일본인들에게 가르쳐줄 건 아무것도 없겠구나.'"

점점 비싸지는 일본

애플의 아웃소싱 전략은 1993년 8월 뉴턴이 출시되면서 새로운 국면을 맞이했다. 뉴턴은 블랙베리의 전신이라 할 수 있는 제품으로 사용자가 펜으로 메모하고, 이메일을 읽고, 팩스를 보내고, 일정을 관리할 수 있도록 설계되었다. 그러나 핵심 기능이었던 필기 기능이 제대로 작동하지 않은 탓에 끊임없이 조롱받았다. 게다가 샤프가 맡은 생산도 완전한 실패로 이어졌다.

비용 문제도 중요한 이유였다. 일본은 노동력 부족, 임금 상승 그리고 엔고 때문에 더는 저렴한 제조거점이 아니었다. 1994년 엔화 가치는 1달러당 100엔 이하로 떨어졌는데, 1970년대 후반에 비해 절반 수준이었다. 한 전직 임원은 생산 비용 상승을 부른 엔화 강세가 애플이 "다른 시역을 검토하게 된 계기"가 되었다고 회상했다. "너 이상 일본은 아시아에서 제조와 개발의 중심지가 아니었어요." 또한 일본 기업들이 설계를 정교하게 구현해내는 능력은 뛰어나지만, 협업 능력 면에서는 부족함이 있다는 점도 알게 되었다. 한 제품 매니저는 당시 분위기를 이렇게 기억했다. "그들은, 어쩌면 그럴 자격이 있었는지도 모르지만, 애플의 엔지니어링을 얕잡아보는 시각을 갖고 있었어요." 게다가 샤프가 애플과의 협력을 통해 얻은 기술과 경험을 바탕으로 자체 PDA를 출시하자, 애플은 분노했다.

뉴턴 사업부를 이끌던 벨기에 출신의 개스턴 바스티안스Gaston Bastiaens는 대안을 모색하고 있었다. 그는 그 과정에서 필 베이커Phil Baker를 찾았다. 베이커는 폴라로이드에서 15년간 제품 개발을 담당했고, 그 이전에는 아타리, 세이코 그리고 여러 휴대용 전자제품 스타트업에서 일한 경험을 갖춘 인물이었다. 당시만 해도 소형 전자제품에 대한 전문성은 매우 특별한 것이었는데, 차세대 뉴턴을 개발하기 위해 반드시 필요한 역량이었다. 바스티안스는 베이커에게 이렇게 제안했다. "자, 당신은 휴대용 전자제품을 개발해본 경험이 있잖아요. 우리는 뉴턴을 저렴하게 만들어야 하는데, 당신이 직접 그 일을 맡아줬으면 좋겠어요." 그러자 베이커가 되물었다. "좋습니다. 어디서 개발하기를 원하세요?" 바스티안스는 멍한 눈빛으로 그를 바라보며 대답했다. "모르겠어요."

뉴턴 사업부는 마치 분사된 조직처럼 회사 내에서 외면받고 있었다. 그러나 이러한 냉대는 한편으로 축복이기도 했다. 맥을 아시아에서 조립하겠다고 나섰다면 정치적 논란이 컸겠지만, 뉴턴은 어디서 만들어지든 관심을 두는 사람이 거의 없었기 때문에 상당한 자유를 누릴 수 있었다. 베이커는 미국은 관료적이고, 비용과 품질 면에서 이미 아시아에 한참 뒤처졌다고 생각했다. "아시아든 미국이든 위탁생산업체를 찾기로 하면, 아시아 업체들은 하루이틀 안에 연락이 옵니다. 미국 업체들은 보통 2주 후에야 회신이 와요."

대만으로 눈을 돌리다

베이커는 대만에서 일해본 경험이 있었고, 일본보다 훨씬 저렴한 생산거점이 될 수 있다는 점을 잘 알고 있었다. 실제로 대만이 산업 중심지로 부상한 데는 일본의 대형 제조업체들과 종합상사들의 역할이 컸다. 1960년대 이후 일본 기업들은 자국의 제조 비용 상승을 피하고자, 기계를 들여오거나 노동자를 훈련하는 방식으로 대만에 적극적으로 투자해왔다. 대만은 제2차 세계대전이 끝날 때까지 60년 동안 일본의 식민지였기 때문에, 현지 노동자가 35세 이상이라면 일본인 교육자와 의사소통에 큰 어려움이 없었다. 1994년 베이커가 제조업체들과 협업하기 위해 대만으로 향했을 당시, 대만은 수출 중심의 경제구조를 바탕으로 급속한 성장세를 보이고 있었다. 그는 곧 인벤텍Inventec의 CEO인 리처드 리Richard Lee와 협력 관계를 맺게 되었다. 리는 직원들을 잘 대우했으며, 계산기를 조립해본 경험도 있었다. 베이커는 곧 대만 업체들이 일본 업체들보다 훨씬 유연하고 빠르다는 사실을 깨달았다. 일본은 수십 년간 축적된 제조 경험에 기대 자기 방식대로 일하기를 고수했지만, 대만은 배우려는 의지가 강했고, 협업에도 열려 있었다. 다만 숙련도 면에서는 부족했기 때문에, 애플은 현지 공장의 품질 수준을 끌어올리기 위해 자사 엔지니어들을 직접 파견하기 시작했다.

베이커에 따르면, 쿠퍼티노는 "아시아에서 무슨 일이 벌어지고 있는지 거의 무관심"했다. 심지어 일본조차 대만이 얼마나 빠르게 전자산업 강국으로 성장하고 있는지 잘 몰랐다. 인벤텍은 곧 실력을 입증했다. 베이커는 인벤텍이 "기존의 방식을 모두 뒤집어서라도" 애플의 요구를 수용하기 위해 이례적인 주도성을 보였다고 회상했다. 뉴턴을 설계대로 제조하기 위해서는 당시 대만의 그 어느 업체도 보유하지 않은 고가의 장비가 필요했지만, 리는 이렇게 장담했다. "문제없습니다." 그리고 그는 80만 달러 이상을 들여 필요한 장비를 직접 구매했다. 베이커는 인벤텍의 노력이 놀라운 수준이었다고 설명했다. "그들은 정말 선제적으로 생각하고 행동했어요. 뉴턴으로 시작했지만, 결국에는 다른 제품에 필요한 조건들도 스스로 파악하게 되었습니다."

쿠퍼티노로 돌아온 베이커는 뉴턴의 외형과 사용자 경험을 새롭게 정의하기 위해 소년 같은 얼굴에 강한 턱선, 단정하게 빗은 머리를 한 젊은 디자이너를 찾았다. 그는 브루너가 최근 영입한 인물로, 디테일에 대한 세심한 감각을 지녔으며, 절제된 세련미가 담긴 미니멀한 디자인을 선호했다. 그는 열정적이었지만 겉으로 흥분을 드러내는 법이 없었고, 조용한 말투로 단어 하나하나를 또렷하게 전달하기 위해 신중하게 말하는 스타일이었다. 그가 디자인한 2세대 뉴턴은 시장에서 실패했지만, 디자인 자체로는 찬사받았다. 그리고 그것은 그의 전설적인 커리어의 시작에 불과했다. 훗날 브루너는 남은 생애 동안 자신이 어떤 공헌을 하든 묘비에 이렇게 적히게 될 거라고 농담했다. "여기 조너선 아이브Jonathan Ive를 채용한 사람이 잠들다."[24]

3장 스티브 잡스가 돌아오다

회심의 조합이었던 맥과 레이저라이터는 오래가지 못했다. 마이크로소프트가 윈도우 95를 널리 보급하자 모든 PC가 유사한 기능을 더 저렴한 가격에 제공할 수 있게 되었고, 소프트웨어와 주변기기의 선택 폭도 더 넓어졌으며, 사용자 맞춤 설정과 호환성 면에서도 우위를 점했다. 애플의 아웃소싱은 성공적이었으나, 대부분 실험적이고 특정 제품에 국한되어 있었던 반면, 경쟁사들은 더 낮은 비용과 효율적인 제조 역량을 충분히 활용하고 있었다. 1993년 스컬리의 자리를 이어받은 독일 출신 경영자 스핀들러는 2년 반 동안 PC업계의 거센 공세를 막아보려 했으나 실패했고, 1995년 크리스마스 시즌에 참담한 실적을 내며 해임당했다. 스핀들러는 그 무렵 사실상 모든 것을 포기한 상태였으며, 회사의 일상적인 운영보다는 인수자를 찾는 데 주력하고 있었다. 1996년 2월 애플 이사회는 스핀들러의 후임으로 길 아멜리오Gil Amelio를 임명했지만, 이번에는 무게추가 지나치게 반대로 기울고 말았다. 아멜리오는 일상적인 운영에는 능했지만, 장기적인 비전은 전혀 없는 인물이었다.

잘못된 판단과 잘못된 인사

아멜리오는 임명 첫날부터 구원자와는 거리가 먼 인물처럼 보였다. 그는 '회생 전문가'로 널리 알려져 있었지만, 막상 애플에 합류하자마자 감당할 수 없는 상황에 빠지고 말았다. 본인조차도 애플의 문제가 워낙 다양하고 복잡하다는 점에 압도되었다고 고백했다. 훗날 그는 애플에 합류한 일을 타이태닉호 승선에 비유하기도 했다.[25]

아멜리오는 자신의 계획을 제시하기에 앞서 100일간의 숙고 기간이 필요하다고 선언했다. 그 결과 얼마 전에 1,200명의 직원을 감원했을 정도로 위기에 빠진 애플은 14주 동안 방향을 잃은 채 표류하게 되었다. 100일이 지나도록 CEO의 사무실에서는 어떠한 획기적인 아이디어도 나오지 않았다. 아멜리오는 재무 건전성을 높이기 위해 배당금을 삭감하는 등 여러 조치를 취했지만, 회사에 뚜렷한 방향성을 제시하는 데는 실패했다. 절박해진 그는 돌파구를 찾기 위해 금요일마다 '커피 간담회'라 이름 붙인 모임을 열었고, 무작위로 직원들을 초대해 어디선가 누군가가 기발한 아이디어를 내놓기를 기대했다.

아멜리오의 무능한 이미지는 겉모습을 통해 더욱 강화되었다. 카리스마의 부재는 어쩌면 용납될 수 있었겠지만, 그는 그런 사실조차 인식하지 못하는 듯했다. 실리콘밸리 문화와 동떨어진 태도를 보이며 셔츠에 넥타이를 매고 다녔고, 점심마저도 은식기와 도자기 접시를 갖춘 자신의 사무실에서 먹었다. 아멜리오가 인터넷과 멀티미디어에 애플의 미래를 걸며 리더십을 발휘한 것처럼 보였을 때조차 비판은 전혀 수그러들지 않았다. 멀론은 당시 상황을 이렇게 묘사했다. "언론이라는 개들이 미친 듯이 기사를 써대고 있었다. '이번엔 진짜일지도 몰라! 애플의 메시아가 오처드 서플라이 하드웨어Orchard Supply Hardware(주택 개조 및 원예 용품 소매업체—옮긴이)의 페인트 부서장으로 위장해 나타난 건 아닐까?'"[26]

그러나 진짜 문제는 애플이 해결해야 할 과제를 이사회가 잘못 진단한 데서 비롯되었다. 불과 몇 달 전만 해도 애플은 사상 최대의 연 매출을 기록했다. 실제로 1994년 4분기부터 1995년 3분기까지 12개월 동안 111억 달러의 매출을 올렸는데, 3년 전의 71억 달러보다 대폭 증가한 수치였다. 하지만 이익은 오히려 줄어들었으니, 바로 이 점이 이사회의 오판을 초래했다. 제품이나 매출이 문제가 아니라, '효율성'이 문제라고 판단했던 것이다.

엔지니어 출신의 아멜리오는 1994년 말부터 애플 이사로 활동했으며, 그 전에는 내셔널 세미컨덕터National Semiconductor의 CEO로 재직하며 운영 효율화를 통해 회사를 회생시킨 인물이었다. 따라서 애플의 문제 또한 비효율성에 있다고 본다면 아멜리오는 적임자로 보였다. 그의 시각에서 볼 때도 이러한 진단이 옳다는 증거는 넘쳐났다. 훗날 아멜리오는 회고록에서 당시 애플의 컴퓨터들은 너무나 "형편없어서" 그것들을 마케팅하면 뒤따를지 모를 역풍이 걱정될 지경이었다고 털어놓았다. 그는 애플의 제조 기술이 "10년은 뒤처져" 있는 데다가 유통마저 엉망이어서 고객들이 컴퓨터를 받기까지 수개월을 기다려야 했으며, 수요 예측 또한 악몽 같아서 "수요가 있는 제품은 늘 부족했고, 유

통 채널에는 다른 제품들만 과잉 공급되고 있었다"라고 회상했다.[27]

아멜리오가 가고 잡스가 오다

아멜리오는 운영을 최적화하기 위한 야심 찬 계획을 내놓았다. 그는 다양한 제품군에 쓰이는 온갖 부품을 공용화해 생산량을 늘리고, PC업계의 공급망과 경쟁하고자 했다. 이러한 구상 자체가 잘못된 것은 아니었다. 컴팩이나 델 같은 경쟁사보다 애플이 비효율적이라는 점은 부인할 수 없는 사실이었다. 하지만 PC산업이 가진 강점은 애플이 쉽사리 따라잡을 수 있는 특징이 아니었다. 컴퓨터기업들은 전 세계적으로 표준화된 부품산업에 의존할 수 있었고, 소프트웨어의 R&D에도 돈을 쓸 필요가 없었다. 그 역할은 마이크로소프트가 맡고 있었기 때문이다. 아멜리오는 애초에 애플이 이길 수 없는 조건에서 싸움을 시작하고 말았다. 당시 엔지니어였던 데이비드 회닉David Hoenig은 이렇게 회상했다. "아멜리오는 애플을 표준화의 방향으로 이끌었는데, 그건 단지 우리가 더 빨리 망하도록 하는 길이었을 뿐이에요." 그가 보기에 애플에 진정으로 필요했던 것은 '차별화'였다.

윈도우 95 이후의 세계에서 애플은 실존적 위기에 직면했다. 존재 이유를 빠르게 잃어가고 있었지만, 아멜리오는 그 절박함을 제대로 인식하지 못했다. 애플은 그야말로 자유낙하 상태였다. 매출만 보더라도 1995년부터 1998년 사이에 111억 달러에서 59억 달러로 거의 반 토막이 났는데, 이 때문에 현상 유지만을 위해서라도 매년 17억 달러의 비용을 절감해야 했다. 아멜리오는 회사를 송두리째 침몰시킬 수 있는 빙산 같은 위험은 보지 못한 채 부차적이고 심지어는 사소한 사안들에 집중하고 있었다. 그 위험이란 바로 애플에 히트 상품이 없다는 점이었다. 회사는 빠르게 가라앉고 있었지만, 새 CEO는 그 이유조차 명확히 파악하지 못하고 있었다. 휘닉은 당시 느낀 위기감을 이렇게 설명했다. "아멜리오의 이력서를 보고 '아, 이 사람은 제품 중심의 인물이 아니군. 비전이 없는 사람인데'라고 생각했던 기억이 납니다. 내 경력은 언제나 혁신적인 신제품과 창의적인 작업에 집중되어 있었어요. 그래서 아멜리오가 CEO로 부임했을 때 경력에서 가장 침체한 순간처럼 느껴졌습니다. '이 사람으로는 문제를 해결할 수 없겠구나'라는 생각이 들었어요."

하지만 아멜리오가 하드웨어, 재무, 소프트웨어 측면에서 취한 세 가지 중요한 조치는 공로로 인정받아야 마땅하다. 첫 번째는 파운틴 공장의 매각이었다. 이 결정은 애플에 숨통을 틔워줄 만한 현금을 마련해주었고, 훗날 컴퓨터 생산방식과 관련해 전혀 새로운 전략을 취하는 계기로 작용했다. 이어서 아멜리오와 CFO 앤더슨은 애플의 파산을 막기 위해 두 건의 거래를 주도했다.[28] 그중 하나는 1996년 4월의 일로, 일본 대출업체에서 빌린 1억 5000만 달러의 상환일이 불과 일주일밖에 남지 않은 상황에서 대출 기간을 6개월 연장한 것이었다.[29] 6월에는 초과 수요를 기록한 회사채 발행을 통해 6억 6100만 달러를 새로 조달했다. 그러나 가장 길이 남을 일은 세 번째 조치였다. 아멜리오는 수년에 걸쳐 진행 중이던 맥 OS의 개선 작업이 가망 없다는 사실을 깨달았고, 따라서 아예 새로운 OS를 개발하거나 외부에서 가져와야 한다는 결론에 이르렀다. 이 통찰은 결국 애플을 구한 결정적 계기가 되었지만, 동시에 그를 자리에서 물러나게 한 결정적 계기이기도 했다.

그는 잡스를 다시 애플로 불러들였다.

광야에서의 8년

불과 4년 전인 1993년의 시점에서 본다면, 잡스가 다시 애플로 돌아와 기업 역사상 가장 극적인 회생을 이끌게 되리라는 사실은 믿기 어려웠다. 애플을 떠난 후 8년 동안 잡스는 자신을 비판한 이들이 틀렸음을 증명하기 위해 곧바로 새로운 회사를 창업했지만, 오히려 그들의 비판을 입증해버리는 결과를 낳았다.

잡스는 약 1억 달러의 자산을 아낌없이 쏟아부어 넥스트NeXT를 창업했다. 사무실 곳곳에 고급 가구가 즐비했으며, 고액 연봉을 주고 데려온 인재들이 넘쳐났다. 1998년 10월 넥스트는 잡스가 "1990년대의 첫 번째 컴퓨터"라고 자평한, 완전히 검은색의 세련된 컴퓨터를 출시했다.[30] 그러나 이것은 마치 맥의 실패에서 그가 아무것도 배우지 못한 듯한 결과였다. 마그네슘으로 외관을 마감한 정육면체 모양의 이 컴퓨터는 가격이 6,500달러였고, 프린터는 추가로 2,000달러에 판매되었다. 서드파티업체들의 지원도 거의 없어 맥보다 더 고립된 생태계였다. 잡스는 월 1만 대를 생산할 수 있는 비효율적이고 값비싼 공장까지 지었지만, 실제 수요는 그에 훨씬 못 미쳤다. 이 일련의 잘못된 판단들은 잡스 특유의 천재성이 얼마나 이해하기 어려운 것인지 여실히 보여주었다. 그와 함께 애플을 창업한 워즈니악의 탁월함은 눈에 보일 정도로 뚜렷했다. 워즈니악은 컴퓨터를 분해한 뒤 더 적은 부품으로 더 빠르게 작동하도록 재조립할 수 있는 사람이었다. 반면 잡스는 그런 실질적인 기술이 없었다. 하지만 그는 본능, 열정 그리고 타협을 모르는 비전을 통해 팀을 이끌며 "미친 듯이 훌륭한" 제품을 만들어냈다. 그러나 상황이 잘 풀리지 않을 때 그의 독특한 성격은 억압적으로 느껴졌고, 그의 미적 감각은 제멋대로라는 인상을 주었다. 완벽주의 성향이 혁신보다는 파국으로 이어질 때도 많았다. 훗날 그의 전기 작가들은 넥스트를 "애플 시절 잡스가 가진 최악의 기질이 전면적으로 그리고 불행하게 꽃피운 사례"라고 평할 터였다.[31]

1993년 2월까지 넥스트는 명백한 실패작으로 전락했다.[32] 넥스트는 다섯 차례에 걸쳐 컴퓨터를 출시했지만, 창업 이후 거의 8년이 지나도록 월 판매량이 애플의 하루 판매량에도 미치지 못했다. 결국 잡스는 하드웨어 사업을 접고 직원 300명을 해고했다. 그는 넥스트의 남은 자산을 경매에 부쳤고, 공동 창업자 다섯 명 중 네 명이 회사를 떠났다. 잡스는 실패했다. 어떠한 잡지도 더는 그를 신동으로 칭송하지 않았다. 그러나 넥스트가 완전히 사라진 것은 아니었다. 독자적인 OS인 넥스트스텝NeXTStep은 비록 대중적으로 널리 쓰이지는 않았지만, 팀 버너스리Tim Berners-Lee가 월드와이드웹을 개발하는 데 사용했을 정도로 정교하고 혁신적인 시스템이었다. 잡스와 그의 팀은 소프트웨어에 집중하며, 다양한 플랫폼에서 작동할 수 있는 OS인 오픈스텝OPENSTEP도 내놓았다.

한편 업계는 잡스가 또 다른 회사의 CEO라는 사실을 간과하고 있었다. 1986년 그는 〈스타워즈〉 시리즈의 제작자인 조지 루카스George Lucas에게 디지털 그래픽 부서를 500만 달러에 인수했는데, 이 회사는 곧 픽사로 이름이 바뀌었다. 잡스는 고가의 전문 장비였던 13만 5000달러짜리 '이미지 컴퓨터'를 더욱 대중적인 제품으로 탈바꿈시키기 위해 수천만 달러를 쏟아부었다. 그러나 이 사업도 중단되고 말았다. 1988년까지 픽사가 제작한 컴퓨터는 고작 120대였고, 매년 1000만 달러씩 손실을 보고 있었다.[33] 하지만 픽사 내부에는 존 래시터John Lasseter가 이끄는 다섯 명 규모의 뛰어난 애니메이션팀이 있었고, 이들은 1989년 90초짜리 단편 3D애니메이션으로 아카데미상을 받았다.

1993년 넥스트에서 취하게 될 조치를 예견하듯, 잡스는 픽사의 하드웨어 사업을 접었다. 그는 인원의 3분의 1만 남긴 채, 회사의 역량을 스토리텔링에 집중시켰다.[34] 그 결과 디즈니와의 대형 계약이 성사되었고, 이로써 세계 최초의 장편 3D 애니메이션인 〈토이 스토리〉가 탄생했다. 이 작품은 대성공을 거두었다. 회사 지분의 80퍼센트를 보유하고 있던 잡스는 픽사를 상장했고, 단숨에 억만장자가 되었다. 픽사의 성공은 잡스를 바라보는 대중의 인식을 완전히 바꿔놓았다.

넥스트에서는 또 한 번의 전환이 이루어지고 있었다. 1996년 초 넥스트는 OS 개발에서 방향을 틀어 인터넷 기반의 동적 웹 앱(웹브라우저에서 사용할 수 있는 각종 응용프로그램—옮긴이)을 만드는 데 필요한 개발 도구를 연구하기 시작했다. 그렇게 웹오브젝트WebObjects가 탄생했다. 웹오브젝트는 레고 블록처럼 작동했는데, 개발자들이 코드를 직접 작성하지 않고도 드래그앤드드롭 같은 시각적 도구를 활용해 다양한 구성 요소를 조립하듯 앱을 만들 수 있도록 해주었다.

1996년 말쯤 넥스트는 사실상 OS 개발이라는 본래의 목표를 거의 포기한 상태였다. 잡스는 직원들에게 "배가 불타고 있습니다"라고 말하며, 웹오브젝트를 회사의 새로운 방향으로 공식 선언했다. 바로 그때 한 젊은 직원이 흥미로운 사실을 알게 되었다. 애플이 새로운 OS를 찾고 있다는 소식이었다.

"지옥에서 온 프레젠테이션"

애플이 찾아오자 잡스는 비공개 프레젠테이션에서 아멜리오와 애플 이사회를 매료시켰다. 한 참석자는 이렇게 회상했다. "그 장면을 지켜보는 것만으로도 정말 놀라웠습니다. 사람들이 고개를 끄덕이기 시작했고, 모두가 그의 말에 깊이 빠져들었어요. 그리고 그 사람 자체, 늘 그렇듯 그의 존재감에 사로잡혔습니다. 이사회가 이를 승인할 거라는 건 명백해 보였습니다."

애플은 넥스트를 인수하는 데 4억 달러가 넘는 금액을 지급했고, 이로써 잡스가 구축한 OS와 웹오브젝트를 포함한 모든 자산이 애플에 흡수되었다. 1996년 12월 말 발표된 이 거래는 절박하면서도 값비싼 선택으로 평가받았다. 애플 이사회조차 인수 금액이 "터무니없다"라고 여겼다.[35] 넥스트는 10년 가까이 사업을 이어왔지만, 연 매출이 고작 5000만 달러에 불과했고 여전히 적자를 내고 있었다. 그런데도 애플 이사회에는 마땅한 대안이 없었고, 결국 거래는 성사되었다.

이 거래는 결과적으로 완벽한 조합이었다. 넥스트의 OS는 사업적으로 실패했을지 몰라도, 기능만큼은 탁월했다. 훗날 구글 CEO가 되는 썬 마이크로시스템즈의 임원 에릭 슈미트Eric Schmidt는 넥스트의 OS를 가리켜 "경쟁자들보다 5년에서 7년은 앞섰다"라며 감탄했다.[36] 문제는 적합한 시장이 없었다는 점이다. PC 시장은 윈도우를 기반으로 구축되어 있었고, 넥스트를 위한 자리는 없었다. 그들에게 애플은 현실적으로 유일한 대안이었고, 실제로 길을 제안해주었다. 게다가 아멜리오가 인식하고 있었듯, 그는 OS만이 아니라 "300명의 유능한 인재"도 함께 얻게 되었다.

세부 사항이 조율되고 있던 어느 날, 넥스트 직원 몇 명이 한 방에 모여 담소를 나누고 있었다. 모두 잡스와 함께 일해본 사람들이었다. 그들은 아멜리오가 무슨 생각으로 이런 결정을 내린 것인지 이해하지 못했다. 아무도 잡스가 이인자가 될 거라고 믿지 않았다. 어디에서도 그러했겠지만, 그가 21세에 공동 창업한 바로 그 회사, 애플에서는 결코 있을 수 없는 일이었다.

그들의 불길한 예감은 1997년 1월 샌프란시스코에서 열린 맥월드 MacWorld 행사에서 현실화되었다. 당시 애플의 광고 담당 이사였던 마이클 마크먼Michael Markman은 이를 "지옥에서 온 프레젠테이션"이라 표현했다.[37] 아멜리오는 사전 준비도, 리허설도 없이 무대에 올랐고, 그의 몸짓은 "여기 있고 싶지 않아요"라는 메시지를 노골적으로 내비쳤다. 하지만 "죄책감에 말을 멈추지 못하는 아이처럼" 아멜리오는 끝없이 말을 이어갔고, 결국 애플이 확보한 위성중계 시간이 거의 다 소진되고 말았다.

잡스의 비전

그 후 몇 달 동안 잡스는 무너져가던 조직을 분석했고, 애플이 무엇을 해야 하는지 가장 명확한 비전을 제시하기 시작했다. 1997년 5월 그는 애플의 연례 개발자 회의에서 개발자들과 질의응답 시간을 가졌고, 그 자리에서 구상 중이던 아이디어 하나를 공유했다.[38] 바로 '네트워크컴퓨터'라는 개념이었다. 이날 잡스는 색이 바랜 청바지에 그를 상징하는 검은색 터틀넥을 입고, 이마 위로 쓸어 넘긴 긴 머리를 하고 있었다. 그는 애플이 하드디스크를 없애고, 모든 데이터를 서버에 저장하는 컴퓨터를 출시하길 바란다고 말했다. 이는 '클라우드 컴퓨팅'이라 불리게 될 개념의 선구적인 형태였다. 잡스는 청중에게 이렇게 말했다. "나는 애플, 넥스트, 픽사 그리고 집에 컴퓨터가 있습니다. 그중 어느 컴퓨터 앞에 가서든 내 계정으로 로그인하면, 네트워크를 통해 서버에 있는 홈 디렉토리를 찾아 모든 자료에 접근할 수 있습니다. 그 어떤 것도 하드디스크에는 없습니다." 인터넷 속도가 점점 빨라지던 시점에 잡스는 일반 사용자들도 모두 네트워크컴퓨터를 사용하는 미래를 그렸다. 그는 이렇게 덧붙였다. "서버에 더 빨리 접속할 수 있다면, 내 컴퓨터에 하드디스크가 있을 필요가 없지요."

잡스는 인터넷 시대를 위한 플러그앤드플레이(컴퓨터에 주변기기를 장착하는 것만으로도, 별도의 설정 없이 곧바로 사용할 수 있게 해주는 기능—옮긴이) 방식의 컴퓨터를 구상하고 있었다. 이를 통해 하드웨어 구조가 단순해지면 부품이 줄어들어 회사로서는 원가 경쟁력을 확보할 수 있고, 또 소프트웨어 업데이트가 중앙에서 일괄적으로 처리되면 사용자가 훨씬 편안해질 것이라고 생각했다. 잡스는 "직접 써보지 않으면 이게 얼마나 멋진 일인지 설명해드릴 방법이 없어요"라고 말했다. 그러나 그 자신조차 아직 이 비전에 전적으로 확신을 가진 것은 아니었고, 단지 개발자들에게 아이디어를 가볍게 던져보는 정도였다.

잡스가 점점 더 애플에 필요한 리더처럼 보이기 시작하면서, "넥스트가 애플을 마이너스 4억 달러에 인수했다"라는 농담까지 돌았다. 아멜리오의 퇴진을 어느 정도까지 적극적으로 밀어붙였는지는 의견이 분분하지만, 잡스는 1997년 중반 자신의 견해를 명확히 드러냈다. 넥스트를 매각할 때 받은 애플 주식 150만 주 가운데 단 한 주만 남기고 모두 처분한 것이었다. 한편 아멜리오는 자신이 해낼 수 없는 일을 계속 요구받는 상황에 점점 냉소적으로 변해갔고, 1997년 7월 결국 해임당했다. 수백만 달러 규모의 퇴직금이 그의 충격을 완화하는 데 쓰였다. 잡스는 그의 퇴진을 "캐시액토미cashectomy", 즉 현금을 도려내는 수술이라고 불렀다.

잡스는 애플의 CEO 자리를 제안받았다. 그가 애플에서 공식적으로 맡아본 적 없는 직함이었지만, 선뜻 받아들이지 않았다. 우선 애플이 정말로 구원될 수 있는지 확신이 필요했다.

4장 | Think Different

잡스는 1997년 여름 내내 고통스러울 정도로 내적 갈등에 시달렸다. "애플은 그에게 자식과도 같았어요. 감정적으로도 큰 의미를 지닌 존재였습니다." 그 시기를 함께했던 한 직원은 잡스가 고민한 이유를 이렇게 설명했다. "언젠가 잡스가 내게 '애플이 구원받을 수 있을지 잘 모르겠어'라고 말했던 적이 있습니다. 그의 복잡한 심경을 드러내는 말이었어요." 잡스는 과거 애플에서 쫓겨났던 경험으로 큰 상처를 입었고, 이후 넥스트의 실패는 그의 이미지를 과대평가된 세일즈맨으로 바꾸어놓았다. 그런 그가 애플로 돌아와 그 종말을 지켜보게 될지 모른다는 건 분명 좋지 못한 일이었다. "그는 애플을 죽게 한 사람으로 남고 싶지 않았습니다." 그래서 잡스는 곧바로 CEO를 맡는 대신 CFO였던 앤더슨에게 임시로 그 자리를 맡겼다. 그동안 자신은 애플의 여러 부문을 조사하며 내부를 들여다볼 생각이었다. 지근거리에서 잡스를 지켜보았던 데루카는 그 과정을 이렇게 묘사했다. "그는 애플이라는 괴물이 어떤 존재인지, 그 내부를 들여다보고 싶어 했습니다."

"우리는 큰 문제를 안고 있습니다"

그 후 몇 주 동안 잡스는 회사를 되살릴 방안을 모색하며 고위 임원들과 연달아 회의를 진행했다. 그해 여름 작성된 다양한 회의록에는 그가 점점 답을 찾아가는 과정이 고스란히 담겨 있다. 이 책의 집필 과정에서 입수한 회의록들을 여기에서 처음으로 공개한다.

7월 22일. 하드웨어 R&D 회의

잡스는 애플이 느리게 움직인다는 인식 때문에 직원들의 사기가 꺾이고 있다는 점을 우려했다. 그가 내린 진단은 애플이 느린 것이 아니라 '집중력이 부족하다'는 것이었다. "외부 사람들은 애플이 세상의 다른 기업들보다 느리게 움직인다고 생각합니다. 하지만 실제로는 중요하지 않은 프로젝트들에 빠르게 움직이고 있어요."

7월 25일. 소프트웨어 검토 회의

잡스는 회사에 뚜렷한 방향성이 없다는 점에 답답해했다. 그는 "모두가 애플의 문화는 무정부 상태이고, 관리할 수 없으며, 실행력도 없다고 말합니다. 하지만 실제 벌어지는 일은 정반대였습니다. 사람들은 기준에 맞춰 움직이고 싶어 했지만, 그 기준 자체가 없었던 겁니다. 일관성이 전혀 없었어요"라고 꼬집었다. 잡스는 상황의 심각성을 다시금 강조했다. "판매량 감소는 심각한 문제이며, 이대로 가면 회사는 파산할 겁니다. 우리는 행동에 나서야 해요. 지금 애플은 시장에서 의미 있는 존재가 아니에요."

7월 26일. 맥월드 기획 회의

잡스는 맥을 사랑하는 팬들은 많지만, 애플이라는 회사를 좋아하는 사람은 없다고 판단했다. 그는 "많은 사용자가 애플을 알코올의존증에 빠진 부모처럼 느끼고 있어요. 친구들을 집에 초대하고 싶지 않은 거예요"라고 말했다. 8월 6일로 예정된 맥월드의 핵심 메시지로 정직함과 자기 성찰 그리고 "과감한 변화"가 꼽혔다. 잡스는 애플이 문제를 고칠 수 있으며, "혼자가 아닙니다"라고 말하려 했다. 아울러 경영진의 대대적인 개편과 함께, 오랜 숙적이었던 마이크로소프트가 애플에 1억 5000만 달러를 투자한다는 내용도 깜짝 발표할 계획이었다.

7월 29일. 데스크톱 및 디스플레이 검토 회의

"우리는 큰 문제를 안고 있습니다." 잡스는 단호하게 선언했다. 그는 애플이 향후 5년을 버텨낼 수만 있다면 회사의 전망은 긍정적이라고 보았다. "우리의 로드맵은 파산 위기에 처한 회사의 로드맵처럼 보이지 않아요"라고 말하며 희망을 내비치기도 했다. 그러나 향후 1년을 버텨낼 수 있을지는 확신이 없었다. "우리에게 정말로 필요한 데스크톱 제품은 1년 뒤에나 출시될 수 있을 겁니다. 그것으로는 생존이 어려울지 몰라요. 우리는 지금 진짜 위험한 상황에 처해 있습니다." 잡스가 이 위기를 타개할 돌파구로 제시한 것은 네트워크컴퓨터였다. 그는 이를 새로운 로드맵에 포함하며 다음과 같이 덧붙였다. "네트워크컴퓨터 모델은 두 가지로 계획합시다. 하나는 799달러짜리 모델, 다른 하나는 999달러나, 어쩌면 1,099달러짜리 모델."

8월 1일. 소프트웨어 검토 회의

잡스는 네트워크컴퓨터의 외형과 사용자 경험에 대해 확신이 서지 않는다고 밝혔다. "이걸 장난감처럼 보이게 해서는 안 됩니다." 그는 이렇게 말했다. "가장 좋은 방법은 큰 화면을 장착하는 거예요. 하지만 값싼 CRT(음극선관)를 쓰더라도 값싼 TV처럼 보여서는 안 됩니다. 뭔가 조금은 다르게 보여야 해요." 그는 1998년 1월에 네트워크컴퓨터의 보급형 모델을 발표하고, 3월까지 출시하는 것을 목표로 삼았다. "다른 업체가 이런 걸 하기 전에 우리가 속도를 내야 합니다."

8월 11일. 광고 회의

"앞으로 몇 달 동안 우리가 가진 미약하고 쉽게 사라질 수 있는 이 모멘텀을 반드시 활용해야 합니다." 계속해서 잡스는 이렇게 강조했다. "애플이 다시 움직이기 시작했다는 느낌을 되살려야 해요. 지금 광고는 제품을 팔기 위한 것이 아닙니다. 지금은 회사 자체를 팔아야 할 때입니다."

며칠 뒤 잡스는 산업디자인 스튜디오를 방문하기로 했다. 아이브가 이끄는 디자이너들이 바로 그곳에서 애플의 차기 제품을 개발 중이었다.

모두 폐기!

비틀리고 흥미로운 방식이긴 했지만, 잡스와 아이브는 처음 일대일로 만난 순간부터 같은 파장을 공유하고 있었다. 1997년 8월 중순 애플의 수석디자이너를 해고하기로 마음을 굳힌 잡스가 본사 건물을 나와 산업디자인 스튜디오를 향해 도로를 건넜다. 그에 맞춰 30세의 영국인 디자이너 아이브는 팀의 역량을 보여주는 브로슈어들을 책상 위에 펼쳐놓고 잡스를 맞이할 준비를 했다. 그는 이 만남이 좋지 않게 끝날 것이라 예상했고, 이미 사직서를 주머니에 넣어둔 상태였다.[39]

잡스는 아이브가 어떤 역량을 지녔는지 알아야 할 이유도 없었고, 관심을 가질 이유는 더더욱 없었다. 그보다 3주 전인 1997년 7월 9일, 그는 수염을 덥수룩하게 기른 채 반바지와 운동화 차림으로 애플 직원들 앞에 서서 단호하게 말했다.[40] "이 회사, 뭐가 문제인지 말해보세요." 그러고는 대답을 기다릴 틈도 없이 외쳤다. "문제는 제품이에요! 제품이 엉망이라고요!" 이어서 잡스는 놀라울 정도로 명확한 비전을 제시했다. 그는 화이트보드에 가로세로 두 칸짜리 표를 휘갈겨 그리며 말했다. 애플은 앞으로 데스크톱과 휴대용 컴퓨터만 만들 것이며, 각각 일반인용과 전문가용으로 나눌 것이라고 선언했다. 그 외의 모든 제품은 폐기 대상이었다. 그 순간, 줄곧 개발 중이던 애플의 제품 수는 40개에서 네 개로 줄어들었다. 이 전략에 대한 반응은 엇갈렸지만, 적어도 오랜만에 전략이 생긴 것은 사실이었다. 기계엔지니어에서 시작해 제품엔지니어로 발을 넓힌 회닉은 이렇게 회상했다. "우리가 다 같이 절벽으로 향하고 있는 것 같긴 했어요. 하지만 적어도 이번엔 전부 같은 방향으로 달리고 있다는 느낌을 받았습니다."

아이브도 그 자리에 있었는데, 아마 조금 움찔했을 것이다. 적어도 명목상으로는 그가 40개 제품의 수석디자이너였기 때문이다. 잡스의 선언은 아이브의 거취를 불투명하게 했고, 어쩌면 이미 끝난 것이나 다름없었다. 직원을 쉽게 해고하는 잡스의 성향을 생각하면 더욱 그랬다. 그 시기 잡스는 워낙 많은 사람을 내보내고 있었기 때문에, 인사팀 소속의 한 프랑스인 직원이 미리 작성된 퇴사자 서약서가 가득 담긴 가방을 들고 그를 쫓아다녔다. 잡스가 누군가를 갑작스럽게 해고하면, 그는 바로 그 자리에서 구김 하나 없는 서류를 꺼내 건넨 뒤 잡스가 다음 해고 대상자에게 가기 전에 따라잡곤 했다.

당시 애플의 제품 라인업만 봐서는 뛰어난 디자이너팀이 있다는 증거를 찾기 어려웠다. 가령 한창 개발 중이던 '파워 매킨토시 G3Power Macintosh G3, 이하 G3'의 올인원 버전은 모양이 어금니를 닮았다고 해 '어금니 맥Molar Mac'으로 불렸다. G3 올인원의 외관이 그리된 이유는 간단했다. 핵심 기능을 놓고 경영진 사이에서 합의가 이루어지지 않아, 결국 이것저것 다 넣었기 때문이다. CD드라이브, ZIP드라이브, 플로피디스크드라이브가 모두 전면 디스플레이 아래에 달렸고, 그 결과 전체적인 외관은 볼품없이 흉해졌다. 무게는 무려 27킬로그램에 달했다. 회닉은 당시 상황을 총체적 난국으로 묘사했다. "위원회가 설계한 말은 낙타가 된다는 속담이 있는데, G3 올인원이 딱 그랬어요." 그 시기 애플은 고객들이 혼란스러울 정도로 기능이 겹치는 다종다양한 컴퓨터뿐 아니라, 카메라, 디스플레이, 스캐너, 프린터까지 만들고 있었다. 한 베테랑 엔지니어의 말에 따르면, 잡스는 수많은 시제품을 마치 "제품들의 마테호른"처럼 구내식당에 쌓아놓았다. 마치 이렇게 말하는 듯했다. "원하는 게 있으면 하나 가져가요. 어차피 다 폐기될 거니까."

산업디자인팀의 숨은 역량

잡스가 알지 못했던 사실은 산업디자인팀이 제안한 대부분의 디자인이 실제 제품으로 이어지지 못했다는 점이다. 아이브의 팀에는 제대로 된 지지자가 존재하지 않았다. 애플은 디자이너를 성가신 존재쯤으로 여기는 엔지니어 중심의 조직이었다. 사실 PC업계 자체가 디자인에 전혀 관심이 없었으니, 몇몇 아시아 제조업체는 주문자가 원하는 디자인을 고를 수 있도록 카탈로그를 만들기도 했다. 아이브는 마치 잘못된 산업에 들어온 사람처럼 보였다. 그는 몇 주째 애플을 그만둘지 고민하고 있었고, 망설이는 사이에 회사가 파산할지 모른다는 생각까지 했다. 마케팅 부문 수석부사장이었던 데루카는 그 시절의 아이브를 이렇게 기억했다. "지금까지 내가 만나본 사람 중에 가장 자신감 없는 사람이었어요." 데루카에 따르면, 아이브는 엄청난 복잡성을 디자인에 녹여낸 다음 그 복잡성을 단순함으로 감춰버린 우아한 시제품들을 여럿 만들어냈다. 하지만 돌아온 건 엔지니어들의 조롱뿐이었다. "이 안에 전자부품을 어떻게 넣으라는 거야!"

잡스는 원래 외부에서 새로운 수석디자이너를 영입할 계획이었지만, 그 일은 결국 무산되었다. 그래서 그는 아이브를 직접 찾아갔다. 아이브는 정교한 에칭etching(제품의 세부 요소를 시각적으로 정밀하게 표현한 드로잉—옮긴이) 도면과 시제품을 선보일 준비가 되어 있었다. 아이브의 전기 작가 린더 카니Leander Kahney는 당시 상황을 이렇게 묘사했다. "산업디자인 스튜디오는 이전 경영진이 너무 소극적이라 감히 고려조차 하지 못했던, 시선을 사로잡는 모형들로 가득 차 있었다." 잡스는 "그가 목격한 창의성과 치밀함에 완전히 압도당했다." 가장 매력적인 것

중 하나는 반투명 플라스틱을 이용해 만든 시제품이었다. 산업디자인팀은 수개월에 걸쳐 반투명 플라스틱을 실험했고, 그해 초 애플은 '이메이트 300eMate 300'이라는 제품을 출시했다. 이메이트 300은 어린이를 위한 노트북이었는데, 푸른 빛의 반투명 플라스틱으로 케이스를 만들었다. 전체적으로 조개껍데기를 닮은 곡선형 디자인은 아름다운 동시에 견고했고, 내부에는 전자부품들이 깔끔하게 배치되어 있어, 어느 테크마니아는 "초록색 스판덱스를 꽉 껴입은 엉덩이 같다"라며 감탄했다.[41]

잡스는 곧바로 애플에 훌륭한 인재들이 있다는 사실을 파악했다. 다만 전 CEO 아멜리오가 그들의 역량을 전혀 활용하지 못했을 뿐이었다. 스튜디오에 전시된 작업물들을 찬찬히 둘러본 잡스는 아이브에게 이렇게 말했다. "젠장, 너는 지금까지 제대로 해낸 게 별로 없잖아?" 잡스의 세계에서 이 말은 일종의 칭찬이었다. 그는 산업디자인팀을 인정했고, 진짜 문제는 그들의 가치가 제대로 전달되지 않은 데 있다고 판단했다. 아이브에 따르면, 그날부터 그와 잡스는 신세계를 상징한다는 뜻에서 '콜럼버스'라 이름 붙인 새로운 프로젝트에 착수했다.[42] 이후 열린 소프트웨어 검토 회의에서 잡스는 산업디자인팀을 "정말 훌륭한 팀"이라고 칭찬하며 밝은 표정을 지었고, 프로젝트 콜럼버스에 관해서도 이야기했다. 그는 여전히 이 제품을 네트워크컴퓨터로 구상하고 있었는데, 아이브와 아이디어를 주고받으며 애플이 다시 일어설 수 있다는 확신을 품었다. 잡스는 참석자들을 향해 "우리는 네트워크컴퓨터에 명운을 걸고 있습니다. 이건 크게 성공할 거예요"라고 말했다. 그는 네트워크컴퓨터가 회사 전체에 대해 "헤일로 효과halo effect(일부 특징이 전체적인 평가에 영향을 미치는 심리 현상—옮긴이)를 일으킬 잠재력"이 있다고 보았다. 잡스의 머릿속에는 새로운 서사가 빠르게 짜여지고 있었고, 아이디어가 쉼 없이 솟아났다. 그는 선언했다. "PC를 발명한 회사가 이제 그 PC를 다시 발명하는 겁니다! 우리가 먼저 나설 것이고, 우리가 하는 일이 시장의 중심이 될 거예요."

우주에서 온 물건

몇 주가 지나자 잡스는 더더욱 바빠졌다. 그는 볼링공 가방을 들고 본사 건물과 주변의 여러 부속 건물로 구성된 애플 캠퍼스 곳곳을 쉬지 않고 돌아다녔다. 가방 안에는 비밀리에 개발 중이던 시제품이 담겨 있었다. 그때쯤 주변기기가 완벽히 제거된 네트워크컴퓨터라는 초기 구상은 폐기되었고, 대신 하드디스크와 CD드라이브 정도가 탑재되는 쪽으로 방향을 바꾸었다. 기대했던 799달러라는 가격은 현실적 목표가 아니게 되었지만, 그것은 이제 중요하지 않았다. 잡스는 컴퓨터의 미학을 재정의할 제품을 만들겠다는 구상에 사로잡혀 있었다.

이 제품을 처음으로 본 사람들은 수천 대 단위로 구매할 여력이 있는 고등교육기관의 관계자들이었다. 8월 말 애플의 교육사업팀은 여러 대학의 결정권자들을 초청해 회의를 열었다. 이 회의는 상당한 판돈이 걸린 자리였다. 한 참석자는 이렇게 회상했다. "문을 열고 들어오는 사람들을 보는 것만으로도, 잠재적으로 수십억 달러 규모의 매출이 걸려 있다는 걸 알 수 있었어요." 잡스는 회의에 늦게 나타났는데 조깅복 차림이었다. 반면 대학 측 인사들은 모두 단정한 정장 차림이었다. 그는 자리를 정돈 중이던 직원 두 명에게 다짜고짜 소리를 지르며 회의를 시작했다. 미시간대학교의 CIO(최고정보책임자)였던 호세마리 그리피스Jose-Marie Griffiths는 당시 분위기가 매우 불편했다고 기억했다. "잡스는 짜증을 견디다 못해 곧 발을 구를 것만 같았어요."

이윽고 잡스는 애플이 얼마나 엉망이 되었는지 그리고 얼마나 많은 것이 바뀌어야 하는지를 이야기하기 시작했다. 그 뒤로 극적인 침묵이 이어졌다. 다시 한번 잡스가 입을 열었다. "이 회사를 바꿔놓을 무언가를 보여주고 싶습니다." 잡스는 손을 볼링공 가방 쪽으로 옮겼지만, 그 순간 멈췄다. "이 자리에 있는 애플 직원들을 믿을 수 없습니다." 잡스는 냉정하게 말했다. "애플 직원들은, 전부, 나가주세요."

잡스의 되살아난 열정은 그의 성격 중 가장 긍정적인 면을 끌어냈다. 호기심, 리더십 그리고 제품의 방향성을 명확하게 설명하는 능력이었다. 하지만 동시에 최악의 면도 함께 드러났다. 오만함과 타인을 깎아내리는 습관이었다. 애플의 마케팅 책임자였던 데루카에게 당시 상황은 매우 민망한 기억으로 남았다. 잡스가 내쫓은 "애플 직원들"은 주요 고객들을 관리하던 매니저들이었으니, 그들의 상사인 잡스가 직접 그들을 굴욕스럽게 한 것이었다. 그리피스도 그들이 안쓰러웠다고 말했다. 현장에 있었던 또 다른 사람은 좀 더 자세한 이야기를 들려주었다. "그들 중에는 미시간대학교가 이걸 사느냐 마느냐에 주택담보대출 상환이 걸려 있는 사람도 있었어요. 그런 사람조차 쫓아냈던 거예요."

매니저들이 눈앞에서 사라지자, 그제야 잡스는 가방 속에 숨겨져 있던 것을 공개했다. 밝은색으로 칠해져 반짝이고 매끈하며 곡선미를 살린 컴퓨터였다. 전자부품은 하나도 들어 있지 가벼운 시제품에 불과했지만, 충격적일 만큼 인상적이었다. 그리피스에 따르면, 그것은 "마치 우주에서 온 물건" 같았다. 데루카는 잡스가 어떻게 그 방 안의 모든 사람을 열광하게 했는지 뚜렷하게 기억했다. "그 순간의 잡스는 정말 대단했어요. 내가 만난 사람 중 최고였어요." 하지만 불과 몇 분 전에 잡스가 보였던 냉정하고 모욕적인 태도와 이 "마법 같은 순간"이 나란히 존재한다는 사실에 그는 불편함을 느꼈다. 잡스가 떠난 뒤 데루카는 그리피스와 함께 남았고, 무엇이라 말해야 할지 몰라 어색해했다. 그는 참석자들에게 사과했고, 회의는 곧 마무리되었다. 데루카는 자신의 사무실로 돌아갔다.

몇 분 뒤 잡스가 들렀다. "내가 좀 지나쳤지요?" 데루카가 단호하게 답했다. "그래요. 너무 지나쳤어요. 한참이나요. 그건 정말 말도 안 되는 일이에요. 아무런 의미도 없잖아요." 잡스는 그의 말에 수긍했다. 그러면서도 이렇게 덧붙였다. "하지만 난 저 사람들을 믿을 수가 없어요."

데루카는 잡스의 말을 이해하기 어려웠다. 그는 매일 18시간씩 일하느라 지쳐 있었다. 혁신가 잡스가 애플을 벼랑 끝에서 구해낼 것인지, 아니면 나쁜 잡스가 애플을 땅바닥에 처박을지 확신이 없었다. 며칠 뒤 데루카는 사직했다. 바로 다음 날이었던 1997년 9월 16일, 잡스는 자신이 새 컴퓨터의 미래를 얼마나 확신하고 있는지를 행동으로 보여주었다. 앤더슨이 물러나고, 잡스는 생애 처음으로 애플의 CEO 자리에 올랐다. 임시직이었지만, 곧 종신직처럼 굳어졌다. 그날은 잡스가 애플을 처음으로 떠난 뒤 정확히 12년이 되는 날이었다.

"다르게 생각하라"

그달 말 애플은 1990년대를 통틀어 가장 인상적일지 모를 마케팅 캠페인을 시작했다. 슬로건은 바로 "다르게 생각하라Think Different"였 나. 이 캠페인은 내담하게도 20세기를 대표하는 예술가와 창조적 이단 아들이 담긴 흑백 사진들로 구성되었다. 지난 10년 동안 애플이 정체 성을 잃어버렸다면, 이 비주류와 이단아, 천재들에게 바치는 오마주는 적어도 씨앗의 형태로나마 애플 고유의 정신이 되살아났음을 보여주 었다. TV 광고는 이렇게 시작되었다. "여기 미친 사람들이 있습니다. 부 적응자, 반항아, 말썽꾼, 사각형 구멍에 끼워진 동그란 마개처럼 사물 을 다르게 보는 사람들."

이 광고는 애플의 굴욕적일 정도로 낮은 시장점유율을 오히려 장점 으로 재해석했다. 즉 (애플 제품을 사용함으로써) 소수에 속하는 것이 세 상에서 제대로 이해받지 못한 이단아들의 반열에 오르는 것처럼 보이 게 했다. 애플이 당장 "다르게" 보이는 무언가를 팔고 있지는 않았던 그 시기에 이 광고는 사람들 사이에서 애플이 다시 회자되게 했다. 이 캠페인은 탁월했지만 한 가지 문제가 있었다. 등장인물 중에 달라이 라마Dalai Lama가 포함되어 있었는데, 그는 1959년 중국이 티베트 봉기 를 무력으로 진압하며 수천 명을 학살한 직후 인도로 망명한 불교 지 도자였다. 캠페인은 전 세계적으로 진행되었지만, 티베트의 불교 지도 자만큼은 아시아 지역에서 "눈에 띄게 빠져 있었다."[43] 이에 대해 《뉴 욕타임스》는 "중국을 자극할까 봐 우려되어 제외되었다"라고 보도했 다. 애플이 자신들의 가치를 드러내겠다고 진행한 캠페인에서 오히려 그 가치를 숨기고 있다는 점이 드러나자, 작지만 의미 있는 반발이 일 어났다. 어떤 칼럼니스트는 애플이 정말 용감했다면 캠페인에 '탱크 맨'이 포함되었을 것이라고 꼬집었다. 탱크맨은 불과 10여 년 전이었던 1976년, 톈안먼 사태를 진압하러 나선 탱크 행렬 앞을 당당히 가로막은 비무장 시위자를 가리킨다. 그야말로 진짜 반항아이자 문제아였다.

애플은 이 결정을 대수롭지 않게 넘기려 했다. 대변인은 달라이 라마가 아시아 지역에서 그다지 잘 알려지지 않았다는 식으로 대응했지만,[44] 그것은 명백한 거짓말이었다. 아시아 지역 캠페인에서는 그 대신 여성 최초로 대서양 횡단비행에 성공했던 아멜리아 이어하트Amelia Earhart가 등장했다. 달라이 라마가 캠페인에서 제외된 일은 곧 잊혔지만, 애플이 처음으로 중국에 고개를 숙인 선례로 남았다. 이후 비슷한 일이 여러 차례 반복될 터였다.

5장 | 아이맥, 디자인으로 압도하라

크리스 노박Chris Novak은 최근 신혼여행에서 막 돌아온 새신랑이었다. 1997년 11월의 어느 비 오는 날 아침, 그는 애플의 제품디자인팀Product Design team 사무실에서 다시 업무에 적응하는 중이었다. 그때 그의 직속 부하 직원 두 명이 다가왔다. 둘은 어딘가 당황한 듯한 표정이었다. 그중 켄 젱크스Ken Jenks가 물었다. "새 모델 봤어요?" 노박은 아직 보지 못했다고 답했다. 젱크스는 노박이 휴가 중일 때 동료 글렌 월터스Glen Walters와 함께 산업디자인 스튜디오를 다녀왔다며, 당장 가서 직접 보는 게 좋겠다고 채근했다. "우린 그걸 만들 수 없어요." 젱크스가 계속해서 떠들었다. "그리고 그쪽은 엄청나게 화낼 거예요!"

젱크스와 월터스 모두 상상력이 부족하거나 완고한 성격이 아니었기에, 노박은 그들의 말을 따르기로 했다. 곧 제품디자인팀이 사용 중이던 애플 캠퍼스의 밸리 그린 6번Valley Green 6 건물에서 나와 도로 건너편의 스튜디오로 향했다. 그곳은 잡스에게 애플 제품의 외형과 감각에 대해 과감하게 사고할 권한을 부여받은 창의적인 디자이너들의 아지트였다. 그 한편에 프로젝트 콜럼버스의 시제품이 놓여 있었다. 노박은 물론이고, 그 누구도 본 적 없는 형태였다. 이 시제품과 관련해 잡스가 아이브에게 요청한 사항은 간단명료했다. "핥고 싶을 정도로 매력적으로 만드세요."[45] 아이브는 그 기대에 부응했다. 시제품은 플라스틱으로 견고하게 주조되었고 밝은색으로 도색되어 있었다. 측면과 외부는 투명했다. 시중의 각지고 네모난 컴퓨터들과는 달리 달걀 같았다. 이것이 바로 아이맥이었다.

디자인을 뛰어넘은 디자인

노박은 아이맥을 위아래로 유심히 살펴보았다. 디스플레이를 감싼 플라스틱 케이스에는 장식용으로 넣은 듯한 가로 홈이 새겨져 있었다. 뒷면에는 적절한 위치에 움푹 들어간 손잡이가 있었지만, 이상하게도 이를 지탱할 구조물은 전혀 보이지 않았다. 월터스는 이 디자인을 "언더컷 시티undercut city"(언더컷은 금형에서 제품을 꺼낼 때 방해가 되는 돌출부나 파인 홈을 뜻함—옮긴이)라고 불렀는데, 움푹 파인 면과 빈 구멍, 사방으로 난 절개선이 워낙 많았기 때문이다. 플라스틱 사출물의 구조가 이처럼 복잡하다면, 금형 작업의 난도 또한 매우 높을 터였다. 노박은 분명 깊은 인상을 받았다. 산업디자인팀은 기존의 모든 디자인 규범을 뛰어넘고 있었다. 하지만 동시에 두려움도 느꼈다. 그의 제품디자인팀은 이 아름다운 시제품을 실제로 작동하는 제품으로 탈바꿈시켜야 했고, 전자부품을 그 안에 담아 대량생산이 가능하게 해야 했기 때문이다. 노박은 홀로 중얼거렸다. "이럴 수가. 젠크스 말이 맞았어. 이 긴 우리가 만들 수 있는 수준이 아니야."

노박은 1981년부터 제품디자인팀에서 일해온 베테랑이었다. 하지만 그동안 애플이 겪은 수차례의 리더십 변화 탓에 각각 다른 세 회사에서 일한 것 같았다. 제품디자인팀은 한때 경계를 허무는 혁신의 중심이었지만, 애플이 PC산업에서 수세에 몰리자 빛을 잃었다. 경영진은 더 빠르고 저렴하게 제작할 수 있으며 조립이 간편한 컴퓨터를 개발하라고 지시했다. 노박은 당시 자신이 내놓은 디자인들을 가리켜 "바보도 할 수 있는 것들"이라고 자조했다. "그 부품들은 아주 큰 걸쇠로 딸깍딸깍 끼워서 맞추는 방식이었습니다. 눈 감고도 조립할 수 있을 정도였어요."

노박은 잡스의 복귀를 계기로 앞으로의 디자인이 더욱 과감해질 것이라 예상했다. 그는 한동안 존재 자체가 흔들리던 회사가 기사회생하는 과정에서, 예전의 좋았던 시절이 다시 돌아올 수 있다는 생각에 들떠 있었다. 하지만 그 비 오는 날의 아침 전까지는 '애플을 구한다'라는 말의 진짜 의미를 알지 못했다. 노박은 시제품을 바라보다가 고개를 저었다. 이건 제조가 불가능한 물건이었다. 물리법칙을 어긴 것은 아닐지 몰라도, 자신들이 가진 도구로는 만들 수 없는 구조였다.

사출성형의 한계

애플이 아이맥의 외장을 제작하기 위해 사용하게 될 기술은 그 기원이 19세기 후반을 들썩였던 당구공 부족 사태까지 거슬러 올라간다.⁴⁶ 당시 당구공은 코끼리 상아를 깎아 만들었는데, 당구의 인기가 코끼리 사냥 속도보다 빨리 확산하며 문제가 생겼다. 당구공을 만들 상아가 부족해졌던 것이다. 이에 속이 탄 어느 당구 용품 제조업체가 해결책을 내놓는 사람에게 상금 1만 달러(현재 가치로 300만 달러 이상)를 주겠노라고 나섰다. 그 상금은 한 미국인 발명가의 차지가 되었는데, 그가 선보인 방법은 너무나 간단했다. 단지 수프처럼 녹인 플라스틱을 작은 구 모양의 금속 틀에 흘려 넣은 다음, 플라스틱이 굳을 때까지 기다리기만 하면 되었다. 이후 금형을 제거하면 완벽한 당구공이 튀어나왔다. 1872년 사출성형에 대한 특허가 발급되었고, 이후 125년 동안 점점 더 정교하게 발전해 자동화와 반복 작업이 가능한 수준에 이르렀다. 컴퓨터 케이스를 사출성형으로 만드는 것 자체는 특별한 일이 아니었다. 그러나 애플의 산업디자인팀은 그 기술이 구현할 수 있는 한계를 넘어서고자 했다.

노박은 도전을 즐기는 사람이었지만, 디스플레이를 감싼 케이스의 가로 홈을 찬찬히 바라보며 이 디자인은 실현 불가능하다고 판단했다. 사출성형의 경우 금형을 이루는 금속판이 한 방향으로만 움직이는데, 산업디자인팀이 설계한 가로 홈은 그 방향과 수직으로 교차하고 있었다. 기술적으로는 하나쯤 만들 수 있겠지만, 정말 딱 하나뿐이었다. 왜냐하면 그렇게 만든 제품은 금형에서 꺼낼 수 없었기 때문이다. 노박은 실험과 실패를 반복하며 끊임없이 시도했다.

노박은 이 문제를 아이맥 개발을 이끌고 있던 뉴질랜드 출신의 산업디자이너 대니 코스터Danny Coster에게 가져갔다. 서핑 마니아였던 코스터는 시드니의 한 해변에서 이름을 따온 아이맥의 본다이 블루bondi blue 색상을 고안한 인물이기도 했다. 그는 노박에게 정중하면서도 단호하게 말했다. "당신은 해내야만 해요. 이게 우리가 원하는 디자인이고, 우리는 이게 가능할 거라는 걸 알아요." 노박은 겸허한 마음으로 애플의 모든 선임툴링엔지니어tooling engineer(제품 생산에 사용되는 도구·금형·장비를 설계·제작·관리하는 엔지니어—옮긴이)를 한자리에 모았다. 그들에게 아이맥의 디자인을 보여주며, 어떻게든 구현할 방법이 없는지 아이디어를 구했다. "하지만 모두가 이렇게 말했어요. '안 됩니다. 불가능해요.'"

노박이 보기에는 움푹 들어간 손잡이도 문제였다. 그것 또한 구현하기가 불가능해 보였다. 그는 산업디자인팀과의 충돌을 이렇게 회상했다. "그들은 손잡이가 어떻게 부착되어 있는지 알 수 없게 만들고 싶어 했습니다. 아예 눈에 띄지 않게요. 그래서 내가 말했어요. '이건 무게가 18킬로그램이나 나갈 거예요! 고객이 들어 올리면 손잡이가 그냥 빠져버릴 겁니다.'" 하지만 산업디자인팀은 물러서지 않았다. 그들도 이 일이 어려울 것이라는 사실을 잘 알고 있었다. 아니, 어려워야만 하는 일이었다. 아이브와 코스터는 엔지니어들에게 이렇게 말했다. "이건 세계 최고 수준의 디자인이 될 겁니다. 그러려면 세계 최고 수준의 기계 엔지니어 그리고 세계 최고 수준의 제조엔지니어가 필요해요." 도전에 맞설 준비가 되어 있지 않은 사람은 떠나도 된다고 덧붙였다.

단 한 대도 만들지 못하다

그만큼 걸려 있는 것도 컸다. 잡스는 애플이 가격이나 유통망으로는 기존 PC와 경쟁할 수 없다는 사실을 잘 알고 있었다. 그래서 그는 사람들의 욕망을 자극할 압도적인 디자인을 통해 승부를 거는 전략을 세웠다. 애플의 부활은 이 단 하나의 제품에 달려 있었고, 이것이야말로 애플이 향후 내놓을 모든 제품의 디자인 언어를 새로 정립해줄 것이라고 여겼다. 이 프로젝트에 참여한 유능한 엔지니어라면 모두 알고 있었다. "이번이 마지막 기회야. 이게 실패하면 끝이야." 하지만 제품을 출시하려던 1998년 3월, 프로젝트 콜럼버스는 여전히 교착 상태에 빠져 있었다. 점점 더 좌절감을 느끼던 노박은 어느 날 열린 엔지니어들과의 회의에서 이렇게 말했다. "아무것도 할 수 없어요. 산업디자인팀은 이렇게 만들고 싶어 하고, 우리는 그렇게 만들 수 없어요. 지금 우리는 완전히 멈춰 선 상태입니다." 산업디자인팀과의 줄다리기는 수개월간 이어졌고, 결국 프로젝트는 교착상태에 빠졌다. 그러자 산업디자인팀은 이렇게 결론지었다. "노박은 우리에게 필요한 세계 최고 수준의 엔지니어가 아니야. 그런 사람을 새로 데려오자."

노박은 화도 나고 자존심도 상한 상태에서 결국 강등되었고, 그 자리는 회닉이 맡게 되었다. 그는 1994년부터 애플에서 일해온 33세의 기계엔지니어였다. 회닉은 팀에 새로운 에너지를 불어넣었지만, 산업디자인팀이 이루려는 목표를 이해하는 데 어려움을 겪었다. "그 제품은 애초에 만들 수 없었어요." 회닉은 단순히 대량생산을 할 수 없다는 것 이상의 문제가 있었다고 회상했다. "기본적으로 실험실에서조차 단 한 대도 만들 수 없는 구조였어요."

회닉은 아이맥의 곡선형 디자인, 즉 달걀 같은 형태의 생산 난도를 이렇게 설명했다. "먼저 가로로 놓인 달걀을 상상해보세요. 그걸 가운데서 세로로 자르면, 안쪽은 코어core가 되고, 바깥쪽은 캐비티cavity가 됩니다(사출성형에 쓰이는 금형은 코어와 캐비티로 나뉘는데, 그 둘이 맞물리는 틈 사이로 녹인 플라스틱을 흘려 넣은 다음 굳히는 것이다. 이때 코어는 제품의 내부 구조를 형성하고, 캐비티는 제품의 외형을 형성한다―옮긴이). 이건 금형으로 구현할 수 있어요. 그런데 아이맥의 디자인은 '중간 지점에서 안쪽으로도 파고들자' 하는 식이었습니다. 그러면 언더컷이라는 문제가 발생합니다. 즉 캐비티에 코어를 맞물려 달걀 같은 형상을 만드는 건데, 그 달걀이 다시 한번 안쪽으로 휘어들어 가는 곡면을 가지고 있다면, 애초에 캐비티와 코어를 어떻게 맞물리겠으며, 설사 맞물린다고 한들 도대체 어떻게 빼낼 수 있겠어요? 그건 말 그대로 불가능해요. 결국 그 곡면 때문에 우리가 원하는 형상 자체를 아예 만들 수가 없었던 거예요." 이 문제에 집중하기 위해 두 곳의 위탁생산업체가 투입되었다. 그들은 언더컷을 피하고자 부품을 성형한 다음 원하는 형태로 가공하는 방식을 시도했다. 그러나 두 달이 지나도록 뚜렷한 해법을 찾지 못했고, 결국 포기하고 말았다.

불가능한 일을 해내야 한다는 압박감이 제품디자인팀 전체를 지치게 했다. 회닉에 따르면, "산업디자인팀이 모든 것을 좌우"했다. "그리고 그들은 '안 된다'라는 답을 전혀 받아들이지 않았어요." 산업디자인팀은 끊임없는 실험을 요구했다. 그 과정에서 회사 방침에 따르지 않는 선임엔지니어들이 대거 해고되었고, 스스로 회사를 떠난 사람도 많았다. "산업디자인팀이 원했던 건 '할 수 있어요. 어떻게든 방법을 찾아볼게요' 하는 태도였습니다." 회닉이 당시를 회상하며 말했다. "'안 됩니다'라고 말하던 노련한 엔지니어들을 걸러내는 데 6개월에서 1년 정도 걸렸을 거예요."

"당신들은 전부 끝장인 줄 알아"

잡스는 제조엔지니어들이 얼마나 많은 문제를 겪고 있는지 파악하지 못하고 있었다. 그러던 중에 그가 인피니트 루프 6번Infinite Loop 6 건물에서 열린 한 회의에 참석하면서 상황이 달라졌다. 그때 엔지니어들은 '금형 검토'라는 명목으로 회의를 열었지만, 잡스가 참석하며 성격이 완전히 달라졌다. 현장에 있었던 한 참석자는 당시 상황을 이렇게 표현했다. "금형 검토는 무슨. 그건 완전한 제품 검토 회의였어요."

잡스는 격정적으로 비난을 쏟아냈다. "제기랄! 너희한테 달린 게 9,500개의 일자리야. 그런데 너희는 실패했어!" 잡스는 아이브, 하드웨어 총괄 존 루빈스타인Jon Rubinstein, 기술 책임자 글렌 미랭커Glen Miranker, 엔지니어링 디렉터 요제프 프리드먼Josef Friedman 등 몇몇 핵심 인물에게 분노를 퍼부었다. "전부 말아먹었어." 그는 끊임없이 외쳤다. "나는 지금 당장 내가 가진 빌어먹을 애플 주식 한 주마저 팔아버릴 거야!"

잡스는 얼굴이 붉게 달아오른 채 그들의 실패와 기술자로서의 무능함 그리고 일에 대해 진지하지 않은 태도를 고함치며 몰아붙였다. 한 참석자는 "폭발적인 분노로 가득한 욕설 세례"라는 표현을 쓰며, 뉴저지주 어딘가의 조직폭력배가 운영하는 생선 시장 같았다고 회상했다. 개발팀의 일원이었던 브라이언 버클리Brian Berkeley는 회의에 늦게 도착했는데, 그가 도착했을 때 잡스는 임원들을 강하게 쏘아붙이는 중이었다. 버클리는 2021년에 진행한 인터뷰에서 이렇게 말했다. "그때까지 나는 아이맥의 중요성을 순진하게도 완전히 이해하지 못하고 있었어요. 디자인을 재설정하는 그 회의에서야 비로소 깨달았습니다. 잡스는 그 자리에 있던 고위 임원들에게 우리가 모든 걸 망쳤다고 강하게 일깨워줬어요. 그 순간 나는 애플의 생존이 우리의 성공에 달려 있다는 사실을 실감했습니다. 그때까지 집중하지 못하고 있었다면, 이후로는 분명히 달라졌습니다."[47]

잡스의 전기 작가인 월터 아이작슨Walter Isaacson도 이 사건을 간략히 소개했는데, 당시 폭언을 잡스 특유의 "엄청난 분노의 표현" 중 하나라고 설명한 아이브의 말을 인용했다. 아이작슨의 서술에 따르면, 잡스는 당시 상황을 이렇게 기억했다. "애플의 제조엔지니어들이 안 된다는 이유를 38가지나 가져왔어요. 그래서 내가 '아니, 우리는 이걸 할 거야'라고 말했습니다. 그들이 '왜요?'라고 묻기에, '내가 CEO고, 이건 할 수 있다고 생각하니까'라고 답했지요. 그래서 그들은 마지못해 그걸 하게 된 거예요."[48] 하지만 잡스의 기억은 조작되진 않더라도 자주 단순화되었고, 이번 사건도 예외는 아니었다. 실제 상황은 이랬다. 잡스는 엔지니어들에게 모든 디자인 파일을 에이콘Acorn에 보낼 거라고 말했다. 에이콘은 그가 가장 신뢰하던 디자인 컨설팅기업으로 프리몬트 남부에 있었다. "디자인 파일 전부를 그쪽에 보낼 거야. 그리고 이걸 만들 수 있는지 물어볼 거고, 만약 그들이 당신들이 못 한다는 걸 할 수 있다고 하면, 당신들은 전부 끝장인 줄 알아"라고 잡스는 경고했다.

구조가 없는 구조

그 위협은 가혹했지만, 현명한 전략이었다. 잡스는 세 명의 전임 CEO를 거치며 살아남은, 경력이 제각각인 베테랑들로 이루어진 제품디자인팀을 물려받았다. 그들이 산업디자인팀의 구상을 실현하지 못했을 때, 잡스는 문제의 원인이 그들의 무능함인지, 아니면 다른 요인인지 분명히 가려내야 했다. 에이콘을 운영하던 두 사람, 켄 헤이븐Ken Haven과 팀 라우Tim Lau는 넥스트에서 하드웨어를 개발한 후 1993년 이 회사를 설립했다. 애플의 한 엔지니어는 두 사람을 이렇게 평가했다. "헤이븐은 '이렇게 해보면 어떨까?'라고 아이디어를 던지며 기계적 문제를 풀어내는 뛰어난 해결사였어요. 그리고 라우는 사출성형 공정에서 해법을 찾아내는 세계 최고 수준의 디버거debugger(프로그램의 오류를 찾아 해결하는 도구로, 여기서는 사출성형 공정의 문제를 해결하는 전문가를 가리킴—옮긴이)였고요. 이 둘이 함께하면 그 무엇도 막을 수 없었습니다. 두 사람이 방법을 찾지 못한다면, 그건 정말 누구도 해결할 수 없는 문제였을 겁니다."

헤이븐과 라우는 넥스트에서 정육면체 모양의 컴퓨터를 만들며 실력을 입증했다. 그때 잡스는 "드래프트 앵글draft angle(제품을 금형에서 쉽게 분리할 수 있도록 계산된 각도—옮긴이)도, 파팅 라인parting line(금형에서 제품을 분리할 때 생기는 경계선—옮긴이)도 없게 해달라"라고 요구했는데, 이는 곧 금형에서 제품이 분리되는 방향과 해당 제품의 측면이 완벽한 평행을 이루도록 설계하란 뜻이었다. "헤이븐과 라우는 결국 해냈어요." 당시 상황을 잘 아는 관계자가 감탄을 섞으며 말했다. "물론 비용은 말도 안 되게 많이 들었지만, 그건 결정적인 경험이었어요. 만약 잡스가 정말 어려운 문제에 부딪혔는데, 이 둘도 '그건 불가능합니다'라고 말한다면, 그건 진짜 안 되는 거예요. 하지만 이들이 '가능은 해요'라고 말한다면, 그건 정말 어렵다는 뜻일 뿐이에요. 에이콘은 잡스의 '브레인 트러스트brain trust'(전문 자문위원—옮긴이)이자, '이게 진짜 가능한 일인지, 아니면 그냥 미친 생각인지'를 판별해주는 검증 창구 같은 존재였어요."

라우는 전화를 받고 회의에 응했던 순간을 이렇게 회상했다. "우리는 그들에게 일종의 구급대였어요. 문제가 터지면 우리한테 전화가 오곤 했죠." 이후 애플의 엔지니어들이 여러 장의 도면을 들고 에이콘에 도착했고, 그것들을 테이블 위에 펼쳐놓았다. 도면들을 꼼꼼히 들여다본 라우는 노박과 회닉이 수개월 동안 붙잡고 있던 문제들을 단번에 알아차렸다. "가장 큰 문제는 구조가 없다는 거였어요." 라우에 따르면, 손잡이는 어디에도 고정되어 있지 않았고, 고정할 자리조차 없었다. 그 바로 아래에 회로기판이 자리 잡고 있었기 때문이다. 라우의 결론은 명확했다. "이건 제대로 된 제품이 아닙니다."

하드리셋

그 사실을 잡스에게 전달하는 일도 쉽지 않았다. 그는 또 분노했는데, 사실 그럴 만했다. 라우는 그 이유를 이렇게 설명했다. "그 사건은 정말 충격적이었어요. 아이맥은 잡스가 복귀한 이후 처음으로 직접 추진하는 제품이었거든요. 만약 이걸 출시할 수 없다면, 그건 사실상 애플의 끝을 의미했습니다."

잡스는 버클리와 데이비드 룬드그렌David Lundgren의 설명을 듣고 나서야 겨우 진정할 수 있었다. 룬드그렌은 MIT 출신의 엔지니어로 픽사에서 잡스와 함께 일하다가 1989년 애플 제품디자인팀에 합류한 인물이었다. 두 사람 모두 에이콘과의 회의에 참석했으며, 그 자리에서 나온 이야기를 잡스에게 직접 전달해야 했다. 그 뒤로 잡스는 "전면적인 재작업, 즉 하드리셋hard reset"을 단행했고, 새로운 목표는 1998년 8월 출시로 설정되었다.

룬드그렌은 그 전까지 아이맥 개발에 직접 참여하고 있지 않았지만, 이때부터 제품디자인팀 전체를 관리하는 리더로서 프로젝트 콜럼버스에 투입되었다. 그가 오기 전까지만 해도 일정 관리에 뚜렷한 체계가 없었다. 예를 들어 한 엔지니어가 어떤 작업이 2주 걸린다고 말하면, 다른 팀원들과의 소통 없이 2주 동안, 어쩌면 그보다 더 오랜 시간 별도로 일을 진행했다. 룬드그렌은 톱다운 방식의 체계를 도입해 어떤 작업이 순조롭게 진행되고 있는지, 무엇을 보완해야 하는지 한눈에 파악할 수 있도록 했다. 그는 인력도 보강했고, 산업디자인팀과의 논의가 좀 더 수월히 진행되도록 적극적으로 협력했다. 프로젝트에 참여했던 제품디자인팀의 베테랑 밥 올슨Bob Olson은 룬드그렌을 "조지 패튼 George Patton(제2차 세계대전에서 활약한 미군 장성으로 엄청난 추진력과 돌파력으로 유명—옮긴이) 장군"이라고 불렀다.

프로젝트의 성공을 위해 산업디자인팀 또한 여러 가지 변화를 시도했다. 아이브는 자신이 엔지니어들에게 지나치게 무리한 요구를 해왔다는 점을 깨달았다. 그는 아이맥을 더 쉽게 생산할 수 있도록 설계를 수정하는 한편, 로직보드logic board(주로 애플 제품에서 메인보드를 지칭하는 용어—옮긴이)가 들어갈 수 있도록 내부 공간을 더 넓히는 작업도 직접 감독했다. 모든 문제의 근원이었던 가로 홈은 사출성형 시 금형의 이동 방향에 맞춰 세로 홈으로 변경되었다. 투명한 파란색 플라스틱 케이스는 내부가 뚜렷하게 보이지 않고 흐릿하게만 비치도록 조정되었다. 세밀한 변경을 통해 나사, 볼트, 고정 장치 등을 케이스 아래에 정교하게 숨길 수 있게 되었고, 그 결과 움푹 들어간 손잡이도 구조적으로 견고하게 고정할 수 있었다.

아이맥의 탄생, 애플의 재탄생

무엇보다 구성원들 사이에 유대감이 형성되기 시작했고, 진정한 협업이 이루어지기 시작했다. 산업디자인팀의 한 구성원은 이렇게 말했다. "처음에는 서로를 신뢰하지 못했어요. 모두에게 모든 게 낯설었으니까요." 그러나 이후에는 "우리가 정말로 하나의 목표를 공유하고 있다는 걸 알게 되었어요. 그 목표란 상상도 못 했던 아름다운 물건을 최고의 품질과 대량생산으로 세상에 내놓는 것이었어요." 아울러 그는 산업디자인팀이 원래 가졌던 비전의 핵심만큼은 끝까지 지켜졌다는 점 또한 강조했다. 여러 부분을 조정했지만, 근본적인 아이디어만큼은 절대로 타협하지 않았다는 것이다.

몇 달이 지나자 산업디자인팀의 설계가 더는 결함덩어리처럼 보이지 않았다. 오히려 리더십 훈련처럼 여겨졌다. 그들은 불가능해 보이는 일에 도전하려 하지 않는 엔지니어들을 걸러냈고, 사출성형 공정을 극단적으로 밀어붙이는 과정을 통해 그렇지 않았다면 결코 발견하지 못했을 한계점들을 찾아냈다. 산업디자인팀의 한 구성원은 이를 스키에 비유했다. "중급자 코스를 쉽게 내려오려면 최상급자 코스를 탈 줄 알아야 하는 거잖아요?"

아이브는 하드리셋을 통해 새로운 권한과 영향력을 얻게 되었다. 잡스는 결함을 절대 용납하지 않는 산업디자인팀의 태도가 앞으로 제품 개발 전반으로, 나아가 애플의 전체 기업문화로 확산해야 할 핵심 가치임을 아주 분명히 밝혔다. 회닉에 따르면, 이 새로운 접근 방식은 물결처럼 퍼져나갔다. "다른 부서 사람들이 '난 너희 부서가 아니라서 정말 다행이야'라고 말하던 게 기억나요. 그런데 결국, 정말로 1년쯤 지나니까 그 영향이 조직 전체에 번졌고, 모든 부서가 하나같이 고생을 겪게 되었어요."

다른 부서의 엔지니어들도 아이브의 소통 능력 때문에 그를 존경하게 되었다. 아이맥 개발에 참여했던 한 고위 관계자는 이렇게 말했다. "아이브는 잡스의 냉혹함, 무자비한 태도 그리고 조급함이 사람들을 지치게 하고, 결국 회사를 떠나게 한다는 걸 이해하고 있었어요. 그런 일은 실제로 자주 일어났고요. 그래서 아이브는 완충 역할을 했습니다. 아이브는 비전 있고, 디테일에 집착하며, 뛰어난 감각을 지닌 디자이너였을 뿐 아니라, 동시에 '잡스를 관리하는 사람 Steve handler'이기도 했습니다."

첫 번째 팀이 밀려난 뒤, 두 번째 팀은 마치 구원자처럼 여겨졌다. 하지만 회닉은 자신을 비롯한 두 번째 팀이 과도한 평가를 받는다고 생각했다. 그가 보기에 자신들은 앞선 팀이 실패한 문제를 해결한 게 아니라, 처음부터 해결 가능한 과제를 받은 것뿐이었다. 한편 노박은 룬드그렌 아래에서 다시 활력을 되찾았다. 이후 룬드그렌은 그를 포함한 11명을 "아이맥의 영웅들"로 지명했다. 아이브도 그 공로를 인정했다. 프로젝트 콜럼버스가 마무리 단계에 접어들었을 때 아이브는 노박을 산업디자인 스튜디오로 초대했다. 노박은 걸음을 옮기며 걱정에 사로잡혔다. 최초의 시제품을 보며 제조 불가능하다고 말했던 일로 문책당할지 모른다고 생각했기 때문이다. "그는 나를 자리에 앉혔어요. 우

5장 아이맥, 디자인으로 압도하라

리 둘만 있었어요. 그리고 사과했습니다." 노박은 그 순간을 회상하며, 아이브를 진정한 신사였다고 표현했다. "그는 이렇게 말했어요. '그동안 있었던 일에 대해 미안하게 생각해요. 당신은 정말 많이 고생했어요. 다시는 그런 일이 없을 겁니다.'" 그때 이후로 산업디자인팀은 생산 과정 전반에 훨씬 더 깊이 관여하게 되었고, 소재, 금형 그리고 공학적 요소들에 대해 직접 배우면서 같은 실수를 반복하지 않기 위해 적극적으로 나섰다.

수년 후 노박은 일본에서 알루미늄 단조(금속을 두드려서 모양을 만드는 작업―옮긴이) 및 가공 작업을 하며 어려움에 부딪혔다. "아이브에게 이렇게 말했습니다. '이건 못 할 수도 있을 것 같은데요.' 그러면 그는 이렇게 대답했습니다. '우린 이미 그렇게 하기로 했습니다.'" 아이브의 팀은 이미 일본을 방문해 공급업체와 협업을 마쳤고, 자신들의 비전이 실제로 실현 가능하다는 것을 철저히 확인해둔 상태였다.

2부
중국을 향한 대장정

애플의 새크라멘토 공장. '아이맥 G3'가 출시되고 1년여 뒤인 1999년 5월의 풍경이다. FATP, 즉 '최종 조립, 테스트 및 포장' 작업 중인 것으로 보인다. 언제나 자체 생산을 고집해온 잡스이지만, 시간이 흐르며 그것이 얼마나 불가능한 일인지 점차 깨닫게 되었다. 특히 아이맥 G3를 생산하며 위탁생산업체들을 높은 수준으로 통제 가능하다는 걸 알게 된 후로는 아웃소싱을 꾸준히 확대했다. 새크라멘토 공장은 2004년 문을 닫았으며, 이곳에서의 작업은 모두 대만의 위탁생산업체인 폭스콘으로 이전되었다.

폭스콘의 선전 공장. 2010년 5월의 풍경이다. 홍콩 바로 맞은편에 있는 선전은 원래 허허벌판이었으나, 1980년대에 경제특구로 지정되며 천지개벽을 이루었다. 저렴하고 순종적이며 막대한 노동력, 온갖 세금 혜택에 이끌려 수많은 서구 기업이 선전에 발을 디뎠다. 그들은 직접 공장을 짓기보다는 대만이나 현지의 위탁생산업체들을 활용했는데, 애플과 폭스콘의 관계가 대표적이다. 애플은 자신들이 원하는 완성도에 이를 때까지 가혹할 정도로 폭스콘을 훈련했고, 폭스콘은 이를 성장의 기회로 여기며 기꺼이 받아들였다. 그 결과 폭스콘은 가장 빨리, 또 가장 크게 성장한 위탁생산업체가 되었다.

애플의 차기 CEO 쿡과 잡스. 잡스가 세상을 떠나기까지 2년도 채 남지 않은 2010년 3월, 쿠퍼티노에서 기자회견을 하는 모습이다. IBM 시절 쿡은 뼛속 깊이 새겨진 근면성실함으로 유명했다. 무엇보다 회사 운영과 공급망 관리에서 빈틈없는 모습을 보이며 애플로 스카웃되었다. 그는 어떠한 숫자도 가볍게 여기지 않았으니, 20만 50개를 출하하기로 했다가 20만 개만 출하한 매니저를 호되게 질책한 일은 업계의 전설이 되었다. 애플의 CEO가 '혁신가'에서 '관리자'로 바뀌었다는 것은, 이후 애플이 무엇에 집중하게 될지를 예고하는 일이었다.

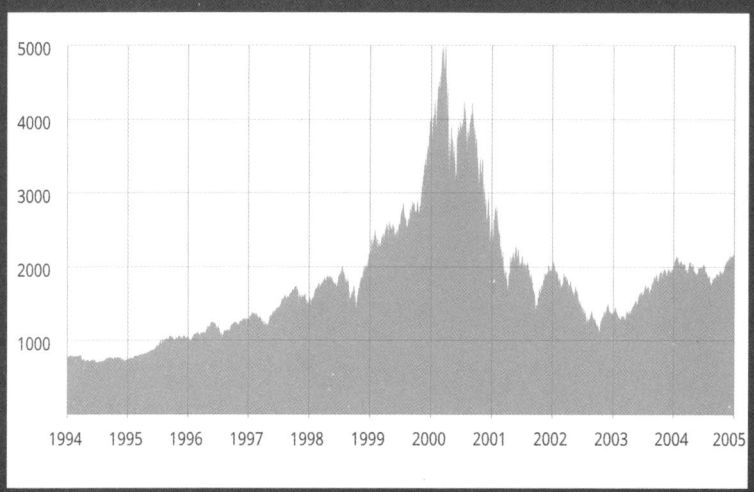

닷컴 버블 당시의 나스닥 종합지수. 2000년 닷컴 버블이 터지며 제조업의 판도가 크게 바뀌었다. 1990년대에 호황을 누리던 미국의 위탁생산업체들은 대형 컴퓨터기업들의 공장을 인수해 운영했다. 그런데 닷컴 버블이 터지자, 그 많은 공장을 놀릴 수밖에 없게 되었다. 단 한 푼이라도 절감해야 하는 상황에서 컴퓨터기업들이 훨씬 저렴한 노동력을 찾아 아시아의 위탁생산업체들로 시선을 돌렸기 때문이다. 이러한 흐름을 규제할 기관이나 장치가 전혀 없었기 때문에 이탈은 점차 빨라졌고, 결국 미국의 제조업 공동화로 이어졌다.

6장 | 첫 번째 파트너가 된 한국

스티브 잡스는 아이맥이 분명히 성공할 것이라고 확신했다. 문제는 누가, 어디에서 제조할 것인지를 정하는 일이었다. 잡스는 애플이 직접 생산하길 원했다. 그 시기 애플은 아웃소싱을 추진하고 있었지만, 여전히 캘리포니아주와 아일랜드, 싱가포르에 공장을 보유하고 있었다. 아이맥의 설계는 매우 정교해서 잡스는 그 어떤 공급업체도 이를 제대로 제조할 기술력이 있다고 믿지 않았다. 잡스는 애플에서 해고되어 쫓겨나 있는 동안에도 하드웨어를 통제하려면 직접 제조해야 한다는 신념을 고수했다. 넥스트에 있을 당시 그는 자신이 만든 컴퓨터에 대해 "오사카에서 만들지 않았다"라는 점이 가장 마음에 든다고 말했다(오사카는 일본 제조업을 상징하는 도시다 — 옮긴이).[1] 하지만 애플은 자금난에 시달리고 있었고, 운영 조직은 대폭 축소된 상태였으며, 아이맥의 핵심인 CRT를 제작할 역량이나 전문성도 없었다.

결국 현실을 고려한 타협안이 마련되었다. 애플이 아이맥의 핵심 부품, 즉 G3의 데스크톱 버전에서 사용된 것과 기본적으로 동일한 회로 기판은 직접 제작하고, CRT 제작은 공급업체에 맡기는 방식이었다. 이후 완성된 부품들은 애플이 지정한 생산지로 운송되어 FATP(최종 조립, 테스트 및 포장) 작업을 거치기로 했다. 이를 통해 애플은 출하 전 모든 제품을 최종 점검할 수 있었고, 잡스는 자신이 원하는 수준의 통제권을 확보할 수 있었다. 당시 싱가포르 공장의 운영을 총괄하고 있던 조 오설리번에 따르면, "잡스는 아이맥을 반드시 내부에서 생산해야 한다고 고집을 부렸"다. 연장선에서 잡스는 그에게 콜로라도주에 있는 SCI와 협력 관계를 종료하라고 지시했는데, 이 계약 해지로 애플은 500만 달러의 손실을 보았고 SCI의 분노를 사게 되었다. 대신 잡스는 오설리번에게 싱가포르 공장을 아이맥 생산을 위한 파일럿 공장(상용화하기 전의 신기술을 시험적으로 적용해보는 공장—옮긴이)으로 전환하라고 요청했다. "그곳은 우리가 가진 최고이자, 동시에 가장 저렴한 공장이었어요. 그리고 그 공장을 운영하던 사람이 바로 나였어요. 그러니 잡스에게는 목덜미를 움켜쥘 상대가 생긴 셈이었습니다."

LG와의 첫 만남

한국의 LG는 이미 애플에 CRT를 공급하고 있었다. 아이맥은 기본적으로 컴퓨터가 내장된 CRT였기 때문에, LG는 자연스러운 선택지였다. 그러나 잡스는 확신이 없었다. 그는 한국에 대해 아는 것이 거의 없었고, 일본 업체와 협력하고 싶어 했다. 다만 일본은 너무 비싼 선택지였다. 1970년대 이후 일본에서 상당한 투자와 훈련을 받았으며, 한

때 일본의 식민지였던 한국은 확실한 차선책이었다. LG는 매력적인 조건으로 입찰을 따냈다. 금형 제작과 시제품 생산에 드는 초기 비용을 모두 부담하겠다고 제안한 것이었다. 입찰 과정을 지켜보았던 고위 관계자는 그것이 애플에 어떤 의미였는지를 이렇게 설명했다. "아이맥의 개발 비용이 전부 상쇄되었어요. 덕분에 1997년 7월까지 사업을 이어갈 수 있었습니다."

LG는 반드시 수주를 따내야만 했다. 한국 경제는 금융위기로 심각한 타격을 입은 상태였다. 동남아시아에서 시작된 금융위기가 아시아 전역으로 확산하면서, 한국은 국가 부도 직전까지 몰렸다. 그러한 격변 속에서 원화 가치는 절반 가까이 폭락했고, 많은 은행이 달러 표시 부채에 과도하게 노출되어 파산 위기에 직면했다. 한 애플 엔지니어는 LG 공장 내부에 걸려 있던 커다란 현수막을 기억했다. 작업자들은 가로 3.6미터, 세로 0.6미터 크기의 그 현수막 아래를 하루에도 몇 번씩 지나쳤는데, 거기에는 단 하나의 단어만 적혀 있었다. "생존SURVIVE".

쿠퍼티노는 LG의 엔지니어들과 긴밀하게 협업했다. 제품디자인팀의 매니저였던 데이비드 룬드그렌은 1986년 소련이 세운 미르우주정거장에서 이름을 딴 '맨 온 미르Man on Mir'라는 프로그램을 도입했다. 애플 직원이 24시간 내내 구미에 있는 LG 공장에 상주하며 진행 상황을 면밀하게 모니터링하고 본사와 정보를 교환한다는 게 핵심 내용이었다. 한 제품엔지니어는 이렇게 회상했다. "현장에는 항상 쿠퍼티노에서 파견된 사람들이 있었어요. 모든 단계, 모든 요소를 관리했습니다. 샘플 제작, 금형 설계, 외관 마감, 표면 질감까지 하나도 빠짐없이요. 그리고 금형이 손상되지 않도록 철저히 관리하는 역할도 맡았습니다."

산업디자인팀의 리더였던 대니 코스터는 사실상 한국에 상주하다시피 하며, 자신들의 비전이 단순히 미적인 아름다움에 그치지 않고 "실제 양산을 염두에 두고 설계한 디자인"으로 평가받도록 전 생산 과정을 철저히 관리했다. 한 관계자는 기존 디자인을 원점에서 검토해 재설계한 디자인이 성공적이라며, 코스터가 쿠퍼티노에 보고했던 일을 떠올렸다. 애플의 제품디자인팀은 아이맥을 어떻게 제조할지 해답을 찾는 데 핵심적인 역할을 했지만, 대량생산 측면에서는 LG의 역량을 적극적으로 활용했다. 쿠퍼티노에서 산업디자인팀이 주도했던 결함 무관용 원칙은 한국에도 그대로 전파되었고, 애플 엔지니어들은 문제를 해결하기 위해 전에 없던 빈도로 자주 한국을 찾았다.

그중에는 3년 동안 한국을 20번 넘게 오갔던 데이비드 회닉도 있었다. "예전에는 그렇지 않았어요. 아주 큰 문제가 터졌을 때 가끔 누군가가 파견되는 일은 있었지만, 이번엔 정말 사소한 문제까지 다 챙겼습니다. 한번은 스피커 볼speaker balls(아이맥에 들어가는 둥근 형태의 내장 스피커 부품—옮긴이)이 제대로 밀봉되지 않아서 원하는 저음역대 주파수가 출력되지 않는 거예요. 그러자 곧바로 '이번엔 누가 비행기를 타야 하지?' 하는 말이 자연스럽게 흘러나왔어요."

애플은 LG에 계속해서 새로운 시도를 요구했다. 조립이 제대로 이뤄지기만 한다면 어떤 방법이든 써보라고 하면서, 도구를 다르게 사용하는 실험까지 시도했지만, 모든 게 실패로 돌아갔다. "우리는 사출성형으로 부품을 만들기 위해 이전에는 한 번도 시도한 적이 없는 방식으로 금형 작업을 하고 있었어요. 정말, 이전에는 아예 없던 방식이었어요." 회닉은 너무 무리한 시도 탓에 자칫 생산에 더 큰 위험이 초래될까 봐 걱정했다. "우리는 유압 장치를 굉장히 많이 활용했어요. 그런데 그것들이 제대로 동기화되지 않으면, 금형끼리 충돌하면서 파손됩니다. 그렇게 되면 생산라인은 두 달 동안 중단될 수도 있었어요." 실제로 그런 일이 발생하지는 않았지만, 그것은 언제나 존재하는 불안 요소였다.

회닉은 당시를 회상하며 LG를 이렇게 평가했다. "제조 협력사인 LG와 여러 가지 문제를 놓고 다투고 있었고, 그들은 그저 우리를 곁눈질하며 쳐다보곤 했습니다. 모든 공급업체가 우리를 미친놈 취급했어요. 항상 그랬어요. 동시에 어떤 이유에선지 그들은 더 큰 비전을 알아봤어요. 그리고 그 비전에 대한 믿음을 가지고 있었습니다. 내 생각에 LG는 항상 '우리는 어떻게 더 나아질 수 있을까?'라는 질문을 스스로에게 던지고 있었던 것 같아요."

쿠퍼티노에서 구미까지

LG 공장은 구미의 산업단지에 있었다. 구미는 서울에서 남동쪽으로 약 250킬로미터 떨어진 내륙 도시였다. 엔지니어들에게 그곳은 방문하기에 썩 유쾌한 장소가 아니었고, 가는 길도 쉽지 않았다. 쿠퍼티노에서 온 고위 임원들은 서울에서 헬리콥터를 타고 이동했지만, 현장에 자주 가야 했던 엔지니어들은 빙 돌아가는 기차를 타고 세 시간이나 걸리는 여정을 감수해야 했다. 크리스 노박은 이렇게 회상했다. "열차 번호와 시간표를 읽을 줄 알아야 했어요. 그런데 그게 명확하지 않았습니다." 구미는 1970년대에 삼성이 전자제품 공장을 지으면서 기술 중심지로 자리 잡게 되었다. 한국 정부는 이 지역을 국가산업단지로 지정했고, LG를 포함한 다른 기업들이 뒤따라 입주했다. 그러나 애플 직원들에게 구미는 할 게 없는 도시로 비쳤다. 이들이 묵었던 리오관광호텔은 예스러운 분위기를 풍기지만 지저분했고, 한 엔지니어의 표현에 따르면 "돼지우리" 같은 곳이었다. 심지어 특정 층은 '룸살롱'이라 불리는 유흥업소로 운영되기도 했다. 엔지니어들은 호텔의 침대 시트가 풀을 너무 많이 먹어 마치 철판 같았다고 회상했다.

한번은 애플에 막 입사한 운영 부문 수석부사장 팀 쿡이 아이맥 개발 상황을 보기 위해 구미를 방문했다. 엔지니어들은 그가 쉴 수 있도록 호텔에서 가장 나은 방을 배정해주었지만, 그 방조차도 형편없다는 사실을 이미 잘 알고 있었다. 다음 날 아침 식사 자리에서 쿡의 얼굴이 별로 좋지 않은 것을 본 누군가가 물었다. "방은 어땠어요?" 쿡은 잠을 제대로 못 잤다고 답했다. 이유를 묻자, 쿡은 이렇게 말했다. "밤새 서 있었거든요."

공장 자체는 매우 기본적인 시설만 갖춘, 투박하고 거친 환경이었다. 전기 요금을 아끼기 위해 LG는 조명을 하나 걸러 하나씩만 켜두었고, 전체 공간은 작고 비좁았다. 생산라인 사이의 간격은 좁았고, 머리 위를 지나는 컨베이어시스템이 워낙 낮게 설치된 탓에, 고개를 숙이지 않으면 거기에 실린 아이맥 케이스에 얼굴을 맞기도 했다. "한국은 여전히 아주 투박했고, 힘으로 밀어붙이는 느낌이었어요." 당시 현장에 있던 애플의 어느 선임엔지니어는 이렇게 회상했다. "그들이 해낸 일은 놀라웠지만, 고품질 제조공정이나 시스템, 자동화는 전혀 없었어요. 그냥 사람들을 줄 세워서 무언가를 조립하게 했을 뿐입니다." 수요를 맞추기 위해 아이맥을 대량 생산하는 일은 엄청난 도전이었고, 이 작업에 참여했던 또 다른 고위 임원은 출시를 앞둔 몇 주 동안 악몽을 꾸었다고 말했다. "정말 많은 걸 희생했어요. 결혼 생활도 거의 끝날 뻔했고요. 그런데 꿈에서는 아무도 아이맥을 원하지 않는 거예요. 우리는 팔리지 않은 재고를 쌓아둘 천막을 짓고 있었습니다."

잡스가 전 세계에 아이맥을 공개할 준비를 마쳤을 무렵, 구미 공장은 양산에 들어갈 준비가 전혀 되어 있지 않았다. 그래서 잡스가 무대에서 선보인 제품들은 한국에 있던 애플의 산업디자인팀이 직접 제작한 일종의 시제품이었다. 하드웨어 부문 책임자였던 존 루빈스타인에 따르면, "그때 만든 건 두세 대뿐"이었다. "팀원 중 한 명은 욕조에 앉아서 표면을 다듬었습니다. 작업환경이 정말 끔찍하게 엉망이었지요. 플라스틱 가루가 사방에 날렸으니까요."

드디어 공개된 아이맥

1998년 5월 6일, 잡스는 어두운색 정장을 입고 무대에 섰다. 다른 모든 컴퓨터를 싸잡아 "정말 추-하-다u-u-u-gly"라고 선언하며 분위기를 달군 그는 무대 한편에 놓여 있던 테이블로 걸어가 그 위에 덮인 검은 천을 아무렇지 않게 걷어내며 말했다. "이것이 아이맥입니다."[2] 프로젝트 콜럼버스에 참여했던 엔지니어들은 천이 걷히는 순간, 아이맥이 아름다운 모습을 드러내는 동시에 제대로 작동하는 것을 보고 안도의 한숨을 내쉬었다. "무대 위에서 그냥 녹아내릴까 봐 너무 무서웠습니다. 우리 모두 잘릴 줄 알았어요." 노박의 두려움은 근거가 없었지만, 정신없이 몰아친 8개월간의 프로젝트가 가져온 극심한 스트레스를 그대로 반영했다. 실제로 완벽하게 작동하는 시제품을 여유 있게 갖추고 있었던 것도 아니었다. 손에 쥔 것은 겨우 몇 대에 불과했고, 그것도 한국에서 개인 수하물로 공수한 것들이었으며, 아직 실제 제품 수준의 품질 기준에 맞춰 제작한 것들도 아니었다. 잡스는 본다이 블루 색상의 반투명 플라스틱 케이스를 강조하고 싶어 아이맥 아래에 조명을 설치해 제품이 빛나 보이도록 연출했는데, 제품디자인팀은 그 조명의 열기가 플라스틱에 어떤 영향을 줄지 걱정하고 있었다.

관객의 반응은 의외로 미지근했고, 박수 소리도 거의 없었다. 그러나 1984년 때와 마찬가지로 잡스가 아이맥의 전원을 켜자, 분위기가 바뀌었다. 화면에서 여러 이미지가 빠르게 재생되더니, 곧 "hello (again)"이라는 문구가 등장했다. 카메라맨이 아이맥 주변을 돌며 반투명 플라스틱 케이스를 360도로 비추자, 관객들은 환호성을 터뜨렸다. "마치 다른 행성에서 온 것 같지 않습니까?" 잡스가 외쳤다. "그곳은 좋은 행성이에요! 훨씬 뛰어난 디자이너들이 있는 행성이니까요."

훗날 《뉴요커》의 이언 파커Ian Parker는 아이맥의 디자인을 보고 처음 받은 느낌에 대해 "사면된 죄수의 들뜬 감정과도 같았다"라고 평했다.[3] 소비자들은 이 제품을 단번에 사랑했다. 아이맥은 아름다운 디자인을 넘어, 잡스의 집중력과 추진력, 타협을 모르는 태도를 그대로 반영한 결과였다. 아이맥은 플로피디스크드라이브를 없애고 당시로서는 새로운 기술이었던 USB를 채택함으로써 기존의 직렬 포트를 과감히 배제했다. 게다가 강력한 내장 스피커 두 개를 탑재했고, 인터넷 연결도 빠르게 할 수 있었다. 가격은 1,199달러로 입문자에게도 적절한 수준이었으며, 이후 3년 동안 점차 인하될 예정이었다. 무려 1억 달러에 달하는 대규모 마케팅 캠페인은 아이맥의 디자인에 초점을 맞추었고, "다르게 생각하라"라는 슬로건을 실제 제품으로 구현해 보여주었다. 본다이 블루 색상을 전면에 내세운 한 광고는 이런 글귀를 내보내며 끝났다. "미안하지만, 베이지색은 없습니다."

애플의 역사를 새로 쓰다

1998년 8월, 첫 번째 아이맥이 출하되기 시작하자 잡스는 전 직원이 모이는 축하 파티를 열었다. 반년 전 그가 호되게 질책했던 사람들 가운데 일부도 그 자리에 있었는데, 잡스는 그들에게 감사를 전했다. 어린이용 에어 캐슬air castle(튜브에 공기를 넣어 만든 놀이기구―옮긴이)만 한 크기의 아이맥 모형 옆에 선 잡스는 이렇게 말했다. "내가 여기 돌아온 지 1년 반이 되었습니다. 그때 사람들은 우리를 비웃었지요. 하지만 지금은 아무도 우리를 보고 웃지 않습니다."

불과 6주 만에 애플은 27만 8000대의 아이맥을 판매했다. 이로써 아이맥은 애플 역사상 가장 빠르게 팔린 제품으로 기록되었다. 크리스마스까지 누적 판매량은 80만 대에 달했고, 아이맥은 미국에서 가장 많이 팔린 컴퓨터가 되었다. 해가 바뀌는 12월부터 1월까지의 연말 성수기 동안 애플의 매출은 17억 달러로 8퍼센트 증가했고, 순이익은 1억 5200만 달러를 기록했다. 이는 전년 동기간 대비 세 배 이상의 실적이었는데, 이로써 잡스는 CEO로 복귀한 이후 5분기 연속 흑자를 달성했다. 애플은 아이맥의 성공에 박차를 가하며 생산 확대에 나섰다. 1999년 1월 본다이 블루 색상에 더해 다섯 가지 라이프 세이버Life Saver(미국의 유명한 사탕으로, 맛에 따라 색이 다르다―옮긴이) 색상이 출시되었고, 성능도 한층 향상되었다. 이듬해 2월에는 애플의 주가가 1년 전의 12.75달러에서 39달러까지 치솟았다.[4] 그러나 아이맥보다 더 급진적인 변화는 애플이 이 새로운 컴퓨터를 어디서 그리고 어떤 방식으로 생산할 것인지를 놓고 내린 결정이었다.

7장 | LG와 애플의 동상이몽

　　　　　아이맥의 성공으로 애플은 수년 동안 겪어보지 못했던 문제를 경험했다. 바로 폭발적인 수요 증가였다. 이 때문에 애플은 생산 효율성과 일상적인 운영에 더 많은 관심을 기울이게 되었다. 이는 과거 길 아멜리오가 개선하려 했던 부분이기도 했는데, 다만 그는 순서를 거꾸로 생각했다. 애플은 우선 히트 상품을 내놓아야 했고, 그 후에야 비로소 더 효율적인 제조 방식에 집중하는 것이 맞았다.

　애플은 아웃소싱을 한층 강화하는 방식으로 대응했다. 수년에 걸쳐 자사의 공장을 완벽히 정리하는 한편, 1980년대 초부터 유지해온 '세 개 대륙 전략'을 협력업체들이 그대로 따르도록 했다. 즉 1998년 말까지는 LG가 CRT를 제작한 뒤 애플에 납품하면, 애플이 이를 싱가포르, 캘리포니아주 새크라멘토, 아일랜드 등에서 직접 조립했으나, 이후 자사 공장을 생산 과정에서 제외했다. 그러면서 제조 인력을 줄여나갔으니, 캘리포니아주에서는 350명을, 아일랜드에서는 450명을 감축했다. 사실 이 변화 자체를 거대한 전환이라고 보긴 어려웠다. LG가 제작하는 CRT가 이미 아이맥 조립 작업의 약 90퍼센트를 차지하고 있었기 때문이다. 그러나 전략적 관점에서는 분명한 이정표였다. 애플은 자사의 가장 성공적인 제품을 직접 제조하는 대신 아웃소싱업체를 관리하는 방식에 전념하기로 했다.

LG는 웨일스와 멕시코에도 아이맥 생산라인을 구축하기로 합의했다. 이는 생산과 관련된 문제를 해결하고, 대량생산, 관세 회피, 유통의 세계화를 이루기 위해 세밀하게 조율된 계획이었다. 그러나 결과는 참담했다.

"얼마나 높이 뛸까요?"

LG가 17억 파운드를 투자해 웨일스 뉴포트Newport에 6,000개의 일자리를 창출하겠다고 발표했을 때, 웨일스부 장관이었던 윌리엄 헤이그William Hague는 이를 "웨일스 경제가 받아본 가장 큰 신뢰의 표시"라고 상찬했다. 1997년 1월 공장 착공식 당일에는 영국 총리까지 참석했은즉, 지금은 실패로 기억되는 해당 프로젝트의 정점이었다.[5]

LG는 이곳에서 "반도체, 모니터, 컬러 브라운관, 컬러 디스플레이 튜브 그리고 기타 TV 및 모니터 관련 부품을 생산해 영국, 유럽, 북미시장에 판매하는 것"을 목표로 삼았다. LG는 삼성과 경쟁하기를 원했고, 해외시장 진출은 그 전략의 핵심이었다. 당시 20대였던 웨일스 출신의 전자기기 기술자 캐롤 휴스Carol Hughes는 LG 웨일스에 교육 담당자로 합류해, 젊은 수습사원들로 구성된 팀을 이끌며 현장 훈련을 맡왔다. 애플은 그들의 초기 고객이었다. 휴스는 쿠퍼티노에서 임원들이 처음 방문했을 때 다소 민망했다. 현장은 여전히 공사 중이었기 때문이다. 콘크리트 바닥 위로는 전차가 지나간 것처럼 홈이 패여 있었고, 천장에는 전선이 늘어져 있었다. 한마디로 무언가를 생산할 수 있도록 제대로 정비되지 않은 상태였다.

그런데도 LG 웨일스는 1998년 크리스마스를 앞두고 아이맥 생산 계약을 따냈다. 곧 휴스와 20명 정도의 수습사원이 싱가포르로 파견되었다. 그들의 임무는 애플이 LG에서 건네받은 CRT를 가지고 아이맥을 어떻게 조립하는지 그 모든 과정과 세부 운영 방식을 직접 배운 다음 동일한 생산방식을 재현하는 것이었다. 그들은 메인보드를 케이스 안에 장착하는 방법과 소프트웨어가 제대로 작동하는지 테스트하는 절차를 배웠다. 이후에도 애플은 아일랜드의 코크에서 LG 웨일스로 수십 명의 직원을 파견해 수습사원들을 교육하도록 했다. 안타깝게도 코크의 선배 직원들은 웨일스의 수습사원들이 숙련되고 나면 자신들은 일자리를 잃게 되리라는 사실을 알지 못했다.

LG 웨일스의 근무시간은 길었다. 휴스는 "일주일에 5일만 일하는 것도 아니었고, 가끔은 6일로도 끝나지 않았어요"라고 회상했다. "여러 가지 이유로 불려 나가곤 했어요. 하루 8시간 근무에서 10시간, 12시간, 나중에는 15시간까지 늘어났어요. 애플과 일할 때는 어떤 여유도 없었습니다. 애플이 '뛰어!'라고 하면 우리는 '얼마나 높이 뛸까요?'라고 되물었어요." 싱가포르에서의 교육도 고되기는 마찬가지였다. 휴스와 수습사원들은 극심한 피로를 겪었다. 그들은 매일 아침 7시에 출근해 밤 8시쯤에야 숙소로 돌아왔다. 일과가 끝난 뒤에 수습사원들은 저녁을 먹고 술을 마시며 스트레스를 풀기 위해 바에 들르곤 했다. 시간이 너무 빠르게 흘러 종업원이 "맥주랑 같이 토스트도 드릴까요?"라고 물었던 적이 한두 번이 아니었다. 바의 깊숙한 곳에 앉아 있던 그들은 해가 뜬 줄 몰랐고, 종업원이 아침 식사를 권하고 있다는 사실도 그제야 깨달았다.

웨일스의 LG 왕국이 불타다

한편 LG 웨일스는 인력을 충분히 확보하는 데 어려움을 겪었고, 이직률까지 높았다. 애플의 일정에 맞춰 서둘러 생산을 시작해야 했기 때문에, 아이맥 조립이 시작될 때까지도 공장 벽이 다 올라가지 않은 상태였다. 날씨는 추웠고 공장에는 난방시설이 없어서 노동자들은 재킷과 목도리, 손가락이 드러난 장갑을 끼고 일했다. 휴스는 난장판 같던 당시 상황을 이렇게 회상했다. "한쪽 끝에서는 생산라인이 돌아가고 있었고, 반대쪽 끝에서는 아직도 바닥을 깔기 위해 콘크리트를 붓고 있었어요."

LG 웨일스의 부지는 미식축구장 약 30개에 달하는 규모였다. 이 안에는 CRT, 메인보드 그리고 케이스를 제작하는 여러 공장이 들어서 있었다. LG 웨일스는 창고 안에 애플 제품만을 위한 공간도 마련해두었다. 이것은 애플이 VMI(공급업체관리재고)를 도입하는 중대한 계기가 되었다. 한편 공장 바닥에는 노란 선이 그어져 있었는데, 이 선을 기준으로 애플이 제품의 '소유권'을 넘겨받는 시점이 구분되었다. 완성품이 그 선을 넘기 전까지는 LG 웨일스의 자산으로 간주되었으며, 이러한 구분은 애플의 재고를 줄이기 위한 중요한 조치였다.

LG 웨일스에서 품질관리를 담당했던 스티븐 패터슨Steven Paterson에 따르면, 공장에는 약 150명이 배치된 두 개의 생산라인이 있었다. 생산량이 최고치일 때에는 각각 하루 500대의 아이맥을 출하할 정도로 잘 돌아갔다. 그러나 그는 여러 문제도 기억하고 있었다. 하드디스크들을 도난당하며 생산에 차질을 빚었고, 출하 속도를 중시하는 LG 웨일스와 품질 확보를 위해 속도를 늦추려는 애플 간의 알력도 존재했다. 싱가포르에서 그대로 가져와 적용한 생산방식은 영국의 날씨를 전혀 고려하지 않았기 때문에, 팔레트가 젖고 골판지 포장재가 망가지는 문제도 발생했다.

가장 심각한 상황에서 노동자들은 아이맥 생산라인을 "토스터 라인toaster line"이라고 불렀다. 조립 중이던 아이맥에 불이 붙는 일이 자주 발생했기 때문이다. 문제의 원인은 축전기 불량이었는데, LG 웨일스가 보기에 이 문제는 자신들의 조립 방식 때문이 아니라 애플의 설계에서 비롯된 것이었다. "우리는 설계가 아니라 조립으로 계약했기 때문에 그 점을 두고 약간의 '아지바지argy-bargy'가 있었어요." 당시 LG 웨일스로 출근했던 한 노동자는 '말다툼'을 뜻하는 지역 속어를 사용하며 당시 상황을 설명했다.

한편 LG의 해외시장 진출은 참담한 실패로 이어지고 있었다. 반도체 가격이 하락하자 LG는 관련 생산 계획을 포기했고, CRT에 대한 장기적인 기대감도 평판 디스플레이가 시장을 휩쓸면서 무너졌다. 결국 불과 1년 만에 LG 웨일스의 아이맥 생산은 전면 중단되었고, 재개되는 일은 없었다.

TV와 아이맥의 차이

LG의 멕시코 진출도 상황이 크게 다르지 않았다. 1999년 4월의 큰 화재로 아이맥 출하가 거의 한 달 동안 중단되면서 계획은 즉시 틀어졌다. 그와 동시에 한국과 멕시코 간의 문화적 차이도 쉽게 극복되지 않아, 모든 관계자의 업무를 더욱 어렵게 했다.

멕시코에서 아이맥은 미국과 접한 최북단 도시 멕시칼리에서 조립되었는데, 한국에서 날아온 LG 직원들은 그곳에서 단 하룻밤도 머물려 하지 않았다. 당시 언론들이 멕시칼리에서 서쪽으로 150킬로미터 정도 떨어진 티후아나의 마킬라도라maquiladora(멕시코 등 중남미 국가에서 외국인 투자를 유치하고자 저렴한 노동력과 세금 혜택을 제공하는 수출자유지역—옮긴이)에서 발생한 각종 납치 사건을 선정적으로 다루었기 때문이다. 이에 겁먹은 LG 직원들은 국경을 넘어 북쪽으로 9.7킬로미터 떨어진 캘리포니아주 칼렉시코에 숙소를 마련했다. 그들과 함께 일했던 애플의 한 프로젝트 매니저는 당시 상황을 이렇게 회상했다. "우리 모두 몸값을 노린 납치범들의 표적이 되는 걸 걱정했어요. 멕시코로 들어갈 때마다 긴장했습니다. LG 직원들은 낡은 차에 나를 태워서 국경을 넘곤 했어요."

LG의 계획은 구미에서 생산한 아이맥의 기본 유닛을 멕시칼리로 보내 그곳에서 각 유닛을 다시 한번 조립한 다음 올바른 색상의 케이스를 씌워 북미 시장에 출하하는 것이었다. 그러나 멕시칼리 공장은 수요 예측에 어려움을 겪었다. 무엇보다 애플이 아이맥의 다섯 가지 색상 중 무엇이 인기를 끌지 예측하는 데 실패했기 때문이다. 결국 추측에 의존할 수밖에 없었는데, 그 결과 어떤 색상은 재고가 넘쳐나고, 다른 색상은 부족한 상황이 반복되었다. 예상과 달리 감귤에서 영감을 받은 탄제린tangerine 색상은 전혀 인기를 끌지 못했다.

아이맥의 공급 관리를 총괄했던 대니엘 비다냐Daniel Vidaña는 쿠퍼티노가 요구한 생산 규모가 "말도 안 될 정도"였다고 말했다. 애플은 하루 평균 5,000대의 아이맥을 판매하고 있었는데, 아이맥은 가정용 저가 제품으로 기획되었던 만큼, 운영팀은 자금이 새 나가는 것을 막기 위해 극도의 효율성을 유지해야 했다. 하지만 다양한 색상 때문에 복잡성과 불확실성이 더욱 커졌다. 비다냐는 "그 모든 계획을 수립"하는 일의 어려움을 이렇게 설명했다. "매주 어떤 색상과 어떤 모델을 생산해야 하는지 공장에 지시했어요. 그 지시 사항은 물류팀과 제조업체들에 전달되었지만, 그들은 지시대로 움직이지 않았습니다. 매일 우리가 받는 보고서에는 '오늘 생산된 제품'만 나와 있었어요. 그들은 우리의 계획을 따르지 않았고, 우리가 원하는 것을 만들지 않았습니다. 대신 자신들에게 가장 쉬운 것만 만들었어요. 그리고 그들의 공급망이 감당할 수 있는 양만큼만 생산했습니다."

비다냐에 따르면, 애플은 시장 상황에 따라 생산도 빨리 변화하길 바랐지만, LG는 전혀 준비가 되어 있지 않았다. "보세요, LG는 TV를 만들던 회사였습니다. TV는 자주 바뀌는 제품이 아니잖아요. 적어도 그 당시에는 제품 구성에 큰 변화가 그리 많지 않았습니다. 대량생산이나 빠른 변화에 대응하는 조직이 아니었고, 그래서 우리에게는 매우 어려운 상황이었어요."

멕시칼리 공장을 드나들었던 또 다른 프로젝트 매니저는 LG 경영진과의 회의가 종종 긴장감 속에 진행되었으며, 일부 임원은 무례한 태도를 보이기도 했다고 회상했다. "어느 회의에서 나는 LG가 계약 조건을 지키지 않고, 제품을 제때 공급하지 않은 문제를 지적했어요." 그러자 LG 임원이 무시하는 태도를 보이며, 갑자기 농담을 시작했다. "두 개 언어를 하는 사람을 뭐라고 부를까요?" 프로젝트 매니저가 "이중 언어 사용자bilingual"라고 답하니, 그 임원은 다시 질문을 던졌다. "그러면 한 개 국어만 하는 사람은요?" 프로젝트 매니저는 농담의 결말을 기다렸다. "바로 미국인이에요."

LG의 오만과 오판

LG는 가장 부적절한 시점에 오만한 태도를 보였다. 미국에서 가장 많이 팔리는 컴퓨터의 단독 제조업체로서 애플에 어느 정도 영향력을 행사할 수 있다고 여긴 것이었다. 그러나 LG 웨일스는 일일이 손잡고 이끌어줘야 하는 수준을 벗어나지 못했고, 멕시칼리 공장은 상대적으로 나았지만, 쿠퍼티노의 기대를 충족시키기에는 한참 부족했다. 그런 상황에서 애플이 생산량 증가에 맞춰 단가 인하를 요구하자, LG는 강경하게 버텼다.

LG는 단순히 아이맥을 대량 생산하는 데 그치지 않고, 제품설계 과정에도 깊숙이 관여하고 있었다. 그리고 애플이 첫 번째 아이맥 출시를 서두르느라 정신없는 상황이었기 때문에, 이 새로운 컴퓨터의 조립 방법이 담긴 문서와 자료 대부분을 LG가 보유하고 있었다. 그러나 LG는 위탁생산업체가 지켜야 할 첫 번째 원칙을 망각했다. 바로 고객이 최우선이라는 점이다. 대신 LG는 독점적 제조업체로서의 지위를 협상 카드로 활용하려 했다. 협상 과정에 참여했던 애플의 한 엔지니어는 당시 LG의 전략을 이렇게 평가했다. "협상 과정에서 그들은 스스로 무덤을 팠어요. 그 지위를 지렛대로 삼으려 했지요." 또한 그는 "제품 자체가 LG에서 나오는 상황인데도 문서화는 형편없었어요"라고 덧붙였다. "LG는 모든 사양, 모든 회로도, 모든 부품 파일 등 그야말로 전부를 가지고 있었어요." LG는 아이맥 개발 과정에서 워낙 핵심적인 역할을 했기 때문에, 한 고위 임원은 공개적으로 LG가 사실상 이 제품을 설계했다고 발언하기도 했다. 제품디자인팀을 극도로 보호하던 잡스는 이 발언을 듣자마자 즉각 철회하라고 요구했다.

 LG는 두 가지 사실을 알지 못했다. 첫째, 1999년 3월까지 애플의 산업디자인팀이 아이맥을 전면적으로 재설계했다는 점이다. 생산 비용을 낮추고, 디자인을 더욱 아름답게 다듬으며, 지식재산권에 대한 애플의 소유권을 강화하기 위해서였다. 1세대 아이맥은 CRT 양옆에 크고 투박한 세로형 회로기판이 배치되어 있었는데, 보기 좋지 않은 그 부품들을 가리고자, 질감이 있는 반투명 플라스틱을 케이스로 사용했다. 또한 손잡이 위에는 세 줄의 구멍이 뚫려 있었고, 팬 때문에 소음이 발생했다. 2세대 아이맥의 외관은 이보다 훨씬 세련되게 바뀌었는데, 내부 구조부터 깔끔하고 정교하게 보이게끔 회로기판의 크기를 줄여 하단부에 촘촘히 배치했다. 그리하여 케이스 또한 완전히 투명한 플라스틱으로 교체되었다. 손잡이 주위의 구멍들을 활용해 통풍 효과를 극대화함으로써, 팬을 제거할 수 있었고, 이 덕분에 아이맥은 완전히 조용해졌다. 재설계 작업에 참여했던 한 제품엔지니어에 따르면, "단 하나의 부품도, 단 하나의 볼트도 이전 모델에서 그대로 가져온 것이 없었"다. 또 다른 엔지니어는 "그건 완전히 다른 제품이었어요"라고 덧붙였다. 1세대에서 2세대로 넘어오며 생산 비용 또한 크게 줄었는데,

한 임원은 BOM을 기준으로 거의 절반 가까이 절감할 수 있었다고 설명했다. 그 결과 애플은 아이맥 한 대당 수백 달러의 비용을 아낄 수 있었다. 이처럼 대폭 개선된 2세대 아이맥의 공급업체 또한 LG였는데, 그들은 이번에도 애플과 함께 생산방식을 조율했다. 그러나 1세대 아이맥의 조립과 관련된 각종 문서와 자료를 통해 LG가 가졌던 영향력은 이제 사라진 상태였다.

  LG가 잘 알지 못했던 두 번째 사실은 대만의 그리 유명하지 않았던 회사인 홍하이 정밀공업Hon Hai Precision, 이하 홍하이이 LG의 CRT를 역설계(실제 제품을 뜯어보고 분석하는 작업—옮긴이)하며 제조 역량을 따라잡고 있었다는 것이다. 애플은 이들을 중국에서 아이맥을 생산할 제2의 공급업체로 키우고 있었다. 홍하이의 창립자는 LG가 웨일스와 멕시코에서 겪은 이중 참사를 전해 듣고, 애플에 전화를 걸어 간단한 메시지를 남겼다. "내가 해결할 수 있습니다." 이 전화 한 통은 이후 엄청난 결과를 낳았고, 수십 년에 걸쳐 그 여파가 이어졌다. 홍하이는 매출 기준 세계 최대 제조업체 중 하나로 성장했으며, 그들의 해외 브랜드명은 누구나 아는 이름이 되었다. 바로 폭스콘이다.

8장 | 두 번째 파트너가 된 대만

　　　잡스가 애플에 복귀한 뒤 첫 5년 동안, 애플에 대만만큼 중요한 나라는 없었다. 당시 아이맥은 한국의 LG에서 생산되었고, 수량이 많지 않았던 G3와 '파워 맥 G4Power Mac G4, 이하 G4'의 데스크톱 버전은 캘리포니아주와 싱가포르에서 애플이 직접 조립했다. 하지만 '사분면 전략'에 포함된 나머지 두 제품인 일반인용 '아이북iBook'과 전문가용 '파워북'은 대만에서 조립되었다.

　이 섬나라는 1940년대 후반 이후 엄청난 변화를 겪었다. 마오쩌둥毛澤東이 이끄는 중국공산당이 국공내전에 승리하며 정권을 잡자, 패배한 장제스蔣介石의 중국국민당은 대만으로 도피해 망명정부 형태로 중화민국을 수립했다. 이들은 대만과 중국 모두에 대한 주권을 주장했는데, 이는 1971년까지 UN에서도 인정받았다. 한때 중국의 변방이었던 이곳은 제2차 세계대전이 끝날 때까지 50여 년간 이어진 일본의 지배 아래에서 근대화를 이룩했다. 이후 미국이 군사적 방패이자 주요 수입국을 자처하며 대만은 경제 기적을 경험했다. 대만의 경제는 농업 중심에서 제조업과 수출 중심으로 빠르게 전환되었는데, 초창기에는 기술 수준이 낮은 전자제품과 섬유제품을 중심으로 성장하다가 이후에는 첨단산업으로 발을 넓혔다. 정치 개혁도 뒤따랐다. 대만은 1949년부터 계엄령이 이어졌지만, 1987년 이 조치가 해제되면서 자유화가 이루어졌고, 1996년에는 최초로 민주적 대통령 선거가 치러졌다.

대만이라는 쓸 만한 옵션

1990년대 중반 필 베이커가 인벤텍에 뉴턴의 생산을 맡긴 것을 시작으로, 애플은 대만으로의 오프쇼어링에 조금씩 속도를 내기 시작했다. 이후 휴대용 제품 부서로 자리를 옮긴 베이커는 노트북도 대만에서 제조하길 희망했다. 그러나 인벤텍은 애플의 경쟁사인 컴팩의 노트북을 생산하고 있었기에, 이 제안을 수락할 수 없었다. 대신 인벤텍의 CEO 리처드 리는 베이커에게 학창 시절 친구였던 배리 램Barry Lam을 소개해주었다. 그는 1988년 콴타Quanta를 설립한 인물이었다. "결국 노트북은 콴타에서 만들게 되었고, 그게 애플이 대만에서 제품을 생산하기 시작한 계기가 되었어요." 베이커는 뉴턴 외의 "핵심" 제품군을 언급하며, 이렇게 강조했다. "그 전까지는 그러한 시도조차 없었어요. 사실상 우연이었습니다."

애플은 이미 아일랜드에서 파워북을 생산하고 있었지만, 생산관리 차원에서 콴타를 2차 공급업체로 두었다. 그러나 콴타의 역량은 기대 이하였다. 당시 한 선임엔지니어는 콴타를 가리켜 "모든 면에서 신뢰하기 어렵고, 무능하고, 엉성하며, 태만하다"라고 평가했다. 콴타와 협업했던 또 다른 엔지니어는 이렇게 회상했다. "콴타는 개발 파트너로서 전혀 훌륭하지 못했어요. 제조, 부품 가공, 조립, 설계 문제를 감당할 만한 역량이 그들에게는 없었습니다."

애플 엔지니어의 역할은 광범위한 교육을 통해 이러한 문제들을 근본적으로 해결하는 것이었다. 이 전략은 대만뿐 아니라 애플이 이런저런 부품을 공급받던 인근 국가들에도 깊은 영향을 미쳤다. 애플은 결코 대만에서 가장 큰 규모의 컴퓨터기업은 아니었지만, 복잡한 디자인을 추구하고 결함을 용납하지 않는 그들의 문화가 워낙 독특하면서도 상식적인 수준을 넘어섰기에, 경쟁사들은 할 필요가 없었던 일종의 지적 투자, 즉 공급업체를 직접 교육하고 관리하는 일을 떠맡아야만 했다. 그 시기를 기억하는 애플의 베테랑들은 대만 공급업체들에 엔지니어를 수십 명씩 파견하고, 가능성의 한계를 끊임없이 밀어붙였던 기업은 애플뿐이었다고 강조했다. 1990년부터 1997년까지 산업디자인팀을 이끌었던 로버트 브루너는 이렇게 회상했다. "동남아시아에 '품질'이라는 개념을 도입한 건 전적으로 애플의 공이었습니다. 그 지역의 제조 역량이 향상된 것은 현지 업체들에 품질 좋은 제품을 만들 만한 역량을 갖추도록 끊임없이 요구한 결과입니다." 그 당시 가장 큰 컴퓨터기업들은 디자인과 R&D를 물류와 효율성에 비해 부차적인 사안으로 취급했다. 썬 마이크로시스템즈의 CEO 스콧 맥닐리는 델을 식료품점에 비유한 적도 있었다. "세이프웨이Safeway(미국의 슈퍼마켓 체인—옮긴이)를 식품 제조사라고 하지 않는 것처럼, 델은 PC 제조사라고 할 수 없습니다."[6]

잡스가 아이북 개발을 지시했을 때 애플은 다시 한번 대만을 선택했다. 1999년 7월 출시한 아이북은 네온처럼 밝은 색상의 노트북이었는데, '들고 다니는 아이맥iMac to go'으로 마케팅했다. 아이북을 제조하기 위해 애플은 타이베이에 본사를 둔 알파톱AlphaTop이라는 업체를 찾았다. 알파톱은 경영난에 시달리던 위탁생산업체였으며, 수주를 따내기 위해 온갖 조건을 수용했다. 한편 아이맥의 초기 디자인을 구현하느라 애썼던 노박이 대만에 파견되어 현지의 품질 수준을 "끌어올리는" 역할을 맡게 되었다. 마침 그는 1990년대 후반에 노트북 부서로 자리를 옮긴 참이었다. "처음 시작했을 때 공장은 정말 한심한 수준이었어요"라고 노박은 기억했다. "자금이 조금씩 들어오면서 공장을 손보긴 했지만, 특이한 경험이었습니다. 이 사람들이 정말 돈이 없다는 게 눈에 보였거든요. 뭐 하나 제대로 갖춘 게 없었어요."

아이북에서 티북으로, 대만에서 중국으로

이 프로젝트에 밤낮없이 매달렸던 알파톱의 한 엔지니어는 그 일이 너무 힘들어서 다시 하라면 절대 하지 않았을 것이라고 말했다. "애플을 위해 계속 일해야 했다면, 정말 죽었을 겁니다. 살아남지 못했을 거예요." 그렇게 힘들었던 이유 중 상당 부분은 오버몰딩overmolding 때문이었다. 오버몰딩은 두 개 이상의 소재나 부품을 겹쳐서 사출성형하는 다단계 공정이다. 애플의 엔지니어들은 불투명한 흰색 고무 부품이 아이북의 폴리카보네이트 케이스에 처음부터 곧바로 부착되도록 이 공정을 고안했다. 핵심은 케이스가 그 외곽을 따라 설치된 고무 부품으로 완전히 밀봉되도록 하는 것이었다. 그러나 이 기술은 새로운 방식이었고, 조금만 방심해도 미세한 균열이 발생했다. 공식 공개 행사에 사용할 몇 개의 시제품을 만들기 위해, 애플의 엔지니어들이 직접 나섰다. 그들은 알파톱의 작업복을 입고 X-ACTO 나이프(정밀 커팅용 칼—옮긴이)를 손에 든 채 약 50명의 노동자와 함께 생산라인에 앉아, 금형에서 흘러넘친 플래시flash, 즉 제품의 경계면에서 새어 나온 잔여 소재를 일일이 잘라냈다.

아이북은 1999년 7월 출시와 함께 큰 성공을 거두었다. 이 제품은 세계 최초로 와이파이 기능을 내장한 노트북이었는데 당시로서는 매우 획기적인 일이었다. 쇼맨십이 강했던 잡스는 무대 위에서 인터넷 검색을 하며, 아이북 주위로 훌라후프를 지나가게 해 랜선이 연결되어 있지 않다는 사실을 관중들에게 증명해 보였다. 아이북은 영화 〈금발이 너무해〉에도 등장했다. 영화에서 리즈 위더스푼Reese Witherspoon은 LSAT(미국 로스쿨 입학시험—옮긴이)를 공부하겠다며 노트북을 사려고 하는데, 분홍색 토끼 귀 머리띠를 쓴 그가 선택한 제품은 당연히 아이북이었다.

2년 뒤 애플은 이전과는 전혀 다른, 즉 귀여움과는 거리가 먼 티타늄 파워북을 선보였다. 이 고성능 노트북은 전형적인 투박함이 특징이었는데, 화면은 정사각형이었으며, 케이스도 값싼 플라스틱으로 만들어졌다. 줄여서 '티북TiBook'으로도 불린 이 제품은, 하지만 두께가 25.4밀리미터에 불과했고, 15.2인치 와이드스크린을 탑재했다. 이 제품은 만들기가 매우 어렵기로 악명 높아 프로젝트에 참여한 제품엔지니어 20명 중 18명이 중도에 퇴사할 정도였다. 인재 유출은 큰 타격이었다. 그중 한 명은 당시를 떠올리며, "정말 엉망진창이었어요. 전부 다 끔찍했습니다"라고 말했다. 또 다른 제품엔지니어는 이렇게 덧붙였다. "티타늄 파워북 때문에 다들 번아웃이 왔어요. 제품디자인팀이 모든 역할을 다 떠맡고 있었거든요. 디자이너이자 소재과학자였고, 공정엔지니어이자 제조엔지니어, 공급업체 품질 감사관 역할까지 했습니다. 사실상 20개의 모자를 동시에 쓰고 있었던 셈이에요. 왜냐하면 산업디자인팀이 설정한 목표를 실제 제조 가능한 제품으로 만들어줄 사람이 우리 말고는 아무도 없었으니까요."

하지만 이러한 제조상의 어려움은 애플의 공급업체와 그 주변 공장들에 오히려 기회가 되었다. 대만 업체들은 빠르게 배우며, 수동적으로 주문만 받던 하청업체에서 존중받으며 함께 일하는 진정한 파트너로 거듭나고 있었다. 하지만 대만의 경제가 빠르게 성장하면서 노동비용이 급등하고, 생산능력에도 한계가 나타나기 시작했다. 1960년대 일본 기업들이 한때 일본의 식민지여서 공통언어(일본어)가 있고 노동력이 풍부한 한국과 대만에 진출해 제조 기술을 전수했던 것처럼, 이제는 대만 기업들이 비슷한 전략을 세계 최대 개발도상국인 중국에 적용하기 시작했다. 1987년 대만 정부는 중국 방문 금지 조치를 38년 만에 해제하며 중국과의 상업 및 무역 활동을 공식적으로 허용했다. 이후 불과 10년 만에 대만 기업들은 중국에 대규모 공장들을 세우기 시작했고, 중국어로 현지 인력들을 가르치고 제조 기술을 전수하면서 유수의 컴퓨터기업들을 끌어들이는 데 성공했다.

검소한, 너무나 검소한

마이클 델Michael Dell은 폭스콘과의 통화 연결 상태가 왜 항상 나쁜

지 이해하지 못하고 있었다. 그러던 중 1990년대 중반의 어느 날, 그는 홍콩에 가까운 연안 도시인 선전 북쪽의 룽화구를 방문하게 되었다. 그곳에 폭스콘의 공장이 있었기 때문이다. 마침 장마철이라 폭우가 구불구불한 양철 지붕을 시끄럽게 두들겼다. 그 소리란 마치 작은 망치들로 연주하는 혼란스러운 교향곡 같았는데, 거기에 주변의 모든 소리가 묻혔다. 그 순간 델은 미국에서 전화를 걸 때마다 폭스콘의 CEO 궈타이밍郭台銘의 목소리가 거의 들리지 않았던 이유를 깨달았다. 공장의 천장을 두들기던 빗소리가 너무 컸던 것이다.

"델이 궈타이밍의 말을 제대로 들을 수 없었던 이유는 모든 것이 싸구려로 만들어졌기 때문이에요"라고, 한 전직 폭스콘 관계자가 설명했다. 그에 따르면, 낡은 유선 전화기는 망가져 있었고, 공장 전체는 칙칙한 회색 페인트로 칠해져 있었다. "지붕도 양철이었어요. 모든 게 그야말로 싸구려, 싸구려, 싸구려였습니다."

비좁고 어수선한 시멘트 바닥에 양철 지붕을 올린 궈타이밍의 사무실은 그 나름의 미묘한 목적을 갖고 있었다. 중국의 값싼 노동력을 활용하는 대만의 위탁생산업체 폭스콘은 모든 것이 고객 중심이었다. 궈타이밍의 사무실이 누추할수록, 고객들은 최고의 비용 효율을 누릴 터였다. 그 자체로 폭스콘이 버는 돈은 접견실 바닥을 대리석으로 꾸미는 데 쓰이는 것이 아니라, 한 푼도 남김없이 생산라인에 투입되고 있다는 메시지였다.

이는 특히 델에게 깊은 인상을 남겼다. 그는 집요하리만치 물류, 유통, 제조에 집중해 대학 기숙사에서 세계 최대 규모의 컴퓨터회사를 일군 인물이었다. 심지어 그는 회사의 이익이 너무 높을 때 화를 내는 것으로도 유명했는데, 그것은 고객이 더 낮은 가격으로 제품을 살 수도 있었다는 의미였기 때문이다.

귀타이밍의 검소함은 1980년대 잡스가 애플과 넥스트에서 시도했던 방향과는 정반대의 전략이었다. 프리몬트 공장을 지을 때 잡스는 사소한 부분에 집착했는데, 기계들을 무지개 색상의 애플 로고에 맞춰 밝은색으로 칠하라고 요구할 정도였다. 또 어느 매니저에게 지시하길, 벽은 특정한 순백색이어야 하고, 바닥은 거기에 앉아서 음식을 먹을 수 있을 만큼 청결해야 한다고 말했다. 잡스는 소비자들이 프리몬트 공장을 직접 방문해 자신의 컴퓨터가 조립되는 모습을 지켜보는 장면까지 상상했다. 한번은 넥스트의 제품에 탑재되는 회로기판을 가리키며 이렇게 말하기도 했다. "이건 사람 손이 한 번도 닿지 않은 채 만들어진 겁니다!"[7] 이에 반해 귀타이밍의 공장들은 아예 외부에 공개조차 되지 않았다. 노동자들은 외부와 차단된 출입 통제형 기숙사에서 먹고 잤으며, 경비원들이 상시 순찰하는 환경에서 일했다. 이후 폭스콘이 애플의 최대 공급업체가 되며 노동자 수천 명의 실제 손이 제품 생산에 관여하게 되었다. 이들은 하루에도 몇 시간씩 9초에서 11초짜리 작업을 반복적으로 수행했고, 휴식 시간은 극히 짧았으며, 실수에는 벌칙이 따랐다.

중국으로 향하는 다리, 폭스콘

1999년 애플과 폭스콘이 처음으로 긴밀히 협력하기 시작했을 때, 애플은 델이 보았던 것을 보았을 뿐 아니라 그 이상을 보았다. 쿠퍼티노는 중국을 전혀 다른 방식으로 활용할 수 있다는 사실을 깨달았다. 항

상 효율성에 집중해온 델의 경우, 중국의 장점은 비용 절감과 대규모 생산능력, 다시 말해 이윤 확보에 유리하다는 것이었다. 하지만 애플은 값싸고 풍부한 노동력을 보고 전혀 다른 가능성을 떠올렸다. 그것은 바로 제약 없는 디자인이었다. 달리 표현하면, 기존 컴퓨터기업들은 중국에서 당장 이용할 수 있는 조건 때문에 생산기지를 옮겼지만, 애플은 중국에서 앞으로 실현할 가능성을 보고 진출했던 것이다. 잡스가 복귀하기 전까지 애플 제품은 '포카요케ポカヨケ' 방식으로 제조되었다. '실수를 방지한다'라는 뜻의 이 용어는 일본에서 탄생했는데, 제품을 조립하기 쉽게 설계함으로써 실수를 최소화하는 제조 방식을 가리킨다. 무엇보다 자동화를 향한 욕구가 이 흐름을 강화했다. 당시 많은 제조업체가 제품설계 시 도면을 스케치하는 초기 단계부터 기계가 오류 없이 조립할 수 있도록 고려했다. 그러나 애플이 깨닫게 된 것은 달랐다. 저렴한 임금을 받는 수천 명의 노동자가 컨베이어벨트 앞에 서서 손으로 직접 제품을 조립한다면, 극도로 복잡하고 정교하며 자동화에 전혀 친화적이지 않은 디자인도 얼마든지 구현할 수 있으리라는 사실이었다.

   중국의 노동력은 숙련되지 않았지만, 근면하고 끈기 있었다. 궈타이밍과 같은 대만의 기업가들은 중국에 자본과 자원을 대거 투입하고 있었고, 경험 많은 제조 관리자들을 보내 직원들을 교육하고 생산라인을 운영하게 했다. '타이상台商'이라 불리는 이들 대만 출신 경영자는 중국에 자본주의를 도입하는 데 핵심적인 역할을 했다. 이들은 현지의 정부 관리들과 협력해 저비용 제조업에 기반한 수출 중심 성장 모델인 '광둥 모델'을 만들어냈다.[8] 이 모델은 광둥성에서 이름을 따왔는데, 당시 그곳의 도시들은 외국인 투자를 자유롭게 유치하고 서구의 비즈니스 개념을 실험할 수 있도록 자율권을 부여받았다. 선전이 그 대표적인 예였다. 지방 관료들은 공장이 커질수록 일종의 수수료를 받을 수 있었기 때문에, 대만 기업가들과 긴밀히 협력할 유인이 충분했다. 이해관계가 일치하자 양측은 손발을 맞추며 제조업 성장을 견인할 구조를 만들었다. 지방정부는 토지와 설비 마련에 보조금을 지급하고, 물류 인프라를 구축하며, 농촌 지역에서의 노동자 유입을 촉진할 권한을 부여받았다. 제도적 차원에서 농촌 이주민은 이등 시민으로 착취당하며 낮은 임금을 받고 사회복지 혜택도 거의 누리지 못했다. 이것이 바로 광둥 모델의 핵심이었다. 베이징의 중앙정부가 이 모델을 청사진 삼아 전국적으로 확대 적용하면서, 중국은 세계의 공장으로 자리매김하게 되었다.

이처럼 민간과 국가의 이해가 결합한 구조 덕분에 폭스콘은 단순히 저임금 노동력만을 확보한 것이 아니라, 최첨단 장비까지 보유할 수 있었다. 한 애플 임원은 1999년 당시를 회상하며, 폭스콘 공장 안에서 본 세계 최고 수준의 기계들과 그 주변을 둘러싼 "쓰레기장" 같은 환경의 극명한 대비에 충격받았다고 말했다. "궈타이밍의 사무실은 마치 트레일러 같았고, 책상도 그냥 플라스틱 테이블이었어요." 10년 뒤에 같은 곳을 방문했던 어느 사진가는 이렇게 묘사했다.⁹ "낡은 단층 건물에 금속 지붕이 덮여 있었는데, 전형적인 임원용 사무실이라기보다는 조경 관리 창고에 더 가까웠습니다."

또 다른 애플 임원은 여름철 폭스콘의 룽화 공장을 방문했던 일을 떠올렸다. 습기를 잔뜩 머금은 공기가 어찌나 무겁고 눅눅했던지, 그는 "지옥보다 더 더웠습니다"라고 표현했다. 공장을 둘러보다가 일부 건물에만 에어컨이 설치되어 있다는 사실을 알아차린 그는 안내인에게 이렇게 물었다. "어떤 기준으로 건물에 에어컨을 설치하는 건가요?" 돌아온 대답은 이러했다. "에어컨이 필요한 기계가 있는 건물에만 설치합니다." 이름을 밝히지 말아달라고 요청한 그 애플 임원은 잠시 뜸을 들이다가 한 가지 생각을 덧붙였다. "그들은 사람보다 기계를 더 중요하게 여겼어요."

중국에서 활동하던 대만의 다른 위탁생산업체들과 폭스콘을 차별화한 요소는 품질이나 기술력이 아니었다. 그것은 바로 정치적 감각이었다. 고객들은 이를 명확히 인식하지 못했지만, 궈타이밍의 공장에만 최신식 기계들이 설치되어 있던 진짜 이유는 현지 정부가 그 장비들을 들이는 데 도움을 주었거나, 아예 직접 사주었기 때문이다. 지방 관료들은 맡은 구역의 성장 실적에 따라 평가받았기에 언제나 성과를 갈망했다. 폭스콘은 그런 그들과 (기계를 받고 성과를 내주는) 일종의 맞교환을 했던 셈이다. 애플 내부에서 '엉클 테리uncle Terry'로 불리게 된 궈타이밍은 정부 관리들을 설득해 토지와 장비를 제공하고 수출을 장려하는 맞춤형 정책을 끌어내는 데 탁월했다. 그 일에 다른 어떤 경쟁자보다 훨씬 능숙했다. 당시 애플의 고위 임원이었던 사람은 이렇게 회상했다. "중국은 엄청난 돈을 투자했습니다. 궈타이밍에게 어마어마한 보조금을 퍼부었지요. 그런데 그는 그런 이야기를 잘 안 했어요. 중국 정부가 정말 많은 걸 부담했어요. 어떤 공장에 들어가보니, 설비들이 전부 새 장비였어요. 그 모든 걸 중국 정부가 다 사준 겁니다."

흙의 도시에서 시작된 신화

폭스콘은 아주 소박하게 시작했다. 애플이 차고에서 탄생하기 2년 전인 1974년, 당시 23세였던 궈타이밍은 창고에서 홍하이 플라스틱Hon Hai Plastics을 창업했다. 대만군 복무를 막 마친 그는 7,500달러의 자본금으로 회사를 창업했는데, 그 일부는 어머니에게 빌린 돈이었다. 궈타이밍의 부모님은 국공내전 당시 중국에서 대만으로 피란한 사람들이었다. 궈타이밍의 회사는 '흙의 도시'(타이베이를 둘러싸고 있는 도시 신베이의 투청구土城區를 의미—옮긴이)에 있었는데,[10] 텔레비전용 플라스틱 손잡이를 사출성형으로 제작한 다음 자전거에 싣고 납품했다. 이후에는 그 손잡이들이 어떤 부품에 연결되는지, 또 어떻게 작동하는지를 배웠고, 결국 그 부품들까지 만들기 시작했다. 이때 부품들의 구성 요소까지 직접 제조했다. 이 모든 것을 직접 만들수록 구매해야 할 것이 줄어들었다. 이는 원가절감으로 이어졌고, 궈타이밍은 이를 바탕으로 인건비가 높은 국가의 경쟁사들보다 더 낮은 가격을 제시하며 시장을 잠식할 수 있었다. 자연스레 더 많은 주문을 따내게 되었고, 그 결과 생산 규모가 커지면서 단가를 더욱 낮출 수 있게 되었다. 점점 강화되는 선순환 구조가 만들어졌던 것이다.

1980년대 초 PC 혁명이 본격적으로 시작되었을 때, 궈타이밍은 초기 단계부터 이 시장에 진입했고, 신뢰성 높은 소켓과 커넥터를 생산하며 자신의 이름을 알리기 시작했다. 이것들은 컴퓨터의 다양한 부품 간 통신을 가능하게 하는 소형 부품이었다. 참고로 홍하이의 해외 브랜드명인 폭스콘Foxconn은 궈타이밍이 개인적으로 좋아하는 동물인 여우, 즉 'fox'와 커넥터connector를 의미하는 'conn'을 조합한 것이다.

궈타이밍은 놀라운 끈기와 카리스마 그리고 실용적인 지식에 대한 끝없는 욕구를 지닌 인물이었다. 그는 이러한 자질을 바탕으로 막강한 장기적 관계들을 구축해나갔다. 가령 영어를 거의 하지 못했는데도,

1980년대에 미국의 주들을 30곳 이상 직접 돌며 영업 활동을 벌였다. 미국을 횡단하며 길 위에서 보낸 시간이 워낙 길어, 패스트푸드 프랜차이즈인 데니스의 메뉴를 달달 외울 정도였다.[11] 그 고달픈 여정 중에 그는 온갖 종류의 전자업체를 설득해 폭스콘의 부품을 사용하게 했고, 때로는 계약을 따내기 위해 거의 이윤이 남지 않는 수준의 가격을 제시하기도 했다.

궈타이밍은 칭기즈칸 사원에서 받은 구슬 팔찌를 항상 차고 다녔다.[12] 13세기 몽골의 정복자였던 칭기즈칸을 영웅으로 신봉했기 때문이다. 그래서인지 그는 자신의 공장을 군대처럼 효율적으로 운영했다. 생산라인의 노동자들은 기계들의 윙윙거리는 소음 속에서 극도로 미세한 작업을 반복 수행했다. 이는 애덤 스미스Adam Smith가 말한 '분업'의 개념을 극한까지 밀어붙인 형태였다. 작업 중 대화는 금지되었고, 이를 어기면 급여가 삭감될 수 있었다. 관리자들은 생산라인을 항상 감시했고, 모든 불량품은 하나도 빠짐없이 집계되었다. 근무 조는 보통 12시간씩 일했는데, 주간 조와 야간 조가 주기적으로 전환되는 방식으로 운영되었다. 직원들에게는 궈타이밍의 어록이 담긴 붉은 소책자가 배포되었고, 그 내용 중 일부는 큰 종이에 쓰여 아무런 장식도 없는 벽면 곳곳에 붙어 있었다.[13] 그 어록에는 격려부터 위협까지 다양한 표현이 담겨 있었는데, 가령 이런 것들이었다. "오늘 일에 최선을 다하라. 아니면 내일은 일자리를 구하느라 고생하게 될 것이다." "매분, 매초를 효율적으로 활용하라." "목표를 달성하라. 그러지 않으면 태양은 다시 떠오르지 않을 것이다."

효율성의 신

 동료, 부하 직원, 경쟁자들에게 궈타이밍을 묘사해달라고 하면 대개 침묵이 흐른다. 그를 평범한 언어로 표현하기는 어렵다. 한 경쟁사의 임원은 궈타이밍을 이렇게 칭찬했다. "세계의 위대한 기업가 중 한 명이고, 압도적인 카리스마를 가진 사람입니다. 그런데 동시에 무섭고, 요구가 많고, 진짜 재수 없는 사람이기도 해요." 그는 너무나도 다면적인 인물이라 어떤 형용사를 써도 모두 맞는 말이 되었다. 상황에 따라 모습이 달라졌기 때문이다. 그 임원은 이렇게 덧붙였다. "그에게 어떤 단어를 갖다 붙여도 다 들어맞아요. 어떤 단어라도요."

 궈타이밍이 효율성을 어찌나 엄격하게 추구했는지, 한 전직 임원은 이렇게 회상했다. "나는 폭스콘에서 일한 게 아니라, 대만군에서 복무한 거였다고 늘 농담했어요. 정말 스파르타식이었어요. 매일 '저 언덕을 점령하라!' 하는 명령 속에서 일하는 것 같았습니다." 이러한 정신은 사소한 부분에도 철저하게 적용되었다. 한번은 비용 절감 지시가 내려지자, 화장실에 설치된 비누 디스펜서의 비누 분말 양까지 눈에 띄게 줄어들었다. 비눗물 농도가 계속 옅어져 색깔이 점점 투명해질 정도였다고 한다. 그 일에 대해 한 임원은 이렇게 설명했다. "원래는 비누 분말 두 스푼을 넣던 걸 4분의 1만 넣는 거예요. 종국에는 비누 분자가 한 개만 들어 있는 수준이 될 지경이었습니다." 2000년대 초에는 이런 농담이 돌기도 했다. "궈타이밍의 재산은 동전만 모아도 20억 달러쯤 될 것이다."[14]

 궈타이밍은 전자제품에 대한 이해를 계속해서 쌓아갔고, 모든 제품을 10단계로 분해해 체계적으로 파악하는 방식을 고안했다. 그리고 그 모든 단계를 통제하겠다는 계획까지 세웠다. 폭스콘의 한 전직 임원은 이 시스템을 이렇게 설명했다. "1단계는 가장 기초적인 부품으로, 예를 들어 옛날 텔레비전 손잡이 같은 것입니다. 2단계는 채널 다이얼 안에 들어가는 금속 프레스 따위입니다. 기계적으로 두 개의 장치를 연결하지만, 전기적 복잡성은 없는 수준이죠. 3단계쯤 되면, 어떤 전기적 연결이 추가되고, 4단계와 5단계는 그보다 더 복잡한 하위 조립체들이 포함됩니다. 그리고 6단계는 회로기판이나 그 구성품입니다. 그다음은 조립 단계, 그러니까 7단계와 8단계로 넘어가게 됩니다. 이 단계에서는 델의 PC나 노트북 같은 제품을 직접 조립하는 거예요. 그리고 10단계는 출하 준비가 완료된 완제품입니다." 그 임원에 따르면, 이러한 수직 통합 전략의 핵심은 고객이 폭스콘에 의존하게 하는 것이었다. "모든 생산 단계를 우리가 다 통제한다면, 고객이 도대체 어디로 가겠습니까?"

9장 | 폭스콘이라는 해결사

　　　　　1949년 중국공산당이 정권을 장악한 후로 1978년까지 중국은 외부 세계와 거의 단절된 채 여러 차례 격변을 겪었다. 마오쩌둥은 군사 지휘관으로서는 유능했을지 모르지만, 국가 지도자로서는 편집증적이고 독단적이었으며 마르크스주의를 왜곡한 사상에 따라 움직였다. 마오쩌둥이 국가수반의 자리에 오르기 전, 중국은 이른바 '백년국치百年國恥'(아편전쟁부터 중화인민공화국 수립까지의 100여 년—옮긴이)를 겪은 참이었다. 수 세기 동안 세계 최고의 경제력을 자랑하던 중국은 그 시기에 영국, 프랑스, 일본에 연달아 군사적으로 패배하며 치욕을 당했다. 이전 수백 년 동안 중국은 화약, 인쇄술, 나침반, 종이를 발명한 기술 강국이었다. 마오쩌둥은 산업화한 국가들을 따라잡고자 했으나, 그가 추진한 대약진운동은 참담한 실패로 끝났으며, 그 결과 기근으로 3000만 명에서 4500만 명이 사망했다. 이에 정치적 입지가 좁아진 마오쩌둥은 1966년 문화대혁명을 일으켰다. 이로써 공산주의를 정화한다는 명분 아래 10년에 걸쳐 대혼란이 계속되었다. 학생들로 조직된 홍위병이 '사구四舊', 즉 '낡은 관습', '낡은 문화', '낡은 풍속', '낡은 사상'을 공격하는 데 앞장섰다. 1976년 마오쩌둥이 사망했을 때, 중국은 사하라사막 이남의 아프리카 나라들보다도 가난해져 있었다.

아시아의 실리콘밸리, 선전

궈타이밍이 전자산업 분야에서 기술력을 키워가던 1970년대 후반, 중국 경제는 마오쩌둥의 후계자인 덩샤오핑鄧小平의 주도로 대전환의 국면을 맞았다. 덩샤오핑은 개방정책의 하나로 동부 연안에 여러 개의 경제특구를 설치했다. 이들 경제특구는 자본주의적 실험이 허용된 구역으로 외국인 투자를 유치하고 중국 내륙의 수많은 농촌 노동자를 끌어들이며 빠르게 번영했다. 당시 영국 식민지였던 홍콩의 기업가들이 가장 먼저 대규모 투자를 퍼부었는데, "제3세계 수준의 비용"과 "제1세계 수준의 경영, 인프라, 시장 지식"을 결합한 방식이었다.[15]

그 결과 역사상 유례없는 수준의 눈부신 경제 호황이 시작되었다. 10억 명 이상의 인구를 가진 중국이 세계에 문을 열고 숨 가쁜 속도로 현대화되자, 30년 동안 연평균 10퍼센트 수준으로 경제성장이 이뤄지며, 수억 명의 사람이 빈곤에서 벗어났다. 1984년 로널드 레이건 Ronald Reagan 대통령은 중국을 "이른바 공산주의 국가"라고 표현했는데, 경제 개혁의 씨앗이 뿌려진 이상 정치 개혁이라는 꽃도 피리라는 기대감은 담은 발언이었다.

1980년의 선전은 인구 7만 명도 채 되지 않는 어촌 마을에 불과했다. 그러나 홍콩 바로 건너편의 경제특구로 지정되면서 선전과 그 주변 지역은 대변화를 겪게 되었다. 하버드대학교의 사회학자이자 《덩샤오핑 평전》의 저자인 에즈라 보걸Ezra Vogel에 따르면, "1980년대 후반에는 홍콩과 광저우를 잇는 167킬로미터 길이의 도로 양옆으로 공장이 가득 들어섰다." 1990년 선전의 인구는 170만 명에 달했으며, 2000년대 초반에는 700만 명으로 증가했다. 불과 25년 만에 인구가 100배 이상 늘어났던 셈이다.

서구의 기준에서 보면, 그곳에서 만들어진 제품들의 품질은 끔찍한 수준이었다. 애플의 한 엔지니어는 선전의 공급업체들을 방문했던 일을 떠올렸다. 그가 본 공장 건물들은 너무나 부실해 정밀 진단은 말할 것도 없고, 대충 훑어보기만 해도 건축 기준을 통과하지 못할 것 같았다. "엘리베이터도 없어서 계단을 걸어 올라가야 했어요. 그런데 계단 수를 세어보면, 1층과 2층 사이에는 12개, 그다음에는 18개, 또 그다음에는 16개, 그러고는 24개였습니다." 계단 높이도 제각각이었다. 어떤 것은 25센티미터, 어떤 것은 18센티미터였다. 모든 게 들쭉날쭉했다. 그는 "내가 말하고 싶은 요점은 그 건물들이 손으로 지어졌다는 겁니다"라고 강조했다. 모든 것이 대충대충 이루어졌고, 오직 속도와 규모만이 우선시되었다. 선전으로 파견되었던 애플 엔지니어들은 그곳을 거칠고 위험한 곳으로 묘사했다. 한번은 키가 195센티미터였던 엔지니어가 저녁 산책을 위해 호텔 밖으로 나가려 하자, 안내원이 그를 말리며 위험하다고 경고했다. 엔지니어가 "난 덩치도 큰데요"라며 대수롭지 않아 하니, 안내원은 "원숭이 12마리면 고릴라도 죽일 수 있어요"라고 대꾸했다.

중국의 다른 그 어느 지역보다도, 세계에서 인구가 가장 많은 이 나라의 운명을 극적으로 바꿔놓은 지역은 광둥성이었다. 그중에서도 선전은 전자산업의 중심지로 떠오르며 '하드웨어의 실리콘밸리'라는 별명을 얻게 되었다. 2000년대 후반 중국에 거주했던 언론인 제임스 팰로James Fallows는 지난 50년 동안 중국을 산업 강국으로 탈바꿈시킨 인물로 궈타이밍이 덩샤오핑 다음가는 존재라고 주장했다. 이는 놀라운 주장처럼 들리지만, 궈타이밍의 경쟁자들조차 이를 인정하고 있다. 어느 위탁생산업체의 고위 임원 또한 궈타이밍의 공로를 이렇게 인정했다. "선전이 오늘날의 선전이 된 이유는 궈타이밍 덕분입니다. 그의 야망이 없었다면, 선전은 지금과 같은 막강한 제조 역량을 갖추지 못했을 겁니다."

다만 폭스콘이 지금과 같은 명성을 얻게 된 시기가 비교적 최근이라는 점은 주목할 만하다. 1999년만 해도 매출은 18억 달러에 불과했으며, 미국의 경쟁사였던 SCI, 소렉트론, 플렉스트로닉스 등에 비해 훨씬 작은 규모였다. 그러나 2010년에는 매출이 980억 달러에 달해, 상위 다섯 개 경쟁사의 매출을 모두 합친 것보다 많아졌다. 단 11년 만에 폭발적인 성장을 이룬 데는 무엇보다도 단 하나의 고객, 애플의 존재가 결정적이었다.

ODM 대신 OEM을 선택한 폭스콘

애플과 폭스콘의 관계는 적어도 1990년대 초반까지 거슬러 올라가지만, 그 범위는 제한적이었다. 폭스콘은 1981년부터 1997년까지 애플 임원이었던 싱가포르 출신 H.L. 청H.L. Cheung의 지지로 애플과 관계를 이어갔다(청은 이후 폭스콘에 합류했다). 그러나 궈타이밍의 회사는 여전히 회로기판과 케이스를 연결하는 커넥터처럼 저렴한 부품을 공급하는 업체에 불과했다. 1990년대 중반까지만 해도 애플 엔지니어들은 폭스콘을 '커넥터회사'로 불렀다. 그러나 폭스콘은 빠르게 기술력을 키워갔고, 2000년쯤에는 중국으로 진출하던 다른 대만 기업들과 다른 방식으로 다재다능한 역량을 선보이며 두각을 나타내기 시작했다.

서구 기업의 전자제품을 조립하는 사업은 경쟁이 매우 치열했다. 이 때문에, 업계의 주요 흐름은 고급 엔지니어와 디자이너를 고용하고, R&D에 투자하는 등 고객을 대신해 더 많은 책임을 떠안는 방향으로 나아갔다. 이에 따라 IBM PC에 기반을 둔 서구 PC기업들은 인벤텍, 에이수스ASUS, 에이서Acer 같은 제조업체들이 만든 카탈로그에서 디자인을 골라 사용할 수 있을 정도에 이르렀다. 즉 이들 대만 업체가 제품을 직접 설계하고 제작한 다음 PC기업의 로고를 붙여 출하했던 것인데, 이러한 방식을 ODM(주문자설계생산)이라 한다. 이는 단순 조립보다 이윤이 높았기 때문에 대만 업체들에 유리한 모델이었다. PC기업 입장에서도 제조뿐 아니라 설계와 R&D에 들어가는 고정비 부담을 줄일 수 있다는 뚜렷한 이점이 있었다. 그러나 이 방식에는 명확한 리스크가 존재했다. 얼마 지나지 않아 이들은 자체 브랜드의 컴퓨터를 판매하기 시작했고, 고객들과 경쟁하는 위치에 서게 되었다. 이런 흐름은 논리적 수순이었지만, PC기업들에는 불쾌한 일이었다. 하버드대학교 경영대학원의 윌리 시Willy Shih 교수에 따르면, 이 문제와 관련해 기업들이 "내가 당신과 경쟁하는데 어떻게 당신을 믿을 수 있을까요?"라고 반문했다고 한다. 특히 부품이 부족한 시기에는 이러한 우려가 더욱 심화했는데, 에이서 같은 기업들이 자체 PC 사업부에 부품을 우선

배정할지도 몰랐기 때문이다.

 궈타이밍은 다른 접근 방식을 택했다. 그는 ODM을 꺼렸는데, 제품을 설계하기 위해 값비싼 인재를 고용해야 하는 비용 구조를 탐탁지 않게 여겼다. 그가 내세운 것은 수직통합 전략으로, 폭스콘이 핵심 부품을 직접 생산하거나 대량 조달해 가능한 한 BOM에 기록되는 자재 전반을 통제하는 방식이었다. 이를 바탕으로 폭스콘은 특정 제품을 제작하거나 설계하는 일 대신, 고객의 요구에 초점을 맞추면서 장기적인 파트너십을 다지는 데 집중했다. 폭스콘은 뒤떨어진 것으로 폄하되던 OEM(주문자상표부착생산)을 주도적으로 받아들였다. ODM과 달리 OEM은 설계나 브랜딩에는 전혀 관여하지 않으며, 고객의 요구에 맞추기 위해서라면 무슨 일이든 해내는 데 주력한다. 이처럼 좁지만 집중된 전략 덕분에 폭스콘은 공급망의 여러 층을 깊이 파고들 수 있었고, 그 결과 더 큰 규모의 생산 역량을 갖추게 되었다. 더 큰 규모를 확보하려면 더 많은 생산 기반과 노동력이 필요했는데, 이는 현지 관리들과 성공적인 협력 관계를 구축하는 데 핵심 요소로 작용했다.

 궈타이밍도 ODM에 뛰어든 경쟁사들과 마찬가지로 이윤이 낮은 조립 작업에 큰 흥미를 느끼지는 않았다. 조립은 어디까지나 영향력을 확대하기 위한 수단에 불과했다. 이를 통해 그는 자회사와 제3의 업체에서 부품을 조달받을 수 있는 주도권을 쥘 수 있었고, 이는 더 많은 기회를 얻는 발판이 되었다. 애플의 툴링엔지니어였던 데이비드 존슨David Johnson은 이렇게 설명했다. "폭스콘이 수익을 올리는 방식 중 하나는 PPV(구매단가차이)입니다. 폭스콘이 고객사의 공급망을 관리할 수 있다면, 다시 말해 그 부담을 떠맡을 수 있다면, 그들은 더 많은 수익을 낼 수 있게 됩니다. 예를 들어 그들은 케이블을 1달러에 팔지만,

실제로는 35센트에 사들입니다. 이런 식으로 모든 유통 경로에서 돈을 버는 겁니다. 그리고 당신을 대신해 더 많은 부품을 관리할수록, 그만큼 수익을 낼 기회도 커집니다."

"내가 해결할 수 있습니다"

폭스콘은 코스트코가 핫도그를 싸게 파는 이유와 같은 이유로 저렴한 가격에 최종 조립 서비스를 제공하기 시작했다. 고객들을 끌어들이기 위해서였다. 이후 폭스콘은 대량생산에 필요한 제조공정 장비와 도구, 즉 맞춤형 금형, 다이die(금속 재질의 금형—옮긴이), 고정구(부품을 가공할 때 흔들리지 않도록 고정하는 장치—옮긴이) 등을 마련하는 데 드는 초기 비용을 부담하겠다고 나섰다. 이는 관련 업계를 뒤흔드는 일이었는데, 당시 상황을 잘 아는 애플의 어느 전직 엔지니어는 이렇게 회상했다. "그 비용은 50만에서 100만 달러에 이를 수도 있었습니다. 그런데 그 비용을 제조업체, 즉 폭스콘이 떠안았던 겁니다. 애플은 생산 부품에 대해서만 비용을 지급했어요." 이후 폭스콘은 조달, 제조, 물류의 전 과정을 통합한 원스톱 서비스를 구축하기 위해 노력했다. 아울러 통신사가 휴대전화를 무료로 제공하면서 2년 약정 요금제를 들게 해 수익을 회수하듯, 폭스콘도 동일한 방식으로 초기 비용을 회수했다. 이 엔지니어는 궈타이밍의 전략을 서구 기업들을 유인하기 위한 "교묘한 도박"으로 묘사했다. 값싼 생산이라는 마약에 중독되게 한 뒤, 폭스콘이 선택한 부품들에 기반한 끈끈한 관계에 빠져들게 하는 것이었다. "일단 그들이 문 안으로 당신을 들여보내면 끝이에요. 이제 그들은 당신을 통제하게 됩니다. 괜히 폭스콘을 '폭스-콘Fox-con'이라고 부르는 게 아니에요. 회사의 진짜 이름은 홍하이입니다. 그걸 폭스콘으로 바꾼 이유는 도박꾼 궈타이밍이 '여우fox'이고, '사기꾼con artist'이기 때문이에요."

폭스콘은 수많은 제품군에 걸쳐 다양한 분야를 넘나들며 작업을 수행하면서, 또 원자재 조달까지 여러 단계의 공급망을 깊이 파고들면서 경쟁사들보다 훨씬 빠르게 규모를 확대할 수 있었다. 여기에 더해 장기 프로젝트를 기반으로 수천 명의 노동자를 고용한 뒤, 이들을 필요에 따라 다양한 작업 현장에 유연하게 배치했다. 노동자들을 붙잡아두고 언제든지 다른 생산라인에 투입하기 위해 룽화 공장을 도시 안의 또 다른 도시처럼 조성했다. 그 안에는 식당, 시장, 오락시설, 농구장, 보조금이 지원되는 기숙사까지 갖춰져 있었다. 이 거대한 공장은 선전 북부에 대규모 산업클러스터가 형성되는 계기가 되었고, 궈타이밍은 이를 통해 정부 관리들 사이에서 높은 평판을 얻게 되었다. 이렇게 쌓아 올린 정치적 신뢰로 이후 토지, 이주 노동자, 최첨단 설비에 대한 접근권을 더 유리하게 확보할 수 있었다.

1999년 폭스콘은 애플에서 G4의 케이스 제작 주문을 따냈다. 서리가 낀 듯한 반투명 플라스틱 재질의 이 케이스에는 곡선형 손잡이가 통합되어 있었고, 색상은 눈부신 백색과 흑연색 두 종류였다. 사실 이 케이스는 '트리플 S'로 불린 싱가포르 시네이 상교Singapore Shinei Sangyo에서 이미 제작하고 있었다. 이 회사는 애플이 오랫동안 신뢰해온 공급업체로, 아일랜드와 캘리포니아주의 애플 공장에서 사용할 금형을 10년째 제작 중이었다. 파워 매킨토시 시리즈에 대한 수요가 증가하고 애플이 비용 절감을 모색하면서, 폭스콘이 제2의 공급업체로 떠올랐다. 공급망 다변화와 탄력성을 위한 일반적인 조치였기에 특별할 것은 없었다. 그러나 예외적이었던 점은 폭스콘의 성과가 매우 좋았다는 사실이다. 트리플 S의 한 기계엔지니어는 "폭스콘이 우리 밥그릇을 걷어 찼어요"라고 회상했다. 이 일은 궈타이밍이 열의와 헌신뿐 아니라, 탁월한 실력을 갖추고 있음을 애플에 처음으로 입증한 사례였다.

LG는 세 대륙에 걸쳐 아이맥을 생산하는 전략에 어려움을 겪고 있었다. 궈타이밍은 여기에서 더 큰 기회를 포착했다. 바로 그때 그가 역사적인 전화를 걸었다. "내가 해결할 수 있습니다." 그는 전화기 건너편의 애플 임원에게 그렇게 말했다. 그 전화를 받은 사람은 '아무나'가 아니었다. 애플의 운영 전반을 재정비하기 위해 잡스가 영입한 지 1년도 채 되지 않은 COO였다. 그의 이름은 쿡이었다.

10장 | 팀 쿡의 마법

　　　　　　노스캐롤라이나주 롤리의 IBM 사무실은 퇴근 시간이 오후 4시 12분이었다. 그때가 되면 주차장은 불과 몇 분 만에 그랑프리 자동차 경주장처럼 변했다. 서둘러 빠져나가려는 차들이 마구 뒤엉켰기 때문이다. 관료적이고 엄격한 기업문화로 유명한 IBM은 토머스 J. 왓슨Thomas J. Watson의 리더십 아래 공군식 문화를 발전시켰다. 그러한 문화는 그가 1971년 은퇴한 이후에도 계속 이어졌으니, 모든 것이 정해진 일정에 맞춰 돌아갔다. 그런데 주차장의 먼지가 가라앉은 뒤에도 거의 매번 단 한 대의 차가 남아 있었다. 그 차는 보통 밤 9시나 10시 넘어서까지 그 자리를 지켰다. 토요일과 일요일도 주차장에 있었는데, 대부분 홀로 주차되어 있었다. 그 차의 주인이 얼마나 한결같은 근면함을 지녔는지를 보여주는 생생한 증거였다.

"가장 공부를 열심히 하는 학생"

키가 크고 단호한 눈빛을 지닌 채 꼿꼿한 자세로 조용한 자신감을 풍기는 쿡은 마치 IBM 임원을 연기하는 배우처럼 보였다. 그는 1960년 앨라배마주의 작은 마을에서 태어났다. 형과 남동생 사이에 낀 둘째였다. 어릴 때부터 천재성과는 거리가 멀었지만, 소설 속 인물에나 어울릴 법한 근면함으로 그 부족함을 메웠다. 고등학교 시절 내내 학우들에게 '가장 공부를 열심히 하는 학생'으로 뽑힌 그는 이후 오번대학교에 진학해 산업공학을 전공했다.[16]

그는 보통의 경우처럼 컴퓨터산업에 투신했으며, PC가 (애플의 저항에도 불구하고) 모든 산업의 표준으로 자리 잡아가고 있던 1982년 IBM에 입사했다. 쿡이 맡은 일은 쿠퍼티노를 상징하는 화려함이나 세상을 바꾸려는 혁신과는 거리가 멀었다. 그가 일하던 리서치 트라이앵글 파크Research Triangle Park(노스캐롤라이나주에 있는 미국 최대 규모의 R&D 단지―옮긴이)의 PC 부서에서는 해적 깃발을 내걸 생각을 한 사람이 분명 아무도 없었을 것이다(1982년 맥 개발을 이끌던 잡스는 개발자의 독립성과 저항정신을 강조하기 위해 "해군에 입대할 바에는 해적이 되는 게 낫다"라고 선포하면서 건물 지붕에 해적 깃발을 걸었다―옮긴이). 그러나 쿡이 IBM에서 보낸 12년은 전략적으로 대전환이 일어난 시기였다. IBM은 거의 모든 것을 자체 생산하던 방식에서 벗어나 아웃소싱으로 방향을 틀었다. 자재관리 분야에서 쿡이 보여준 무자비할 정도의 효율성 추구는 화려하진 않았지만, IBM과 그 유사 기업들이 애플을 파산 직전까지 몰고 가는 데 이바지한, 자칫 평범해 보이는 요소 중 하나였다.

쿡의 근면한 태도는 그에게 큰 도움이 되었고, 불과 몇 년 만에 듀크대학교 푸쿠아경영대학원의 야간 MBA 과정에 선발되었다. 이 프로그램은 언젠가 IBM의 한 사업 부문을 이끌 차세대 임원을 양성하기 위해 설계된 것이었다. 1992년 쿡이 북미 지역 물류 담당 이사로 승진했을 때의 나이가 고작 31세였던 것만 보아도 회사의 신뢰가 얼마나 컸는지 알 수 있다. 그는 협상에 능하고, 필요한 것을 필요한 시점에 조달해 재고를 없애는 JIT(적시생산방식)에 뛰어난 인물로 명성을 쌓아가고 있었다. 한편 IBM은 침체에 빠져들었다. 수십 년간 가장 가치 있는 기업이었던 IBM은 그 지위를 순식간에 잃었고, 1991년부터 1994년까지의 누적 손실액이 150억 달러에 이르면서 결국 사업 구조를 서비스 중심으로 재편할 수밖에 없었다.

쿡은 이후 PC 도매업체인 인텔리전트 일렉트로닉스의 고위직으로 자리를 옮겼고, 과잉 비용과 자산 낭비로 혼란에 빠진 회사를 일으켜 나갔다. 1997년 그는 꿈의 자리인 컴팩의 부사장직에 올랐다. 세 친구가 휴스턴의 파이 가게에 앉아 냅킨에 끄적인 사업 계획에서 시작된 컴팩은 1982년 IBM PC를 최초로 복제했다. 1997년 무렵 컴팩은 연 매출 340억 달러를 기록하며 '복제의 제왕'으로 군림하고 있었다. 쿡이 입사하고 몇 달도 지나지 않았을 때 애플의 채용 담당자들이 그에게 연락하기 시작했다. 그는 거절했지만, 애플은 점점 그들만의 전형적인 방식으로 접근했다. 바로 잡스를 직접 대면하는 면접을 제안한 것이었다.

애플에 합류한 칸트

잡스가 쿡을 만나고자 했다는 사실만으로도, 그가 애플을 떠나고

12년 동안 얼마나 많은 것을 배웠는지 알 수 있다. 젊은 시절의 잡스는 IBM과 그것이 상징하는 모든 것을 극도로 혐오했다. 1984년 슈퍼볼 경기 중에 방영된 애플의 맥 광고는 혁신을 억압하는 빅브라더로 IBM을 묘사했다. 하지만 IBM은 저렴한 제품을 꾸준하고 수익성 있게 대중에게 공급하는 데서 애플을 능가했다. 물론 이처럼 평범한 일을 훨씬 더 효율적으로 해낸 기업들에 패배하기 전까지만 그랬다.

나이가 든 잡스는 이 점을 이해하고 있었다. 애플에 복귀한 그는 자신이 잘하지도 않고 관심도 두지 않았던 영역을 철저히 책임질 인물을 영입하고자 했다. 당시 37세였던 쿡은 군더더기 없는 운영 전문가로 그 역할의 적임자였다. 쿡은 차갑고 침착하며 계산적인 인물로 알려졌지만, 잡스는 영감과 희망을 제시하며 그를 끌어들이는 데 성공했다. 훗날 쿡은 당시 내린 결정을 거의 신비로운 경험처럼 묘사했다. "귀에 속삭이는 목소리가 들렸어요. '서쪽으로 가라, 젊은이여, 서쪽으로 가라'라는 말이었어요. 이성적으로는 전혀 말이 안 되었습니다. 그런데도 직감은 '가야 해!'라고 외쳤고, 나는 그 직감을 따랐습니다."[17]

쿡의 이미지는 애플이 스스로 그려온 이미지와는 너무나 동떨어져 있었다. 《블룸버그비즈니스위크》는 이 소식을 커버스토리로 다루며 애플의 "다르게 생각하라" 슬로건을 패러디한 커다란 문구 아래에 환하게 웃는 쿡의 얼굴을 배치했다. 해당 캠페인에서 애플이 내걸었던 것은 '미친 사람들'에 대한 오마주였지만, 《블룸버그비즈니스위크》는 그것을 뒤집어 이렇게 표현했다. "여기 합리적인 사람이 있습니다. 팀 플레이어, 문제 해결사, 둥근 구멍에 끼워진 동그란 마개 같은 사람."[18] 쿡보다 조금 앞서 애플에 합류했던 한 임원은 그에 대해 이렇게 평가했다. "그는 일뿐 아니라 운동, 식습관까지 아주 신중하고 체계적으로 관리하는 사람이었어요. 내가 보기엔 그의 삶의 모든 것이 세심하게 정돈된 듯했습니다."

쿡의 성향은 18세기 독일 철학자 이마누엘 칸트Immanuel Kant와 닮았다. 칸트는 일상이 너무나도 규칙적이어서, 마을 사람들이 그의 산책 시간에 맞춰 시계를 맞출 수 있을 정도였다. 질서에 대한 쿡의 열정은 애플의 운영에 꼭 필요한 것이었다. 컴팩은 잘 정비된 회사였지만, 애플은 완전히 엉망진창이었다. 오히려 이 때문에 쿡은 곧바로 자신의 존재감을 드러낼 수 있었다. 그 당시 애플의 운영 총괄을 대행하던 오설리번은 쿡에게 업무 전반을 인수인계하는 임무를 맡았다. 그의 목표는 자신이 쌓아온 11년간의 경험을 약 8주 동안의 현장 교육을 통해 쿡에게 전달하는 것이었다. 교육은 1998년 4월경 시작되었는데, 불과 2주 만에 두 사람은 더 시간을 쓸 필요가 없다는 데 합의했다. 오설리번은 쿡에 대해 이렇게 회상했다. "내가 그를 떠날 무렵엔, 그가 애플에 대해 나보다 더 많이 알고 있었어요. 그 사람은 머리가 정말 빨라요. 이해력도 뛰어나고요. 그리고 기억력은 솔직히 말해서 거의 사진처럼 정확한 수준이에요."

20만 개와 20만 50개의 차이

쿡은 전 세계 매니저들과의 첫 운영 회의에서 매우 높은 기준을 제시했다. 주간 점검 회의에서는 지난 며칠간 무엇이 잘못되었는지, 즉시 수정해야 할 점은 무엇인지 그리고 앞으로 다가오는 과제는 무엇인지에 대해 논의했다. 회의 시간은 보통 90분 정도였고, 길어지면 두 시간을 넘기기도 했다. 쿡이 처음 회의를 이끌던 그날, 회의는 무려 13시간 가까이 이어졌다. 그는 사안 하나하나를 세세하게 이해할 것을 고집했고, 각 프로젝트의 복잡한 세부 사항에 대해 완벽히 숙지할 것을 요구했다. 가령 어느 매니저가 장황한 발표 끝에 "금요일까지 20만 50개를 출하할 예정입니다"라고 보고하면, 쿡은 그 숫자를 정확히 기억해두었다. 그리고 다음 주, 그가 "목표치를 달성했습니다. 20만 개 출하했어요"라고 말하면, 쿡은 매우 진지한 표정으로 이렇게 되물었다. "그럼 50개는요?"

쿡이 주관하는 회의에 아무런 준비도 없이 오는 것은 망신을 자초하는 일이었다. 어느 매니저가 상황을 설명하며 "만약 747기를 전세 낼 수만 있다면 문제가 해결될 겁니다"라고 말하면, 쿡은 싸늘하게 되물었다. "만약?" 그러면 회의실에는 숨 막히는 정적이 흘렀다. 칭찬을 기대하던 그 매니저는 당황한 채 더듬거리며 답변을 시도했다. "저, 그게, 747기는 전 세계적으로 수요가 많아서, 지금 섭외 중입니다." 그러면 쿡은 말을 끊고 이렇게 되물었다. "그러니까 아직 전세기 계약이 안 된 거군요?" 매니저가 시선을 아래로 내리깔고 무언가 중얼거리면, 쿡이 다시 물었다. "그 주에 10만 대를 생산할 거라는 사실을 몰랐다는 겁니까? 왜 그걸 몰랐지요?"

쿡은 정확성을 요구하면서 그 중요성을 동료들에게 가르치고, 또 각인시켰다. 그럼으로써 그들이 각자의 부하 직원들에게 정확성의 가치를 전파하도록 했다. 13시간 동안 진행된 회의는 물론 이례적이었지만, 그 뒤로 쿡이 금요일마다 고위 임원들과 주재한 회의 또한 통상 네 시간 동안 진행되었다. 이 회의에서는 전 세계적인 수요와 공급을 정리한 120쪽 분량의 스프레드시트 문서를 놓고 믿기 힘들 정도로 자세한 논의가 이어졌다. 숫자의 행과 열이 너무 많아 일반 용지로는 출력 자체가 어려워 특별히 더 큰 용지를 사용해야 했다. 쿡이 처음 애플에 합류했을 때만 해도 이 회의에 참석한 사람들이 모두 안경을 쓴 것은 아니었지만, 몇 년이 지나자 모두 안경을 쓰게 되었다.

쿡의 요구는 매우 고되게 느껴졌지만, 그는 자신이 기대했던 바로 그 수준을 실제로 보여주는 살아 있는 사례였다. 그는 매일 아침 6시에 출근했는데, 이미 운동까지 마친 상태였다. 그가 워낙 길고 꾸준하게 일했기 때문에 애플은 일과를 나눠 맡는 두 명의 비서를 배정해주었다. 한 명은 오전 6시부터 오후 2시까지, 다른 한 명은 오후 2시부터 쿡이 퇴근할 때까지 근무했다. 쿡의 동료 몇 명도 두 명의 비서를 두고 있었는데, 이는 그가 자신에게 잘 맞는 문화를 지닌 조직을 찾아왔다는 신호이기도 했다. 해마다 잡스가 신임하는 핵심 임원들을 산타크루즈제도로 초대해 열었던 '톱 100 워크숍'에서도 쿡의 일상은 전혀 흐트러지지 않았다. 한 참석자는 새벽 운동을 위해 오전 5시에 방문한 호텔 체육관에서 마주친, 이미 땀에 흠뻑 젖어 있던 쿡의 모습을 떠올렸다.

잡스 – 재미 = 쿡

잡스와 쿡을 모두 경험한 임원들은 저 둘을 비교하지 않을 수 없었다. 한 임원에 따르면, 잡스는 감정이 0에서 100까지 순식간에 치솟아서 상대하기 까다로운 인물이었다. 반면에 "쿡은 35에서 36으로 올라가는 정도"였다. 그런데도 쿡의 반응이 오히려 더 당황스럽게 느껴졌는데, 그만큼 보기 드문 방식이었기 때문이다. 애플의 한 전직 부사장은 쿡이 화났을 때 "도저히 이해가 안 되는군요"라고 말한다고 귀띔했다. "그 말을 들으면, 바닥 여기저기에 작은 물웅덩이가 생겼어요. 사람들이 흘린 땀이었죠."

쿡은 평범함에 거부감을 느낀다는 점에서 잡스와 비슷했지만, 그것을 표현하는 방식이 전혀 달랐다. 쿡은 매니저들에게 끈질길 정도로 겹겹이 쌓인 세부 정보를 요구했는데, 이는 실적이 부진한 사람들을 당황하게 했고, 허풍쟁이들을 드러냈다. 부모들은 아이가 "왜요?"라고 몇 번만 반복해 물어도 금세 지식이 바닥나 당황하거나 대답을 얼버무린다. 쿡의 질문 방식이 바로 그와 같았다. 그는 이전까지 쿠퍼티노에서 누구도 보여준 적 없는 수준의 기억력과 데이터 및 계획에 대한 이해력을 지니고 있었다. 한 중간급 임원은 회의 전에 쿡이 복도에서 사람들을 불러 세워놓고 그들이 들고 있는 스프레드시트 문서를 잠깐 훑어보곤 했던 일을 떠올렸다. 쿡은 1분도 안 되어 오류를 찾아냈다. 그 임원은 이렇게 말했다. "숫자가 단 하나라도 틀리면 전체 스프레드시트 문서를 신뢰하지 않았습니다. 우리는 그를 터미네이터 같은 존재로 여겼어요. 마치 누가 거짓말하고 있는지 알아차리는 기계 말이에요. 내 상사는 늘 이렇게 경고했어요. '쿡이 당신을 지목했을 때 숫자를 틀리면, 다음 주에 또 지목할 거야. 또 틀리면, 다시는 부르지 않을 거야.'"

물론 쿡이 모든 것을 놓치지 않았던 것은 아니지만, 원칙적으로는 아무리 사소한 항목이라도 그의 눈을 피할 수 없었다. 심지어 단돈 몇 센트짜리 못 하나조차 예외가 아니었다. 쿡은 그 모든 퍼즐 조각을 조합해 전체 그림을 꿰뚫어 보는 능력을 지니고 있었다. 그에게 보고서를 올렸던 한 인사는 이렇게 회상했다. "그에게 기획안을 보내면, '30쪽

일곱 번째 단락' 같은 곳을 짚고는 더 자세히 이야기하자고 해요. 높은 수준의 전략부터 미세한 세부 사항까지 넘나드는 능력이 정말 놀라워요."

쿡은 어른을 울게 할 정도였다. 어떤 이들은 회의 도중 그에게 소리를 지르고 방을 뛰쳐나간 뒤 다시는 돌아오지 않았다. 쿡은 이러한 일들에 대해 미안해하지 않았다. 잡스와 마찬가지로 A급 수준의 인재만을 원했다. 잘 맞지 않으면 섭섭해할 이유도 없었다. 남은 사람들은 적응해갔다. 재미는 없었을지 몰라도 효과는 분명했다.

폭스콘을 시험하다

쿡의 평판은 애플을 넘어 빠르게 퍼져나갔다. 애플의 하드웨어 부문 책임자였던 루빈스타인은 와이파이를 표준 기술로 적용하는 과정에서 루슨트Lucent라는 회사와 협상하기 위해 쿡을 네덜란드로 초대했다. 그 자리에서 쿡은 탁월한 협상 능력을 발휘했고, 루빈스타인은 그의 솜씨에 깊은 인상을 받았다. 그때만 해도 애플은 그리 큰 회사가 아니었지만, 쿡은 루슨트의 사업 전반을 철저히 파악해 진짜 비용 구조가 무엇인지 꿰뚫었다. 그는 이를 바탕으로 매우 낮은 가격을 제시했고, 그 가격으로도 대량 공급 시 수익을 낼 수 있다는 확신을 심어주며 협상 체결을 끌어냈다. 루빈스타인은 "쿡은 자신이 정한 가격을 끝까지 밀어붙였어요. 거의 대장내시경 수준이었습니다"라고 회상했다.

한편 쿡은 자신과 유사한 경력을 지닌 인물들을 영입하며 운영 부문 전반에 자신의 스타일을 굳혀나갔다. 그는 물류 부문에 빌 프레더

릭Bill Frederick, 조달 부문에 제프 윌리엄스Jeff Williams, 비즈니스 프로세스 관리를 위해 재키 헤인스Jacky Haynes를 각각 기용했다. 이 세 사람 모두 IBM에서 10년 이상 근무했고, 듀크대학교 MBA 과정 출신이었다. 이들은 빙산의 일각에 불과했다. IBM 출신 인재들이 쿠퍼티노로 대거 합류하면서, IBM 내부에서는 농담처럼 애플을 '서쪽의 IBMIBM West'이라고 부르기까지 했다.

쿡은 동료들에게 공급업체와 협상할 때는 "공격적이고 비합리적일 줄 알아야 한다"라고 자주 강조했다. 그래픽 부문 부사장이었던 맥스 페일리Max Paley는 처음 그 말을 들었을 때 정확히 무슨 뜻인지 잘 이해하지 못했다. 그런 그에게 쿡은 차분하고 신중한 어조로 이렇게 말했다. "절대… 비합리적으로… 행동하는 걸… 두려워하지… 마세요." 그게 무슨 뜻이었을까? 무례하게 굴라는 말이었을까? 페일리는 처음에는 확신이 없었지만, 시간이 지나면서 점차 그 의미를 이해하고 존중하게 되었다. 그는 이렇게 설명했다. "쿡이 정말로 하고 싶었던 말은, 우리가 협상할 때, 심지어 공급업체와 비즈니스 협상을 할 때조차 '뭐가 합리적인 요구일까? 저쪽이 할 수 있는 게 뭘까?'를 먼저 따지려 한다는 점이었어요. 반면 쿡은 이런 식이었습니다. '당신은 모릅니다! 공급업체가 실제로 어디까지 할 수 있는지 전혀 알 수 없어요. 그러니까 겁내지 말고 하늘에 있는 달이라도 따달라고 요구하세요. 원하는 건 다 말하세요. 필요한 것도 전부 요구하세요. 그들이 할 수 없다면 못 한다고 말할 겁니다.'"

폭스콘은 이러한 접근 방식을 시험해본 초기 사례였다. 1999년 말, 쿡은 아이맥 생산에서 LG에 대한 의존도를 줄이기 위해 두 번째 조립업체를 확보하려 했고, 폭스콘에 달을 따달라고 요구했다. 이에 폭스콘은 장기적인 관계를 염두에 두고 무엇이든 하겠다는 의지를 보여주었다. 아이맥 개발에 참여했던 한 선임엔지니어는 이렇게 회상했다. "쿼타이밍은 애플의 성공을 위해 필요한 일이라면 무엇이든지 다 하겠다는 집념으로 가득 차 있었어요. 그는 이미 장기적인 관점을 갖고 있었고, 초기의 거친 시기에 그 목표를 이루기 위해 이윤이든 직원들의 사생활이든 무엇이든 희생할 각오가 되어 있었습니다. 그는 비전을 갖고 있었어요. 내 생각에는 심지어 애플보다도 먼저 애플의 장기적 성공을 보았던 것 같습니다."

11장 | 재고 제로를 달성하다

　　폭스콘의 경쟁사들이 애플의 복잡한 설계를 도전으로 받아들였던 반면, 궈타이밍은 그것을 기회로 여겼다. 1999년 애플은 소량 생산을 하는 PC기업이자, 함께 일하기에 까다롭고 자사 제품의 우월함을 당연시하는 오만한 기업으로 널리 인식되고 있었다. 애플은 흔히 상대할 가치가 없다고 평가받았다. 그러나 궈타이밍은 애플과 협력하는 것의 진정한 가치는 수익이 아니라 배움에 있다는 점을 누구보다 먼저 알아차렸다. 폭스콘은 애플과의 거래에서 큰 이익을 얻지 못할 수도 있었고, 때로는 손해를 볼 수도 있었다. 하지만 애플 엔지니어들이 대만이나 중국의 현지 인력들과 함께 일하며 제공하는 배움의 기회는 소중한 자산이 되었다. 폭스콘의 목표는 이러한 가르침을 흡수해 갈고닦은 기술을 더 수익성 높은 다른 고객들에게 제공하는 것이었다. 애플의 어느 운영 담당 임원은 이렇게 회상했다. "폭스콘에서 애플 제품을 담당하게 된 직원들은 별로 내켜 하지 않았어요. 돈이 안 되었거든요. 반면 컴팩 제품을 담당하면 보너스로 큰돈을 벌었습니다. 그래서 아무도 애플과는 일하고 싶어 하지 않았어요. 보너스가 없었으니까요." 그러나 궈타이밍은 누구의 눈치도 보지 않았다. 그는 장기적인 관점에서 접근했고, 그의 회사가 애플을 만족시킬 수 있다면 어떤 고객도 만족시킬 수 있다는 점을 잘 알고 있었다.

잡스가 되고 싶었던 궈타이밍

궈타이밍은 자신을 혁신가라 여겼다. 그는 잡스를 존경했고, 그런 부류의 인물들과 어울리고 싶어 했다. 그러나 잡스는 1990년대 후반만 해도 아직 작은 회사였던 폭스콘에 관심을 두지 않았고, 궈타이밍의 접근을 거절했다. 하지만 쿡의 영입이 새로운 기회를 열어주었다. 쿡은 컴팩에서 불과 반년밖에 일하지 않았지만, 컴팩은 폭스콘의 최대 고객이었고, 두 사람은 그 과정에서 서로를 알게 되었다. 궈타이밍은 큰 결단을 내렸다. LG보다 한 대당 40달러 저렴한 가격으로 아이맥을 생산하겠다고 애플에 제안한 것이다. 하루 수천 대씩 출하되던 컴퓨터였기에 이는 상당한 비용이었다. 나아가 그는 폭스콘이 LG를 완전히 대체할 수 있게, LG처럼 세 개 대륙에 걸쳐 생산거점을 구축하겠다고 약속했다. 한 애플 엔지니어는 "폭스콘이 어떤 일에 뛰어들면 전력을 다합니다"라고 강조했다. 폭스콘을 단순한 '커넥터회사'로 여겼던 애플 경영진은 이들에게 그런 역량이 있을지 회의적이었다. 쿡도 예리하게 그 점에 동의했다. 그러나 그는 그들을 가르칠 수 있다고 믿었다.

이로써 두 회사를 모두 변화시킬 관계가 시작되었다. 잡스와 조너선 아이브의 만남이 애플 제품들에 독창성을 안겼다면, 쿡과 궈타이밍의 협력은 그 제품들을 어디에나 존재하도록 했다.

　1999년 폭스콘의 룽화 공장을 실사하러 애플 임원들이 방문한 날, 궈타이밍은 그들을 골프카트에 태워 직접 안내했다. 그는 활기차게 이 곳저곳을 가리키며 부지의 크기와 신축 건물에 관해 이야기했다. 또한 사업을 어떻게 확장할지, 수십만 명의 노동자를 어떻게 고용할지에 대한 계획도 밝혔다. 그 비전은 너무나 생생해서, 마치 손에 닿을 듯했다. 그의 옆에 앉아 있던 제품디자인팀의 수석매니저 웨인 밀러Wayne Miller는 궈타이밍의 손길을 따라 시선을 옮겼지만, 그의 눈에 들어온 것은 텅 빈 농지뿐이었다. 당시 폭스콘의 직원 수는 약 2만 명으로, 제법 규모 있는 회사이긴 했지만, 그렇게 특별하지는 않았다. 밀러는 어떻게 반응해야 할지 몰라 그저 고개만 끄덕였다. 궈타이밍의 계획이 미치광이의 허튼소리처럼 들린 것은 분명 아니었다. 그는 인상적인 인물이었으며, 보통 사람이 가질 수 없는 야망을 품고 있는 게 확실했다. 밀러는 그날을 이렇게 회상했다. "그가 펼쳐 보인 비전은 정말 거대했습니다. 나는 확실히 회의적이었어요." 새로 조성되고 있는 건물들을 돌며, 그는 직원들이 궈타이밍을 마치 시장이나 주지사처럼 대하는 모습을 눈여겨봤다. 사실상 이 폐쇄형 공동체 안에서는 궈타이밍이 그런 존재였다. "그들이 아주 깍듯하게 인사하는 것은 아니었지만, 궈타이밍이 지나갈 때면 경외감 같은 게 느껴졌어요. 사람들은 멈춰 서서 자세를 바로잡곤 했습니다."

　그해 이미 폭스콘은 G4의 케이스를 제작하고 있었으며, 다른 애플 제품에 들어가는 부품들도 공급하고 있었다. 밀러는 폭스콘이 생산량, 비용, 속도 면에서 "그야말로 압도적"이었다고 회상했다. 이 세 가지를 동시에 따라올 수 있는 업체는 없었다. "그들이 보유한 제조 및 금형 제작 역량은 정말 경이로웠습니다. 궈타이밍은 그곳을 빠르고 저렴하게 운영하기 위해 많은 자금을 투입했어요."

선전은 사방이 크레인으로 뒤덮인 건설 현장이었다. 이 지역을 자주 찾았던 한 애플 엔지니어에 따르면, "어디서나 공사 중"이었다. 그러나 선전 북쪽에 있던 폭스콘의 롱화 공장은 이런 변화의 선두 주자가 아니었다. 그는 이렇게 말했다. "거긴 그냥 농지였어요. 언덕 하나가 기억납니다. 꼭대기에 올라간 불도저가 흙을 밀어내고 있었어요. 언덕을 깎아 평지로 만들려는 거였습니다. 또 다른 곳에는 큰 구덩이가 있었는데, 그 안으로 농가 한 채를 밀어 넣은 뒤 흙으로 다시 메우고 있었어요." 폭스콘은 그때 이미 중국에 진출한 지 10년도 넘었지만, 롱화 공장은 "건물이 네다섯 개, 많아야 여섯 개 정도"였다. 또 다른 애플 엔지니어는 이렇게 회상했다. "진짜 시작 단계였습니다."

애플 피라미드

애플의 제품 개발 주기를 이해하는 것과 관련해, 운영팀을 맡은 쿡이 폭스콘과의 관계를 구축했다는 사실이 중요한 의미를 지닌다. 애플의 개발 구조는 피라미드 형태로 되어 있는데, 그 정점에는 아이브가 이끄는 산업디자인팀이 있다. 산업디자이너들은 제품의 외형과 사용성을 정교하게 구상했으며, 그 정밀함은 조직 전체에 긴장감을 불러일으킬 정도였다. 산업디자인팀이 구상한 디자인은 이후 제품디자인팀으로 넘어간다. 제품엔지니어들의 역할은 기계공학적 구조를 구상하고, 제품이 실제로 작동할 수 있도록 기능을 구현하는 것이다. 그다음 단계에서 제조엔지니어들이 등장한다. 당시에는 소규모 조직이었으며, 이후 제조디자인팀Manufacturing Design team으로 독립한다.[19] 이들은 부품 공급업체 및 최종 조립업체들과 협력해 실제 제품을 만들어낸다. 운영팀은 마지막 단계를 관장한다. 이들은 다른 부서들이 이미 선정한 공급업체들과 협력해, 제품 생산을 대규모로 확대할 수 있도록 전반적인 최적화를 담당한다. 무엇보다 운영팀은 새로운 부품 공급업체나 조립업체를 발굴할 수 있는 권한을 갖고 있는데, 이를 활용해 공급망의 복원력을 높이고 비용을 절감하며 업체 간의 경쟁을 유도한다.

이 모델은 잡스가 복귀한 이후 10여 년에 걸쳐 발전해왔다. 잘 작동할 때는 조직 내에 엄격한 질서를 부여하고 자부심을 불러일으켰다. 각 부서는 자신들의 역할과 위치를 명확히 인지하고 있었다. 아이브의 팀은 그중에서도 신적인 존재로까지 묘사될 만큼 가장 높은 위치에 자리 잡고 있었다. 산업디자인팀이 요구한 사항이 물리법칙에 어긋나지만 않는다면, 그들의 말이 곧 기준이 되었다. 거기에 반대 의견을 내는 것이 불가능한 것은 아니었지만, 그러려면 수많은 실험과 그에 따른 데이터를 통해 논리를 입증해야 했다. 애플에는 이와 관련한 우스갯소리가 전해진다. "브레이크가 작동하지 않는다는 걸 증명하려면, 차를 절벽 아래로 몰고 가야 한다."

그렇다고 해서 다른 부서들이 지시만 따랐던 것은 아니다. 존중은 상호적이었다. 산업디자인팀의 역할은 한계까지 밀어붙이는 것이었지만, 실제로 제작할 수 있는 제품을 구상하는 것이 그들의 책임이었다. 그 구상을 실제로 어떻게 구현할지는 제품디자인팀과 제조디자인팀의 몫이었다. 이들 부서에서 이상적인 인재는 새로운 제품이 설계될 때마다 가파른 학습곡선을 즐기는 사람들이었다. 아이브의 팀에서 일했던 어떤 베테랑은 이렇게 말했다. "정말 엄청나게 힘든 일이에요. 하지만 우리는 이렇게 말하는 엔지니어와 함께 일하고 싶어요. '이걸 어떻게 만들어야 할지 도무지 모르겠지만, 어떻게든 해내겠습니다.'"

잡스는 산업디자인팀에 강력한 권한을 부여함으로써, 제품 개발의 초기 단계부터 결함을 용납하지 않는 디자인 중심의 기업문화를 만들어냈다. 이러한 접근 방식은 피라미드 구조를 따라 아래로 전파되었고, 결국 운영팀도 결함을 받아들일 수 없게 되었다. 2000년대 애플의 부사장을 지냈던 마이크 벨Mike Bell은 2001년 출시된 티타늄 파워북을 예로 들며 제품엔지니어들이 그 공학적 까다로움 때문에 "앞선 누구도 시도해본 적 없는 생산방식들"을 고안했다고 설명했다. 그는 이 시기를 "불가능한 것을 설계하고, 그다음에는 불가능한 것을 제조하던 시절"로 묘사했다. 엔지니어들 사이에서는 잡스가 "반중력 장치를 만들어 오라"라거나 "다음 제품은 언옵타늄unobtanium(실존하지 않는 가상의 광물―옮긴이)으로 만들자"라고 요구했다는 농담이 돌 정도였다.

무언가가 너무 쉽게 느껴지면, 산업디자인팀은 한층 더 한계를 밀어붙이곤 했다. 2004년경 초소형 데스크톱인 '맥 미니'를 개발하던 당시, 아이브가 한 엔지니어에게 컴퓨터를 이런 크기로 만들 수 있겠느냐고 물었다. 엔지니어는 만들 수 있다고 답했다. 그러자 아이브는 크기를 더 줄이며 다시 한번 만들 수 있겠느냐고 물었다. 엔지니어는 또다시 가능하다고 했다. 그러자 아이브는 한 번 더 크기를 줄였다. 이번에는 엔지니어가 말했다. "아니요. 안 돼요. 그건 정말 어렵습니다." 그러자 아이브는 이렇게 말했다. "좋아요. 그게 우리가 원하는 크기입니다."

이 피라미드 구조를 이해하는 데 어려운 점은 네 부서 간에 명확한 경계가 없다는 점이다. 산업디자인팀이 디자인하면 제품디자인팀이 거기에 맞춰 전자부품을 끼워 넣고, 그걸 제조디자인팀과 운영팀에 넘기면 알맞은 기계 장비로 대량 생산하는 식의 단순한 구조와는 거리가 멀다. 그렇게 이해한다면 완전히 틀린 것이다. 그런 식의 흐름이 전혀 없었던 것은 아니지만, 실제로는 모든 과정이 동시에 진행된다. 각 팀은 끊임없이 소통하고, 운영상의 혁신은 다시 디자인 완성도를 높이는 선순환 구조를 이룬다.

엄격한 선생과 더 엄격한 학생

이 피라미드 구조는 팀 간의 본질적인 긴장감이나 서로 다른 인센티브 구조 때문에 문제를 일으키기도 했다. 운영팀은 단가를 낮추고 생산량을 높여야 보상받지만, 다른 팀들은 품질에 초점을 맞추었다. 규모의 확대를 추구하는 과정에서 운영팀은 수준 이하의 협력업체들과 일할 위험을 감수하기도 했다. 따라서 1990년대 후반 쿡이 이제 막 역량을 입증하기 시작한 폭스콘과 협력하기로 했을 때, 그는 큰 위험을 감수한 셈이었다. 이 결정은 LG와 함께 일하던 산업디자인팀과 제품디자인팀에 얼마간 비밀로 유지되었다. 운영팀이 먼저 폭스콘의 수준을 끌어올릴 필요가 있었기 때문이다. 한 제품엔지니어는 이 결정을 처음 들었을 때 경악했다면서, 이렇게 말했다. "폭스콘은 2차 공급업체로서 다른 기업의 기술을 모방하는 행위로 악명이 높았어요. 다른 제조사의 설계를 베낀 다음, 그 업체가 생산을 시작하면 더 낮은 가격을 제시해 결국 상당한 물량을 뺏어버렸죠." 제품엔지니어들은 폭스콘이 애플의 긴 개발 주기를 이해하지 못한다고 불평했지만, 운영팀은 폭스콘의 낮은 가격을 대단히 좋아했다.

그리고 바로 이 지점에서 폭스콘은 강한 인상을 남겼다. 그들은 산업디자인팀과 아무런 교류도 없이 LG가 만든 아이맥을 분해해 부품 하나하나를 분석하고 조립 방식을 파악한 다음, 필요한 부품을 제작하거나 외부에서 조달해 자체 버전을 완성해냈다. 여기에는 CRT까지 설치되어 있었다. "그 제품에 들어간 모든 부품은 LG를 대체하기 위해 폭스콘이 역설계하고 자체 조달한 것들이었어요." 아이맥 개발에 참여했던 한 엔지니어에 따르면, 그 시제품은 완벽하진 않았지만, 폭스콘의 역량을 입증하기에는 충분했다. 그는 이렇게 말했다. "아이맥이 제대로 작동하려면 움직이는 부품들이 서로 잘 맞물려야 하는데, 산업디자인팀은 그 부품들이 아름답게 조화를 이루도록 굉장히 정교하게 설계했습니다. 폭스콘은 그런 사실을 전혀 몰랐기 때문에, 외형은 그럴듯했지만, 산업디자인팀이 원했던 모습에는 전혀 부합하지 않는 결과물이 나왔어요." 이 시점에서 산업디자인팀과 제품디자인팀이 투입되어 지원에 나섰다. 집중적인 교육을 위해 여러 엔지니어가 폭스콘의 룽화 공장으로 파견되었는데, 어느 임원은 당시를 떠올리며 이렇게 말했다. "제품디자인팀은 거의 1년 동안 폭스콘에 살다시피 했어요."

애플 엔지니어는 폭스콘에 이렇게 요구했다. "이 사업을 원한다면 그럴 만한 자격을 증명해야 합니다. LG가 했던 것과 똑같은 노력을 기울여 부품 품질, 호환성 등 모든 면에서 장비의 기준을 충족해야 합니다. 모든 제품의 외관과 마감이 일관성을 유지해야 합니다. 어떻게 조립하든 전 세계 어디로 배송하든 상관없이 말입니다."

허브 모델로 재고를 없애다

폭스콘이 아이맥의 대량생산에 착수하자, 애플 엔지니어들은 이른바 '차이나 스피드'에 깜짝 놀랐다. 폭스콘은 애플의 이해를 초월하는 믿을 수 없을 만큼 빠른 속도로 일을 처리했다. 가령 궈타이밍은 아이맥의 금형과 생산설비를 단 25일 만에 완성하겠다고 약속했다. 밀러에 따르면 이는 "전례 없는 일"이었다. "우리는 금형과 생산설비에 12주 정도 걸리는 게 당연하다고 생각했어요. 그런데 정말로 25일 만에 모든 것이 갖춰졌고, 품질도 놀라웠습니다. 정말 크게 감탄했어요."

당시 제조와 효율성 면에서 업계의 선두 주자는 단연 델이었는데, 그들은 특히 주문제작 방식에서 강점을 보였다. 델은 고객이 컴퓨터를 주문하며 옵션을 추가할 경우 생산라인에서 기본 제품을 우선 완성한 다음, 별도의 생산라인으로 보내 옵션을 덧붙였다. 즉 재작업을 거쳐 제품을 완성했던 셈이다. 폭스콘은 두 가지 작업을 동일한 생산라인에서 처리하는 방식을 구현함으로써, 혁신적인 역량을 발빠르게 입증해 냈다. 이는 효율성 측면에서 큰 진전이었다. 이 혁신은 필요 속에서 탄생했다. 애플은 아이맥의 색상을 다섯 가지로 구분했는데, 이는 어떤 PC기업도 시도한 적 없는 일이었다. 색상별로 정해진 물량을 순차적으로 생산하는 방식, 예를 들어 블루베리 색상 100대를 생산한 다음 딸기 색상 100대를 생산하는 방식은 큰 혼란을 초래할 수밖에 없었기 때문이다. 그래서 폭스콘은 자동화시스템을 구축했다. 누군가가 특정 색상의 아이맥을 주문하면, 그 정보가 케이스 제작용 설비가 마련된 사출성형 공장으로 먼저 전송되었다. 그곳에서 케이스가 완성되면, 생산라인을 따라 순서대로 조립이 이루어졌다.

폭스콘의 자동화시스템은 케이스가 아닌 다른 구성 요소들에 대한 변경 사항도 처리할 수 있었는데, 예를 들어 CPU나 메모리 업그레이드 같은 옵션에도 유연하게 대응했다. 그래서 고객이 어떤 사양을 주문하든 그에 알맞은 제품을 거의 즉시 조립해냈다. 폭스콘이 구축한 생산라인은 오직 애플을 위한 것이었으며, 특히 조립라인에 필요한 모든 부품을 지체 없이 공급할 수 있도록 생산허브까지 마련되었다. 여기에는 케이스는 물론 로직보드, 키보드, 마우스 등의 생산라인이 포함되었다. 자동화시스템 구축에 도움을 주었던 한 애플 직원은 이렇게 회상했다. "전체 공급망이 조립라인을 중심으로 구축되어 있었어요. 주문이 들어오면 그제야 생산허브에서 알맞은 부품을 꺼내 조립라인으로 보내기 시작했습니다." 그렇게 조립을 마친 아이맥은 곧바로 애플의 영업팀에 넘겨졌다. 이 자동화시스템은 애플의 재고가 사실상 제로에 가깝게 유지되도록 설계되어 있었다. 폭스콘이 완성된 아이맥을 애플에 인도하는 즉시 고객에게 배송되었다. 주문이 없으면 재고도 존재하지 않았다. 물론 폭스콘은 필수 부품들을 사전에 구매해야 했지만, 그것은 애플이 아니라 폭스콘의 문제였다.

선전에서 아이맥을 위한 생산라인이 본격적으로 가동되자, 폭스콘은 처음 약속대로 나머지 두 개의 대륙에도 생산라인을 마련했다. 이를 위해 폭스콘 임원 짐 창Jim Chang이 유럽에 파견되었다. 그는 프라하에서 동쪽으로 97킬로미터 떨어진 인구 10만 명 규모의 작은 도시 파르두비체를 답사하던 중에 버려진 공장을 찾아냈다. 소련이 해체되기 전 테슬라Tesla라는 국영기업이 운영하던 공장으로, 이란 정부를 위해 레이더시스템을 제작하던 곳이었다. 이 시설은 마치 중성자탄이라도 맞은 듯한 기묘한 분위기를 풍기고 있었다. 지게차는 멈춰 서 있었고,

찻잔들은 오래전에 식은 내용물을 품은 채 책상 위에 그대로 놓여 있었다. 2000년 5월 폭스콘은 이 공장을 일자리 유치라는 명목으로 헐값인 단 1억 200만 체코크로나(290만 유로)에 인수했다.[20] 또한 10년간 법인세 면제 혜택도 얻어냈다.[21]

폭스콘은 이곳에서 아이맥을 만들기 위해 다시 한번 생산허브를 구축했고, 그 초기 비용을 전적으로 부담했다. "애플은 그곳에 있던 어떤 부품도 소유하지 않았어요. 모든 부담은 폭스콘이 졌어요." 체코에서 활동했던 한 애플 직원은 이렇게 회상했다. "애플은 자본 지출도 투자도 전혀 하지 않았습니다." 폭스콘은 생산라인에 배치할 300명 이상의 인력을 고용하고, 플라스틱 케이스를 만들기 위한 대형 사출성형 공장도 새로 지었다. 싱가포르에 있던 애플 엔지니어들이 파견되어 노동자들을 교육하고 품질을 관리했다. 궈타이밍은 체코에 깊은 인상을 받은 듯 2002년 공장 근처에 침실이 12개나 딸린 성을 약 3000만 달러에 매입했고, 이후 여름마다 그곳을 찾았다. 엄청난 부를 거머쥔 폭스콘의 CEO는 이제 더는 양철 지붕 아래에서 살 필요가 없었다.

캘리포니아주에서는 애플이 폭스콘을 위해 마땅한 부지를 직접 찾아주었다. 로스앤젤레스에서 남동쪽으로 40킬로미터 떨어진 풀러턴에 있던 과거 컴팩의 서비스센터 건물이었다. 이곳은 궈타이밍의 두 동생 중 한 명인 궈타이청郭台成이 운영을 맡았다. 이 공장은 앞서 언급된 두 공장보다는 규모 면에서 덜 야심 찼지만, 주문제작 방식의 파워 매킨토시 생산에서는 중요한 거점이었다. 애플 엔지니어들이 이곳에 직접 방문해 폭스콘과 긴밀히 협력하며 시제품을 제작해볼 수 있었기 때문이다. 이후 2004년 애플은 새크라멘토 공장을 폐쇄하고 그곳의 직원 235명을 해고한 다음, 모든 생산을 새로운 폭스콘 공장으로 이전했다.

파업과 해고 그리고 급속한 통합

체코는 폭스콘의 생산허브가 제대로 작동하는지 따져보는 중요한 시험장이었는데, 사실 진정으로 입증된 것은 하드웨어 생산과 관련해 중국이 더 저렴하고, 더 효율적이며, 언론의 감시에서도 더 자유롭다는 점이었다. 중국에서의 생산 속도는 놀랄 만큼 빨랐고, 불만도 거의 없었다. 노동자들은 하루 12시간씩 일하며, 공장에 딸린 기숙사에서 생활했다. 체코 공장에서 일하는 노동자들은 근무시간이 더 짧았고, 노동조합의 보호를 받았다. 이들은 작업환경에 대해 항의하고 언론과 인터뷰하기도 했다. 폭스콘이 기숙사를 지으려던 계획은 지역사회의 반발에 부딪혀 철회되었다. 이후 10여 년에 걸쳐 폭스콘은 체코에서의 사업을 확장해 애플 제품을 더 많이 생산했고, 또 다른 거점을 추가해 HP, 소니, 시스코Cisco 등의 제품 생산도 맡게 되었다. 2001년 기준 폭스콘은 체코에서 컴팩 제품만 하루에 1만 대씩 생산했다.[22] 하지만 애플 제품의 복잡한 설계가 문제를 일으켰다. 2000년대 후반 폭스콘의 체코 공장에서 일했던 한 직원은 당시의 경험 전체를 "재앙"이라고 표현했다. 이후 체코 공장은 맥 미니 같은 단순한 제품의 생산만 맡게 되었다.

역시 체코 공장에서 일했던 안드레아Andrea라는 이름의 한 직원이 흥미로운 일화를 들려주었다. 그에 따르면, 애플 제품을 생산하던 노동자들이 약속된 연말 보너스를 받지 못하자 크리스마스를 앞두고 생산을 확대해야 하는 중요한 시점에 "긴급 파업"을 운운하며 반발했다.[23] 이에 "겁먹은" 폭스콘 관리자들이 일주일 안에 보너스를 지급했다. 이 사건은 애플의 감사를 촉발했고, 애플은 노동자들을 인터뷰하며 작업환경을 조사한 다음 폭스콘에 작업환경 개선을 권고했다. "그러자 폭스콘은 해당 부서를 반년 안에 폐쇄하고 330명을 해고했어요." 같은 시기인 2009년 8월에는 풀러턴 공장도 폐쇄했다.

폭스콘이 체코 노동자들을 해고한 방식은 주목할 만하다. 체코에서는 한 번에 30명 이상을 해고할 시 집단 해고로 간주해 노동청에 보고해야 하지만, 폭스콘은 외부 감시를 피하는 것이 중요했다. 안드레아가 그 비법을 귀띔했다. "폭스콘은 매달 29명씩 해고했어요. 매달 규칙적으로 29명씩 해고했습니다." 단 한 번의 파업 위협이 유럽에서 애플의 대규모 생산라인을 완전히 끝장내버렸다. 그러나 그것은 훗날의 일이었고, 2000년 여름 애플은 아직 실험 중이었다. 애플이 중국에서 대규모 생산라인을 직접 감독한 것은 이번이 처음이었다. 하지만 당시 중국은 여러 거점 중 하나에 불과했다. 애플 제품은 미국, 멕시코, 웨일스, 아일랜드, 체코, 싱가포르, 한국, 대만 등지에서도 만들어지고 있었다. 그러나 10년이 채 지나기도 전에 거의 모든 거점은 중국으로 이동하고, 최종 조립의 대부분은 단 하나의 파트너, 폭스콘이 담당하게 될 터였다. 다만 이처럼 급속한 통합은 이제 막 시작된 단계였고, 아직 그것을 불가피한 흐름으로 느끼지도 않았다.

12장 미국에서 사라지는 공장들

 잡스는 애플이 제조와 관련해 더 큰 역할을 할 수 있다는 희망을 품고 있었다. 쿡을 영입한 지 18개월이 넘은 2000년, 잡스는 직원들에게 '맥토리즈Mactories'('Mac'과 'Factories'를 합친 말로 맥을 자체 생산하자는 표현—옮긴이)라는 문구가 새겨진 티셔츠를 나누어 주었다. 애플은 싱가포르, 아일랜드, 새크라멘토의 공장들을 이미 대폭 축소한 상태였지만, 잡스는 이를 다시 확대하고 싶어 했다.

 쿡은 아웃소싱의 장점을 나열하며 잡스를 점차 설득했다. 아웃소싱이 더 저렴하고, 더 빠르며, 더 유연하게 대응할 수 있을 뿐 아니라 가장 중요한 점으로 애플의 품질 기준을 충족시킬 수 있다고 했다. 그러나 아웃소싱은 하루아침에 이루어진 결정이 아니었다. 애플의 아웃소싱 전략은 쿡이 합류하기 거의 2년 전인 1996년에 마련되었다. 그 전략이 확고하게 자리 잡은 결정적인 전환점은 2000년 말이었지만, 애플은 2003년까지 조립 작업에 일정 부분 참여하고 있었다. 잡스가 복귀하고 처음 맞는 3년이 순조롭고 수익성마저 높았다면, 그는 애플이 다시 제조를 직접 통제해야 한다고 더 강하게 주장했을 것이다. 그러나 1990년대 후반 불붙은 기술주에 대한 투기 열풍이 2000년 3월 갑작스레 꺾이면서 업계 전체가 위협받았고, 시장 전체에서 수조 달러가 증발하며 상황이 바뀌었다.

"애플, 고이 잠들다"

2000년 9월 말의 어느 날, 처참한 실적을 발표한 후 주가가 절반 이상 폭락하면서 애플의 재기를 둘러싼 이야기는 극적인 반전을 맞는 듯했다.[24] 이는 2년 만에 다시 울린 두 번째 경고음이었다. 1999년 9월에 애플을 괴롭혔던 문제는 컴퓨터가 너무 부족하다는 것이었다. G4에 쓰일 반도체를 모토로라에서 충분히 공급받지 못해 수요를 감당할 수 없었다. 그러나 이번 문제는 고객이 너무 부족하다는 것이었다. 정교한 디자인이 돋보였지만, 가격이 비싸고 대중의 선호를 빗나간 'G4 큐브'가 팔리지 않았던 것이다. 잡스는 "우리는 분명히 과속방지턱에 부딪혔습니다"라고 말했다. 주가가 하루 만에 폭락하면서 아멜리오 퇴임 이후 쌓아온 상승분이 거의 모두 사라졌다. 《포브스》는 〈애플, 고이 잠들다Apple R.I.P〉라는 제목의 기사에서 애플의 미래가 얼마나 불확실한지를 꼬집었다.[25] "지난 2년간 이룬 모든 성공에도 애플은 여전히 마이클 스핀들러의 시대와 다를 바 없다. 애플은 특이한 OS를 가진 틈새시장을 노리는 기업일 뿐이다. 그들은 컴팩, 델, IBM 같은 거대 기업들이 지배하는 시장에서 힘겹게 생존을 시도하고 있다." IBM PC를 복제하는 기업 중 하나인 게이트웨이Gateway는 실제로 애플 인수를 타진하기도 했다. 루빈스타인은 당시 상황을 이렇게 회상했다. "상황이 완전히 꼬였고, 우리 매출은 곤두박질쳤습니다. 예전에는 게이트웨이가 먼저 무너질 것 같았는데, 실제로는 우리가 먼저 무너졌고, 그 틈을 타서 게이트웨이가 우리를 인수하려 했어요."[26]

그해 연말 성수기, 즉 회계연도 기준으로 2001년 1분기 동안 애플은 1억 9500만 달러의 손실을 기록했다(애플의 회계연도는 매년 10월 1일부터 다음 해 9월 30일까지다 — 옮긴이).[27] 2001년 전체 매출은 전년 대비 3분의 1 감소한 54억 달러로, 1989년 이후 최저치였다. 시장점유율의 경우 미국 시장 기준 4퍼센트, 세계시장 기준 3퍼센트에 불과했으니,《포춘》은 애플이 "리히텐슈타인(오스트리아와 스위스 사이에 있는, 세계에서 여섯 번째로 작은 나라 — 옮긴이)만큼이나 하찮은 존재가 될 위험에 처했다"라고 보도했다.[28] 애플의 제조 역량을 강화하려는 잡스의 희망이 아무리 강했다고 한들, 그럴 만한 자금이 남아 있지 않은 상황이었다. 결국 싱가포르와 새크라멘토 공장이 폐쇄되었고, 아일랜드의 코크 공장도 그럴 뻔했으나, 시설을 유지하면 상당한 세금 혜택을 받을 수 있다는 점 때문에 폐쇄가 보류되었다.

모든 것을 바꾼 닷컴 버블 붕괴

'닷컴 버블'의 붕괴는 향후 수년간 기술·제조산업의 판도를 크게 바꾸었다. 이전 10년 동안 주요 위탁생산업체들은 IBM, 루슨트, 텍사스 인스트루먼트Texas Instruments, 에릭슨Ericsson, 지멘스Siemens 등 주요 컴퓨터기업들에서 공장을 인수했다. 이러한 거래는 그들 대형 기업이 비용을 절감할 수 있어 모두에게 이익이었다. 부정적 언론 보도 또한 피할 수 있었는데, 공장이 폐쇄되는 것이 아니라 단지 운영 주체가 바뀌는 것으로 보였기 때문이다. 애플이 1996년 파운틴 공장을 매각했을 때도 근무하던 직원 1,100명 대부분은 단지 유니폼을 갈아입었을 뿐이다.[29] 이 과정에서 컴퓨터기업들의 실질적인 기술과 노하우가 위탁생산업체로 이전되었다. 1990년대에는 이러한 거래가 미국이나 유럽 내에서 이루어졌기 때문에 큰 우려를 불러일으키지 않았다. 그러나 인터넷이 대중화되면서 국경은 중요하지 않다는 인식이 퍼지기 시작했다. 기업들이 비용과 규모 면에서 경쟁하게 되자, 생산거점을 찾기 위한 움직임은 국제적으로 확대되었다.

1990년대에는 SCI의 뒤를 이어 미국에 본사를 둔 위탁생산업체들이 주도하는 놀라운 호황이 펼쳐졌다. 규모의 경쟁 속에서 잘 알려지지 않았던 기업들의 인수합병이 활발히 진행되며 대규모 통합이 이루어졌다. 소렉트론은 10년 동안 약 20개의 회사를 집어삼켰는데, 이로써 1999년까지 5년 동안 시가총액이 열 배로 불어났다.[30] 경쟁사인 플렉스트로닉스도 인수합병을 통해 1990년대 후반 내내 연평균 78퍼센트라는 놀라운 매출 증가율을 기록했다.[31]

그리고 나서 닷컴 버블이 붕괴하며 기술·제조산업 역사상 최대 규모의 침체가 초래되었다. 수많은 기업이 파산했고, 해당 산업의 지속가능성에 대한 의문이 제기되었으며, 많은 기업이 자체 생산의 가치를 다시 생각해볼 수밖에 없었다. 수요가 급감하면서 특히 부품 공급업체들이 막대한 재고를 떠안게 되었다. 침체 국면에서 SCI는 매력적인 인수 대상으로 떠올랐고, 결국 코스타리카 산호세에 본사를 둔 더 작은 경쟁사인 산미나Sanmina에 인수되었다. 당시 산미나가 치른 SCI의 몸값은 60억 달러였다.

제조 작업이 해외로 더 많이 이전되면서, 아웃소싱에 내포된 기술과 노하우 이전의 의미도 중요한 전환을 맞았다. 기업 대 기업의 이전이 이제는 국가 대 국가의 이전이 되었기 때문이다. 2000년대 초반, 세계 4대 위탁생산업체는 모두 미국에 본사를 두고 있었고, 다섯 번째는 캐나다 기업이었다. 그때만 해도 이들 기업의 가파른 성장세는 계속될 것처럼 보였다. 회로기판과 전자제품 제조 부문에서 위탁생산업체들의 비중은 13퍼센트에 불과했으니, 널리 인용된 한 연구는 이를 두고 "성장이 계속될 여지가 매우 크다"라고 전망했다.[32]

국경을 넘는 아웃소싱과 제조업 공동화

그러나 이러한 전망은 근시안적이었고, 서구 사회의 더 넓은 사회적 이익을 간과했다. 전자제품 조립이 저임금 노동력과 대량생산을 기반으로 한다면, 왜 미국이나 유럽에 머물러야 하는가? 저비용 전략의 논리는 결국 하나의 결말로 이어졌다. 이로써 더 많은 생산 작업이 아시아로 이동하게 되었다. 2010년까지도 상위 5대 위탁생산업체 중 네 곳은 여전히 북미에 본사를 두고 있었지만, 1위는 폭스콘이 차지했고, 그 매출은 나머지 네 개 업체의 매출을 모두 합한 것보다 많았다.[33] 미국 기업들의 경제적 이익과 미국의 국가적 이익 사이에 갑자기 엄청난 간극이 생겨났다. 위탁생산업체들은 전체 컴퓨터산업의 지원을 등에 업고 전쟁을 치렀지만, 그 전쟁은 애초에 미국과 미국 국민이 결코 이길 수 없는 싸움이었다.

이러한 변화를 규제하거나 감독할 장치가 전혀 없었기에, 제조 작업의 중심이 다른 지역으로 옮겨가는 것은 필연적이었다. 인텔의 공동창립자인 앤디 그로브Andy Grove는 훗날 이 문제를 다음과 같이 진단했다. "제조업 전반에 대한 저평가, 즉 지식노동만 미국에 남아 있으면 공장노동은 어떻게 되든 상관없다는 생각이 근본적인 원인이었다." 그로브는 그 후과를 이렇게 경고했다. "우리가 각자의 사업 목표를 추구하는 과정에서 제조와 많은 엔지니어링 작업을 해외로 이전하는 일이 빈번해졌다. 그 결과 국내에서 대규모 혁신을 이끌 역량이 약화했다. 대규모 생산능력이 없다면 우리는 단지 일자리를 잃는 것이 아니라, 신기술에 대한 주도권마저 잃게 된다. 대규모 생산능력의 상실은 궁극적으로 우리의 혁신 역량 자체를 훼손하게 될 것이다."[34]

메인프레임이 주류였던 1970년대에는 이러한 전환이 현실적으로 불가능했다. 차고 크기의 컴퓨터를 아시아에서 생산해 바다 건너로 운송하는 것은 경제적으로 전혀 이치에 맞지 않았기 때문이다. 그러나 반도체 속도가 2년마다 두 배로 빨라진다는 '무어의 법칙' 덕분에 메인프레임은 데스크톱으로 대체되었고, 데스크톱은 다시 가방에 들어갈 수 있는 크기의 노트북으로 대체되었다. 그리고 2000년대에 이르러 컴퓨터는 결국 주머니에 들어가게 되었다. 더 많은 기업이 제조를 아웃소싱하고 가능한 한 낮은 비용을 추구하면서, 인구가 많고 밀집도도 높으며, 낮은 임금, 수출에 유리한 법률, 평가절하된 통화, 낮은 인권 수준을 지닌 어느 한 나라가 그 상황을 활용할 만한 무대로 떠올랐다. 이 덕분에 기업으로서는 수백만 명이 원할 휴대용 기기를 출시하기에 더없이 좋은 여건이 마련되었다.

그리고 2001년 말, 두 가지 사건이 일어났다. 중국이 WTO에 가입하며 세계 여러 나라와의 경제 통합이 본격화되었다. 이어서 잡스가 검은색 터틀넥을 입고 무대에 올라 뒷면이 크롬으로 된 순백의 제품을 들어 올리며 이렇게 말했다. "이 놀라운 작은 기기에는 1,000곡의 노래를 담을 수 있습니다. 그리고 제 주머니에 쏙 들어갑니다."

3부

아이팟, 아이맥, 아이폰

해바라기를 닮은 '아이맥 G4'. 2002년 1월 출시된 이 제품은 애플이 얼마나 타협을 모르는 회사인지를 보여주는 대표적인 사례다. CRT의 종말을 선언하며 평면 디스플레이를 적극적으로 활용한 아이맥 G4는 모니터와 본체를 연결하는 크롬 목이 핵심이었다. 40가닥이 넘는 전선과 케이블이 이 크롬 목을 통과했는데, 당연히 제작 과정이 매우 복잡했고, 불량품도 많이 발생했다. 그런데도 애플은 이 디자인을 고집했으니, 완성도를 높이기 위해 수많은 위탁생산업체를 직접 훈련했을 뿐 아니라, 효율성 향상을 위해 아시아 곳곳에 퍼져 있던 그들을 모두 중국으로 모았다.

폭스콘의 가능성을 증명한 '아이팟 미니'. 2001년 11월 최초의 아이팟이 출시된 후로 여러 모델이 좋은 반응을 이어가던 와중인 2004년 2월 출시되었다. 기존의 스크롤 휠을 개선한 클릭 휠이 최초로 쓰였으며, 무엇보다 독특한 질감의 양극산화 알루미늄 케이스로 주목받았다. 양극산화 알루미늄은 장점이 많은 소재이나, 만드는 공정 자체가 까다롭다. 여기에 도전장을 낸 위탁생산업체가 바로 폭스콘으로, 그들은 훌륭한 품질의 양극산화 알루미늄을 만들어 애플에 인정받았다. 이로써 폭스콘은 아이팟 시리즈의 최고 히트 상품인 '아이팟 나노'의 제작을 맡는 등 대체할 수 없는 존재로 급부상했다.

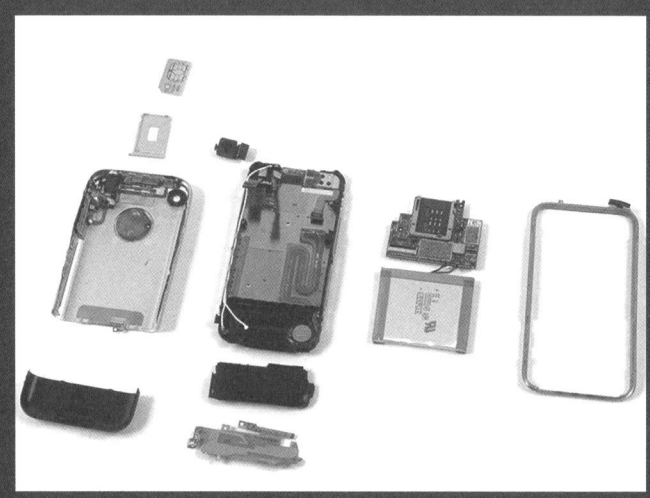

인류 문명을 바꾼 아이폰. 2007년 6월 출시된 아이폰의 첫 모델을 해부한 것이다. 애플은 아이폰을 개발하며 풀스크린으로 구현되는 멀티터치 기술을 선보였다. 이 자체도 혁신적이었지만, 디스플레이를 플라스틱이 아닌 유리로 제작하며 제품의 완성도를 크게 높였다. 이 유리 자체는 미국의 코닝이 제공했으나, 이를 터치스크린 유리로 재가공한 것은 중국의 렌즈 테크놀로지와 TPK였다. 애플은 아이폰을 개발하는 과정에서 이들과 여러 기술을 공동 개발했다.

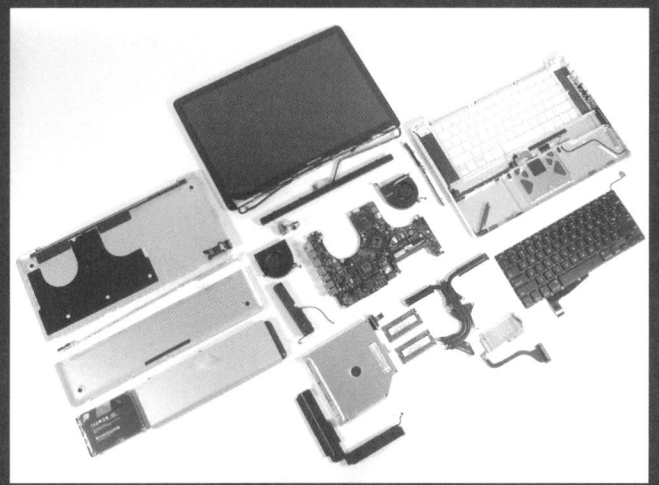

유니바디 형태의 맥북 프로. 2008년 10월 애플은 새로운 형태의 맥북 프로를 내놓았다. 은색으로 번쩍이는 이 제품의 케이스는 알루미늄을 통째로 깎아 만든 유니바디 형태였다. 유니바디 자체가 새로운 기술은 아니었지만, 여기에 필요한 CNC 기계가 워낙 비싼 탓에 대량생산에 쓰이지는 못했다. 애플의 해법은 간단했다. CNC 기계를 대량으로 사들이는 것이었다. 애플은 전 세계에서 긁어모은 CNC 기계들을 중국의 위탁생산업체들에 설치하고, 사용법을 가르쳤다. 워낙 많은 물량을 샀기에 경쟁사들은 흉내 낼 엄두조차 내지 못했다. 이렇게 애플의 '붉은 공급망'은 날로 탄탄해졌다.

13장 | MP3플레이어에서 아이팟으로

　　　　토니 블레빈스Tony Blevins는 움켜쥐고 있던 두께 2.5센티미터의 서류 뭉치를 탁자 위에 내던지듯 내려놓았다. 쿵 소리가 나고 정적이 감돌자 곧 그가 입을 열었다. "어서 서명하세요. 그러면 이 사업은 당신들 겁니다."[1]

　때는 2001년 봄이었다. 블레빈스는 공급망 전반에 걸쳐 믿기 힘들 정도로 유리한 계약을 따내는 것으로 명성이 자자한 애플의 조달 전문가였다. 그런 그의 앞에, 이제 막 벌어질 상황에 전혀 준비되어 있지 않은 위탁생산업체 인벤텍의 대만인 변호사 몇 명이 쭈뼛거리며 서 있었다.

　블레빈스는 자신이 바쁘다고 말했다. 그는 인벤텍이 즉시 계약서에 서명하길 원했고, 그것을 읽을 시간조차 주지 않았다. 변호사들은 믿을 수 없다는 표정으로 망설였다. 평소처럼 여러 명의 변호사가 계약서를 꼼꼼히 검토하고, 필요한 부분은 수정해야 한다고 주장했다. 이 일화를 잘 아는 한 인사가 이렇게 회상했다. "변호사들이 '우리는 내용을 확인해야 합니다'라고 말했습니다. 그러자 블레빈스가 퉁명스럽게 대꾸했어요. '당신들이 서명하지 않으면, 이 계약은 다른 위탁생산업체에 넘길 겁니다.'" 이는 위험한 작전이었다. 그가 거기 온 목적은 애플이 한 번도 만들어본 적 없는 새로운 휴대용 제품의 생산 계약을 체결하기 위해서였기 때문이다. 그 제품은 불과 몇 주 전인 2월에서 4월 사이에 구상된 MP3플레이어였다. 하지만 블레빈스는 그 사실을 말하지 않았다. 그는 단지 시간이 얼마 남지 않았다고만 말했다. 스티브 잡스가 이 제품을 크리스마스 시즌 전에 출하한다는 조건으로 승인했기 때문이다.

5년 전 조너선 아이브가 디자인한 뉴턴을 생산했던 인벤텍은 애플의 1순위 선택지였다. 하지만 그들이 계약서에 서명하지 않으면, 블레빈스는 그대로 걸어 나가 경쟁사를 택할 참이었다. 물론 엄밀히 말해 경쟁사는 존재하지 않았다. 하지만 인벤텍은 그 사실을 알지 못했다. 블레빈스는 노골적으로 최후통첩을 하거나 허세를 부리는 일은 피했다. 그런 얕은 수는 들통날 위험이 컸기 때문이다. 하지만 그는 진실과 거짓의 경계선을 교묘히 넘나들며 상대방을 불안하게 하는 놀라운 능력을 지니고 있었다. 그의 전술은 상대방이 중요한 것을 보지 못한 채 계약의 성사 여부 자체에만 신경 쓰도록 했다. 인벤텍이 정작 주목했어야 할 점은 애플의 취약한 처지였다. 애플은 최근 4분기에 1억 9500만 달러의 손실을 입은 상태였고, 이제는 한 번도 만들어본 적 없는 제품을 생산하려 하고 있었다.

"언어로 하는 주짓수"

블레빈스는 미국 남부의 시골 마을, 노스캐롤라이나주의 블루리지 산맥 근처에서 자랐다. 그 스스로 "미국에서 가장 빈곤한 지역"일지 모른다고 말한 적이 있을 만큼 외딴곳이었다. 가난했지만 머리는 타고났던 블레빈스는 어린 시절 자신의 영리함을 정교한 장난을 치는 데 써먹었다. 한번은 학교 종소리를 녹음한 뒤, 교실 벽에 달려 있던 시계의 분침을 15분 빠르게 돌려놓았다. 그 시계의 분침이 수업이 끝나는 시각을 가리키자, 블레빈스는 종소리를 재생했고, 선생님은 그의 계획대로 "수업이 끝난 줄 알고" 모두 나가도록 했다. 전모를 알고 있던 반 친구들은 모두 들판으로 뛰어나가 즐겁게 햇볕을 쬐며 수다를 떨었다. 인구 8,000명의 작은 마을에서 건설업자로 일하던 블레빈스의 아버지는 아들이 똑똑하다는 점을 인정하면서도, 그의 자만심과 고집스러움을 늘 걱정했다. 그는 아들에게 세상에서 살아남으려면 실력이 필요하다고 강조했다. 이 교훈은 블레빈스가 어느 무더운 여름 고향의 담배 농장에서 일하며 크게 다가왔다. 훗날 그는 담배 농장에서의 일을 "내가 해본 것 중 가장 힘들고 허리가 휘청거리는 노동"으로 표현했다. 다시는 그런 경험을 반복하고 싶지 않았던 블레빈스는 열심히 공부하기로 결심했다. 그 일은 협상을 벌일 때 "단 한 푼도" 낭비하거나 양보해서는 안 된다는 교훈 또한 심어주었다.

블레빈스가 거래에서 절약만 했던 것은 아니다. 그는 절약을 경쟁적으로 했다. 최고의 조건으로 거래한다는 신념은 그의 내면 깊숙한 곳에 새겨져 있었고, 일종의 게임으로 여겨졌다. 그의 아버지는 부업으로 중고차를 팔았는데, 블레빈스와 그의 형은 10대 시절 그 일을 즐겨 도왔다. 그들은 매달 경쟁했다. 한 동료는 그가 들려주었던 게임의 규칙을 이렇게 기억했다. "가장 형편없는 차를 가장 비싸게 판 사람이 이기는 거였어요."

타고난 장난꾸러기였던 블레빈스는 산업공학을 전공하기 위해 노스캐롤라이나주립대학교에 전액 장학금을 받고 입학했다. 졸업 후에는 12년간 IBM에서 일하며 미국을 비롯해 도쿄, 서울, 스코틀랜드 등을 오갔고, 그 과정에서 전자제품 공급망에 대한 날카로운 이해를 쌓아갔다. 동시에 블레빈스는 자신의 영리함을 활용해 최고의 조건을 끌어내는 협상의 기술을 갈고닦았다. 팀 쿡과 제프 윌리엄스처럼 블레빈스도 IBM을 이끌 인재로 주목받았고, 수준 높은 교육 프로그램을 이수할 기회를 얻었다. 다만 쿡과 윌리엄스가 MBA 과정을 마쳤다면, IBM은 블레빈스를 기술에 밝은 인물로 판단해 MIT에 등록시켰다. IBM에서 일하는 동안 그는 협상을 예술이자 과학처럼 여겨 깊이 있게 연구했다. 언젠가 협상의 노하우를 설명하며 그것을 "언어로 하는 주짓수"에 비유했고, 자신의 생각을 상대방이 마치 본인의 생각인 것처럼 믿게 하는 능력에 대해 설명했다. 그는 감정의 힘을 잘 이해하고 있었으며, 분노나 당혹, 좌절을 얼마든지 연기할 수 있었다. 어느 날은 심지어 신고 있던 신발을 벗어 벽에 집어 던지기까지 했다. 때로는 아무 말도 없이 상대방을 응시하면서 그가 점점 불편해하는 모습을 편안하게 지켜보았다. 2024년 어느 날, 블레빈스는 그렇게 하는 이유를 다음과 같이 설명했다. "상대방의 눈을 똑바로 바라보면서 심각한 표정을 지으면, 그는 내가 무슨 생각을 하고 있는지 상상의 나래를 펼치게 되고, 결국 자기에게 닥칠 수 있는 최악의 상황을 스스로 떠올리게 됩니다."[2]

협상 테이블의 터미네이터

2000년 여름 쿡과 윌리엄스는 블레빈스를 직접 애플로 영입했다. 이 소식을 들은 IBM 임원은 블레빈스에게 이렇게 충고했다. "의심할 여지 없이, 이건 당신 인생에서 가장 어리석은 결정일 겁니다." 애플은 작은 회사였고, 수익도 거의 내지 못하고 있었다. 훗날 블레빈스는 "애플이 파산 직전이라는 이야기가 지배적이었어요"라고 당시 상황을 회상했다. 그가 마음을 굳힌 계기는 쿠퍼티노 방문이었다. 그는 "전염되는 열정"을 온몸으로 느꼈다. "그곳에서 마주친 사람들 모두가 '우리는 세상을 바꿀 거야'라는 마음가짐을 지니고 있었어요." 이 뛰어난 협상가는 그곳의 분위기에 깊이 매료되었다. "정장과 구두 대신, 내가 본 것은 반바지, 슬리퍼, 티셔츠 차림의 사람들이었어요. 잡스도 예외는 아니었습니다. 사람들은 스케이트보드를 타고 다녔어요." 블레빈스는 아버지의 만류를 꺾고, 더 낮은 연봉을 받아들인 채 끝내 캘리포니아주로 이사했다.

블레빈스의 첫 직책은 조달팀의 수장으로 화장지를 포함해 애플의 일상적인 운영에 필요한 모든 것을 구매하는 역할이었다. 블레빈스 본인의 말에 따르면, 그는 "메인프레임부터 실험실 장비, 구내식당에 비치할 아보카도까지" 모든 것을 구매했다. "알고 보니 캘리포니아주 사람들은 아보카도 토스트를 정말 많이 먹더라고요." 그가 합류한 팀은 엉망진창이었다. 블레빈스는 이 팀을 1960년대의 한 시트콤에 나오는 늘 서툴기만 한 군부대에 빗대어 'F 트루프F Troop'로 불렀다. 그는 때때로 두 손으로 얼굴을 감싼 채 도대체 자신이 무슨 일을 저질렀는지 자문했다. 이후 18개월 동안 팀원 33명이 모두 애플을 떠났다. 그 와중에

2년째 출근하지 않으면서도 급여 명단에 이름이 올라 있어 월급을 받아오던 직원이 적발되기도 했다. 블레빈스의 전임자는 그런 사실조차 눈치채지 못했다.

동료들은 블레빈스를 '블레비네이터Blevinator'라고 불렀다. 협상에서 최고의 조건을 끌어내기 위해 수단과 방법을 가리지 않았기 때문이다. 그가 구사하는 전술은 매우 세밀하고 공격적이며 파급력이 컸다. 공급업체로서는 애플의 수주를 따낸 것이 당장은 큰 성공처럼 보였다. 하지만 막대한 초기 투자, 애플이 요구하는 엄격한 기준 그리고 애플이 필요에 따라 언제든 공급업체를 바꿀 수 있다는 사실을 고려하면, 언젠가 그 계약을 후회할 가능성이 컸다. "애플이 지나온 길에는 수많은 시체가 널려 있어요." 수십 년간 애플과 보조를 맞춰온 한 위탁생산업체의 고위 임원은 이렇게 설명했다. "사업이 잘될 때는 모두가 이익을 보지만, 그렇지 않을 때는 우리만 무너집니다." 블레빈스는 특히 사람의 마음을 읽는 능력이 탁월했다. 한 동료는 그가 협상하는 모습을 지켜보는 것만으로도 "정신이 번쩍 들 만큼 짜릿한 경험"이었다고 표현했다. "그가 어디로 가는지 보였고, 결국 원하는 것을 반드시 얻어내리라는 걸 알 수 있었어요. 왜냐하면 상대방보다 훨씬 똑똑했거든요. 그는 대화를 교묘하게 이끌어서 결국 자신이 원하는 결말로 도달하게 했어요. 정말로 놀라운 능력이었어요." 또 다른 동료는 협상 전날 밤, 블레빈스가 자신의 논리를 조목조목 설명한 끝에 상대방이 결국 어떤 제안을 하게 될지 예측했던 일을 떠올렸다. 그리고 다음 날 몇 시간에 걸친 심리전과 사소한 세부 사항을 두고 공방을 벌인 끝에 상대방은 전날 블레빈스가 예고했던 그 제안을 정확히 내놓았다. 그러자 블레빈스는 마치 그 제안이 애플의 이익에 꼭 부합하지는 않는다는 듯한 태도를 보이다가 계약서에 서명했다. 동료들은 그가 끌어낸 결과에 감탄하며 회의실을 나섰고, 블레빈스는 싱긋 웃어 보였다.

공급망을 움직이는 냉혹한 협상가

공급업체들을 자신의 뜻대로 움직이게 하는 힘은 사업적 논리에서만 비롯되지 않았다. 그것은 매력, 대담함, 교활함이 적절하게 어우러진 결과였다. 블레빈스는 "패를 상대하는 게 아니라 사람을 상대하는 것이다"라는 격언에 딱 맞아떨어지는 인물이었다. 그와 함께 일했던 또 다른 동료는 이렇게 회상했다. "그는 상황을 파악하는 데 능한 사람이었어요." 블레빈스는 남부 억양으로 말했는데, 그에 대한 일화를 들려준 이들 중 몇몇은 자신도 모르게 그 억양을 따라 했다. 남부 출신 특유의 매력이 배어 있는 블레빈스의 목소리는 친근하고 정중한 인상을 줌으로써, 그가 얼마나 가차 없는 사람인지 감추는 역할을 했다. 애플의 한 전직 부사장은 그를 가리켜 "벨벳 장갑 속의 강철 주먹"이라고 불렀다. 블레빈스의 빠른 두뇌 회전은 놀라울 정도로 빠른 말투에서도 드러났다. 한번은 법정에서 판사가 그에게 이렇게 충고했다. "당신은 대답이 너무 빠릅니다. 배심원들이 당신의 말을 듣고도 이해하지 못하면, 우리 모두 시간만 낭비하는 셈이에요. 그러니 설사 스스로 느리게 말하고 있다고 생각되더라도, 그것보다 열 배 정도 더 느리게 말해보세요. 알겠지요?"

정식으로 법을 공부한 동료들은 블레빈스가 주도하는 협상장에 앉아 있을 때면 불편함을 느꼈다. 그가 협상을 진행하는 동안 자리에서 몸을 자꾸 움직였다. 한 동료는 이렇게 회상했다. "변호사로서 고객을 대리할 때 지켜야 할 윤리적 의무라는 게 분명히 존재하거든요. 거짓말은 그 의무를 어기는 것이 되므로, 변호사는 할 수 없습니다. 하지만 사업가들에게는 윤리적 행동 규칙이랄 게 없어요." 또 다른 동료는 블레빈스를 소시오패스에 비유하며, 그에게 협상이란 단지 승리를 위한 전투일 뿐이어서, 그 결과가 현실에 어떤 영향을 미치는지는 신경 쓰지 않았다고 말했다. 블레빈스를 존경하는 이들도 그가 냉혹했다는 사실은 부정하지 않았다. 다만 그들은 애플이 살아남기 위해서는 그와 같은 존재가 꼭 필요했다고 한목소리를 냈다. 물론 이런 전술을 쓰지 않았던 기업들도 있었다. 하지만 그런 기업들은 대개 망했다. 애플의 한 전직 임원은 이렇게 설명했다. "내가 항상 하는 말이 있어요. 애플에 있을 때 두 종류의 공급업체들과 일했습니다. 하나는 막돼먹을 정도로 이기적인 공급업체들이었고, 다른 하나는 지금은 망해서 사라진 공급업체들이었어요. 그게 현실입니다."

블레빈스에 따르면, 전자제품 공급망은 "대부분의 미국인이 상상하는 것보다 훨씬 더 무자비하고 치열"하다. 그의 협상 전술에 관한 온갖 풍문이 돌고 돌아 그의 귀에까지 흘러 들어갔을 때 그는 다소 움찔했다. 그는 자신이 모두에게 이익이 되는 균형 잡힌 거래를 추구한다고 항변했다. 하지만 불과 몇 분 뒤에 "최악의 악몽"은 상대방이 무언가를 자기에게 슬쩍 떠넘기고 고급 클럽 어딘가에서 축배를 들고 있는 모습이라고도 말했다. "그런 상황은 정말 밤잠을 설치게 할 거예요."

이것이 아무것도 모른 채 협상장에 들어온 대만인 변호사들 앞에서 블레빈스가 취한 태도였다. 블레비네이터라는 정체성은 그가 애플에서 보낸 22년간의 경력을 통해 점차 확립되었다. 그가 놀라운 조건으로 주요 계약을 따낸 초기 사례는 2001년 봄, 인벤텍이 계약서도 읽지 않은 채 MP3플레이어를 생산하기로 서명했던 바로 그날이었다.

도시바에서 찾은 실마리

애플이 MP3플레이어 시장에 진입한 이유는 단순했다. 다른 모든 MP3플레이어가 형편없었기 때문이다. 1990년대에는 CD플레이어가 큰 인기를 끌었지만, 2000년쯤에는 그것들이 낡아 보이기 시작했다. 소비자들은 컴퓨터에 방대한 디지털 음악 파일을 쌓아가고 있었고, 그중 상당수는 냅스터Napster 같은 서비스를 통해 불법으로 다운로드한 것들이었다. 2001년 1월 애플은 맥용 아이튠즈를 출시했다. 이는 디지털 음악 파일들을 세련된 인터페이스를 따라 관리하게 해주는 프로그램이었다. 하지만 음악을 컴퓨터 밖으로 꺼내 휴대한 채로 들을 수 있는 좋은 방법은 없었다.

그즈음 잡스는 디지털 음악, 사진, 영상 파일을 아우르는 '디지털 허브'로서 맥의 개념을 재정의하기 시작했다. 애플은 이미 디지털 캠코더가 대중화되는 흐름에 맞춰 영상을 손쉽게 편집할 수 있는 간편한 프로그램인 아이무비iMovie를 선보인 상태였다. 애플은 디지털 캠코더를 개발할 필요는 느끼지 않았다. 시중 제품들이 충분히 쓸 만했기 때문이다. 하지만 기존의 MP3플레이어들은 전혀 매력적이지 않았다. 속도는 느리고 부피는 컸으며, 화면은 작고 조작감은 형편없었다. 애플 경영진은 이 문제를 직접 해결해야겠다고 생각했다. 그 사전 작업으로 아이튠즈를 출시한 지 한 달 뒤 하드웨어 책임자인 존 루빈스타인과 조달 책임자인 윌리엄스가 도시바를 방문했다.³ 도시바는 이들에게 지름이 4.6센티미터에 불과하지만 무려 5기가바이트의 용량을 가진 새로운 하드디스크를 보여주었다. 도시바는 이 기술을 어디에 써야 할지 명확히 알지 못했지만, 루빈스타인에게는 그 가능성이 명백해 보였다. 이 조그만 장치 하나에 디지털 음악 파일 1,000개를 담을 수 있었다! 바로 애플이 찾던 핵심 기술이었다. 루빈스타인은 윌리엄스에게 조용히 말했다. "이거 전부 우리가 가져가야 해." 윌리엄스는 도시바와 독점 공급 계약을 체결했고, 루빈스타인은 애플이 작성한 1000만 달러짜리 수표가 부도 처리되지 않도록 확실히 챙겼다.

이 프로젝트는 놀라운 속도로 진행되었다. 루빈스타인과 윌리엄스는 휴대전화용 디스플레이, 리튬이온배터리 등 다른 부품도 함께 찾아 나섰다. 루빈스타인은 필요한 부품들의 크기가 신용카드 한 장 정도였다면서, "제품의 형태는 자명했어요"라고 회상했다. 애플은 아직 작은 기업이었고, 직원들은 다른 프로젝트에 배정되어 있었다.⁴ 그래서 루빈스타인은 이 프로젝트를 주도하고 실현 가능성을 검토할 외부 인물을 물색하기 시작했다. 그러한 작업 끝에 그는 토니 파델Tony Fadell을 알게 되었다. 파델은 디트로이트 출신의 자신만만하고 두뇌 회전이 빠른 사업가로, 공학적 사고방식과 인상적 스토리텔링 능력을 모두 지녔다. 그는 미시간대학교를 졸업하기 전에 이미 세 개의 회사를 창업했으며, 졸업 후에는 제너럴 매직General Magic에서 모바일 기기에 관한 전문성을 쌓았다. 제너럴 매직은 애플에서 분사한 선구적 기업으로 비록 상업적 성공은 거두지 못했지만, 실리콘밸리에서 존경받았던 곳이다. 1990년대에나 유행하던 스타일로 머리를 자주 탈색하던 파델은 마치 일이 어두운 충동에 휩쓸리지 않도록 자신을 붙잡아주는 버팀목인 것처럼 완전히 몰두했다. 한번은 컴퓨터가 발명되지 않았더라면 지금 어디에 있었겠느냐는 질문을 받자, 이렇게 답했다. "감옥이요."[5] 32번째 생일을 몇 주 앞두고 콜로라도주의 스키장에서 시간을 보내고 있던 그는 한 통의 전화를 받았다. 그는 컨설턴트로 합류하는 데 동의했고, 단 몇 주 만에 MP3플레이어의 여러 가지 시제품을 만들어냈다.

모두가 매달리다

훗날 루빈스타인과 파델은 그 성공적인 MP3플레이어 개발의 핵심 주역이 누구였는지를 두고 이견을 보였지만, 실상 그 뛰어난 결과물은 여러 사람의 손을 거쳐 탄생했다. 이는 애플 특유의 피라미드형 구조 속에서 각 부문, 즉 산업디자인팀, 제품디자인팀, 제조디자인팀, 운영팀이 각자의 전문성을 추구하는 동시에 유기적으로 협력한 결과였다. 루빈스타인은 도시바의 하드디스크를 발견하고 그 잠재력을 가장 먼저 알아챘다. 마케팅 부문의 필 실러Phil Schiller는 스크롤 휠scroll wheel 아이디어를 처음 제안했는데, 이 기능은 소비자들에게 가장 사랑받은 요소가 되었다. 회전 속도에 맞춰 수백 곡을 쉽고 빠르게 탐색할 수 있도록 해주었기 때문이다. 파델은 이 모든 과정을 총괄한 설계자였다. 그는 잡스에게 폼 코어form core(두 겹의 얇은 종이, 또는 플라스틱 사이에 가벼운 발포 거품foam을 끼운 것—옮긴이)로 만든 시제품을 보여주었는데, 무게감을 주기 위해 안에는 오래된 낚시 추를 넣었다. 아이브의 팀은 이 제품을 과감하게 순백색으로 디자인했고, 뒷면은 크롬처럼 광택이 나는 스테인리스강으로 마감했다. 아이맥의 유아적인 색상에서 완전히 벗어난 놀라운 전환이었다. 이 소재는 대량 생산할 전자제품치고는 이례적으로 고급스러웠으며, 그 덕분에 기존의 어떤 휴대용 기기와도 다른 감각을 선사했다. 또한 내구성이 뛰어나고 플라스틱보다 효과적으로 열을 발산했다.

다른 팀들도 이바지했다. CES(소비자가전전시회)에서 누군가가 우연히 포털플레이어PortalPlayer라는 신생 반도체회사를 발견했는데, 이곳은 오디오와 전원을 동시에 관리하는 반도체를 만들 수 있었다. 소프트웨어팀은 잡스의 요구에 따라 사용자가 세 번의 클릭만으로도 노래를 선택하거나 각종 기능을 오갈 수 있는 인터페이스를 개발했다. 디지털 음악 파일은 파이어와이어FireWire를 통해 맥에서 MP3플레이어로 전송되었는데, 이 기술은 잡스가 애플에 복귀하기 전에 개발된 매우 빠른 데이터 전송 표준이었다.

2001년 4월까지 히트 상품을 만들기 위한 모든 요소가 갖추어졌다. 파델은 약간의 압박 끝에 애플에 정식 입사하기로 동의했고, 이후 9년간의 여정을 함께했다. 계약직으로 시작한 그는 부사장의 자리에까지 올랐고, 결국 너무 많은 권한을 쥐게 되자 세 명의 고위 임원에게 견제당해 애플을 떠나게 되었다. 파델이 공식적으로 애플에서 업무를 시작한 그 주에 블레빈스도 프로젝트에 투입되었다. 이것은 그에게도 운명적인 변화였다. 화장지와 아보카도를 사들이던 일과는 비교도 할 수 없는, 곧 회사에서 가장 빠른 속도로 성장하게 될 부문의 조달 책임자가 된 것이었기 때문이다. 실제로 블레빈스에게 직접 보고하는 직원이 1,300명까지 늘어나게 되었다. 그리고 거의 즉시 두 명의 토니는 함께 비행기에 올랐다. 이들 블레빈스와 파델은 적합한 공급업체를 찾기 위해 3주간 대만, 일본, 한국을 돌았고, 10월 말 시제품 공개를 목표로 작업 속도를 높이기 시작했다.

음유시인에서 아이팟으로

　MP3플레이어는 수개월 동안 이름 없이 개발되었다. 브랜드팀 직원 네 명이 잡스와 함께 아이디어를 주고받으며 이름을 고민했다. 크리에이티브 디렉터 비니 치에코Vinnie Chieco는 당시를 회상하며, 팀원들이 가능한 한 모든 이름을 적어 내려간 다음 그것들을 세 개의 분류, 즉 '최악', '형편없음', '그나마 나음'으로 나눠 검토했다고 말했다. 그도 하나의 이름을 제안했는데, '음유시인'이라는 뜻의 '트루바두르Troubadour'였다. 중세 프랑스 시인들이 떠돌아다니며 음악을 연주했던 데서 착안한 이름이었다. 이 제품도 이동이 가능했고, 음악을 재생할 수 있었다. 은유는 잘 들어맞았지만, 신제품의 이름으로 쓰기에는 영 아니었다.
　잡스는 자신이 선호하는 이름을 따로 갖고 있었다. 치에코는 그 이름을 기억하지만, 공개하지 않았다. 예전에 잡스가 아이맥에 붙이려 했던 이름이 '맥맨MacMan'이었듯, 이번에도 그의 아이디어는 그다지 훌륭하지 않았고, 잡스가 더는 그 이름을 변호할 수 없는 지금 그것을 밝히는 것을 조심스러워했다. 그 방에 함께 있던 다른 세 사람은 잡스의 제안이 마음에 든다고 반응했다. 어쩌면 그의 악명 높은 분노를 피하기 위해서였을지도 모른다. 하지만 잡스가 치에코에게 직접 의견을 물었을 때, 그는 이렇게 답했다. "음, 당신이 고른 이름이 새롭긴 하지만…." 마치 단두대에 목을 들이미는 기분이었지만, 치에코는 잡스가 제안한 이름이 별로인 이유를 솔직히 설명했다. 한편 그는 계속해서 은유적인 이미지들을 떠올리고 있었다. 전면이 순백색으로 디자인된 이 제품은 어딘가 우주적인 느낌을 주었고, 그는 그것에 강하게 끌렸다. 특히 잡스가 맥을 "당신의 디지털 삶을 위한 허브"라고 표현했던 것을 떠올리며, 궁극적인 허브란 모선mother ship이라고 생각했다. 그 모선에서 벗어날 수 있는 유일한 방법은 잠깐의 탐험을 위해 날아갔다가 다시 돌아와 보급하고 재충전하는 포드pod를 타는 것이다. 치에코는 영화 〈2001 스페이스 오디세이〉를 보다가 이 아이디어를 떠올렸고, 마침 실제로도 2001년이라는 점이 겹쳤다. 맥이 조지 오웰George Orwell의 소설에서 배경이 되는 1984년에 등장했던 것처럼, 이 또한 운명처럼 느껴졌다. 그리하여 치에코는 '팟Pod'이라는 이름을 제안했다.[6] 잡스는 그 이름을 싫어하지 않았다. 이후 몇 차례의 회의를 거치며 잡스는 점점 그 이름에 익숙해졌고, 마침내 그것을 선택했다. 단 한 글자만 손보았을 뿐이다. 이렇게 아이팟이 탄생했다.

14장 | 아이맥 G4를 위한 애플 클러스터

2001년 초 네온 불빛이 번쩍이고 요란한 팝뮤직이 흐르는 대만의 어느 노래방. 그 한편에 이곳과 영 어울리지 않는 지치고 좌절한 한 무리의 애플 엔지니어들이 있었다. 당시 이들은 신형 아이맥 작업에 매달리고 있었다. 순백색 외관에 평면 디스플레이를 탑재한 이 제품은 애플이 세계적 수준의 디자인 선도 기업으로 자리매김하는 데 중요한 역할을 할 터였다. 하지만 일정은 늦어지고 있었고 상황은 나아지지 않았다. 엔지니어들은 지난 며칠 동안 제품의 금형, 부품의 품질 그리고 구성 요소의 가공 및 마감 상태를 개선하기 위해 여러 공급업체를 방문했다. 그러나 공급업체들의 역량은 참담한 수준이었다. 프로젝트를 총괄하던 제품디자인팀의 선임매니저 마이클 힐먼Michael Hillman은 당시를 떠올리며 이렇게 말했다. "우리는 우리가 원하는 품질, 우리가 원하는 정밀도, 우리가 원하는 일정으로 이 프로젝트가 실현될 가능성이 전혀 없다고 생각했어요." 그들이 찾은 노래방은 생각을 정리하기에 그다지 적절한 장소가 아니었다. 그곳의 구조는 얽히고설킨 방들 때문에 미로 같았고, 형형색색의 조명이 끊임없이 번쩍였으며, 대형 스크린에서는 술에 취한 현지인들이 부르는 노래 가사가 흘러나오고 있었다.

애플의 돈을 가로챈 대만 마피아

대만에서 노래방은 미국의 골프장과 같은 곳이었다. 즉 편하게 쉬면서 허심탄회하게 사업에 관한 이야기를 나누는 공간이었다. 희미한 조명 아래에서 자욱한 담배 연기 너머로 애플 엔지니어들은 온종일 함께했던 공급업체 파트너들을 유심히 지켜보았다. 그들 중 일부는 주름 하나 없이 빳빳하게 다린 양복 차림으로 주변 사람들과 뚜렷이 구별되었고, 은연중에 위협적인 분위기를 풍기고 있었다. 힐먼은 "그들의 행동이나 말투, 심지어 옷차림에서 뚜렷한 징후가 보였어요"라고 기억했다. 이후 몇 주 동안 어떤 단서들이 점점 더 분명하게 드러났다. 실상은 이러했으니, 애플과 협력하던 공급업체 중 일부가 대만 마피아와 연관되어 있었다. 이런 사실을 이전에 파견된 팀들도 어느 정도는 파악하고 있었겠지만, 쿠퍼티노까지 보고되진 않았다. 어쩌면 모두가 모른 척하고 있었는지도 모른다. 아니면 아시아에서 오래 살아본 경험이 있는 힐먼이었기에 그런 인물들을 더 쉽게 알아챘던 것일 수도 있다. 그는 일본에서 자랐고, 그 덕분에 공개적으로 활동하는 야쿠자를 식별할 수 있었다.

대만에서 심각한 문제로 취급받는 조직범죄의 뿌리는 20세기 초반의 식민지 시대까지 거슬러 올라간다. 1980년대에 이르면 이들 범죄단체는 합법적인 기업들에도 침투하기 시작했다. 정부가 강도 높은 단속을 벌이자, 일부 범죄단체는 정치에 뛰어들었고, 출신 인사가 선거에 출마해 당선되기까지 했다. 2000년대 초반에는 기업, 정치, 조직범죄가 너무 밀접하게 얽히고설켜 합법과 불법을 구분하는 선이 아무리 좋게 보아도 모호했다.[7] 애플은 위탁생산업체들에 직접 대금을 지급했고, 이들은 공급망에서 한두 단계 아래에 있는 하위 공급업체들에 그 대금의 일부를 지급했다. 힐먼과 함께 파견된 애플 엔지니어들은 현지에 도착한 직후부터 공급업체들을 상대로 더 열심히, 더 똑독하게 일하라며 거세게 압박했다. 어떤 이의 표현에 따르면 "두들겨 패듯이" 몰아붙였다. 그런데 며칠 만에 그 업체들이 정당한 대금을 전혀 지급받지 못했음을 알게 되었다. 힐먼은 당시 상황을 이렇게 설명했다. "애플이 돈을 지급하면 공급업체가 그 돈으로 하위 업체에 작업을 맡기고, 우리는 엔지니어로서 그 결과를 확인하러 갑니다. 그런데 막상 가보면 그 업체들은 단 한 푼도 못 받았다는 거예요. 돈이 전부 마피아에게 넘어갔으니까요."

자체적으로 컴퓨터를 제조하던 애플이 해외 아웃소싱에 의존하기 시작한 초기 단계였던 만큼, 이 문제를 계기로 공급망 전반을 강력히 통제할 필요성이 대두되었다. 당시만 해도 아웃소싱에 관여하는 인력은 수십 명에 불과했지만, 이후 10년 동안 이 부문은 급속히 커졌다. 애플이 공급망을 매우 강하게 통제한 결과, 아웃소싱이라는 용어만으로는 상황을 정확히 설명하지 못하게 되었다.

아이맥 G4의 긴 목과 긴 공급망

생명공학 학위를 가진 힐먼은 애플에 합류하기 전, 일반적인 전자제품보다 훨씬 더 높은 기준이 요구되는 의료기기업계에서 12년 동안 경력을 쌓았다. 힐먼은 이전 직무를 이렇게 설명했다. "내가 일했던 의료기기업계에서는 사소한 실수로도 누군가가 죽을 수 있었고, 그 때문에 감옥에 갈 수도 있었어요." 아이맥의 디자인을 전면적으로 재작업했던 하드리셋 때처럼, 힐먼은 "애플이 구현하려 했던 기능이 이전의 그 어떤 것보다 훨씬 더 높은 수준이었기 때문에" 또 다른 차원의 엄격함을 도입했다.

LCD(액정디스플레이)의 발전은 아이브의 팀이 21세기형 컴퓨터란 어떤 모습이어야 하는지를 근본부터 다시 구상할 수 있게 해주었다. 초기 아이맥은 형태 자체가 TV와 유사했지만, 애플의 차세대 데스크톱인 '아이맥 G4'의 경우 평면 디스플레이의 등장 덕분에 산업디자인팀은 훨씬 더 대담한 구상을 적용할 수 있었다. 아이브는 잡스의 부인인 로린 파월 잡스Laurene Powell Jobs가 심은 해바라기에서 영감을 받아 모니터가 마치 꽃처럼 사용자를 바라보는 다양한 디자인을 고안했다. 이 모니터는 전선이 가득 찬 줄기로 지탱되었으며, 그 줄기는 컴퓨터의 주요 부품과 포트가 담긴 둔덕 모양의 본체와 연결되었다. 힐먼은 애플의 노트북을 주로 조립하던 대만의 콴타와 협력하라는 지시를 받았다. 콴타는 애플의 데스크톱을 제작한 적이 없었지만, 쿠퍼티노는 미세한 구조로 노트북을 설계하는 콴타의 전문성을 눈여겨보았고, 그 기술을 눈부신 올인원 형태의 데스크톱 디자인에 적용하고자 했다.

상황은 처음부터 엉망이었다. 힐먼은 공급망을 조사하기 위해 타이베이를 방문했고, 곧 대만 업체만으로는 이 프로젝트를 완수할 수 없다는 결론에 이르렀다. 대신 애플은 싱가포르, 중국, 일본, 태국, 말레이시아 업체들에 의존해야 했다. 힐먼의 팀도 이 프로젝트를 수행하기에는 규모가 너무 작았다. 그는 아이맥을 개발했던 15명의 엔지니어를 물려받았을 뿐이었고, 가장 도움이 되었을 전문가들, 즉 콴타와 함께 티타늄 파워북을 개발했던 인력들은 이미 애플을 떠난 상태였다. 힐먼의 팀은 최종 디자인을 확정하기까지 19개의 시제품을 만들었는데, 새 컴퓨터의 부위별로 인력을 나눠 소규모 팀들을 꾸린 다음, 그들 각각이 몇 주 단위로 디자인과 기능을 보완해 잡스에게 보고하면, 잡스가 사용해보고 피드백을 주는 식으로 굴러갔다. 특히 어려움을 겪은 것은 줄기, 즉 컴퓨터의 크롬 목을 제작하는 팀이었다. 그들은 전체 과정을 제대로 따라가지 못했는데, 작업이 여러 국가로 분산된 탓에 너무나 복잡해졌기 때문이다. 먼저 중국에서 피복과 절연체로 코팅된 압출 케이블 500개를 길이에 맞게 자른 그들은 이를 여행 가방에 담아 말레이시아에 있는 공장으로 직접 운반했다. 말레이시아 공장에서는 그 케이블을 금속 부품으로 감쌌는데, 작업이 마무리되면 다시 여행 가방에 담아 중국으로 보내 재조립을 진행했다. 최종 조립은 대만에서 이루어졌다. 그리고 난 다음에야 비로소 시제품을 캘리포니아주로 보내 잡스의 피드백을 받을 수 있었다. 이 과정에 참여했던 한 엔지니어는 이렇게 회상했다. "시제품 생산을 위해 긴 공급망을 거쳐야 하는 일이 얼마나 비합리적이었는지는 말로 다 설명할 수 없습니다." 몇몇 경우에는 시제품이 중국 국경에서 압수되기도 했다. "중국 정부에 항의할 때 '애플'이라고 밝히는 건 전혀 소용이 없었어요." 이럴 때는 중국 협력업체들이 정치적 영향력을 발휘해 대개 사흘 이내에 시제품을 되

찾아왔다.

애플 벌 떼 효과

　이전에 해바라기처럼 설계된 컴퓨터를 만들어본 공급업체는 단 한 곳도 없었다. 그래서 애플의 제품엔지니어들은 인접 산업 분야까지 뒤져 관련 전문가들을 섭외했다. 그들은 공급업체들에 새로운 기술을 교육하거나, 함께 제조에 나섰다. 크롬 목 제작은 대만의 유명 자전거 제조업체들이, 프레스 가공 작업은 일본의 카메라 제조업체들이 도왔다. 애플 엔지니어들은 태국의 하드디스크 제조업체들에서 정밀가공 기술을 빌려왔고, 심지어 싱가포르항공이 운영하는 터빈날개 제작시설까지 방문했다. 몇몇 시도는 성공했지만, 대부분의 시도는 실패로 돌아갔다. 한 제품엔지니어는 "애플이 다른 산업의 제조공정을 도입하기 시작한 초기에는 실수가 잦았습니다. 실수에서 배우는 학습 과정을 거쳐야 했어요"라고 회상했다. 심지어 기술력을 확보했을 때조차 대만의 공급업체들은 부족한 노동력을 채우기 위해 필리핀에서 직원을 채용해야 했다.

　어떤 금속 부품은 말레이시아의 야자유 농장 안에 있던 VCR(비디오카세트리코더) 공장에서 조립되었다. 덥고 습한 데다가 벌들까지 윙윙거리는 곳이었다. 내부에는 서너 개의 조립라인이 있었는데, 각 라인에는 약 20명의 젊은 여성이 배치되었다. 이들은 작은 손으로 거위 목처럼 생긴, 네 개의 금속 부품으로 구성된 컴퓨터의 크롬 목에 전선들을 하나하나 꿰어 넣었다. 단 하나를 조립하는 데 8분에서 10분이 걸릴 정도로, 매우 비효율적인 공정이었다. 이 VCR 공장은 작은 이슬람 공동체 근처에 있었고, 지역 주민들은 긴 머리에 반바지를 입은 캘리포니아주 출신의 키 큰 엔지니어들을 경계했다. 매일 근무시간이 끝나면, 마을 남자들이 공장 앞에 차를 세운 채 상향등을 켰다. 그건 일종의 위협이었는데, 공장에서 일하던 젊은 여성들에게 밤늦게까지 미국인들과 어울리지 말고 곧장 집으로 돌아가라고 경고하는 것이었다.

설계가 너무 복잡해서 모든 사람이 힘을 합쳐야 했고, 고위 임원들마저 기존의 위계질서를 내려놓고 실무를 처리해야 했다. 특히 크롬 목의 경우 상황이 심각해, 루빈스타인은 조달 책임자인 윌리엄스에게 그것을 만들 수 있다는 점을 입증할 때까지 캘리포니아주로 돌아오지 말라고 지시했다. 루빈스타인에 따르면 윌리엄스는 "섬 전체의 거의 모든 정밀가공업체를 사실상 다 붙잡아놓았다." 1995년 애플에 합류해 훗날 회사의 글로벌 공급망 전체를 총괄하게 되는 사비 칸Sabih Khan도 아이맥 G4가 완성될 때까지 그랜드하얏트호텔에서 살다시피 했다. 그는 호텔 직원부터 공장노동자까지 마주치는 누구에게나 정치인처럼 인사를 건넸는데, 그럴 때마다 주변 동료들에게 놀림당했다. "지금 타이베이 시장 선거에 출마하시는 겁니까?"

애플은 공급업체들을 면밀하게 관리하고 요구되는 수준과 규모를 충족할 수 있는지 확인하기 위해 모든 공장을 끊임없이 점검했다. 애플의 한 운영 매니저는 이를 "애플 벌 떼 효과"라고 표현하며, 애플 엔지니어들이 공장으로 몰려가 기술을 가르치던 모습을 설명했다. 현장에 있던 또 다른 인물은 이렇게 회상했다. "그야말로 공학 입문 수업이었어요. 모든 작업을 어떻게 해야 하는지 일일이 다 보여줬습니다."

"진짜 말도 안 되게 멍청한 방식"

2001년 3월, 힐먼은 고위 임원들로 가득 찬 방에서 최신 시제품을 앞에 둔 채 제조 및 조립이 어떻게 진행되고 있는지 발표했다. 그 자리에는 아이브, 산업디자인팀의 아이맥 책임자 크리스 스트링어Chris Stringer, 하드웨어 총괄 루빈스타인, 제품디자인 부문 부사장 댄 리치오Dan Riccio 그리고 잡스가 있었다. 당시 컴퓨터의 본체는 허쉬의 키세스 초콜릿과 비슷한 형태였고, 본체와 모니터를 연결하는 크롬 목은 마치 척추처럼 보이는 알루미늄 볼-소켓 관절로 구성되어 있었다. 그 안에는 장력을 조절하는 장치가 들어 있어 모니터가 공중에 떠 있는 듯한 느낌을 주었다. 모니터에는 작은 촉각 스위치가 달려 있었는데, 그것을 누르면 크롬 목의 힘이 풀리며 사용자가 원하는 대로 위치를 조정할 수 있었다. 놀랍게도 스위치에서 손을 떼면 목은 수 밀리초 만에 다시 단단하게 고정되었다. 마치 마법 같은 기능이었고, 아이브와 잡스 모두 크게 만족했다.

시제품은 인상적이었지만, 그 이면의 메커니즘은 터무니없을 정도였다. 항공기용 케이블이 필요했고, 최대 600와트의 전력을 소비하는 탓에 외부 전원 어댑터가 필수였다. 이는 올인원이라는 개념을 훼손하는 요소였다. 무엇보다 이 컴퓨터를 수리하는 일은 악몽에 가까웠을 것이다. 컴퓨터에 접근하려면 척추 형태의 크롬 목을 분해해야 했는데, 이는 숙련된 전문가가 아니면 불가능한 일이었다. 이에 대해 힐먼은 다음과 같이 항변했다. "그건 내가 설계한 것도 아니었고, 우리 팀이 원했던 방향도 아니었어요."

루빈스타인에 따르면, 시제품은 생산 승인을 앞두고 있었다. 하지만 힐먼이 크롬 목을 본체에 먼저 조립한 다음 그 안에 각종 부품을 집어넣는 생산공정을 있는 그대로 보여주자, 복잡한 디자인에서 비롯된 어려움이 명확히 드러났다. 이 순서는 일반적인 경우와 비교할 때 완전히 정반대였다. 보통은 각 부품을 먼저 조립한 다음 마지막 단계에서 그것들을 케이스로 감쌌다. 그러나 힐먼은 산업디자인팀의 요구에 따라 케이스를 출발점으로 삼았고, 이 때문에 스크래치나 찍힘이 발생할 가능성이 커졌다. 이는 손으로 하는 재작업을 초래하는 만큼 생산비용이 치솟을 수 있었다. 한창 집중해서 듣고 있던 잡스가 테이블 위로 몸을 기울여 부품 몇 개를 집어 들고는 다시 생각에 잠겼다. 그러다가 갑자기 자리에서 벌떡 일어나 힐먼 앞에 섰다. "지금 이게 조립 방식이라는 거야?" 잡스가 물었다. 힐먼이 대답을 시작하려는 순간 잡스가 말을 끊었다. "이건 진짜 말도 안 되게 멍청한 방식이잖아!"

스테이션왜건에서 페라리로

힐먼은 그 순간을 영화 〈매트릭스〉에서 주인공 네오가 총을 맞는 장면에 비유했다. "잡스에게 대답하기까지 체감상 10초쯤 걸린 듯했어요." 잡스는 그만큼 격렬하게 소리 질렀고, '멍청한$_{stupid}$'이라는 단어의 '멍$_{st}$'을 외칠 때 튄 침이 힐먼의 안경에까지 닿았다. 잡스가 코앞까지 얼굴을 들이민 탓에 힐먼은 그의 상사도, 산업디자인팀의 엔지니어나 루빈스타인도 보이지 않았고, 오직 본능에 의존할 수밖에 없었다. "그때 바로 이렇게 대답했어요. '저도 동의합니다. 진짜 말도 안 되게 멍청한 방식이에요.'"

힐먼은 아이브와 산업디자이너들을 정면으로 비판한 셈이었고, 평소라면 절대 해서는 안 되는 일이었다. 하지만 산업디자인팀 위에 있는 유일한 권력자인 잡스가 그의 발언에 정당성을 부여했다. 잡스는 몸을 돌려 부품들을 다시 바라보았고, 조용히 사색에 잠겼다. 힐먼이 아이브와 리치오를 바라보자 두 사람은 동정 어린 그리고 그의 의견을 수용하는 눈빛을 건넸다. 루빈스타인에 따르면, 그 자리에서 모든 디자인이 폐기되었다. 산업디자인팀은 처음부터 다시 시작했고, 결국 복잡한 관절이나 모터 없이도 유사한 사용자 경험을 구현할 수 있는 방법을 찾아냈다.

최종적으로 탄생한 디자인은 파격 그 자체였다. 스테이션왜건 천지의 세상에 페라리가 등장한 느낌이었다. 인류 역사상 처음으로 의인화된 형태를 띤 컴퓨터였으며, 그 얼굴에 해당하는 평면 디스플레이는 항공우주산업용 금속으로 만들어진 크롬 목에 의해 우아하게 떠 있었다. 한 선임엔지니어는 크롬 목에 대해 이렇게 설명했다. "그 부품은 단조, 가공, 열처리, 연마, 크롬 도금 과정을 모두 거쳐야 했습니다. 케이블을 수용하고, 유연하게 움직여야 하며, 베어링을 지탱해야 하는 동시에 매우 얇아야 했기 때문입니다."

크롬 목 내부에는 LCD, 전원, 마이크와 관련된 전선뿐 아니라, 기계적 장력을 유지하기 위한 여러 다발의 케이블이 삽입되어 있었다. 이들은 총 40가닥이 넘었는데, 공간 자체가 아주 좁게 설계된 탓에 수작업으로 한 가닥 한 가닥 조심스럽게 크롬 목을 통과시켰다. 그런데도 찢어지는 전선들이 많았다. 그 결과 크롬 목의 자재비는 120달러에 달했는데, 이는 전체 소매가의 거의 10퍼센트에 달하는 것으로, 말도 안 되게 비싼 수준이었다. 그러나 이 크롬 목 덕분에 사용자는 자유롭게 모니터 위치를 조절하고, 기울이며, 회전시킬 수 있었다. 모든 움직임에서 무게감이 전혀 느껴지지 않았으니, 당장이라도 브레이크댄스를 출 것처럼 매끄러웠다.

기본형, 고급형, 최고급형

잡스에게 욕설을 듣고 약 6개월 뒤, 힐먼은 여느 때처럼 아시아 국가들을 바삐 돌아다니고 있었다. 그러던 중 어느 날 아침, 미국으로 전화하라는 리치오의 이메일을 받았다. 부하 직원을 깎아내리는 것으로 유명한 리치오는 힐먼을 놀라게 하지 않기 위해 처음에는 외교적인 어조로 말했다. 리치오는 잡스가 새로운 디자인을 매우 마음에 들어 했고, 이미 생산 승인을 내렸다고 설명했다. 그리고 곧바로 결정적인 이야기를 꺼냈다. "정말 흥미로운 일이긴 한데, 엄청난 도전이 될 거야." 지난 몇 년 동안 애플은 컴퓨터를 '기본형', '고급형', '최고급형'이라는 세 가지 사양과 가격대로 나누어 판매해왔다. 이때까지만 해도 힐먼은 해바라기를 닮은 아이맥 G4가 새로운 아이맥 시리즈의 최고급형 모델이라고 생각했다. 기본형과 고급형 모델은 기존의 캔디 컬러candy color(선명하고 맑은 원색에 투명감을 더한 색상—옮긴이) 아이맥처럼 CRT가 탑재된 제품일 것이고, 그 생산은 다른 사람이 맡게 될 터였다. 하지만 리치오는 그 계획이 폐기되었다고 전했다.

이 소식은 기쁘면서도 동시에 두려웠다. 지난 18개월 동안 힐먼이 쏟은 모든 노력이 인정받았다는 점에서는 보람찼지만, 그의 팀에는 잠을 이루지 못할 정도로 극심한 긴장을 안겨줄 일이기도 했다. 리치오가 힐먼에게 기본형과 고급형 모델을 위한 완전히 새로운 디자인을 추가로 내놓으라고 한 것은 아니었다. 하지만 힐먼의 팀은 지금까지 협업해온 여러 나라의 모든 공급업체를 다시 찾아가, 그들이 준비 중이던 부품들을 훨씬 더 많이 생산하도록 독촉해야 했다. 그리고 이렇게 확보한 부품들을 서로 다른 CPU, 메모리, 기타 사양을 갖춘 세 가지 모델에 맞춰 조정하고 구성하는 작업이 이어졌다.

하루에 단 1,500대만 생산하면 되었던 상황에서, 힐먼의 협력업체들은 불과 3개월 안에 거의 열 배에 가까운 물량을 생산해야 했다. 특히 크롬 목의 생산을 확대하는 일은 엄청난 과제였다. 애플이 요구한 등급의 스테인리스강은 로켓 제작이나 고진공 반도체 공정 같은 특수 분야에서나 쓰이는 것이었다. 힐먼은 당시를 회상하며 이렇게 말했다. "우리는 사실상 급속 경화된 17-4 스테인리스강(크롬 17퍼센트와 니켈 4퍼센트를 함유해 고강도와 내식성을 모두 갖춘 스테인리스강—옮긴이) 시장을 독점하다시피 했어요."

디자인을 위해 공급망을 재편하다

2002년 1월 7일, 잡스는 아이맥 G4를 발표하며 "CRT의 공식적인 종말"을 선언했다. 그 디자인은 대중의 큰 호응을 얻었고, 발표 당일 《타임》은 〈완전 쿨하다!FLAT-OUT COOL!〉라는 제목의 커버스토리를 실었다. 하지만 평면 디스플레이에 집중한 디자인은 새로운 문제를 낳았다. 기본형 모델의 시작 가격만 1,299달러였으니, 기존 데스크톱의 기본형 모델과 비교해 45퍼센트나 비쌌다. 무엇보다 생산 확대에 어려움을 겪었던 탓에 제품을 공개하고도 두 달 동안 판매를 시작할 수 없었다. 먼저 출하된 최고급형 모델의 가격은 1,799달러로 일반 소비자들이 접근하기에는 너무 비쌌다.* 그 탓에 엄청난 노력을 들여 아이맥 G4를 양산했건만, 수요는 기대에 미치지 못했다. 부품 부족으로 애플은 세 가지 모델의 가격을 모두 100달러씩 인상해야 했다.[8] 잡스는 이 컴퓨터가 애플을 업계의 강자로 이끌 것처럼 이야기하며, "앞으로 10년을 이어갈 아름다움과 우아함을 갖췄습니다"라고 강조했다. 그러나 불과 6개월 후 그는 애플의 "매출이 예상치보다 약 10퍼센트 부족할 것"이라고 발표해야 했다.[9] 그렇게 파격적인 디자인은 단 32개월 만에 시장에서 퇴출당했다.

아이맥 G4를 개발한 경험은 애플뿐 아니라 중국에도 중대한 영향을 미쳤다. 핵심 조립거점이 6개국에 흩어져 있었기 때문에 제조 과정은 비효율적이었고, 그만큼 시간과 비용이 많이 소요되었다. 애플은 제조 부담을 줄이기 위해 디자인을 단순화하거나 복잡성을 낮추는 선택을 하지 않았다. 대신 부품 생산과 조립공장을 최종 조립시설 근처로 모아 통합하려 했고, 그런 요구를 충족할 수 있는 유일한 장소는 단 하나뿐이었다. 새 컴퓨터가 출시되기도 전에, 애플은 싱가포르부터 일본까지 퍼져 있던 협력업체들에 중국에 공장을 설립하라고 독려했다. 중국은 수출에 유리한 조건과 특별 세제 혜택이 적용되는 보세구역을

- 2002년 4월 애플은 새로운 해결책을 제시했다. 아이맥 G4와 동일한 CPU를 탑재한, 동시에 LCD 대신 CRT를 채택한 새로운 올인원 모델, '이맥(eMac)'이었다. 결국 CRT는 완전히 사라지지 않았다. 반투명하지 않은 순백색 케이스가 특징인 이 컴퓨터의 시작 가격은 999달러였으며, 기존 아이맥의 CRT가 15인치였던 데 반해, 17인치로 크기를 키웠다. 애플은 이맥을 "교육용으로 특별히 설계된 새로운 데스크톱"이라고 홍보했지만, 이는 절반만 진실이었다. 사실 이맥은 잡스가 평면 디스플레이에 흥분해 전면 폐기했던, 원래의 기본형 및 고급형 아이맥과 크게 다르지 않았다.

빠르게 조성하고 있었고, 그 안에는 값싼 노동력이 무제한으로 존재했다. 애플은 바로 이 점을 적극적으로 활용하려고 했다. 아이맥 G4의 조립을 맡았던 콴타가 2001년 상하이에 QSMC(콴타상하이제조도시)를 설립하자, 이곳을 중심으로 여러 협력업체가 모여들며 새로운 산업클러스터가 형성되기 시작했다. 힐먼은 그 흐름을 이렇게 설명했다. "단순히 FATP 작업만 중국으로 이전해야 했던 게 아니라, 애플의 혁신적인 디자인을 구현하기 위한 모든 소재, 가공, 검사 분야도 바로 그 옆에 있어야 했습니다." 이렇게 조성된 새로운 생산거점 덕분에 애플 엔지니어들은 사출성형, 프레스, 정밀가공 시설과 조립 현장을 몇 시간, 때로는 몇 분 안에 오갈 수 있게 되었고, 더는 다른 나라에서 인력을 섭외해 불러오는 번거로움을 피할 수 있었다. 힐먼은 애플이 요구하는 정교한 설계를 감당하기에 중국 노동자들은 "경험이 형편없이 부족"했다고 회상했다. 하지만 사람에게 투자함으로써, 상황은 충분히 바뀔 수 있었다.

15장 | 아이팟의 성공과 인벤텍의 실패

스코틀랜드에서 결혼식 피로연을 즐기던 데이비드 터프먼David Tupman은 오랜만에 만난 친구에게 애플에 입사하게 되었다는 소식을 들었다. 2001년 여름에 있었던 이 우연한 만남으로 그의 인생은 송두리째 달라졌다. 두 사람은 영국에 기반한 컴퓨터 설계 및 제조업체인 사이온Psion에서 함께 일한 적이 있었다. 사이온은 1990년대 후반에 키보드가 달리고 접을 수 있는 독창적인 형태의 서브노트북 PDA를 만든 곳이었다. 애플의 디자인에 깊이 매료되어 있던 터프먼은 언젠가 자신도 그곳에서 일하고 싶다는 말을 꺼냈다. 그러자 친구는 애플이 엔지니어를 채용하고 있다는 좋은 소식을 들려주었다. 터프먼은 곧바로 이력서를 보냈다. 거기에는 아시아에서 반도체와 하드웨어를 다루며 휴대용 전자기기를 개발했던 자신의 특수한 경험이 자세히 담겨 있었다. 며칠 지나지 않아 그는 파델의 전화를 받았다.

4주의 기적

　부드러운 영국식 억양으로 따뜻한 느낌을 풍기는 터프먼은 런던에 거주하고 있었다. 그는 9월 중순 태평양을 건너 애플을 방문해 면접을 보기로 했다. 비행기를 타기 하루 전, 알카에다가 여객기를 납치해 세계무역센터에 충돌시키는 테러를 감행했다. 그 후 이어진 혼란 속에서 국제선 항공편이 일주일 동안 지연되었다. 운항이 재개된 뒤에도 터프먼은 또 일주일을 기다렸다. 미국으로 돌아가야 하는 미국인들에게 좌석을 양보하고 싶었기 때문이다. 그가 쿠퍼티노에 도착했을 때쯤에는 이미 여유가 없던 애플의 개발 일정이 더욱 빠듯해져 있었고, 파델은 느긋하게 면접을 진행할 여유가 없었다. 터프먼은 이틀에 걸쳐 30명의 면접관을 만났는데, 전기공학에 관한 온갖 질문에 답해야 했다. 정작 그 자신은 어떤 일을 맡게 될지 묻지도 못한 채였다. 일주일 후 그의 전화가 다시 울렸다. 파델이 이렇게 말했다. "자, 이제 롤러코스터에 탈 준비가 되었나요?" 터프먼은 제안을 수락한 뒤에야 자신이 아이팟 개발을 위해 채용된 첫 번째 전기엔지니어였다는 사실을 알게 되었다.

　터프먼은 이틀 뒤 또 다른 결혼식에 참석할 예정이었고, 미국에서 일하기 위해 받아야 하는 H1B 비자를 발급받는 데 몇 주가 걸릴 예정이었다. 하지만 파델은 결혼식도 없고 시간도 없다고 잘라 말했다. 아직 시제품조차 준비되지 않은 상황이었지만, 잡스는 불과 4주 뒤에 아이팟을 공개할 예정이었다. 파델은 터프먼이 곧바로 일을 시작할 수 있게 아이팟의 위탁생산업체인 인벤텍에 임시로 채용되도록 조처를 취해두었다. 비자나 캘리포니아주 이주 문제는 그 이후에 해결하면 된다고 설명했다. 터프먼은 속으로 '맙소사!'라고 되뇌었다. 파델이 이렇게 말했다. "아, 그리고 한 가지 더. 내일 아침 비행기표를 끊어놨어요. 오전 11시에 출발입니다. 목적지는 타이베이니까 두 달 치 짐을 싸서 당장 출발하세요."

터프먼에게는 수습사원 교육 기간도, 환영 인사도, 회사 소개도 없었다. 다만 파델은 그가 히드로공항을 떠나기 전에 회로기판의 도면을 보내주었다. 12시간의 비행시간 내내 도면을 살펴본 터프먼은 인상적인 성과를 남겼다. 반도체 간 연결 방식과 저항이 회로기판을 통과하는 방식에서 문제점을 발견해낸 것이었다. 그는 이러한 비행이 익숙했다. 사이언에서 일하던 5년 동안 인벤텍과 협력했던 경험이 있었기 때문이다. 그가 작업장에 들어섰을 때 인벤텍 엔지니어들은 두 번 놀랐다. 모두가 그를 알고 있었지만, 그가 포착한 문제는 처음 알게 되었기 때문이다. 그들은 함께 문제 해결에 착수했다. 곧 터프먼은 아이팟의 시제품을 손에 쥐게 되었고, 애플에 합류한 것이 옳은 선택이었다는 확신을 느꼈다. "정말 멋진 순간이었어요!"라고 그는 회상했다.

파델은 아이팟 개발에 젊은 엔지니어들을 투입했다. 이들의 명성은 이후 10년 동안 급상승하게 되는데, 이는 아이팟의 엄청난 성공에 따른 것이었다. 제품디자인팀에서는 탕 탄Tang Tan, 스티브 자데스키Steve Zadesky, 앤디 하지Andy Hodge, DJ 노보트니DJ Novotney 등이 활약했고, 운영팀에서는 제임스 왕James Wang이 핵심 인물로 부상했다. 노보트니는 아시아로 출장을 어찌나 자주 다녔던지, 대만의 농구팀에 가입해 월요일 밤마다 경기를 치를 정도였다.

이 팀은 아이팟 출시를 망칠 뻔한 하드웨어상의 여러 결함을 해결하는 데 매달렸다. 그중 하나는 '좀비 모드'라고 불리던 문제였다. 전체 시제품 중 약 10분의 1에서 불규칙하게 전원이 꺼지고, 다시 충전기에 연결해도 충전되지 않는 현상이 발생했다. 대부분의 경우 배터리를 완전히 방전시키면 기기가 초기화되었지만, 그러려면 몇 주가 걸리곤 했다. 애플은 수백 대의 아이팟을 한 줄로 세워놓고 인벤텍 직원들에게 몇 초마다 스크롤 휠을 움직여 LCD가 계속 켜져 있도록 했다. 이 지루한 두더지 잡기 게임을 통해 배터리를 최대한 빨리 소모한 뒤, 어떤 기기가 다시 작동하는지, 어떤 기기는 깨어나지 않는지를 살펴봤고, 이후 문제를 추적해 해결해나갔다. 모든 문제점이 해결된 후에야 최초의 소비자용 아이팟이 생산라인에서 완성되었다. 엔지니어들은 아이팟에 여러 디지털 음악 파일을 넣고 스크롤 휠을 돌려 '아티스트' 항목을 선택한 다음 알파벳 순으로 정렬된 목록에서 첫 번째 곡을 재생했다. 흰색 이어폰 너머로 아바ABBA의 경쾌한 멜로디가 흘러나왔다.

윈도우용 아이튠즈 스토어라는 타협, 또는 혁명

잡스는 비교적 소박한 행사로 아이팟의 출시를 알렸다. 현장에 있던 청중은 제품의 가치를 잘 이해하지 못하는 듯했고, 애플은 499달러라는 가격 때문에 비난받았다. 그보다 더 효과적이었던 것은 팝뮤직을 배경으로 한 7분짜리 마케팅 영상이었다. 이 영상에는 가수 실Seal, 모비Moby, 스매시 마우스Smash Mouth 등이 등장해 아이팟에 감탄하는 모습이 담겼다. 그중 모비는 이렇게 말했다. "시제품을 훔쳐야 할지도 모르겠네요. 제품엔지니어가 누군진 모르겠지만, 그 사람들 연봉이 너무 적은 것 같아요."[10]

연말 성수기가 포함된 4분기에 아이팟은 12만 5000대가 출하되며 순조로운 출발을 보였다. 그러나 2002년으로 접어들고 몇 달 지나지 않아 월 판매량은 2만 대 수준까지 떨어졌다. 쿠퍼티노에서는 이 제품이 실패작일지 모른다는 우려가 퍼졌다. 여러 세대의 아이팟 개발에 참여했던 한 엔지니어는 이렇게 회상했다. "사업이 위태로운 경계에 있었어요. 몇 달간의 판매 실적을 보면서 '세상에, 이 사업을 계속해야 하나?' '이게 과연 살아남을 수 있을까?' 하고 생각했습니다."

지치고 좌절한 파델은 심지어 그만두려고 했다. 그러나 잡스는 그를 붙잡았고, 그의 직책을 아이팟의 하드웨어와 소프트웨어를 모두 총괄하는 자리로 격상시켰다. 하지만 고위 임원들 사이에서는 판매가 개선되지 않으면 이 제품의 다음 버전을 개발하지 않을 것이라는 논의가 오갔다. 한 엔지니어는 이렇게 회상했다. "우리는 그저 고개를 숙인 채 제품을 개선하고, 개선하고, 개선하기 위해 계속 일했어요. 전체적인 비즈니스 관점에서 저조한 판매량이 아주 걱정스러웠습니다." 최초 모델 출시 9개월 만인 2002년 8월에 2세대 아이팟이 출시되었다. 하지만 그 또한 눈에 띄는 판매 실적을 내지 못했다. 기대에 못 미친 아이팟 판매량은 그해 애플의 실적이 저조한 데 한몫했다. 이로써 불과 4년 만에 세 번째 경고음이 울렸다.

애플 내부에서는 모두가 아이팟이 훌륭한 제품이라는 데 동의했지만, 이 제품은 회사의 재정에 긍정적인 영향을 미치지 못했다. 2001년 3월부터 2003년 3월까지, 애플의 분기 매출은 9분기 연속 약 14억 달러 수준에 머물렀다.[11] 가장 큰 문제는 아이팟을 사용하려면 맥이 필요하다는 점이었다. 아이무비와 아이튠즈처럼 윈도우 기반의 기존 PC에서 사용할 수 없는 프로그램을 맥에만 탑재하는 전략은 아이팟의 개발 동기 중 하나였다. 잡스는 아이팟이 맥의 판매를 촉진하길 기대했지만, 단지 500달러짜리 MP3플레이어를 사용하기 위해 새 컴퓨터를 구매하려는 소비자는 거의 없었다. 당시 맥의 시장점유율이 5퍼센트 남짓에 불과했기 때문에 애플의 전략은 결과적으로 아이팟의 잠재 고객 중 95퍼센트를 스스로 배제하는 꼴이 되고 말았다. 역설적이게도, 이 미미한 점유율은 잡스가 아이튠즈 스토어를 출시할 때 큰 이점으로 작용했다. 아이튠즈 스토어는 사용자가 노래를 한 곡당 0.99달러에 구매할 수 있는 서비스였는데, 잡스는 아이튠즈 생태계가 워낙 틈새시장이라 위험 부담이 크지 않다는 점을 내세워 주요 음반사들을 설득했다. 2003년 4월 아이튠즈 스토어는 호평 속에 출시되었지만, 실제 사용은 제한적이었고, 이는 쿠퍼티노에 좌절감을 안겼다. 애플의 모든 고위 임원이 잡스를 설득하기 위해 한목소리를 냈다. 아이튠즈를 윈도우용으로 개발하자는 제안이었다. 잡스는 이 아이디어를 극도로 혐오했지만, 수차례에 걸쳐 여러 전문가가 아이팟과 아이튠즈를 확장할 경우의 수익 잠재력을 입증하자 결국 물러섰다. 그는 동료들에게 이렇게 말했다. "젠장, 너희 말 듣는 것도 지겹다. 마음대로 해! 하고 싶은 대로 다 해버려."[12]

2003년 말 윈도우용 아이튠즈가 출시되자 3세대 아이팟은 폭발적인 인기를 끌었다. 음반사들이 이 확장을 반대할 영향력을 발휘하지 못할 정도였다. 운영팀을 이끌던 조 오설리번은 윈도우용 아이튠즈 출시를 두고 "오늘날의 애플을 있게 한 단연코 가장 중요한 전략적 결정"이라고 평가했다. 수년 후 잡스는 윈도우에서 아이튠즈를 사용하는 것을 "지옥에서 얼음물 마시기"라 표현하며 빌 게이츠의 심기를 건드리기도 했다. 결과는 눈부셨다. 2003년 4분기에 아이팟 판매량은 235퍼센트 급증한 73만 3000대를 기록했고, 총매출은 36퍼센트 증가한 20억 달러에 달했다. 이는 4년 만의 최고 실적이었고, 오랜 침체의 끝이었다. 이후 애플의 매출이 다시 그 수준으로 떨어지는 일은 없었다. 다만 인벤텍은 갑작스러운 수요 폭증에 대응하느라 어려움을 겪었다.

"중국 단가로 제공해줘야 해요"

애플이 매달 수만 대의 아이팟을 출하하던 시절에는 인벤텍의 대만 공장, 그것도 3층에 마련된 공간만으로도 충분히 소화할 수 있었다. 하지만 주문량이 수십만 대로 급증하자, 그 공간은 터무니없이 작게 느껴졌다. 한 제품엔지니어는 이렇게 회상했다. "부품 상자들이 말 그대로 공장 건물 구석구석을 점령해버렸어요. 계단이나 통로는 말할 것도 없고, 비상구에도 넘쳐났습니다. 부품이 없는 곳이 없었어요. 아무것도 없던 상황에서 순식간에 '이걸 조립할 공간이 부족하다니, 말이 돼?'라고 물어볼 상황이 되어버린 거예요."

인벤텍은 생산라인을 추가하고 또 추가했지만, 인력을 충분히 확보하는 데 어려움을 겪었고 공간도 빠르게 부족해졌다. 한편 애플은 부품을 대량으로 구매하는 만큼 단가가 떨어지길 기대하고 있었다. 이 모든 문제를 해결할 방법은 분명했다. 인벤텍은 중국에 두 번째 공장을 세우자고 제안했다. "인벤텍은 '우리는 각종 인센티브를 제공하는 중국으로 갈 거예요. 거기에 공장을 세울 수 있습니다'라고 설명했어요." 파델에 따르면, 인벤텍은 대만 공장의 인력 절반을 중국으로 옮겨 곧바로 아이팟 생산을 시작하겠다고 제안했다. "그래서 우리도 '음, 비용을 낮출 방법이 달리 없잖아?' 하고 생각했어요."

인벤텍은 1992년 상하이에 첫 번째 공장을 세웠는데,[13] 2000년대 초반에는 전자제품 공급망 전체가 더 낮은 비용과 더 큰 규모의 이점을 활용하기 위해 중국으로 빠르게 집결하고 있었다. 2001년 12월 중국의 WTO 가입이 미중 무역에 미친 영향은 제한적이었는데, 그 이전부터 존재하던 각종 관세 인하 조치가 이미 양국의 교역을 촉진하고 있었기 때문이다. 그 대신 중국의 WTO 가입은 다국적기업들의 투자를 촉진했고, 수많은 중간재가 수십 개국 간의 교역을 활성화했다. 그중에 아이팟에 들어가는 수백 개의 부품이 있었다. 한 제품엔지니어는 "갑자기 부품들이 중국에서 생산되기 시작했어요"라고 회상했다. 게다가 노동력 부족 문제도 사라졌는데, 현지 인력들은 장시간 성실하게 일했다. 이에 따라 더 많은 생산공정이 중국으로 이전될 예정이었다. 하지만 인벤텍의 초기 중국 진출은 품질에 민감한 애플의 기대를 충족시키지 못했다. 파델은 이렇게 회상했다. "상황이 열악했어요. 공장에 인터넷 연결조차 안 되어 있었거든요. 그래서 모든 걸 처음부터 새로 시작해야 했습니다."

인벤텍은 중국 이전을 적극적으로 추진했지만, 아이팟은 이후로도 수개월 동안 대만 공장에서 생산되었다. 이는 애플을 실망시켰고, 양측의 갈등을 유발했다. 애플은 지연의 책임을 인벤텍에 돌리며 압박했다. 그 과정을 지켜봤던 애플의 한 인사는 이렇게 회상했다. "우리는 인벤텍을 몰아붙였어요. '이것 봐. 당신들이 중국으로 이전하기로 해놓고 아직도 안 했잖아요. 그러니 이번 건은 '중국 단가'로 제공해줘야 해요. 당신들이 이전하지 못한 게 우리 잘못은 아니잖아요.'"

인벤텍의 뒷문

마침 그때 인벤텍에서, 개인의 일탈이었는지 공식 지시였는지는 불분명하지만, 누군가가 매우 잘못된 행동을 했다. 인벤텍은 재정 압박에 시달리고 있었는데, 이는 블레빈스가 가혹한 계약 조건을 밀어붙인 데다가, 애플이 규모의 경제를 내세워 단가 인하를 요구한 탓이었을 가능성이 크다. 애플은 인벤텍에 아이팟 생산라인을 3교대로 운영하게 했지만, 루빈스타인에 따르면, 실제로는 4교대로 운영하며 자체적으로 아이팟을 추가 생산해 뒷문으로 판매하고 있었다. "그들이 몰래 따로 팔고 있었어요. 그 일로 우리는 크게 실망했습니다."

한 엔지니어는 당시 작은 소란이 벌어졌던 것은 기억하지만, 노골적으로 자행된 일이었다고는 생각하지 않는다고 말했다. "수상한 일이긴 했지만, 고위급에서 조직적으로 벌였던 일로 기억하진 않아요." 애플은 외관에 작은 결함만 있어도 인수를 거부할 만큼 품질 기준이 매우 엄격했는데, 인벤텍 내부의 몇몇이 짜고 그런 불합격 제품들을 수리해 선전 시장에 풀었다. 그 엔지니어는 "이런 일은 중국에서 늘 벌어져요"라고 덧붙였다. 애플이 문제를 파악하는 데는 몇 주가 걸렸다. 고객들이 고장 난 아이팟을 애플스토어에 가져오며 전모가 드러났다. 파란색 유니폼을 입은 직원이 전산망에 해당 아이팟의 일련번호를 입력하자 오류 메시지가 떴다. 몇 번을 다시 입력해도 마찬가지였다. 루빈스타인이 간단히 설명했다. "그 일련번호는 존재하지 않았던 거예요."

애플은 아이팟의 시장점유율을 끌어올릴 소형 모델, 즉 차세대 아이팟 개발에 착수하면서 새로운 전략이 시급한 상황이었다. 인벤텍은 애플이 대량생산을 해야 한다면, 그 해답은 중국이라는 점을 입증하는

데 도움을 줬다. 그러나 그것을 잘할 수 있는 적임자인지는 증명하지 못했다.

16장 | 폭스콘의 비밀 무기

애플과 인벤텍의 관계가 삐걱거리던 때 폭스콘은 정식으로 수주받지도 않은 제품을 위해 다시 한번 자신들의 야망과 역량을 불태웠다. 2003년 초여름, 궈타이밍은 애플 제품디자인팀과 운영팀의 핵심 인사들을 룽화 공장으로 초청해 시연회를 열었다. 업계 동료들에게 "완전히 독단적인 기업가"라고 평가받는 폭스콘의 총괄 관리자 개리 시에Gary Hsieh가 그 행사를 주재했다. 그는 무려 3세대 아이팟을 공개했는데, 그것은 애플이 만든 제품이 아니었다. 폭스콘이 자체적으로 제작한 복제품이었다. 애플 직원들은 그 기기를 서로 돌려보며 시대를 상징하는 MP3플레이어를 완벽히 역설계한 폭스콘의 능력에 감탄했다. 복제품은 외관만 다를 뿐, 디스플레이와 스크롤 휠, 버튼이 진짜 아이팟과 똑같았다. 작동 방식이나 음악을 재생하는 방식도 다르지 않았다. 그 자리에 있었던 애플의 한 엔지니어는 이렇게 회상했다. "마치 우리가 만든 것 같았습니다." 폭스콘이 전하고자 했던 메시지는 명확했다. "애플이 우리 직원들을 교육하거나 공식 설계를 제공하지 않아도 이 정도의 복제품을 만들 수 있다면, 정식 파트너가 되었을 때 우리가 무엇을 만들 수 있을지 상상해보십시오."

저무는 인벤텍과 뜨는 폭스콘

폭스콘은 스스로 채용 면접을 연출한 셈이었고, 당장 그날부터 시작할 준비가 되어 있음을 보여주었다. 궈타이밍과 시에는 방문단을 직접 안내하며 공장 구석구석을 보여주었는데, 한눈에 보기에도 막대한 수량의 아이팟을 능히 생산할 수 있는 시설이었다. 방문단에 속해 있던 한 인사는 이렇게 회상했다. "궈타이밍은 이렇게 말하는 것 같았어요. '이 모든 것이 여러분을 위한 것입니다. 우리는 훌륭한 엔지니어들을 포함해, 필요한 모든 것을 갖추었어요. 우리는 도울 준비가 되어 있습니다.'"

애플 방문단에는 제품디자인팀의 파넬, 자데스키, 노보트니가 포함되어 있었고, 운영팀의 협상 담당자 블레빈스도 함께했다. 폭스콘의 타이밍은 절묘했다. 당시 애플은 인벤텍에 점점 실망하고 있었는데, 아이팟 수요가 마침내 증가하기 시작하면서 그들의 한계가 드러났기 때문이다. 조립업체로서 인벤텍은 유능한 엔지니어가 부족했고, 배우고자 하는 의지도 폭스콘과는 비교할 수 없을 만큼 약했다. 반면 폭스콘은 마치 박사과정을 밟는 대학원생처럼 애플의 가르침을 빠르게 흡수했다. 이 차이는 매우 중요했다. 2000년대 초반 애플의 운영팀은 규모가 작았기 때문에 단순히 주문을 수행하는 것뿐 아니라 새로운 공정을 개발하는 데도 협력업체의 역량에 크게 의존하고 있었다.

폭스콘은 차세대 아이팟 개발에 도움을 주겠다고 제안했다. 공장과 생산라인을 설계하고, 설계 프로그램인 CAD로 필요한 부품의 정밀한 모델을 만드는 등의 허드렛일을 맡겠다고도 했다. 애플의 미래에 대한 확신이 컸던 폭스콘은 이 모든 작업을 싼값에 수행하겠다고 약속했다. "궈타이밍은 관계를 가장 중요하게 생각했어요. 함께 성장할 수 있는 파트너가 필요하다는 걸 알고 있었습니다." 파넬은 궈타이밍이 그 누구보다 애플과의 협력이 지닌 가치를 잘 이해하는 사람이었다고 평가했다. "그는 우리와 좋은 관계를 맺으면 그 관계를 통해 성장할 수 있고, 누구보다 먼저 인프라를 구축할 자본을 확보할 수 있다는 걸 알고 있었어요. 또 하나 중요한 점은 우리가 그의 모든 엔지니어를 교육했다는 겁니다."

궈타이밍은 심지어 애플의 이런저런 프로젝트에 투입된 인력을 다른 곳에 순환 배치하는 영리한 전략을 활용하며 학습 효과를 극대화했다. 파넬은 당시 상황을 이렇게 회상했다. "우리가 그들 전부를 훈련했어요. 그런데 어느 날 문득 '그들이 다 어디로 갔지?' 싶은 거예요." 폭스콘의 엔지니어들은 새로 익힌 기술을 더 수익성 높은 다른 프로젝트에 써먹기 위해 주기적으로 이동했다. 그러면 애플은 마치 새 학기가 시작된 것처럼 또다시 새로운 인력을 가르쳐야 했다.

복제품 시연회에 대해 잘 아는 애플의 또 다른 인사는 폭스콘이 "계약을 애원했다"라고 회상했지만, 그것은 다소 부당한 평가다. 그 전해인 2002년, 폭스콘은 이미 중국 최대 수출기업의 타이틀을 따낸 상태였다. 즉 절박한 것이 아니라, 영리했다. 궈타이밍은 똑똑한 사업가였고, 애플이 다른 고객들과는 전혀 다르다는 사실을 경험으로 잘 알고 있었다. 그는 애플을 놓치고 싶지 않았다.

2003년 당시에는 애플을 잃을 위험이 실제로 존재했다. 폭스콘은 1990년대 초부터 애플에 부품을 공급해왔고, 1999년부터는 케이스를, 2000년부터는 캔디 컬러 아이맥의 조립을 담당해왔다. 그러나 이와 관련된 일감은 점점 줄어들고 있었다. 애플이 힘을 쏟는 핵심 기종은 노트북과 신형 아이맥이었는데, 이 둘은 모두 퀀타가 생산하고 있었고, 아이팟은 인벤텍이 생산하고 있었다.

승부처가 된 알루미늄

폭스콘은 알루미늄 부품을 다루는 데서 강점을 보였다. 2002년부터 애플은 폭스콘에 크게 투자하며 협력 관계를 강화했고, 알루미늄으로 마감한 '시네마 디스플레이'(애플에서 개발한 와이드스크린 평판 디스플레이 모니터―옮긴이)와 '파워 맥 G5Power Mac G5, 이하 G5'의 케이스를 함께 제작했다. 폭스콘은 아이맥 G4가 출시되고 몇 달 후 자신들의 역량을 입증함으로써 이 주문을 따낼 수 있었다. 애플이 아이맥 G4의 최종 조립 계약을 퀀타에 넘겼을 때, 궈타이밍은 무시당했다고 느꼈다. 하지만 본격적인 생산에 앞서 시제품을 만들 때부터 폭스콘은 케이블 커넥터의 조립 및 테스트 과정에 참여하게 되었다. 무엇보다 폭스콘은 쿠퍼티노의 신뢰를 얻기 위해 복잡하고 값비싼 부품이었던 크롬 목의 생산라인을 구축했다. 이로써 여러 나라에 걸쳐 분산되어 있던 번거로운 공정이 하나의 공장 안에서 처리될 수 있었다. 아이맥 G4 개발에 참여했던 한 제품엔지니어는 이렇게 회상했다. "이것이야말로 폭스콘이 애플 제품의 케이스용 금속 부품 제작에 본격적으로 뛰어든 첫 사례였습니다." 폭스콘의 투자로 애플 운영팀은 한숨 돌릴 수 있었다. 한 관계자에 따르면, 당시 운영팀은 복잡한 물류 문제로 악명이 자자했던 해당 프로젝트를 막 넘겨받은 상태였다. "이 일은 애플 내에서 반反폭스콘 정서가 최고조에 달했을 때 벌어졌습니다. 그런데도 폭스콘은 애플의 다소 기이한 디자인을 실현하고자 끝까지 노력했어요. 그 끈기와 과감한 헌신으로 자신들에게 쏟아진 '규율 없는 자기중심적 2차 공급업체'라는 악평이 부당함을 증명했습니다."

한편 퀀타는 대만 공장을 중국에 그대로 복제해 QSMC를 설립했다. 루빈스타인은 그 과정을 이렇게 설명했다. "순서는 이랬어요. 처음에는 모든 생산라인이 대만에서 정상적으로 가동되었고, 그다음 우리는 조심스럽게 중국으로 발을 들였습니다. 기본적으로 공급업체들의 대만 공장을 중국에 그대로 복제했어요. 대만 공장에서 생산라인이 잘 굴러가면, 우리는 중국 공장에서도 생산라인을 가동했지요. 시간이 흐른 뒤에야 우리는 처음부터 중국에서 작업을 시작했습니다." 폭스콘은 선제적 투자로 중요한 경험을 쌓았고, 그 시점은 마침 산업디자인팀이 전략적 전환을 꾀하던 때와 맞물려 있었다. 캔디 컬러 아이맥과 아이팟을 디자인하며 플라스틱에 대한 감각을 충분히 익혔다고 판단한 아이브는 이제 금속을 시작으로 나중에는 유리까지 새로운 소재의 한계를 시험해보고자 했다.

파델은 "우리는 알루미늄을 가공하고 싶었어요"라고 회상했다. "고광택에 매우 정밀한 금속 부품들. 이건 바로 폭스콘의 영역이었어요. 폭스콘은 애플 제품에 들어가는 모든 금속 부품을 공급했는데, 특히 정밀 금속 부품을 만들기 위한 장비를 갖추기 위해 애플에서 막대한 자금을 지원받았습니다." 한편 아이브는 아이팟의 뒷면을 장식한 스테인리스강에 깊이 매료된 상태였다. 당시 해당 부품은 크롬으로 도금되었는데, 초기에는 지문이 잘 묻는다면서 비판하는 사람이 많았다. 하지만 이것은 실수가 아니었다. 아이브는 지문으로 더러워진 아이팟을 닦는 행위가 무의식적으로 돌보는 행위와 연결된 감정을 불러일으킨다고 생각했다.

다만 산업디자인팀은 신형 아이팟의 케이스를 잘 긁히거나 얼룩이 생기지 않는 양극산화 알루미늄으로 바꾸고자 했다. 이 알루미늄은 가벼운 데다가 가공도 쉬웠다. 다만 공정이 까다로웠는데, 알루미늄을 황산으로 가득 찬 욕조에 담가 표면에 산화막이 형성되도록 했다. 바로 이 산화층이 알루미늄의 부식을 방지해주었다. 공정 중에 염료를 첨가하면 색을 입힐 수 있어, 순백색에서 벗어나 다양한 색상의 아이팟을 만들기에도 적합했다. 애플 제품디자인팀의 한 전직 매니저는 소재를 바꾼 이유에 대해 이렇게 설명했다. "클래식 자동차의 반짝이는 펜더fender(자동차 바퀴 주변을 감싸는 외장 부품—옮긴이) 같은 아이팟은 강한 인상을 주기 위한 것이었어요. 하지만 대량생산을 하고, 오랜 시간 지속될 제품을 만들고자 한다면, 양극산화 알루미늄이야말로 정말 훌륭한 소재입니다."

폭스콘의 복제품은 결국 결실을 보았다. 양극산화 알루미늄으로 제작되고, 가격은 249달러부터 시작하며, 다섯 가지 색상으로 출시된 '아이팟 미니'의 생산 계약을 따냈던 것이다. 2004년 2월에 출시된 이 제품은 애플 역사상 가장 많이 팔린 제품이 되었다.

"걱정하지 마세요. 다 준비되어 있어요"

아이팟 미니의 성공으로 폭스콘은 차세대 제품인 '아이팟 나노'의 생산 계약도 따낼 수 있었다. 그러나 애플의 하드웨어 책임자인 루빈스타인은 궈타이밍과 이 프로젝트를 논의하고자 선전을 방문했을 때 거의 공황 상태에 빠질 뻔했다. "궈타이밍이 텅 빈 부지를 가리켰어요. 그러더니 '여기가 공장입니다'라고 하더군요." 루빈스타인은 멀리 시선을 던졌고, 당혹감은 곧 불안으로 바뀌었다. 그는 이렇게 회상했다. "정말 무서웠어요. 그냥 쓰레기로 가득한 전형적인 중국의 공터였습니다. 저는 공황에 빠졌어요. 그러자 궈타이밍이 말하더군요. '걱정하지 마세요. 다 준비되어 있어요.'"

이는 전략적으로 의도된 궈타이밍의 연출이었다. 그는 중국에서 아무것도 없는 공터가 얼마나 빠르게 공장으로 탈바꿈할 수 있는지를 누구보다 잘 알고 있었다. 그는 지난 20년간 단순히 공장뿐 아니라 수많은 기숙사, 식료품점, 오락시설을 짓고 관리해왔다. 2000년대 중반이 되자 룽화 공장은 '폭스콘 시티'로 불렸다. 그 안에서 먹고 자고 일하는 노동자 수만 20만 명 이상이었는데, 이는 유타주 솔트레이크시티 인구와 맞먹는 규모였다. 루빈스타인이 6개월 뒤 다시 방문했을 때 그곳에는 아직 완공되지 않았지만, 분명 건물이 들어서 있었다. 루빈스타인에 따르면 "그때는 강철 골조 상태"였다. 강철 골조란 건물의 뼈대를 이루는 기다란 금속 빔을 말한다. "하지만 2층은 완공되어 있었습니다. 나머지는 그냥 강철 골조였어요. 공장 한가운데에는 '천국으로 가는 계단' 같은 게 설치되어 있었어요. 정말 말 그대로, 위층으로 올라가는 금속 계단이 덩그러니 놓여 있었고, 그 계단을 올라가 문을 열면, 완성된 공장이 나타나는 구조였습니다."

 3개월이 더 지나자, 그곳은 다시 한번 완전히 달라졌다. 폭스콘은 새로운 기계를 들여오고, 수만 명의 직원을 채용했으며, 생산라인을 가동하기 시작했다. 폭스콘이 앞으로 수백만 대를 생산하게 될 아이팟 나노의 무게는 초기 모델보다 75퍼센트 정도 가벼워진 42.5그램에 불과했다. 2005년 9월 잡스는 검은색 브이넥 셔츠와 짙은 색의 청바지를 입고 "믿을 수 없을 만큼 작은" 기기를 공개했다. "이 주머니가 뭘 위한 것인지 궁금했던 적이 있나요?" 카메라가 잡스의 청바지 주머니 위쪽에 달린 더 작은 주머니를 비추자, 그는 그곳에서 아이팟 나노를 꺼내 보였다. "이제 알겠지요."

 루빈스타인은 궈타이밍의 비전을 현실로 바꾸는 능력과 속도에 압도당했다. 당시를 회상하던 그는 미국이었다면 신규 부지에 건축 허가를 받는 데만 해도 9개월 이상 걸렸을 것이라고 말했다. "그게 꼭 나쁘다는 것은 아닙니다. 다만 방식이 다를 뿐이에요. 그래서 우리는 경쟁이 안 되는 겁니다." 누군가에게는 어떠한 기반도 없는 상태에서 하루 10만 대씩 생산하는 체제로 전환하는 일이 무척 쉬워 보일지 모른다. 사실 폭스콘보다 품질 면에서 앞서거나, 출시 속도, 즉 제품설계부터 초도 생산까지 걸리는 기간이 비슷한 중국 업체들도 많았다. 하지만 제품을 대량으로 생산하기까지 걸리는 시간, 즉 시간 대비 생산량 면에서 폭스콘을 따라올 업체는 한 군데도 없었다.

 한 제품엔지니어는 "모두가 폭스콘의 운영 역량이 뛰어나다는 것을 인정했어요"라고 회상했다. 폭스콘은 애플을 위해 '올인원 사이트all in one site' 모델을 도입, FATP 작업이 소규모의 단일 구역 내에서 완료되도록 했다. 그 구역에서는 부품 조달과 케이스 제작뿐 아니라, 사출성

형, 단조, 스탬핑stamping(얇은 판으로 된 금속을 눌러서 모양을 만드는 작업
—옮긴이) 같은 가공 작업도 함께 이루어졌다. 제품엔지니어는 이러한
방식의 장점을 다음과 같이 설명했다. "개발 과정이나 생산 문제가 발
생하면 전화로 호출해 5분 만에 회의실에서 만나 문제를 논의할 수 있
었어요. 몇 시간 떨어진 곳이나 다른 나라에서 공급업체를 불러야 하
는 상황과는 전혀 달랐습니다."

중국으로 빨려 들어가다

더 저렴해진 가격, 더 작아진 폼팩터, 세련된 디자인, 윈도우 호환성
그리고 폭스콘의 빠른 속도와 대규모 생산능력이 더해지면서, 아이팟
의 판매량은 2003년 93만 7000대에서 2004년 440만 대로, 2005년에
는 무려 2250만 대로 급증했다. 이러한 성공은 애플의 중국 집중을 더
욱 가속화했다. 제조 비용이 저렴한 것도 이유였지만, 무엇보다 풍부한
노동력, 유연한 근무 형태, 바로 옆에 있는 공급업체들 그리고 맞춤형
수출정책이 결정적으로 작용했다. 한국과 대만에서도 일해본 한 제품
엔지니어는 이렇게 설명했다. "문제나 변경 사항이 생기면 언제든지 수
많은 사람을 이끌고 엑스레이실이나 실험실, 자재 조달실로 가 소재나
부품을 가져오게 하거나, 가공 작업 따위를 시킬 수 있었습니다. 이 모
든 일을 손만 뻗어도 닿는 곳에서 할 수 있었어요." 그는 또 이렇게 덧
붙였다. "우리가 원하는 건 뭐든지 구할 수 있었습니다. 만약 거기 없
으면, 그냥 사러 나갔어요. 심지어 새벽 2시에 측정 장비나 어떤 소재
를 구하러 상점에 가기도 했지요. 무언가를 제거하거나, 더 잘 작동하

도록 하기 위해 필요한 것들이었습니다." 그러한 경험이 특별하게 여겨진 이유는 간단했다. "공장과 그곳에 있는 사람들을 전면적으로 통제할 수만 있다면, 우리가 필요로 하는 것은 무엇이든 이룰 수 있기 때문입니다." 한 제조엔지니어는 수만 명의 노동자가 공장에서 나와 기숙사로 돌아가던 교대 시간의 번잡한 풍경을 이렇게 묘사했다. "불과 1킬로미터도 안 되는 거리를 가는 데 45분, 때로는 한 시간 가까이 걸리기도 했어요."

이 경험은 제조에 대한 잡스의 인식을 근본적으로 바꾸어놓았다. 2000년에는 애플이 자체 공장에서 더 많이 생산하기를 원했던 그였지만, 2005년이 되자 대세를 거스를 수 없다는 사실을 깨달았다. 그해 한 직원이 어떤 프로젝트를 미국에서 진행하자고 제안하자 잡스는 짧게 답했다. "해봤어요. 안 되더라고요." 생산량, 효율성, 가격 면에서 중국 기업들의 성과는 타의 추종을 불허했다. 그러나 파델은 그에 따르는 취약성을 우려했다. 애플의 그 누구도 중국으로의 이전을 설계하지 않았다. 단지 기회가 올 때마다 자연스럽게 중국으로 빨려 들어갔을 뿐이다. 이에 대해 파델은 이렇게 회상했다. "우리는 그냥 끌려간 거예요. 나는 늘 이렇게 생각했어요. '곧 위험에 노출될 거야. 중국 의존도가 너무 높아.'"

그러나 방향은 이미 정해져 있었다. 한 공급업체가 중국으로 생산거점을 옮기면 경쟁사들도 따라갈 수밖에 없었다. 여러 지역에서 생산을 병행하던 업체라면 중국을 제외한 모든 곳에서 비용 인상과 노동력 부족에 시달렸다. 전자산업은 공급망의 아주 깊숙한 층위까지 중국에서 새로운 거처를 찾게 되었다. "모든 것이 정말 순식간에 바뀌었습니다." 파델은 이를 힘주어 강조했다. "중국은 정말 어마어마하게 보조금을 쏟아부었습니다. 땅부터 시작해 모든 게 무료였어요. 외국 기업들이 매력을 느끼지 않을 수 없었습니다. 안 옮기는 쪽이 바보처럼 보일 정도였어요. 그리고 한 업체가 옮기면, 인건비가 더 싸니까 나머지도 다 따라갈 수밖에 없었고요."

이혼 회피 프로그램

애플 엔지니어들은 근무시간이 주 80시간까지 치솟았고, 아무런 예고도 없이, 또 체류 기간도 모른 채 아시아에 불규칙적으로 머물러야 했다. 이들은 대부분 남성이어서, 그들의 아내 몇몇은 자신을 가리켜 '애플 과부'라고 불렀다.

잡스가 복귀하고 처음 몇 년 동안 너무 많은 직원의 결혼 생활이 파탄에 이르렀다. 그러자 추가 피해를 막기 위한 비공식적인 예방 조치가 마련되었다. 엔지니어들은 이를 '이혼 회피 프로그램Divorce Avoidance Program'의 약자인 'DAP'로 불렀다. 누군가가 DAP 때문에 출근하지 못하면, 그의 결혼 생활이 위기라는 뜻으로 받아들여졌다. 한 엔지니어는 이렇게 회상했다. "주말에 '글렌Glen 어디 있어? 왜 안 나왔어?'라고 물으면, 동료가 '아, 글렌은 DAP 중이야'라고 답하곤 했어요. '이번 주말에 아내랑 시간을 보내지 않으면 글렌은 이혼당할 위기야'라는 뜻이었지요. 그래서 글렌은 주말에 출근하지 않은 겁니다. 그런 일이 늘 있었어요."

이후 DAP는 형태가 바뀌었다. 원만한 결혼 생활을 위한 휴식의 필요성은 인식되었지만, 동시에 산업디자인팀이 가능성의 한계를 끊임없이 밀어붙이던 상황에서 직원들은 지속적인 성과 압박에 시달리고 있었다. 결국 애플은 엔지니어들에게 휴식을 주는 대신 배우자를 달래기 위한 보너스를 지급하기 시작했다. 애플에서 20년 넘게 근무한 한 엔지니어는 사무실에서 아내에게 전화를 걸어 다음 주에 또다시 아시아로 출장을 가야 한다고 말했던 일을 떠올렸다. "그러자 아내가 폭발했습니다. 두 칸 떨어진 사무실에서도 성난 목소리가 들릴 정도였어요. 아내를 진정시킨 건, 내가 맡은 프로젝트가 성공하면 보너스로 1만 달러를 받는다는 사실이었어요." 엔지니어들은 이 보너스에 제품디자인 부문 부사장이었던 댄 리치오의 이름을 붙여 '댄 벅스Dan bucks', 또는 '대니 벅스Danny bucks'라고 불렀다. 그가 이 보너스 지급을 위한 협상에 관여했기 때문이다. 한 엔지니어는 이렇게 말했다. "우리는 리치오의 얼굴이 그려진 가짜 쿠폰도 가지고 있었는데, 그 얼굴은 전혀 즐거워 보이지 않았어요."

그 시절 애플은 맥월드에 맞춰 매년 1월 초에 제품을 출시했기 때문에 그 전 두 달간의 압박이 특히 심했다. 한 엔지니어는 이렇게 회상했다. "추수감사절, 크리스마스, 새해 모두 놓쳤어요." 애플은 출장 기간이 30일을 넘기면 배우자와 자녀의 항공료를 지원해 함께 머무를 수 있도록 했다. "그것은 확실히 도움이 되었습니다." 물론 여전히 주 7일 근무였지만, 호텔은 좋았다.

죽거나, 애플을 그만두거나

장시간 근무는 사실상 강제나 다름없었다. 실제로 잡스가 직원들에게 자신의 가치를 전수하기 위해 만든 사내 교육기관인 '애플 유니버시티'는 출범하고 10년쯤 지난 어느 날 '번아웃을 감수하는 노력'을 하나의 원칙으로 제도화하려 했다. 당시 애플 유니버시티는 〈리더십 팔레트Leadership Palette〉라는 제목의 프레젠테이션 자료에 이렇게 명시했다. "탁월함을 위한 싸움은 평범함이라는 중력에 저항하는 것이다. 그것은 지칠 대로 지친 상태에서도 자신을 그리고 타인을 매번 완벽하게 해내도록 밀어붙이는 것을 의미한다."

애플에서 10년 넘게 일한 어느 엔지니어는 자신이 퇴사할 수밖에 없었던 이유를 이렇게 설명했다. 정기 건강검진에서 담당 의사가 고혈압 수치를 보더니 "두 가지를 하셔야 합니다. 첫째, 살을 빼고, 둘째, 애플을 그만두세요"라고 말하더라는 것이었다. 의사는 그에게 계속 스트레스받으면 결국 건강을 잃을 것이라고 경고했다. 일부 애플 엔지니어는 생산라인에서, 또는 아시아 출장을 다녀온 직후 사망한 동료들의 이름을 줄줄이 외울 수 있을 정도였다. 대개 40대에서 50대였던 이들의 직접적인 사망 원인이 과로라고 단정할 수는 없지만, 많은 동료가 여전히 그렇게 믿고 있다. 경력이 오래된 한 베테랑은 동료의 장례식에서 겪었던 일을 기억했다. 일요일에 열린 추모 예배 중 회사에서 걸려온 전화를 받기 위해 자리를 뜨는 애플 직원 수가 믿기 어려울 정도로 많았다는 것이다. 월터 아이작슨에 따르면, 잡스는 자신이 1997년에 떠안은 과중한 업무가 결국 암의 원인이 되었을지 모른다고 생각했다. 당시 그는 애플과 픽사를 동시에 경영하고 있었으며, 신장결석을 앓았고, 퇴근 후에는 말조차 하기 힘들 정도로 탈진했다. 잡스는 자신의 전기 작가에게 이렇게 말했다. "아마 그때 이 암이 자라기 시작했을 거예요. 그때 내 면역체계가 꽤 약해져 있었으니까요."[14]

중간에 잠시 자리를 비운 적도 있지만, 잡스와 16년을 함께한 루빈스타인은 매주 반복되는 장시간 근무를 "완전히 소진되는 경험"이라 불렀고, 그것 때문에 결국 애플을 떠났다고 인정했다. 그는 언젠가 이렇게 말했다. "애플에는 아픈 사람들이 정말 많았습니다. 불치병에 걸리거나 심각하게 아픈 사람들의 명단이 끝도 없었어요. 이런 곳에 계속 있다가는 나 자신을 망치게 될까 봐 두려웠습니다. 솔직히 내 건강이 더 중요했어요." 루빈스타인은 이런 이야기도 했다. "잡스는 항상 직원들에게 '이게 당신 인생의 정점이 될 거예요'라고 말하곤 했는데, 나는 속으로 '맙소사, 제발 그게 아니었으면' 하고 바랐어요. 그게 진짜라면 너무 슬픈 인생 아닌가요?"[15]

17장 | 가장 확실한 미래, 아이폰

파델은 뒤쫓아 오는 발소리를 똑똑히 들을 수 있었다. 오랫동안 고전을 면치 못했던 애플은 마침내 자신감을 회복했고, 10년도 채 지나지 않은 과거의 파산 위기는 이제 먼 기억처럼 느껴졌다. 처음에는 더디게 출발했던 아이팟이 결국 회사의 얼굴을 바꿔놓았다. 연말 성수기가 포함된 2004년 4분기에 애플은 460만 대의 아이팟을 판매했는데, 이는 지난 5년간 판매된 캔디 컬러 아이맥의 대수와 거의 맞먹는 수치였다. 애플의 미국 MP3플레이어 시장점유율은 2002년 33퍼센트에서 2004년에는 82퍼센트로 치솟았다.[16]

커지는 반감

이러한 시장 지배력과 문화적 영향력은 그 전까지 애플이 단 한 번도 경험해본 적 없는 것이었으나, 그 흐름은 2005년을 넘기지 못했다. 그해 1월에는 디스플레이가 없는 미니멀한 MP3플레이어인 '아이팟 셔플'이 출시되었고, 2월에는 2세대 아이팟 미니가 공개되었다. 이어 9월에는 아이팟 나노가, 10월에는 동영상 재생이 가능한 최초의 아이팟이 출시되었다. 새로운 아이팟들이 워낙 빠르게 쏟아져 나오자, 인기 토크쇼 〈새터데이 나이트 라이브〉에서 한 코미디언이 이를 풍자하고 나섰다. 잡스로 분한 그는 점점 더 작아지는 아이팟을 소개하다가 마침내 아무것도 들지 않은 채 "이것이 바로 새로운 '아이팟 인비자iPod Invisa'입니다('Invisa'는 '보이지 않는'이라는 뜻의 단어 'invisible'을 변형한 것으로, 계속 작아지다 못해 아예 보이지 않는 수준이 되었다는 유머—옮긴이)"라고 외쳤다.[17] 2005년 4분기에 애플은 1400만 대의 아이팟을 판매했는데, 이는 전년 동기간 대비 세 배나 증가한 수치였다. 당시 애플은 아이팟 하나로만 나머지 전체 제품의 매출을 뛰어넘는 29억 달러를 벌어들였다.

인텔의 전직 CEO 앤디 그로브가 자신이 쓴 책 《편집광만이 살아남는다》의 제목만으로 정확히 묘사한 실리콘밸리 문화 속에서 파델은 아이팟의 판매가 과연 지속될 수 있을지 우려했다. 그는 훗날 진행한 어느 인터뷰에서 이렇게 회상했다. "휴대전화업계에서 울리는 무거운 발소리를 들을 수 있었습니다. '쿵!' 하고 말이에요. 당시 휴대전화라면 전부 피처폰feature phone(전화와 문자 같은 기본 기능만 탑재한 휴대전화—옮긴이)뿐이었는데, 그들은 카메라나 컬러디스플레이를 추가했어요. 그리고 아이팟의 성공을 보면서 이렇게 생각한 거예요. '저건 그냥 디지털 음악 파일일 뿐이잖아. 휴대전화에도 저장 공간이 좀 있으니까, 충분히 넣을 수 있지. 아이팟이 하는 건 우리도 다 할 수 있어. 게다가 더 많은 것을 할 수 있지.' 쿵! 쿵!"[18]

애플은 실험을 시작했다. 모토로라와 손잡고 MP3플레이어 기능이 탑재된 휴대전화를 만들었지만, 결과는 실망스러웠다. 이어 애플은 아이팟에 휴대전화 기능을 더하려 시도했다. 스크롤 휠의 개선된 버전인 클릭 휠을 다이얼처럼 사용하는 방식이었는데, 제대로 작동하지 않았다. 가상의 클릭 휠을 사용하는 풀스크린 아이팟도 개발했지만, 기대만큼 세련되지 못했다. 미래가 어떤 모습일지는 분명하지 않았다. 휴대전화가 어떤 형태로 등장하든 파델의 팀은 그것을 대량으로 만들어낼 방법을 찾아내야 했다. 애플은 이전까지 무선통신 기술이 들어간 제품을 만들어본 적이 없었기 때문에, 파델은 관련 경험이 있는 인력을 더 모집했고 이들을 아시아로 보내 품질 좋은 공급업체를 찾게 했다.

파델은 알지 못했지만, 또 다른 무거운 발소리가 그를 뒤쫓고 있었다. 그것은 잡스와 가깝게 지내면서 영향력을 행사해온 파델의 지위를 탐내던 다른 임원들의 발소리였다. 애플에서 파델처럼 빠르게 승진한 인물은 없었다. 2001년 계약직으로 애플에 합류한 그는 2004년 아이팟 엔지니어링 부문 부사장으로 임명되었고, 2006년에는 아이팟 사업 전체를 총괄하는 수석부사장 자리에 올랐다. 1990년대 후반부터 잡스와 함께 일해왔거나, 심지어 그보다 더 앞선 넥스트 시절부터 함께해왔던 임원들조차 파델 정도의 권한을 가지고 있지 못했다. 그러나 당시 애플은 급격한 변화를 겪고 있었으니, 2007년에는 '애플 컴퓨터'라는 공식 사명에서 '컴퓨터'를 빼버릴 정도였다. 파델은 애플에서 가장 수익성 높은 제품군을 책임지는 핵심 임원이었고, 이후 애플의 미래를 책임질 제품까지 담당하게 될 인물이기도 했다. 그런 파델을 향한 조직 내의 반감은 점점 커져만 갔다. 쿵! 쿵!

17장 가장 확실한 미래, 아이폰

통제된 혼란

애플의 휴대전화 개발 역량을 강화하고 아시아를 돌며 최고의 공급업체를 물색하는 임무를 맡은 핵심 인물 세 명은 터프먼과 자데스키 그리고 루벤 카바예로Ruben Caballero였다. 터프먼과 자데스키가 2001년부터 아이팟 개발에 참여하며 휴대용 전자기기의 대량생산과 관련된 노하우를 쌓아왔다면, 2005년에 합류한 칠레 산티아고 출신의 안테나 전문가인 카바예로는 더욱 특화된 기술을 갖추고 있었다.[19] 카바예로는 어릴 적 가족과 함께 내전이 벌어진 고국에서 탈출했는데, 그의 아버지가 새로 들어선 독재 정권에 협조하기를 거부했기 때문이다. 당시 그의 가족들은 24시간 내에 출국을 통보받았다. 제때 떠나지 못한 몇몇 사촌은 총에 맞아 숨졌다. 루벤이 캐나다 퀘벡에 도착해 망명을 허락받았을 때 그는 겨우 7세에 불과했다. 그곳에서 프랑스어를 유창하게 익힌 카바예로는 20대가 되어 전기공학을 전공했다. 이후 캐나다 공군에서 13년간 복무하며 항공우주 엔지니어로 일했고, 이 과정에서 영어를 배웠다. 2001년에는 실리콘밸리의 안테나용 반도체 개발 스타트업 트로피안Tropian에 합류해 시제품을 테스트하는 시스템엔지니어링팀을 이끌었다.

이처럼 작은 규모의 팀에 막중한 임무를 맡긴 것은 잡스가 애플의 기존 조직과 분리해 스타트업 방식으로 휴대전화를 개발하고자 했기 때문이다. 잡스는 맥 개발을 주로 하는 기존 조직에 불만이 컸는데, 그들이 지나치게 관료적이라고 생각했다. 특히 신제품 출시 일정을 파워PC(애플, IBM, 모토로라 등이 함께 개발한 반도체—옮긴이)의 개발 일정이나 인텔의 신규 반도체 출시 일정에 맞추고, 단순 반복 작업에 치중하는 데 크게 실망했다. 쉴 틈 없이 이어지던 신형 아이팟 출시와 비교하면 맥 개발자들의 작업은 느릿하게만 보였다. 잡스는 경직된 질서보다는 통제된 혼란 그리고 민첩함을 선호했다. 젊은 나이로 아이팟 개발에 참여했던 한 엔지니어는 이렇게 회상했다. "맥 개발자들은 30년 가까이 그 일만 하던 사람들이었는데, '잠깐만, 젊은 친구. 좀 천천히 가자고!' 하는 분위기를 풍겼어요. 우리는 다음 노트북을 4년쯤 후에나 출시할 예정이던 그들에게 이렇게 반응했습니다. '우리는 6개월마다 제품을 출시하면서 당신네 제품이 평생 생산되는 것보다 훨씬 더 많은 물량을 단 일주일 만에 찍어낸다고요.' 완전히 다른 문화였지요."

그 비유는 다소 과장된 것이었지만, 잡스가 세상을 바라보는 방식과 비슷했다. 그는 애플이 휴대전화를 만든다면, 그것은 주머니 속의 맥이라기보다는 업그레이드된 아이팟에 가까운 제품이 될 것임을 분명히 했다. 언젠가 그는 언론인 존 마코프John Markoff에게 "전화기를 PC처럼 만들고 싶지는 않습니다"라고 말하기도 했다.[20] 파델의 삼인조는 AT&T나 버라이즌Verizon 같은 강력한 통신사들의 통제를 받지 않기 위해 기술적으로 아주 세세한 부분까지 파고들었다. 당시에는 대부분의 휴대전화 기능이 통신사의 요구에 따라 결정되었다. 잡스는 이들 통신사에 특히 강한 반감을 보였다. 그는 애플이 휴대전화를 만드는 데 주저했던 이유를 다음과 같이 설명하기도 했다. "애플은 최종 사용자에게 도달하기 위해 구멍 같은 걸 통과하는 데 능숙하지 않습니다."[21] 한편 삼인조는 개발 중인 모든 시제품을 테스트하고 조정한 다음 다시 테스트하기 위해 무선통신, 와이파이, 블루투스 등의 RF(무선주파수)를 측정할 수 있는 고가의 장비가 필요하다고 말했고, 파델은 즉시 구매를 승인했다.

완전히 새로운 휴대전화를 개발하라

애플은 휴대전화 개발을 위해 '퍼플Purple'이라 이름 붙인 비밀 프로젝트에 착수했다. 이를 통해 완전히 새로운 휴대전화를 창조하려 했지만, 동시에 지난 5년간 세계에서 가장 많이 팔린 휴대용 전자기기를 만들며 쌓은 전문성에도 기대고 있었다. 아이팟 개발자들은 무작위로 일부 제품만을 뽑아 테스트하는 방식 대신 비용이 많이 들더라도 모든 아이팟을 철저히 검증하는 방식을 택했다. 파넬은 휴대전화도 그와 같은 품질 기준을 충족해야 한다고 생각했으며 비용은 전혀 개의치 않았다. 독일의 계측기업체 로데슈바르즈Rohde & Schwarz가 만든 'CMU 200'이라는 RF 측정 장비는 대형 스테레오만 한 크기에 가격은 14만 6000달러나 되었다. 원래 실험실용으로 설계된 장비이지만, 신뢰성을 집요하게 추구하는 애플은 이를 수백 대나 구매해 생산라인에 직접 배치하기 시작했다. 이후에는 라이트포인트LitePoint가 개발한 VCR 크기의 5만 달러짜리 장비를 구매했고, 애질런트Agilent에서도 비슷한 장비를 구매했다. 이들 세 기업은 평소 생산하던 수준보다 더 많은 물량을 애플이 주문하자, 힘에 부쳐했다. 프로젝트 퍼플에 참여했던 한 엔지니어는 이렇게 회상했다. "그들은 우리가 하려던 일을 제대로 이해조차 못 했어요."

애플은 이들 업체를 여느 공급업체처럼 대했다. 엔지니어를 직접 파견해 품질을 끌어올리고, 생산을 확대하도록 도왔으며, 동시에 비용 절감을 압박했다. 그 결과 5만 달러였던 장비가 1만 3000달러 수준까지 낮아졌다. 또 다른 엔지니어는 그 과정을 이렇게 설명했다. "그 장비들은 크고, 비싸고, 느렸습니다. 기본적으로 실험실 책상 위에 올려놓고

RF 엔지니어나 사용하는 측정 장비였습니다. 그런데 공장에 5개, 10개, 20개, 30개, 40개, 50개의 생산라인을 구축하고, 라인마다 하나, 또는 여러 개의 장비를 둬야 한다면, 결국 그 업체가 만들 수 있는 물량의 한계에 부딪히게 되는 겁니다."

프로젝트 퍼플은 비밀리에 진행되었기 때문에 측정 장비를 쿠퍼티노나 중국의 공급업체에 바로 보내는 것은 감히 생각조차 할 수 없었다. 그 대신 장비들은 몇몇 엔지니어의 자택으로 보내졌다. 이후 그들이 VCR 크기의 장비를 여행 가방에 넣어 몰래 중국으로 반입했다. "우리는 장비를 사서 가방에 넣어 직접 가져가는 방식으로 보냈어요." 그 일을 맡았던 엔지니어에 따르면, 주문량이 많아진 후에는 공식적인 화물 운송 서비스를 활용했지만, 초기 단계에서는 소수의 인원이 기민하게 움직이는 것으로 충분했다. 훨씬 나중에 생산라인이 구축되었을 때는 그중 3분의 2가 테스트용으로 할당되었다. 이는 전례를 찾아보기 어려운 일이었는데, 애플은 대규모 생산방식을 근본적으로 재검토 중이었다. 한 엔지니어에 따르면, 애플만이 그렇게 일했다. "비용 때문에 아무도 그렇게 하지 않았습니다." 애플은 3000만 번째 제품이 첫 번째 제품과 완전히 동일해야 한다는 원칙을 절대 타협하지 않았다. 2000년대 후반 폭스콘에서 근무했던 노키아의 한 엔지니어도 자사의 생산라인에는 테스트설비가 단 하나뿐이었다고 확인해주었다. 우연한 기회에 애플의 휴대전화 생산라인을 둘러본 그는 자사보다 적은 수의 물량을 생산하면서도 테스트설비는 무려 50개나 된다는 사실에 충격받았다고 했다. "생산의 전 과정이 믿을 수 없을 만큼 세세하게 관리되고 있었어요."

궈타이밍의 요트

2005년 말, 애플이 비밀리에 아이팟을 닮은 휴대전화를 개발하고 있던 바로 그때 폭스콘의 고위 임원 두 명이 홍콩 앞바다에 떠 있는 궈타이밍의 요트로 애플 엔지니어들을 초대했다. 폭스콘에서 나온 이들은 아이팟 담당 이사 배리 치앙Barry Chiang과 소통 담당 선임고문 루이스 우Louis Woo였다. 폭스콘이 아이팟 나노의 하루 생산량을 10만 대 이상으로 끌어올린 직후였기에, 그들은 한껏 고무된 상태였다.

애플에서는 최소 다섯 명이 참석했는데, 주요 인물로는 안테나 엔지니어 카바예로와 운영 담당 임원 칩 힐스Chip Hills가 있었다. GE 플라스틱GE Plastics 출신의 힐스는 애플에 합류한 이후 중국에서의 생산을 사실상 총괄하고 있었는데, 특히 새로 개발된 휴대전화의 생산 확대를 책임지게 되었다. 그는 아시아를 구석구석 누비며 이제 막 첫발을 뗀 프로젝트 퍼플에 가장 적합한 공급업체를 찾는 중이었다. 그는 현장을 찾아 문제를 해결하고 세세한 부분까지 직접 손대는 엔지니어로 유명했다. 애플은 자신들이 정확히 어떤 제품을 준비 중인지에 대해 말을 아꼈지만, 폭스콘 임원들은 신규 주문이 무엇이든 반드시 수주하고 싶어 했다. 애플은 자신들의 휴대전화를 제조할 파트너를 물색하면서 중국에서 활동 중인 대만의 여러 위탁생산업체와 접촉했다. 이들 중에는 비디오 재생 기능이 탑재된 5세대 아이팟을 함께 만든 퀀타, 아이팟 셔플을 조립한 페가트론Pegatron, 모토로라와 소니 에릭슨Sony Ericsson의 휴대전화를 다수 제조해온 아리마Arima가 포함되어 있었다. 폭스콘은 휴대전화 생산에 가장 숙련된 공급업체는 아니었지만, 그날 요트에서 애플이 인상 깊게 본 것은 거래를 대하는 그들의 열망과 무슨 일이든 해내겠다는 태도였다. 폭스콘은 겸손했고, 배우고 투자하겠다는 의지가 강했다. 그것은 완벽한 메시지였다. 애플은 '모범 사례'에는 관심이 없었다. 오히려 기존의 방식을 완전히 뒤엎고자 했다. 그런 점에서 폭스콘의 무지는 오히려 장점이었다. 여기에 더해 배우고자 하는 열망과 이미 입증된 대량생산 역량 또한 그들의 강점이었다. 특히 폭스콘의 자신을 낮추는 겸손함은 경험 많은 다른 휴대전화 제조업체들이 보였던 다소 자만에 찬 태도와 뚜렷한 대조를 이루었다.

요트 초대는 효과를 발휘했다. 힐스는 아직 초기 단계인 데다가 불확실성마저 큰 프로젝트 퍼플의 생산업체로서 폭스콘을 점찍었다. 곧 폭스콘은 자신들이 만들게 될 것에 대해 거의 아무런 정보도 제공하지 않는 모호한 내용의 RFP(제안요청서)에 서명했다. 다만 그 문서에는 힐스가 직접 폭스콘 내부에 일종의 전형적인 생산라인을 사전에 구축하고, 폭스콘이 이를 똑같이 복제해 생산을 확장해나간다는 계획이 담겨 있었다.

멀티터치라는 미래

2005년 중반이 되자 애플에서 또 하나의 프로젝트가 주목받기 시작했다. 인터페이스팀은 약 2년 전부터 스타트업 핑거웍스FingerWorks와 함께 멀티터치 기술을 개발 중이었다(핑거웍스는 바로 그해 애플에 인수되었다). 프로젝트 퍼플의 선임엔지니어들도 이 기술을 알고 있었지만, 원래 구상은 맥의 UI를 근본적으로 다시 설계하는 것이었다. 잡스가 처음으로 파델에게 이 기술을 보여주며 휴대전화에 활용할 수 있겠는지

물었을 때만 해도 그 거대한 장치가 주머니에 들어가기는커녕 언젠가 책상 위에 올려놓을 순간이 올 거라고도 상상하기 어려웠다. 파델은 당시를 이렇게 회상했다. "그건 방 안을 가득 채웠어요. 천장에 매달린 프로젝터가 맥의 화면을 벽에 비추고 있었는데, 한 변이 90센티미터에서 120센티미터쯤 되는 정사각형 모양이었습니다. 그 벽을 손으로 만지면서 물체를 움직이거나 그림을 그릴 수 있었어요."[22]

멀티터치 기술이 발전함에 따라 애플은 이를 활용해 태블릿을 만들 수 있을 것으로 생각했다. 수백 개의 시제품이 제작되었고, 이 중 일부는 엔지니어들이 폭스콘으로 가져가 전자부품을 조립하기도 했다. 그러나 그 결과물은 모양만 태블릿에 가까울 뿐, 두껍고 보기 싫고 느린 전자기기에 불과했다. 반도체부터 11인치 크기의 터치스크린을 구동하기에 성능이 부족했다. 또한 전력을 너무 많이 소모했기에 배터리가 거대해졌고, 그 때문에 전체적으로 커질 수밖에 없었다. 한편 기존의 휴대전화기업들이 아이팟 시장을 잠식할 수 있다는 두려움이 계속해서 불안과 혁신을 동시에 자극했다. 한 선임엔지니어는 당시를 이렇게 기억했다. "그건 실존적 위기였습니다. 우리는 이렇게 말하고 있었어요. '우리가 개척한 아이팟 시장이 사라질 거라는 걸 잘 알잖아. 우리도 휴대전화를 만들어야 해.'"

결국 잡스는 기존의 휴대전화 아이디어들을 모두 취소하고 멀티터치가 미래라고 선언했다. 그가 절대 키보드는 없을 거라고 단언했기 때문에 휴대전화는 가능한 한 풀스크린이어야 했다. 애플의 엔지니어들은 갑작스럽게 터치스크린을 대량 생산할 수 있는 공급업체를 섭외해야 했는데, 당시에는 그런 곳이 존재하지 않았다. 결국 이번에도 공장에 설계도를 보내놓고 기다리기만 하면 부품이 만들어지는 일은 없었다. 대신 애플은 엔지니어들을 일본, 한국, 대만, 중국으로 파견해 공정을 함께 개발할 열정적인 공급업체들을 직접 찾아 나섰다. 한 제품 매니저는 당시 상황을 이렇게 회상했다. "우리가 관여했던 몇몇 대규모 생산공정은 정말 획기적인 것들이었어요. 해당 기술의 정점에 오른 인재들을 찾아 전 세계를 누벼야 했습니다." 2006년 초에 그들은 케이스를 브러시드 알루미늄brushed aluminum(알루미늄 표면을 긁어 무광 처리하는 기법─옮긴이)으로 마감한 시제품을 완성했다. 멀티터치가 가능한 풀스크린이 달려 있었다. 훗날 언론인 프레드 보겔스타인Fred Vogelstein은 이렇게 이야기했다. "잡스와 아이브가 그 제품을 무척 자랑스러워했습니다. 하지만 두 사람 모두 전파물리학에 대해서는 전문가가 아니었기 때문에 자신들이 아름다운 벽돌을 만들었다는 사실을 깨닫지 못했어요. 전파는 금속을 잘 통과하지 못하거든요."[23]

아름다운 벽돌에서 스마트폰으로

휴대전화의 내부 공간을 놓고 벌이는 협상은 언제나 긴장감이 넘쳤다. 엔지니어들의 뜻대로라면 기기의 두께가 두 배는 되었을 것이다. 그러나 산업디자인팀은 크기에 대해 한 치도 양보하지 않았고, 엔지니어들은 타협하거나 스스로 혁신할 수밖에 없었다. 우선 일반적으로 평평한 형태인 회로기판을 샌드위치처럼 접어 공간을 절약했고, 그만큼 배터리를 더 크게 만들었다. 한편 안테나 전문가인 카바예로는 잡스에게 거의 애원하듯 말했다. "플라스틱으로 만든 2.54센티미터 너비의 공간이 꼭 필요합니다." 산업디자인팀은 1밀리미터도 양보하려 하지 않았지만, 잡스가 물러섰다. 한 엔지니어는 이렇게 회상했다. "카바예로는 손톱만 한 공간에 무선통신 안테나, 와이파이 안테나, 블루투스 안테나를 전부 다 넣어야 했습니다. 그걸 작동하게 하려고 블루투스 성능을 낮출 수밖에 없었어요. 그래서 블루투스로 기기를 연결하는데 꽤 어려움을 겪었습니다."

무선통신, 와이파이, 블루투스 기능을 담당하는 RF 송수신 부품들은 기기 상단에 몰아서 배치되었고, 금속 뼈대는 검은색 플라스틱 덮개로 덧씌워졌다. 초기 테스트에서는 수신 감도가 양호하게 측정되었다. 그러나 2007년 1월, 공개를 약 4개월 앞둔 시점에서 엔지니어들이 전자파 흡수율 테스트를 추가로 진행한 결과, 인체에 흡수되는 전자파 수치가 기준치를 훨씬 초과하는 것으로 나타났다. 엔지니어들은 사용자의 머리에 전달되는 전파 에너지를 우려하고 있었다. 특히 휴대전화 사용이 뇌종양에 걸릴 위험을 키운다는 학술 연구가 발표된 이후 더욱 신중해졌다. 카바예로의 팀은 전자파 흡수율을 낮추기 위해 수 주에 걸쳐 다양한 방법을 시도했지만, 뚜렷한 성과는 없었다. 그나마 휴대전화 내부의 전자부품들을 재배치하는 일종의 역젠가식 해법이 유일하게 효과가 있었다. 즉 RF 송수신 부품들을 상단에서 하단으로 옮겨 휴대전화의 전파 방사 중심을 사용자의 귀와 멀리 떨어뜨려놓는 것이었다. 겉으로 보기에는 우아한 해결책이었지만, 속을 뜯어보면 완전히 엉망이었다. 핵심 부품인 모뎀은 옮길 수 없었기 때문에 이를 다른 부품들과 연결하기 위해 휴대전화 테두리만큼 긴 세 개의 구리 케이블을 삽입해야 했다. 한 엔지니어는 당시 상황을 이렇게 회상했다. "그걸 해내기 위해 꼬박 서너 달 동안 매일 밤낮없이, 주말까지 포함해 하루도 빠짐없이 일했어요." 잡스는 이 문제에 크게 분노했지만, 다음 버전에서 반드시 개선하겠다는 약속으로 간신히 달랠 수 있었다. 게다가 이제 무대에 나설 시간이었다.

18장 | 엄격한 스승과 열정적인 제자

2007년 1월 9일, 잡스는 검은색 터틀넥과 청바지를 입고 다시 한번 청중으로 가득 찬 강연장에 섰다. "가끔 혁신적인 제품이 등장해 모든 것을 바꿔놓습니다." 그는 이렇게 말한 뒤 아이폰을 공개했다. 청중은 풀스크린으로 즐기는 인터넷 검색, 핀치 투 줌pinch to zoom(손가락 두 개를 움직여 화면을 축소하거나 확대하는 기능─옮긴이)과 밀어서 잠금 해제swipe to unlock 같은 멀티터치의 기본 기능 그리고 더는 화면을 스크롤할 수 없을 때 튕기듯 반응하는 UI를 보며 넋을 잃었다. 시연 며칠 전까지만 해도 시제품은 온갖 소프트웨어 오류를 일으켰고 행사장 안에서 시연을 지켜보던 소수의 인원은 불안과 공포에 휩싸였다. RF엔지니어였던 앤디 그리뇽Andy Grignon은 이렇게 기억했다. "우리는 다섯 번째 줄쯤에 앉아 있었어요. 엔지니어, 관리자 할 것 없이 시연 중 각자가 맡은 부분이 문제 없이 작동할 때마다 스카치위스키를 한 잔씩 들이켰습니다. 시연이 끝날 때쯤 앞서 살펴본 모든 부분과 함께 마지막 부분까지 제대로 작동하자 위스키병을 완전히 비워버렸어요. 우리가 본 시연 중 단연 최고였어요."²⁴ 시연이 너무나 완벽해서 블랙베리를 생산하던 리서치 인 모션Research in Motion의 몇몇 임원은 그 시연이 조작되었다고 의심했을 정도였다.

"유리로 만들어"

"단 하나의 기기"를 공개하고 2주 뒤 잡스는 평소처럼 회의실에 들어섰다. 그는 기분이 좋지 않았고 안색도 별로였다. 곧 자신이 들고 다니던 아이폰 시제품을 꺼냈는데, 상태가 심각해 보였다. 주머니 속 열쇠가 시제품의 화면을 긁어놓았기 때문이다. 잡스는 그 기기를 자데스키를 향해 테이블 위로 던지며 말했다. "유리로 만들어." 사실 그 아이디어가 나온 것은 처음이 아니었다. 2006년 9월, 그러니까 불과 4개월 전에도 잡스는 화면에 생긴 더 작은 흠집들을 보고 화낸 적이 있었다. 당시에도 그는 한 중간 관리자에게 따지듯 말했다. "이거 좀 봐요. 도대체 화면이 왜 이래요?" 그러자 관리자는 이렇게 답했다. "유리로 만든 시제품도 있긴 한데, 낙하 테스트를 하면 100번 중 100번이 깨집니다." 잡스는 말을 자르며 쏘아붙였다. "난 그냥 당신이 이 빌어먹을 문제를 해결할 수 있는지만 알고 싶어요."²⁵ 2007년 1월, 잡스는 그 어떤 변명도 받아들이지 않았다. 애플은 아이폰을 6월에 출시하겠다고 발표한 참이었고, 그 날짜는 미룰 수 없었다. 6개월이라고 해도 빠듯한 일정이었지만, 실제로는 그보다 시간이 더 부족했다. 디스플레이는 조립하기 수개월 전에 준비를 마쳐야 하는 부품이었기 때문이다.

지금부터 이야기할 것은 아이폰 생산과 관련해 아마 가장 널리 알려진 일화일 것이다. 잡스는 뉴욕주 북부에 있는 유리 제조업체 코닝Corning의 CEO 웬델 웍스Wendell Weeks에게 연락해 그들이 만들 수 있는 가장 단단한 유리를 원한다고 말했다. 그러자 웍스는 1960년대에 전투기 캐노피용으로 개발한 '고릴라 글래스Gorilla Glass'에 관해 설명했다. 코닝은 이 유리에 맞는 시장을 찾지 못해 생산을 포기한 상태였다. 잡스는 그를 설득해 즉시 생산에 들어가도록 했다.

이 결정은 아이폰 생산을 총괄하던 자데스키를 곤경에 빠뜨릴 뻔했다. 플라스틱과 유리는 작동 방식이 완전히 다르므로, 터치스크린 공급망도 완전히 달라져야 했다. 자데스키는 아이팟 생산에 관여했던 또 다른 베테랑 탄과 함께 새 공급망 구축에 나섰다. 문제는 속도였다. 파델은 이 "미친" 시기를 "연료도 얼마 남지 않은 200대의 전투기를 몇 분 간격으로 항공모함에 연속해서 착륙시키는 일"에 비유했다. 아울러 실력이 뛰어난 최상급 인력을 투입할 여력이 있는 제조업체를 찾아야만 했다.

애플이 찾은 공급업체 중 하나는 과거 코닝과 함께 고릴라 글래스를 절단하고 가공해본 적 있는 렌즈 테크놀로지Lens Technology였다.[26] 이 회사는 저우췬페이周群飛라는 여성이 설립했는데, 그는 16세에 고등학교를 중퇴하고 가난한 시골 마을을 떠나 선전으로 향했다. 그곳의 시계 렌즈 공장에서 유리를 연마하며 하루에 약 1달러를 벌었다. 그는 그 일이 싫었지만 배우고자 하는 열의는 컸고, 상사는 제조공정의 과학적 원리를 가르쳐주었다. 마침내 3,000달러를 모은 저우췬페이는 1993년 자신의 회사를 세웠고, 10여 년이 지난 2004년에는 1,000명의 직원을 이끌며 모토로라에 소형 유리 스크린을 공급하고 있었다.

애플 엔지니어들은 저우췬페이의 뛰어난 역량을 점점 더 높이 평가하게 되었다. 생산라인을 잘 운영했을 뿐 아니라, 정치적 영향력을 발휘해 지방정부에서 이런저런 도움을 끌어내는 데도 탁월했기 때문이다. 렌즈 테크놀로지의 주요 공장은 마오쩌둥의 출생지이자 후난성의 성도인 창사에 있었다. 그곳에서 일했던 한 엔지니어는 지역 전체에 정전이 발생했던 일을 기억했다. 당연히 렌즈 테크놀로지의 공장도 가동이 중단되었다. 하지만 저우췬페이의 인맥이 워낙 넓었던 덕분에 곧 문제가 해결되었다. 얼마 지나지 않아 여러 대의 소방차가 도착해 각각의 차량에 설치된 발전기로 공장에 전기를 공급했던 것이다. 공장은 아무 일도 없었던 것처럼 다시 유리를 담금질하고 정밀 가공하기 시작했다. 몇 블록에 걸쳐 유일하게 돌아가는 공장이었다.

또 다른 주요 공급업체는 TPK였다. 이 회사는 코닝이 생산한 유리에 특수 코팅을 입혀 사용자의 손가락끝에서 흘러나오는 전기신호가 전자기기에 전달되도록 했다. TPK는 창업하고 몇 년 지나지 않은 대만의 스타트업이었는데, 설립자 마이클 창Michael Chiang에 관한 흥미로운 소문이 떠돌았다. 모니터 유통 사업으로 3000만 달러를 벌었다가 한 번의 전략적 실수로 전부 날렸다는 내용이었다.[27] 1997년 들어 창은 POS(판매시점정보관리시스템) 단말기에 사용되던 저항막 방식 터치 패널을 연구하기 시작했다. 팜Palm이 스타일러스가 달린 PDA를 출시하던 시절에 그는 손가락으로 사용할 수 있는 터치스크린을 개발하려 노력했고, 이 기술을 노키아에도 선보였다. 그러나 2004년까지 아무도 관심을 보이지 않았다. 그때 한 유리 공급업체가 TPK를 애플에 소개했다. 아이폰 개발에 참여했던 한 엔지니어는 창에 대해 황무지를 터치스크린 공장으로 바꿔버릴 만큼 "하늘과 땅을 다 움직이겠다는 각

오를 품은 전형적인 대만식 카우보이"로 묘사했다. TPK의 공장은 대만과 마주한 해안 도시 샤먼에 있었다. 그 엔지니어는 "TPK가 없었다면 첫 아이폰은 100퍼센트 출시될 수 없었습니다"라고 강조했다. 애플이 전례 없는 요구 사항을 던졌을 때조차 창은 이렇게 대답했다. "당연히 할 수 있습니다!"

iPhone in China

애플은 터치스크린의 소재를 바꾸는 과정에서 공급업체들과 몇 가지 기술을 공동 개발했다. 가장 대표적인 것으로 유리 양면에 패턴을 입히거나 식각해 터치 센서를 구현하는 기술이 있었다. 기존에 쓰이던 '필름 리소그래피film lithography'(감광성 물질을 이용해 패턴을 새기는 기술―옮긴이) 공정으로는 유리의 한쪽 면에만 패턴을 새길 수 있었다. 두 개의 단단한 소재에 열과 압력을 가해 접합하는 '리지드 투 리지드 라미네이션rigid to rigid lamination' 기술도 이때 개발되었다. 애플은 이 기술을 활용해 여러 겹의 LCD를 터치 센서 및 케이스와 접착해 하나의 일체형 부품으로 만드는 데 성공했다. 이 공정은 클린룸에서 로봇이 수행했다.

애플은 이러한 최첨단 공정들을 철저히 비밀에 부쳤다. 그 결과 아이폰 생산을 통한 중국의 기술적 진보를 외부에서는 제대로 인식하지 못했다. 서구 언론은 중국의 역할을 단순한 저부가가치 조립 작업으로 국한해 잘못 묘사했다. 이러한 분석은 아이폰을 분해해 각각의 부품이 어느 나라에서 왔는지를 따져보는 방식에 기반했다. 비싼 부품들은 대개 한국, 일본, 미국에서 공수되었기 때문에 전문가들은 중국의 기여도가 극히 미미하다고 결론지었다. 예를 들어 미국수출입은행 총재는 《월스트리트저널》에 실린 기고문에서 이렇게 썼다. "중국은 단지 하나의 제품이 거치는 긴 글로벌 공급망의 마지막 단계일 뿐이다. 중국 덕분에 아이폰 같은 제품이 만들어질 수 있지만, 그에 따른 혜택을 중국은 거의 누리지 못한다."[28] 비슷한 시기 두 명의 학자가 중국 노동자들의 조립 작업이 아이폰의 도매가 179달러 중 단 3.6퍼센트만을 차지한다고 추정했다. 《월스트리트저널》은 이 연구를 보도하면서 〈실제로는 '메이드 인 차이나'가 아니다Not Really 'Made in China'〉라는 제목을 달았다.[29]

이러한 분석들은 틀렸다. 애플의 막대한 대중 투자는 아이폰 내부가 아니라 아이폰을 만드는 기계와 공정 속에 숨어 있었다. 한 제조엔지니어는 아이폰에 사용된 미국산 유리를 언급하며 이렇게 설명했다. "맞아요. 유리는 코닝에서 옵니다. 그런데 그게 저런 형태로 올까요? 코닝의 유리는 렌즈 테크놀로지가 가공하기 전까지는 아무 쓸모가 없습니다." 임금과 관련해서도 전문가들은 최종 조립 단계의 노동만을 계산에 포함했다. 바꿔 말해 각종 부품을 만드는 데 들어간 모든 노동은 간과했다. 물론 아이폰의 도매가 대비 중국 노동자들에게 지급되는 임금이 적은 것은 사실이었다. 그러나 이는 중국의 기여도가 미미하다는 뜻이 아니라, 역설적으로 중국 공장들의 중요성을 보여주는 지표였다. 즉 단가가 낮다는 것은 그만큼 효율성이 높다는 의미였다.

최첨단 공정의 복잡한 과정을 모두 거쳐 터치스크린 유리가 완성된 다음에야 비로소 폭스콘에서 아이폰을 조립하는 지루하고 단조로운 작업이 시작되었다. 《뉴욕타임스》가 훗날 널리 보도한 바에 따르면,

애플이 터치스크린 유리의 제조공정을 확립하자마자, 그 즉시 폭스콘의 감독관이 기숙사에서 잠자고 있던 8,000명의 노동자를 깨워 비스킷 한 개와 차 한 잔씩을 건넨 다음 생산라인으로 보냈다. 이후 30분도 채 지나지 않아 모서리가 둥글게 처리된 프레임에 터치스크린 유리를 끼우는 작업이 시작되었다. 당시 노동자들은 2교대로 12시간씩 일해야 했다. 그로부터 96시간 만에 공장은 하루 1만 대 이상의 아이폰을 생산하게 되었다.[30]

들끓는 욕망

2007년 7월 아이폰이 출시되었을 때 일부 고위 임원은 출시 이틀 전에 먼저 기기를 받았다. 그중 한 명은 이를 버클리대학교의 노천극장에서 공개적으로 사용하는 실수를 저질렀다. "몇몇 사람이 내 손에 든 게 뭔지 알아보자, 거의 강도당하고 약탈당할 뻔했어요." 그의 거친 표현이 정확하진 않았어도, 사람들의 본능적이고 격렬한 욕망을 잘 드러냈다는 점에서 의미심장했다. 애플 내부의 많은 사람과 마찬가지로 이 임원도 소비자들의 흥분이 이토록 강렬할 줄은 예상하지 못했다. 수십 명이 애플스토어 앞에서 며칠씩 야영하자 직원들조차 그들의 열정을 환영해야 할지, 아니면 내쫓아야 할지 판단하지 못했다.

아이폰에 대한 열광은 실로 엄청났고, 사람들은 이 기기가 얼마나 강력한 문화적 아이콘이 될지 진정으로 이해하고 있는 듯 보였다. 한편 애플의 위대한 성취를 정확히 인식했던 경쟁사들조차 애플의 덜 알려진 강점들, 즉 운영 역량의 우위와 결함을 제거하는 능력까지는 파악하지 못했다. 조용히 그리고 어떠한 홍보도 없이 애플은 매해 이전보다 더 큰 규모로 개선된 하드웨어를 내놓으며 경쟁사들과의 격차를 확실히 벌렸다. 마이크로소프트, 노키아, 블랙베리 등 모든 휴대전화 제조사가 서둘러 대응에 나섰지만, 언제나 한발 늦었다. 1세대 아이폰과 경쟁하던 그들은 이듬해 출시된 아이폰 3G에 순식간에 압도당했다. 이 모델은 속도가 두 배로 빨라졌고, 가격은 절반으로 낮아졌으며, 수천 명의 소프트웨어 개발자가 앱을 개발한 덕분에 기능도 대폭 강화되었다.

아이폰은 스마트폰산업에 분수령이 되었다. 출시 후 10년 동안 경쟁사들은 얼마나 대담하게 아이폰을 모방했느냐에 사운을 걸었다. 다른 방식으로 차별화한 모든 시도는 실패했다. 아이폰이 출시되고 7년여 만에 노키아는 거의 파산 직전까지 몰렸고, 블랙베리는 사실상 몰락했으며, 마이크로소프트의 스마트폰 사업은 존재 의미를 잃었다. 하지만 이들이 몰락한 원인이 애플 때문만은 아니었다. 2010년대 애플의 글로벌 시장점유율은 18퍼센트를 넘지 못했다. 이들이 무너진 진짜 이유는 다른 데 있었다. 첫째, 대만의 HTC, 한국의 삼성 등 때문이었다. 이들은 구글의 오픈소스 OS인 안드로이드를 활용해 아이폰에 필적하는 제품을 내놓았다. 둘째, 중국에서 탄생한 신흥 경쟁자들 때문이었다. 이들은 자국에 기반한 애플의 글로벌 공급망에 참여하면서 자연스럽게 세계 최고 수준의 하드웨어 역량을 교육받았고, 그 덕분에 빠르게 성장했다.

애플이 운영 규모를 키울수록 일부 엔지니어는 중국 의존도가 커지는 데 우려를 표했다. 처음 기대와 달리, 중국이 세계에 마음을 여는 모습을 보이지 않았기 때문이다. 몇몇은 'OIC 이벤트Only In China event',

즉 오직 중국에서만 벌어질 법한 일들을 공유했다. 한 엔지니어는 선전의 호텔에서 겪었던 일을 떠올렸다. 당시 그는 캘리포니아주에 있는 아내와 통화하던 중이었는데, TV에서 소리 없이 흘러나오던 국제 뉴스를 흘끗 보았다. "달라이 라마가 화면에 나왔어요. 그래서 아내에게 '이상하네, 달라이 라마가…'라고 말했지요." 그 순간 TV가 꺼졌다. 중국의 검열시스템이 단 몇 초 만에 방송 송출을 차단했던 것이다. 그는 훗날 이 사건을 불길한 징후로 떠올리게 되었다.

폭스콘, 독이 든 성배를 마시다

귀타이밍의 집념은 폭스콘이 아이폰의 독점 생산 계약을 따내는 데 결정적인 역할을 했다. 그러나 애플을 폭스콘에 더 의존하게 해 그 대가로 더 많은 이윤을 챙기려던 그의 전략은 명백히 실패했다. 오히려 애플이 폭스콘을 쥐어짰다. 대량 주문을 무기로 단가를 낮추는 한편, 폭스콘이 하위 협력업체를 자율적으로 선택하려는 시도마저 차단했다. 애플과 긴밀히 협력하기 시작한 2000년, 폭스콘은 순이익률 10.6퍼센트를 기록했다. 이후 애플에서 더 많은 물량을 수주하면서 폭스콘의 매출은 급증했지만, 수익률은 급락했다. 실제로 2007년에는 4.6퍼센트까지, 2011년에는 2.4퍼센트까지 떨어졌다. 이 기간에 폭스콘의 매출은 2007년 530억 달러에서 2011년 1070억 달러로 두 배 이상 늘어났지만, 순이익은 24억 1000만 달러에서 25억 3000만 달러로 소폭 증가했을 뿐이다. 애플의 한 전직 부사장은 이렇게 회상했다. "우리가 공급업체들과 일하는 방식은 정말 가혹했어요. 우리는 뭔가를 원하면 그냥 얻어냈습니다. 그들은 그저 우리와 거래하길 원했어요. 정말 놀라웠습니다. 우리가 어디를 가든 레드카펫이 깔려 있었어요."

아이폰 생산이 시작되었을 때 폭스콘은 '토니 블레빈스 스페셜'이라 불린 까다로운 조항, 즉 무조건 보증No-quibble warranty에도 동의한 상태였다. 이 조항은 구매 후 12개월 이내에 발생한 모든 불량에 대해 폭스콘이 전적으로 책임지도록 강제했다. 전직 부사장은 이에 대해 다음과 같이 설명했다. "무조건 보증이란 우리가 반품받은 제품을 폭스콘에 다시 보내면, 고치든 처리하든 그들이 알아서 책임지게 한다는 의미였어요." 이 조항은 폭스콘이 높은 품질 기준을 유지하도록 유도하기 위한 장치였다. 위탁생산업체 사이에서 흔했던 꼼수, 즉 승인받지 않은 협력업체를 써서 비용을 줄이는 식의 편법 거래를 막기 위한 것이기도 했다.

이미 탁월한 협상가로 명성이 높았던 블레빈스는 애플이 성장함에 따라 판세를 자신에게 유리한 쪽으로 기울이는 더 정교한 방식들을 개발해나갔다. 그는 다닥다닥 붙어 있는 객실들에 각 공급업체에서 나온 협상 책임자들을 머물게 한 다음, 순서대로 돌면서 경쟁사가 더 나은 조건을 제시했다는 뉘앙스를 은근히 흘리며 가격 인하를 압박했다. 블레빈스는 상대방이 음식을 주문하거나 객실을 나가는 것조차 허용하지 않았고, 상황에 따라 객실 온도까지 조절하며 상대를 흔들었다. 무덥고 습한 여름날의 홍콩에서 협상이 벌어질 때면, 누구도 재킷을 챙겨오지 않으리라 생각한 블레빈스는 객실의 에어컨을 최대로 틀어놓고 애플 직원들만 적절한 복장을 갖추도록 했다. 그 자리에 있었던 한 직원에 따르면, "그 상태로 밤새도록 밀어붙여" 결국 "항복"하게 했다. 애플의 조건은 거절하기 어려웠다. 2010년대 들어 애플은 제품 생산량을 수십만 대에서 수천만 대로 급격히 늘렸다. 개별 제품으로만 따진다면 이익은 터무니없이 낮을 수 있었지만, 물량이 워낙 많다 보니 공급업체는 그것만으로도 큰돈을 벌 수 있었다.

블레빈스가 모든 협상장에 직접 참석할 수는 없었기에, 그는 10대 시절 중고차 판매장에서 일하며 익힌 가치관을 부하 직원들에게 전수했다. 그들이 홍콩이나 선전을 방문할 때면, 팀원 각자에게 동일한 액수의 현금을 쥐여준 채 현지 시장에 보냈다. 정해진 시간 동안 가장 많은 실크 넥타이를 사 온 사람이 승자였다. 이 게임은 여러 번 반복되었고, 이를 통해 블레빈스는 팀원들의 머릿속에 치열한 경쟁의식을 철저히 주입했다.

블레빈스의 팀원들이 협상을 진행한 다음 합의된 내용으로 꾸민 계약서를 제출하면, 그는 정교하게 검토하기보다는 본능적으로 판단했다. 계약서를 휙휙 넘기면서 상대방의 요청에 따라 붉은 잉크로 부기된 수정 사항들만 훑어보는 식이었다. 세부 조항을 일일이 들여다보지는 않았지만, 붉은 잉크로 적힌 내용이 너무 많으면 계약서는 반려되었다. 한 직원에 따르면, 블레빈스는 "더 잘해 와. 이건 사인 못 해"라고 말했다.

비합리적인 갈망

사실 무조건 보증은 비교적 단순한 제품인 아이팟 시절부터 전해 내려온 유산이었다. 당시 애플은 전략적이고 부가가치가 높은 항목들만 직접 통제하고, 범용 부품들은 폭스콘이 자체 조달했다. 아이폰 생산이 시작되기 전까지 폭스콘은 관련 정보를 전혀 받지 못했기 때문에 아이폰도 아이팟과 비슷한 제품일 것이라 간주하고 같은 조건에 동의했다. 그러나 성격이 전혀 다른 제품에도 무조건 보증을 적용한 것은 결과적으로 재앙이 되었다. 처음 출시되었을 때 아이폰의 TWR Total Warranty Repair 수치, 즉 구매 후 12개월 이내에 반품된 비율은 약 일곱 대 중 한 대에 달했다. 특히 홈 버튼과 볼륨 조절 기능이 자주 말썽을 일으켰고, 내구성과 관련한 결함들이 여럿 발생했다. 이러한 문제는 폭스콘이 조립을 잘못해서라기보다는, 아이폰이 대중적인 전자제품치고는 구조가 너무나 복잡한 데다가, 하루에도 몇 시간씩 사용된다는 점에서 비롯되었다. 애플의 품질 기준은 높았지만, 이전에는 '스마트폰 중독'이라는 개념 자체가 존재하지 않았던 만큼 이처럼 가혹한 환경을 이겨내도록 설계되지는 않았다. 아이폰 제조에 관여했던 한 임원은 이렇게 설명했다. "아이팟은 가끔 쓰지만, 아이폰은 말 그대로 온종일 씁니다." 무조건 보증은 아이폰의 두 번째나 세 번째 모델까지 유지되었는데, 감당하지 못할 정도로 손실이 불어나자 폭스콘은 애플에 계약 변경을 호소할 수밖에 없었다. 당시 상황을 잘 아는 인사에 따르면, "사업적으로 도저히 감당할 수 없는 수준"이었다.

폭스콘이 그런 계약서에 서명했다는 사실 자체가 애플과 일하기 위해서라면 무엇이든 하겠다는 그들의 집념을 보여주었다. 그 갈망은 때로 비합리적인 수준에 이를 정도였고, 애플은 그런 상황을 철저히 이용했다. 이러한 냉혹함은 애플 직원들마저 불편하게 했다. 블레빈스의 팀원 중 한 명은 그가 계약서 뭉치를 내밀며 다음 날 아침까지 분석해 오라고 지시한 일을 기억했다. 일종의 시험이었다. 팀원은 다음 날 출근해, 전혀 말이 안 되는 조항들이 발견되었다고 보고했다.

"왜 그렇게 생각하지?"라고 블레빈스가 물었다. 팀원은 계약서의 많은 조항이 공급업체에 온갖 종류의 위험을 떠넘기고 있으며 그중에는 그들이 도저히 통제할 수 없는 불확실성도 포함되어 있다고 설명했다. 통상적으로 계약에 불확실성이 클수록, 가격도 높아져야 했다. 일본이나 독일의 합리적인 공급업체였다면, 그 불확실성이 극히 작더라도 계약상 자신들이 이행하지 못할 조항을 없애려고 온갖 노력을 기울였을 것이다. 하지만 이 계약서의 경우 공급업체가 전적으로 위험을 부담해야 했고, 심지어 그 사실이 가격에 반영되지도 않았다. 그런 이유로 팀원은 블레빈스에게 이렇게 말했다. "이런 계약서는 본 적이 없습니다. 이걸 보고도 사인하는 사람은 미친 거예요."

블레빈스는 팀원을 바라보며 자신이 바로 그 계약서의 작성자라고 밝혔다. 그러면서 이렇게 반박했다. "나는 그 계약서를 매우 자랑스럽게 생각해. 그건 내가 만든 작품이야."

19장 애플의 중국화, 중국의 애플화

우버가 단 한 대의 차량도 소유하지 않은 채 세계 최대의 차량 공유업체가 되고, 에어비앤비가 단 한 채의 부동산도 보유하지 않은 채 세계 최대의 숙박업체로 성장하기 수년 전에 애플은 공장 하나 없이 세계 최대의 제조업체가 되는 방법을 찾아가고 있었다.[31]

중국의 위탁생산업체들을 통해 제품을 생산한 애플의 사례가 특별한 일은 아니었다. 중국은 수많은 기업을 끌어들이고 있었으며, 현지 관료들은 누구보다 빠르게 공장을 세우려고 혈안이었다. 중국 정부는 위안화의 가치를 인위적으로 낮게 유지해 수출품의 가격 경쟁력과 수입품의 가격을 모두 높여 자국에서 부품을 생산하도록 유도했다. 여기에 전략적 관세정책이 더해졌다. 제조업체들을 유인하기 위해 특정 관세를 면제받는 생산 촉진 지역인 보세구역이 지정되었다. 무엇보다 수천만 명 규모의 노동자를 제조업체들이 몰려 있는 해안 지역에 투입했다. 대개 내륙 농촌 지역에서 상경한 그들은 그곳에서 저임금을 받고

2등 시민으로 취급받았다.

오프쇼어링의 첨병, 애플

애플은 이 상황을 특별한 기회로 활용했다. 공급업체들과 밀접하게 협력하며 오프쇼어링의 새로운 모델을 고안해낸 것이었다. 두 세계의 장점을 결합한 애플은 공장을 직접 운영하지 않으면서도 제조공정을 철저히 통제했고, 동시에 비용 절감과 유연성이라는 장점까지 모두 누렸다. 흥미롭게도 중국에서 애플이 꾀한 차별화와 이를 실행하기 위한 정교한 전략은 언론 보도, 투자자 보고서, 실적 발표 등에서 거의 다뤄지지 않았다. 드물게 등장하는 애플의 중국 사업 이야기도 대부분 노동자의 삶에만 초점을 맞추고 있었다.

2006년 8월 영국의 《데일리메일》이 애플의 노동문제를 처음 보도했다.[32] 기사는 폭스콘 룽화 공장의 노동자들이 철저히 통제된 기숙사에서 생활하고 있다고 전했으며, "한방에 100명이 살고 있는데, 몇 가지 소지품과 빨래할 양동이 하나만 가지고 입소한다"라고 묘사했다. 노동자들은 기자에게 초과근무가 의무이며 최장 15시간까지 일한다고 털어놓았다. 한 노동자는 이렇게 말했다. "우리는 아주 열심히 일해야 하고 항상 피곤합니다. 마치 군대에 있는 것 같아요. 몇 시간씩 서 있어야 합니다. 움직이면 벌로 더 오래 서 있어야 합니다."

이 기사가 빠르게 확산하면서 애플은 자체 감사를 진행해야 했다. 그 결과 전체 노동자의 3분의 1 이상이 애플의 최대 근무시간 기준인 주 60시간을 초과해 일하고 있었다는 사실이 밝혀졌다. 한 달도 안 되어 쿠퍼티노는 관련 문제를 전담하는 부서를 신설하고 노동조건을 개선하며 똑같은 문제가 반복될 시 공급업체에 책임을 묻겠다고 약속했다. 이후 10년 이상 언론이 노동문제를 폭로하고 애플이 개선을 다짐하는 추격전이 반복되었다. 노동환경을 둘러싼 정기적인 폭로는 일정 부분 긍정적인 변화를 끌어냈을 가능성이 있다. 그러나 언론은 기업 전략, 사업 개발, 제품 사이클 관리와 같은 더욱 근본적인 문제들을 간과했다. 애플을 다룬 기사나 책에서 중국은 보통 문제의 원인으로 등장할 뿐, 성공의 열쇠로는 거의 다뤄지지 않았다. 하지만 아이폰이 출시되기 직전 작성된, 공급망 효율성을 다룬 전문적이고 딱딱한 보고서 하나만은 예외였다.

기술 혁신 이상의 제조 혁신

케빈 오마라Kevin O'Marah는 2007년 갑자기 애플이 '공급망 톱 25Supply Chain Top 25'에, 그것도 2위로 등장한 순간의 혼란을 생생히 기억하고 있었다.[33] 매년 갱신되는 이 목록은 생산 및 유통시스템을 가장 잘 운영하는 기업들의 순위를 알려준다. 오마라는 애플의 이름을 본 그 순간을 떠올리며 이렇게 말했다. "모두 눈을 의심했습니다. 완전히 충격받았죠. '뭐라고? 이건 말이 안 돼. 애플은 평판이 형편없잖아' 하는 반응이었어요."

오마라가 이 순위를 처음 만든 2004년에 애플은 전혀 주목받는 기업이 아니었다. 애플은 처음 3년 동안 아예 순위에 이름조차 올리지 못했다. 이 때문에 애플이 갑작스레 노키아의 바로 뒤를 이어 2위에 오르자, 오마라는 연구진이 실수를 저질렀다고 생각했다. 직접 나선 조사 결과는 더욱 놀라웠다. 애플은 연구진의 애초 분석보다 오히려 더 잘하고 있었다. 2007년 자료를 보면 P&G, 도요타, 월마트 등은 동종 업계 전문가들에게 애플보다 최소 두 배 이상 높은 점수를 받았다. 하지만 판매량 대비 재고량을 나타내는 재고회전율 지표에서는 애플을 따라올 기업이 없었다. 다시 말해 애플은 정성적 평가에서만 낮은 점수를 받았는데, 그것은 누구도 애플이 실제로 어떤 전략을 쓰고 있는지 전혀 알지 못했기 때문이었다. 반면 정량적 평가에서 애플은 모든 기업을 압도했다. 쿡은 한때 재고를 "본질적으로 악"이라 표현하며, 전자제품을 상하기 쉬운 유제품에 비유하기도 했다.[34] 또 다른 자리에서는 "재고를 일 단위가 아니라 시간 단위로 말하는 걸 좋아합니다"라고 말했다.[35] 이는 단순한 바람이 아니었다는 것이 실적으로 증명되었다. 애플의 재고회전율은 노키아는 물론이고, 효율성으로 유명한 유통업체인 테스코Tesco보다도 2.5배 높았고, 코카콜라보다는 무려 12배나 높았다.

　오마라는 쿠퍼티노 밖에서 처음으로 애플의 아웃소싱이 일반적인 방식과 다르다는 점을 제대로 이해한 사람이었을지 모른다. 애플은 핵심 제품엔지니어와 제조엔지니어들을 중국의 협력업체 공장으로 파견해 수주에서 수개월씩 상주하게 했다. 그곳에서 그들은 현지 공급업체들을 몰아붙여 체계를 갖추게 하고, 새로운 공정을 함께 개발하며, 모든 것이 정상 가동될 때까지 현장에 머물렀다. 오마라는 이렇게 말했다. "정말 인상 깊었던 점은 단순히 중국에서 전부 제조한다는 게 아니라, 이것이 세계에서 가장 수직적으로 통합된 제조시스템이라는 점이었어요. 그런데도 이론적으로는 아무것도 소유하지 않았습니다. 애플은 그 누구보다도 훨씬 깊이, 훨씬 폭넓게 들어갔습니다."

애플은 시중에 나온 부품을 골라 사용하는 대신, 맞춤형 부품을 직접 설계하고 그것의 제조공정을 공급업체와 함께 개발했으며, 그것들이 엄청나게 복잡한 시스템을 거쳐 조립되는 과정을 주도했다. 그렇게 함으로써 애플은 수요 변동에 정밀하게 대응할 수 있을 만큼 유연하면서도, 대량생산이 가능한 공급망을 구축했다. 불과 5년 전만 해도 이런 일은 중국에서 불가능했다. 놀랍게도 그사이에 달라진 가장 중요한 요소는 바로 애플의 존재 자체였다. 너무 많은 애플 엔지니어가 공장으로 들어가 노동자들을 훈련한 덕분에 협력업체들은 새로운 차원의 기술력을 축적하게 되었다. 오마라는 이렇게 말했다. "중국이 현재 보유한 기술력은 중국이 애플을 끌어들인 결과가 아닙니다. 오히려 애플이 중국에 들어가 그 기술력을 만들어낸 것입니다."

자회사와 협력업체의 모호한 경계

애플은 자신들의 제조 혁신을 경쟁사들이 손쉽게 따라잡지 못하도록 높은 진입 장벽을 구축하고자 했고, 이를 위해 생산공정 자체에 막대한 투자를 아끼지 않았다. 반면 경쟁사들은 단지 설계도만 공급업체에 넘긴 채 "이대로 만들어주세요"라고 하는 수준에 그쳤다. 일반적으로 기업들이 아웃소싱을 택하는 이유는 제조를 직접 다루고 싶지 않기 때문이다. 대신 제품 개발 과정에서 '스마일 커브smile curve'라 불리는 가치사슬 중 부가가치가 더 높은 영역에 집중하려는 것이다. 제품이 만들어지는 과정을 순서대로 생각해보면, 제품 구상과 디자인 같은 고부가치 단계에서 제조와 물류 같은 저부가치 단계로 진행되다가, 이후 다시 유통, 브랜딩, 서비스 같은 고부가치 단계로 이어진다. 이 전체 과정을 하나의 선으로 이어보면 미소smile처럼 보일 것이다. 기업들은 이 스마일 커브의 가장 아래쪽에 위치하는 저부가치 단계를 아웃소싱함으로써, 복잡하고 세세한 문제들을 피하려고 한다. 하지만 그런 판단에는 많은 것이 빠져 있다. 애플의 한 구매 담당 임원은 그 이유를 이렇게 설명했다. "당신의 목표와 위탁생산업체의 목표가 100퍼센트 일치한다면야 좋겠지요. 원하는 결과를 얻을 수 있을 테니까요. 하지만 그런 경우는 드뭅니다. 위탁생산업체는 자기 이익을 위해 일하고, 나도 내 이익을 위해 일합니다. 따라서 그들에게 모든 걸 맡겨 버리면, 결과는 그들에게 가장 유리하게 나올 거예요. 내게 유리한 방식은 아니지요."

그리하여 애플은 완전히 새로운 방식을 택했다. 수억 달러 규모의 장비를 직접 구매한 다음, 이를 협력업체들의 공장에 설치하고 '애플 전용'으로 지정했던 것이다. 오마라는 이렇게 강조했다. "애플은 내가 본 어떤 기업보다도 더 많은 장비를 구매하고 있었습니다. 그런데 그 장비들을 자신들이 가지고 있지 않고, 남의 공장에 넣어두었어요." 아이팟이 출시된 2001년부터 아이폰이 출시된 2007년까지 애플이 보유한 '기계류', 즉 협력업체들의 생산공정에 사용된 장비들의 비용만 2억 4500만 달러에서 11억 달러로 네 배 가까이 증가했다.[36] 이러한 자본 지출 규모는 오마라를 깜짝 놀라게 했지만, 이후 5년간 이 수치는 160억 달러까지 치솟을 터였다. 이 같은 투자를 통해 애플은 협력업체들이 이전에는 감당할 수 없었던 수준의 생산 역량을 발휘할 수 있도록 했다. 이는 애플에 상당한 이점을 안겨주었다. 애플은 경쟁사의 제품을 생산하는 데 해당 장비들을 사용하지 못하도록 금지했을 뿐 아니라, 언제든지 트럭을 보내 회수할 권한도 가지고 있었다. 한 제조엔지니어에 따르면, 애플은 협력업체를 바꾸고 싶어졌을 때 이렇게 했다. "아무런 질문도 논의도 없이, 장비들을 다른 공장으로 옮겼습니다." 실제로 2011년경 폭스콘이 아이폰 제조에서 차지하는 지배적 위치를 바탕으로 영향력을 행사하려 하자, 말도 없이 나타난 애플 엔지니어들이 대낮에 폭스콘 공장에서 고가의 장비들을 떼다가 페가트론 공장으로 옮겼다. 애플은 폭스콘의 주문량을 줄이고 그만큼 페가트론의 주문량을 늘리는 번거로운 일을 할 필요가 없었다. 그저 경고 메시지를 보내는 것만으로도 질서가 바로잡혔다.

아이폰의 생산량이 급격히 증가하면서 애플은 이후 7년 동안 공급망 톱 25 순위에서 1위를 차지했다. 그러자 오마라의 회사를 인수한 시장조사기업 가트너Gartner는 애플을 일종의 '명예의 전당'에 올려 순위 경쟁에서 제외했다. 다른 곳도 한 번쯤은 1위를 차지할 수 있도록 하기 위해서였다.

애플의 한 전직 제조엔지니어는 이렇게 회상했다. "우리가 개발한 모델은 이런 거였습니다. '우리는 당신들 공장을 쓸 거예요. 당신들 인력도 쓸 겁니다. 우리는 그곳에 직접 들어가서 그들을 팔과 다리처럼 사용할 거예요. 그러니까 당신은 이걸 하고, 당신은 저걸 하고, 이 다이얼은 이렇게 설정하세요' 하는 식이었어요." 그는 또 이렇게 덧붙였다. "우리가 직접 많은 작업을 하지 않고, 단지 설계도 한 묶음과 설명서 패키지를 보내는 것만으로도 원하는 것을 얻을 수 있는 공급업체란 없습니다. 그런 곳은 존재하지 않아요."

산업공학의 놀라운 성취

막대한 투자와 디자인 중심 문화가 결합하면서 애플은 다른 기업들이 감히 상상조차 할 수 없는 생산기술을 고안해냈다. 2008년 10월 애플은 여러 부품을 조립하는 대신 하나의 알루미늄 블록을 깎아 만든 '유니바디unibody'('unified body'의 줄임말로, 금속 덩어리를 깎아 만든 뼈대나 케이스—옮긴이) 형태의 '맥북 프로'를 출시했다. 이는 산업공학적으로 놀라운 성취였으며, 아이브는 "이 업계에서는 전례 없는 수준의 정밀도"라고 자찬했다. 이 놀라운 성과는 복잡한 구조의 3D 이미지 파일을 실제 부품으로 구현해내는 CNC(컴퓨터수치제어) 기계 덕분이었다. 이 기계는 수십 년 전부터 존재했지만, 10만에서 50만 달러에 달하는 고가 장비였기 때문에 일반적으로는 시제품 제작에만 사용되었다. 그러나 애플은 단 한 해에만 1만 대 이상의 CNC 기계를 구매해 업계를 경악하게 했고, 이를 통해 잡스가 "노트북을 만드는 완전히 새로운 방식"이라 평가한 대규모 생산방식을 도입할 수 있었다. 애플은 심지어 자동화 장비업체인 화낙FANUC과 협상을 맺고 CNC 기계의 수년치 생산분을 선구매해 경쟁사들이 따라 하지 못하게 막았다. 그런데도 부족했는지 전 세계를 돌며 더 많은 CNC 기계를 찾아 나섰다. 한 관계자는 당시 상황을 이렇게 회상했다. "우리가 원한 가공 작업을 할 수 있는 CNC 기계가 세상에는 충분하지 않았습니다. 2009년부터 우리는 기하급수적으로 성장하고 있었거든요. 올해에는 부품을 하루에 1만 개만 만들면 되었지만, 다음 해에는 10만 개, 그다음 해에는 50만 개, 또 그다음 해에는 100만 개로 늘어났어요. 돈은 사실상 문제가 되지 않았습니다."

잡스가 자신을 상징하는 유명한 말인 "한 가지 더"를 입에 올리며 유니바디 맥북 프로를 공개했을 때, 그는 처음으로 대중 앞에서 애플의 운영 역량을 언급했다. 그는 아이브, 리치오, 맥북의 하드웨어 총괄 밥 맨스필드Bob Mansfield가 등장하는 메이킹 영상을 공개했다. 맥북 프로 개발에 참여했던 한 인사는 공급업체들과 긴밀히 협력해 제품의 생산공정을 개발하는 제조디자인팀의 노고를 언급하며, 다음과 같이 회상했다. "제조디자인팀이 세상에 이름을 알린 순간이었어요. 우리는 디자인이라는 관점에서 세상을 바꿨다는 걸 알고 있었습니다."

한편 오마라는 애플 제품을 뜯어보거나 채용 공고를 검토하면서 그들의 성공 요인 중 가장 이해하기 어려운 부분을 파헤치고 있었다. 애플의 사례는 뛰어난 디자이너들이 제품을 개발하고, 이를 중국의 솜씨 좋은 공장들에서 대량 생산하는 것으로 단순화할 수 없었다. 핵심은 애플 엔지니어들이 그 생산 역량을 구축하고 심지어 발명하는 데까지 깊이 관여한다는 것이었다. 애플은 이 작업을 엄청난 규모로 수행했고, 자본집약적인 장비를 조달 및 배치하는 전담 부서도 만들었다. 애플은 제조업체들보다 제조를 더 잘 이해하고 있었다. 애플이 공급업체와 생산공정을 공동 개발할 경우, 지식재산권을 보유하는 쪽은 보통 애플이었다. 물론 중국에서 이러한 권리를 실제로 행사하는 것은 까다로운 문제일 수 있었다. 그러나 강력한 계약 조건과 대규모 주문이 결합하면, 적어도 약속된 기간만큼은 공급업체를 수월히 통제할 수 있었고, 그 기간이 지나면 새 기술의 활용을 허용하기도 했다.

오마라와 마찬가지로 명문 대학을 갓 졸업하고 애플에 입사한 신입사원들은 큰 충격을 받았다. 입사하자마자 며칠 만에, 때로는 생애 처음으로 중국행 비행기에 몸을 싣게 되는 경우가 흔했고, 그곳에서 애플이 수십 개의 공장을 얼마나 노동집약적으로, 또 얼마나 철저히 통제하고 있는지를 보며 한 번 더 놀라곤 했다. 전직 구매 담당 임원은 석사학위를 마친 직후 애플에 입사해 중국 출장을 다녀온 경험을 이렇게 회상했다. "하나의 생산라인에만 800명이 붙어 있었습니다. 그런데 그건 축구장만 한 크기의 공장에 설치된 수많은 생산라인 중 단 하나일 뿐이었어요. 가족한테 전화를 걸어 떠들었지요. '세상에, 이건 말도 안 돼요! 애플은 내가 학교에서 배운 방식으로는 아무것도 안 해요!'"

스스로 중국에 갇히다

오마라는 애플의 전략이 탁월하다는 점을 간파했다. 바로 그 전략 덕분에 애플은 경쟁사들을 압도하고, 노키아나 블랙베리 같은 존경받던 기업들을 실패의 상징으로 전락시킬 수 있었다. 그러나 그 전략에는 치명적인 약점이 하나 있었다. 삼성 같은 경쟁사들은 시중의 부품을 조립해 빠르게 제품을 만들 수 있었지만, 애플은 자신이 구축한 산업클러스터에 점점 더 깊이 얽매였다. 또한 모든 작업이 중국에 집중되면서 다른 나라에서는 비슷한 환경을 구축하지 못했고, 애플은 자신이 만들어낸 역량에 점점 더 의존하게 되었다.

그 결과는 놀라웠다. 1981년 IBM PC의 개방형 아키텍처는 전자산업의 세계화를 촉진한 주요 계기가 되었다. 토머스 프리드먼Thomas Friedman이 "세계는 평평하다"라는 선언으로 표현했듯, 이로써 어느 대륙에 있는 기업이든 경쟁에 참여할 수 있게 되었다. 그러나 26년이 지난 뒤 아이폰의 폐쇄형 아키텍처는 전혀 다른 흐름을 이끌고 있었다.

바로 전자산업의 '중국화'였다. 애플의 규모가 커질수록, 제품 내부의 모든 부품을 중국에서 생산하는 것이 경제적으로 더욱 타당해졌다. 핵심 부품 중 일부는 여전히 미국, 독일, 한국, 대만, 일본 기업들이 공급했지만, 해가 갈수록 이들도 중국 내 생산을 긍정적으로 생각하게 되었다.

오마라는 애플의 공급망을 이렇게 비판했다. "이것은 진정한 의미의 글로벌 공급망이 아닙니다. 원칙적으로는 그렇다 하더라도 실질적으로는 제품과 공정, 엔지니어링과 생산이 빈틈없이 설계된 하나의 구조체로서, 모든 것이 한곳에 동기화되어 있을 뿐이에요." 잠시 생각에 잠겼던 그가 다시 입을 열었다. "애플이 거기에서 빠져나오는 건 정말 지옥 같은 일이 될 겁니다."

4부

끝없는 수요

베이징 싼리툰의 애플스토어에서 발생한 유혈 사태. 2008년 7월 문을 연 중국 최초의 애플스토어다. 처음에는 큰 반응이 없었으나, 2009년 애플이 중국 통신사들과 정식으로 제휴를 맺으며 상황이 달라지기 시작했다. 아이폰이 중국에서도 정상 작동하게 되자, 엄청난 규모의 수요가 폭발했던 것이다. 공급이 달리는 상황이 계속되던 2011년, 결국 싼리툰 매장 앞에 군중이 몰리며 유혈 사태가 발생했다. 사태가 수습되는 과정에서 현지 관리들은 법과 질서보다는 체면을 중시했으니, 애플과 중국의 동상이몽이 드러난 순간이었다.

'언 락'된 아이폰 4를 파는 맨해튼 차이나타운의 어느 전자제품 매장. 중국에서 아이폰의 수요가 달린 데는 현지의 준범죄단체인 '황뉴'도 영향을 미쳤다. 그들은 수단과 방법을 가리지 않고 아이폰을 대량으로 입수한 다음 회색시장에서 비싼 값에 팔았다. 그중 몇몇은 아예 미국으로 날아가 그곳에서 아이폰을 쓸어담았다. 이 '미국판' 아이폰은 통신사가 달라지는 문제 때문에 중국에서 정상 작동하지 않았는데, 황뉴는 주요 칩만 태우는 편법으로 이를 망가뜨린 다음, 싼리툰 등의 애플스토어에서 '중국판' 아이폰으로 교체했다. 중국에서 이런 문제를 해결하려면 법과 질서가 아니라, 정치적 감각이 필요했다.

원자바오 총리와 오바마 대통령. 2011년 11월 인도네시아에서 열린 동아시아정상회의에서 두 정상의 만남이 성사되었다. 당시만 해도 중국은 "경제 기반이 취약한 개발도상국"을 자처하며, 서구 기업을 끌어들이는 데 열중했다. 중국 경제는 여전히 빠르게 성장 중이었으나, 방향성이 뚜렷하지 않았고, 노동비용 상승으로 지속 가능해 보이지도 않았다. 몇몇 학자는 중국공산당의 통치가 오래가지 못할 것이라고 예측하기까지 했다. 하지만 이 모든 상황은 2013년 3월 새로운 지도자가 등장하며 완전히 바뀌었다. 그가 바로 시진핑이다.

아이폰의 심장, '애플 A4'와 '애플 A8'. 이 두 칩은 스마트폰용 CPU라 할 수 있는 AP로, 각각 아이폰 4와 아이폰 6에 쓰였다. 이 중 애플 A4는 삼성이 설계하고 제작했는데, 특별히 발급된 통행증을 패용한 삼성 직원들이 쿠퍼티노의 애플 본사를 드나들 정도로, 당시 두 회사의 관계는 매우 끈끈했다. 하지만 이후 삼성이 스마트폰을 출시하며 상황이 달라졌다. 이를 배신으로 여긴 애플은 새 AP인 애플 A8을 자체 설계하고, 그 제작을 TSMC에 맡겼다. 이 계약을 따내기 위해 TSMC는 90억 달러를 쏟아부어 새 반도체 공장을 지어야 했는데, 이를 발판 삼아 세계 최고의 파운드리로 거듭날 수 있었다.

20장 | 중국이라는 신대륙

베이징까지 13시간이나 걸리는 비행은 불편했다. 몸무게 125킬로그램인 존 포드John Ford에게 좌석 세 개를 혼자 차지한 것은 작은 위안이었다. 하지만 진짜 문제는 육체적 불편함이 아니었다. 그를 끊임없이 괴롭힌 것은 극심한 가면 증후군impostor syndrome(자신의 능력이나 성취를 제대로 인정하지 못하는 심리적 현상—옮긴이)에서 비롯된 불안감이었다. 2007년 11월 그는 자신이 떠맡은 일의 막중함을 이제 막 실감하기 시작했다. 그에게 맡겨진 임무는 전 세계에서 인구가 가장 많은 나라에 애플의 첫 매장을 여는 일이었다. 회사에 뚜렷한 계획이 없다는 사실을 알게 된 지 겨우 몇 주밖에 되지 않았다. 어쩌다 보니 그가 곧 계획 자체가 되어버렸다.

스티브 잡스는 인재 채용에 대해 이렇게 말한 적이 있었다. "똑똑한 사람을 뽑아놓고 무슨 일을 하라고 지시하는 것은 말이 안 됩니다. 똑똑한 사람들이 우리에게 무엇을 해야 할지 말해주길 바라며 그들을 뽑는 겁니다." 포드는 자신이 이 말의 살아 있는 전형이라는 사실을 실감하고 있었고, 그래서 점점 불안해졌다. 애플은 중국에서의 소매 사업에 대해 사실상 아무런 계획도 세우지 않은 상태였다. 매장을 운영할 사업자를 등록하지 않았고, 세금을 어떻게 낼지 불분명했으며, 수익을 미국으로 송금할 수 있는지조차 알 수 없었다. 이런 세부 사항들이 해결된다고 해도, 이 계획은 실패할 운명처럼 느껴졌다. 아이폰은 미국에서 출시된 지 얼마 되지 않았고, 중국에서는 기술적으로 불법이었다. 애플은 주요 통신사들과의 협상조차 시작하지 않았으며, 기대치가 너무 낮아 아무도 큰 관심을 두지 않고 있었다.

비행기가 하강하자 포드는 왼쪽 창밖을 내다보며 불안감에 휩싸였다. 짙은 스모그 때문에 지면이 보이지 않았다. 몇 달 뒤면 아내와 학교에 다녀야 할 세 명의 아이가 함께할 예정이었지만, 지금은 혼자였다. 인구 1600만 명의 도시에 홀로 도착한 것이었다. 공항에 마중 나와 있는 동료조차 없었다.

중국어를 하는 미식축구 선수

포드는 키가 192센티미터였던 10대 시절에는 벤치프레스로 113킬로그램, 스쿼트로 272킬로그램 이상을 들어올릴 수 있었다. 종아리는 나무 기둥처럼 굵었고, 고등학교 4년 내내 미식축구팀의 주전 공격 라인맨으로 뛰었다. 그의 육중한 체격 안에는 괴짜들과 어울리기에 더 적합한 호기심 많은 두뇌가 숨어 있었다. 그는 모르몬교 가정에서 세 명의 형과 함께 자랐다. 아버지는 미 공군에서 주둔지를 네 차례 옮기며 복무한 뒤, 핵무기를 투하할 수 있는 초음속 폭격기인 B-1 프로젝트의 책임자가 되었다. 포드는 아버지를 "무엇이든 뛰어나게 해내는 사람"이라 표현했고, 그의 아버지는 아들들에게 여행을 장려하고 세상을 이해하려는 마음을 가지도록 독려했다. 고등학교에 진학하기 전까지 미국 전역의 아홉 개 도시를 옮겨 다니며 성장했고, 캘리포니아주 랭커스터에서 고등학교를 다녔다. 그의 가장 친한 친구는 애완용 쥐를 키우는 괴짜 소녀였는데, 졸업생 대표가 되었다. 소녀의 아버지는 중국 출신이었지만 미국 문화를 철저히 수용해 딸의 이름을 1967년에 방영된 〈스타트렉〉 에피소드에 나오는 과학자의 이름을 따 말리나Marlena라고 지었다. 말리나와 포드는 늘 함께 붙어 다니다 보니 '두뇌와 근육'이라는 별명을 얻었다.

고등학교를 졸업한 후, 포드는 1년간 주니어칼리지(미국의 2년제 대학—옮긴이)에서 미식축구를 했지만, 단지 운동선수로만 보이는 인식을 깨고 싶어졌다. 형들은 모두 우루과이, 칠레, 영국으로 해외 선교를 떠났다. 19세였던 그는 모르몬교를 대만에 전파하기로 결심했다. 그 경험을 통해 중국어를 배우고 말리나보다 지적인 우위를 점할 기회를 얻고자 했다. 도착 당시에는 중국어를 한마디도 하지 못했지만, 영어를 아예 쓰지 않겠다고 다짐하며 학습에 전념했다. 수업에 성실히 임했고 실수를 부끄러워하지 않으며 자주 사람들과 어울렸다. 그는 약 1,000자에 가까운 한자를 익혔는데 문자를 통달하기에는 부족했지만, 선교사에게 중요한 것은 문자가 아니라 대화를 통해 사람들을 설득하는 능력이었다. 그는 외국의 문화에 매력을 느끼게 되었고, 다른 문화권 사람들이 세상을 어떻게 생각하는지를 이해하는 감각을 키워나갔다. 특히 그가 흥미롭게 여긴 것은 대만 사람들이 부를 인식하는 방식이었다. 예를 들어 그들은 좋은 시계나 값비싼 자동차를 소유했지만 정작 주거 환경은 그다지 좋지 않은 경우가 많았다. 한마디로 외적인 모습을 중요하게 여겼다. 그는 대만에는 저녁 식사에 사람을 초대하는 문화가 거의 없어 집 안 인테리어를 별로 중요하게 생각하지 않는다는 점도 알게 되었다. 아버지의 바람대로 언어와 여행은 아들의 정신세계를 넓혀주고 있었다. "약 6개월 만에 일상 회화를 할 수 있게 되었어요"라고 포드는 이야기했다. "2년이 지나자, 불교 승려들과 인생의 의미를 주제로 토론할 수 있을 정도가 되었습니다." '근육'이라 불리던 그는 다시 랭커스터로 돌아왔고, 이제는 '두뇌'라 불리던 말리나를 찾아가 그의 아버지와 유창한 중국어로 대화를 나눌 수 있었다. 말리나는 알아듣지 못했기에 그는 그 상황을 즐겼다. "정말 재미있었어요. 내가 중국어를 배운 건 순전히 얄미워서였다고 사람들한테 말해요"라고 그는 웃으며 말했다.

중국을 이해하다

주니어칼리지에서 1년 더 미식축구를 한 포드는 운동 장학금을 받고 포틀랜드주립대학교로 편입했다. 그런데 2학년이 되던 해에 뜻밖의 기회가 찾아왔다. 그것은 바로 인기 아침 방송 진행자이자 따뜻하면서도 다소 엉뚱한 성격으로 유명한 캐시 리 기포드Kathie Lee Gifford가 생방송 도중 눈물을 터뜨린 사건이었다.[1] 1996년 5월 1일, 기포드는 사회적으로 지탄받는 인물이 되어버렸다. 그의 의류 브랜드가 온두라스에서 고작 13세의 아동들을 고용해 극심한 더위 속에서 하루 최대 20시간까지 일하게 했다고 한 노동운동가가 폭로한 것이었다. 이 사건은 언론의 집중 조명을 받았고 기업들은 글로벌 공급망을 더 철저히 이해해야 한다는 압박을 받게 되었다. 이때 포드는 어학 능력 덕택에 1개월 동안 중국에 다녀오는 기회를 제안받았다. 그는 주저 없이 기회를 붙잡았다. 학업을 미루고 중국에 머무르면서 사회적 준수social compliance(회사가 노동환경을 개선하기 위해 기울이는 노력―옮긴이) 분야의 선구자가 될 수 있었다.

그의 역할은 단순히 언어를 번역하는 데 그치지 않았다. 부유한 경영진을 상대로 현지 문화를 해석해주는 역할을 맡아 평범한 관광지 너머의 세계를 볼 수 있었다. 그동안 나누었던 문화에 관한 모든 대화가 갑자기 의미를 갖게 되었다. 그는 좌절하는 서구 고객들에게 사고방식의 차이를 반복해서 설명해야 했다. "미국에는 이런 말이 있어요. '한 번 속으면 상대 잘못이고, 두 번 속으면 내 잘못이다.' 그런데 중국식 표현은 조금 달라요. 일반적으로 이렇게 설명합니다. '내가 당신을 속였는데 당신이 그것을 눈치채지 못했다면, 그건 당신 책임이다.'"

특히 '체면'은 그가 끊임없이 설명해야 하는 주제였다. 때때로 미국인은 중국인이 무례하게 운전한다고 생각했다. 끼어들기를 당했을 때 상대 운전자가 아무 일도 없었던 듯 무심하게 행동했기 때문이다. "우리는 중국인들이 운전에 대해 생각하는 방식을 오해하고 있는 거예요"라고 그는 말했다. "내가 당신 앞을 끼어들었다고 눈을 마주치며 사과하면, 내 실수를 인정한 것이라 체면을 잃게 돼요. 체면을 지키는 가장 좋은 방법은 실수를 인정하지 않는 거예요. 그러니까 내가 도로에서 당신 앞에 끼어들면, 그냥 당신을 쳐다보지 않는 겁니다."

1년이 지나자, 포드는 자신이 제공하는 고유한 가치에 눈뜨기 시작했다. 그가 일하던 컨설팅회사는 그의 서비스를 통해 하루에 2,000달러 넘게 벌고 있었지만, 정작 돌아오는 몫은 300달러에 불과했다. 그는 23세에 학위도 없었지만 자신의 회사를 차렸다. 그리고 곧 직원 열 명을 고용했고, 사업은 중국을 넘어 확장되었으며, 그는 전 세계를 누비게 되었다. 2000년 닷컴 버블의 붕괴로 사업은 축소되었다. 하지만 아직 젊었고, 많은 것을 배웠으며, 집이 그리웠다. 그는 회사를 매각하고 포틀랜드로 돌아가 학업을 이어갔다.

선교사의 탁월함

수년간 자신의 회사를 운영했던 포드에게 마케팅 학위를 따는 일은 다소 지루하게 느껴졌다. 그는 부업으로 전자제품 소매업체인 컴프USA CompUSA에서 일하기 시작했는데, 이곳은 1997년 잡스가 '샵 인 샵' 개념으로 계약을 맺은 곳이었다. 포드는 애플을 싫어하는 매니저 밑에서 맥 코너를 담당했다. 그러나 아이맥의 인기가 급상승하자 맥 코너는 매장 전체를 사실상 먹여 살리는 존재가 되었다. 이 모습을 본 쿠퍼티노의 누군가가 그의 리더십에 주목했다. 그는 포틀랜드주립대학교를 졸업하던 달에 애플에 입사해 다른 매장에서 애플 브랜드를 구축하는 업무를 맡게 되었다.

포드의 아버지는 그리 감명받지 않았다. 불과 2년 전만 해도 자기 아들은 CEO였고, 중국어 실력을 활용해 세계를 누비고 있었다. 그런데 이제는 앨버커키의 쇼핑몰에서 일하고 있었고, 뉴멕시코주 전체에서 유일한 애플 직원이었으며, 시급은 13달러에 불과했다. 하지만 포드는 그 일이 즐거웠다. 판매에 능했고, 수수료도 받을 수 있었다. 다시 한번 쿠퍼티노의 누군가가 그의 능력을 눈여겨보았고, 그는 곧 덴버 매장의 부점장으로 채용되었다. 그곳에서 그는 다른 직원들에게 고객과의 소통 방식을 교육하는 리더로 빠르게 자리 잡았다. "나는 선교사 때 쓰던 기술을 사용해요. 정직하게 사람들과 신뢰 관계를 쌓고, 재미있고 사실에 기반한 무언가를 공유하려 노력하면서요. 사람들의 마음을 열고, 사람들이 당신이 파는 것의 가치를 이해할 수 있도록 도와줍니다"라고 포드는 말했다.

포드는 솔트레이크시티 매장의 점장으로 승진했는데, 그곳의 조직문화는 이미 망가져 있었다. 그는 직원 전원을 인터뷰하는 것으로 일을 시작했고, 이후 모든 일에서 탁월함만을 요구하는 새로운 방향을 제시하겠다고 알렸다. "일주일 안에 70퍼센트 정도가 그만뒀고, 모두 저를 싫어했어요." 하지만 한 달이 지나자, 직원들은 지금 일이 훨씬 즐겁다고 말하기 시작했다. 그러자 그는 이렇게 답했다. "그래요. 왜냐하면 이제 아무렇게나 일하려는 사람이 여기 없으니까요."

중국 시장과의 우연한 만남

2007년 10월 열린 연례 점장 회의에서 포드는 귀를 쫑긋 세웠다. 어떤 브리핑에서 한 부동산 개발업자가 쿠퍼티노에 사전 연락도 없이 찾아가 모종의 제안을 했다고 누군가가 말했다. 바로 베이징의 싼리툰 지구에 건설 중인 쇼핑몰의 두 개 층을 제공하겠다는 내용이었다. 애플은 쇼핑몰의 핵심 공간을 확보하는 즉시 베이징 올림픽 직전에 중국 최초의 애플스토어를 오픈할 수 있을 것이라는 말을 들었다. 중국공산당은 약 1만 1000명에 달하는 선수를 맞이하기 위해 막대한 자금을 쏟아붓고 있었고, 25년 전부터 이 행사를 개방정책의 상징으로 삼고자 했다.

브랜드 인지도가 전혀 없는 나라에서 이름을 알릴 흥미로운 기회였다. 불과 몇 년 전인 2004년만 해도 중국의 첫 번째 정규직 운영 담당자였던 잉 리우Ying Liu는 한 공장 정문에 차를 몰고 가서 경비원에게 자신이 애플에서 일한다고 말했다. 그러자 경비원은 트렁크를 열어보라고 했다. "트렁크를 열고 왜 그러냐고 물었어요. 그랬더니 경비원이 내가 공장에 무슨 사과apple를 들여오는지 보고 싶었다고 하더라고요." 그로부터 시간이 좀 흘렀지만, 브랜드 인지도가 크게 달라졌는지는 수치로 나타나지 않았다. 맥을 살 수 있는 사람이 거의 없다시피 했기 때문에 2007년 기준 애플의 중국 컴퓨터 시장점유율은 0.5퍼센트도 되지 않았다. 한 전직 임원은 "우리는 컴퓨터 시장에서 반올림조차 되지 않는 존재였어요"라고 말했다.

소수의 구매자는 최신 기기를 둘러보고 가격을 흥정할 수 있는 활기찬 전자상가에서 제품을 구매했다. 맥에 대해 문의하는 일은 매우 드물었고, 가끔 그런 사람이 나타나면 위층으로 안내되어 음료까지 대접받을 정도였다. 그 자리에서 고객들은 어도비 크리에이티브 스위트나 마이크로소프트 오피스 같은 불법 복제 소프트웨어가 가득 포함된 패키지 거래를 제안받았다. "맥은 실제로 켜져 있긴 했지만, 비닐 포장 그대로라 만질 수 없었어요"라고 한 애플 임원은 말했다. 인터넷 뱅킹이 막 보급되던 시기였지만, 새로운 서비스들은 맥에서 작동하지 않았다. 그래서 전자상가에서는 아예 맥 OS를 지우고 윈도우를 설치해주었다.

사실 애플은 중국 시장 확장을 진지하게 고려하고 있지 않았다. 아이팟은 수년간 전 세계적인 센세이션을 일으켰지만, 애플은 중국판 아이튠즈를 출시하지도 않았고, 하드웨어를 판매할 온라인 스토어도 열지 않았다. 중국에서의 총매출은 3억 달러에도 못 미쳐 그야말로 미미한 수준이었다. 게다가 애플스토어 자체가 주로 미국 중심의 현상이었다. 도쿄에서 첫 해외 매장이 문을 연 것은 2003년 11월이었는데, 그 무렵 미국에는 이미 70개가 넘는 매장이 있었다. 해외 확장은 더디게 진행되고 있었다. 고급 소비 시장인 홍콩, 파리, 베를린에도 애플스토어가 진출하지 않았고, 임금 수준이 낮은 개발도상국은 말할 것도 없었다.

하지만 이 제안은 무척 매력적이었다. 중국의 쇼핑몰은 초고가 럭셔리 시장 소비층 아니면 아예 저가 시장 소비층으로 양분화되어 있었다. 하지만 싼리툰의 경우는 중산층과 상위 중산층을 겨냥하고 있었다. 이 계층은 3억 명에 가까운 인구로, 가장 빠르게 성장 중인 소비자 집단이었다. 론 존슨Ron Johnson이 이끄는 리테일팀은 고가의 맥이 중국에서 대량으로 팔릴 것이라고 보지는 않았지만, 베이징 올림픽은 전 세계를 대상으로 한 마케팅 기회였다. 매장의 규모는 다소 작았지만, 팀은 오히려 그것이 장점이라고 판단했다. 작게 시작하면 수년간 적자가 날 가능성이 큰 프로젝트에서 비용을 줄일 수 있었기 때문이다.

포드가 연례 점장 회의에서 이 계획을 접하게 된 것은 거래가 체결되고 몇 개월 뒤였다. 그는 손을 들어 인사 담당자의 시선을 끌었다. "저는 중국어를 유창하게 합니다. 도움이 되고 싶습니다." 그의 생각은 겸손했다. '나는 서서 사람들에게 중국어로 말하는 덩치 큰 백인이 될 수도 있을 거야.' 그는 미국 월마트의 고객을 맞이하는 안내원 같은 역할을 상상하고 있었지만, "니하오!"로 따뜻한 인사를 할 수 있다는 점이 달랐다. 타이밍은 적절했다. 지금까지 프로젝트의 초점은 매장 건축에 맞춰져 있었기 때문이다. 독일에서 유리를, 일본에서 강철을, 이탈리아에서 화강암을 수입하고, 애플의 상징적 모습을 중국에 구현할 수 있는 시공업체를 고용하는 데 초점이 맞춰져 있었다.

"얼마나 빨리 출발할 수 있겠어요?"

애플은 공급망 운영 측면에서 점점 존재감을 키워가고 있었지만, 실질적으로 물건을 판매할 현지 인력은 거의 없었다. 베이징에 있던 유통 사업부는 약간의 광고와 제3자 판매나 교육 시장을 지원하는 마케팅 조직으로 그 역사는 1993년까지 거슬러 올라간다. 그러나 "중국에 누군가를 배치할 때마다 몇 년 안에 부패 문제로 그를 해고하곤 했어요"라고 한 전직 애플 임원은 말했다. 2006년 애플은 아시아태평양 총괄이던 브라이언 루Brian Lu를 중국 사업 책임자로 임명했다. 동료들은 루를 좋아했지만, 이후 몇 년 동안 그가 어떻게 그토록 높은 자리에 올랐는지 의문을 품게 되었다. 이 임원은 "루는 정직한 사람이긴 했지만, 전반적으로 능력이 평범했고, 이전에 있던 모든 사람이 해고되었기 때문에 늘 해고당할까 봐 두려워했어요"라고 말했다. 루는 직원들 사이에서 뚜렷한 조직문화를 만들기에는 성격이 맞지 않는 괴팍한 사람으로 알려져 있었다. 그는 애플의 발목을 잡는 문제들을 정면 돌파하기보다는 받아들이는 쪽이었고, 전자상가와 정부 관리들에게 과도하게 저자세를 취했다. "당근과 채찍이 모두 필요했어요. 루는 그 어느 쪽도 제대로 갖추지 못해 일을 제대로 이끌 수가 없었습니다."

애플 리테일팀은 중국 판매를 이끌 수 있는 유능한 인재를 찾는 일이 쉽지 않다는 사실을 잘 알고 있었다. 현지 인재를 채용한다면 쿠퍼티노로 불러와 경영진의 신뢰를 얻는 데 시간이 걸릴 수도 있었다. 그래서 포드가 손을 든 지 한 시간도 채 되지 않아 글로벌 리테일 부문의 선임이사 스티브 카노Steve Cano에게 소개되었다. 카노는 캘리포니아주 출신으로 운동선수 같은 체격과 보이스카웃 같은 태도를 가진 열정적인 인물이었다. 포드와 마찬가지로 컴프USA에서 경력을 시작했으며, 이후 2001년 10월에는 잡스의 자택과 가장 가까운 팰로앨토 매장의 개점을 총괄했고, 2002년 7월에는 플래그십 스토어인 뉴욕 매장을, 그다음 해에는 도쿄 매장을 잇달아 개장한 인물이었다.

카노는 포드에게 이것저것 질문을 던졌고, 중국인 친구를 통해 그의 중국어 실력을 전화로 테스트했다. 이후 몇 주 동안 포드는 여러 통의 전화를 받았지만, 애플 경영진이 무슨 생각을 하고 있는지는 전혀 알지 못했다. 그가 상상했던 단순한 고객 맞이 안내원 역할치고는 질문이 지나치게 많았다. 하지만 카노의 눈에 포드는 단순히 애플 문화를 이해하고 중국어가 유창한 인력 그 이상이었다. 그는 인프라가 거의 없는 상황에서도 순간순간 문제를 해결할 수 있는 머리 좋은 자발적 실행가로 보였다. 포드 자신은 그런 역량이 필요하다는 점을 알지 못했지만, 카노는 알고 있었다. 그리고 마침내 11월 카노는 폭탄선언을 했다. 그는 포드에게 중국 애플스토어의 정식 책임자 역할을 맡기고 싶어 했다. "얼마나 빨리 출발할 수 있겠어요?"

이 대화에서 포드는 얼마나 많은 일이 그를 기다리고 있는지 비로소 실감하게 되었다. 카노는 이렇게 말했다. "우리에겐 아무것도 없어요. 당신이 모든 걸 알아내야 해요. 전체 운영 프로세스를 스스로 구축해야 합니다. 현지에는 실질적으로 아무도 없어요. 거기엔 애플 소속의 작은 마케팅 조직이 있긴 한데, 당신이 맡게 될 일과는 상관없는 별개의 존재예요. 그러니까 당신이 새로운 법인을 설립해야 하고, 그 밖의 모든 걸 직접 해결해야 합니다."

애플은 늘 높은 기준과 촉박한 일정 속에서 일하는 데 익숙했다. 그런 성과들은 세계 최고 수준이라 평가받는 인재들을 채용함으로써 가능했다. 같은 시기, 잡스는 차세대 아이폰용 칩을 설계하기 위해 그래픽 부문 수장이 필요했다. 그는 후보를 밥 드레빈Bob Drebin으로 좁혀두었는데, 드레빈은 픽사 출신 엔지니어로 닌텐도에서 선구적인 작업을 했으며 AMD에서 그래픽 부문을 총괄한 인물이었다. 잡스는 드레빈이 조기 은퇴했다는 소식을 듣고 곧장 전화를 걸어 영입 제안을 했다. 그러나 드레빈은 가족과 시간을 보내고 사진 촬영 같은 취미에 집중하고 싶다며 1년간 휴식을 원한다고 말했다. 그러자 잡스는 알겠다며 전화를 끊었다. 그리고 정확히 365일 뒤, 그의 전화가 다시 울렸다. "준비되었습니까?" 잡스가 물었고, 드레빈은 그 제안을 받아들였다.

애플 리테일 부문을 이끄는 인물들도 마찬가지 부류였다. 리테일팀의 책임자 존슨은 타깃에서 15년간 근무한 베테랑으로 이 대형 할인매장을 특별하게 꾸몄다. 고객들이 농담 삼아 '타르제이tar-zhay'라는 우아한 프랑스식 발음으로 부를 정도였다. 포드는 자신이 이런 고성과자들과 비슷한 사람인지 확신이 없었다. "아무리 생각해도, 카노가 중국의 잠재력을 제대로 알았더라면, 그들이 보낸 사람은 내가 아니었을 거예요. 그랬다면 이 기회를 파악하러 수많은 인력이 중국에 투입되었을 겁니다. 하지만 그들은 이걸 그냥 베이징 올림픽과 관련된 마케팅 기회로만 본 거예요. 그게 전부였어요."

21장 | 대륙을 열광시킨 아이폰 4

2007년 말 포드는 처음 맡은 중요한 임무에서 카노의 직감이 옳았음을 증명했다. 아직 짓지도 않은 싼리툰 매장을 위한 인허가를 받아야 했는데, 법률에 모순된 조항이 있다는 사실을 발견하게 된 것이었다. 매장이 있어야 인허가를 받을 수 있지만, 인허가가 있어야 매장을 열 수 있었다. 포드는 이 조항이 중국 기업들의 요구로, 즉 외국 기업들의 영업을 방해하고 수월히 경쟁하기 위해 만들어졌다고 추측했다. 또는 이 조항에 발목이 잡힌 어떤 기업이 문제를 해결하고자, 적당한 위치의 공무원에게 현금이 가득 든 붉은 봉투를 건네기를 기대했을지도 모른다. 물론 그 조항의 기원이 무엇인지는 포드에게 중요한 문제가 아니었다. 정말 중요한 문제는 뇌물을 쓰지 않고도 깔끔하게 그 문제를 해결해야 한다는 것이었다.

핑궈, 앗푸루, 애플

공식적인 절차를 따를 경우, 애플은 현지 기업과의 파트너십을 맺도록 권유받거나, 판매 및 유통에 제약이 따르는 형태의 인허가를 받게 되었을 것이다. 그러나 포드와 애플의 유통 사업부 소속 변호사는 기발한 아이디어를 떠올렸다. 전자제품 소매업체 하나를 인수한 뒤, 이름만 바꾸고 그 인허가를 활용하면 어떨까? 처음에는 규모가 크고 평판이 좋은 소매업체를 찾았다. 그러던 어느 날 포드는 길을 걷다가 장비들이 가득 들어차 어수선한 매장을 발견했다. 그는 좀 더 가까이 들여다보았다. "재봉틀이 사방에 널려 있었어요. 먼지투성이에 지저분하고, 마치 작은 정비소 같았어요. 매장이 정말 작았습니다. 10제곱미터라고 해도 과장이고, 아마 5제곱미터 정도였을 겁니다." 재봉틀에도 칩이 들어 있으니, 기술적으로는 전자제품에 해당했다. 게다가 그 매장은 쇼핑몰과 같은 구역에 있었기 때문에 인허가를 이전하는 데도 문제가 없었다.

가게 주인은 포드가 제정신이 아니라고 생각했을지 모른다. "그냥 들어가서 대화를 시작했어요. '가게를 판다면 어떤 조건이면 되겠습니까?'라고 물었어요." 그는 인허가에 관한 전문적인 질문을 던지며 가볍게 상황을 확인했다. 주인이 그를 무시하는 건지, 아니면 말뜻을 이해하지 못하는 건지 포드는 알 수 없었다. 몇 분 뒤 그는 정중히 자리를 떴다. 하지만 유통 사업부에 그 가능성을 알렸고, 며칠 안에 그들은 거래를 매듭짓기 위해 다시 매장을 찾았다. 자신들이 애플 소속이라는 사실은 밝히지 않았다. 그 사실을 말했다면 가격이 훨씬 뛰었을 것이 분명했기 때문이다. 가게 주인은 약 30만 달러에 매각하기로 동의했는데, 이는 인생을 바꿀 만한 거액이었다. 불과 몇 주 만에 거래는 완료되었다. 그렇게 어느 가족이 운영하던 재봉틀 수리점의 인허가는 2024년 기준 오프라인 매장 56개와 거대한 온라인 스토어를 포함하는, 그 규모만 수십억 달러인 애플의 중국 사업 전반을 아우르는 법적 기반이 되었다.

곧 한 가지 고민이 떠올랐다. 매장 이름을 어떻게 지어야 할까? 쿠퍼티노도 뚜렷한 답이 없었다. 브랜드 이름은 '애플Apple'이어야 할까, 아니면 중국어로 사과를 뜻하는 '핑궈苹果'여야 할까? 포드는 당연히 애플이어야 한다고 생각했지만, 그 근거가 명확하지는 않았다. 2000년 무렵 설립된 애플의 현지 운영팀과 1993년에 만들어진 채널 사업부 모두 핑궈라는 이름을 사용해왔기 때문이다. 그들은 영어 이름을 쓰는 것이 무례하게 받아들여질 수 있다고 우려했고, 포드는 그것이 오히려 매력의 일부라고 생각했다. 특히 아메리칸드림을 동경하며 자기 길을 가려는 새로운 세대의 젊은이들에게 아이팟을 판매할 때는 더욱 그러했다. 일본을 참고하는 것도 도움이 되지 않았다. 일본에서는 애플을 단순히 소리 나는 대로 옮긴 '앗푸루アップル'라고 불렀기 때문이다.

포드는 이케아의 아시아 사업 책임자 이안 더피Ian Duffy에게 조언을 구했다. 더피는 중국 시장에서 스웨덴 가구 브랜드 이케아의 이름을 '내게 알맞은 집'이라는 뜻의 '이자宜家'로 번역해 사용했는데, 이것이 "가장 큰 실수"였다고 말했다. 이케아가 지니고 있던 강력한 이미지가 희석되었기 때문이다. 포드는 그의 조언을 따랐다. 결국 매장 인허가 서류에 쓰인 복잡한 중국어 문장들 속에 'Apple'이라는 영어 스펠링이 그대로 포함되었다. 그리고 현지 팀을 꾸리면서 중국어를 사용하는 모든 직원에게 'Apple', 'iMac', 'iPod' 같은 영어 이름을 그대로 사용하도록 교육했다. 그렇게 교육받은 이들은 애플의 마케팅 부문과 대중 모두에게 영향을 미쳤다. 그 결정은 당시에는 대단한 일처럼 느껴지지 않았지만, 거의 20년이 지난 지금 그 결정이 주는 영향력을 보면서 포드는 기뻐했다. "10억 명이 세상을 인식하는 방식에 영향을 미쳤다는 건 기분 좋은 일이에요."

미약한 시작

인허가는 큰 성과였지만, 수많은 도전의 시작일 뿐이었다. 심지어 중국 내에서 제품을 '수입'하는 일조차도 하나의 난관이었다. 애플 제품 대부분은 중국에서 제조되었지만, 면세 혜택을 받는 대신 수출만 가능한 보세구역에서 만들어졌다. 엄격한 법률 때문에 폭스콘에서 트럭 몇 대로 아이팟을 운송해 매장에 바로 진열하는 식의 단순한 유통은 불가능했다. 중국에서 제품을 판매하기 위해서는 제품을 남쪽으로 약 4,300킬로미터 떨어진 싱가포르로 보내야 했다. 거기에서 애플 물류팀이 제품을 매입하고, 중국 판매 인증을 받은 뒤 다시 중국으로 보냈다. 이런 과정은 비합리적이었지만, 이 복잡한 절차를 바꾸려는 시도는 5년 넘게 아무런 성과를 거두지 못했다.

매장 개장을 앞둔 몇 달 동안 포드는 96개 직무를 채우기 위해 500명이 넘는 지원자를 인터뷰했다. 그가 한 일이라곤 수십 명의 지원자에게 질문을 퍼붓는 것이 전부인 날도 있었다. 그는 지원자들 사이에서 나타나는 세대 차이에 깊은 인상을 받았다. 1980년 이후에 태어난 이들은 마오쩌둥 사후 처음 등장한 세대로, 중국이 개방정책을 통해 급격한 성장을 이룬 시기에 자랐다. 수억 명의 인구가 내륙에서 해안 도시로 이주했다. 그들은 한때 금기시되던 사상들을 받아들였고, 공장에서 한 달 동안 버는 돈이 부모 세대가 고된 농사일로 1년 동안 벌던 수입보다 많을 수 있었다. 포드는 35세 이상인 사람들은 "편협한 사고방식"을 갖고 있었다고 말했다. '의문을 품지 말라', '질문하지 말라', '지시받은 대로만 하라' 하는 식이었다. "리더로서 그들에게 '체험형 매장experiential retail'이라는 개념을 어떻게 받아들여야 하는지 가르치기란 정말 어려운 일이었어요. 하지만 젊은 직원들은 마치 스펀지 같았습니다. 새로운 아이디어에 열려 있었고, 변화를 받아들였으며, 방식이 달라도 수용했고, 스스로 결정하는 데도 적극적이었어요."

베이징 올림픽 개막을 몇 주 앞둔 6월이 되자 쇼핑몰의 공사가 완료되었고, 매장에도 모든 직원이 배치되었다. 포드는 직원들이 고급 쇼핑몰 안에서 점심값을 감당하지 못할까 봐 걱정되어 식비 보조금을 마련해주었다. 그는 몇 달째 하루 16시간씩 일했고, 가족이 살 집을 구하기 전까지는 다섯 차례나 미국과 중국을 오가며 비행기를 타야 했다. 이 일이 잘될 거라 믿고 모든 것을 걸었지만, 실제로 성공할지는 전혀 알 수 없었다. 그가 가장 두려워했던 것은 매일 아침 매장의 유리문을 열었을 때 아무도 들어오지 않는 것이었다.

공식 개장을 하루 앞둔 밤, 포드는 리테일팀 소속인 존슨, 제리 맥두걸Jerry McDougal, 칼 스밋Carl Smit과 함께 앉아 매장을 오픈했을 때 어떤 일이 벌어질지 이야기를 나누고 있었다. "연 매출이 1200만 달러나 1500만 달러쯤 될까?" 누군가가 물었다. 포드는 뚜렷한 답을 하지 못하고, 알아듣기 힘든 말을 중얼거렸다. 마음속으로는 잘될 것 같은 예감이 있었지만, 불안감도 다시 커지고 있었다. 그는 불과 12개월 만에 그 예상치를 두 배로 뛰어넘게 될 줄은 전혀 몰랐다. 그리고 3년 뒤에는 싼리툰 매장이 이따금 일주일 만에 연간 목표를 달성하게 되리라고 예상하지 못했다.

3순위 시장 뒤의 거대한 회색시장

싼리툰 매장이 문을 열기 1년 전이자, 미국의 열성 팬들이 첫 번째 구매자가 되기를 꿈꾸며 애플스토어 밖에서 밤새 줄을 선 뒤로 몇 주가 지난 2007년 여름, 중국에서는 아이폰 소비자를 위한 수익성 높은 회색시장이 형성되기 시작했다. 그해 9월 보도에 따르면, 중국의 전자상가에서는 해외에서 들여온 아이폰이 판매되고 있었다.[2] 시작가는 8,800위안(약 1,170달러)으로 미국 판매가였던 499달러의 두 배가 넘는 수준이었다. 눈치 빠른 사업가들은 기회를 감지했다. 미국에서 여러 대의 아이폰을 구매한 뒤 중국으로 밀반입해 높은 가격에 되파는 방식이었다. 애플스토어 영수증이 있고 상자가 개봉되지 않은 상태라면, 구매자를 찾는 데 아무런 어려움이 없었다. 중국 도시 노동자의 평균 시급은 약 2달러였기 때문에 아이폰 한 대를 되팔면 한 달 치 급여를 벌 수 있었다.[3] 한 전직 애플 임원은 이렇게 말했다. "미국에 가서 아이폰 20대를 사서 돌아오면, 순식간에 엄청난 부자가 될 수 있었어요."

판매세가 전혀 없는 미국 서부 오리건주의 애플스토어 세 곳은 가능한 한 많은 아이폰을 구매해 중국으로 가져갈 수 있어 인기 장소가 되었다. 2008년 7월 아이폰 3G가 출시되면서 애플은 홍콩의 공인 프리미엄 리셀러까지 유통망에 포함했다. 홍콩도 판매세가 없어 중국의 회색시장 물량을 확보하기 위한 거점으로 오리건주 포틀랜드에 필적하는 장소가 되었다.

하지만 그런 판매는 쿠퍼티노의 관심 대상에서 거의 벗어나 있었다. 2008년 애플은 중국을 아르헨티나와 우루과이 같은 2순위 시장보다 한 단계 아래인 3순위 시장으로 분류하고 있었다.[4] 쿠퍼티노는 아이폰이 중국에서 욕망의 대상이 될 수 있다고 보았지만, 실제로 구매로 이어질 것이라고는 생각하지 않았다. 중국 경제가 급속히 성장하며 지난 4년간 임금이 두 배로 오르긴 했어도, 도시 노동자의 평균 월급은 2,500위안(약 370달러)에 불과했기 때문에 대규모 시장이 형성되기에는 부족하다고 판단했던 것이다. 적어도 당시에는 그렇게 보였다. 수많은 서구 기업과 마찬가지로, 애플도 하이엔드 시장에만 관심을 두고 있었다. 아이폰은 미국에서도 워낙 고가였기 때문에 마이크로소프트의 CEO인 스티브 발머조차 그 성공 가능성을 조롱할 정도였다. 경제적으로 훨씬 더 어려운 중국에서 아이폰이 많이 팔릴 것이라 애플이 기대하지 않은 것은 당연했고, 가격을 낮춰 대중성을 확보하려는 시도조차 하지 않았다.

잡스는 해외 시장에서도 수익률을 반드시 유지해야 한다는 점을 단호하게 주장했다. 그래서 애플은 해외에서 제품을 출시할 때 미국 판매가를 기준 삼아 일대일로 환산한 뒤, 여기에 부가가치세나 수입세 같은 기타 비용을 추가했다. 때에 따라서는 환율 변동에 대비해 몇 퍼센트의 여유분을 더 얹기도 했다. 마지막으로 중국에서는 '88'처럼 행운을 상징하는 숫자로 끝나는 '예쁜 가격'으로 반올림해 최종가를 정했다. 예를 들어 미국에서 499달러에 판매되던 아이팟은 중국에서는 4,988위안(약 647달러)으로 책정되었는데, 이는 30퍼센트가량 더 비싼 가격이었다.

2007년부터 2010년 여름까지 중국의 회색시장은 조직도 없고 규모도 비교적 작았다. 공급이 제한적이었을 뿐 아니라, 수요 자체도 크지 않았다. 애플은 2009년 말까지 현지 통신사들과 아무런 제휴 관계도 맺지 못하고 있었기 때문에 회색시장에서 유통된 아이폰은 제대로 설정되지 않았고 오류도 자주 발생했다. 전화 수신이 안 되거나 음성사서함 기능이 작동하지 않는 일도 있었다. 2009년 10월 30일, 애플이 중국의 통신사 차이나 유니콤China Unicom과 함께 아이폰 3GS를 공식 출시했을 때조차 판매는 그저 그런 수준이었다. 중국 정부의 기준을 충족하기 위해 와이파이 기능이 빠진 맞춤형 아이폰을 따로 제작해야 했는데, 이는 당시 중국에서 개발한 무선랜 표준 기술인 WAPI를 장려하려는 조치였다. 미국에서 아이폰 3GS가 출시되고 약 4개월 뒤인 중국 출시일에 《월스트리트저널》은 소비자들이 "전혀 흥분하지 않았다"라고 정확하게 보도했다.[5] 32GB 모델은 6,999위안(약 1,024달러)에 판매되었는데, 이는 당시 중국에서 판매되던 스마트폰들의 평균 가격보다 세 배나 비싼 수준이었다. 한편 중국의 전자상가들은 내수용이 아닌, 와이파이 기능이 원래대로 탑재된 아이폰을 확보하려고 안간힘을 썼다. 하지만 대량 밀수는 체포, 또는 고가 제품의 압수라는 훨씬 뼈아픈 결과로 이어질 수 있었다. 그런 위험을 피하기 위해 해외여행을 떠나는 중국인들이 귀국할 때 짐 속에 아이폰 몇 대를 넣어 들여오는 방식이 주로 쓰였다. 모든 것이 눈에 띄지 않게 매우 비공식적으로 이루어졌다.

반전의 계기가 된 아이패드와 아이폰 4

    2010년 9월 17일, 싼리툰 매장 앞에 엄청난 인파가 몰려들자 직원들은 당황했다. 유리 벽 바깥에 그렇게 많은 사람이 모인 것은 처음 있는 일이었다. 수백 명의 사람이 새벽부터 줄을 서 있었다. 그 이유는 바로 아이패드를 사기 위해서였다. 이 태블릿은 미국에서는 4월 초에 출시되었지만, 중국에는 이제야 들어왔다. 잡스는 아이패드를 스마트폰과 노트북 사이에 있는 새로운 제품군으로 소개하며 잡지나 동영상, 사진 등을 감상하기 위한 궁극의 여가용 기기라고 강조했다. 초기 판매 실적은 아이패드가 아이폰보다 더 큰 인기를 끌지 모른다는 가능성을 보여주고 있었다. 매장이 문을 열기 직전, 파란색 유니폼을 입은 애플 직원들은 마지막 10초를 함께 셌고, 첫 입장객들과 하이파이브를 하며 구매를 마친 고객들에게 박수를 보냈다. 그 열기를 종교적 열광에 비유한다고 해도 부족할 정도였다. 첫 번째 구매자는 무려 60시간 동안 노숙하며 기다렸고, '아이패드 1호 구매자'라는 문구가 인쇄된 티셔츠를 입고 있었다.[6] 그는 매장을 나설 때 양손에 아이패드를 들고 있었고, 친구들은 그를 헹가래질했다. 마치 모세가 시나이산에서 내려오는 듯한 광경이었다.

    신제품을 출시할 때 애플은 모든 매장에 이틀 치 수요에 해당하는 물량을 확보해두려 한다. 이 기준은 기본적으로 줄만 서면 제품을 살 수 있다는 의미다. 하지만 싼리툰 매장에서는 다섯 시간 만에 재고가 바닥났다. 아이패드는 현금 결제로만 370만 달러어치 이상 판매되었으며, 이는 세계적인 기록이었다. 일주일 뒤 아이폰 4가 출시되자 수요와 공급의 격차는 훨씬 더 극명하게 드러났다. 아이패드의 흥행에도 불구하고 쿠퍼티노는 새 아이폰에 그렇게 많은 사람이 몰릴 것이라고는 예상하지 못해 보안 조치가 느슨했다. 이전 모델인 아이폰 3GS의 저조한 판매와 불투명한 회색시장 규모는 애플의 수요 예측 능력을 흐려놓았다. 그러나 중국에서 처음으로 정식 판매된, 와이파이 기능이 탑재된 아이폰 수십만 대가 불과 며칠 만에 모두 팔려나가며 전국의 재고는 완전히 소진되었다.

아이폰 4는 출시 3개월 전인 6월에 공개되었으며, 획기적인 디자인으로 주목받았다. 산업디자인팀의 수석디자이너 리처드 '디키' 하워스 Richard 'Dickie' Howarth는 동료들에게 이 제품이 "수천 마리의 새끼 고양이가 핥는 것처럼 부드러운 느낌"이 들기를 바란다고 말했다. 짙은 검은색 모델은 스테인리스강 프레임과 대조되어 마치 우주에서 떨어진 것처럼 보이도록 만들어졌다. 앞선 세 개의 아이폰 모델들은 무자비하게 모방되었다. 대부분 안드로이드가 이식된 해당 기기들은 훨씬 낮은 가격에 판매되었는데, 2010년에는 시장점유율에서 아이폰을 넘어서는 성과를 거두었다. 애플은 높은 가격을 정당화하기 위해 업계 선도자로서의 혁신을 계속 유지해야 한다는 커다란 압박을 받고 있었다. 이 문제에 대한 쿠퍼티노의 대응을 어느 제조엔지니어는 이렇게 전했다. "다음 아이폰은 너무나 모방하기 어렵게 만들어서, 경쟁사들이 따라 하다가 미치거나 망하게 하자." 아이폰 4는 처음으로 삼성이 아닌 애플이 자체 설계한 칩을 사용한 모델이었다. 최초로 전면 카메라가 탑재되었고 고해상도 레티나 디스플레이도 처음 적용되었다. 또한 기존처럼 복잡한 내부 공간에 안테나를 억지로 욱여넣는 대신, 루벤 카바예로가 안테나를 금속 프레임에 내장하는 방법을 고안해냈다. 이는 독창적인 해결책이었고, 곧 업계 전반이 따라 하는 기준이 되었다.

유혈 사태의 조짐들

중국에서 아이폰 4 판매가 시작된 첫 며칠은 매우 성공적이었다. 그러나 신형 아이폰에 대한 수요가 폭발적이라는 소문이 퍼지자, 줄을 서기 시작한 사람들이 달라지기 시작했다. 그들은 농촌 마을에서 온 주민들과 그들을 동원한 수상한 '암표상'들이었다. 열광하는 소비자들과 달리, 이들은 그저 생계를 위해 그 자리에 있었다. 사람들이 몰려들면서 암표상들이 팔꿈치를 휘두르기 시작하자 어떤 사람들의 코피가 터졌고, 그들과 진짜 애플 팬들 사이의 긴장감은 더욱 고조되었다.[7] 포드는 이미 수많은 줄이 통제 불능으로 변하는 광경을 목격했고, 사람들도 그런 상황에 익숙했다. 인구 10억 명이 넘는 나라에서는 많은 사람이 동시에 같은 일을 하려고 할 때 소란스러워지는 일이 드물지 않았다. 포드는 이렇게 말했다. "중국에서는 제품이 부족하면 앞쪽으로 밀고 나가야 합니다. 춘절에 기차표를 사려고 하면, 매표소까지 밀치고 가서 돈을 던져야 해요. 그리고 누군가가 그 돈을 집어 들고 표를 건네주기를 바라는 수밖에 없습니다."

애플은 회색시장에 대응해본 경험이 어느 정도 있었지만, 상황은 갑작스럽게 훨씬 더 규모가 크고 조직적인 형태로 바뀌었다. 싸움이 벌어진 뒤 질서를 회복하기 위해 싼리툰 매장은 몇 시간 동안 영업을 중단해야 했다. 이 충돌과 영업 중단 소식은 전 세계 언론의 헤드라인을 장식했다.

돌이켜보면 2010년 9월에 맞닥뜨린 통제 불가능한 군중은 그리 특별한 일이 아니었다. 하지만 당시에는 심각한 실패처럼 느껴졌다. 포드는 이렇게 말했다. "우리는 그날 완전히 통제력을 잃었어요. 보안 인력이 턱없이 부족했고, 사람들이 그렇게까지 밀고 들어올 줄은 전혀 예상하지 못했습니다. 외부에 군중 통제 장치도 없었고, 줄도 제대로 유지하지 못했죠. 줄을 관리하던 보안 인력은 고작 30명에서 40명 정도였던 걸로 기억합니다." 이후 제품 출시 행사에서는 방문객 열 명당 보안 요원 한 명을 배치하는 기준이 적용되었다. 문제 행동을 감시하는 사복 요원들도 배치했는데, 이들은 친근한 매장이 마치 국경 검문소처럼 보이는 것을 방지해주었다. 줄을 선 사람들이 수천 명으로 불어나자, 수백 명의 경비 인력이 몰래 줄 사이를 순회하며 최소한의 질서를 유지했다. 지나치게 과한 대응처럼 보일 수도 있었지만, 절대 과하지 않았다. 전혀 그렇지 않았다.

22장 | 10억 명 규모의 회색시장

　　포드는 자신이 대화 중인 이 남성들이 범죄단체의 일원인지 확신할 수는 없었지만, 그렇게 추정하는 것도 무리는 아니라고 생각했다. 그들이 걸친 화려한 액세서리, 일반적이지 않은 거만한 태도 그리고 애플스토어 밖에 줄을 선 수천 명의 사람을 장악한 듯한 기세가 그렇게 느끼게 했다. 이들은 목에 금목걸이를 걸고 있었고, 말끔하게 마감된 루이비통 가방에는 100위안짜리 지폐가 가득했다. 한 장에 15달러 남짓이었지만, 그 당시 중국에서는 가장 고액권이었다. 흰색과 붉은색이 섞인 지폐에는 중국식 사회주의의 미래를 단호하고 자신감 있게 응시하는 마오쩌둥의 얼굴이 담겨 있었다. 그러나 그가 사망한 지 34년이 지난 2010년 말, 이 수상쩍은 조직원들은 평범한 대중이 아이폰을 구매할 수 있도록 점점 더 정교한 방식으로 계획을 꾸미고 있었다. 아이폰은 주머니 크기만 한 미국식 자본주의의 상징물이었고, 이들은 그것을 전국 곳곳에서 웃돈을 붙여 되팔고 있었다.

중국에서는 이런 준조직폭력배들을 '누런 소'라는 뜻의 '황뉴黃牛'라 불렀다. 시장의 비효율을 포착해 이익을 취하는 조직적인 암표상을 가리키는 속어였다. 1990년대 초반 이들은 기차표 거래로 큰 수익을 올리기 시작했다.[8] 경제가 급성장하는 가운데 당국은 열차 수송 능력 확대에 뒤처졌고, 황뉴들은 저렴한 가격에 표를 대량으로 사들인 뒤, 역 밖에서 비싼 값에 되팔며 혼란을 가중했다. 어떤 황뉴들은 한발 더 나아가 특수 인쇄기, 재단기, 골판지 더미까지 동원해 표를 위조하기도 했다.

위안화의 바다

황뉴들은 아이폰 4가 출시되고 몇 주 만에 수요가 공급을 전혀 따라가지 못하고 있다는 사실을 간파했다. 2010년 말 기준 애플은 전 세계에 300개가 넘는 매장을 운영하고 있었지만, 인구가 거의 2000만 명에 달하는 베이징에는 단 두 곳의 매장만이 존재했다. 인구 약 2300만 명의 상하이에도 고작 두 곳뿐이었다. 전국 곳곳에 애플스토어가 퍼져 있지 않은 상황에서 황뉴들은 주도적으로 움직여 10억 명의 인구를 대상으로 한 비공식 유통망을 만들어가고 있었다.

포드는 처음에는 이 거래가 얼마나 수익성이 높은지 알지 못한 채, 황뉴들을 쫓아내기 위해 여러 가지 방법을 시도했다. 신분증을 요구하거나, 1인당 판매 수량을 다섯 개로 제한하고, 나중에는 두 개로 줄이기도 했다. 한번은 어떤 황뉴에게 아이폰 2,000대를 판매해도 된다고 승인했다. 그렇게 하면 그가 잠잠해지리라 생각했다. 그러나 그 황뉴는 순순히 응한 뒤, 다음 날 더 많은 물량을 받기 위해 나타났다. 포드는 답답함을 느꼈다. 매장의 판매 실적 덕분에 좋은 평가를 받고 있었지만, 길게 줄을 선 사람들은 갈수록 소란스러워졌다. 그는 황뉴들이 질서를 깨뜨리지 못하게 막고, 일반 소비자들이 애플스토어를 제대로 체험하며 직접 제품을 구매할 수 있도록 할 어떤 타협점이 있을지 고민하기 시작했다.

한 황뉴의 반응은 포드를 놀라게 했다. "아무리 사도 돈이 부족할 일은 없어요." 포드는 그 말을 확신하지 못했지만, 그는 포드를 몇 블록 떨어진 골목으로 이끌었다. 그들은 보안 요원처럼 보이는 이들을 지나 어느 건물 안으로 들어갔다. 약 186제곱미터 규모의 그 방에는 가구도, 다른 물건도 전혀 없었고, 단 한 가지, 위안화만이 있었다. 정돈된 현금 뭉치들이 산더미처럼 쌓여 있었다. 이 돈은 수만 대의 아이폰을 구매할 목적으로 이주노동자들에게 곧바로 지급될 준비가 되어 있었다. 모르몬교 선교사였던 과거의 그 어떤 경험도 그에게 이런 상황을 대비하게 해주지는 못했다. 눈앞에 펼쳐진 위안화의 바다를 바라보며, 포드는 자신이 지금 10억 달러 규모의 현금을 보고 있는 것 같다고 생각했다. "그 정도 크기의 방에 들어갈 수 있는 액수가 얼마인지는 모르겠지만, 한 공간에서 본 돈 중 가장 많았어요." 물론 그의 추정은 정확하지 않다. 어쩌면 크게 빗나갔을 수도 있다. 그러나 애플의 인기가 높아지면서, 포드와 그의 팀이 하루 동안 들어온 수백만 달러어치의 위안화를 셈하느라 몇 시간을 보내는 일이 잦아졌다. 그 돈을 수송하기 위해 장갑 수송차가 오곤 했는데, 곧 이런 차량이 하루에도 여러 번 매장을 찾게 되었다. 매장의 뒷방만으로는 도저히 그 현금을 감당할 수 없었기 때문이다.

"중국에 오신 걸 환영합니다"

그 황뉴는 포드에게 이렇게 말했다. "당신이 계속 판다면, 나는 사람들이 더는 사고 싶어 하지 않을 때까지 계속 살 겁니다." 그는 이어 자신의 사업 방식을 간략히 설명했다. 수백 명의 일반인을 고용해 각자 여러 대의 아이폰을 구매하게 하면, 그의 조직은 세계에서 가장 상징적인 제품을 수천 대 단위로 확보할 수 있었다. 이렇게 모은 기기들은 다른 대도시로 옮겨졌고, 그곳의 조직폭력배들이 사실상 독점적으로 판매했다. 그 기회는 엄청났다. 미국에는 인구 200만 명이 넘는 도시가 네 곳뿐이었지만, 중국에는 최소 40곳이 있었다. 중국 남서부의 도시 충칭을 들어본 서양인은 많지 않았지만, 2010년 《와이어드》는 이곳을 "지구상에서 가장 빠르게 성장하는 도시"라고 불렀다.[9] 불과 15년 만에 충칭의 인구는 두 배로 늘어 3200만 명에 이르렀다. 이 사례가 보여주는 것은 단 한 명의 황뉴와 소위 '가방 아줌마'로 불리는 그의 임시 고용인들이 사우스캐롤라이나주만 한 면적에 텍사스주보다 많은 인구를 가진 대도시에서 아이폰을 독점 유통할 수 있다는 사실이었다. 애플이 그런 도시들에 자체 매장을 열기 전까지는 베이징의 황뉴들과 그들의 현금 창고가 절대 사라지지 않을 터였다.

황뉴들은 지방 신문에 구인 광고를 내고 이주노동자들을 버스로 태워 나르며 매장 앞 대기열을 채워 넣었다. 그 결과 일종의 긱 이코노미 gig economy가 형성되었다. 그들은 베이징과 상하이의 애플스토어 네 곳에 하루 영업이 시작되기 몇 시간 전부터 수백 명을 줄 세우고, 아이폰이나 아이패드를 한 대 구매할 때마다 약 100위안을 지급했다. 애플은 구매자가 유효한 신분증을 소지할 것을 조건으로 내걸었지만, 그 외에는 누가 매장에 들어올 수 있을지를 선별할 수 없었다. 중국에 거주하던 미국 마약단속국 요원 브래디 매카이Brady MacKay는 수천 명의 소비자가 서로 다투는 모습을 보며 중국인들의 열광적인 분위기에 압도당했다. 매카이는 애플 직원들이 줄을 정돈하고 질서를 유지하기 위해 밧줄과 난간을 사용했다고 말했다. "거의 폭동에 가까운 상황이었어요. 그런데도 포드는 어떻게든 진정시키려고 애쓰고 있었습니다. 대중, 인파, 혼란, 사기, 부정행위를 통제하면서도 제품은 계속 팔아야 했어요. 사람들이 새 아이폰 두 대를 들고나오면 순식간에 몰려드는 군중에게 휩싸였어요. 버스에서 사람들이 쏟아져 나와 아이폰 두 대를 사기 위해 줄을 서고 대기했습니다. 정말 믿기 어려운 혼란 그 자체였어요."

포드는 쿠퍼티노와 소통하며 중국에서의 수요가 얼마나 폭발적인지 제대로 전달하는 데 어려움을 겪었다. 한번은 베이징을 방문한 애플 임원에게 자신이 필요한 아이폰 수량을 말하자, 그 임원은 믿기지 않는다는 듯한 표정을 지었다. "그건 전 세계 아이폰 물량의 4분의 1을 달라는 말이잖아요!" 그러자 포드는 임원을 바라보며 이렇게 답했다. "맞습니다. 중국에 오신 걸 환영합니다."

황뉴들에게 놀아나다

이론상으로는 중국 전역에서 충분히 아이폰을 구매할 수 있었다. 애플의 공식 매장 네 곳 외에도 쿠퍼티노는 2010년의 첫 3개월 동안 공인 리셀러 매장을 800곳이나 늘려 총 2,000곳에 이르게 했다. 애플의 유일한 통신사 파트너인 차이나 유니콤도 전국에 100개가 넘는 매장을 보유하고 있었다. 하지만 현실에서는 이런 조치들이 큰 도움이 되지 못했다. 일부 매장에는 수십 대 남짓의 아이폰만 배정되었는데, 수요가 워낙 폭발적이라 누구라도 재고를 슬쩍 빼돌려 따로 팔면 쉽게 돈을 벌 수 있었다. 애플 경영진은 통신사에 배정된 아이폰이 과연 자신들이 정한 가격대로 판매되고 있는지조차 확신할 수 없었다.

차이나 유니콤은 더 많은 아이폰을 요구했지만, 그들은 90쪽이 넘는 계약서 어딘가에 묻혀 있던 중요한 조항을 간과했던 것으로 보인다. 법률 용어로 명시된 내용에 따르면 가격, 물량, 공급 시기와 관련해 애플의 공식 매장들이 우선권을 갖고 있었다. 게다가 애플에서 구매한 아이폰은 무약정이었던 반면, 차이나 유니콤은 2년 약정 가입을 요구했다. 여기에 더해, 위조 상품이 만연한 탓에 중국 소비자들이 아이폰을 애플스토어에서 직접 구매하길 원했다는 점도 불리하게 작용했다.

2010년 10월 내내, 중국에 있는 네 곳의 애플스토어에서는 감당할 수 없을 정도의 폭발적인 판매가 이뤄졌다. 때로는 싼리툰 매장에서 분당 15대의 아이패드가 판매될 정도였는데, 이는 일반적인 애플스토어에서는 물리적으로 불가능한 속도였다. 그러나 이 상황은 결코 정상적이지 않았다. 황뉴들은 애플의 규칙에 철저히 적응해, 줄을 서도록 고용한 사람들에게 모두 똑같은 금액의 돈다발을 들려 보냈다. 애플 직원들은 여기에 대응해 정해진 수량만큼의 아이패드를 미리 준비해두고, 거스름돈도 정확히 계산해두었다. 포드는 이렇게 말했다. "우리는 돈 세는 기계까지 올려놓고 이중으로 확인했어요. 고객에게 거스름돈과 제품을 건네면 그들은 바로 매장을 빠져나갔습니다."

싼리툰 매장의 직원들은 불과 며칠 전에 폭스콘의 선전 공장에서 같은 제품을 조립하고 포장했던 노동자들처럼, 효율적이고도 기계적으로 제품을 판매했다. 그들은 마치 컨베이어벨트 앞에 있는 듯했다. 수요가 워낙 컸기 때문에 애플은 매장의 AS 공간인 지니어스 바Genius Bar를 없애고 계산대를 추가 설치했다. 매출이 가장 높은 시간대에는 최대 30개의 계산대가 동시에 가동되었고 각 계산대는 2분마다 거래를 처리했다. "그런 판매량을 소매업에서 본 사람은 아무도 없었어요. 그 일은 갑자기 벌어졌고, 엄청난 성장통이 따랐습니다." 또 다른 애플 임원은 이렇게 말했다.

그 후 며칠, 몇 주에 걸쳐 애플의 네 개 매장은 추가로 물량을 공급받았지만, 매번 황뉴들에게 선수를 빼앗기곤 했다. 그들은 점점 더 조직적이고 정교하게 움직였다. 개중 일부는 하루에 수백 대의 아이폰을 살 수 있을 정도의 자본력을 갖추었으니, 실제로 한 애플 임원은 이렇게 말했다. "그들은 매장 밖에서 캐리어를 들고 기다리고 있었어요. 그 안에 아이폰을 담아 전자상가로 가져가기 위해서였습니다."

애플은 2010년 10월 중국판 온라인 스토어를 출시하며 수요를 완화하려 했지만, 그 채널도 곧 붕괴하고 말았다. 황뉴들은 온라인 스토어를 자신들의 사업에 대한 위협이자 동시에 더 많은 물량을 확보할 기회로 간주했고, 모든 제품을 선점하고 모든 예약을 차지할 방법을 곧 찾아냈다. 이에 애플은 하루 전에만 사전 예약을 할 수 있게 제한하고, 신원 확인 절차도 강화했다. "하지만 24시간도 안 되어 그들은 우리의 시스템을 해킹해 서비스를 마비시켰어요. 그래서 아무도 예약하지 못하게 하거나, 자기들이 모든 예약을 가져가버렸습니다." 한 전직 애플 임원이 말했다.

애플 개발팀은 황뉴들이 어떻게 그렇게 빠르게 움직이는지 이해하지 못해 애먹었다. 예약을 차지하는 것이 봇bot이라고 판단한 그들은 사용자가 실제 사람인지 검증하는 캡차CAPTCHA 시스템을 도입했지만, 효과는 없었다. 결국 애플은 황뉴들을 차단할 더 나은 방법이 있는지 확인하고자 티켓 판매 플랫폼인 티켓마스터Ticketmaster에 도움을 요청했고, 티켓마스터는 애플의 시스템 자체에는 문제가 없다고 결론지었다. 단지 황뉴들의 숫자가 너무 많았다. 수년이 지난 뒤에도 이 일화를 회상하는 애플 임원들은 반복해서 시스템이 "해킹당했다"라고 표현했다. 하지만 이는 정확한 의미의 해킹은 아니었다. 실제 공격이 있었던 것이 아니라, 황뉴들이 수많은 사람에게 돈을 주어 그들을 온라인 스토어에 몰아넣었을 뿐이다. 애플이 중국 공장에서 값비싼 기계보다 저임금 노동자들이 더 효율적으로 작업을 수행할 수 있다고 판단했던 것처럼, 황뉴들도 봇보다 수많은 사람을 동원하는 것이 더 효과적이라는 사실을 잘 알고 있었다.

연봉의 30퍼센트를 쏟아붓는 중국인들

이 문제를 놓고 쿠퍼티노에서는 물량을 배분하는 팀과 수요를 예측하는 팀이 함께 회의했지만, 결국 할 수 있는 일은 추정뿐이었다. 직감에 의존한 수치를 최고경영진에 보고하는 것은 부적절했지만, 기존의 증거 기반 분석, 예를 들어 1인당 소득 같은 지표에 따른 예상치는 터무니없이 빗나가기 일쑤였다. 그 일에 관여했던 한 사람은 이렇게 말했다. "뭘 어떻게 하든, 결국은 숫자를 아무 데서나 뽑아낼 수밖에 없었어요." 또 다른 사람에 따르면, 그들은 전년도 매출을 살펴본 뒤 그럴듯하게 보이는 두 자릿수 성장률을 가정하곤 했다. "하지만 그 수치는 전혀 충분하지 않았어요. 우리는 항상 틀렸습니다." 다음 해에는 예측치를 두 배로 잡고 그 수치가 절반 이상 과대 추정된 것은 아니길 바랐지만, 결국 자신들이 지나치게 조심스러웠다는 사실을 깨닫게 되었다. 한 임원은 이렇게 말했다. "친구들이 항상 물었어요. '혹시 일부러 수요를 낮게 유지하려는 마케팅 전략이야?' 하지만 그건 전략이 아니었습니다. 우리는 그냥 매번 틀렸던 거예요."

애플은 중국 소비자를 더 잘 이해하기 위해 일련의 고객 인터뷰를 진행했다. 그 결과는 애플 브랜드의 강력한 영향력을 보여주는 몇 가지 통찰을 담고 있었다. 응답자의 5분의 1은 애플스토어를 열 번 이상 방문한 적이 있었고, 5분의 2는 아이폰을 구매할 가능성이 '매우 크다'라고 답했으며, 그보다 더 많은 사람이 맥을 사고 싶다고 밝혔다. 그러나 전반적으로 이 조사는 수요 예측 작업이 얼마나 불확실한지를 다시 한번 강조하는 데 그쳤다. 우선 쿠퍼티노는 인구가 10억 명이 넘는 중국에서는 중위 소득 같은 지표가 무용지물일 뿐 아니라 오히려 상황을 오독하게 할 수 있다는 사실을 깨달았다. 통계는 가끔 전국 평균 소득을 기준으로 삼았는데, 이 과정에서 내륙에 사는 수억 명의 인구가 지나치게 반영되었다. 하지만 베이징의 소득만 따로 떼어내 계산하더라도 예상 수요는 전혀 맞아떨어지지 않았다.

좀 더 정확하게 말하자면, 애플은 매장에서 고객들에게 직접 소득 수준을 물어보았지만, 아무 소용이 없었다. 보고된 평균 소득은 애플이 예상했던 것보다 낮았지만, 그 수치는 매출과는 아무런 상관이 없었다. 한 사례에서 어떤 우체국 직원은 연봉의 무려 30퍼센트를 아이폰 구매에 쏟아부었다. 그는 애플의 조사원에게 이렇게 말했다. "사람들이 내가 아이폰을 들고 있는 걸 보면, 나는 더 이상 단순한 우편배

달부가 아닙니다."

아이폰 사용자라는 새로운 지위

중국에서의 아이폰 수요는 쿠퍼티노의 임원들에게 큰 충격을 주었다. 2010년 4분기에 홍콩과 대만을 포함한 중화권 매출이 네 배나 급증해 26억 달러에 달하자, 팀 쿡은 이 성장을 "그야말로 경이롭습니다"라고 표현했다.[10] 애플이 이 수요를 예측하지 못했다고 비난하기는 어렵다. 확실한 시장조사가 부족했던 2000년대 내내 더 흔했던 오류는 오히려 그 반대였기 때문이다. 당시 다국적기업 임원들은 상하이나 베이징 같은 일류 도시에서만 시간을 보낸 다음, 그때 받았던 인상을 연간 소득이 훨씬 낮고, 취향과 필요가 전혀 다른 10억 명이 넘는 소비자 전체에 잘못 적용하곤 했다. 결국 상위 시장을 벗어나면 제품에 대한 수요가 거의 없다는 사실이 밝혀지고서야, 서구 기업들은 부풀린 기대를 거둬들여야 했다. 그러나 아이폰이 갑작스럽게 시장경제에 참여할 수 있게 된 새로운 세대에 의미한 바를 단순히 '지위의 상징'이라고만 표현하기에는 턱없이 부족했다.

중국의 도시 인구는 1980년에 20퍼센트가 채 되지 않았지만, 2012년에는 50퍼센트를 넘어섰다. 수억 명이 빈곤에서 벗어나면서 많은 사람이 그 변화를 과시하고자 했다. 초부유층은 1만 2000달러짜리 루이비통 가방을 사거나 BMW를 몰고 다녔지만, 급성장한 중산층에 아이폰은 접근하기 좋고 눈에 띄는 선택지였다. 미국 대사관에서 주재관으로 근무하던 마약단속국 요원 매카이는 단 한 세대 만에 중국이 "마오쩌둥과 중국공산당이 개인 사업가를 숙청하고 수용소에 보내던 시절에서 이제는 당의 고위 간부들까지 포함해 모두가 돈을 벌고 20년 전에는 상상조차 못 한 삶을 누리는" 시대로 변했다고 강조했다.

매카이는 19세가 되던 1979년 처음 중국을 방문했고, 1980년대에 중국에서 대학을 다녔다. 당시 중국인들은 모두 노동자 계급을 상징하는 청색 옷이나 녹색 군복을 입고 다녔다. "개인 소유의 자동차는 없었고, 개인 식당도 거의 없었어요. 메뉴에 열 가지가 적혀 있더라도 실제로 식당에 준비된 음식은 두 가지 정도였습니다." 그래서 중국 사람들이 돈을 벌기 시작했을 때, 그는 그 상황을 이렇게 말했다. "그들은 그 돈을 어떻게 과시하고, 어떻게 통제해야 할지를 전혀 몰랐어요. 그리고 애플은 그 한가운데 있었습니다. 애플은 단순히 중국에서 제조만 한 것이 아니라, 소매 수준에서 엄청난 수요가 있는 제품을 판매하고 있었어요. 그리고 애플이 뭔가를 출시할 때마다 이런 현상은 반복되었어요. 그 제품들은 돈을 가진 중국인들이 원하던 것이었습니다. 왜냐하면 그것은 상징이었으니까요. 사실 그들에게 중요한 건 전화기 자체가 아니었습니다. 바로 그 전화기가 지닌 상징성이었지요." 매카이는 이런 느낌을 전달할 서구적인 비유를 떠올리려 했지만, 쉽지 않았다. "최초의 자동차가 등장한 1880년대로 돌아가야 할 겁니다. 흙탕물이 흐르는 냇가에서 말을 타고 다니던 시절, 그때 처음으로 차를 가진 사람이 되는 것과 같은 느낌이었어요."

아이폰을 살 형편이 안 되는 수천 명의 사람마저 어떻게든 그것을 손에 넣는 방법을 찾아냈다. 《차이나데일리》에 따르면, 우한 지역 대학생들을 대상으로 한 조사에서 2만 명이 "고급 전자제품"을 사기 위해 12개월 기준 최대 47퍼센트에 달하는 고금리 대출을 받았는데, 그중

90퍼센트가 애플 제품을 사기 위해서였다.[11] 가장 널리 알려진 사건은 최신형 아이폰과 아이패드를 살 돈을 마련하기 위해 암시장에서 자신의 신장을 판 17세 소년의 사례일 것이다.[12]

손가락 신호와 짧은 평화

회색시장은 엄청난 수익을 올릴 만큼 성장했다. 어떤 밀수업자들은 황당하면서도 기발한 계획을 실행에 옮기기까지 했다. 한 사례에서는 일당 여섯 명이 홍콩의 한 아파트와 국경 너머의 선전을 집라인으로 연결하기까지 했다. 그들은 크레인을 활용해 아이폰과 아이패드로 가득 찬 가방을 해당 아파트 옥상으로 올린 다음, 집라인에 실어 내려보냈다.[13] 그 외에도 수없이 많은 밀수업자가 몸에 수만 달러어치의 아이폰을 '착용'한 채 적발되었다. 때로는 아이폰을 몸에 단단히 묶어 숨기기도 했고, 또 어떤 때는 특별히 짜 넣은 셔츠 안쪽의 맞춤형 주머니에 넣어 밀수하기도 했다. 한 중국인 주부는 허리에만 아이폰 65대를 감고 있다가 적발된 적이 있었는데, 그는 가방 안에도 최소 20대를 더 숨겨두고 있었다.[14]

아이폰에 대한 수요가 너무나 당연한 현상으로 자리 잡자 공식 매장에서 포드와 황뉴들 간의 일종의 관계가 형성되었다. 그 속에는 불문율과 말 없는 대화의 체계가 포함되어 있었다. 줄을 서기만 하면 돈을 벌 수 있는 사람들을 통제하기란 너무 어려운 일이었다. 그들은 대체로 가난했으며, 공장에서 일주일 동안 일하는 것보다 더 많은 수수료를 받을 수 있기에 몇 시간씩 서 있었다. 매카이는 포드가 매장 입구에 서 있는 모습을 떠올렸다. 그는 3,000명가량 되는 인파 앞에서 홀로 권위를 상징하는 존재였으며, 시선과 손짓 하나로 질서를 유지하고 있었다. 그가 손가락 하나를 살짝 들어 올리면, 그것은 '한 번의 실수'를 의미하는 신호였다. 이는 누군가가 새치기하거나, 지나치게 고함을 지르거나, 팔꿈치로 치는 정도의 소란에 해당하는 경우였다. 두 번째 실수가 발생하면 그는 손가락 두 개를 들어 올린 뒤, 입구를 닫고 15분 동안 판매를 중단했다. 만약 손가락 세 개를 들어 올려야 할 상황이 오면, 매장은 한 시간 동안 문을 닫았다. 그러나 그런 일은 드물었다. 포드는 이렇게 설명했다. "판매를 멈추면 돈을 벌 수 없기 때문이에요. 그들은 그저 다시 팔기 위해 제품을 구매하는 거니까요. 오직 물량이 중요했을 뿐입니다."

그 단순한 시스템은 꽤 잘 작동했다. 그때까지만 해도 그랬다. 그러나 다음에 일어난 대형 사건은 상황을 완전히 뒤흔들었다. 피를 흘리며 땅에 쓰러진 남자의 사진, 애플 직원이 금속 막대기로 고객을 폭행했다는 확인되지 않은 보도 그리고 수갑이 채워진 채 끌려가는 포드의 모습이 이어졌다. 더 심각한 것은 이 모든 장면이 영상에 담겼고, 그 영상이 잡스에게까지 전달되었다는 점이다.

23장 | 중국을 이해하지 못하다

잡스는 전화를 걸 때 기분이 좋은 경우가 별로 없었지만, 이번처럼 화난 경우 또한 드물었다. 전화벨이 울렸을 때, 애플의 소매 사업을 총괄하는 수석부사장 존슨은 이미 부정적인 헤드라인으로 장식된 중국발 기사들을 읽고 있었다. 하루 전인 2011년 5월 6일 금요일, 중국의 애플스토어에서 아이패드 2 판매가 시작되었고, 그 효과는 마치 불에 기름을 붓는 것과 같았다. 이미 지난주에 출시된 순백색의 아이폰 4 때문에 애플스토어 밖의 줄은 평소보다 더 길고 혼란스러웠다. 그러던 중에 싼리툰 매장에서 애플 직원이 연루된 충돌 사태가 발생했다는 보도가 터져 나왔다.[15] 애플은 이에 대응해 매장 문을 잠갔고, 긴장은 더욱 고조되었으며, CNN 등이 이 사건을 보도하기 시작했다. 당시 상황은 애플의 보안 카메라에 고스란히 녹화되어 잡스에게 전달되었다. 흐릿한 영상 속에서, 한 젊은 중국인이 덩치 큰 애플 직원에게 바싹 붙어 도발하자, 파란색 유니폼을 입고 있던 그 미국인이 중국인을 밀쳐 넘어뜨렸다. 바닥에 주저앉은 중국인이 고통스러워하며 몸을 뒤트는 사이, 보안 요원들이 나타나 애플 직원을 보호하며 화면 밖으로 대피시켰다. 곧 현장은 아수라장이 되었다. 그 영상을 본 잡스는 분노를 억누르지 못했다. 그는 존슨에게 단 세 마디를 내뱉었다. "그 개자식을 해고해!"

피, 쇠몽둥이, 강제수용소

3개월 전, 잡스는 새로운 아이패드를 공개했다. 이날 발표는 잡스의 수척한 모습 때문에 많은 이가 여러 의견을 쏟아내게 했다. 그는 2003년에 암을 진단받았고, 이듬해 대수술을 받았다. 수술 결과는 성공적인 것으로 보였지만, 암은 2008년에 재발했고 잡스는 간이식을 위해 두 번째 병가를 냈다. 2011년 초에는 세 번째 병가를 냈고, 이 기간에 식욕 저하로 상당한 체중을 잃었다. 상황이 이러했으니, 아이패드 2 '스페셜 이벤트'에서 그의 등장은 예상치 못한 일이었고, 큰 박수를 받았다.

쇠약한 모습과 달리, 잡스는 강렬한 발표를 선보였다. 그는 첫 번째 아이패드가 출시 후 9개월 동안 1500만 대 가까이 팔렸으며, 이는 아이폰보다 더 빠른 판매 속도였다고, 그때까지 팔린 모든 태블릿의 총합을 뛰어넘는 수치라고 설명했다. 경영진들은 중국에서의 아이패드 2 출시를 손꼽아 기다렸다. 그러나 그 주말이 오자, 상황은 완전히 혼란에 빠졌다.

존슨은 잡스를 진정시키기 위해 최선을 다했다. 어떤 상황에서든 쉽지 않은 일이었지만, 이번 경우는 특히나 더 어려웠다. 그는 문제의 직원이 단순한 아르바이트생이 아니라 싼리툰 매장의 책임자라고 설명했다. 포드는 사실상 중국 소매 사업을 총괄하고 있었다. 그는 가족까지 중국으로 데려와 애플을 위해 온 힘을 다해 일해왔다. 그러나 현 상황에서 잡스를 달래기는 쉽지 않았다. 포드는 충돌 직후 체포되었고, 존슨은 세부 사항을 파악하지 못하고 있었다. 그는 자신의 바로 아래 관리자인 카노와만 통화한 상태였는데, 카노는 포드에게서 반갑지 않은 내용의 전화를 받은 참이었다. 포드는 구치소에 있었다! 그는 걱정할 필요가 없다고 했다지만, 카노는 크게 스트레스받았다. 어떻게 그러지 않을 수 있었겠는가? AP통신의 기사가 전 세계로 퍼져나가며, "중국 수도의 한 애플스토어에서 직원과 고객 사이에 벌어진 싸움"이 보도되었다. 기사에 첨부된 사진은 홍보팀에 악몽과도 같은 장면이었다. 상처를 입은 젊은 남성이 바닥에 누워 있었고, 그 옆에서 침울한 표정의 여성이 카메라를 올려다보며 피에 젖은 휴지를 움켜쥐고 있었다. 한 중국인 목격자는 "외국인 직원"이 현지 고객과 몸싸움을 벌였다고 전했다. 네티즌들은 트위터(지금의 X)와 유사한 마이크로블로깅 플랫폼인 시나 웨이보Sina Weibo에 외국인 직원이 "쇠몽둥이로 중국인 한 명을 때렸다"라는 터무니없는 주장을 퍼뜨렸다.

상황은 매우 복잡했다. 카노가 알아낸 바에 따르면, 포드는 주중 미국 대사였던 존 헌츠먼 주니어Jon Huntsman Jr. 측과 연락을 취하고 있었다. 베이징의 애플스토어는 수 시간 동안 문을 닫았다. 현지의 애플 홍보 담당자인 캐롤린 우Carolyn Wu는 전 세계 언론사들에서 걸려오는 전화를 받느라 분주했다. 그는 "매장 매니저들이 자신들과 고객을 보호하기 위해 출입문을 닫고 군중의 진입을 막았다"라고 AP통신에 설명했다. 그러나 매장 폐쇄는 혼란을 더욱 악화시켰다. 줄을 서 있던 수백 명은 단순한 애플 팬이 아니었다. 그들은 황뉴에 고용된 노동자들이었고, 매장이 문을 닫으면서 일주일 치 수입을 잃게 되었다.

분노한 군중은 매장 폐쇄에 항의하며 유리문을 격렬하게 흔들었고, 결국 유리문은 산산이 부서졌다. 이 장면 또한 촬영되어 전 세계에 배포되었다. 이후 소문이 와전되면서 공포가 확산했다. 쿠퍼티노의 일부 경영진은 최악의 사태를 우려하기 시작했다. 매장 책임자를 중국공산당이 강제수용소로 보냈다는 소문까지 돌기 시작했다.

사실과 진실의 차이

영상이 유출되었다면 그날은 포드가 애플에서 일하는 마지막 날이 되었을 것이고, 그의 가족도 중국에서 보내는 마지막 주가 되었을 것이다. 그러나 영상은 유출되지 않았다. 외국인이 중국인을 폭행했다는 소문은 널리 퍼졌지만, 구체적인 사실을 알아낸 사람은 없었다. 포드의 이름이나 직책은 신문에 실리지도 않았다. 이틀 후 《인민일보》가 "폭행당한 남성"이 치료비 명목으로 2만 위안(약 3,000달러)을 받았다고 잘못 보도했을 때조차 마찬가지였다.

그날 실제로 벌어진 일은 흐릿한 영상에서 보이는 것만큼 극적이지 않았다. 포드는 애플스토어 밖의 군중 사이를 걸어 다니며 사람들에게 중국어로 말을 걸고 분위기를 부드럽게 하고자 노력하고 있었다. 건물의 뒤편, 언론이 몰려 있던 정문과 멀리 떨어진 곳에서 한 여성이 난폭하게 행동하며 손톱자국이 날 정도로 포드의 팔을 붙잡고 새치기하게 해달라고 애원했다. 포드는 서둘러 몸을 빼내려 했지만, 곧 젊은 남성이 그의 얼굴 바로 앞까지 다가와 대치하게 되었다. 거리를 두기 위해 포드는 그를 밀어냈다. 영상을 본 한 애플 매니저는 "그 남자는 그냥 주저앉았어요"라고 말했다. 그 젊은 남성은 심판이 보고 있는 것을 의식한 운동선수처럼 극적으로 바닥에 쓰러졌다. 영상을 목격한 또 다른 사람은 "완전히 계획된 연출이었습니다"라고 말했다. 젊은 남성은 바닥에 쓰러진 뒤 더욱 과장된 몸짓으로 고통을 호소하며 몸을 떨었다. 분노한 소비자들이 포드를 에워싸자, 보안 요원들이 군중을 헤치고 들어가 그를 붙잡아 안전한 곳으로 안내했다. "영상을 보면 상황이 좋아 보이지 않았어요. 끔찍해 보였습니다"라고 포드는 인정했다. "그 아이를 거의 건드리지도 않았지만, 나는 덩치가 커요. 작은 체구가 아니에요. 그러니까 밀치긴 했지만, 그 아이가 심하게 과장했다고 생각합니다."

그 현장을 직접 목격한 언론이 없었기에 이 충돌은 원래라면 큰 주목을 받지 않았을 가능성이 컸다. 그러나 산산이 부서진 유리문은 군중의 난폭함이 그 어느 때보다 극심했다는 증거가 되었다. 중국의 일부 온라인 언론사는 고객 서너 명이 다쳤다고 보도했다. 한 사람은 기자들에게 자신은 소동을 피하려 했지만 누군가가 던진 병에 맞아 머리에 상처가 났다고 말했다. 언론사들은 앞다투어 이 사건을 보도했다. 《더위크》는 기사 제목을 〈중국 애플스토어, 피로 얼룩진 난투극 China's Bloody Apple Brawl〉이라고 뽑았다. 다른 사람들은 군중이 폭동을 일으켰다고 주장했지만, 실제 상황은 그렇게 격렬하지 않았다. 군중이 유리문을 깨뜨렸을 때, 그들은 기뻐하며 다음 물건을 부수려고 한 것이 아니라 곧바로 침묵에 빠졌다. 애초에 무언가를 부수려는 의도가 없었기에, 그들은 현장에 있던 경찰서장 두Du에게 체포될까 봐 걱정하기 시작했다. 포드는 이 사건으로 두가 곤란을 겪게 될지 모른다고 생각했다. 포드는 그를 3년 넘게 알고 지냈다. 포드는 이렇게 말했다. "그의 유일한 임무는 치안을 유지하는 거예요. '내 구역에서 소란만 일으키지 마라. 그러면 내 상사들이 나를 해고하지 않는다.' 중국 경찰은 바로 이런 식으로 운영되고 있어요."

지위 권력 게임

중국에 살던 당시, 포드는 어린 자녀들에게 현지 경찰 대응법을 가르쳤다. "내 아이들은 어릴 때 이렇게 배웠어요. '경찰이 다가와 무언가를 요구하면, 가장 먼저 총이 있는지 확인해라. 총이 없으면 무시해도 된다. 하지만 만약 총을 가진 경찰이 오면, 그건 군 경찰이니까 시키는 대로 다 해야 한다. 하지만 군 경찰이 아닌 일반 경찰은 아무런 권한이 없다.'"

포드의 형이 중국을 방문했을 때 그는 이 교훈을 좀 더 재미있고 약간 위험한 방식으로 가르쳤다. "형은 중국에서 내가 운전하는 차에 타는 걸 정말 좋아했어요. 왜냐하면 나는 빨간불에 걸린 경찰차 옆에 멈췄다가 그 앞에서 신호를 무시하고 달렸기 때문이에요. 형은 웃으면서 '어떻게 그렇게 할 수 있지?'라고 물었어요. 그건 경찰이 내가 그렇게 하는 걸 보면, 내게 그럴 권한이 있다고 여겼기 때문입니다. 이토록 대담하게 신호를 무시할 정도로 힘 있는 사람을 건드렸다가는 해고당할 위험이 있다고 생각했던 것이죠."

포드는 한 남성이 25개의 신분증을 들고 온 일을 이야기했다. 모든 신분증에는 같은 얼굴의 사진이 붙어 있었지만, 이름은 전부 달랐다. 애플은 1인당 아이폰 판매 수량을 두 대로 제한하고 있었는데, 그는 아이폰 50대를 사겠다고 했다. 포드는 웃음이 나왔지만, 당연히 판매를 거절했다. 그러자 그가 경찰을 부르는 바람에 깜짝 놀랐다. 더 놀라운 일은 경찰서장 두가 와서 상황을 살피더니 "그러면 아이폰 15대만 파세요"라고 중재했다는 사실이다. 이 반응은 터무니없었지만, 문화적으로 타협이 당연시되던 분위기라 놀랍지는 않았다. 포드는 항의했다. "여기 신분증이 전부 가짜인데, 신경 안 쓰세요?" 그러자 두는 이렇게 답했다. "글쎄, 내가 어떻게 그게 가짜인지 알겠어요?" 포드는 어이없어하며 같은 얼굴에 이름이 25개나 되기 때문이라고 말했다. 그러자 이러한 답변이 돌아왔다. "맞아요. 그런데 한 장씩 보면 그게 가짜인지 내가 어떻게 알지요?"

포드는 자신이 두를 곤란한 처지에 몰아넣었다는 사실을 깨달았다. 무엇보다도 경찰의 역할은 겉으로 보이는 질서를 유지하는 일이었다. 실제 권한은 제한적이었다. 이 황뉴가 25개의 그럴듯한 가짜 신분증을 가지고 있다면, 그는 정부나 조직폭력배와 연관된 중요한 인물일 수 있었다. 만약 두가 그를 체포했다가는 다음 날 죽임당할 위험도 있었다. 포드는 이렇게 말했다. "그게 그의 실제 생각이었는지는 모르겠지만, 문화적으로 그가 피하려고 하는 뭔가가 있었어요." 두에게 평화를 유지한다는 것은 곧 그냥 뭔가를 조금 주고 보내버리자는 의미였다.

애플스토어를 운영하면서 어떤 관리에게 권한이 있고, 어떤 관리에게 권한이 없는지를 파악하는 일은 매우 중요한 문제였다. 중국에서는 특별 대우를 기대하는 당국자를 달래지 못해 곤란한 상황에 빠지는 일이 흔했다. 예를 들어 정부 관리들은 아이폰을 특별 할인가로 제공하지 않으면 애플스토어에 벌금을 부과하겠다고 위협하기도 했다. 하지만 애플은 뇌물을 주지 않는다는 명확한 정책을 시행하고 있었고, 포드도 이를 용납하지 않았다. 가끔은 가짜 벌금이 부과되기도 했지만, 포드는 지급을 거부했다. 포드는 이렇게 말했다. "그냥 단호하게 거절했습니다. 실제로 권한이 없더라도 마치 있는 것처럼 권력을 행사해야 합니다."

작은 톈안먼 사태

경찰 고위층을 상대할 때는 훨씬 더 신중한 접근이 필요했다. 이들은 단호하게 행동했다. 그들의 임무는 단순히 평화를 유지하는 데 있다기보다는, 어떤 대가를 치르더라도 공포를 심어 질서를 유지하는 데 있었다. 2010년의 어느 날, 상하이 푸둥의 애플스토어에서 일이 벌어졌다. 푸둥 매장은 원형 유리 구조물로 된 입구를 지나 나선형 계단을 내려가야 하는 구조였다. 7,000명이 넘는 군중이 재고가 소진되자 분노했다. 직원들은 아이폰을 구매하고자 버스를 타고 온 이 농촌 사람들에게 "보세요. 재고가 더는 없어요. 우리도 어쩔 수 없습니다"라고 설명했지만, 군중은 보안 요원들이 문을 닫는 것을 물리적으로 막았다. 일부는 폭력적으로 변해, 한 사람은 의자를 던져 직원을 공격했고, 다른 이들은 살해 협박까지 했다. 수 시간 동안, 애플이 질서 유지를 위해 고용한 수백 명의 보안 요원은 격분한 고객들을 내보내지 못했다. 군중은 매장 안에서 농성을 벌였고, 현지 경찰조차 이들을 해산하지 못했다. 무장 경찰 부대가 현장에 도착했지만, 역시 소용없었다. 심지어 구청장까지 나타나 철수할 것을 요구했다. 군중이 이토록 완강하게 버텼던 이유는 이들에게 돈을 대는 황뉴 일부가 조직폭력배들과 연결되어 있었기 때문이다. 사람들은 경찰보다 조직폭력배들의 보복을 훨씬 더 두려워했다. 상황은 점점 악화되었고, 밤 11시가 넘어서자 중앙정부가 개입해 표정 없는 얼굴에 검은 옷을 입은 특수 경찰 100명을 투입했다. 현장에 있던 한 사람에 따르면, 이들의 본래 임무는 당의 고위 간부들을 경호하는 것이었다. 또 다른 사람은 이들을 'SWAT'(특수기동대)라고 불렀다.

이 정예부대는 매장 매니저들에게 보안 카메라를 끄고, 직원들을 격리하며, 전체 구역을 통제하라고 지시했다. 그들은 사람들에게 "자발적으로 나가든가, 아니면 시체 가방에 실려 나가든가 둘 중 하나다"라고 경고했다. 군중 규모가 1,500명 이하로 줄어들었을 때, 한 젊은 여성이 스마트폰을 꺼내 사진을 찍으려 했다. 그러자 경찰 한 명이 그를 바닥에 넘어뜨리고, 머리채를 잡아끌어 지니어스 바 뒤쪽으로 끌고 갔다. "그는 심하게 맞았어요." 현장에 있던 한 사람은 사건이 벌어지고 14년이 지난 지금까지도 악몽에 시달린다고 했다. "그는 고통에 찬 비명을 질렀습니다."

그 뒤 45분 동안 다른 사람들도 한 명씩 구타를 당했다. 타일로 된 바닥 일부는 피로 얼룩져 결국 타일을 교체해야 할 정도였다. 현장에 있던 직원들의 휴대전화 데이터는 모두 삭제되었고, 사건 기록은 남지 않았다. 한 사람은 이렇게 말했다. "중국이 얼마나 빨리 모든 일을 덮어버릴 수 있는지 보여주는 사례였어요. 마치 작은 톈안먼 사태 같았습니다."

미국 마약단속국 요원 매카이만큼 중국 경찰을 잘 아는 사람도 드물었다. 그는 이렇게 말했다. "그들은 무자비해요. 내가 주재관으로 중국에서 근무한 3년 동안 24시간 내내 감시팀이 붙어 있었습니다. 그들은 우리 집에 침입해 도청기를 설치하고, 컴퓨터를 해킹하는 등 온갖 첩보 활동을 벌였어요. 그 사실을 숨기지도 않았습니다. 일요일에 교회에 갔다 돌아오면, 집 안 가득 담배 연기가 퍼져 있었고, 컴퓨터는 켜진 상태였어요. 집 안에는 도청기와 카메라가 설치되어 있었습니다. 그들은 '우리는 하고 싶은 대로 할 수 있다'라는 메시지를 전하려 했던 것입니다."

전혀 준비되지 않은 애플

싼리툰 매장에서 유리문이 깨지고, 언론이 본인과 젊은 중국인 간의 충돌을 보도하기 시작한 그날, 포드는 이미 이런 배경지식을 모두 갖고 있었다. 그는 소문이 급속히 퍼지면서 얼마나 큰 문제가 될 수 있는지 즉시 깨달았다. 미국인이 중국인을 밀쳐 넘어뜨린 사건은 국가 분쟁으로까지 번질 수 있는 일이었다. 이 모든 상황은 포드가 신뢰 관계를 쌓아온 두가 보기에도 결코 좋지 않았다. 그래서 포드는 두 가지 양보를 했다. 첫째, 《인민일보》의 보도와 달리 젊은 중국인은 실제로 치료비가 전혀 들지 않았지만, 포드는 그에게 아이폰 몇 대를 주기로 했다. 둘째, 포드는 자진해서 체포되겠다고 제안했다. "만약 사건이 더 커졌을 때 두가 자기 사람들에게 뭔가 조처했다는 걸 보여줄 필요가 있었습니다. 그리고 그가 가장 쉽게 보여줄 수 있는 것은 힘 있는 미국인을 체포했다는 사실이었어요."

언론 보도가 얼마나 오래 이어질지 알 수 없었기에 포드는 구치소에 나흘 동안 머물렀다. 이러한 행동은 그의 아내를 비롯해 몇몇 사람을 정말 크게 겁먹게 했다. 애플과의 소통은 전혀 순조롭지 않았다. 포드는 자신이 혼란스러운 상황을 선제적으로 진정시키고, 현지 당국을 자기편으로 돌렸다고 생각했다. 그는 그저 방에 앉아 쉬면서 아이폰으로 전화를 걸어 자신이 체포되었다는 소식을 듣더라도 걱정할 필요가 없다고 주변인들에게 알리고 있었다. 그러나 쿠퍼티노에서는 경영진의 신뢰가 점점 흔들리고 있었다.

중국은 미국을 제외한 최대 시장으로 급부상했지만, 현지의 소매 사업을 사실상 책임져온 포드가 질서를 유지하지 못한 것처럼 보였다. 포드가 쿠퍼티노의 고위 경영진들과 친분을 쌓는 데 많은 시간을 들이지 않았다는 점도 상황을 악화시켰다. 그는 그저 일을 잘하고 문제를 해결하는 것을 좋아했을 뿐, 승진을 위해 정치적으로 움직이거나 자신을 변호할 이유를 느끼지 못했다. 애플 임원들은 중국을 방문해 아이폰과 관련된 문제를 확인할 때마다 포드를 질책했다. 포드는 이렇게 말했다. "그들은 '포드가 매장을 제대로 운영하지 못하고 있어'라고 말했어요. 하지만 나는 공급망에 문제가 있고, 유통망이 충분하지 않다고 설명했어요." 포드는 중국에서 마주한 문제들을 반복해서 상부에 보고했지만, 돌아오는 조언은 "그냥 경찰에 전화하면 되지 않나요?"라는 식의 단순한 답변뿐이었다. 그에게 보고받던 사람들은 중국을 전혀 이해하지 못했다. 그의 좌절감이 커질수록, 현장에서 직접 겪는 현실과 쿠퍼티노가 바라보는 시각 사이의 틈은 점점 더 벌어졌.

이 틈은 싼리툰 매장이 문을 연 첫 주부터 이미 뚜렷하게 드러나고 있었다. 베이징 올림픽의 폐회식이 열리던 날에 아이튠즈 스토어에는 달라이 라마의 15분짜리 연설을 음악과 함께 편집한 앨범 《티베트를 위한 노래Songs for Tibet》가 크게 소개되었다. 애플은 중국판 아이튠즈 스토어를 운영하지 않았지만, 중국 사용자들은 자주 미국판에 접속하고 있었다. 그런데 올림픽을 위해 베이징에 머물고 있던 몇몇 미국 선수가 이 앨범을 다운로드하자, 중국에서 아이튠즈 스토어 접속이 차단되었다. 앨범이 공개되고 단 하루 만이었다. 말 그대로 하루아침에 800만 곡을 이용하지 못하게 되었던 것이다.

 이 혼란은 일반 소비자들만의 문제가 아니었다. 애플 중국 법인의 인터넷이 끊기고, 다른 서비스들도 중단되었다. 애플은 전혀 준비되어 있지 않았다. 이 사건은 쿠퍼티노가 현지 문화와 민감성을 제대로 이해하지 못한 초기 사례 중 하나였다. 판매보다 표현의 자유를 택했던 것도 아니고, 애플은 그냥 무심했을 뿐이다. 1997년 벌인 "다르게 생각하라" 마케팅 캠페인에 달라이 라마를 포함했을 때와 크게 다르지 않았다. 포드는 이렇게 말했다. "쿠퍼티노는 2007년과 2008년에 정말 중국을 신경 쓰지 않았어요. 우리가 매장을 열기 전까지 그들은 그것이 어떤 의미를 갖는지 전혀 생각하지 못했습니다." 그는 본사에 이렇게 메시지를 보냈다. "조심하지 않으면 이런 일들이 여기서 우리의 사업을 완전히 망칠 수도 있습니다."

24장 | 폭스콘과 TSMC의 베팅

세계금융위기는 중국 정부의 세계관에 깊은 영향을 미쳤다. 미국 정부는 자국 주도의 세계 질서에서 중국이 벗어나거나 그 전복을 추구하기보다는 그 질서에 동참하도록 오랫동안 장려해왔다. 그러나 아프가니스탄과 이라크 전쟁은 끝없는 수렁에 빠졌고, 2008년 가을에는 서구 자본주의 자체가 붕괴 직전에 있는 듯 보였다. 경제 침체 속에서 왕치산王岐山 부주석은 미국 재무부 장관 헨리 폴슨Henry Paulson을 만났을 때 이렇게 말했다. "당신은 우리의 스승이었습니다. 하지만 지금 보니 우리의 스승이 그다지 똑똑하지 않은 것 같습니다."[16]

위기에서 기회를 발견한 폭스콘

세계 전역이 불황에 빠지고 중국의 수출이 급감하자, 중국 정부는 더 이상 세계 수요에 의존해 공장을 가동할 수 없다는 점을 깨달았다. 대신 경제 침체를 돌파하기 위해 대규모 건설 사업을 벌이기로 했다. 2009년 중국 정부는 엄청난 규모의 재정 부양책을 시행했는데, 국영 은행들에 1조 4000억 달러 규모의 대출을 지시하면서 그중 최소 절반을 인프라 투자에 투입하도록 했다.[17]

기회를 놓치지 않고 제국을 확장해온 폭스콘의 궈타이밍은 즉시 움직였다. 애플은 중국 정치에 익숙하지 않았지만, 궈타이밍은 그 지형을 잘 파악하고 있었다. 그는 단순히 거대한 공장을 세우는 데 필요한 조건만 알고 있었던 것이 아니라, 정부 관리들의 경쟁을 유도해 막대한 인센티브를 끌어내는 방법도 잘 알고 있었다. 중앙정부에서 지침이 내려오면, 각 지방의 시장과 관료들은 이를 충실히 이행하려고 앞다투어 나설 터였다. 궈타이밍은 협상을 시작했다. 가장 큰 프로젝트가 가장 큰 인센티브를 받을 것이고, 애플만큼 큰 고객은 없었다.

전직 폭스콘 임원은 이렇게 말했다. "정부 인센티브를 얻어내는 데 궈타이밍의 직관은 타의 추종을 불허합니다. 서구에서는 누구도 중국이 그렇게 많은 공장을 유치할 수 있는지 이해하지 못했어요. 말 그대로 중국 정부는 땅을 제공하고, 기반 시설을 만들어주며, 건물을 대신 지어줍니다. 그리고 노동자들의 이주도 도와줍니다. 그들이 원하는 지역에 노동력이 충분하지 않으면, 사람들을 데려오고 그 비용까지 부담합니다." 이 임원은 이렇게 덧붙였다. "그런데 단서가 하나 붙습니다. 바로 수출 약속을 반드시 이행해야 한다는 점입니다."

2010년 초쯤 애플의 COO 쿡은 선전에 도착해 궈타이밍과 만나 두 가지 주요 제품에 대해 논의했다. 혁신적인 디자인의 아이폰 4와 최초의 아이패드였다. 두 제품 모두 그해 시장에 출시될 예정이었다. 두 사람은 부품 가격, 인건비, 생산 물량 등 구체적인 수치를 놓고 이야기를 나누었다. 궈타이밍은 쿡의 말을 귀 기울여 들었지만, 그의 보수적인 전망에 당황했고, 결국 자신의 경력에서 가장 큰 승부수를 던지기로 했다.

"궈타이밍은 기본적으로 '이건 너무 보수적인 추정입니다. 당신들의 수치는 완전히 틀렸어요. 당신들이 제시한 수치보다 몇 배는 더 될 거예요'라고 말했어요." 전직 폭스콘 임원 앨런 영Alan Yeung이 말했다.

위험을 회피하는 성향이었던 쿡은 확신이 없었다. 그러나 회의에 앞서 궈타이밍은 이미 중국에 있는 애플 엔지니어들을 만나 더 낙관적인 세부 정보와 예측을 전해 들은 상태였다. 그래서 현장에서 구두 합의를 끌어냈다. 그는 대량생산체제를 구축하는 데 필요한 조치를 직접 주도하겠다고 제안했으며, 그 대가로 추후 반드시 생길 것이라 믿은 모든 주문을 폭스콘이 맡겠다고 했다. 궈타이밍은 쿡에게 말했다. "폭스콘이 이 투자를 보증하겠습니다. 지방 및 중앙정부를 비롯한 중국 정부의 파트너들과 함께 두 개의 캠퍼스를 짓겠습니다. 물량이 준비되면, 그 제품을 만들어드리겠습니다."

조화로운 사회 건설

2000년대 후반 《애틀랜틱》 기자 제임스 팰로즈James Fallows가 중국을 취재했을 때 그를 놀라게 한 것은 고층 빌딩이나 고속철도가 아니라 선전과 광둥성 전역에 걸친 거대한 제조거점의 규모였다. 2007년 여름, 그는 이렇게 썼다. "이 지역을 담당하는 주요 항구, 즉 홍콩과 선전 항구에서 지난해 출항한 화물선들은 트럭이나 기차에 실리는 표준 길이 6미터짜리의 금속 컨테이너를 4000만 개 이상 실어 나갔다. 이는 1초에 하나씩, 하루 24시간, 연중 내내 출항한 셈이었지만, 중국 전체 수출량의 절반에도 미치지 못하는 수준이었다."[18]

2010년까지 선전의 어촌 마을들은 눈부신 초고층 빌딩으로 가득한, 뉴욕보다 인구가 많은 도시로 탈바꿈했다. 그러나 이러한 건설 열풍은 중국 전체를 대표하는 모습이 아니었다. 부는 해안 도시들에 집중되어 있었고, 원자바오溫家寶 총리는 2011년 기자회견에서 중국이 여전히 "경제 기반이 취약한 개발도상국"이며, "발전이 고르지 않고" 1억 5000만 명이 빈곤선 이하에서 살아가고 있다고 밝혔다.[19] 중국 정부는 불평등이 더욱 심화할 것을 우려했다. 해안 지역으로 이주하는 노동자들은 도심에서 일하기 위해 허가증을 받아야 했다. 중국공산당은 이러한 이주를 장려했는데, 연간 10퍼센트의 GDP 성장률을 유지하는 데 필수적이었기 때문이다. 그러나 당국자들은 그 정치적 파급 효과에 대해서도 불안해하고 있었다. 그들은 공장 건설을 더욱 체계적으로 추진하려 했으며, 과열된 일류 도시들의 성장을 늦추고 해안 지역 밖에서 더 높은 소득의 일자리를 창출하고자 했다.

2010년까지 이어진 중국공산당의 5개년 계획에서 핵심 주제는 '조화로운 사회 건설'이었다. 펠로즈는 이 표현이 중국 관료들의 입에서 나오는 빈도가 미국 관료들이 '테러와의 전쟁'을 언급하는 수준과 맞먹는다고 농담하기도 했다. 그 이면에는 세계금융위기를 돌파하고자 막대한 지출을 감행하되 지속 가능한 방식으로 하겠다는 중국 정부의 의지가 깔려 있었다. 그들은 경제 침체가 가장 큰 타격을 가할 곳이 가난한 지역이 될 것으로 우려했다. 결과가 어떻게 나타날지는 아무도 장담할 수 없었다. 세계금융위기 이후 중국을 방문했던 한 애플 임원은 이렇게 말했다. "중국 정부가 가장 두려워하는 것은 혁명입니다. 그것은 지금도 마찬가지예요."

중국은 이제 겨우 변혁의 세 번째 10년을 맞이하고 있었다. 경제학자 이 웬Yi Wen은 이를 다음과 같이 표현했다. "중국은 영국이 1700년부터 1900년 사이에, 미국이 1760년부터 1920년 사이에, 일본이 1850년부터 1960년 사이에 경험한 약 150년에서 200년, 또는 그 이상에 걸친 혁명적 경제 변화를 단 한 세대 안에 압축적으로 이루어냈다."[20] 서구의 산업 발전은 물론 눈부신 성과였지만, 중국공산당에는 불길한 경고이기도 했다. 산업혁명 이후 영국은 거의 두 세기에 걸쳐 끊임없는 전쟁 상태에 있었고, 미국은 노예무역에 관여했으며 인구의 2퍼센트를 희생한 내전에 빠져들었다. 일본은 제국주의 국가로 전환되면서 사회적 대격변을 겪었다. 중국의 과제는 이들 산업 선진국의 성공적 성장을 모방하되, 동시에 사회적 불안정과 위험한 모험은 피하는 것이었다. 그들은 한 평론가가 "고대의 지혜도 없고 누군가를 따르는 추종자도 아니다"라고 표현한 새로운 정치체제 내에서 균형을 이루고자 했다.[21]

중국 일류 도시들의 소득 증가는 기하급수적이었고, 부동산 가격도 마찬가지였다. 한 전직 애플 임원은 이렇게 말했다. "모든 것이 상상을 초월할 정도로 성장하고 있었어요. 사람들은 딸들을 공장에 보내고 있었는데, 1년만 일하면 작은 마을에서 5년이나 10년 동안 생계를 유지할 수 있을 만큼의 목돈을 집에 가져올 수 있었기 때문입니다."

누이 좋고 매부 좋은

궈타이밍의 승부수는 그의 집념과 야망 그리고 대담한 성격을 잘 보여주는 사례였다. 그의 성공 비결은 고객보다 먼저 고객의 필요를 예측하는 능력이었다. 애플이 어떤 인기 제품의 생산량을 두 배로 늘려야겠다고 깨달을 즈음이면, 폭스콘은 이미 공장을 확장하고 정밀기계를 배치해 생산능력을 끌어올린 상태였다. 그러나 그보다 더 중요한 점은 정치적 감각을 보여주는 승부수였다. 세계금융위기가 닥쳤을 때, 그에 대한 자연스러운 반응으로 대만과 홍콩에 기반을 둔 대형 투자자들과 기업가들은 중국에서 철수했다. 북미와 유럽의 상품 수요가 급감했기 때문이다. 그러나 궈타이밍은 그들과는 반대로 투자에 나섰고, 그 방식은 중국 정부의 정치적 이해와 철저히 일치하도록 설계되었다.

실제로 그가 쿡에게 약속한 것은 단순한 생산능력 향상이 아니라, 해안에서 멀리 떨어진 새로운 캠퍼스였다. 그는 정저우에 아이폰 생산단지를, 청두에 아이패드 생산단지를 건설하겠다고 약속했다. 이 두 도시는 선전이나 상하이에서 1,000킬로미터 이상 떨어진 신흥 도시였다. 물론 이러한 결정에는 궈타이밍 나름의 이기적인 이유도 있었다. 2010년 1분기에 폭스콘 노동자 여섯 명이 자살을 시도했고, 그중 네 명이 사망했다. 생존자 중 한 명인 17세 노동자는 아이폰 4 생산라인에서 테스트 업무를 맡았던 이주노동자로 청각장애를 가지고 태어난 남동생을 돌보기 위해 일을 시작했다.[22] 한 달 동안 일했지만 행정 착오로 급여를 받지 못했다. 외롭고 극심한 스트레스에 시달리던 그는 결국 공장 4층에서 뛰어내렸고, 그 충격으로 하반신이 마비되었다.

2010년 말까지 자살 시도자는 18명으로 늘어났다. 폭스콘은 부정적인 일들로 세간에 널리 알려졌고, 애플은 'i노예iSlavery'라는 비난을 받았다. 여러 능력을 갖춘 궈타이밍이었지만, 언론을 능숙하게 상대하지는 못했다. 그는 공장 주변에 자살 방지용 그물을 설치하고, 노동자들에게 자살하지 않겠다는 서약서에 서명하도록 강제했다. 2010년 9월 《월스트리트저널》과의 인터뷰에서 정저우와 청두의 새 공장들에 대한 기대감을 내보인 그는 가족과 더 가까운 내륙 지역에서 일하게 되면 노동자들이 불안을 덜 느낄 것이라고 말했다. "병원이 있고, 다른 편의 시설도 있고, 오락시설도 있을 거예요. 그런데도 사람들이 자살을 선택한다면, 그때는 아무도 나를 탓할 수 없습니다."[23]

정저우 같은 내륙 지역은 경쟁이 덜했지만 선전은 이와 달리 혁신과 경쟁의 중심지였다. 폭스콘은 애플과의 협력을 공고히 하면서도 비용을 낮추고 이주노동자에 대한 부담을 줄일 방법을 모색하고 있었다. 특히 궈타이밍은 1990년대 중국이 크게 낙후되어 있던 시절에 어쩔 수 없이 설립했던 기숙사, 식당, 병원에서 벗어나 공장 운영에 집중하려 했다. 《월스트리트저널》에 따르면, 궈타이밍은 "폭스콘 직원들을 위한 마을을 지방정부가 건설하고, 그동안 회사가 떠맡아온 사회적 기능을 지방정부가 가져가도록" 요청했다. 세 시간 동안 진행된 인터뷰에서 그는 이렇게 밝혔다. "나는 청두 정부에 우리가 35억 달러를 투자할 테니, 당신들은 70억 달러를 투자해 폭스콘 노동자들이 거주할 수 있는 공간을 만들어달라고 말했습니다." 또한 새 공장에는 젊은 직원들을 지도하고 위로할 수 있는 더 많은 중장년층 노동자를 배치할 계획임을 강조했다.

궈타이밍은 가끔 이러한 변화를 자신의 동기보다는 애플이 겪고 있는 문제를 해소하는 조치로 포장하곤 했다. 2010년 초 미국은 여전히 서브프라임 모기지 사태의 여파 속에 있었고, 실업률은 거의 두 자릿수에 달했다. 그러나 중국은 정반대의 문제를 겪고 있었다. 노동력 부족이었다. 비숙련 노동자들에게 보너스가 제공되었고, 공장 임금은 불과 몇 달 만에 20퍼센트나 급등했다.[24] 일부 제조업체는 수 주씩 생산 일정이 지연되고 인력이 부족했다. 생산라인이 멈추고 공장들은 가격 인상을 검토했는데, 이는 미국이 막 불황에서 벗어나려는 시점에 인플레이션을 더욱 심화할 수 있는 상황이었다.

"임금 상승은 세계금융위기 이전부터 뚜렷하게 나타나던 노동력 부족 현상이 다시 부상하고 있음을 시사한다. 3년 전 17개 성에 걸쳐 2,749개 마을을 조사한 정부 보고서에 따르면, 이들 마을의 74퍼센트에는 더는 도시에 보낼 만한 건강한 인력이 남아 있지 않았다. 노동력이 고갈된 것이다"라고 《뉴욕타임스》는 보도했다.[25] 2000년대 내내 제조업 노동비용은 연평균 15.6퍼센트씩 상승했다.[26] 최저시급은 0.5달러도 되지 않았지만, 이러한 추세는 장기적으로 투자하려는 서구 경영진들을 불안하게 했다. 이 시기 애플의 한 제조엔지니어는 내륙으로 생산을 이전하는 것이 장기적인 해결책은 아닐지라도 "사실상 시계를 5년 전으로 되돌리는 효과"가 있다고 말했다.

노동력 확보 전쟁

또 다른 문제는 이직률이었다. 폭스콘에 지원하는 노동자 수는 부족하지 않았지만, 단조로운 업무 때문에 이들을 붙잡아두는 것은 큰 도전이었다. 펜실베이니아대학교 와튼스쿨에서 운영관리를 가르치는 켄 문Ken Moon에 따르면, 중국 내 주요 전자제품 제조업체의 연간 이직률은 300~400퍼센트에 달한다. 이에 대해 그는 "1년 안에 공장 전체 노동력을 몇 차례나 완전히 교체해야 한다는 의미"라고 설명했다. 실제로 2014년 기준, 상하이 푸둥국제공항 인근의 페가트론 공장은 생산 확대 전 준비 상태에서 10만 명의 노동자를 고용했는데, 중국에 주재하던 애플 임원에 따르면 가끔 월 25퍼센트에 달하는 이직률을 경험하기도 했다. "그들은 한 달 만에 2만 5000명의 노동자를 잃었는데, 현상 유지를 위해 같은 수를 새로 뽑아야 했습니다." 이직률에 관한 내부 보고서에서도 이 사실이 확인되었는데, 그 내용은 다음과 같았다. "상하이 페가트론 공장의 주간 노동자 이탈률은 평균 6퍼센트였으며, 평균 재직 기간은 불과 68일이었다."

스마트폰 생산이 전반적으로 중국, 특히 주강삼각주(주강 하구의 광저우, 홍콩, 선전, 마카오를 연결하는 삼각지대—옮긴이) 지역에 집중되면서 이 정도 규모의 노동력을 확보하는 일은 점점 더 어려워졌다. 애플은 공급업체들을 통해 중국의 신흥 브랜드인 샤오미, 비보Vivo, 오포Oppo는 물론, 한국의 삼성과도 노동력을 두고 경쟁하고 있었다. 모든 공급업체는 중국 내륙까지 빈 버스를 몰고 가 노동자를 모집하는 인력 중개업자들의 생태계에 의존했다. 문은 "시스템을 유지하기 위해 노동자를 확보하는 데도 하나의 거대한 생태계가 존재합니다. 이 중개업자들은 정부 허가를 받은 업체들이며, 정부는 이 시스템을 안정적으로 유지하기 위해 깊숙이 개입하고 있습니다"라고 말했다.

이직률은 특히 춘절 무렵에 극심하게 치솟았다. 공장들이 2주 동안 문을 닫고 이주노동자들은 고향으로 돌아가기 때문이다. 2009년 개봉

한 다큐멘터리 〈집으로 가는 기차〉는 이를 "세계 최대의 인류 대이동"이라고 표현하며, 단 일주일 만에 1억 3000만 명이 넘는 이주노동자가 고향으로 향하는 모습을 담았다. 이 고된 여정은 수일이 걸리기도 했는데, 화장실에 갈 수 없을 만큼 열차가 붐빈 탓에 승객들은 기저귀를 착용할 수밖에 없었다.

매년 수백만 명의 노동자가 명절을 보내고 난 뒤 고향에 머무는 것을 선택했다. 가족과 며칠 보내고 나면 단조로운 일터로 돌아가는 것이 너무 힘들었기 때문이다. 내부 보고서에 따르면, 일부 애플 공급업체는 춘절 기간에 50퍼센트를 넘는 이직률을 겪었다. 이러한 혼란이 불만이었던 애플은 수년 동안 이직률을 낮추기 위해 노력했으며, 주요 다섯 개 대학의 연구진들과 협력하기도 했지만, 효과는 거의 없었다.

"모든 노동자가 춘절 직전에 한 달 치 급여만큼의 보너스를 받고는 돌아오지 않았습니다. 그러자 애플의 공급업체들은 '좋습니다. 이제 보너스의 절반만 먼저 지급하고, 나머지 절반은 돌아올 때 주겠습니다'라고 하기 시작했어요"라고 한 애플 관리자는 말했다. 그런데도 많은 노동자가 돌아오지 않았다. 그래서 공급업체들은 보너스를 50:50이 아니라 25:75, 20:80 등으로 나눠 지급하는 방식을 도입했지만, 어느 전략도 효과적이지 않았다. "결국 바뀐 것은 춘절 전에 나가는 대신 춘절 이후에 더 많이 나간다는 점뿐이었습니다."

궈타이밍의 내륙 투자 전략은 위험한 도박이었다. 2010년 말 그는 폭스콘 노동자의 50퍼센트가 2년 안에 내륙 지역에서 일하고 생활할 것으로 기대했다. 그 당시 비중은 20퍼센트였다. 그 승부수는 대성공을 거두었다. 연간 아이폰 출하량은 2009년부터 2011년 사이에 거의 네 배 증가해 9300만 대에 달했으며, 첫 아이패드는 너무 큰 성공을 거둬 일부 전문가는 아이폰 판매량을 넘어설 것이라고까지 예상했다. 이 거래의 비즈니스 논리는 흠잡을 데 없었다. 단점이 하나 있었다면, 그것은 애플의 가장 중요한 두 제품의 생산이 이제 더 단단히 중국에 묶이게 되었다는 것이었다.

삼성의 배신과 TSMC의 승부수

같은 시기, 또 다른 회사도 애플에 대한 중대한 승부수를 던졌다. 바로 TSMC였다. 세계금융위기에 타격받은 다른 기업들처럼, TSMC도 처음에는 인력을 감축하며 대응했다. 이에 노동자들이 항의하자, 회사의 창립자이자 회장인 모리스 창Morris Chang이 다시 경영 전면에 나섰다.[27] 당시 77세였던 그는 2005년에 은퇴했지만, 아이폰의 초기 성공 이후 애플의 사업을 따낼 역사적 기회를 보고 복귀를 결심했다.

삼성이 아이폰을 모방했다는 이유로 애플이 큰 불만을 품자 기회가 찾아왔다. 이 문제는 세 개 대륙에서 법정 싸움으로 이어졌다. 아이폰의 디자인과 감각을 모방했다면 어느 회사라도 잡스의 분노를 샀겠지만, 삼성의 경우에는 배신으로 느껴졌다. 이 한국의 거대 기업은 여러 아이팟 모델에 칩을 공급했을 뿐 아니라, 플래시메모리, 디스플레이, 배터리, CPU 등도 제공해온 가까운 파트너였다. 그러나 쿠퍼티노의 누구도 삼성이 만든 아이폰용 첫 번째 칩인 H1에 만족하지 못했기 때문에 앨런 길크리스트Alan Gilchrist의 팀이 '애플 실리콘'(애플이 자체 개발한 칩—옮긴이) 개발에 깊이 관여하게 되었다. 애플은 2008년 말 P.A. 세미P.A. Semi를 인수하면서 반도체에 대한 기술력을 대폭 강화했다. 이 중대한 거래 덕분에 애플은 칩에 대한 통제권을 크게 확대할 수 있었고, 이는 결국 모든 제품 라인업에 영향을 미쳤다.

애플과 삼성의 협력 관계는 일반에 알려진 것보다 훨씬 더 긴밀했다. 삼성은 심지어 애플 캠퍼스에 있는 디앤자 3번De Anza 3 건물 1층에 별도의 신분증을 받은 엔지니어들을 상주시켰다. 그 건물의 꼭대기 두 개 층에는 애플의 반도체팀이 자리하고 있었는데, 이 팀은 IBM과 인텔 출신의 칩 전문가로 2008년 애플에 영입된 조니 스루지Johny Srouji가 이끌고 있었다. 두 회사는 아이폰용 칩 설계를 공동으로 진행했는데, 그러던 중 삼성이 아이폰을 모방한 안드로이드 기반 스마트폰을 내놓자 애플은 삼성과 거리 두기를 원했다.

2010년 애플 운영책임자 제프 윌리엄스는 창을 만나고자, 그의 아내이자 궈타이밍의 친척인 소피 창에게 주선을 요청했다.[28] 창에 따르면, 그때의 저녁 식사 자리에서 시작된 협상은 이후 수개월간 '집중적으로' 이어졌다. 윌리엄스는 가격 문제를 놓고 TSMC를 강하게 압박했으며, 대규모 투자를 결심하도록 설득했다. 2017년 윌리엄스는 TSMC 30주년 기념행사에 참석해 이렇게 회상했다. "위험은 매우 컸습니다. 우리가 TSMC에 전적으로 의존한다면, 백업 계획은 존재하지 않게 됩니다. 우리가 다루는 규모의 물량은 이중 계획을 세울 수 없습니다. 우리는 최첨단인 동시에 검증된 기술로 대량 생산하기를 원했어요."[29]

윌리엄스의 이야기에는 초기 파트너십에서 가장 흥미로운 몇 가지 사실이 빠져 있었다. 그중 하나는 창이 애플의 요구에 전적으로 응하지 않았다는 점이다.[30] 2025년 팟캐스트 채널 〈어콰이어드Acquired〉와 진행한 인터뷰에서 창은 TSMC가 애플의 요구를 충족하려면 엄청난 자금을 조달해야 했으며, 이를 위해 회사채를 발행하거나 주식을 추가 발행해야 했다고 밝혔다. 그때 윌리엄스가 또 다른 아이디어를 제안했다. "배당금을 없애면 됩니다." 창은 이 과감한 제안에 크게 당황했다. "윌리엄스의 말대로 했다면 TSMC의 주가는 폭락했을 겁니다." 결국 창은 주문량의 절반만 수용하기로 했다. 그러나 이 부분적 합의만으로도 TSMC는 70억 달러를 차입해야 했다. 이를 바탕으로 90억 달러를 투자하고 6,000명의 전담 직원을 24시간 내내 투입해 11개월 만에 새로운 반도체 공장을 완공했다. 윌리엄스는 이에 대해 "결국 실행은 완벽했습니다"라고 말했다. 이 부분적 합의로 애플은 삼성과 TSMC 사이를 오가게 되었는데, 쿠퍼티노의 일부는 이를 긍정적으로 보았다. 아이폰의 두뇌 역할을 하는 핵심 칩 공급을 한 업체에 의존하지 않게 되었기 때문이다. 그러나 스루지의 팀에는 두 공급업체를 동시에 관리하는 일이 악몽과도 같았다. 결국 애플은 TSMC와 독점적으로 협력하기로 했고, 스스로를 보호하기 위해 매우 강력한 계약 조건을 마련했다. 계약 조건을 잘 아는 한 관계자는 이를 이렇게 표현했다. "만약 우리를 파산 위험에 빠뜨리려 한다면, 우리는 확실하게 너희를 파산시킬 것이다." 그는 이 상황을 '상호확증파괴'와 같다고 말했다. TSMC가 어느 해라도 성과를 내지 못하면, 아이폰 자체가 존재할 수 없었기 때문이다. 애플은 결정을 내렸다. "모든 달걀을 한 바구니에 담고, 그 바구니를 철저히 지키겠다."

창의 승부수는 결국 TSMC를 세계 최고의 반도체 제조업체로 만드는 데 결정적인 역할을 했고, 애플은 최대 고객이 되었다. 쿠퍼티노의 시각에서 보면, 이는 삼성이라는 최대 경쟁자를 견제하면서도 아이폰이 주요 경쟁 제품들보다 우위에 설 수 있도록 한 영리한 전략이었다.

그러나 중국은 대만을 언젠가 무력으로 재통합할 반란 지역으로 간주하고 있기에, 이 결정은 결과적으로 중국공산당의 호전성에서 비롯된 지정학적 위험에 애플이 이중으로 노출되는 결과를 초래했다.

"iSad"

잡스는 2011년 10월 5일, 56세의 나이로 세상을 떠났다. 그는 3500억 달러 가치의 회사를 남겼으며, 그 회사를 이끌 믿음직한 후계자 쿡에게 경영을 맡겼다. 수백만 명이 그를 애도하며, 애플 매장에 한 입 베어 문 사과를 두거나 아이패드 화면에 깜박이는 디지털 촛불을 띄웠다. 중국에서는 소셜미디어에 3500만 건의 추모 메시지가 올라왔다. 《뉴욕포스트》는 이를 한 단어로 요약했다. "iSad." 그의 죽음에도 불구하고 애플 주가는 계속 상승해, 2012년 9월에는 시가총액이 6200억 달러를 넘어서며 정점을 찍었다.

그러나 이후 투자자들은 애플의 전망에 대해 우려하기 시작했다. 그다음 12개월 동안 주가는 약 40퍼센트 하락했다. 투자자들과 언론은 애플의 창의성 부족을 지적하는 데 집중했다. 애널리스트들은 '차세대 혁신 제품', 즉 아이폰과 아이패드를 이을 또 다른 히트 상품을 요구했다. 전 세계적으로 아이폰의 시장점유율은 15퍼센트에서 20퍼센트 사이로 정체되었지만, 안드로이드 기반 스마트폰의 시장점유율은 2010년 말의 10퍼센트에서 3년 만에 40퍼센트까지 급증했다. 수많은 경쟁사가 소프트웨어와 하드웨어를 공동 개발하고 가격으로 압박하는 상황에서 이를 극복할 수 있을지는 확실하지 않았다. 마치 PC 시장에서의 싸움이 다시 반복되는 것처럼 보였다.

그러나 이후 몇 년은 이것이 1990년대의 반복이 아님을 증명해주었다. 애플은 전 세계에서 가장 부유한 소비자들을 사로잡았다. 개발자들은 아이폰 사용자가 단순히 기기뿐 아니라 앱에도 많은 돈을 쓴다는 사실을 알고 있었다. 노키아 임원 출신의 시장분석가 호러스 데디우는 iOS 사용자가 안드로이드 사용자보다 평균적으로 네 배나 더 많이 소비한다고 계산했다. 그는 이렇게 말했다. "사용자는 절반이지만, 네 배나 더 많은 돈을 쏜다면 수익은 두 배가 됩니다." 개발자들은 무엇보다 iOS를 우선시하게 되었다.

애플의 생태계는 지나치게 과소평가되고 있었다. 기기 간 콘텐츠를 동기화하고, 소비자를 자사 시스템에 묶어두며, 하드웨어와 소프트웨어를 동시에 통제하는 전략은 새로운 경쟁사들의 공세에서 회사를 지켜주는 방어막 역할을 했다. 투자자들은 값싼 중국산 스마트폰이 큰 위협이 될 것이라 우려했지만, 실제로 그 위협은 애플이 아니라 삼성의 지배력에 더 큰 타격을 가했다. 안드로이드에 의존하던 삼성은 제품 차별화에 어려움을 겪으며 중국 내 판매량이 급락했다. 반면 고급 시장에 집중한 애플의 전략은 성공을 거두었다. 되돌아보면 2013년에 애플의 주가와 이미지가 흔들린 것은 잘못된 이유 때문이었다. 애플이 직면한 실존적 위협은 안드로이드가 아니었다. 그것은 중국 정부에서 비롯되었다.

25장 | 중국이라는 거대한 덫

2011년 봄, 해외 출장을 마치고 베이징으로 돌아오던 포드의 휴대전화가 쉴 새 없이 울리기 시작했다. 싼리툰 매장의 보안 업무를 맡았던 미국인 계약직 직원 네 명이 체포되고 구금된 채로 여권까지 압수당했기 때문이다. 몇 달 전 자신이 체포되었던 것과 달리, 이번 사건은 자발적 행동이 아니었다. 포드는 다시 한번 인맥을 동원해야 했다. 이어진 과정은 골칫거리였지만 동시에 개인적으로는 일종의 승리이기도 했다.

포로가 된 네이비실

황뉴들에 대한 쿠퍼티노의 우려는 점점 커져갔다. 아이폰을 사기 위해 블록을 돌아 길게 늘어선 대기 행렬은 엄청난 수익원이었다. 하지만 군중을 통제하는 일이 너무 어려워 오후에는 판매를 중단할 수밖에 없었다. 포드는 이렇게 말했다. "우리는 아침부터 오후 1시까지 아이폰을 판매했습니다. 그리고 그 이후에는 판매를 중단하고 맥이나 다른 제품을 살 수 있도록 했어요. 아이폰을 구경하거나 체험할 수는 있었지만, 구매할 수는 없었습니다." 포드는 존슨의 지원을 받아 쿠퍼티노에 이 문제가 문화적 요인이 아님을 알리려고 했다. 두 사람은 이렇게 주장했다. "이것은 유통 문제입니다. 황뉴들은 우리가 만든 유통상의 허점을 이용하고 있어요."

포드가 문제의 일부일지 모른다고 생각한 애플은 이 문제를 해결하기 위해 미국에서 긴급 대응팀을 파견했다. 이들은 군 경력을 가진 것이 분명해 보였다. 포드는 반쯤 농담으로 그들을 "네이비실"이라고 불렀다. 그러나 곧 이들이 중국에서 많은 시간을 보낸 적이 없다는 사실이 드러났다. 그들은 서구식으로 질서를 세우려 했다. 즉 규칙을 정하고 이를 엄격히 지키도록 하는 방식이었다. 규칙을 어기지 못하게 하고, 입장을 제한하는 강경한 방식을 적용했다. 포드가 선호했던 부드럽게 관계를 쌓아가는 방식과는 정반대였다.

그러나 중국 법은 이를 허용하지 않았다. 대중에게 개방된 매장이라면, 누구에게나 예외 없이 열려 있어야 했다. 사람들을 배제하려는 시도는 참담한 실패로 이어졌다. 질서를 강제로 세우려 한 네이비실은 공격적인 태도로 물리력을 행사했는데, 이는 문화적으로 큰 실수였다. 매카이는 이렇게 말했다. "우리는 그들의 나라에 있습니다. 그리고 그들은 서양인이 자신들에게 지시하거나 이용하려 드는 것에 매우 민감합니다." 이에 황뉴들은 휘하의 심부름꾼들을 대거 투입해 매장을 가득 메우고, 통로를 마비시켜 아예 판매가 멈추도록 했다. 포드는 이렇게 말했다. "그들은 모두 계산대 앞으로 몰려와 소리 지르고 돈을 흔들어대며 외쳤습니다. '내 폰 내놔! 당신들은 폰을 팔고 있잖아! 내 폰 내놔!'" 이로써 황뉴들은 분명한 메시지를 보냈다. "우리와 협력하라. 그러지 않으면 아무것도 못 팔게 막아버리겠다."

이번에도 두가 현장에 있었지만 포드는 비행기를 타고 있어 연락할 수 없었다. 그를 달랠 수도 없는 상황에서 두는 이 혼란에 화나 있었다. 그는 네이비실에게 경찰서로 따라오라고 지시하며 여권을 제출하라고 했다. 문화적 감각이 부족했던 그들은 지시에 따랐다. 곧 상황을 파악한 포드가 매카이를 찾아 미국 대사관에 전화를 걸었다. 매카이는 중국 경찰과 자주 협상했고 상황을 해결하는 데 도움을 줄 수 있었다. 포드와 매카이는 그들이 바로 중국을 떠난다는 조건으로 즉시 석방될 수 있도록 협상에 성공했다. 포드는 이들을 공항으로 보내는 차에 태우면서, 강압적인 방식에 대해 꾸짖었다.

큰 감자와 작은 감자

이 사건은 포드가 쿠퍼티노에서 어느 정도 신뢰를 얻는 계기가 되었다. 이제 부드러운 방식으로 황뉴들을 다루는 것이 문제가 아니라는 점을 받아들이기 쉬워졌다. 그러나 중국에서의 사업이 급성장하는 애플에 이 문제는 수많은 도전 중 하나에 불과했다. 더 크게는 중국 정부에 대한 애플의 영향력이 줄어들고 있었다. 포드는 애플이 힘을 제대로 발휘하지 못하고 있다고 우려했다. 이미 2010년 그는 애플의 하드웨어 책임자인 밥 맨스필드에게 이렇게 말한 바 있었다. "베트남에 공장을 단 하나만 열어도 중국 정부가 긴장할 겁니다."

그러나 애플은 생산 규모가 기하급수적으로 성장함에 따라, 중국에 더욱 집중하게 되었다. 키보드나 케이블 같은 일부 주변기기의 생산만 노동력이 더 저렴한 베트남으로 이전되었다. 이는 비용 절감을 위한 전술적 조치였지, 중국 의존도를 줄이기 위한 전략적 전환은 아니었다. 경영진은 중국에 더 많이 투자하는 것이 오히려 유리하다고 생각했다. "우리가 얼마나 많은 일자리를 창출하고 있는지 보라!" 그러나 포드는 중국 문화의 미묘함을 이해하고 있었다. "그들은 이것을 '큰 감자, 작은 감자'라고 불러요. 사회적 지위를 비유하는 표현이에요." 물론 애플이 많은 일자리를 창출하고 있었지만, 동시에 많은 돈도 벌고 있었기에 이 둘은 상쇄되었다. 중국은 애플에 어떠한 빚도 지고 있지 않았다. 일자리 창출은 애플에 힘을 실어주기는커녕, 오히려 취약성을 심화하고 애플이 '작은 감자'에 불과함을 더욱 강조할 뿐이었다. "나는 애플이 중국을 잘 이해하지 못한다고 생각했어요. 미국 정부도 마찬가지이고요. 그들은 중국인들이 어떻게 움직이는지, 중국 정부가 어떻게 작동하는지 그 문화를 이해하지 못합니다. 우리는 모든 것을 서구식 공정성의 관점에서 접근하지만, 중국인들은 지위 권력, 즉 누가 더 힘을 가졌느냐의 관점에서 접근합니다."

포드는 애플이 스스로 생각하는 것보다 더 큰 영향력을 가지고 있다고 판단했지만, 애플은 필요한 조처를 하려 하지 않았다. 그 결과 중국에서 생산된 제품을 다시 중국 내로 '수입'하는 문제, 신규 매장 개점 문제 그리고 황뉴들을 단속하기 위해 현지 경찰의 협조를 얻는 문제 등에서 여전히 큰 어려움을 겪고 있었다.

잠식되는 애플의 영향력

　베이징과 상하이의 애플스토어들이 큰 성공을 거두자 애플은 더 많은 매장을 지어야 한다고 확신하게 되었다. 부동산 개발업자들은 기꺼이 협조했다. 한 전직 애플 임원에 따르면, 매장당 2억 달러 이상의 매출을 올리고 있었기 때문에 매장을 유치하면 쇼핑몰 전체가 황금알을 낳는 거위가 될 것이라는 인식이 있었다. 2010년 존슨은 다음 해 말까지 중국에 25개의 매장이 새로 생길 것으로 예측했다. 그러나 실제 확장은 훨씬 더디게 이루어졌다. 2015년 초가 되었을 때, 매장 수는 겨우 15개에 불과했다. 애플은 자신들이 적절한 정치적 인맥을 갖추지 못했다는 사실을 깨달았다. 전자상가들은 애플의 존재를 위협으로 느꼈고, 이 상가들은 종종 정치적 영향력을 가진 부유한 사업가가 소유하고 있었기 때문에 효과적으로 장애물을 만들어냈다. 지역 정치와 제도에 대한 날카로운 이해가 부족했던 애플은 원하는 장소에서, 또 원하는 방식으로 성장할 수 없었다. 예를 들어 베이징의 두 번째 매장은 시단 조이 시티Xidan Joy City라는 오래된 쇼핑몰의 지하 2층에 들어섰는데, 바로 옆에 낡은 정화조가 있었다. 며칠마다 밀폐된 정화조가 새면서 끔찍한 악취가 지하로 퍼졌고, 그 냄새는 나선형 계단을 타고 위층까지 올라왔다.

　애플의 영향력이 약화되고 있다는 사실은 2012년에 더욱 분명해졌다. 아이패드의 명칭을 둘러싼 소송이 제기되었던 것이다.[31] 이 명칭은 2001년 대만의 프로뷰 테크놀로지Proview Technology가 처음 등록했다. 애플은 아이패드를 공개하기 전에 전 세계적으로 상표권을 확보하려 했는데, 자신들이 개입된 것을 알면 판매자가 가격을 올릴 것을 우려해 실제 구매자가 누구인지 교묘히 숨겼다. 애플은 IP 어플리케이션 디벨롭먼트IP Application Development라는 영국 회사를 설립했으니, 약칭으로 IPAD였다. 이 법인은 프로뷰 테크놀로지에 3만 5000파운드를 지급하고 권리를 취득했다. 그러나 아이패드가 큰 성공을 거두자, 그들은 속았다고 느꼈다. 프로뷰 테크놀로지의 중국 자회사는 애플에 판매된 상표권은 대만에서만 유효하며, 중국에서의 권리는 여전히 자신들에게 있다고 주장했다.

포드는 그 주장을 믿기 어렵다고 생각했다. 그리고 분쟁 도중 중국 정부 관리가 애플스토어에서 아이패드를 압수하려 하자, 포드는 창고로 걸어가 직원들이 아이패드를 포장하고 있는 자리에서 그에게 영어로 "꺼져"라고 말하며 단 한 대의 아이패드도 넘기지 않았다. 그는 자신의 분노를 직원들에게 통역하게 했는데, 이는 체면을 세우는 방식으로써 오히려 협상력을 높였다. 그는 이렇게 말했다. "당신이 고위 임원이라는 인상을 주려면, 굳이 그들의 언어를 사용할 필요가 없는 위치에 있음을 보여주는 것이 중요합니다."

그다음 포드는 방문한 정부 관리에게 상표권은 오직 아이패드의 초기 모델에만 적용되고, 아이패드 2에는 해당하지 않는다고 주장했다. 그는 초기 모델을 따로 보관하겠다고 제안한 뒤, 신형 모델 판매에 대한 협상을 이어갔다. 언제나 그렇듯이 타협은 승리의 전략이었다.

쿠퍼티노의 오판

포드는 여러 해 동안 대만에서 사람들에게 모르몬교를 선교했던 경험과 중국에서의 시간을 통해 글로 쓰이지 않은 규칙들을 배웠다. 그는 이러한 길거리 감각을 바탕으로 애플에 유리하도록 시스템을 활용할 수 있었다. 그러나 이런 개념을 쿠퍼티노에 전달하는 데 어려움을 겪었고, 일부 결정에는 크게 실망했다. 2012년 고위 경영진은 상표권 문제를 해결하기 위해 프로뷰 테크놀로지에 6000만 달러를 지급하기로 했다. 그들은 이 결정을 쉽게 합리화할 수 있었다. 그해 아이패드의 전 세계 매출은 61퍼센트 증가해 310억 달러에 달할 예정이었기 때문이다. 하지만 포드에게 이런 식의 합리화는 그 벌금이 지닌 의미를 간과한 것으로 여겨졌다.

그해 말쯤 포드는 긴 노동시간과 끊임없는 논쟁에 지쳐 있었다. 그 일은 모두에게 고된 일이었다. 애플의 전 세계 매출은 2009년 429억 달러에서 2012년 1565억 달러로 증가했지만, 중화권에서의 성장은 차원이 달랐다. 무려 2,830퍼센트 증가해 225억 달러에 달했다. 2012년 여름, 포드와 그의 가족은 중국을 떠났고, 몇 달 뒤 그는 애플도 떠났다. 그는 회사의 미래에 확신이 있었다. 애플이 중국을 잘 이해하고 있다고는 생각하지 않았지만, 매장이 늘어나고 중국이 점점 더 자유화되면서 문제는 자연스럽게 해결될 것이라고 보았다. 중국의 경제적 성공이 변화를 촉진하고 있었고, 그 성장은 실로 경이로웠다. 《뉴요커》의 에반 오스노스Evan Osnos는 이렇게 표현했다. "중국은 2주마다 로마와 맞먹는 면적을 새로 짓고 있다."[32]

포드가 수년 동안 지켜본 세대 차이는 그에게 희망을 주었다. 그는 팀의 젊은 직원들을 "아메리칸드림 키즈"라고 불렀다. 그는 이렇게 말했다. "그들은 마치 1950년대의 미국식 성장기를 겪는 것 같았습니다. 뭐든 할 수 있고 기회는 무한하다고 믿었어요. 모든 것이 가능하다고 생각했습니다. 이 아이들이 50세가 될 즈음이면 그 사고방식이 중국 전체의 사고방식이 될 거라고 봤습니다."

포드가 자신이 얼마나 잘못 생각했는지를 깨닫게 되는 데는 그리 오랜 시간이 걸리지 않았다.

불타는 아이폰

1990년대 기차표를 암거래하던 암표상들이 단순히 표를 독점하던 수준에서 점차 고가의 기계를 사들여 표를 위조하기에 이른 것처럼, 아이폰의 회색시장을 운영하던 황뉴들도 점점 더 정교해졌다. 상하이 푸둥 매장에서 발생한 SWAT 출동 사건은 시골 마을까지 전해져, 이 계획에 참여하려던 사람들을 겁먹게 했다. 한편 애플 제품을 사기 위해 매장 앞의 줄을 길게 늘이던 황뉴들은 점점 더 조직범죄와 얽히게 되었고, 이익을 더욱 부풀릴 방법을 모색하고 있었다.

그래서 그들은 미국에서 애플 제품을 대량으로 사들이기 시작했다. 미국에서는 아이폰을 더 쉽게, 더 저렴하게 그리고 판매세 없이 구매할 수 있었기 때문이다. 어떤 황뉴들은 또 다른 이점을 발견했다. 가짜 신분증을 사용해 T-모바일이나 버라이즌 같은 통신사와 24개월 약정으로 계약하면 아이폰을 받을 수 있었는데, 이 경우 초기 계약금만 내면 되었다. 물론 나머지 23개월분은 지불할 의사가 전혀 없었다. 원래 황뉴들은 아이폰을 500달러에 사서 물량이 달리는 중국 도시로 가져가 정가보다 비싼 가격을 기꺼이 지불할 구매자에게 수백 달러를 얹어 팔았다. 그런데 처음부터 100달러도 안 되는 가격으로 아이폰을 입수할, 기발하면서도 불법적인 방법을 찾아냈던 것이다. 그들은 이 불법행위를 통해 이익을 극적으로 늘릴 수 있었다.

이렇게 획득한 아이폰은 통신사 잠금 처리가 되어 있었다. 즉 특정 미국 통신사를 통해서만 사용할 수 있도록 제한되어 중국에서는 작동하지 않았다. 그러나 황뉴들은 현지 공장들을 통해 기술적 노하우를 축적함으로써, 점점 더 교묘해지고 고도화된 전술을 사용하게 되었다. 무엇보다 2009년에는 수십만 대 수준이던 중국 내 아이폰 판매량이 2012년에는 2000만 대를 넘어섰을 만큼, 이 일에는 엄청난 돈이 걸려 있었다. 황뉴들은 공장들에서 아이폰의 메인 칩을 '태워버리는' 방법을 찾아냈다. 의도적으로 기기를 손상시키는 과정에서 판매 국가의 정보가 지워졌다. 그렇게 처리된 아이폰은 몇 푼의 수고비와 함께 이주노동자들에게 전해졌다. 그들은 황뉴들이 시킨 대로 애플스토어로 아이폰을 가져가 작동하지 않는다며 항의했다. 처음에 애플 직원들은 이 사기 수법을 전혀 알아채지 못했고, 기기들을 어떻게 처리해야 할지 갈피를 잡지 못했다. 특수 도구를 사용해 아이폰을 열어보았을 때 기기가 완전히 새것임을 확인했지만, 칩은 이미 손상된 상태였다. 반환된 기기에 어느 미국인의 이름과 주소 같은 기존 고객 정보가 등록되어 있다는 보고도 있었는데, 새 제품이라면 이런 일이 불가능하므로 직원들은 혼란에 빠졌다. 상황을 파악하지 못했지만, 애플 특유의 친절한 고객 서비스를 유지하고자 했던 직원들은 일부 고객에게 새 아이폰을 건네주었다. 사기 수법을 고안한 황뉴들에게는 더할 나위 없는 기쁨이었다. 이 사건을 잘 아는 한 전직 애플 임원은 이렇게 말했다. "이건 황뉴들에게 코카인과도 같았어요. 그들은 이 수법으로 엄청난 돈을 벌었습니다."

가짜 애플스토어로 이은 만리장성

애플이 손상된 기기를 싱가포르의 물류 허브로 보내는 경우도 있었다. 그곳의 기술팀이 칩을 교체한 뒤 다시 중국으로 돌려보내는 방식이었다. 평범한 고객이라면 이런 조치는 전혀 문제가 되지 않았겠지만, 이주노동자들과 그들을 조종하는 황뉴들은 결코 평범하지 않았다. 그들은 회색시장에서 최대한 높은 가격을 받기 위해 완벽한 상태의 아이폰과 온전한 보증을 원했다. 애플이 직접 수리해 재포장한 리퍼비시refurbished 제품으로는 충분하지 않았다.

화가 난 그들은 애플이 고장 난 기기를 교환해주지 않고 수리만 해준다며, 서구의 오만한 회사가 중국 소비자를 부당하게 대우한다고 불평하기 시작했다. 이런 불만은 여러 정치적 경로를 거쳐 결국 중국공산당의 대변인 역할을 하는 CCTV에까지 전달되었다. 그리고 이것이 지금까지 알려지지 않았던, 2013년 3월에 벌어진 〈소비자의 날〉 사태의 숨겨진 기원이다. 이 사건은 프롤로그에서 다루었는데, 당시 애플은 중국 언론의 공세를 받아 결국 사과하기에 이르렀다. 애플을 속인 이 사기 수법에 관한 내용은 그 과정에서 완전히 빠져 있었다.

상황을 더욱 복잡하게 한 것은 황뉴들의 불만과 애플이 책정한 가격대로 아이폰을 구매하기 어렵던 일반 소비자들의 불만이 2012년 내내 맞물려 증폭되었다는 점이다. 심지어 고객들이 아이폰에 문제가 생겨 매장 방문을 예약하려고 할 때, 황뉴들이 창고에 설치된 메인프레임을 사용해 모든 시간을 선점하거나 시스템을 마비시켰기 때문에 예약이 쉽지 않았다. 그 후 그들은 매장 밖에 서서 예약권을 팔았다. 한 전직 애플 임원은 그들의 전술에 대해 이렇게 말했다. "당신이 상상하는 것보다 훨씬 정교했습니다."

　문제는 평범한 고객들이 고장 난 아이폰을 수리하기 위해 찾아간 가짜 애플스토어들 때문에 더욱 악화되었다. 이들 가짜 매장은 고객을 도울 의지가 전혀 없었다. 공인 리셀러라고 주장하는 동네 구석의 작은 가게부터, 실제 애플스토어의 디자인과 분위기를 정교하게 모방한 대형 매장까지, 그 수가 너무 많았다. 일부 직원은 사적인 채팅방에서 누가 더 많은 가짜 매장을 찾아내는지를 두고 농담 삼아 경쟁할 정도였다. 애플이 그 규모를 파악하기 위해 외부 조사업체를 고용했을 때, 가짜 매장의 수가 1만 개가 넘는다는 추정치가 나왔다. 이 수치는 확인하기 어려웠고, 애플 경영진은 그 추정치가 터무니없다고 반발했다. 실제 숫자가 얼마이든 중요한 점은 2012년 말까지 쿠퍼티노가 중국에서 감당하기 어려운 상황에 빠졌다는 사실이었다. 전례 없는 재정적 성공 뒤에는 수많은 복잡한 문제가 얽혀 있었고, 이를 해결할 문화적·정치적 감각을 갖춘 인력이 현지에 턱없이 부족했다. 그리고 이러한 혼란 속에서 중국공산당을 이끌 새로운 총서기가 선출되었다.

5부
발톱을 드러낸 중국

2001년 11월 중국의 WTO 가입 의정서에 서명하는 스광성(石廣生) 대외경제무역합작부 부장. 서구 국가들은 중국이 WTO에 가입하도록 오랫동안 공을 들였다. 그들은 중국이 자유로운 무역을 통해 부를 쌓으면 자연스레 민주주의 국가가 될 것으로 기대했다. 또한 중국이라는 공장에서 쏟아져 나오는 저렴한 공산품도 매력적이었다. 무엇보다 기술 이전을 명시적으로 요구하는 행위가 금지되며, 더욱 '안전하게' 중국에 투자할 환경이 마련되었다고 믿었다. 하지만 중국은 WTO 규정을 위반하지 않으면서도 서구 기업들을 압박할 많은 수단을 갖고 있었다.

2012년 2월 부주석 신분으로 미국을 방문한 시진핑. 당시 미국의 부통령이었던 바이든과 담소를 나누고 있다. 시진핑과 바이든은 2010년경부터 돈독한 관계를 이어왔다. 하지만 2013년 주석의 자리에 오른 시진핑이 기다렸다는 듯이 '중국제조 2025' 등을 내세우며 미국과의 대결을 천명하자, 그 둘의 관계에 균열이 가기 시작했다. 이후 격해진 미중 충돌은 무역전쟁으로 이어지며 지금까지 계속되고 있다.

2016년 세 차례나 중국을 방문한 쿡. 그해 4월 중국은 갑작스레 자국의 아이튠즈 및 아이북스 스토어를 폐쇄했다. 이러한 온라인 규제는 서구 기업을 압박하는 중국의 다양한 방법 중 하나였다. 이에 대해 애플은 대중 '투자'를 늘리며 사실상 '뇌물'을 건넸다. 5월 베이징에 모습을 드러낸 쿡은 중국공산당의 고위 간부들을 만나 2750억 달러 투자를 약속했다. 그 어떤 기업이나 국가도 이 정도 규모로 중국에 투자한 적은 없었다. 이후에도 쿡은 8월에는 장가오리(張高麗) 부총리를 만나 R&D센터 설립을, 10월에는 선전 시장을 만나 R&D허브 설립을 약속했다. 사진은 8월의 만남 중에 촬영된 것이다.

2019년 11월 애플의 위탁생산업체가 운영하는 공장에서 트럼프 대통령을 안내하는 쿡. 당시 트럼프는 애플을 콕 집어 중국이 아니라 미국에도 공장을 세우고 제품을 생산해야 한다고 강하게 압박했다. 이미 중국공산당을 여러 차례 상대해본 쿡에게 트럼프 같은 유형의 지도자는 낯선 상대가 아니었다. 그는 트럼프가 볼멘소리할 때마다 적절히 대응하며, 미국과 중국 사이에서 아슬아슬한 줄타기를 이어나갔다. 그렇다면 과연 애플은 중국에 '포획'된 것일까, 아니면 중국과 '유착' 중인 것일까?

26장 | 가면을 벗은 독재자

마치 "때를 기다리라"라는 격언이 한 인물로 형상화되어 지도자로 등장한 것만 같았다. 2012년 11월 15일, 중국공산당 총서기로 임명된 시진핑은 일종의 수수께끼 같은 존재였다. 중국 밖에서는 그가 누구인지, 무엇을 지향하는지 아는 이가 거의 없었다. 베이징 인민대회당에 서서 새로운 직책을 수락했을 때 시진핑은 차분한 태도와 따뜻한 미소로 자신의 속내를 전혀 드러내지 않았다. 그는 어두운 정장에 새하얀 셔츠, 와인색의 넥타이를 착용하고 있었으며, 기자들을 기다리게 한 데 대해 사과했다. 이어 중국의 5,000년 역사와 중국공산당이 어떻게 신중국을 더욱 번영시켰는지에 대한 평범한 발언을 이어갔다. "우리는 충분히 자랑스러워할 이유가 있습니다. 그러나 자만해서는 안 됩니다."[1] 이 첫 연설에서 그가 언급한 유일한 실질적 정책 과제는 부패 척결이었다. 이는 누구나 환영할 만한 내용이었다. 그러나 이 반부패 운동이 사실상 정치적 경쟁자를 제거하고, 핵심 자리에 충성과를 앉히며, 권력을 공고히 하기 위한 보호막이었다는 점을 완전히 깨닫기까지는 수년이 걸렸다.

중국의 불가해한 지도자

시진핑이 30년 동안 공직에 몸담아온 인물이었는데도 여전히 정체가 잘 알려지지 않았다는 사실은 놀라웠다. 그는 중국에서 가장 성공한 두 개 성을 통치했으며, 2007년에는 일곱 명으로 구성되는 국가의 최고 의사결정 기구인 중앙정치국 상무위원회에 이름을 올렸다. 그는 당시 주석이자 총서기였던 후진타오胡錦濤의 후계자로 이미 지명되어 있었다. 그러나 많은 중국인에게 그는 정치인이라기보다는 유명 가수 펑리위안彭麗媛의 남편으로 더 잘 알려져 있었다. 펑리위안은 시진핑보다 아홉 살 어렸고, 1989년의 유혈 진압 직후 톈안먼 광장에서 중국군을 위로하며 노래를 불렀던 인물이다.

시진핑은 중국공산당 혁명 원로의 자제와 친인척들로 구성된 정치 계파 '태자당' 출신으로, 일종의 왕족 가문에서 태어났다. 그의 아버지 시중쉰習仲勳은 홍군 시절 마오쩌둥의 측근이었으며, 1950년대에는 중앙선전부 부장을 지냈다. 문화대혁명 시기 투옥과 숙청을 겪은 뒤 복권되었다. 그는 광둥성의 고위 관리로 임명되어 자본주의적 실험을 통한 경제 개방을 열렬히 지지하는 인물로 변모했다. 1987년 보수적인 중앙정치국 회의에서 그는 격분하며 "당신들은 도대체 뭘 하는 겁니까? 마오쩌둥이 우리에게 했던 일을 반복하지 마시오!"라고 외쳤다.[2] 그러나 그는 결국 싸움에서 패배하고 모든 직위를 다시 박탈당했으며,

2002년 사망했다. 그리고 10년이 지난 시점에서 사람들은 젊은 시진핑도 숨은 개혁가일 수 있으며, 아버지의 유산을 부활시킬지 모른다는 희망을 품고 있었다.

세계가 중국의 불가해한 지도자를 제대로 이해하지 못한 주된 이유는 그의 수수께끼 같고 겸손한 성격과 더불어 중국공산당 운영 전반의 불투명성 때문이었다. 또한 상무위원회 진출이 유력시되던 충칭시위원회 서기 보시라이薄熙來의 스캔들이 사람들의 시선을 분산시킨 탓이기도 했다. 보시라이는 잘생기고 카리스마 넘치는 강경파로, '작은 마오쩌둥'이라는 별명을 가지고 있었다. 그는 간부들 사이에서 비밀 거래와 사치가 만연하던 시기에 부패 척결을 내세우며 명성을 쌓았다. 그의 아버지는 덩샤오핑을 포함한 극소수의 원로로 구성된 특권적 집단인 중국공산당의 8대 원로 중 한 명이었다. 일부 관측통들은 보시라이가 시진핑을 밀어내고 권력을 장악해 1인 통치를 추진하려 한다고 보았다. 그러나 그의 경력은 2012년 2월 충칭 공안국장이 미국 영사관으로 도피하면서 극적으로 무너졌다. 공안국장은 전국을 사로잡은 충격적인 이야기를 폭로했다. 3개월 전 숨진 채 발견된 영국인 컨설턴트는 알려진 것처럼 알코올중독으로 사망한 것이 아니라, 보시라이의 아내에게 청산가리로 살해당했다는 내용이었다. 신문들은 이를 "적어도 지난 20년간 가장 큰 중국의 정치 스캔들"이라고 보도했다.[3] 보시라이는 이 살인 사건에 연루되어 모든 직위를 박탈당했고, 그해 9월 종신형을 선고받았다. 그의 몰락은 시진핑이 전례 없는 권력을 장악하는 길을 열었다.

발톱을 드러내다

시진핑이 물려받은 중국공산당은 비전과 신뢰를 상실하고 있었으며, 국내외 관측자들 모두 그 사실을 인식하고 있었다. 민주주의를 연구하는 정치학자 래리 다이아몬드Larry Diamond는 2012년에 중국공산당의 통치가 "예전에 내가 예상했던 것보다 훨씬 더 빨리" 끝날 것으로 예측했다.[4] 후진타오와 원자바오의 임기 동안 다소 약한 리더십 아래 다국적기업들이 마음대로 행동하고, 규제가 제대로 집행되지 않으며, 개혁이 정체되는 상황 속에서 강력한 지도자가 필요하다는 인식이 널리 퍼졌다. 비평가들은 이 시기를 비전도 실질적인 리더십도 없는 '잃어버린 10년'이라고 불렀다. 권력은 상무위원회 전반에 지나치게 분산되어 있었고, 이 때문에 '집단주석제'라고 불리기도 했다.[5] 행동에 나서지 못한다는 이유로 후진타오는 '전족을 한 여성'이라는 별명까지 얻었다. 중국은 여전히 빠른 속도로 성장하고 있었지만, 그 성장은 방향성을 잃었으며 노동비용 상승 때문에 지속 가능하지 않을 것으로 보였다. 정치학자 엘리자베스 이코노미Elizabeth Economy는 "저비용 제조업에서 인상적인 경제적 성과를 거두었는데도 중국은 세계 선진 경제의 지표인 혁신이나 서비스 부문의 발전 측면에서는 별다른 성과를 내지 못했다"라고 평가했다.[6]

취임 후 불과 몇 주 만에 시진핑은 광둥성에 모습을 드러냈다. 그는 허무주의를 강하게 비판하고, 동료들에게 레닌주의 가치에 대한 확고한 신념을 유지할 것을 촉구하며, 소련의 붕괴를 경제체제의 실패가 아니라 당을 위해 독재의 도구를 사용할 용기조차 없었던 특정 개인들의 역사적 실패로 묘사했다. 그는 이렇게 외쳤다. "그 누구도 용기 있게 나서서 저항하지 않았습니다." 2013년 1월 초 시진핑은 청중들에게 중국의 새로운 지도자가 덩샤오핑보다는 마오쩌둥에 가깝다는 점을 분명히 했다. 그는 중국공산당 중앙위원회에 참석해 이렇게 말했다. "역사적 사실은 반복해서 카를 마르크스Karl Marx와 프리드리히 엥겔스Friedrich Engels가 자본주의 사회의 기본모순을 분석한 것은 결코 구시대적인 것이 아니며, 자본주의는 필연적으로 소멸하고 사회주의는 필연적으로 승리한다는 유물론적 사관 또한 결코 구시대적인 것이 아니라고 우리에게 말해주고 있습니다. 이것은 사회와 역사 발전의 거스를 수 없는 총체적 추세이지만, 그 길은 구불구불합니다. 자본주의의 궁극적 소멸과 사회주의의 궁극적 승리는 반드시 오랜 역사적 과정을 거칠 것입니다."[7]

이 두 연설은 모두 비공개로 진행되었다. 첫 번째 연설의 요약문은 2013년 1월에 유출되었고, 다른 하나는 6년 동안 비밀에 부쳐졌다. 공개 석상에서 시진핑은 훨씬 더 온건한 이미지를 내세웠는데, 이는 근면과 국민적 자긍심을 통해 '중국몽'을 실현하자는 메시지에 기반하고 있었다. 쿠퍼티노는 이처럼 우호적인 시진핑의 이미지를 믿었기에, 2013년 3월 그가 주석으로 취임하고 바로 다음 날 중국공산당을 대변하는 CCTV가 〈소비자의 날〉 사태로 애플을 공격하고, 《인민일보》가 애플의 "비교할 수 없는" 오만함을 질타했을 때 충격이 매우 컸다.

구원자 애플?

시진핑이 애플에 불만을 품을 만한 이유는 충분했다. 이 빅테크기업의 글로벌 매출은 2003년 60억 달러에서 2012년에는 1570억 달러로 급증했다. 애플의 성공은 제품 콘셉트와 디자인 덕분이었지만, 하드웨어 생산과 유통은 중국 없이는 불가능했다. 게다가 지난 3년 동안 중국 시장은 애플 성장의 최대 원천이었다. 시진핑은 집권하면서 "중국에서, 중국을 위해"라고 강조했지만, 애플은 그 부를 중국과 나누고 있지 않은 듯 보였다.

애플의 순이익률은 2003년 1.1퍼센트에서 2012년에는 26.7퍼센트로 급등했으며, 같은 기간 동안 순이익은 6900만 달러에서 417억 달러로 폭발적으로 증가했다. 그러나 애플의 주요 조립업체인 폭스콘은 부당한 대우를 받는 것처럼 보였다. 2000년대 초반까지만 해도 폭스콘은 애플보다 수익성이 더 높은 회사였다. 그러나 아이팟과 아이폰의 물량이 급증하자 애플의 이익은 치솟았지만, 폭스콘의 이익은 3분의 2 수준까지 추락했다. 폭스콘은 결코 예외적인 존재가 아니라, 애플 성장의 주요 수혜자이자 실질적인 핵심 조력자였다. 많은 공급업체가 제품의 여러 세대를 이어가며 애플과 협력한 탓에 수익을 과도하게 의존했다. 그러다가 신제품 생산과 관련해 자신들의 기술이 필요 없어지면 애플이라는 고객을 잃고 파산에 이르렀다. 이러한 운명을 겪은 한 미국 공급업체의 CEO는 이렇게 말했다. "조금이라도 그들에게 편리하면, 당신을 단숨에 배신할 거예요."

더 심각한 것은 애플이 지나치게 성공한 나머지 이 회사와 관련된 부정적인 이야기가 전 세계적인 관심을 끌면서 중국의 이미지가 악화되었다는 점이다. 특히 2010년부터 시작된 폭스콘의 연쇄 자살 사건으로 중국의 노동환경은 수개월 동안 전 세계 언론의 헤드라인을 장식했다. 2012년 9월 폭스콘의 타이위안 공장에서 약 2,000명의 직원이 폭동을 일으켰을 때, 폭스콘은 경찰 5,000명을 투입해 진압에 나섰다.[8] 이런 혼란은 중국에서 결코 드문 일이 아니었지만, 전 세계 언론의 관심을 받는 것은 드문 일이었다. 기자들이 이 공장에 과도한 관심을 쏟은 이유는 바로 이곳에서 아이폰이 생산되었기 때문이다. 중국 정부가 보기에 공급망 문제를 평가하고 바로잡으려는 애플의 시도는 별 도움이 되지 않았다. 애플이 독립적인 평가를 의뢰한 결과, 점검받은 229개 공급업체 중 60퍼센트가 주 60시간이라는 최대 근무시간 기준을 지키지 않았으며, 약 절반은 유해 화학물질을 부적절하게 취급했고, 초과근무 수당을 지급하지 않은 곳도 절반에 가까웠다. 쿠퍼티노가 이 보고서를 공개했을 때, 그들이 기대한 것은 미국 기업이 백기사 역할을 자처하며 공급망을 정화한다는 이미지였다. 거기에는 감독이 없으면 중국 공장들은 노동자를 착취하고 생명을 위협하리라는 의미가 숨겨져 있었다. 이는 사회주의 국가를 표방한 중국을 난처하게 했다.

디자인과 조립

"캘리포니아주에서 디자인하고, 중국에서 조립하다Designed by Apple in California, Assembled in China"라는 문구가 있다. 애플을 상징하는 이 문구 또한 중국의 기여를 깎아내리는 표현으로 비쳤다. 중국은 전례 없는 규모로 세계적 수준의 산업클러스터를 조성했고, 그곳에서 수천 명의 숙련된 엔지니어가 정교한 기계를 다루며 애플 제품을 기능적으로나 미적으로 완성하는 데 핵심적인 역할을 했다. 조립은 결코 이 파트너십의 본질이 아니었다. 이 문구는 시대에 뒤떨어진 표현처럼 보였으며, 중국을 제자리에 머물도록 규정하는 듯한 인상을 주었다.

애플의 조직 구조는 강경파들의 의구심을 노골적으로 확인시켜주었다. 중국 정부가 보기에 이상적인 모델은 합작투자 방식이었다. 즉 다국적기업이 10억 명 규모의 시장에 접근하는 대가로 파트너십을 맺은 현지 기업에 사업 운영 노하우를 전수하고 결국 독자적으로 성장할 수 있도록 돕는 방식이었다. 1990년대에 이러한 '기술 이전'은 중국이 영원히 저숙련·저임금 노동의 기지로 남는 것을 피하기 위한 필수 전략이었다. 중국 기업들은 자본을 유치하고 일자리를 제공하기 위해 얼마간 하위 파트너 역할을 감수하려 했다. 그러나 궁극적으로는 스스로 경쟁할 수 있는 수준에 이르는 것이 목표였다. 서구 기업들에 이러한 합작투자 방식은 매우 수익성 높은 기회가 될 수 있었다. 폭스바겐은 1984년 처음으로 합작투자 계약을 체결한 주요 자동차회사였고, 불과 몇 년 만에 그 합작법인은 중국 최대의 자동차 제조사가 되었다. 이후 중국의 신차 시장이 미국을 추월하자, 폭스바겐은 이 선도적 지위를 바탕으로 제너럴 모터스를 제치고 세계 최대의 자동차 제조사가 될 수 있었다.

그러나 이러한 방식은 위험을 내포하기도 했다. 1990년대에 수많은 기업이 지식재산권 보호에 대한 불확실성과 위험 때문에 중국 진출을 꺼렸다. 그러나 2001년 중국이 WTO에 가입하면서, 대부분의 산업 분야에서 기술 이전을 시장 접근의 조건으로 규정하는 것이 금지되었다. 빌 클린턴Bill Clinton 대통령도 "이제 더는 중국에 기술을 이전하거나 공동 제조를 할 필요가 없습니다"라고 말했다. 그러나 이런 관행은 계속되었고, 대신 비공식적인 압력으로 형태만 바뀌었다. 중국 시장이 워낙 거대하다 보니, 외국 기업들은 때로는 '자발적으로' 이런 합의에 응하기도 했다. 2000년대 초반에 시작된 세계 최대 규모의 고속철도 사업이 대표적인 예다. 외국 기업들에 주어질 막대한 잠재적 주문량 때문에, 지멘스, 가와사키, 봄바디어Bombardier 간에 일종의 죄수의 딜레마가 발생했다. 결국 세 회사 모두 시장 접근권을 얻기 위해 기술을 국영 기업에 이전하기로 합의했다. 그런데 2010년쯤 관련 정책이 중국 기업을 우대하는 방향으로 전환되자, 외국 기업들은 중국에서의 경쟁에 어려움을 겪게 되었고, 반면 중국 기업들은 이들에게 얻은 기술을 해외로 수출하기 시작했다. 해당 사업에 참여했던 한 일본 기업의 임원은 이렇게 말했다.[9] "일본과 유럽 기업들은 이런 상황이 언젠가 오리라는 것을 두려워했지만, 더 오랜 시간이 걸릴 것으로 생각했습니다. 그러나 중국의 추격 속도는 너무나 빨랐고, 결국 미국에서 그들과 경쟁하게 될 것이라고는 상상하지 못했습니다."

외국 기업들이 가장 흔히 선택한 구조는 WFOE(외자독자회사)였다. 외국 기업이 100퍼센트 지분을 소유하는 이 방식은 적어도 겉으로는 지식재산권을 보호하며, 중국 공장에 기술을 라이선스로만 제공할 수 있게 해주었다. 그러나 애플이 중국에서 가장 먼저 시작한 사업인 제3자 판매, 즉 애플 제품을 공인 파트너에게 유통하는 사업은 합작투자도 WFOE도 아니었다. 대신 애플은 이 사업을 '무역회사'로 분류했는데, 사실상 모욕적인 방식이었다. 이 용어는 네덜란드와 영국의 동인도 회사를 떠올리게 했는데, 이들은 중국의 백년국치 시절에 활동했던 식민국들의 기업이었다. 당시 서구 열강은 홍콩과 마카오를 점령하고, 중국이 아편을 강제로 수입하도록 했다. 아편은 오늘날의 펜타닐에 해당하는 치명적인 중독 물질로 중국 국민에게 막대한 피해를 주었다. 한마디로 무역회사는 착취, 약탈, 불평등조약과 결부되어 있었다. 애플이 중국에 R&D센터를 단 하나도 설립하지 않았다는 점도 도움이 되지 않았다. 반면 HP, 마이크로소프트, 모토로라는 이미 10여 년 전에 R&D센터를 세워둔 상태였다. 또한 애플은 현지 기업과 공식적인 파트너십도 맺지 않았는데, 반면 삼성은 무려 35개 이상의 파트너십을 보유하고 있었다.

팀 쿡의 중국어 사과문

2013년 3월 15일, CCTV의 첫 애플 비판 보도가 방송되기 약 열 시간 전 아침, 상하이의 애플스토어 직원들은 CNN과 현지 언론을 비롯한 여러 매체의 질문 세례에 직면했다. 기자들은 중국 언론사들을 관리하며 정부 메시지를 사전에 승인하고 부처 간 보도 내용을 조율하는 상무부에서 방송 내용을 미리 전달받은 상태였다. 매장 매니저들은 애플이 중국 소비자들을 부당하게 대우했다는 비난에 기습당한 듯한 충격을 받았지만, 쿠퍼티노에 먼저 보고하지 않고는 대응할 수 없었다. 캘리포니아주는 밤늦은 시각이었고, 고위 경영진과 연락이 닿지 않아 몇 시간 동안 어색한 침묵이 이어졌으며, 기자들은 초조하게 기다려야 했다. 결국 고위 임원 여섯 명 정도가 긴급회의를 열고 전화를 연결했을 때, 팀 쿡은 차분하게 애플이 중국 소비자들을 부당하게 대우했다는 주장을 일축했다. 그는 자신이 세계 최대 기업을 운영하고 있으며, 어떤 일에도 사과할 필요가 없다는 대담한 태도를 보였다. 그러나 이후 3주 동안 언론의 공격이 확대되자, 쿠퍼티노는 중국 정부를 공급망의 거래업체 다루듯 대하는 방식이 통하지 않는다는 점을 깨달았다. 그제야 쿡은 애플의 중국 웹사이트에 중국어로 쓰인 사과문을 게재했다. 익명의 인사에 따르면, 애플 CEO는 중국 최고위 관료들과 비밀 회담을 하기 위해 베이징으로 직접 날아갔다고 한다. "중국은 결코 서면 사과만으로는 만족하지 않아요. 그들 앞에서 체면을 잃고, 몸을 낮춰야 합니다."

애플의 중국 사업을 지키기 위해 쿡은 중국에서의 품질보증정책을 수정해, 자격 요건을 충족하는 고객에게는 고장 난 아이폰을 새 기기로 교환해주겠다고 약속했다. 이는 황뉴들에게 마치 하늘이 내린 기회와 같았다. 그들의 불법적인 사기 수법은 엄청난 속도로 확산되어 중국의 애플스토어들에는 아이폰 반품 전용 줄이 따로 생길 정도가 되었다. 차례가 되면 어떤 이주노동자들은 가방 가득 담겨 있던 아이폰을 꺼내 한 대씩 전부 새 기기로 교환하곤 했다. 업데이트된 품질보증 정책은 황뉴들에게 새로운 아이폰 공급원을 제공했다. 그들은 중국 안팎에서 소비자들의 아이폰을 훔친 뒤, 특수 도구를 사용해 15자리 IMEI(단말기고유식별번호)를 조작하기 시작했다. 그 당시 IMEI는 아이폰 뒷면과 내부의 SIM 트레이에 모두 표시되어 있었다. 어떤 경우에는 최고급 아이폰을 입수해 분해한 뒤, 플래시메모리 같은 값비싼 부품을 떼어내 따로 팔고, 저가의 유사 부품으로 교체한 뒤 변조된 기기를 새 기기로 교환했다. 황뉴들의 수법은 워낙 정교해서, 잘 훈련된 애플 직원조차 어떤 기기가 변조되었는지 식별할 수 없을 정도였다.

이러한 행위를 제대로 단속하는 데 수년이 걸렸고, 그 과정에서 일련의 놀라운 발견들이 이어졌다. 애플은 반품된 기기를 30일간 보관하기 시작했고, 그동안 변조 여부를 판별했다. 시스템에 입력한 IMEI가 정상이면 해당 기기가 올바르다는 표시가 떴지만, 때때로 지구 반대편에서 사용 중인 기기로 확인되었다. 이는 해당 기기가 조작된 것임을 입증하는 결정적 단서였고, 이를 근거로 반환 불가 판정을 내릴 수 있었다. 사기 사건이 계속되자 애플은 원자에 가까운 수준까지 들여다볼 수 있는 특수 현미경으로 기기를 정밀 검사하기 시작, 이를 통해 황 뉴들의 속임수를 뛰어넘게 되었다. 이후 주요 부품에 일련번호를 부여하고, 디스플레이, 배터리, 카메라를 로직보드에 연동하는 방식으로 불법행위를 억제하기까지 5년이 넘는 시간이 걸렸다. 이 조치는 '수리할 권리right to repair'(소비자와 외부 수리업체가 기기를 자유롭게 수리할 수 있도록 제조사가 주요 정보를 공개해야 한다고 요구하는 운동―옮긴이)를 주장하는 활동가들의 반발을 불러일으켰는데, 합법적인 외부 수리업체들의 활동이 어려워지고 수리 비용도 비싸졌기 때문이다.

"당이 모든 것을 이끈다"

2013년에 애플이 직면한 문제의 심각성은 애플 자신은 물론 서구 언론조차 전혀 인식하지 못하고 있었다. 실제로 당시 형성된 지배적인 서사는 애플이 중국 정부를 상대로 우위를 점했다는 것이었다. 《애틀랜틱》은 중국공산당의 애플 공격이 "대체로 역효과를 냈다"라고 보도했으며, "수십만 명의 시나 웨이보 사용자인 학생, 지식인, 화이트칼라 노동자, 연예인들이 미국의 빅테크기업을 지지하는 목소리를 냈다"라고 전했다.[10] 《포브스》의 고든 G. 창Gordon G. Chang은 수백만 팔로워를 거느린 한 유명 배우가 시나 웨이보 계정으로 애플을 강력히 비판하는 글을 올린 뒤 말미에 "8시 20분쯤 게시"라는 문구를 덧붙인 해프

닝을 조롱했다.[11] 실수로 게시물에 지침 일부를 포함시켰던 것이다. 배후의 작성자가 누구인지는 명확히 밝혀지지 않았지만, "당이 모든 것을 이끈다"라는 표어가 있는 나라에서 중국 네티즌들은 그 존재를 충분히 짐작할 수 있었다. 창은 "사용자들이 '#8시20분쯤게시' 해시태그를 달며 신랄한 댓글을 달기 시작했다"라고 썼으며, 시나 웨이보 검열자들은 이후 그 해시태그가 포함된 수만 개의 게시물을 삭제했다.

그러나 중국의 기습 공세가 효과를 거두지 못했더라도 쿠퍼티노는 중국이 애플보다 훨씬 더 큰 영향력을 쥐고 있다는 점을 분명히 깨달았다. 자국에서 제조할 서구 기업을 유치하는 데 여전히 경제성장을 의존하고 있었으므로, 중국이 애플의 제조 부문에 강경 조치를 취할 가능성은 작았지만, 애플의 소매 사업과 온라인 서비스는 기꺼이 공격할 태세였다. 강경파들에게 아이폰은 젊은 세대의 물질주의, 개인주의, 서구에 대한 동경을 상징하는 존재였으며, 이는 그들이 억누르고 싶어 하는 흐름이었다. 중국의 관영 매체인 《글로벌타임스》의 한 사설은 최신 아이폰을 비싼 값에 열광적으로 구매하는 중국인들을 두고 "수치스럽다"라고 표현했다.[12] 그리고 "누군가가 아이폰 6를 들고 있는 것을 본다면 경멸 어린 시선을 보내라"라고 덧붙였다.

27장 | 중국을 상대할 8인의 갱

자국 중심적이고 적대적으로 변한 중국 언론의 조직적인 공격은 글로벌 테크업계의 부러움을 사던 애플의 공급망에 존재 자체를 위협할 정도로 치명적 위험이 숨어 있음을 드러냈다. 애플이 이러한 취약성에 대응하는 방식은 언론 기사나 실적 발표에서 다뤄지지 않았고, 쿠퍼티노에서 보도자료를 내는 일도 없었다. 그러나 2013년 애플은 가장 중요한 시장에서의 운영 방식을 신중하고도 의도적으로 전환하기 시작했다.

애플은 공급망 전반에 걸쳐 강력하고 비할 데 없는 관계를 구축해왔다. 그러나 지방 관료들과의 협상은 폭스콘을 비롯한 파트너들이 담당했다. 중국 정부가 정저우에 '아이폰 시티'를 건설하기 위해 수십억 달러 규모의 인센티브, 보조금, 기타 우대정책을 제공한 사실을 《뉴욕타임스》가 상세히 보도했을 때, 애플은 자신들이 그 협상에 "참여한 당사자가 아니다"라고 밝혔다.[13] 세세한 부분까지 철저하게 관리하기로 유명한 애플답지 않은 반응이었지만, 이는 사실이었다. 운영상의 결정들은 순전히 비즈니스 차원에서만 이루어졌다.

애플은 2년 안에 모종의 팀을 꾸렸다. 그들은 자신을 '8인의 갱'이라고 불렀다. 이 팀은 새로 영입한 세 명과 기존 애플 임원 다섯 명으로 이루어졌으며, 중국 사업의 주요 부문인 운영 및 조달, 소매와 마케팅, 대외협력 그리고 애플 유니버시티를 모두 아울렀다. 그들은 중국에서 쿠퍼티노의 눈과 귀 역할을 맡았다. 8인의 갱의 첫 번째 주요 임무는 애플의 서사가 무엇인지 규명하는 것이었다. '애플은 왜 중국에 있는가?' '애플은 어떤 방식으로 이바지하고 있는가?' '애플은 이러한 의지를 보여주기 위해 무엇을 했는가?' 이러한 질문들은 거의 고민되지 않았다. 더 나아가 애플이 중국에서 리스크를 통제하고 당국을 달래 회사가 지속해서 성장할 방안을 찾는 역할까지 맡게 되었다. 이는 엄청난 임무였다. 그러나 애플이 월스트리트의 집중적인 감시와 주식 매도 압박을 받고 있었는데도 정작 가장 큰 도전 과제는 제대로 이해되지도 않았고 거의 무시되고 있었다.

중국에 상주한 애플 최초의 부사장, 섹스턴

8인의 갱의 리더이자 사실상 중화권 사업을 총괄하게 된 책임자는 아일랜드 태생의 엔지니어 로리 섹스턴Rory Sexton이었다. 그는 2001년 애플에 합류해 부사장 자리까지 올랐다. 2013년 말경 상하이로 거처를 옮긴 섹스턴은 세부 사항을 꿰뚫어 보는 능력으로 유명했다. 이 능력은 쿡의 핵심 측근 중 한 명인 디어드리 오브라이언Deirdre O'Brien과

10여 년 넘게 긴밀히 협력하며 다져졌다. 섹스턴은 애플 최고경영진의 성격과 기호부터 아이디어를 현실로 구현하는 복잡한 작동 방식까지 애플의 운영 전반에 대한 깊은 이해를 쌓아왔다. 그는 운영팀을 현지화하는 역할을 맡았다. 이 운영팀은 애플의 하드웨어를 수천만 대 규모로 찍어내는 일을 맡은 엔지니어들로 구성되어 있었다. 섹스턴은 중국에서 1,000명 규모의 팀을 성장시키고, 더욱 엄격한 조직을 구축하며, 동시에 쿠퍼티노와의 가교 역할을 맡았다.

섹스턴은 중국에 상주한 애플 최초의 부사장이었다. 그 전까지 주요 결정은 쿠퍼티노에서 정기적으로 방문하던 임원들의 몫이었다. 이 애플 사절단은 공장에서 하루 16시간씩 보내며, 같은 일상, 같은 시각에 진행되는 전화 회의, 같은 메뉴의 식사를 반복했다. 마치 〈사랑의 블랙홀〉(주인공에게 매일 같은 일상이 반복되는 내용의 영화─옮긴이) 같은 생활이었다. 그들은 국가적 사안을 고민하지 않았다. 정치적으로 애플은 특히 베이징 외의 지역과 기관을 상대하는 데 놀라울 만큼 미숙했다. 그러나 이제 애플은 현지에서 그들을 대표하고 생산을 효율화할 수 있는 영향력 있는 인물을 두게 되었다. 몇 년 안에 그 팀은 4,000명 규모로 확대되었고, 중국에서의 운영 방식에 관한 근본적인 변화를 반영했다.

이러한 변화는 긴장을 불러일으킬 가능성이 있었다. 쿠퍼티노는 늘 권력의 중심이었고, 중국에서 일하는 엔지니어들은 대체로 본사에 직접 보고하기를 원했다. 그것이 인정받고 승진할 수 있는 방법이었기 때문이다. 그러나 섹스턴은 존경을 끌어낼 만한 강력한 위치에 있었다. 직원들은 그를 때로는 농담을 즐기는 친근한 동료로 묘사했지만, 그의 기본적인 태도는 매우 단호하고 강경한 편이었다. 섹스턴은 생산라인을 직접 돌며 문제를 찾아 기계를 고치는 유형의 엔지니어는 아니었다. 그러나 아이폰의 생산 확대에 영향을 미치는 어떤 사소한 문제가 보고되기만 하면, 새벽 4시에 정저우로 가는 비행기에 가장 먼저 올라타 문제 해결에 필요한 모든 조치를 조율하는 인물이었다. 그의 전문성은 필요한 시정 조치를 파악하고, 공급업체와 협력해 지연을 방지하며, 그 진행 상황을 쿠퍼티노에 보고하는 데 있었다.

이러한 평판 덕분에 그는 존경과 동시에 약간의 두려움을 얻었다. 한 직원은 섹스턴이 회의실에 들어와 스프레드시트 문서에 표시된 수치를 한눈에 훑어보고, 관리자의 관점에서 문제점을 정확히 집어내던 모습을 회상했다. 섹스턴의 아일랜드식 억양이 섞인 거친 목소리를 흉내 내며, "그 숫자는 말이 안 되는데… 이 숫자에 관해 설명해봐"라고 말하곤 했다고 전했다. 그러면 누군가가 몸을 떨며 흔들리는 목소리로 설명을 시작했다. "언제나 섹스턴이 옳았어요"라고 그 직원은 말했다. 그리고 나서 섹스턴은 방을 떠나 다음 문제를 해결하러 갔다.

본격적인 중국 공략에 나선 마처와 준

2013년 말 섹스턴과 함께 스티븐 마처Steven Marcher가 합류했다. 영국 출신인 마처는 응용물리학 학위를 가지고 있었으며, 2002년부터 베이징에 거주했다. 그는 짧은 금발에 럭비 선수 같은 체격을 가졌고, 어깨에는 문신이 있었다. 겉모습은 거칠어 보였고 무에타이를 수련하기도 했지만, 실제로는 차분하고 말수가 적은 불교 신자로 유기견을 돌보는 일을 좋아했다. 마처는 1997년부터 2006년까지 10년간 노키아에서 근무했는데, 당시 노키아는 중국에서 가장 큰 휴대전화 제조업체였다. 그는 스칸디나비아반도의 회사였던 노키아가 더 많은 설계 및 R&D센터를 유럽에서 중국으로 이전하는 데 핵심적인 역할을 했다. 이로써 노키아는 더 많은 현지 부품을 조달하고, 빠르게 성장하는 지역 경쟁사들과 효과적으로 경쟁할 수 있었다. 그의 재직 기간에 노키아는 폭스콘과 강력한 파트너십을 구축했고, 이후 폭스콘에 합류해 안테나 부문 부사장을 맡게 되었다. 외국인이 폭스콘에서 하나의 사업 부문을 총괄하는 일은 매우 드물었는데, 그곳에서 4년간 근무했다.

마처는 폭넓은 경험을 갖추었으며, 현지 관료들을 달래면서 사업을 운영하기 위해 필요한 조건들을 잘 알고 있었다. 여러 동료는 그를 좋은 사람이라고 묘사했지만, 동시에 쉽게 파악하기 어렵고 알 수 없는 인물로 기억했다. 그는 애플에 적응하는 데 수년간 어려움을 겪었다. 동료들 사이에서는 그 문제의 원인이 역량 때문인지, 아니면 단순히 그가 쿠퍼티노에서 근무한 경험이 없었기 때문인지에 대한 논쟁이 오갔다.

마처는 폭넓은 기술 역량을 갖추고 있었으며 중국어에도 능통했지만, 명확한 역할이 없었다. 존 포드의 경우와 마찬가지로, 애플은 그가 회사에 자신의 역할을 제안하기를 기대했지, 반대로 지시를 내리지 않았다. 마처는 곧 노키아에서 그랬던 것처럼, 중국에 애플 최초의 R&D허브 설립을 자신의 임무로 삼았다.

두 번째 핵심 영입 인물은 준 거Jun Ge였다. 그는 2014년 중반 애플에 합류해 대외협력을 총괄했다. 중국어를 모국어로 하는 거는 노스웨스턴대학교에서 법학 학위를, 홍콩중문대학교에서 MBA를 취득했으며, 인텔에서 약 20년의 경력을 쌓았다. 인텔에서 부사장 자리까지 올라 중국 사업의 전략과 입지를 구축했고, 여러 도시에 걸쳐 수십억 달러 규모의 프로젝트를 추진하기 위해 관료들과 협상했다. 그는 규제 당국에 잘 알려진 인물이었으며, 애플이 그 복잡한 환경을 헤쳐나가는 데 도움을 줄 수 있었다. 그 전까지 애플의 최고경영진은 중국과 접촉할 때 주로 베이징의 고위 관료들만을 만나는 경우가 많았다. 경영진은 중국의 지역별 정치적 차이나 여러 부처와 기관 간 권력 분산 구조를 거의 인식하지 못했다. 중국에서 애플의 운영 부문은 인구 2300만 명 규모의 지방 도시인 상하이 푸둥에 본부를 두고 있었지만, 시장의 이름을 아는 사람도 없었고, 그곳이 경제특구로서 상하이와는 별개의 행정 구조로 되어 있다는 사실을 이해하는 사람도 없었다. 거는 쿠퍼티노에 있는 리사 잭슨Lisa Jackson에게 보고했다. 잭슨은 2013년 5월 애플 임원진에 합류하기 전까지 미국 환경보호청을 이끌었으며, 애플에서는 환경, 정책 그리고 CSR(사회적 책임)을 총괄했다.

거는 베이징에 거처를 두었지만, 대부분의 시간을 다른 도시들, 특히 상하이에서 보냈다. 그의 업무는 규제정책, CSR 관련 사안 그리고 중화권 전역의 전략적 과제 추진을 포함하고 있었다. 그가 오기 전 쿡은 2007년부터 2014년까지 애플의 글로벌 대외협력을 총괄한 캐시 노벨리Cathy Novelli에게 의존했다. 중국에서 새로운 매장을 여는 등 쿡이 무언가를 추진할 때면 대개 노벨리가 직접 중국으로 날아가 누구를 만나야 할지 파악했다. 노벨리는 이런 일을 전문으로 하는 인물이었는데, 클린턴 행정부 시절에는 미국 무역대표부에서 일했으며, 이후 국무부 차관을 지내기도 했다. 그러나 중국은 그의 전문 분야가 아니었다. 거는 애플이 중국의 정치체제를 더 효과적으로 헤쳐나가도록 직접적으로 임무를 부여받고 현지에 상주한 첫 번째 고위 인사였다.

조달 담당 로리, 판매 담당 루, 따뜻함 담당 힐스

  8인의 갱 중 다른 세 명은 이 이야기에서 비중은 적지만 언급할 만한 인물들이다. 브렌던 로리Brendan Lawry는 2005년 애플 실리콘 부문에 합류한 뒤, 2011년 상하이로 옮겨 현지 조달 담당 이사로 일했다. 2009년 리테일 부문 선임이사로 입사한 데니 투자Denny Tuza는 포드가 떠나고 1년 뒤 중국 소매 사업 책임자로 임명되었다. 싱가포르 출신의 오랜 임원 브라이언 루는 2006년 중국으로 옮겨와 제3자 판매 부문을 총괄했다.

  그리고 칩 힐스가 있었다. 그는 섹스턴 이전까지 사실상 중국 사업을 총괄한 책임자로, 중국에서의 아이폰 생산 확대에 핵심적인 역할을 했다. 힐스는 세 딸을 키우던 노스캐롤라이나주 샬럿의 자택과 아시아 각지의 생산 현장을 수없이 오가며 비행 마일리지를 쌓았다. 그는 궈타이밍의 요트 위에서 폭스콘과 아이폰 계약을 체결한 핵심 운영 담당자였다. 동료들은 그를 가리켜, 직원들을 신뢰하고 프로젝트를 자율적으로 완수할 수 있도록 권한을 부여했던 따뜻한 인물로 기억했다. 한 전문가는 힐스와 함께 밤늦게까지 프로젝트를 진행했던 일을 회상했다. 힐스는 그 프로젝트에 필요한 전문 지식이 없었지만, 상자를 나르거나 커피를 타는 등 무엇이든 해야 할 일을 마다하지 않고 끝까지 헌신했다. 그 동료는 이를 심장외과 의사가 뇌신경외과 의사를 도와 메스를 건네는 일에 비유하며, 자기 자신을 낮추어 기꺼이 보조에 나선 모습이었다고 말했다. 안타깝게도 힐스는 2014년 췌장암 진단을 받으며 애플에서의 임기를 갑작스럽게 마무리했다. 그는 2015년 10월 27일 세상을 떠났다. 제프 윌리엄스는 추도사에서 처음 힐스를 인터뷰하며 적어두었던 메모를 발견했다고 전했다. 그 메모에는 큼직하게 "따뜻함"이라고 적혀 있었다.

애플의 정치적 각성을 이끈 거스리

8인의 갱 중 마지막 멤버는 더그 거스리Doug Guthrie였다. 그는 애플의 정치적 각성을 이끈 가장 핵심적인 인물이었다. 중국 전문가였던 거스리는 39세였던 2010년에 조지워싱턴대학교 경영대학 학장을 맡았는데, 미국에서 가장 젊은 학장이었다. 그는 중국어에 능통했으며, 경제 발전에서 국가 및 지방정부와 지역 기관의 중요성을 강조하는 특수 분야인 경제사회학의 전문가였다. 거스리가 학장으로 임명되었을 때 그의 소식은 주요 언론에 대대적으로 보도되었다. 그러나 불과 3년 뒤 《워싱턴포스트》와 《파이낸셜타임스》는 예산 분쟁 탓에 그가 해임되었다는 소식을 전했다. 기사에는 소년 같은 사색적인 얼굴, 크고 둥근 눈, 뒤로 빗어 넘긴 검은색과 흰색이 섞인 머리 그리고 짙고 뚜렷한 눈썹이 담긴 그의 사진이 실렸다. 애플 유니버시티의 책임자인 조엘 포돌니Joel Podolny는 이 상황에서 기회를 감지했다. 두 사람은 몇 년 전 하버드대학교에서 함께 강의할 때 인연을 맺었으며, 포돌니는 그를 케임브리지대학교에 영입하려 했으나 실패한 적이 있었다. 이번에 두 번째 기회가 찾아온 것이었다.

포돌니는 흥미로운 가능성을 내비쳤다. 따뜻한 캘리포니아주로 와서 애플 임원들에게 중국에 대해 가르치라는 제안이었다. 처음에 거스리는 그 아이디어에 크게 관심을 두지 않았다. 그러나 그는 그해 초

CCTV가 주도한 애플에 대한 공격을 예리하게 관찰했고, 애플이 제대로 대처하지 못했다고 판단했다. 그는 중국이 애플에 무언가를 원하고 있다고 추측했으며, 쿡의 사과는 그 요구를 충족시키지 못한다고 보았다. 게다가 지난 10년간의 연구는 점점 더 중국 경제 모델의 미묘한 특징을 이해하는 데 초점이 맞춰지고 있었다. 세계 최대 기업에서 이런 추상적 개념을 실제로 적용해보는 기회는 행운처럼 느껴졌다. 공개적인 해임은 굴욕적인 일이었고, 그는 이미 워싱턴을 떠날 계획을 세우고 있었다.

그런데도 그는 캘리포니아주에서 애플 임원들을 가르치는 일에는 전혀 관심이 없었다. 지난 10년간 그는 중국 경제에 대해 고상한 생각만 품은 채 실제 경험은 부족한 전문가들을 경멸하게 되었다. 중국은 너무도 빠르게 변하고 있어서, 지난 6개월 안에 다녀오지 않았다면 아예 가본 적이 없는 것이나 마찬가지라는 농담이 돌 정도였다. 몇 차례의 통화 끝에 이 아이디어는 점차 힘을 얻기 시작했다. 거스리는 결국 제안을 받아들였지만 한 가지 조건을 달았다. "역할을 맡겠습니다. 하지만 상하이로 보내주세요."

28장 | 중국에 속다

거스리는 피츠버그에서 보낸 어린 시절부터 어려움을 겪었다. 그는 종이에 적힌 단어들이 뒤죽박죽으로 보였는데, 예를 들어 'd-o-g'라는 단어가 'o-d-g'로 읽혀 혼란스러웠다. 그는 자신이 난독증이라는 학습 장애를 앓고 있다는 사실을 알지 못했고, 주변의 어른들도 이런 증상을 모른 채 오해했다. 일부 어린이는 이러한 장애에 특별한 방식으로 적응하는데, 더그의 경우 '청각적 기억'이라 불리는 보상 기법을 개발하게 되었다.[14] 어머니가 소리 내어 책을 읽어주면, 그 내용을 머릿속에 암기해두었다가 밤이 되면 마치 직접 책을 읽는 것처럼 가장해 어머니에게 들려주었다. 그의 기억력은 매우 발달해 4학년이 되었을 때는 철자 맞히기 대회에서 우승해 학교 전체를 속인 듯한 기분이 들 정도였다.

또 다른 어려움이 그의 어린 시절을 더욱 복잡하게 했다. 그는 기분의 심한 변화를 일으키는 제2형 양극성 장애를 앓고 있었다. 때로는 글을 제대로 읽지 못하거나 어머니의 높은 기대에 부응하지 못하는 자신에 대해 괴로워하며 여러 주 동안 불안에 시달리기도 했다. 그러나 이런 경우보다 더 자주 그는 비정상적으로 활력이 넘치고, 집중력이 높아지며, 심지어 집착적인 상태에 빠지곤 했다. 이러한 경험은 너무도 독특해서, 그는 자신이 전혀 다른 인물로 변했다고 느꼈고, 그 인물을 '슈퍼 더그Super Doug'라고 불렀다. 어릴 적 그는 슈퍼 더그를 불러내 우울한 더그를 물리치고 난독증을 극복하려 했다. 슈퍼 더그는 밤을 새워 공부할 수 있었고, 단 몇 시간의 수면으로도 버틸 수 있었다.

영어보다 중국어가 편했던 슈퍼 더그

거스리의 집중력은 그가 우수한 학생이 되는 데 큰 도움이 되었지만, 자신이 높은 지능지수를 가졌다는 사실과 단 한 권의 책도 처음부터 끝까지 읽어본 적이 없다는 현실을 받아들이는 데는 어려움을 겪었다. 고등학교 시절 그는 대만에서 온 동급생 리오 쉬Leo Hsu를 만났는데, 이 만남은 그의 인생에 깊은 영향을 미치게 되었다. 보통 중국어를 모국어로 하는 사람이 외국인에게 중국어의 네 가지 성조를 가르치면, 발음이 형편없었다. 비원어민은 높은음에서 평평하게 발음하는 소리와 높은음에서 낮은음으로 급격하게 떨어지는 소리를 구별하기 어려워 우스꽝스럽게도 '엄마媽, mǎ'라는 단어를 '말馬, mǎ'이라고 발음해버리는 경우가 많았다. 그러나 쉬가 친구에게 'bī', 'bí', 'bǐ', 'bì'의 성조를 발음해보라고 시켰을 때, 거스리는 마치 녹음기처럼 정확하게 따라 했다. 쉬는 이를 유치한 장난으로 발전시켜, 자신의 인간 앵무새 친구에게 아무 여자에게나 다가가서 완벽한 중국어로 "당신 뒤에 애벌레가 있어요"라고 말하게 했다.

거스리와 쉬는 시카고대학교에서 룸메이트가 되었고, 거스리는 경제학을 전공하기로 했다. 어학 요건을 충족하기 위해 쉬의 장난스러운 제안을 받아들여 중국어 심화 과정을 등록했다. 그는 정식으로 중국어를 배운 적이 없었지만, 금세 뛰어난 실력을 보였다. 대부분의 수업은 실습실에서 이루어졌는데, 학생들은 대화를 듣고 이를 암기하려 노력했다. 동료 학생들이 같은 45분짜리 대화를 매일 반복해서 듣고, 중간에 멈추어 따라 하며 공부하는 동안, 거스리는 한 번만 듣고 나서 곧바로 달리기하러 나가거나 사이클 동아리 훈련에 참여했다.

더 중요한 것은 그가 자신의 학습 장애가 사라졌다는 사실을 빠르게 깨달았다는 점이다. 거스리의 난독증은 뇌에서 문자 순서가 뒤바뀌는 방식으로 작동했다. 영어는 표음문자로 각 글자가 하나의 소리를 나타내는데, 글자가 뒤섞이면 단어를 소리 내어 읽거나 의미를 해독하기가 매우 어렵다. 그러나 중국어는 표의문자로 각 글자가 언어의 단위인 형태소를 나타낸다. 글자와 소리 사이의 직접적인 변환 과정이 없고 순서의 중요성도 덜하다. 그는 인생에서 처음으로 읽는 즐거움을 느꼈다. 마침내 그는 하나의 분야에서 탁월한 능력을 발휘할 수 있게 되었다. 슈퍼 더그의 집중력은 한자를 배우는 속도를 끌어올렸고, 그의 청각적 기억력은 성조 언어인 중국어를 말하고 이해하는 능력을 비약적으로 향상시켰다.

거스리는 중국어 실력을 보완하기 위해 중국 문학과 역사에 관한 과목을 추가로 수강했다. 1989년 봄, 톈안먼 광장에 민주화를 요구하며 임시로 만든 자유의 여신상을 앞세운 학생들이 집결했을 때, 마치 운명이 자신을 부르고 있다고 느꼈다. 그는 자신의 제2형 양극성 장애가 충동적인 결정을 내리게 한다고 말했는데, 갑작스럽게 1년간 휴학하고 베이징에 가기로 결심했다. 조부모에게 1,500달러를 빌리고, 학자금 지원이 중단되지 않도록 행정적인 절차도 마쳤다. 그러나 그때 사건이 발생했다. 6월 3일 저녁, 중국공산당은 시위를 끝내라는 명령을 내렸고, 군대는 새벽이 오기 전 수백 명, 어쩌면 수천 명에 이르는 학생들을 살해했다.

베이징을 방문하려던 그의 꿈도 갑작스럽게 사라졌다. 그는 그 사건에 충격받았지만, 동시에 왜 그런 일이 일어났는지 이해하고 싶어졌다. 그래서 중국어를 유창하게 구사하기를 바라며 1년 동안 대만에서의 어학연수를 결정했다. 타이베이는 산으로 둘러싸인 분지였다. 도착하자마자 가장 몸에 붙는 반바지와 가장 화려한 셔츠를 입고 자전거를 타러 나갔다. 양밍산을 힘겹게 오르고 있을 때, 한 명의 사이클 선수를 시작으로 또 한 명 그리고 곧 한 무리의 선수가 그를 빠르게 추월했다. 땀에 젖은 얼굴로 상처 입은 자존심을 안고 정상에 도착했을 때, 그의 노력에 감명받은 선수 전원이 기다리고 있었다. 거스리가 완벽한 중국어 발음으로 말을 걸자, 그들은 깜짝 놀랐다. 그들의 유니폼을 자세히 보고 나서야 그들이 대만 국가대표 사이클팀이라는 사실을 알아챘다. 코치는 거스리에게 훈련을 함께하자고 제안했다.

그는 새벽 4시에 일어나 사이클 선수들을 만나고, 그들과 함께 네 시간 동안 중국어로 대화하며 훈련했다. "이보다 더 좋은 몰입 학습은 없었어요. 이 사람들은 영어를 한마디도 하지 않았거든요." 이 경험은 그에게 중국학자가 되고 싶다는 꿈을 꾸게 했다. 1년 후 시카고로 돌아온 그는 전공을 바꿔 중국 문명사 연구에 몰두했다. 이후 그는 자신이 존경하던 중국학 학자들이 있는 버클리대학교에서 사회학 박사과정을 등록했다.

서구를 배우고 복사해 대체한다

사회학 박사과정은 평균적으로 7년이 걸리지만, 슈퍼 더그는 단 5년 만에 마쳤다. 박사학위 취득의 마지막 단계에서는 1년 동안 상하이에 거주하며, 자본주의가 어떻게 뿌리내리고 있는지를 연구하기 위해 81명의 공장 관리자를 인터뷰했다. 상하이는 놀라운 변혁의 초기 단계에 있었다. 남성들은 소매에 가격표가 달린 정장을 입고 다녔고, 이는 부를 명예의 상징으로 여기기 시작했음을 보여주는 증거였다. 거스리는 마오쩌둥 시대에 평등 사회의 상징이었던 변속장치가 없는 중국산 자전거 '플라잉 피전Flying Pigeon'을 타고 도시를 누볐다. 이제 그 자전거는 사람들이 어떻게 부를 축적해가는지를 연구하는 도구가 되었다.

20여 년 전 리처드 닉슨Richard Nixon과 헨리 키신저Henry Kissinger가 중국을 방문했을 때, 그들은 실제 상황을 숨기기 위해 만든 '포템킨 마을 Potemkin village'(18세기 러시아제국의 한 장군이 황후에게 보여주기 위해 만들었다는 가짜 마을―옮긴이) 같은 보여주기식 공장을 둘러보았다. 거스리는 이를 철저히 피하고자 했다. 그는 모든 관리자에게 동일한 질문을 던지며 체계적인 방식으로 인터뷰를 진행했다. 목표는 현장에서 질적 데이터를 수집하되, 표본을 충분히 확보해 통계적으로도 유의미한 결과를 도출하는 것이었다. 버클리대학교는 상하이사회과학원과 협력 관계를 맺고 있었고, 이 기관이 그의 연구를 감독했다. 겉으로 보기에는 문제가 없었지만, 그 싱크탱크는 사실상 선전기구에 불과했다. 그들은 거스리가 원하는 방식으로 연구를 수행하도록 허락할 의사가 전혀 없었다. 당시에는 몰랐지만, 담당자였던 리 이하이Li Yihai는 야심 찬 인물이었다. 중국공산당의 핵심 당원이었던 그는 거스리에게 아무 공장이나 볼 수 있는 것이 아니라, 자신들이 결정한 공장만 방문할 수 있다고 말했다. 거스리는 자신의 연구 자체가 위기에 빠질 수 있다고 느꼈다. 마침 모든 상하이 공장의 목록이 수록된 연간 자료집을 발견한 그는 이를 통째로 복사한 다음 순서대로 연락을 돌리기 시작했다. 혼자 힘으로 공장들을 직접 방문하겠다는 큰 계획을 세웠던 것이다.

그중 한 공장은 다른 곳들과 달랐는데, 이곳에서의 일이 수년 동안 거스리를 괴롭혔다. 공장 관리자와의 인터뷰에 한 젊은 남자가 동석했다. 그는 고등교육을 받았고 영어를 구사할 수 있었지만, 인터뷰 내내 한마디도 하지 않았다. 거스리가 인터뷰를 마치고 인사를 건네자, 젊은 남자는 그를 따라 밖으로 나와 속삭였다. "화동사범대학교 공원을 아세요?" 그는 너무나 조용하고 조심스럽게 말해 거의 알아듣지 못할 정도였다. 그는 거스리에게 주위를 둘러보지 말라고 한 뒤 말했다. "내일 아침 8시 30분에 거기서 만나요."

다음 날 아침, 젊은 남자는 이미 기다리고 있었다. 그는 말했다. "당신이 하는 모든 일을 공안국에서 추적하고 있습니다." 그 남자는 거스리가 공장을 떠나자마자 공안국이 인터뷰 내용을 전부 보고하라면서 다그쳤다고 말했다. 그리고 덧붙였다. "내가 당신이라면, 조금은 긴장할 것 같습니다."

당시 25세였던 거스리는 혼란스럽고 두려웠다. 감옥에 갈 가능성은 작다고 느꼈지만, 자신의 박사학위 논문 작업이 위태로워질까 봐 걱정했다. 혼란 속에서 그는 순진한 실수를 저질렀다. 이하이에게 그 만남에 대해 털어놓은 것이었다. 말이 채 끝나기도 전에 그것이 얼마나 어리석은 결정이었는지를 깨달았다. 이하이는 거스리가 감시받고 있다는 사실을 부정하지 않았고, 오히려 그 젊은이가 누구인지 알고 싶어 했다. 거스리는 끝까지 말하지 않았지만, 이하이가 알아낼까 봐 두려웠고, 아무것도 하지 말아 달라고 간청했다. 그가 두려워하며 간청하자 이하이는 주의를 기울이기 시작했다. 그는 불길한 어조로 거스리에게 물었다. "당신은 중국의 친구인가요?" 거스리는 자신의 노트북이 압수될까 봐 걱정했다. 이하이는 거스리가 무단으로 공장을 방문하는 바람에 자신이 곤란해질 수 있다고 말하며, 연구 결과와 중국에 대해 긍정적으로 말할 만한 점이 무엇인지 캐묻기 시작했다.

이 만남은 거스리를 크게 흔들었지만, 그는 훨씬 뒤에야 그 의미를 완전히 깨달았다. 훗날 그는 이 사건을 더 깊이 이해할 수 있게 되었다. 중국은 개혁과 개방을 추진하고 있었지만, 그것이 자유방임적 자본주의의 도입을 의미하는 것은 아니었다. 중국공산당은 단단하게 통제력을 행사하고 있었다. 거스리는 경제개혁이 정치적 변화를 이끌 것이라고 믿었으며, 1990년대 후반에는 의회 청문회에 출석해 중국의 WTO 가입을 지지하기도 했다. 그러나 상하이에 거주하며 애플에서 일하게 되었을 때, 그는 자국에서 외국인들의 활동을 중국공산당이 얼마나 철저하게 감시하고 추적하는지를 완전히 깨닫게 되었다. 중국공산당의 경제개혁은 자본과 서구 기업을 유입시켜 기술을 배우고, 이를 역설계해 복제한 뒤, 궁극적으로는 대체하기 위한 전략이었다.

정장을 차려입은 용

대학 강사가 된 후 거스리는 학생들에게 서구 언론에 자주 그려지는 고정관념과 달리, 공산주의 국가 중국은 사실 미국보다 더 분권화된 국가라고 가르쳤다. 중국은 극단적으로 강화된 연방주의를 특징으로 했으며, 이는 소련식 공산주의와도 크게 달랐다. 중앙정부가 정책의 내용과 속도를 설정하지만, 이를 구체적으로 어떻게 달성할지는 각 성, 시, 현이 알아서 정해야 했다. 이 체제는 경제학자 쉬청강許成鋼이 "지역적으로 분권화된 권위주의 체제"라고 부르는 것으로, 성급 주지사부터 지방 간부까지 모든 관료를 포함하는 거대한 실적 경쟁체제였다.[15] 그들은 빠른 성장과 높은 고용을 달성하기 위해 기업에 인센티브를 부여하고 긴밀히 협력할 수 있는 폭넓은 재량권을 부여받았다. 쉬청강의 표현을 빌리자면, "중앙정부는 인사권을 장악하고 있지만, 하위 정부들은 경제 대부분을 운영하며, 개혁과 정책, 규칙과 법을 주도하고, 협상하고, 실행하며, 때로는 이를 우회하거나 저항한다." 이러한 분권화는 대규모 실험을 가능하게 했다. 예를 들어 광둥성에서 성공한 모델은 상하이에 적용되었다. 그러나 중국 정부는 많은 경우 인내심을 가졌다. 성급하게 추진하기보다는 이러한 실험의 결과를 기다렸다. 이처럼 분권화된 의사 결정, 실험, 점진적인 정책 채택의 결합은 중국이 제조업 강국으로 성장하는 데 핵심적인 역할을 했다.

거스리는 학생들이 덩샤오핑 시대 이후의 중국이 현대 무대에 등장하게 된 기본적인 서사에 익숙하다는 것을 알고 있었다. 중국은 마오쩌둥 아래에서 수십 년간의 혼란과 격동을 겪은 뒤, 두 자릿수의 GDP 성장률을 기록하기 시작했다. 그러나 대부분의 사람이 이러한 변화를 이끈 원동력에 대해서는 잘 알지 못했다. 경제학자들은 이를 시장 중심의 성장 이야기로 묘사하길 좋아했다. 즉 공산주의 국가가 통제를 완화하면서 인간의 창의성이 발휘될 수 있었고, 자본주의적 요소들이 변화를 불러와 근면한 사람들에게 보상을 주었으며, 그 결과 공급과 수요를 동시에 창출하는 선순환이 일어났다는 식이었다. 거스리는 이러한 관점이 완전히 틀렸다고 보지는 않았지만, 사회학자로서 현지의 맥락이 빠져 있다는 데 아쉬움을 느꼈다. 그 서사는 구체적 현실을 충분히 반영하지 못했다. 그는 중국의 이전 체제가 남긴 '폐허'가 새로운 시스템이 형성되는 과정에 큰 영향을 미쳤다고 주장했다. 그래서 거스리는 중국 문화와 지역 제도에 특별한 초점을 맞췄다. 그리하여 변화하는 중국에 대한 보다 세밀한 시각을 가질 수 있었다.

서구 학자들은 중국을 자신들의 시각에 맞춰 바라보는 경향이 있었다. 그들은 중국 기업들이 이윤의 극대화를 동기로 삼는다고 보았으며, 1990년대 중반의 노동 기준 법제화와 같은 조치들도 더 높은 효율성을 추구하려는 욕구에서 비롯된 것으로 해석했다. 그러나 거스리는 중국 기업들의 이러한 움직임을 서구의 관행을 모방하는 이른바 '될 때까지 흉내 내기'로 보았다. 공장주는 겉으로 좋아 보이기 때문에, 또 더 많은 외국인 투자를 끌어들이기 위해 노동 기준을 도입했다. 이러한 동기의 차이는 미묘할 수 있으나, 그 파급력은 매우 컸다. 중국은 서구를 흉내 내고 있었지만, 많은 이가 생각하듯 실제로 서구화되고 있던 것은 아니었다. 단지 그렇게 보였을 뿐이다. 훗날 동명의 단행본으로도 출간될 거스리의 박사학위 논문 제목을 인용하자면, 중국은 '완벽히 정장을 차려입은 용Dragon in a Three-Piece Suit'이었다.

"우리 시대의 가장 큰 역설"

이 통찰로 거스리는 중국의 행정체계에 대해 다른 시각을 갖게 되었다. 그는 중국공산당의 역할이 점차 소멸하리라 예측한 대부분의 사람과 달리, 그것이 진화하고 있다고 보았다. 정부 관리들은 더는 개발을 가로막는 장벽이 아니었으며, 지역 및 외국 기업과의 관계에서 마치 벤처투자자처럼 행동하고 있었다. 즉 지분을 일부 확보하고, 이사회에 참여하며, 성장을 촉진하는 데 주력하는 식이었다.

중국이 공산주의의 족쇄를 풀었다는 이유만으로 두 자릿수 경제성장률을 이루었다고 오해한 경제학자들은 이 성장이 서구적 가치를 자연스럽게 심어주어 자가발전적인 모멘텀을 만들고, 결국 중국공산당의 붕괴로 이어질 것이라고 쉽게 생각했다. 이러한 관점에는 일종의 지적 태만이 깔려 있었는데, 이는 19세기의 인류학자들이 사회진화론적 시각에서 다른 문화를 인간 발전의 초기 단계로 본 태도와 유사했다. 이러한 시각은 20세기 중반에 들어서면서 인종차별적 관점으로 재평가되었지만, 주류 경제학은 같은 변화를 겪지 않고 서구 중심적 사고를 유지했다.

사실 중국은 단순히 서구를 따라잡는 데 그치지 않고, 전혀 새로운 형태로 체제를 성숙시키고 있었다. 2013년 거스리는 학생들에게 이렇게 말했다. "우리 시대의 가장 큰 역설 중 하나는 세계 최대의 공산주의 사회가 동시에 세계에서 가장 역동적인 자본주의 경제를 추구한다는 점입니다. 우리는 실질적으로 중국에서 배울 점이 매우 많습니다."[16] 이 점을 강조하기 위해 거스리는 연속선을 그렸다. 오른쪽 끝을 가리키며 "중국은 부패한 모래성이라고 믿는 사람들"이라 말했고, 왼쪽 끝을 가리키며 "중국에 매우 낙관적인 사람들"이라 말했다. 그러고는 왼쪽으로 걸어가다가 선을 아예 벗어나며 "저는 뭐, 여기 어디쯤 있습니다"라고 말해 웃음을 자아냈다. 거스리는 중국공산당의 창의성을 높이 평가하는 발언을 자주 했는데, 이 때문에 FBI 요원이 그의 사무실을 찾아와 혹시 그가 중국의 공작원이 아닌지 조사한 적도 있었다.

29장 | 자발적으로 복종하라

애플과의 협업을 위해 상하이로의 이주를 준비하던 시기와 그곳에 도착하고 나서 몇 달 동안, 거스리는 중국이 결국 위대한 민주주의 국가가 될 것이라는 미국의 시나리오에서 시진핑이 점차 벗어나고 있음을 깨닫기 시작했다. 2013년 가을, 시진핑은 중국과 개발도상국 약 140개국을 육로와 해로로 연결하는 거대한 프로젝트인 '일대일로一帶一路'를 발표했다. 일대일로의 목표 중 하나는 서구에 대한 수출 의존도를 줄이고, 기존의 국제 합의에 단순히 편입되는 것이 아니라 중국이 주도권을 쥐는 새로운 모델을 구축하는 데 있었다. 또 다른 중국 정부 문건에는 언급을 피해야 할 '일곱 가지 금기 주제'가 담겨 있었는데, 여기에는 '언론의 자유', '당의 역사적 오류', '사법 독립' 등이 포함되었다. 시진핑은 또한 첨단 전자제품, 생명의학, 항공우주산업에서 자급자족을 실현하기 위한 청사진인 '중국제조 2025'의 기반을 마련하기 시작했다.

미국 정부는 즉시 이 계획을 개방된 시장과 경제적 상호의존에 대한 저항으로 보았다. 미국 외교협회는 "이 프로그램은 국가보조금을 활용하고, 국영기업을 동원하며, 지식재산권 획득을 추진해 첨단산업에서 서구의 기술력을 따라잡고 결국 능가하는 것을 목표로 한다"라고 분석했다. 애플이 회원으로 가입되어 있는 정보기술혁신재단은 이후 의회에 "시장 질서를 연이어 조작하고, 미국의 기술을 무분별하게 훔치거나 강제로 이전하도록 하는 온갖 수단을 동원한 공격적인 전략"이라고 보고했다.[17]

발등에 떨어진 불을 보지 못하다

중국은 중요한 전환점에 있었지만, 그 메시지를 애플에 전달하는 것이 예상보다 훨씬 어렵다는 사실은 놀라웠다. 거스리는 한때 학생들에게 "중국에서 사업을 한다는 것은 현지의 제도적 환경을 깊이 이해해야 한다는 뜻"이라고 말한 적이 있었다.[18] 그러나 상하이에 거주하며 중국 시장을 공략하는 데 성공한 서구 기업 애플의 사례에서 배우고자 했을 때, 그들은 전혀 깊이 이해하고 있지 않다는 사실을 깨달았다. 적어도 자신이 그렇게 중요하다고 여겼던 '현지의 제도적 환경'에 대한 세심한 이해는 전혀 없었다.

시진핑의 다른 행동에 비추어 볼 때, 지난해 〈소비자의 날〉 사태는 쿡의 사과로 깔끔하게 해결된 일회성 오해처럼 보이지 않았다. 그것은 애플이 곤경에 처해 있다는 신호였다. 거스리는 중국 정부가 애플이 당황할 수밖에 없는 방식으로 정책을 전환하고 있음을 점차 깨닫기 시작했다. 시진핑은 외국 기업을 환영하되, 그것이 "중국에서, 중국을 위해" 존재할 때만 받아들였다. 그 조건이 마음에 들지 않으면 떠나도 좋다는 태도를 분명히했다. 거스리는 애플이 중국에 보유한 막대한 제조시설과 소매 유통망이 심각한 위험에 처했다고 우려하기 시작했다.

그는 쿠퍼티노에 경고하려 했지만, 영향력이 거의 없었다. 회사는 사상 최고 매출을 기록하고 있었다. 시진핑이 집권 초기에 제기했던 문제들은 모두 해결된 듯 보였다. 그래서 시진핑이 중국을 1990년대로, 즉 중국 시장에 진출하려면 합작투자로 맺어진 현지 파트너에게 사업 비밀을 넘겨야 했던 '기술 이전' 시대로 되돌리고 있다는 메시지를 전하고자 쿠퍼티노에 나타났을 때, 그의 말은 쉽게 무시되고 말았다.

그러나 결국 그의 예측은 현실이 되기 시작했다.

2억 2000만 명의 유동인구

쿠퍼티노의 변호사들은 2014년 중반에 발표된 중국의 새로운 법령, 즉 '파견노동법'을 두고 혼란에 빠졌다. 이 법은 한 기업이 고용할 수 있는 임시직 노동자의 비율을 10퍼센트로 제한하는 내용이었다. 새로운 규정은 2016년 3월까지 유예기간을 두었는데, 일단 시행되면 애플의 주요 협력업체들이 모두 위반 상태에 놓일 판이었다. 변호사들은 서로를 바라보며 절망스러운 표정을 지었다. "우리가 이 규정을 지킬 방법이 없잖아!" 그들은 중국에 있는 거스리에게 전화를 걸었지만, 그의 답변은 오히려 혼란을 가중시켰다.[19] "그게 요점입니다. 일부러 규정을 어기게 되어 있는 거예요." 변호사들이 항의했다. "그게 어떻게 말이 됩니까?" 그러자 거스리는 이렇게 설명했다. "왜냐하면 여러분은 저 저우 시장이 무엇을 원하는지 알아내야 하기 때문입니다."

쿠퍼티노의 위기감은 당연했다. 중국 노동력의 유연성은 애플이 놀라운 효율성을 발휘할 수 있게 해준 핵심 요소였다. 중국에 노동력이 풍부했던 이유는 단순히 국토가 넓어서가 아니었다. 중국은 농촌 출신의 이주노동자들을 2억 2000만 명이 넘는 '유동인구'로 조직했는데, 이는 미국의 전체 노동자보다 많은 수였다. 중국 정부가 지원하는 기관들은 기업들이 시골로 버스를 몰고 가 미숙련 노동자들을 모집하도록 독려했다. 이른바 '파견노동자'로 불린 이들은 계절별 생산 특성에 맞춰 애플의 수많은 공급업체로 보내졌다. 이 책을 집필하는 과정에서 입수한 내부 문서에 따르면, 애플의 노동력 수요는 봄철 비수기에는 90만 명 이하로 떨어졌다가, 아이폰 출시 전 성수기에는 170만 명 이상으로 급증했다. 그러나 전체 노동자의 10퍼센트까지만 임시직을 허용하는 새로운 법이 시행되면, 이러한 조달 방식은 불가능해졌다. 중국에서의 사업 운영이 심각한 위험에 처한 것으로 보였다.

그 피해 규모를 추정하기 위해 애플은 공급망에 속한 362개 공장을 조사했으며, 그 결과 절반 정도가 10퍼센트 기준을 초과하고 있다는 사실을 발견했다. 그중 80개 공장은 전체 노동력의 절반 이상을 파견노동자로 채우고 있었다. 특히 애플이 하루에 특정 제품을 100만 대 이상 출하하는 '생산 확대 기간'에는 일부 공장의 임시직 비율이 80퍼센트를 넘겼다. 2015년 작성된 애플의 내부 문서에는 이렇게 적혀 있었다. "우리의 '예상치 못한 놀라움과 큰 만족감'을 제공하는 비즈니스 모델은 생산 확대 기간 동안 단기간에 막대한 노동력이 필요하다. 이 법에 따라 공급업체가 10퍼센트만 파견노동자를 쓸 수 있도록 제한하면, 우리의 급격한 노동 수요를 맞출 방법이 사실상 없다."[20]

법의 지배, 법에 의한 지배

　서구의 어떤 변호사도 이러한 상황을 이해하도록 교육받지 않았지만, 원리를 따지고 보면 비교적 단순했다. 이는 마치 승소가 목적이 아니라 합의를 끌어내기 위해 제기하는 소송과 비슷했다. 중국공산당은 벌금을 부과하거나 중국 전역의 공장에 이주노동자를 투입하는 관행을 근절할 의도가 거의 없었다. 유동인구라는 개념 자체가 정부 주도로 수십 년간 유지되었다. 마오쩌둥 시대의 중국에서는 주민 통제가 매우 엄격해서 공식적인 허가 없이는 등록된 지역을 벗어나 거주하는 것이 불법이었다. 1980년대 초 중국 경제가 개방되기 시작하고 경제특구에 외국 자본이 몰려들자, 농촌 주민이 도심에서 일하는 것이 허용되었다. 그러나 그들이 도시에 정착하는 것은 체계적으로 억제되었다. 사회 서비스 접근에 제약이 있었고, 노동권도 거의 보장받지 못했으며, 자녀들은 도시 학교에 다닐 수 없어서 대개 고향에 남아 있어야 했다. 그런데도 뜨거운 햇볕 아래 들판에서 일하는 것보다는 공장에서 일하는 것이 훨씬 나았기 때문에 수억 명에 달하는 농촌 주민이 둥관과 선전 같은 도시에 몰려들었다.
　이 착취당한 인구를 유연하게 운영할 수 있다는 점이 중국의 부상에 결정적인 역할을 했다. 중국 정부가 이를 없앨 리는 없었고, 오히려 애플 같은 기업들이 호의를 베풀도록 강제하기 위해 법령을 설계하고 있었다. 파견노동법은 중앙정부 차원의 법이었지만, 집행은 지방정부의 몫이었다. 따라서 사업 운영이 새로운 규정에 저촉된다는 사실을 인식한 애플에 남은 선택지는 세 가지였다. 운영 방식을 전면 개편하거나, 중국을 떠나거나, 아니면 현지 관료들이 무엇을 원하는지 알아내는 것이었다. 이런 우회적인 방식으로 중국공산당은 서구 기업에 다음과 같은 메시지를 전하고 있었다. '14억 명의 인구에 접근하고 싶다면, 그 대가를 치러야 한다.'

이 기본 원칙 뒤에는 중국의 더 긴 법적 역사가 자리하고 있었다. 서구에서 발전한 '법의 지배rule of law'와 달리, 시진핑은 중국에서 2,000년 넘게 이어져온 '법에 의한 지배rule by law'를 되살리고 있었다. 법의 지배가 공정한 틀을 마련하는 것이라면, 법에 의한 지배는 인구를 통제하거나, 이 경우에는 기업의 행동을 유도하는 수단이었다. 중국 정부는 시장 접근을 대가로 명시적으로 무언가를 요구하지 않았다. 그것은 WTO 규정상 불법이었기 때문이다. 그러나 암묵적 합의를 더욱 쉽게 끌어내도록 시스템을 재설계하고 있었다. 당시 중국에 거주하던 한 서구 기업가는 이러한 변화를 이렇게 표현했다. "자발적 행위가 새로운 의무가 되었습니다."[21]

삼성과 애플의 결정적 차이

2015년 애플이 CSR 평가에서 거스리의 예상대로 참담한 결과를 받자, 그의 견해는 다시 주목받기 시작했다. 이 평가는 국무원 산하의 국유자산감독관리위원회에 의해 발표되었는데, 이곳은 미국에 대응되는 조직이 없는 중국 특유의 기관이었다. 그들은 중국에서 중요한 조직

중 하나였으며, 가입자 약 8억 명을 보유한 주요 통신사 차이나 모바일과 그 최대 경쟁사 차이나 텔레콤의 최대 주주였다. 2015년 처음 공개된 CSR 평가에서 애플은 100점 만점에 22.5점을 받아, 대형 다국적기업 중 최하위를 기록했다.

이 낮은 점수는 쿠퍼티노를 당혹스럽게 했다. 변호사들은 상황을 설명해달라는 순진한 기대를 품고 거스리에게 전화를 걸었다. 중국은 애플이 수년간 환경에 미치는 영향을 개선하기 위해 노력해온 것을 모르는 것일까? 2007년 스티브 잡스가 제품에서 유해 화학물질을 제거하겠다는 계획을 발표했던 사실을 알지 못하는 것일까? 중국 정부가 탄소 배출을 줄이고 재활용 소재를 더 많이 사용하겠다는 애플의 연례 보고서를 보지 못했단 말인가?

거스리는 쿠퍼티노가 핵심을 놓치고 있다고 설명했다. 이 평가는 애플의 실천과 거의 관련이 없었다. 위원회의 보고서는 미묘한 방식으로 이를 분명히 하고 있었다. 목록에 포함된 약 40개 기업 중에서 애플은 '합작투자'라는 표시가 없는 유일한 외국 기업이었다. 바로 그 점이 핵심이었다. 애플은 현지 파트너에게 기술을 이전하지 않고 있었다. 약 10년 뒤 발표된 한 연구는 다음과 같이 결론지었다. "서구에서 CSR은 기업이 자발적으로 자선, 환경, 인권 등의 사회적 목표를 지원하는 민간 주도의 하향식 자율 규제 형태이지만, 중국에서 CSR은 기업들이 집권당인 중국공산당과 정부의 정치적 의제를 지지하는 상향식 프로젝트다. 여기에는 당의 정당성을 강화하는 빈곤 완화, 시진핑 개인의 관심사로 보이는 환경보호 그리고 '국가의 부흥'이라는 당의 목표가 포함된다."[22]

이런 시각에서 보면, 왜 삼성이 최고 수준의 평가를 받았는지 이해하기는 어렵지 않았다. 삼성은 수십 개의 공식 파트너십을 보유하고 있었고, 수십억 달러 규모의 자체 제조시설을 갖추었으며, 수십 년 전부터 공식 합작투자를 통해 파트너들이 기술 노하우를 '흡수'할 수 있게 했다.[23] 삼성은 일찍부터 중국의 중요성을 명확히 인식했고, 단순 조립 생산에서 첨단 반도체 제조로 사업을 확장했다. 반면 애플은 공식 파트너십도 없었고, 기술 이전에도 관여하지 않았으며, 모든 운영을 은밀히 진행했다. 2012년 애플이 주요 협력업체 명단을 공개하도록 압력받기 전까지만 해도, 어떤 공장이 애플에 부품을 공급하는지 아는 사람은 거의 없었다.

도전은 끊이지 않았다. 애플 엔지니어들은 그동안 사실상 무시되던 체류 기간 제한 규정이 갑자기 엄격히 적용되자, 현장에서 벌금을 내야 하는 경우까지 생겼다. 한 공장에서 다른 공장으로 가는 물류는 설명할 수 없는 장애물에 부딪혔다. 당시 중국에 거주하던 한 미국 국무부 관리는 중국어로 '부팡볜不方便'이라 부르는 설명할 수 없는 불편함이 시진핑 집권 이전에는 비교적 드물었지만, 이후에는 광범위하게 퍼졌다고 회상했다. 정부 관계자는 애플과 함께 일하던 현지 인사들을 초대한 자리에서 미국인들과 함께 일해서는 안 된다는 점을 분명히 했다.

2015년 9월 중국은 애플이 매출을 축소 신고했다고 비난했다. 재정부는 애플에 미납 세금과 벌금으로 8000만 달러가 넘는 금액을 납부하라고 요구했다.[24] 쿠퍼티노는 이제야 상황이 심각하다는 것을 깨달았다. 거스리는 이러한 압박을 다음과 같이 표현했다. "우리는 너희를 지켜보고 있다. 그리고 〈소비자의 날〉 사태처럼, 원하면 언제든지 타격을 가할 수 있다."

자아비판문 작성

거스리는 현대 중국에 관한 프레젠테이션을 준비해달라고 요청받았다. 그는 쿠퍼티노로 정기적으로 날아가, 서비스 부문 책임자인 에디 큐Eddy Cue를 비롯한 쿡의 핵심 참모들에게 시진핑이 새로운 방향을 모색하고 있다는 점을 설명하고, 회사가 어떻게 대응해야 할지 함께 고민했다.[25] 그는 이렇게 말했다. "중국이 마음만 먹으면 정말 심각한 조처를 할 수 있다는 것이 점점 더 분명해졌습니다. 그 점이 경영진의 관심을 끌었던 것 같고, 내가 이런 예측을 하면서부터 내 말에 귀를 기울이기 시작했습니다."

정부 당국과의 관계 개선을 돕고자 거스리는 애플의 공급망을 연구하기 시작했다. 그는 중국의 산업 전환을 연구하던 1994년의 박사과정 시절처럼 수백 곳의 공급업체를 인터뷰했다. 처음에는 결국 애플이 현지 파트너와 합작투자를 진행하도록 권고받을 것으로 생각했다. 중국에 대한 명확한 지지를 보여주는 이러한 방식은 쿠퍼티노가 결코 받아들이고 싶어 하지 않을 터였다. 그러나 애플이 아무런 조처를 하지 않는다면, 그 결과는 치명적일 수 있었다. 이는 누구나 알 수 있는 일이었다. 2013년 로이터통신은 어떤 회의에 대해 보도했는데, 그 자리에서 한 중국 고위 관료가 외국계 기업 30곳에 반독점 벌금 부과를 경고하면서 자발적인 '자기비판문'을 작성하라고 권고했다.[26] 한 참석자는 로이터통신과의 인터뷰에서 이렇게 말했다. "메시지는 분명했습니다. 맞서 싸우면 벌금을 두세 배로 늘릴 수 있다는 의미였어요." 시진핑 집권 초기 3년 동안 중국 정부는 마이크로소프트와 퀄컴에 대해 반독점 조사를 개시했으며, IBM과 시스코는 중국 고객들이 자국 브랜드 제품을 구매하도록 유도되면서 큰 타격을 입었다. 이들 서구 브랜드는 중국 정부의 권위주의적 성향에 대응하기 위해 새로운 합작투자를 진행했다. 《뉴욕타임스》에 따르면, 특히 IBM의 경우에는 중국 파트너에게 "고급 서버와 그 서버를 구동하는 소프트웨어에 대한 부분 설계도"를 제공하기로 합의했다.[27]

가장 공개적으로 알려진 것은 퀄컴의 사례였다. 중국은 스마트폰에 사용되는 4G와 5G 기술을 개발한 이 캘리포니아주의 팹리스에 막대한 영향력을 행사했다. 이 사건은 전반적으로 갈취로 간주되었다. 그때나 지금이나 퀄컴의 수익 구조는 자사 기술을 사용하는 모든 스마트폰회사에서 라이선스 비용을 받는 것이다. 그런데 중국이 세계 최대 스마트폰 시장으로 부상하자, 이 라이선스 비용을 낮추라는 중국 정부의 압박이 거세졌다. 퀄컴은 저항했지만, 실제로 할 수 있는 일은 거의 없었다. 2015년 퀄컴은 합작투자를 진행하고 9억 7500만 달러의 벌금을 내기로 합의했는데, 이는 중국에 진출한 외국 기업이 낸 최대 규모의 벌금이었다. 이로써 3년에 걸친 반독점 조사를 마무리할 수 있었다. 한 퀄컴 임원은 이렇게 말했다. "그들은 우리를 인질로 잡아 10억 달러를 뜯어가고, 지식재산권을 빼앗았습니다. 협상의 여지는 전혀 없었어요. 우리는 그저 기존 비즈니스 모델을 유지할 수 있었던 것만 해도 감사해야 했습니다." 위기감이 최고조에 달했던 어느 열흘 동안에는 직원들이 체포당할까 봐 심각하게 우려한 퀄컴의 두 임원이 중국 출장을 전면 중단했다. 한 임원은 직원들이 납치당할 수 있다고 걱정했다. 그에 따르면, 당시 파견된 단 한 명의 협상 담당자는 중국에 머무는 동안 회사의 전용기에서 숙박했다. "그는 회의에 참석하고 나서는 다시 비행기로 돌아가 거기서 밤을 보냈습니다."

30장 | 중국의 후원자를 자처한 애플

애플과 관련해 가장 놀라운 통계는 다음과 같다. 아이폰은 전 세계 스마트폰 판매량의 20퍼센트 미만을 차지하지만, 업계 이익의 80퍼센트 이상을 꾸준히 가져간다는 점이다. 시장점유율이 작은 업체가 이처럼 압도적인 지배력을 행사하는 사례는 다른 어느 분야에서도 찾아보기 어렵다. 거스리는 이런 결과가 어떻게 가능했는지를 언론이 제대로 파헤치지 않는다고 느꼈다. 이 통계가 언급될 때면 대체로 애플이라는 브랜드의 매력과 경쟁사보다 고가품을 판매하는 능력 덕분이라고 단순히 설명되었다. 하지만 삼성 등 다른 회사들도 고가품을 판매하고 있었다. 그렇다면 어떻게 애플은 21세기의 가장 상징적인 소비재 제품군에서 이토록 철저히 우위를 점할 수 있었을까? 왜 수십 개의 경쟁사가 시장점유율의 80퍼센트를 차지하면서도 이익은 20퍼센트도 나눠 가지지 못했을까?

이 통계는 글로벌 시장조사기업인 카운터포인트 리서치Counterpoint

Research에서 매년 조용히 발표된다. 거스리는 2015년에 처음 이 통계를 접했을 때, 어떻게 이런 일이 가능한지 반드시 밝혀내겠다고 결심했다. 그는 애플이 오랫동안 스마트폰 시장의 이익 대부분을 차지해왔다는 사실은 알고 있었지만, 지난 몇 년 동안 안드로이드 기반 스마트폰의 가격이 급락하면서 오히려 애플의 지배력은 더욱 강화되었다. 아이폰 가격은 단순히 안정적인 수준에 머문 것이 아니라 오히려 상승하고 있었는데, 이는 기술 및 경제학의 가장 기본적인 전제와 모순되는 현상이었다. 1990년 PC의 평균 가격은 4,000달러였으나, 경쟁과 규모의 경제 덕분에 2005년에는 1,500달러 이하로 떨어졌다. 그러나 2007년 499달러에 출시된 아이폰은 2015년에는 649달러에 판매되고 있었다. 애플은 어떻게 이런 일을 해낸 것일까?

애플 클러스터의 등장

애플이 중국에서 처한 상황을 이해하도록 돕고자 했던 거스리는 직접 현지에 가서 공급업체들을 인터뷰하기 시작했다. 수십 곳의 업체와 대화하는 과정에서 공통된 주제가 드러났다. "애플과 함께 일하는 건 정말 지독하게 힘들어요"라고 그들은 말했다. 거스리는 "그러면 하지 마세요"라고 응수했다. 그러나 그들은 이렇게 대답했다. "그럴 수 없습니다. 너무 많은 것을 배우기 때문입니다." 이 역학 관계는 업계의 일반적인 관행이 전혀 아니었다. 애플의 경쟁사에 부품을 공급하는 업체들은 대체로 한정된 수량만을 생산했는데, 안드로이드 기반 스마트폰과 윈도우 기반 컴퓨터는 가격대와 지역을 가리지 않고 폭넓게 판매되었기 때문이다. 이는 곧 각 브랜드가 매년 수십 종의 서로 다른 모델을 판매하며, 그에 따라 부품 구성도 달라진다는 것을 의미했다. 이들 회사의 주력 제품은 저가형 모델이었고, 그 영역에서는 표준화된 부품을 활용하고 넓은 범위의 오차를 허용할 수 있었다. 또한 이들은 공급업체들의 가격 경쟁을 유도했다. 그러나 애플은 달랐다. 조너선 아이브의 지휘 아래 애플의 제품 포트폴리오는 철저히 단순화되었다. 2015년까지도 애플은 매년 단 두 종의 새로운 아이폰만 출시했다. 이는 고급 휴대전화를 수작업으로 만드는 것과 같은 방식이었지만, 동시에 대량생산을 실현하고 있었다. 공급업체를 선정할 때는 가격이 아니라 품질을 최우선으로 삼았다. 그 수준의 품질을 달성하기 위해 새로운 제조공정을 직접 고안해야 했다. 애플이 새로운 디자인을 채택하기 전까지는 이러한 공정 자체가 존재하지 않았다. 따라서 공급업체들과 훨씬 더 긴밀하게 협력할 수밖에 없었다. "애플은 그들이 하는 일이 워낙 독창적이었기 때문에 전체 제조공정에 영향을 미쳤습니다. 다른 누구도 이런 일을 하지 않았기 때문에 애플이 그 설비에 자금을 직접 투입할 수밖에 없었어요"라고 당시 애플의 공급업체들을 여러 차례 방문했던 애널리스트 브라이언 블레어Brian Blair는 말했다. 그는 자동차산업을 비유로 들었다. 폭스바겐이나 제너럴 모터스가 연간 1000만 대의 자동차를 만드는 것과 애플이 연간 1000만 대의 페라리를 만드는 것은 전혀 다른 차원의 일이었다.

이러한 접근 방식의 위험성은 공급업체에 지나치게 많은 권한이 넘어간다는 점에 있다. 그래서 쿡의 지도로 애플은 공급망을 중복으로 구축했고, 과도한 의존도를 줄이기 위해 여러 업체에 동일한 기술을 가르쳤다. 한 제조엔지니어는 "매년 소수의 회사에 지나치게 의존한다는 문제를 논의했습니다. 그 회사 중 하나라도 문제가 생기면 어떻게 할 것인가 하는 문제였어요"라고 말했다. 그는 이렇게 덧붙였다. "특히 부품 수준에서 보면, 폭스콘조차도 우리가 필요한 부품을 생산할 기계를 둘 공간이 없었기 때문에 어쩔 수 없이 두 번째, 세 번째 공급업체를 찾아야 했습니다."

애플의 생산 규모와 제조 집중도를 고려할 때, 이러한 전략은 주요 산업클러스터의 형성으로 이어졌다. 쿠퍼티노에서 온 엔지니어들이 여러 공장에 터치스크린 유리를 가공하는 방법 등을 직접 가르쳤기 때문이다. 이에 따라 애플은 코닝의 유리를 절단하고 강화했던 렌즈 테크놀로지에 얽매이지 않게 되었다. 애플은 쿠퍼티노에서 엔지니어를 지속적으로 파견해 경쟁사들을 교육했으며, 이는 렌즈 테크놀로지가 긴장을 늦추지 못하게 했다. 만약 애플이 차세대 아이폰에 다른 공급업체를 선택한다면, 이 회사에 치명적인 타격이 될 수 있었다. 2015년 기준 애플은 연간 2억 5000만 대의 아이폰을 생산하고 있었기 때문이다. 더 나아가 렌즈 테크놀로지가 가격을 인상하지 못하도록 견제하는 효과도 있었다. 결국 애플에 부품을 공급하는 어느 회사도 자신에게 협상력이 있다고 생각조차 하지 못하게 되었으며, 애플은 언제든 대안을 갖고 있음을 분명히 보여주었다.

이익을 포기하고 애플을 택하다

이러한 전략은 매번 새롭고도 혁신적인 제품을 내놓는다는 목표와 맞물려 운영 효율성을 극대화했다. 그 결과 애플은 업계 평균을 훨씬 웃도는 이익률을 기록할 수 있었다. 거스리는 "그 공장들은 이익을 포기하면서까지 애플의 운영 전문가들이 와서 효율성을 가르쳐주기를 원했습니다"라고 말했다. '애플 스퀴즈Apple Squeeze'라고 불린 이 명시적인 거래를 통해 애플의 엔지니어들과 운영팀은 파트너들을 철저히 교육하고 그 과정에서 제조 지식을 넘겨주었다. 특히 최고 수준의 품질 기준을 유지하면서도 효율적으로 대량생산을 가능하게 하는 방법을 공유했다. 그 대가로 공급업체는 애플의 엄청난 주문 물량 덕분에 수익이 나리라고 전제한 채로 극도로 낮은 이익률을 받아들여야 했다. 또한 이렇게 획득한 기술을 바탕으로 다른 고객사의 주문을 따내, 같은 작업에 대해 더 높은 가격을 받을 수도 있었다. 실제로 2016년 기준 아이폰의 이익률은 33퍼센트였지만, 중국의 경쟁사인 오포는 7퍼센트, 비보는 6퍼센트, 샤오미는 2퍼센트에 불과했다.[28] 다시 말해 애플 스퀴즈는 애플이 업계 최고 수준의 이익률을 달성하는 데 핵심적인 역할을 했다. 메시지는 명확했다. "우리는 많은 돈을 주지는 않겠지만, 그 경험은 매우 귀중할 것이다."

애플은 적정한 가격을 확보하기 위해 공급업체를 극단적인 수준으로 통제했다. 공급업체의 운영 비용과 관련된 모든 세부 정보를 요구했는데, 여기에는 노동자 임금, 기숙사 비용, 기계설비 비용, BOM까지 포함되었다. 사실 애플은 공급업체보다 그들의 운영 비용을 더 잘 파악하고 있었다. 부품 생산에 필요한 원자재를 공급업체가 직접 구매하도록 두지 않고, 이를 대신 조달했기 때문이다. 이와 같은 방식은 공급업체가 실제 가격을 파악하지 못하도록 방해해 애플이 우위를 점하게 했다. 이러한 전략은 2010년경 처음 등장했다. 당시 폭스콘은 자신들이 실제 지불한 것보다 비싼 가격으로 애플에 부품 비용을 청구함으로써, 추가 이익을 얻으려 했다. 이에 애플은 폭스콘을 '중간에서 배제'하는 방식으로 대응했다. 한편 연간 아이폰 출하량이 수천만 대에서 수억 대 규모로 늘어나자, 애플은 단순히 공급업체가 원자재를 충분히 확보할 것이라고 가정해서는 안 된다는 점을 깨달았다. 이를 보장할 유일한 방법은 애플이 직접 협상에 개입하는 것이었다. 이 팀이 가진 권한은 막대했으며, 최대 1,300명이 토니 블레빈스에게 보고했다.

공급업체들이 겉보기에 불공정해 보이는 이런 거래를 감수한 이유는 이익보다 덜 구체적이지만 훨씬 더 가치 있는 것을 얻었기 때문이다. 그들은 애플 최고의 엔지니어들에게 수업료 없이 제품 출시 전 몇 주, 또는 몇 달 동안 현장에서 매일 몇 시간씩 집중 훈련을 받을 수 있었다. 거스리는 이렇게 설명했다. "애플이 중국 공급업체들을 거의 이익이 없는 상태로 일하게 할 수 있는 이유는 쿡의 지시에 따라 애플 엔지니어들이 그 공장 안에 매트를 깔고 자면서 생산라인을 효율적으로 운영하도록 도와주기 때문입니다."

수많은 경우에 애플은 단순히 직원을 교육하는 데 그치지 않고, 장비를 구매해 이를 협력업체의 생산라인에 직접 배치했다. 2000년대 후반, 공급망 연구원인 케빈 오마라는 애플이 협력업체의 공장에 설치할 기계 장비를 구매하는 데 수억 달러를 쏟아붓는 모습을 보고 큰 충격을 받았다. 2018년까지 애플 연례 보고서에서 '중국 장기 자산'으로 분류되는 기계 장비의 가치는 133억 달러에 달했다.[29] 이처럼 막대한 투자는 협력업체들이 원래라면 감당할 수 없는 규모로 운영될 수 있도록 해주었다.

피할 수 없는 사업 비용

아이폰이 막 출시되었을 때 애플은 공급업체와 공동으로 개발한 기술을 지식재산으로 간주하며 강경한 태도를 보였다. 삼성이 아이폰을 모방했다고 판단했을 때 잡스는 극도로 분노했고 결국 소송을 제기했다. 쿡은 2012년에 이 소송에 관해 이야기하며, 그렇게 훔치는 것은 "세상에서 가장 끔찍한 일"이라고 표현했다. 그는 이렇게 말했다. "우리 관점에서 보면, 애플이 세계의 개발자가 되어서는 안 됩니다. 우리가 모든 힘과 정성을 쏟아 그림을 완성했는데, 다른 사람이 거기에 자기 이름을 올리는 일은 절대 용납할 수 없습니다."[30]

그러나 시간이 흐르면서 애플은 자신들이 아무리 혁신적인 기술을 개발하더라도 중국이 1년 안에 모방하리라는 사실을 점차 이해하게 되었다. 이는 그곳에서 사업을 하는 데 따르는 불가피한 비용이었다. 이상적으로는 애플이 특정 기술을 비밀로 유지하거나 독점권을 요구할 수도 있었지만, 이런 협약의 유효기간은 대개 12개월을 넘기지 못했다. 특정 기술을 애플의 경쟁사에 제공하지 못하도록 막더라도, 공급업체들은 유사한 수준의 기술을 대신 제공해 이익을 챙겼다. 그들이 반드시 특허법을 위반하거나 불법적으로 애플을 모방한 것은 아니었다. 애플은 10년 넘게 공급업체들을 교육했으며, 그 결과 이들은 품질과 규모 모두 세계 최고 수준에 도달하게 되었다.

애플의 몇몇 엔지니어는 자신들이 몇 달 동안 수많은 시간을 들여 개발한 것이 모방되어 상품화된다는 사실에 짜증을 내고 심지어 분노하기도 했다. 2014년 아이브가 샤오미의 최신 스마트폰과 아이폰의 유사성에 대해 질문받았을 때, 그는 "그건 정말로 도둑질이고, 게으른 행동이며, 전혀 용납될 수 없는 일"이라고 격분했다.[31] 그러나 이런 격한 반응은 시간이 지나면서 점차 줄어들었다. 애플은 모방의 종합적인 효과가 결국 경쟁사들을 항상 한발 뒤처지게 만든다는 점을 이해하게 되었다. 한 고위 임원은 이렇게 말했다. "그들은 앞으로 내놓을 제품이 아니라, 이미 출시한 제품을 따라잡으려고 애썼습니다."

게다가 애플은 자신들에게 진정으로 중요한 점이 무엇인지 잘 알고 있었다. 중국 기업들을 상대로 특허 침해 소송을 제기하는 것은 그들을 괴롭히는 것으로 비칠 위험이 있었다. 설령 애플이 특허를 인정받더라도, 실제로 집행하는 것은 불가능에 가까웠다. 그리고 애플은 여러 나라에서 수년간 이어온 삼성과의 소송전이 결코 도움이 되지 않았다는 교훈도 얻었다. 쿡은 특허 전쟁을 주제로 한 인터뷰에서 그것이 "정말 골칫거리"라고 답했다.[32]

중국을 개발하다

아이폰의 기하급수적인 성장이 주요 공급업체들에 미친 현실적인 영향 또한 사고의 전환을 촉진했다. 애플은 공급업체들이 자사 매출의 50퍼센트 이상을 애플에 의존하지 않도록 하는 규정을 마련했다. 애플에 과도하게 의존하면 문제가 발생할 수 있었는데, 이는 쿠퍼티노가 방향을 바꾸는 경향이 있었기 때문이다. 예를 들어 어떤 회사가 매출의 80퍼센트를 아이폰 부품 생산에 의존하고 있는데, 애플이 설계를 변경해 그 부품이 더는 필요 없게 되면, 그 회사는 쉽게 붕괴할 수 있었다. 실제로 이런 일이 여러 차례 발생했고, 그럴 때마다 애플에 부정적인 언론 보도와 공급업체의 반감으로 홍역을 치렀다. 그 결과 애플은 공급업체와의 관계에서 최적의 균형점을 찾는 법을 배웠다. 즉 공급업체의 가장 중요한 고객이 되어 협상력을 갖되, 그들의 의존도가 지나치지 않도록 조절하는 방식이었다.

한 고위 임원이 말했듯이, 이 정책의 핵심은 "우리가 성장하는 속도만큼, 그들도 다른 고객과 함께 성장해야 한다"라는 점이었다. 그래서 아이폰 출하량이 급증함에 따라, 중국의 공급업체들이 안드로이드 기반 스마트폰들의 부품도 공급하도록 장려했다. 그 결과 애플은 중국 스마트폰산업의 탄생을 촉진하게 되었다. 2009년만 해도 중국에서 판매된 스마트폰의 대다수는 노키아, 삼성, HTC, 블랙베리가 생산했다. 그러나 애플이 터치스크린 유리 등 아이폰에 들어가는 수천 가지 부품의 제작법을 가르치는 동안, 애플의 공급업체들은 그 기술을 자국 기업에도 제공하기 시작했다. 그 선두에 화웨이, 샤오미, 비보, 오포 등이 있었다. 그 결과 중국 브랜드의 내수 시장점유율은 2009년 10퍼센트에서 2011년에는 35퍼센트로 그리고 2014년에는 74퍼센트로 급격히 상승했다.[33] 아이폰이 노키아를 무너뜨린 것이 아니라, 아이폰을 모방한 중국 업체들이 노키아를 무너뜨렸다고 해도 과언이 아니었다. 그리고 그 모방품들이 이토록 완성도가 높았던 이유는 애플이 모든 공급업체를 철저히 훈련했기 때문이다. 쿡은 애플이 "세계의 개발자"가 되길 원하지 않았지만, 결국 애플은 중국의 개발자가 되고 말았다.

실제로 애플의 막대한 투자로 뒷받침된 산업클러스터는 매우 강력해서, 다른 휴대전화 제조사들은 이를 따라잡기 위해 극심한 압박을 받게 되었다. 그러나 애플의 운영 방식에 대한 구체적인 지식이나 체계적인 전략을 갖추지 못한 이들은 빠른 대응을 위해 중국 공급업체들에 도움을 요청했고, 그 대가로 지식재산권을 넘겨주었다. 노키아 임원 출신으로 시장조사기업 아심코Asymco를 운영하는 호러스 데디우는 "그들 모두가 완전히 항복한 셈이었습니다"라고 말했다. 다시 말해 애플은 일련의 사건들을 촉발함으로써, 중국 공급업체들이 더 많은 주문을 확보하고 최첨단 제조 기술에 대한 이해를 심화하도록 도왔다. 그와 동시에 서구권의 전자제품 제조업은 점점 쇠퇴해갔다.

애플의 수많은 엔지니어 그리고 특히 최고경영진은 이미 이 모든 사실을 잘 알고 있었다. 그러나 거스리가 여기서 끌어낸 결론은 새로웠다. 그는 베이징의 중앙정부와 각 지방정부에 애플 스퀴즈를 설명한다면, 그들이 이를 합작투자보다 훨씬 우수한 형태의 기술 이전 방식으로 이해할 것이라고 주장했다. 일반적인 합작투자의 경우, 외국 기업은 기술을 실제로 이전하고 싶어 하지 않기 때문에 가능한 한 거리를 두려 한다. 그러나 애플은 공급업체가 스스로 생각하는 한계를 넘어설 수 있도록 긴밀히 협력하며, 이후에는 이들이 지나치게 의존하지 않도록 독립적인 성장을 적극적으로 장려했다. 애플 엔지니어들은 수천 시간을 투자해 현지 공급업체들과 기술을 공동 개발하고, 극단적인 수준의 세부 관리 방식을 몸소 보여주었으며, 전문화된 기계와 각종 소재를 활용한 문제 해결 기법까지 전수했다.

한 전직 애플 산업디자이너는 이렇게 말했다. "전략적으로 정보를 숨긴 일은 제 기억에 단 한 번도 없었습니다. 우리에게는 가장 완벽한 제품을 만들어내는 일이 전부였어요. 우리는 매일 같이 새로운 것을 발명했습니다. 매일 문제를 해결하며 나아갔어요. 그 경험은 정말이지 엄청나게 훌륭했어요. 하지만 돌이켜보면 의도치 않게 엄청난 지식, 놀라운 노하우와 경험을 전수하고 있었던 셈입니다."

한 전직 애플 부사장은 이렇게 말했다. "혹시 당신의 논지를 너무 과하게 해석하고 있는 건 아닌가요? 계속 지정학적 요인을 이야기하시는데, 나는 2000년대에 중국에서 생산체계를 구축할 때 그 자리에 있었습니다. 단언컨대 우리는 전혀 지정학적 요인을 생각하지 않았어요."

그렇다. 바로 그 점이다.

과실, 또는 미필적 고의

중국 정부의 강경파들은 애플을 착취 세력으로 보았다. 그들의 기존 관점에서 보면 그렇게 보일 수밖에 없었다. 삼성은 중국에서 수십 개의 공식적인 파트너십을 맺고 있었지만, 애플은 단 하나도 없었다. 삼성은 자사 소유의 제조공장을 가지고 있었지만, 애플은 역시 단 하나도 없었다. 그러나 거스리의 주장은 이러한 논리를 완전히 뒤집었다. 그는 애플이 자사 최고 수준의 엔지니어들을 1,600개가 넘는 공장에 파견해 협력하고 있다는 점을 강조했다. 수십 개의 파트너십이 오히려 초라하게 느껴질 정도였다. 인텔과 삼성 같은 기업들은 중국에서의 합작투자를 대대적으로 홍보했지만, 애플은 철저히 침묵을 지켰다. 더 나아가 폭스콘이 사실상 아이폰과 아이패드의 수요에서 비롯된 막대한 투자를 자신들의 공으로 돌리도록 내버려두었다.

거스리는 이것이 실수라고 주장했다. 이것으로 그는 중국 정부가 애플을 부정적으로 인식하는 큰 수수께끼를 풀고자 했다. 애플은 엄청나게 이바지했다. 수백만 개의 일자리를 창출하고 자사의 필요를 훌쩍 넘어서는 정교한 공급망을 육성했다. 그러나 이러한 기여는 애플의 비밀스럽고 폐쇄적인 문화 때문에 중국에 알려지지 않았다. 그는 급진적인 방안을 제안했다. 모두에게 그 메시지를 전하되 필요하다면 산꼭대기에서 외치듯 알리며, 모든 정부 관리가 애플이 자국에 얼마나 큰 이익을 가져오는지를 완전히 이해할 때까지 이를 반복해야 한다고 주장했다. "중국은 끊임없는 학습을 원합니다. 애플이 중국의 1,600개 공급업체를 성장시켰다는 사실만 봐도, 이것은 엄청난 혜택입니다."

거스리의 주장은 즉각적인 반발에 부딪혔다. 쿠퍼티노는 운영 전략을 일종의 기밀로 여기고 있었으며, 이를 공개적으로 알리는 것을 원치 않았다. 또한 경영진은 중국에 대한 막대한 투자가 미국 정가에서 정치적으로 민감한 사안이 될 수 있다는 점을 잘 알고 있었다. 이 무렵 애플의 운영 전략에 관여했던 한 임원은 이렇게 말했다. "누구도 그렇게 드러내고 싶어 하지 않습니다. 미국 규제 당국이 얽힌 심각한 문제에 빠지게 되니까요."

수년 동안 아시아에서 전체 공급망의 역량을 끌어올려온 마이클 힐먼은 애플이 자사 활동의 영향을 공개적으로 표현하는 데 소극적인 태도가 2000년대 초 중국에 처음 진출했을 때부터 이어져왔다고 말했다. "애플 경영진은 이런 식의 언급에 알레르기 반응을 보였지만, 실제로는 그런 일이 정확히 벌어지고 있었어요." 그는 하드웨어 부문 수석 부사장이었던 존 루빈스타인과 중국인들을 어떻게 가르쳐야 할지 논의했을 때를 떠올렸다. 당시 그는 상사에게 '교정'받았다. 루빈스타인은 "그렇게 말하면 안 돼요. 당신이 거기서 하는 일은 그게 아니에요"라고 말했다. 이에 힐먼은 "좋습니다. 그렇다면 내가 뭘 하는 겁니까? 내가 뭘 놓치고 있는 거예요?"라고 되물었다. "나는 중국의 협력업체들을 존중하려고 노력하고 있었어요. 그러나 역량이 부족하다는 것은 모두가 다 아는 불편한 비밀이었습니다. 우리가 원하는 품질과 수율을 확보해 제품을 출하할 수 있는 유일한 방법은 애플 엔지니어들과 운영 인력을 협력업체들에 직접 투입하는 것이었습니다."

힐먼의 견해에 따르면, 애플은 산업클러스터를 구축하겠다는 명확한 전략을 가지고 중국에 진출한 것이 아니었다. 단지 회사가 하나씩 문제를 해결해나가는 과정에서 시간이 흐르며 자연스럽게 발전한 결과였다. 그는 이렇게 말했다. "그 모든 것은 점점 커졌습니다. 그러니까 그게 무슨 천재적인 전략이었던 것은 아니에요. 그것은 단지 점진적으로 역량을 축적해간 과정이었고, 애플은 그 점을 활용했을 뿐입니다. 여기에 계약 방식이 점점 더 정교해지고, 애플의 통제 권한이 결합하면서, 우리는 사실상 규칙을 마음대로 정할 수 있었어요."

중국식 투자 계산법

거스리는 공급망 연구로 얻은 구체적인 결과를 공개하길 거부했지만, 다른 소식통들이 그의 연구를 보완하는 내부 문서를 제공했다. 애플이 중국의 발전에 미친 영향을 잘 보여주는 이 문서에 따르면, 2015년 기준 애플의 연간 대중 투자 규모는 총 550억 달러에 달했는데, 이는 정치적 채널을 통해 애플이 중국에 얼마나 헌신하고 있는지를 쉽게 입증할 수 있는 천문학적인 수치였다. 이 추정치는 효과를 극대화하기 위해 과장된 것이 아니라, 다소 창의적인 논리를 포함하고 있었는데, 이는 따로 살펴볼 가치가 있다. 이 수치는 중국에 실제로 남아 있는 투자를 기준으로 한 것이며, 전체 지출을 반영한 것은 아니었다. 전체 지출에는 BOM이라고 불리는 부품 비용까지 포함되는데, 이러면 금액이 훨씬 더 커진다. 애플은 이러한 수치를 공개하지 않지만, 2015년에 판매된 아이폰의 BOM 추정치는 한 대당 200달러를 웃돌았다. 그해 애플이 중국에서 생산한 2억 3100만 대의 아이폰에 이를 곱하면, 약 500억 달러에 달한다. 여기에 아이패드, 맥북 그리고 기타 애플 제품의 BOM까지 더하면, 그 규모는 훨씬 커진다.

이처럼 애플은 기업 지출 규모에서 최상위권에 속했지만, 전혀 특별한 사례는 아니었다. 여러 기업이 중국에서 수백억 달러, 많게는 수천억 달러까지 지출하고 있었다. 예를 들어 월마트의 2015년 매출은 4850억 달러였으며, 일부 추정치에 따르면 그중 60퍼센트 이상이 중국산 제품에서 비롯되었다. 그러나 이 지출의 대부분은 투자라고 할 수 없었다. 월마트의 대중 투자 규모를 계산할 때 화장지, 반려동물 용품, 주방 용품 따위를 만드는 중국 노동자들의 임금을 포함하는 것은 타당하지 않다. 그러한 임금은 지출일 뿐 투자가 아니기 때문이다.

이 지점에서 거스리의 주장이 독창성을 발휘했다. 그는 자신만의 전문 지식을 활용해 논리를 전개했다. 거스리는 중국에 '등록 자본'이라는 개념이 있다는 사실을 알고 있었다. 이는 외국 기업이 초기 진출 단계에서 수행하는 투자를 의미한다. 제너럴 모터스나 폭스바겐처럼 합작투자로 운영되는 자동차 제조업체는 해당 단계에서의 노동자 임금을 등록 자본으로 간주할 수 있는데, 이는 노동자 교육을 투자로 보기 때문이다. 그러나 1~2년이 지나 생산라인이 완전히 가동되면, 그 이후부터는 임금이 투자로 인정되지 않고 단순한 지출로 처리된다.

거스리는 애플이 월마트보다는 제너럴 모터스와 더 비슷하다고 주장했다. 공식적으로는 그렇게 분류되지 않았지만, 그렇게 보아야 한다는 논리였다. 애플이 공급망 전반의 노동자들에게 지급한 임금 중 상당 부분이 교육비에 해당한다는 논리였다. 자동차회사가 새로운 차량의 생산라인을 구축하는 단계에서만 노동자를 교육하는 것과 달리, 애플은 다양한 제품의 포트폴리오를 주기적으로 갱신하고 혁신하며 끊임없이 새로운 기술과 공정을 가르쳤다. 그리고 이 과정은 한두 개의 합작투자가 아니라 수백 개의 공급업체와 함께 진행되었다.

세계 최고의 투자자

이렇게 해서 애플의 투자 규모 추정치는 550억 달러에 이르게 되었다. 이 수치에는 공급망의 여러 층위에 걸쳐 고용된 300만 명의 임금, 공급업체들의 공장에 설치되는 수십억 달러 규모의 기계설비 비용 그리고 애플스토어 건설 비용까지 포함되어 있었다. 거스리는 동료들에게 이렇게 말했다. "중국 정부를 설득해야 할 핵심은 여기에 엄청난 기회가 있다는 점입니다. 애플은 푸둥의 어느 무역회사 사무실에 앉아 렌즈 테크놀로지의 터치스크린 유리를 주문하는 데 그치지 않습니다. 애들은 실제로 이 모든 공급업체가 이런 것들을 만들어낼 수 있도록 돕고 있는 것입니다."

중국 사업을 재편하기 위해 합작투자를 설립해야 할지도 모른다고 생각했던 초기 가정과 달리, 거스리는 애플에 가장 필요한 것이 이미 하고 있는 일의 효과적인 홍보라는 사실을 깨달았다. 중국 정부의 강경파들은 애플을 아무런 대가도 주지 않는 착취적 무역회사로 보았지만, 실제로 애플은 세계 최대 규모의 대중 투자자였으며, '자생적 혁신'

을 대규모로 가능하게 하는 주역이었다.

애플의 대차대조표 자체가 이를 잘 보여준다. 공급업체들의 공장에 설치된 생산용 기계를 포함한 "기계, 장비와 내부 사용 소프트웨어"의 가치는 2009년 20억 달러가 채 되지 않았지만, 2016년에는 445억 달러를 넘어섰다.[34] 이는 애플이 보유한 모든 토지와 건물의 가치보다 네 배 이상 큰 것으로 그들이 공급망에 대해 전례 없는 통제권을 확보했음을 보여준다.

쿠퍼티노는 거스리의 아이디어에 대한 저항을 점차 거두기 시작했다. 그리고 곧 논의는 '이 사실을 중국 정부에 어떻게 전달할 것인가?'라는 질문으로 옮겨갔다.

31장 | 애플의 승리? 중국의 승리!

쿡과 운영 책임자인 윌리엄스는 각각 어두운색의 정장과 흰색 셔츠, 파란색 넥타이를 맞춰 입었다. 중국 언론이 공개한 사진에는 두 사람이 두 손을 포갠 채 서 있는 모습이 담겼는데, 이는 중대한 행사를 앞두고 격식을 갖춘 자세였다. 그 뒤에는 환경·정책·사회 이니셔티브 책임자인 잭슨이 검은색 블레이저를 입고 있었다. 윌리엄스는 긴장한 듯 이마에 주름을 지은 채 집중하고 있었고, 잭슨은 진지하면서도 침착한 표정을 지었다. 쿡은 훨씬 더 여유롭고 노련하며 차분한 모습이어서 자신감마저 느껴졌다. 세 명의 임원은 중국공산당 본부인 중난하이 구내에 있었다. 쿡은 적어도 한 차례, 즉 2012년 3월에 이곳을 방문해 리커창李克強 부총리를 만난 적이 있었다. 그는 이듬해 시진핑의 이인자로 임명되었다.[35]

베이징 중심부에서도 자금성 근처에 있는 이 철저히 통제된 구역은 미국 기업의 임원들이 방문하기에는 매우 특별한 장소였다. 중난하이는 일반인의 출입이 엄격히 금지된 곳으로, 1958년 마오쩌둥이 소련 대사를 만나 향후 10년 안에 발발할 것으로 예상되는 세계대전에서 중국의 모든 국민을 동원할 준비가 되어 있다고 말했던 장소이기도 하다.[36] 이곳은 오랫동안 닉슨, 체 게바라Che Guevara 등 해외의 고위 인사들을 맞이하는 장소로 사용되었다. 그리고 이제 2016년 5월, 중국 정부는 애플의 최고위 임원 세 명을 이곳으로 불러들였다.

피해 수습 모드

불과 몇 달 전만 해도 애플의 중국 사업은 2015년 연말 실적 발표의 주인공이었다. 글로벌 매출은 겨우 2퍼센트 증가하는 데 그쳤지만, 중국 매출은 14퍼센트 상승하며 회사의 성장을 견인했다. 애플은 당시 2160억 달러에 달하는 막대한 현금을 보유하고 있었다. 쿡은 "올해 대차대조표는 그야말로 역대급입니다"라고 자랑했다. 미래 전망도 밝았다. 전 세계에서 사용 중인 '활성 기기' 수가 사상 처음으로 10억 대를 돌파했던 것이다. 스마트폰 시장이 이미 포화 상태라고 해도 애플은 음악과 영화, 기타 엔터테인먼트 콘텐츠 같은 고수익 서비스를 소비자들에게 팔아 새로운 기회를 잡을 수 있었다.

그러나 2016년의 첫 4개월은 불안한 시기였다. 1분기 실적에서 중국 매출이 26퍼센트 급감하며 상황이 급반전되었다. 애플을 떠받치던 중국 시장은 오히려 빅테크기업인 애플이 13년 만에 처음으로 전년 대비 글로벌 매출 감소를 발표하게 한 원인이 되었다. 애플 주가는 7.9퍼센트 폭락했고, 회사는 암울한 전망을 내놓았다. 이후 애플의 실적은 6분기 연속 하락했으며, 이 기간 아이폰의 중국 시장점유율은 15퍼센트에서 9퍼센트로 뚝 떨어졌다. 이후 내부 보고서는 이 시기를 두고 "애플은 지난 10여 년 동안 중국에서 이런 침체를 겪은 적이 없었다"라고 평가했다.[37]

2016년 4월 중국 국가신문출판광전총국은 불과 반년 전에 정식으로 출시된 아이튠즈 및 아이북스 스토어를 갑작스럽게 폐쇄했다. 규제 당국은 애플이 해당 서비스를 운영하려면 합작투자로 맺어진 파트너가 필요하다고 밝혔다. 《뉴욕타임스》는 이를 두고 중대한 의미를 지닌 충격적인 조치라고 평했다. "애플은 마침내 최근 몇 년간 다른 미국 테크기업들이 직면했던 강화된 감시의 대상이 되었다."[38] 이러한 압박은 아이폰이 안드로이드 생태계가 접근할 수 없는 독점적인 콘텐츠와 서비스를 제공한다는 데 불만을 가진 중국 토종 경쟁사들의 민원에서 비롯되었을 가능성이 있다. 이 규제 조치는 엔터테인먼트와 서비스 분야로 사업을 확장하며 구글이나 페이스북(지금의 메타)과 유사해지고 있던 애플의 행보에 제동을 걸었다. 블룸버그통신은 애플이 지난 10년 동안 중국에서 거의 방해받지 않고 성장했지만, 이제는 중국 정부가 자국 기업들에 유리하게 판을 바꾸려는 듯 보인다고 지적했다.[39]

몇 주 뒤 애플 임원 세 명이 베이징을 방문했을 때, 그들은 사실상 피해 수습 모드에 들어가 있었다. 쿡과 그의 팀은 중국 정부의 경제기관인 국가발전개혁위원회를 방문하기 위해 그곳에 있었다. 그들은 단순한 준비 상태를 넘어 향후 5년 동안 중국에 2750억 달러를 투자하겠다는 비상한 합의를 체결할 준비까지 마친 상태였다.[40] 이번 만남은 애플이 평소 유지해온 비밀주의를 내려놓고, 애플의 기술력이 중국 테크산업에 얼마나 중대한 영향을 미쳤는지를 공개적으로 강조하려는 광범위한 캠페인의 일환이었다. 이는 8인의 갱과 대외협력팀이 애플 경영진을 설득해, 애플의 서사를 중국 정부가 선호할 만한 언어로 포장하는 데 성공했음을 보여주는 사례였다. 다만 거스리는 이 메시지를 널리 알리자고 주장했지만, 쿡은 전혀 다른 방식을 선택했다. 소수의 최고위 관료에게 조용히 메시지를 전달하기로 한 것이었다. 이는 정치적으로도 불가피한 선택이었다. 당시 '미국 우선주의'를 내세우며 대선 캠페인을 벌이고 있던 도널드 트럼프Donald Trump는 중국산 수입품에 45퍼센트의 관세를 부과하겠다고 위협하며,[41] "애플이 그 빌어먹을 컴퓨터 같은 걸 미국에서 만들게 하겠습니다!"라고 공언했다.[42] 그의 최측근 중 한 명인 피터 나바로Peter Navarro는 《중국이 세상을 지배하는 그날》이라는 책을 공동 집필하기도 했다. 쿡이 중난하이에서 기자회견을 열었다면, 그것은 자멸 행위나 다름없었을 것이다.

2750억 달러 그 이상

그 장면은 실로 이례적이었다. 애플 임원들은 '새로운 중국'이라는 의미에서 '신화먼新華門'이라 불리는 붉은색 문 근처에 서 있었다. 문 양옆에는 "위대한 중국공산당 만세"와 "무적의 마오쩌둥 사상 만세"라는 구호가 새겨져 있었다. 이 광경은 2000년에 처음으로 중국산 아이맥이 조립라인에서 출하되던 때와 비교해 얼마나 많은 것이 변했는지를 여실히 보여주었다. 당시 미국은 중국의 WTO 가입을 장려하고 있었고, 무역이 중국 중산층을 강화하고 결국 중국공산당을 약화할 것으로 믿었다. 그러나 결과적으로 외국인 투자는 중국공산당을 더욱 강력하게 했다. 그 어떤 기업도 애플만큼 중국에 대규모 투자를 한 곳은 없었고, 바로 그 점이 이번 방문에서 전달하고자 했던 메시지였다.

2750억 달러 규모의 투자 약속은 너무나 거대해 다른 기업들의 투자가 초라해 보일 정도였다. 이는 1993년 NAFTA(북미자유무역협정) 체결 이후 2020년까지 미국과 캐나다에서 멕시코로 향한 민간투자 총액을 가뿐히 뛰어넘는 규모로, 애플은 이를 5년 안에 쏟아붓겠다고 약속한 셈이었다.[43] 실제로 이 금액은 역사상 가장 큰 규모의 국가 주도 개발 사업들을 넘어설 정도였다. 예를 들어 1979년부터 2007년까지 일본 '해외경제협력기금'은 중국의 발전을 돕기 위해 총 2조 5400억 엔, 즉 2016년 기준 약 300억 달러 상당의 차관을 제공했다. 덩샤오핑의 전기 작가인 에즈라 보겔Ezra Vogel은 이 재정 지원에 대해 다음과 같이 평가했다. "덩샤오핑 집권 시기에 중국의 산업과 인프라 건설을 돕는 데 일본만큼 큰 역할을 한 나라는 없었다."

또 1948년의 마셜플랜을 떠올려볼 수 있다. 미국은 제2차 세계대전 이후 4년 동안 16개 유럽 국가의 재건을 돕기 위해 133억 달러를 지원했는데, 이 금액은 2016년 기준 약 1310억 달러에 달한다. 마셜플랜의 최고관리자는 이를 두고 "어느 시대, 어느 장소에서든 한 국민이 다른 국민에게 베푼 가장 관대한 행동"이라고 평가했다. 그러나 애플은 16개국이 아닌 단 하나의 나라, 중국에만 2021년까지 그 두 배가 넘는 금액을 투자하겠다고 약속했다. 마셜플랜으로 지출된 1달러는 유럽 내 생산을 4~6달러 증가시킨 것으로 추산된다. 역사학자 니얼 퍼거슨Niall Ferguson은 이 선물이 "유럽이 파업과 계급 갈등에 기반한 비효율적인 노동체제에서 임금 억제와 생산성 향상에 기반한 체제로 전환하는 데 중요한 역할을 했다"라고 평가했다.[44]

쿡은 이와 유사한 메시지를 전달하고자 했다. 중국에서 애플의 성공이 첨단산업 전반에 파급 효과를 미친다는 점을 보여주고자 했다. 애플은 현지 공급업체들에 투자하고 기술을 전수함으로써, 애플이 필요한 수준을 넘어서는, 또 실질적 기술과 추상적 개념 모두를 아우르는 실무 지식이 축적되도록 이끌고 있었다. 물론 이는 철저히 의도된 결과는 아니었다. 애플은 처음부터 공급업체들의 혁신을 촉진할 목적으로 공급망을 설계한 것이 아니었다. 그러나 결과적으로 그것이 실현된 셈이었다. 게다가 애플의 투자는 단순히 규모가 큰 것에 그치지 않고, 매우 효율적이며 첨단산업이라는 좁고 구체적인 분야에 집중되어 있었다. 중국 전문가 배리 노턴Barry Naughton에 따르면, 이는 시진핑이 무엇보다 가장 원하던 일이었다.[45] 그 효과는 서구에서 배워 가치사슬을 고도화하려는 중국 정부의 목표를 크게 뒷받침했다.

엄청난 규모의 기술 이전

애플의 투자를 일종의 정부 프로그램처럼 바라보는 것은 시사하는 바가 크다. 중국의 공급업체들은 아이브의 팀이 구상한 제품을 자체적으로 만들 만한 인재나 전문성을 갖추지 못했지만, 애플이 채용한 MIT, 칼텍, 스탠퍼드대학교 출신의 엔지니어들, 또는 테슬라, 델, 모토로라에서 영입한 기술자들은 언제나 이들이 빠르게 따라오도록 훈련했다. 한 애플 베테랑이 말했듯, 애플은 "가장 똑똑한 사람 중에서도 가장 똑똑한 사람들"을 중국에 대규모로 투입할 수 있었으며, 이는 어떤 정부 프로그램도 흉내 낼 수 없는 일이었다. 그리고 애플의 문화는 엔지니어들이 하루 최대 18시간씩 일하도록 했다. 더욱이 정부 프로그램은 아무리 잘되어도 제품을 설계할 인력을 양성하는 수준에 그칠 뿐, 실제로 그 제품을 구매하지는 못한다. 그러나 애플은 그럴 능력이 있었고, 실제로 그렇게 했다.

경제학적으로 보면, 애플은 하나의 시장을 창조하고 있었다. 노동자 교육과 기계설비라는 형태로 투입물을 제공하고 그 산출물을 직접 구매했기 때문이다. 애플과 계약을 맺은 공급업체들은 엄청난 주문량을 확보했을 뿐 아니라, 이전에는 경험해본 적 없는 속도로 생산능력을 확대하는 법을 배웠다. 더욱이 애플 제품은 엄청난 수준의 디자인, 브랜드 이미지 그리고 뛰어난 마케팅으로 뒷받침되었기 때문에 시장점유율이 절대적으로 높지 않더라도 시장의 흐름을 사실상 지배할 수 있었다. 새로운 애플 제품은 노트북이나 스마트폰이 갖추어야 할 외형, 느낌, 본질을 규정하는 기준이 되었고, 이에 따라 중국 공급업체들과 공동 개발한 기술이 큰 수요를 얻게 되었다.

그리고 이것은 단순히 미국에서 중국으로의 지식 이전에 그치지 않았다. 애플은 새로운 공정, 신소재, 새로운 도구와 기계를 연구하는 것을 전담하는 직무전문가팀Subject Matter Experts team을 따로 두고 있었다. 한 전직 제조엔지니어는 이렇게 말했다. "아시아의 기존 기계나 기술로 우리가 원하는 수준을 충족할 수 없으면, 직무전문가팀이 유럽이나 일본에 가서 새로운 기술을 찾아냈습니다. 새로운 기술, 새로운 연구소, 새로운 설비 등 무엇이든 찾아내면 그 기술을 중국에 이전하려 했고, 기존 기술로는 만들 수 없던 것을 중국에서 생산할 수 있도록 했습니다." 그는 이렇게 덧붙였다. "이런 일은 새로운 제품을 출시할 때마다 반복되었습니다. 한계를 뛰어넘어야 했기 때문에 늘 새로운 것이 필요했어요. 예를 들어 애플은 스위스, 독일, 오스트리아의 시계산업과 보석산업에서 많은 기술을 발굴했는데, 그곳에 가서 정밀한 고급 제품을 생산하기 위한 특수 기계와 기술을 찾아내고, 그것을 아이폰이나 아이패드, 맥 생산에 맞게 응용하려 했습니다."

애플이 깨달은 것은 자신들의 존재만으로도 중국으로 엄청난 규모의 기술 이전이 이루어지고 있다는 사실이었다. 2750억 달러라는 어마어마한 투자 규모는 놀라웠지만, 그것이 어떤 대가는 아니었다. 이 숫자는 단지 애플이 2015년에 투자했다고 추산한 550억 달러를 단순히 5년 치로 환산한 결과였다. 이 추정치는 정치적인 의도와 거의 관련이 없었으며, 금액이 막대한 이유는 애플이 지나칠 정도로 성공적이었고, 한 나라에 운영을 집중시켰기 때문이었다. 사실 이 5년의 약속은 성장이 전혀 없다는 가정하에 계산된 것이어서 낮게 잡힌 전망으로 보는 것이 타당했다. 다시 말해 새로운 것은 애플의 투자가 아니라 그 투자를 홍보하는 방식이었다. 중국은 애플에서 방대한 전문 지식을 흡수하고 있었지만, 애플이 워낙 비밀주의를 고수했기 때문에 그 사실을 잘 알지 못했다. 그러나 이번 만남을 기점으로 애플이 중국에 투자하고도 정치적 점수를 전혀 얻지 못하던 시대는 끝났다. 애플이 현지 언어로 말하는 법을 배우기 시작했던 것이다.

'중국제조 2025'를 뒷받침하다

애플의 약속은 구속력이 없는 MOU(양해각서) 형태로 이루어졌다. 총 1,250단어로 구성된 이 문서를 작성하는 데 많은 이가 참여했다.

전직 애플 임원에 따르면, 이 문서는 8인의 갱 구성원 중 최소 세 명의 연구를 기반으로 작성되었다. 구체적으로는 거스리의 공급망 연구, 마처의 R&D허브가 중국에 미칠 영향에 관한 연구 그리고 거가 이끄는 현지 대외협력팀의 의견이 반영되었다. 그러나 문서 대부분은 잭슨 휘하의 본사 소속 직원 데이비드 맥킨토시David McIntosh가 작성했다. 그는 피츠버그 태생으로 40대 초반의 정책 전문가였다.

검은색 뿔테 안경 뒤로 차분하고 학자 같은 태도를 지닌 맥킨토시는 불과 1년 전에 애플에 합류했지만, 환경보호청 국장 시절 잭슨의 핵심 고문으로 일하며 이미 그의 신뢰를 얻고 있었다. 맥킨토시는 애플에서 자신의 역할을 "중국 규제 문제의 해결사"라고 묘사했다. 그는 6년간의 재직 기간 동안 중국을 45차례 방문했으며, 종종 쿡과 동행했다. 그의 링크드인에는 애플 전용기에서 찍은 사진이 게시되어 있는데, 흰색 리넨이 덮힌 테이블 옆, 크림색 가죽 시트로 마감된 의자에 여유롭게 앉아 무언가에 집중하는 모습이 담겨 있다. 그는 이 사진에 "셔틀 외교"라는 캡션을 달아놓았다.

맥킨토시가 이 문서 작성에 깊이 관여한 사실은 중국에 있던 대외협력팀의 불만을 샀다. 하버드대학교 로스쿨 출신인 그는 중국 전문가가 아니었고, 중국에 거주한 경험도 없었으며, 중국어도 구사하지 못했다. 이 상황을 잘 아는 한 관계자는 이렇게 말했다. "이 문서의 구성과 표현을 둘러싸고 맥킨토시와 다른 사람들 사이에 마찰이 많았습니다. 이건 정말로 중요한 사안이었어요. 애플이 중국 정부와 어느 정도 수준으로 교류했는지 보여주는 것이었기 때문에 매우 신중하게 접근해야 했습니다."

그날 애플의 최고위 임원 세 명이 중국 지도부와 나눈 정확한 대화 내용은 알려지지 않았다. 그러나 그들이 직접적으로 전달하고자 한 메시지는 분명했다. 애플은 단순히 수백만 개의 일자리를 창출하는 데 그치지 않고, 막대한 규모의 '암묵지暗默知'를 이전해 전체 산업을 뒷받침하고 있다는 점이었다.[46] 중국 출신의 연방준비제도 경제학자 이 웬에 따르면, 암묵지는 "무언가를 만들어내고 실질적인 업무를 조직하는 기술 그리고 사람들이 생산하고, 유통하고, 이동하고, 소통하고, 소비하는 방식"을 둘러싼 명확히 규정하기 어려운 실질적인 노하우를 뜻한다. 그는 18세기의 영국 산업혁명과 지난 40년간의 중국 산업화에서 핵심적인 역할을 한 '비밀 소스'는 민주주의나 재산권이 아니라 바로 암묵지였다고 강조했다. 하버드대학교 경제학자 데이비드 랜디스David Landes의 말을 빌리자면, "상품 무역에서 얻는 이익이 아무리 크더라도, 아이디어 교류에서 얻는 이익에 비하면 미미하다."[47]

애플 임원들이 문서 작성 과정에서 어떤 어려움을 겪었든 그 문서는 의도한 목적을 충분히 달성했다. 한 애플 임원은 이를 두고 "중국에 매우 반가운 소식"이었다고 말했다. 중국은 수십 년 동안 첨단산업, 과학 연구, 경제력에서 서구를 따라잡기 위해 애썼다. 이를 위해 종종 스파이 행위, 노골적인 기술 절도, 또는 강압적인 수단을 쓰기도 했다. 여러 고속철도기업을 경쟁시키며 각기 다른 기술을 배우고 이를 통합해 새로운 것으로 만들어내는 등 복잡한 전략을 구사하기도 했다. 해외 전문가를 끌어들이기 위해 '천인계획千人計劃'과 같은 프로그램을 운영하기도 했다. 하지만 이번에는 미국에서 가장 유명한 빅테크기업이 스스로 프로메테우스의 역할을 자처하며, 중국에 불을 선물하듯 기술과 지식을 전해주겠다고 나섰다.

애플의 메시지는 공개되지 않았지만, 공개되었다면 기존의 통념을 완전히 뒤집었을 것이다. 2017년 《월스트리트저널》은 이렇게 평했다. "장기적으로 애플의 사업 모델은 값비싼 외국 기술 의존도를 줄이고 화웨이 같은 자국 경쟁사를 육성하려는 중국 정부의 목표와 맞지 않는다."[48] 그러나 실제로는 정반대였다. 애플이 촉진한 기술 이전은 시진핑이 외국 기술 의존도를 줄이기 위해 야심 차게 추진한 '중국제조 2025'를 가장 강력하게 뒷받침했다.

애플에서 테슬라로

애플이 주도한 패러다임 전환은 매우 중대해서 중국 관료들은 합작 투자가 더는 유효하지 않다고 확신하게 되었다. 2018년 상하이 당국은 테슬라가 현지 파트너 없이 중국에 제조공장을 설립하는 것을 최초로 허가했다. 언론은 이를 일종의 특혜 계약으로 묘사하며, 마치 중국이 일론 머스크Elon Musk의 매력에 굴복한 것처럼 보도했다. 그러나 중국은 철저히 자국의 이익을 위해 행동하고 있었다. 머스크가 공장을 2년 안에 완공하겠다고 제안했을 때, 상하이 시장은 그 일정을 12개월로 단축하자고 설득하며 저렴한 부지 제공과 세제 혜택 등 대규모 인센티브를 약속했다. 테슬라의 글로벌 공급 관리 책임자였던 하르시 파리크Harsh Parikh는 이렇게 말했다. "그 공장은 전 세계 자동차산업, 특히 전기차 분야를 통틀어 가장 빠르고 가장 자본 효율성이 높은 곳이었을 겁니다."

왜 이렇게 서둘렀을까? 중국은 1984년에 처음으로 외국 자동차 제조사에 문호를 개방했는데, 그때만 해도 거리는 자전거가 주류였다. 불과 몇 년 만에 폭스바겐의 첫 합작법인이 중국 최대의 자동차 제조사로 성장했고, 메르세데스-벤츠와 BMW도 이 전략을 따랐다. 독일 업체들은 이후 30년간 중국 프리미엄 자동차 시장을 지배했으며, 2016년 기준 이들의 시장점유율은 70퍼센트를 넘었다. 중국공산당이 운영하는 《광명일보》가 1985년에 보도했듯이, 합작투자의 요점은 중국에서 "첫 번째 기계는 수입하고, 두 번째 기계도 수입하고, 세 번째 기계마저 수입한다"라는 공식을 "첫 번째 기계는 수입하고, 두 번째 기계는 중국에서 제조하고, 세 번째 기계는 수출한다"라는 공식으로 바꾸는 것이었다.[49] 그러나 합작투자를 도입한 지 30년이 넘도록, 어떤 중국 자동차 브랜드도 독일 업체들과 경쟁할 만큼 경쟁력을 갖추지 못했다. 2016년 작성된 프리미엄 브랜드 순위를 보면 상위 열 개가 모두 외국 기업이었다. 수많은 중국 브랜드가 저가형 내수 시장을 공략했지만, 해외 시장에 대규모로 진출할 만큼 발전한 브랜드는 없었다. 《이코노미스트》는 훗날 이를 두고 이렇게 평했다. "제조 강국인 중국이지만, 수백 개의 부품이 움직이고 조립이 까다로운 내연기관을 끝내 완전히 정복하지는 못했다."[50]

전기차는 판도를 바꿨다. 더 정확히 말하면, 테슬라가 그 변화를 주도했다. 전기차를 향한 중국의 야심은 2001년경으로 거슬러 올라가는데, 막대한 국가보조금 덕분에 약 10년 후에는 전기차가 대중교통으로 자리 잡기 시작했다. 이 분야는 인센티브와 보조금이 넘쳐났기 때문에, 선전만 해도 전 유럽과 북미를 합친 것보다 더 많은 1만 7000대의 전기버스를 보유하고 있었다.[51] 소비자들은 전기차를 구매하면 번호판을 무료로 받을 수 있었는데, 번호판은 원래 엄격히 통제되며 경매를 통해 판매되었다. 그런데도 2019년 기준 전기차 및 플러그인 하이브리

드 전기차의 신차 시장점유율은 겨우 4.8퍼센트에 불과했다.[52]

테슬라는 2018년 12월 기가팩토리 상하이의 공사를 시작했고, 1년 정도 지나 중국산 모델 3가 생산라인에서 출고되기 시작했다. 이 차량은 곧바로 큰 인기를 끌었고, 2020년에는 모델 3가 중국에서 가장 많이 판매된 전기차가 되었다. 파리크는 이렇게 말했다. "중국 소비자들은 중국 브랜드가 만든 어떤 것도 사고 싶어 하지 않았습니다. 모두가 테슬라를 원했어요. 테슬라가 등장하자 소비자들의 인식에 패러다임 전환이 일어났고, 이것을 중국 정부도 분명히 보았습니다. 이는 중국 전기차산업이 테슬라와 경쟁하고, 테슬라에서 배울 기회였습니다."

메기와 정어리

중국에서는 이러한 현상을 '메기 효과'라고 부른다. 이는 바다에서 잡아 수조에 넣어 해안으로 운반한 정어리는 움직임이 줄어들다가 결국 죽는다는 사실에 기반한다. 하지만 살아 있는 정어리여야 맛과 식감이 더 좋아 비싸게 팔 수 있다. 전해지는 이야기로는 한 노르웨이 어부가 수조에 메기를 한 마리 넣으면 정어리들이 포식자를 피해 계속 헤엄친다는 사실을 알아냈다고 한다. 단 한 마리의 메기가 수조 안의 모든 정어리를 더 활력 있게 한다는 것이다. 흔히 중국 정부가 자국의 전기차산업에서 테슬라가 메기 역할을 해주길 원했다고들 말한다.

이 이론은 부분적으로 오해를 불러일으킨다. 테슬라가 단순히 경쟁자들을 자극하기만 하는 것처럼 보이지만, 실제로는 협력업체들과 긴밀히 협업하며 그들을 성장시키고, 그렇게 성장한 업체들이 다시 BYD

같은 현지 전기차 브랜드에 부품을 공급한다. 이는 물론 애플식 모델이다. 그리고 기가팩토리 상하이 설립에 핵심적인 역할을 한 파리크는 이 계획을 실행에 옮기기 위해 애플에서 일한 경험을 가진 엔지니어들을 특별히 채용했다. 파리크는 이렇게 말했다. "테슬라와 함께 일하는 것은 쉽지 않습니다. 하지만 공급업체들의 사고방식은 이렇습니다. '우리가 적응만 할 수 있다면 매우 강력해질 것이다.' 이는 애플과 일하는 공급업체들의 태도와 똑같습니다. 그들이 대규모 생산능력을 확보할 수 있다면, 애플이나 테슬라와 함께 성장하면서 세계적인 수준의 공급업체가 될 것입니다."

테슬라의 투자는 중국 전기차산업에 놀라운 성과를 가져왔다. 전반적인 품질이 크게 향상되었고, 전기차 및 플러그인 하이브리드 전기차의 시장점유율은 2019년 5퍼센트 미만에서 2023년에는 38퍼센트로 급증했다.[53] 그리고 이 투자는 테슬라에도 대단히 성공적이었다. 현재 테슬라의 전체 생산량 가운데 절반 가까이가 기가팩토리 상하이에서 만들어지고 있다. 그러나 장기적으로는 여전히 불확실성과 해결되지 않은 문제들이 남아 있다. 한 전직 테슬라 임원은 이렇게 말했다. "이 게임은 자동차 분야의 테슬라나 스마트폰 분야의 애플처럼 하나의 미국 기업만 승리합니다. 그들은 다른 미국 경쟁사들이 모두 패배하더라도 개의치 않습니다. 오히려 그들에게는 더 좋은 일이죠. 반면에 중국 기업들은 모두 승리합니다. 그들 모두가 한층 더 성장하며, 이전에는 존재하지 않았던 거대한 시장을 새롭게 만들어냅니다."

32장 | 통제당한 만큼 보호받다

진 리우Jean Liu의 쿠퍼티노 방문은 이미 그의 경력에서 가장 중요한 순간이 되어가고 있었다.[54] 그런데 2016년 4월, 방문을 며칠 앞두고 중국 규제 당국이 애플의 아이튠즈 및 아이북스 스토어를 전격 폐쇄했다. 37세의 젊은 나이로 차량 공유 스타트업 디디추싱Didi Chuxing, 이하 디디을 이끌고 있던 리우에게 이 갑작스러운 조치는 절묘한 타이밍에 찾아온 기회였다. 당시 디디는 우버와의 패권 경쟁에 막대한 자금을 쏟아붓고 있었는데, 자율주행 기술에까지 투자한다면 자금 소모는 더욱 심각해질 터였다. 리우는 재정적 지원이 필요했지만, 그보다 더 원했던 것은 애플의 지지였다. 이를 요청한다는 것은 대담한 시도였지만, 마침 그는 애플이 중국에서 이미지를 바꾸고자 애쓰는 시점에 쿠퍼티노를 방문하게 되었다. 중국 정부가 애플의 온라인 스토어를 공격한 것은 향후 관련 서비스와 콘텐츠 부문의 성장이 제한될 것임을 의미했다. 더 나아가 이러한 규제 조치는 앞으로 더 큰 문제의 신호탄

일 가능성이 컸다.

애플을 사로잡은 작은 오렌지

쿡은 중국 정부와 체결한 2750억 달러 규모의 투자 협약을 조용히 공개하기로 신중하게 결정했기 때문에, 쿠퍼티노는 다른 조치도 병행할 필요가 있었다. 사실상 애플은 이중 전략을 구사했다. 여러 산업클러스터에 걸친 긍정적 효과를 입증한 비공개 투자에 이어서, 중국 현지의 새로운 파트너십, 더 많은 일자리 창출 그리고 R&D허브를 공개적으로 부각하는 일이 뒤따랐다. 애플이 처한 상황의 모든 세부 사항을 알고 있지는 않았겠지만, 리우는 전략적 경쟁자나 잠재적 파트너와의 협상을 성공적으로 마무리하는 데 결코 아마추어가 아니었다.

디디의 COO에서 사장으로 승진한 리우는 회사가 설립된 지 2년이 지난 2014년 7월에 합류했지만, 공로가 워낙 컸기 때문에 공동 창업자라는 칭호까지 얻게 되었다. 중국에서 태어난 그의 본명은 류칭柳青이며, 컴퓨터공학을 전공했다. 리우는 골드만삭스에서 10년 넘게 근무하며 주니어 애널리스트에서 홍콩 지점 전무이사까지 승진했다. 처음 디디에 관심을 가졌을 당시, 디디는 중국에 존재하던 30여 개의 차량 호출 서비스 중 하나에 불과했다. 중국 운전면허증이 없었던 리우는 세 자녀를 데리고 도시를 돌아다니기가 어려웠고, 디디에 큰 도움을 받았다. 그는 골드만삭스를 대신해 투자를 시도했으나, 디디는 초창기부터 자금 조달에 큰 어려움이 없었기에 이를 거절했다. 그러자 리우는 "그렇다면 최소한 저를 합류시켜주세요"라고 제안했다. 그는 디디에 합류하자마자 투자은행 시절 쌓은 인맥을 활용해 최대 경쟁사인 콰이디 Kuaidi와의 극적인 합병을 성공시키며 강한 존재감을 드러냈다.

표정이 풍부하고 검은 웨이브 머리를 한쪽으로 늘어뜨린 리우는 단 2년 만에 중국 테크업계를 대표하는 일종의 대사 역할을 하게 되었다. 그의 경쟁자인 우버의 트래비스 캘러닉Travis Kalanick은 대학 중퇴, 규칙 파괴 그리고 화려한 파티로 유명했다. 이에 비해 리우는 베이징대학교와 하버드대학교를 졸업했고, 차분하고 체계적인 태도로 먼저 귀 기울여 경청한 다음 따뜻함과 야망을 동시에 담아 메시지를 전하는 인물로 비쳤다. 캘러닉이 택시산업의 붕괴를 주장했다면, 리우는 그들과의 협력을 강조했다. 리우는 어려운 질문에도 당황하지 않고 담담하게 대응했다. 한번은 우버와의 경쟁에서 디디가 막대한 자금을 소모하는 문제에 대해 투자자들이 질문하자, 그는 이렇게 답했다. "현금을 태우지 않았다면 우리는 오늘 이 자리에 없었을 것입니다."

쿡과의 회의에서 리우는 농담으로 분위기를 풀었다. "우리 회사의 법적 이름은 '작은 오렌지'(디디추싱의 창업 초기 사명은 샤오쥐커지小桔科技로 작은 오렌지라는 의미—옮긴이)입니다. 과일 이름을 딴 회사라면 항상 큰 성과를 거둘 수 있다고 생각했거든요."[55] 쿡은 이 말에 매료되었다. 또한 CSR에 대한 리우의 비전과 메시지에 깊은 인상을 받았다. 2017년에 쿡은 이렇게 썼다. "리우는 지역사회를 섬기는 데 전념하는 회사를 만들어냈다. 해양학자가 조류를 연구하듯 통근 패턴을 분석함으로써, 디디는 플립폰flip phone이 사라진 것처럼 교통 체증을 없애는 데 도움을 줄 것이다."[56]

만남이 있은 지 불과 22일 만에 애플은 이 차량 공유 스타트업에 10억 달러를 투자한다고 발표했다. 리우는 이 일이 "번개처럼" 일어났다고 말했다.[57] 이 투자는 많은 관찰자를 충격에 빠뜨렸다. 물론 애플은 과거에도 많은 회사를 인수한 적이 있었고, 충분한 현금을 보유하고 있었지만, 쿠퍼티노가 스타트업에 지분 투자를 하는 일은 거의 없었다. 특히 자사 생태계 내에서 경쟁하는 앱 개발사에 투자하는 일은 전례가 없었다. 이는 디디가 받은 단일 투자 중 최대 규모였다. 쿡의 설명은 그다지 설득력이 없었다. 그는 "우리는 그들이 구축한 사업과 훌륭한 리더십에 깊은 감명을 받았으며, 앞으로의 성장을 지원하게 되어 기대가 큽니다"라고 말했다. 그의 발언은 틀렸다기보다는 핵심을 비껴갔다. 2008년 앱스토어가 출범한 이후 수백, 수천 개의 앱 개발사 모두 좋은 투자처가 될 수 있었지만, 애플은 그 어떤 곳에도 지분 투자를 하지 않았다. 관찰자 대부분은 그 이면에 있는 진짜 의도를 어렴풋이 짐작했다. 테크산업 전문 매체 《인포메이션》은 "이 거래는 애플이 중국에서 호감을 사기 위한 계산된 움직임으로 보인다"라고 평가했다.

새로운 형식의 뇌물

애플 임원들조차 놀랐다. 2000년대 초 애플의 아시아 공급망 구축을 도왔던 한 인사는 이렇게 말했다. "그건 상징적인 사건이었어요. 뇌물이 얼마나 조직적으로 전달되는지를 보여주는 사례입니다. 과거에는 주머니 속에서 꺼낸 100달러 뭉치를 식당 테이블 아래에서 건네는 방식이었습니다. 이제는 '자율주행과 머신러닝 스타트업에 10억 달러를 투자합니다'라고 공개하는 식으로 바뀐 셈입니다." 이 인사에 따르면, 사건 직후 애플 임원들은 중국공산당이 투자를 구체적으로 지시했고,

애플은 "충성심을 보여주기 위해" 이를 이행했다고 수근거렸다. 그러나 이는 사실일 가능성이 작다. 중국 정치가 그렇게 직접적인 방식으로 운영되는 경우는 드물다. 공무원들은 그러한 충성심의 표현이 환영받을 만한 조건을 조성하지만, 구체적인 의무를 명확히 정의하지는 않는다. 이렇게 함으로써 공식 문서에 불리한 내용이 기록되지 않고, 중국은 WTO 규정을 위반하지 않으며, 기업은 자신들의 행동이 충분한지 끊임없이 고민하게 된다.

여기에는 애플의 협상 방식과 유사한 점이 있었다. 블레빈스를 잘 아는 사람들에 따르면, 그는 명확한 기준을 제시하거나 구체적인 가격을 요구하는 것을 꺼렸다고 한다. 계약이 체결되기 전까지 그의 피드백은 항상 불확실성을 포함했다. 그는 공급업체들이 자신이 기대한 것보다 훨씬 낮은 가격에 부품을 제안할 만한 조건을 조성했다. 그러나 이번에는 상황이 역전되어, 이런 전술이 국가 차원에서 애플을 상대로 사용되었다.

양측 모두 이러한 해석을 축소하려 했다. 리우는 이 거래가 중국에서 애플의 정치적 입지에 도움이 되겠느냐는 질문을 받았을 때, 직접적으로 대꾸하는 대신 "서로 여러 방면에서 도울 수 있는 좋은 기반이 마련되었습니다"라고만 답했다. 그러나 쿡은 새로운 파트너가 중국에서 정치적으로 가장 영향력 있는 기업가 중 한 명인 류촨즈柳傳志의 딸이라는 사실을 놓치지 않았을 것이다. 리우의 아버지인 류촨즈는 1984년 레노버를 창립해 1990년대 후반까지 중국 최대 PC기업으로 성장시켰고, 2005년에는 '씽크패드'라 불린 IBM의 PC 사업 그리고 10년 뒤에는 모토로라의 휴대전화 사업을 인수하며 전 세계적으로 사업을 확장했다. 레노버는 중국과학원이라는 정부 소속 연구기관에서 탄생했으며, 이 기관은 여전히 최대 주주로 남아 있다. 미국의 여러 정부기관은 보안 문제를 이유로 레노버 장비 사용의 위험성을 경고한 바 있다.[58] 그러나 애플에 레노버와 중국 정부의 밀접한 관계는 부담이 아니라 오히려 매력으로 작용했다.

중국 관료체계의 보호를 얻어내다

이 일은 애플에 새로운 선례를 남겼다. 애플의 행보는 단순한 정치적 보여주기에 그치지 않았다. 애플은 중국의 정치체제를 어떻게 활용해야 하는지 이해하게 되었고, 정치적 제스처를 취하는 동시에 다른 목표까지 달성하는 방식으로 움직였다. 디디에 대한 투자는 최소한 두 가지 기능을 수행했다. 당시 실리콘밸리에서 떠오르던 차세대 혁신 기술은 자율주행이었는데, 구글의 공동 창업자 래리 페이지Larry Page는 이 기술이 "구글보다 더 클지도 모릅니다"라고 언급했다.[59] 애플도 이 열풍에서 벗어나 있지 않았고, 2014년 '타이탄Titan'이라 이름 붙인 비밀 프로젝트를 개시했다. 미국과 중국 모두에 자율주행차 호출 서비스를 도입하고자 한 이 프로젝트에서 디디가 큰 역할을 했다. 한 전직 애플 엔지니어에 따르면, 디디는 애플에 "자율주행차와 지도 제작 세계로의 빠른 진입로"를 제공했다. 자율주행차가 제대로 작동하려면 도로 지도가 필수인데, 외국 기업은 중국에서 관련 데이터를 직접 수집할 수 없었다. 애플 또한 자율주행차 개발에 진지하게 임하려면 올바른 네트워크를 구축해야 했다. 그리고 디디는 그 기술을 이미 갖추고 있었다. 특히 중국 최고의 전자지도회사인 오토나비AutoNavi와 관계를 맺고 있었다.

 디디에 대한 투자가 수행한 두 번째 기능은 당시 예상보다 더딘 확산세로 쿠퍼티노를 놀라게 한 애플의 디지털 결제 서비스인 애플 페이와 관련되어 있었다. 애플은 디디를 애플 페이의 확산을 촉진할 유력한 플랫폼으로 보았다. 당시 위챗 페이WeChat Pay와 알리페이Alipay는 시장 지배권을 놓고 경쟁하며 하루 최대 4000만 위안(약 700만 달러)을 신규 고객 유치에 쏟아붓고 있었다. 애플은 이에 맞서 경쟁할 방법을 찾고 있었다. 디디에 대한 투자와 리우와의 관계는 애플이 두 개의 신흥 산업 분야에서 중국 특유의 정치적·사회적 관계인 '관시關係'를 구축하는 데 도움이 되었다. 애플은 이 투자로 디디 이사회에서 자리까지 얻었다. 한편 애플의 투자는 디디에 세계적인 인지도를 제공했고, 쿡이 이를 더욱 부각했다. 중국공산당 본부에서 비밀회의가 열리기 5일 전, 애플의 투자가 발표된 그 주에 쿡은 베이징에서 리우를 만나 함께 차량을 호출해 타고 애플스토어를 방문했다. 이듬해 리우는 《타임》이 선정한 '세계에서 가장 영향력 있는 100인'에 이름을 올렸으며, 그 소개 글은 쿡이 직접 작성했다.

 일련의 모든 움직임은 애플이 어느 중국 학자가 말한 중국 관료체계의 보호를 받기 위해 펼친 광범위한 노력의 일부였다.[60] 이 조치들은 정교하게 조율되었으며, 곳곳에서 8인의 갱의 흔적이 엿보였다. 디디에 대한 투자는 애플이 파트너십을 형성하고 '환원'하는 모습을 보여야 한다는 그들의 핵심 주장이 실제로 실행되고 있음을 보여주는 첫 번째 사례였다. 쿡은 이를 더욱 부각하기 위해 청중의 기대에 맞춰 발언을 이어갔다. 그는 중국을 단순히 중요한 시장이 아니라 기술 혁신의 초석이라고 칭송했다. 그는 신화통신과의 인터뷰에서 다음과 같이 말했다. "중국에서 제가 가장 좋아하는 일은 기업가들과 시간을 보내는 것입니다. 혁신의 다음 물결을 이끌어가는 기업가들이 정말 많습니다."[61]

쿠퍼티노가 이 새로운 계획의 효과를 확인하고 싶다면, 중국의 국영방송 CCTV를 시청하기만 하면 되었다. 이 방송은 과거 애플의 품질보증정책을 강하게 비판했던 곳이다. CCTV에 출연한 한 애널리스트는 이렇게 말했다. "애플은 이전까지 중국에 대한 투자 전략이 없었습니다. 애플의 전략은 '제품 판매만 하고 투자는 없다'였습니다. 이번 투자가 내림세를 완전히 반전시키지는 못하겠지만, 차세대 성장 동력의 구도를 마련하는 데 도움을 줄 것입니다."[62]

R&D 없는 R&D센터?

사실 쿡은 5월의 베이징 방문을 포함해 2016년 한 해에만 총 세 차례 중국을 찾았다. 애플이 공격적으로 매력을 발산해야 한다는 것을 아주 분명하게 받아들였기 때문이다. 8월에 그는 다시 중국을 찾아 장가오리張高麗 부총리를 비롯한 고위 관리들에게 애플이 중국 최초의 R&D센터를 설립할 계획이라고 밝혔다. 10월에는 선전을 찾아 두 번째 R&D허브를 이 역동적인 도시에 조성하겠다고 발표했다. 이에 대해 중국 언론은 애플이 자국 기업들과 경쟁할 필요성을 인정한 신호라며 대대적으로 보도했다. 2017년 3월 애플은 상하이와 쑤저우에 추가로 두 개의 R&D센터를 설립한다고 발표했다. 애플이 제출한 문서에는 이 센터들이 어떤 종류의 혁신을 추진할 것인지에 대한 설명이 담겨 있었는데, 기밀 정보가 유출되거나 경쟁사들이 애플의 구체적 계획을 파악하지 못하도록 매우 신중하게 작성되었다.

네 곳의 센터 중 어느 곳도 합작투자는 아니었지만, 이들 센터는 수백 명의 현지 직원을 고용하며 관료들에게 애플이 중국에 헌신하고 있음을 보여주었다. 애플의 대외협력에 정통한 한 인사는 다음과 같이 말했다. "이것은 애플이 단순히 사람들을 이용하는 것이 아니라, 그들이 역량을 키우고 자신들이 하는 일에 대한 존중을 얻도록 하는 데 목적이 있었습니다."

정치적 목적을 넘어 R&D센터들이 실제로 얼마나 중요한 역할을 했는지는 쿠퍼티노에서 뜨거운 논쟁거리였다. 한 전직 고위 임원은 "그건 전부 허울에 불과했습니다. 내부적으로 모두 알고 있었어요. 하지만 우리는 중국에 발이 묶여 있었습니다"라고 말했다. 중국에 주재했던 한 엔지니어는 현지 직원들과의 관계에서 종종 뚜렷한 긴장감이 느껴졌다고 기억했다. 그는 채용 업무에 참여했는데, 지원자들의 수준이 쿠퍼티노가 요구하는 기준에 미치지 못했다고 평가했다. "온라인 면접 중에 질문을 던지면 키보드 두드리는 소리가 들리곤 했어요. 상대방이 인터넷에서 '금속 스프링백metal springback' 같은 걸 검색하고 있었던 겁니다. 그래서 '카메라 앞으로 나와주세요'라고 요청해야 했습니다." 이러한 경험은 그 엔지니어에게 센터들이 정치적 쇼를 위한 것이라는 확신을 심어주었다.

R&D센터는 8인의 갱 중 노키아 임원 출신의 마처가 감독했다. 센터를 겉치레로 치부했던 사람들은 그의 야망이 처음부터 실패할 운명이라고 생각했다. 애플은 새로운 투자와 일자리로 지역 관료들을 매료시켜 정치적 이득을 얻어야 했지만, 마처는 그의 역할이 지닌 현실적

한계를 제대로 인식하지 못하고 너무 진지하게 받아들였다. 한 전직 애플 임원은 이렇게 덧붙였다. "마처는 자존심이 아주 강한 아웃사이더였습니다."

R&D in Hangzhou

한편 중국의 R&D센터들이 실제로 업무를 수행했다고 밝힌 사람들도 있었다. 다만 쿠퍼티노의 핵심 업무와 충돌하지 않는 '비핵심' 업무를 맡았을 뿐이라고 했다. 대부분 소프트웨어 작업이었는데, 예를 들어 중국어(만다린)를 구사하는 시리를 개발하거나 중국 사용자들도 iOS를 원활히 사용할 수 있도록 조정하는 일 등이 포함되었다. 베이징 센터는 NFC(근거리무선통신)를 활용한 결제 기술과 통신사 관련 소프트웨어 작업을 처리했다. 배터리 연구소가 함께 있던 상하이 센터는 하드웨어 작업을 담당했다. 선전 허브는 제조와 공급망 업무를 많이 수행했기 때문에 비어 있을 때가 많았다. 캘리포니아주에서 날아온 애플 엔지니어들은 이를 보고 당황하기 일쑤였다. 물론 인력이 부족한 것은 아니었고, 현지 엔지니어들은 공급업체들의 공장에 파견되어 작업 중이었다.

이 센터들을 지지하는 이들은 이에 대한 부정적인 시각이 쿠퍼티노의 불안을 반영한다고 주장했다. 더 많은 의사결정이 중국에서 이루어지면서 그들의 영향력이 약화되고 있었기 때문이다. 센터들이 설립되기 전까지만 해도, 애플은 너무 많은 엔지니어를 단기 출장으로 중국에 파견하고 있었다. 그 수가 얼마나 많았던지 쿠퍼티노는 유나이티드항공을 설득해 샌프란시스코와 청두를 주 3회 오가는 직항편을 운행하게 했다. 애플이 대부분의 일등석을 꾸준히 구매할 것이라며 수익성을 보장했다. 총 1만 1035킬로미터에 달하는 이 노선은 유나이티드항공의 최장 직항편이 되었다.[63] 2년 뒤 애플은 다시 한번 유나이티드항공을 설득해 상하이 외곽의 기술 중심지인 항저우로 가는 직항편도 개설하게 했다. 한 전직 애플 임원은 이렇게 말했다. "항저우는 상하이에서 꽤 멀리 떨어져 있습니다. 물론 고속열차를 탈 수도 있지만, 쿠퍼티노에서 막 비행기를 타고 온 미국 직원들에게는 기차역을 이용하는 것이 꽤 복잡한 일이었어요. 그래서 애플은 유나이티드항공에 '항저우로 가는 직항편을 만들면 우리가 좌석을 다 채워주겠다'라고 제안했던 겁니다." 애플의 대표적인 문구는 오랫동안 "캘리포니아주에서 디자인하다"였지만, R&D센터들은 그와는 다른 현실을 보여주기 시작했다. 중국의 영향력은 점점 커졌고, 센터에서 더 많은 업무를 수행하게 되면서, 현지 엔지니어들은 왜 그렇게 많은 엔지니어가 미국에서 파견되어야 하는지 공개적으로 의문을 제기하기 시작했다.

 R&D센터의 업무 수준이 어떻든 간에 쿡은 이곳들의 설립을 계기로 현지 언론에 애플의 새로운 메시지를 강력히 전달했다. 그는 중국 잡지 《차이신》과의 인터뷰에서 다음과 같이 말했다. "우리는 단순히 시장 접근을 위해 이곳에 온 존재가 아닙니다. 우리는 중국에서 거의 500만 개의 일자리를 창출했습니다. 이렇게 말할 수 있는 회사는 국내외를 막론하고 많지 않을 것입니다. 우리는 이곳에 깊이 뿌리내리고 있습니다. 나는 이 나라와 그 사람들을 매우 높이 평가합니다. 우리는 이곳에 오래 머무를 것입니다."[64]

'심사'라 쓰고 '검열'이라 읽는다

이로써 8인의 갱이 성과를 자축할 수 있었다고 하더라도, 이후 18개월은 그들의 접근 방식이 가진 한계를 여실히 보여주었다. 애플의 우호적 전략이 아무리 효과적이었다고 해도, 중국은 여전히 자신만의 방식으로 국가를 재편하려는 강력한 지도자가 이끄는 나라였다. 그 과정에서 애플도 이미지가 재편되는 위험을 감수해야 했다.

2016년 12월 말 애플은 규제 당국의 요구를 받고 중국 앱스토어에서 《뉴욕타임스》 앱을 삭제했다. 애플은 해당 앱이 "현지 규정을 위반했다"라고 신문사에 통보했지만, 구체적으로 어떤 규정을 위반했는지는 밝히지 않았다. 이에 대해 쿡은 "당연히 앱을 삭제하고 싶지 않지만, 다른 나라들에서처럼 우리가 사업하는 이곳의 법을 준수해야 합니다"라고 인정했다.[65] 그러나 이른바 '다른 나라' 논리는 설득력이 부족했다. 2009년부터 2016년까지 앱스토어 책임자였던 필립 슈메이커 Phillip Shoemaker에 따르면, 그의 재직 기간 내내 앱 심사팀 전원은 쿠퍼티노에 있었고 단 한 명만 예외적으로 베이징에 배치되어 있었다. "앱과 관련해 문제를 제기할 만한 중국의 고위 관료들은 내 직원에게 직접 연락할 수 있는 핫라인이 있었고, 그 직원은 내게 바로 전화할 수 있었습니다. 이런 체계를 다른 어떤 나라에서도 운영한 적이 없었어요."

규제 당국은 앱스토어의 취약점을 시험하기 위해 개발자들을 동원하기까지 했다. 슈메이커는 이렇게 말했다. "중국 정부는 심사를 통과할 수 있는지 확인하기 위해 앱스토어에 앱을 등록하곤 했어요. 그리고 협상 중에 이렇게 지적했습니다. '그런데 말이에요. 우리가 앱스토어에 올린 게임 중 하나는 무언가를 하나 파괴할 때마다 무작위로 연락처 하나를 삭제합니다.'" 이 주장은 매우 충격적이었다. 앱스토어는 안전성과 개방성을 동시에 추구하도록 설계되었는데, 이는 애플 제품의 폐쇄적인 OS와 PC의 개방적인 플랫폼을 결합한 형태였다. 쿠퍼티노의 초기 구상은 앱스토어를 '큐레이션된' 공간으로 만들어, 심사팀이 모든 앱을 하나씩 엄격하게 살펴보는 것이었다. 그러나 앱스토어의 인기가 폭발적으로 커지면서 심사팀은 거의 즉시 과부하 상태에 빠졌다. 애플 내부 문서에 따르면, 최고 수준의 부정행위 조사관은 심사 과정을 이렇게 비유했다. "하와이 공항에서 꽃목걸이를 걸어주며 맞아주는 예쁜 아가씨에 더 가깝지, 마약 탐지견과는 거리가 멀다."[66]

중국 정부는 심사팀이 문제로 인식조차 하지 못했던 보안상의 빈틈을 파고들었다. 슈메이커는 "연락처가 삭제되는지 확인하는 사람은 아무도 없었습니다. 도대체 왜 연락처를 삭제하겠습니까?"라고 말했다. 그런데 실제로 그의 팀은 무작위로 연락처를 삭제하는 '브레이크아웃 Breakout'(아타리가 개발한 벽돌 깨기 게임—옮긴이) 유의 게임을 발견했다. 모든 앱은 원칙적으로 사용자가 자유롭게 활용할 수 있는 '샌드박스' 방식으로 설계되어, 악성 앱이 다른 앱의 데이터에 접근할 수 없었다. 그러나 앱이, 예를 들어 친구 초대를 위해 연락처 접근 권한을 얻으면, 모든 제약은 사실상 사라졌다. 그 개발자, 여기서는 중국 정부가 지원한 개발자는 사용자의 연락처를 클라우드로 업로드해 개인정보를 침해할 수도 있었다. 슈메이커는 "그 후에는 아무런 견제 장치가 없었습니다. 일단 접근 권한을 부여하면, 그들은 하고 싶은 대로 다 할 수 있었습니다"라고 말했다. 실제로 이 방식으로 연락처가 유출된 사용자가 있었는지는 확실하지 않지만, 그게 핵심은 아니었다. 중국 정부는 취약점을 찾고 애플에 이를 통보하며 힘을 과시하고 있었던 것이다.

규제 당국은 중국 앱스토어에서만이 아니라 전 세계 앱스토어에서 《뉴욕타임스》 앱 삭제를 요구했다. 슈메이커는 이렇게 말했다. "중국 시민들이 VPN을 통해 다른 국가의 앱스토어에 접속한 다음 해당 앱을 다운로드하면, 달라이 라마에 대한 모든 내용을 보고 들을 수 있다는 사실을 잘 알고 있었기 때문입니다." 애플은 이 요구에는 응하지 않았다. 그러나 몇 달 뒤 중국 앱스토어에서 VPN 앱을 삭제하라고 요구했을 때 애플은 군말 없이 따랐고, 총 674개의 VPN 앱이 삭제되었다.[67] 이는 엄청난 양보였으며, 중국의 모든 아이폰 사용자를 단절된 인터넷 환경에 가두는 결과를 초래했다. 익스프레스VPN ExpressVPN은 이를 두고 "중국 정부가 지금까지 VPN 사용을 차단하기 위해 취한 조치 중 가장 극단적인 경우이며, 애플이 중국의 검열 노력에 협조하는 모습을 보게 되어 매우 유감스럽다"라고 밝혔다.[68] 이 타협은 현실이 기대와 얼마나 달랐는지를 여실히 보여주는 사례였다. 중국이 WTO에 가입하기 직전인 2000년, 클린턴은 중국의 인터넷 통제 시도에 대해 행운을 빈다고 비꼬면서, "젤리를 벽에 못 박으려는 시도"에 비유했다. 그러나 17년 후 중국은 벽에 아무것도 못 박을 필요가 없다는 사실을 깨달았다. 세계에서 가장 큰 기업이 기꺼이 젤리를 붙잡아주었기 때문이다.

시진핑의 후계자는 시진핑

2017년 중국의 규제 당국은 현지 사용자 데이터를 자국 내에 보관하도록 하는 사이버보안법을 통과시켰다. 이러한 규정이 중국에만 있는 것은 아니었지만, 다른 나라들과 다른 점이 있었다. 즉 애플은 자체

시설에 사용자 데이터를 보관할 수 없었다. 정확하게는 중국 파트너와 공동 소유한 데이터센터를 설립해야 했다. 애플은 2016년 내내 정부 관계자들을 만나 소비자용 클라우드 서비스는 아마존이나 마이크로소프트가 제공하는 기업용 클라우드 서비스와 다른 만큼, 동일한 법을 적용해서는 안 된다고 설득했다.[69] 그러나 규제 당국은 이를 받아들이지 않았다. 여기에 대응할 만한 카드가 없었다는 것은 애플의 영향력이 약화되었음을 보여준다. 그 결과 애플은 역사상 첫 번째 합작법인을 설립하게 되었다.

디디에 대한 투자와 마찬가지로, 애플은 이번에도 장기적·전략적 관점을 취하려 했다. 대외협력팀은 어차피 투자해야 한다면, 최소한 정치적으로 점수를 딸 수 있는 지역에 투자하자고 권고했다. 그들은 중국 남서부의 빈곤 지역인 구이저우성을 추천했다. 구이저우성은 애플이 현지 관료들에게 영향력을 행사할 수 있을 법한 곳으로 보였기 때문이다. 현지 관료들이 다시 베이징의 중앙정부에 영향을 미친다면, 애플이 암호화 키를 계속해서 통제할 기회를 얻을지도 몰랐다. 이로써 애플은 사용자 데이터 보호에 대한 자사의 서사를 지속해서 강조하고, 쿡이 훗날 "21세기의 중요한 이슈 중 하나"라고 부른 가치를 지키고자 했다.

애플이 이러한 양보를 얻어냈는지에 대해서는 의견이 엇갈렸다. 2021년 5월 《뉴욕타임스》는 "중국 정부 관계자들이 데이터센터를 물리적으로 통제하고 운영하며, 그들이 허용하지 않아 애플은 다른 데이터센터에서 사용하던 암호화 기술을 포기했다"라고 보도했다.[70] 아울러 중국 정부가 실제로 자국 아이폰 사용자들의 데이터에 접근했다는 증거는 발견되지 않았다고 하면서도, 대신 애플이 "정부가 쉽게 접근할 수 있도록 타협했다"라고 전했다. 이에 대해 애플은 강력히 반박했다. "중국 법은 아이클라우드에 업로드된 자국민의 사용자 데이터가 반드시 국내에 보관되어야 한다고 규정한다. 우리는 이러한 법을 준수하지만, 사용자 데이터에 대해서는 타협하지 않는다. 우리는 사용자 데이터의 암호화 키에 대한 통제권을 유지한다. 새로 구축하는 데이터센터 또한 최첨단 하드웨어와 보안 기술로 해당 키를 보호한다."

애플이 구이저우성에 데이터센터를 세운 데는 자만심도 영향을 미쳤다. 대외협력팀은 베이징의 중앙정부가 5개년 계획을 발표할 때마다 지방의 도시와 성들 사이에 경쟁이 촉발된다는 점을 잘 알고 있었다. 당시 구이저우성을 이끌던 천민얼陳敏爾은 중국공산당의 유망한 간부이자 시진핑의 잠재적 후계자로 거론되던 인물이었다. 대외협력팀은 천민얼에게 베팅함으로써, 애플의 투자가 그의 정치적 영향력을 강화하고 궁극적으로 차기 최고지도자가 될 가능성을 키워주길 기대했다. 한 전직 애플 임원은 이렇게 말했다. "우리는 일종의 예측을 했습니다. 보통 주석의 두 번째 임기 초기에 중앙정치국 상무위원회를 구성하고, 그중 한 명이 후계자로 지명됩니다. 우리 모두 천민얼이 거기에 포함될 거라고 확신했어요." 그러나 2017년 10월 일곱 명으로 구성된 상무위원회 명단이 발표되었을 때 천민얼의 이름은 없었다. 사실 이번에는 어떤 후계자도 지명되지 않았고, 기존 관례와 달리 '시진핑 사상'이 헌법에 명기되었다. 이를 본 중국 전문가들은 즉시 그 의미를 파악했다. 시진핑은 임기를 두 번만 수행할 생각이 없었다. 애플의 예측은 완전히 빗나갔다. 한 전직 임원은 당시 상황을 이렇게 회상했다. "우리 모두 '젠장, 구이저우성에 데이터센터를 괜히 지었네'라는 반응이었습니다."

6부
붉게 물든 사과

폭스콘의 비인간적 노동환경을 비판하는 현수막. 2011년 9월 홍콩 최초의 애플스토어가 문을 열었는데, 노동권 옹호 단체인 SACOM이 개업일에 맞춰 해당 현수막을 내걸었다. 폭스콘의 애플 제품 생산라인에 투입되는 노동자들은 거대한 기숙사에 함께 살며 2교대로 근무했는데, 군대보다도 엄격한 규율 탓에 이미 2000년대 중반부터 노동 착취 논란이 끊이지 않았다. 특히 2010년 한 해에만 15명의 노동자가 스스로 목숨을 끊으며 폭스콘을 넘어 원청에 해당하는 애플까지 굉장한 비판에 직면했다. 이 때문에 자국의 열악한 노동환경이 폭로된 중국은 불편한 심기를 숨기지 않았고, 이에 애플은 크게 긴장했다.

2017년 12월 럭스셰어를 방문한 쿡. 럭스셰어는 중국의 위탁생산업체로 그해 애플의 에어팟 제작 수주를 따내며 급성장하기 시작했다. 최근에는 애플이 '공간 컴퓨터'로 정의한 AR(증강현실) 기기인 '애플 비전 프로'의 제작을 맡기도 했다. 이로써 럭스셰어는 폭스콘의 강력한 경쟁자로 거듭났는데, 여기에는 중국공산당의 은근한 압박과 이에 대한 애플의 호응, 럭스셰어 CEO 왕라이춘의 뛰어난 수완 등이 모두 영향을 미쳤다. 이렇게 사방으로 뻗어나간 '붉은 공급망'의 끝에서 굴지의 중국발 빅테크기업들이 모습을 드러냈다.

BYD의 완전 자동화 생산라인. 애플의 기술과 노하우는 폭스콘이나 럭스셰어 같은 주요 위탁생산업체들을 거쳐 수천 개에 달하는 제조업체로 퍼져나갔다. 무엇보다 2010년대 후반이 되면, 그들 기업에서 실력을 갈고닦은 인재들이 자국의 빅테크기업들로 자리를 옮기는 일이 빈번해졌다. 그즈음부터 애플의 중국 시장 매출은 쪼그라들기 시작했으니, 화웨이나 샤오미 등에서 출시한 스마트폰의 품질이 하루가 다르게 좋아졌기 때문이다. 애플이 자기 발등을 찍은 셈이었다.

폭스콘의 인도 공장. 중국이란 늪에 깊숙이 삼켜졌다는 걸 깨달은 애플에 남은 수는 본국으로 돌아가거나, 제2의 중국을 찾는 것이다. 실제로 애플은 트럼프 집권 1기 시절 텍사스주 오스틴의 공장에서 실제 생산을 시도했으나 그 결과는 재앙 그 자체였다. 보급망이 미비해 부품이 제때 공급되지 않았고, 미국 노동자들의 수준은 형편없었다. 그렇다면 제2의 중국, 인도는 대안이 될 수 있을까? 최근 애플은 폭스콘을 앞세워 인도를 '개척' 중이지만, 그 성공 가능성은 미지수다.

33장   중국은 탄압하고, 애플은 돈을 번다

2013년 애플의 공급업체 책임 부문을 이끌던 초기에 재키 헤인스는 폭스콘의 청두 공장을 감사하고 있었다. 그때 뉴욕에 본부를 둔 중국노동감시단China Labor Watch이 페가트론의 상하이 공장에 관한 충격적인 보고서를 발표했다. 이 공장은 아이폰을 생산하는 곳으로 중국노동감시단은 노동자로 가장한 잠입팀을 몇 주간 투입해 "미성년 노동자와 학생 노동자" 수천 명이 정기적으로 초과근무를 하고 있으며, 이는 중국 법과 애플의 행동 강령을 모두 위반하는 것이라고 밝혔다. 노동자들은 한 방에 12명씩 자고, 찬물로 샤워하며, 쉬는 날이 거의 없었다. 이 보고서는 날카로운 비판으로 가득했다. "애플은 제품 품질의 결함에 대해서는 무관용 원칙을 적용한다. 품질 문제가 발생하면 즉시 모든 수단을 동원해 시정하려고 한다. 그러나 노동권 침해에 대해서는 이와 같은 긴급성이 적용되지 않는 듯하다."[1] 이 보고서를 접한 헤인스는 즉시 하던 일을 멈추고 비행기에 올라 약 1,900킬로미터 떨어진 상하이로 향했다.

그 긴급한 비행은 그가 자신의 역할에 얼마나 진지한지를 보여주었다. 그러나 돌이켜보면 일에 대한 그의 성실한 신념은 순진하고 이상적이었다. 당시 헤인스는 변화를 만들어내고자 하는 열망으로 가득 차 있었다. 그러나 그 희망은 애플의 까다로운 운영 방식과 노동권 옹호 단체들에 대한 중국 정부의 탄압이라는 두 가지 현실에 가로막혀 결국 좌절되고 말았다.

노동자들을 위하여

헤인스는 따뜻함과 자신감이 넘치는 분위기를 풍겼다. 미소는 자연스러웠고, 장난기가 살짝 엿보였으며, 바다색 눈은 호기심을 담고 있었다. 숫자에 능숙했던 그는 다른 삶을 살았다면 스포츠 분석가가 되었을지 모른다. 그러나 대신 산업공학을 선택해 1981년 조지아공과대학교를 졸업했다. 이후 IBM에서 13년 동안 근무했는데, 이 기간은 팀 쿡과 제프 윌리엄스의 재직 기간과 10년 넘게 겹쳤다. IBM은 세 사람을 미래가 유망한 리더로 선정하고 듀크대학교의 MBA 과정에 등록시켰다. 1990년대 중반 헤인스는 인텔리전트 일렉트로닉스에서 부사장으로 3년간 근무했으며, 그곳에서 쿡은 리셀러 부문 최고책임자로 일하고 있었다. 1998년 그가 애플로 영입된 뒤, 헤인스도 함께하자는 제안을 받았다. 그는 공급망과 고객 서비스 부문의 비즈니스 이니셔티브를 관리하는 선임이사로 8년 동안 일한 후, 51세의 나이에 조기 은퇴했다. 그러나 쿡이 CEO로 승진한 뒤, 수십 명의 폭스콘 노동자가 옥상에서 투신해 사망했다는 언론 보도가 나오자 애플은 'i노예'라는 비난에 직면했다. 헤인스는 2012년 다시 한번 열정을 불태울 프로젝트로 공급업체 책임 부문을 맡아 복귀했고, 운영 총괄인 윌리엄스에게 직접 보고했다. 그는 2015년 인터뷰에서 이렇게 말했다. "쿡을 포함한 경영진 모두가 우리 일에 전적으로 헌신하지 않았다면, 은퇴 생활을 접고 이 일을 맡지 않았을 것입니다."

헤인스는 변화를 만들어내겠다는 목표를 세웠다. 그는 공장노동자들을 자신의 '고객'이라고 부르며, 몇 명에 불과하던 공급업체 책임 부문의 직원들을 4년 만에 약 100명 수준으로 늘리는 데 영향력을 발휘했다. 그는 시민단체들과 대화를 시작했고, 자신의 노력에 대한 책임성을 강화하기 위해 학자 여덟 명으로 구성된 자문위원회를 만들었으며, 중국노동감시단과 같은 단체를 주기적으로 만나 진정한 변화를 촉진할 방안을 논의하자고 제안했다. "그때는 정말 활동적인 시기였습니다"라고 애플의 노동·인권팀을 이끌었던 데스타 레인스Desta Raines가 말했다. "엄청난 추진력과 자원이 있었어요. 정말 심혈을 기울여 노력했고, 애플이 진심으로 신경 썼습니다. '우리는 이 문제를 이해해야 한다'라는 분위기였습니다."

헤인스가 맡게 된 과제는 막중했지만, 그는 그 일을 즐겼다. "헤인스는 내가 보고했던 그 어떤 상사보다도 뛰어난 기억력을 가졌고, 언제든 연락이 닿을 정도로 성실한 근무 태도를 보였습니다"라고 레인스는 말했다. "그는 이해관계자의 참여를 적극적으로 옹호하며, 팀이 투자자나 NGO(비정부기구)와 더욱 능동적으로 소통해 애플이 하는 좋은 일들을 공유하길 원했습니다. 그러면서 늘 '다른 사람들이 따라오지 않으면 우리가 선도하고 있는 것이 아니다'라고 말하곤 했어요." 애플의 주요 임원들이 참석하는 연례행사인 '톱 100 워크숍'의 단골 참석자였던 헤인스는 쿠퍼티노의 고위층과 깊은 관계를 맺고 있었으며, 노동환경 개선을 목표로 하는 비영리단체인 전자산업시민연대Electronic Industry Citizenship Coalition에서 애플을 대표하기도 했다.

임원들은 그를 극찬했다. "그는 매우 진정성 있는 사람이었고, 어떤 방식으로도 매수되지 않았습니다. 지름길도, 그린워싱greenwashing(실제로는 환경을 신경 쓰지 않지만, 광고나 홍보만을 위해 친환경적인 이미지를 내세우는 행태―옮긴이)도 없었습니다. 올바른 일을 하길 원했어요. 애플도 올바른 일을 원한다고 믿었기 때문에 그는 그곳에서 일했습니다." 또 다른 임원은 "잭키는 성숙한 비즈니스 감각을 지니고 있었습니다. 매우 균형 잡힌 접근 방식을 지녔고, 그와 함께라면 뭔가 성과를 낼 수 있을 것 같은 느낌이 들었습니다"라고 말했다.

한마디로 헤인스는 결코 무시할 수 없는 존재였으며 애플 공급망의 노동자들을 위한 긍정적인 옹호자였다. 그는 노동환경을 개선하고 공장 감사의 범위와 횟수를 획기적으로 확대하는 방안이 자세히 수록된 지침서를 만들었다. 지침서에 따르면, 2013년 그의 팀은 "공급망 전반에 걸쳐 핵심 감사를 451건 실시했으며, 이는 하루 평균 한 건 이상으로, 2012년 대비 51퍼센트 증가한 수치"였다. "우리의 목표는 단순히 문제를 식별하는 데 그치지 않고, 그것을 적극적으로 해결하는 것이다."

인지 부조화의 살아 숨 쉬는 예시

헤인스는 '노동시간 보고서'라고 불린 문서를 정기적으로 작성했다.

이 보고서는 매달 각 공급업체에서 제공받은 데이터를 취합하고 분석한 평가 자료로, 노동 인원과 시간을 포함해 애플의 규정 준수 현황을 추적하고 개선하기 위한 목적을 담고 있었다. 이에 대해 한 전직 애플 임원은 실질적으로 성과를 개선하기 위한 지대한 노력이라고 평가했다. "애플이 가진 거대한 규모의 공급망을 고려하면, 무엇을 시도하든 그 자체가 결코 쉬운 일이 아니에요. 매일 점심에 로투스 과자를 한 조각씩 나눠 주는 것조차 엄청난 일입니다. 그런데 헤인즈는 170만 명의 상근 노동자를 고용한 400개 이상의 기업 그리고 신제품 출시 시즌에는 훨씬 더 많은 인력이 투입되는 상황에서, 이 모든 것을 아우르고 기준을 준수되는 노동시간 보고서를 만들어냈습니다. 이는 정말 놀라운 성과입니다."

쿡은 이 문제에 대해 특히 강력한 지지를 보냈다. 애플 CEO인 그는 2012년 '올 씽즈 디지털All Things Digital' 콘퍼런스에서 "우리는 초과근무를 줄이기 위해 엄청난 노력을 기울이고 있습니다"라고 말하며, 애플이 필요한 변화를 이루기 위해 공급업체를 어떻게 평가하고 있는지를 언급했다. 이는 스티브 잡스 사망 이후 쿡이 처음으로 진행한 주요 인터뷰 중 하나였다. 빨간 의자에 앉아 테가 얇은 안경 너머로 관객을 바라보던 쿡은 이 보고서를 미국 정부의 '월간 고용 보고서'에 비유하며, 이 작업이 어렵고 복잡하다고 설명했다. 그는 애플의 경영 원칙을 더 철저히 따르는 것이 개인적인 업적인 것처럼 이야기했다. 그러면서 "나는 사람들이 우리를 무작정 베끼길 바랍니다"라고 농담처럼 덧붙였는데, 이는 다른 회사들이 애플의 방식을 본받길 바란다는 의미였다.

하지만 애플과 위탁생산업체 임원들에 따르면, 시간이 지날수록 쿠퍼티노의 높은 요구를 준수하기란 현실적으로 거의 불가능했다. 헤인스의 리더십 아래에서 애플은 공급업체들에 초과근무를 줄이고, 미성년 노동자를 없애고, 작업환경을 개선하고, 안전에 투자할 것을 압박했다. 하지만 품질, 속도, 가격에 대한 애플의 요구는 변함이 없었다. 공급업체들이 규정을 철저히 지키려면 추가 투자가 필요했고, 이에 따른 추가 이익이 확보되어야 했다. 하지만 부품 구매를 담당하는 애플의 글로벌 공급망 관리자들은 얼마나 싸게 많이 샀는지로 평가받았다. "헤인스는 옳은 일을 하고 싶어 했고, 그것이 가능하다고 믿었습니다." 한 위탁생산업체 임원은 이렇게 말했다. "하지만 그에게는 돈 이야기를 할 권한이 없었어요. 그래서 우리는 그와 협력하다가, 다시 토니 블레빈스와도 이야기해야 했습니다. 두 사람이 소통을 안 한 것이 아니라, 블레빈스가 전혀 신경 쓰지 않았던 것입니다."

모든 공급업체는 정해진 수량을 납품하지 못하면 애플과의 법적 분쟁에 휘말리거나 다음 수주 기회를 잃게 된다는 사실을 잘 알고 있었다. 그래서 막상 결정적인 순간이 왔을 때, 공급업체들이 무엇을 우선시할지는 분명했다. 제품 출시를 담당했던 한 애플 엔지니어는 "경제적으로 타당하지 않은 순간이 올 때까지는 공급업체들도 옳은 일을 기꺼이 하려고 했습니다"라고 말했다. "하지만 조직에 선택을 강요하면, 결국 이익을 선택하게 됩니다."

한 애플 임원은 아이폰이 전 세계 스마트폰 출하량의 5분의 1도 차지하지 않으면서도 업계 이익의 80퍼센트를 가져간다는 통계를 언급했다. 그는 이렇게 말했다. "그렇게 하려면 공급망의 모든 단계에서 경쟁을 조성해야 합니다. 매우 냉혹해져야 합니다. 그렇게 하면서 동시에 규정을 준수할 수는 없습니다." 한 애플 제조엔지니어는 어느 날 쿡이 CSR의 중요성을 강조하며 보낸 이메일을 떠올렸다. 이는 최고경영진

차원에서 이러한 문제를 중요하게 생각한다는 메시지를 전달하기 위한 것이었다. 그러나 같은 날 그의 직속 상사들은 생산량을 더 늘리라고 강하게 요구했다. 그는 "두 메시지는 서로 모순되었습니다"라고 말했다. 그러나 이에 대해 진지하게 인식하거나 인정하는 분위기는 없었다. 애플이라는 조직은 인지 부조화의 살아 숨 쉬는 예시였다.

폭스콘의 고위 임원 루이스 우는 기자 롭 슈미츠Rob Schmitz에게 고객이 갑자기 생산량을 20퍼센트 늘리라고 요구한다면 폭스콘은 즉시 더 많은 노동자를 고용하거나 기존 노동자들에게 더 많은 시간을 일하도록 강요할 수밖에 없다고 말했다. "수요가 매우 높을 때 갑자기 노동자를 20퍼센트 더 고용하기는 매우 어렵습니다." 이에 대해 슈미츠는 "노동자가 100만 명이라면, 한 번에 20만 명을 더 고용해야 한다는 의미다"라고 덧붙였다.[2]

사라진 노동운동

2016년 헤인스의 활동이 갑자기 중단되었다. 내부적으로 어떤 일이 있었는지 자세히 밝혀지지 않았지만, 긴밀히 협력했던 제조업체들에 따르면 그는 자리에서 물러나 유급휴가를 가거나 공급업체 책임과는 무관한 프로젝트에 배정된 것으로 전해졌다. 한 가까운 협력자는 "그는 사라진 셈이었어요. 쿡이 감당할 수 없는 괴물이 되어버렸습니다"라고 말했다. 중국노동감시단의 설립자 리 창Li Qiang은 그가 사실상 배제되었다고 말했다. "헤인스는 진정한 변화를 추진하겠다는 목표를 가지고 그 자리에 올랐습니다." 그러나 자신의 목표가 "애플의 기업 목표와 근본적으로 상충"한다는 사실을 깨닫게 되었다.

애플은 노동시간 보고서 작성을 조용히 중단했다. 이 중단은 갑작스럽고 별다른 설명도 없었으며, 불과 몇 년 전에 쿡이 약속했던 투명성 원칙을 뒤집는 결정이었다. 이 변화를 잘 아는 임원들에 따르면, 애초에 노동시간 보고서의 목적은 노동환경 개선 노력을 홍보하기 위한 것이었다. 그러나 정작 정반대의 수치가 나오기 시작하면서 회사의 메시지도 흔들리기 시작했다. 당시 상황을 잘 아는 한 애플 임원은 이렇게 말했다. "해당 보고서에 담긴 목표를 달성하는 것은 불가능했어요. 달성할 수 없는 목표를 왜 설정하겠습니까? 그래서 그 목표를 못 지켰다는 걸 보여주느니, 아예 공개를 중단해버린 거예요."

창은 애플이 공급망 전반의 노동환경 개선을 옹호하지 않는다고 단정하는 것은 공정하지 않다고 말했다. 애플은 분명히 그 일을 추진하고 있었다. 애플이 이 분야의 선도자라고 주장할 때 그것은 틀린 말이 아니었다. 그러나 중국 제조업의 전반적인 환경은 열악하며, 애플의 강도 높은 성과 중심 기업문화가 공급업체들 사이에서 무슨 수를 써서라도 해내야 한다는 태도를 부추긴다고 지적했다. 그 결과 열악한 환경은 일상화되고 불법적인 관행이 필연적으로 뒤따랐다. 그는 애플이 훨씬 더 많은 일을 할 능력이 있다고 믿지만, 내부의 다른 목표와 충돌하기 때문에 그렇게 하지 않는다고 보았다. 그는 이 상황이 〈누가복음〉 21장 1~4절을 떠오르게 한다고 말했다.

예수께서 부자들이 헌금함에 헌금 넣는 것을 보시고 또 어떤 가난한 과부가 두 렙돈 넣는 것을 보시고 이르시되 내가 참으로 너희에게 말하노니 이 가난한 과부가 다른 모든 사람보다 많이 넣었도다. 저들은 그 풍족한 중에서 헌금을 넣었거니와 이 과부는 그 가난한 중에서 자기가 가지고 있는 생활비 전부를 넣었느니라 하시니라.

창이 말했다. "애플이 바로 그 부자입니다."

강력한 탄압

중국에서 벌어지고 있던 일들은 헤인스와 시민단체들의 협력이 점점 더 어려워진 이유를 더 넓은 맥락에서 잘 설명해주었다. 시진핑의 첫 번째 임기가 마무리될 즈음, 중국 정부는 초기 단계의 노동운동을 가차 없이 탄압하고 있었다. 경찰은 평화적인 시위자들을 체포하고, NGO들을 급습하며, 노동운동 전반에 공포를 심었다. 노동운동가들은 20년 동안 '정기적인 탄압'을 경험해왔지만, 이번 탄압은 특히 더 심각했다.[3] 코넬대학교 노동문제 담당 교수이자 헤인스의 자문위원회 창립 멤버였던 일라이 프리드먼Eli Friedman은 2016년 초에 이렇게 썼다. "중국공산당은 시민사회에서 노동운동을 완전히 근절하려는 의지를 가진 듯하다."

몇 달 뒤 《뉴욕타임스》는 중국 정부가 외국 단체와 현지 파트너의 활동을 주로 경찰의 감독을 통해 제한하는 새로운 법을 통과시켰다고 보도했다.[4] 이 규정은 7,000개가 넘는 NGO에 영향을 미쳤으며, 이들 단체는 규제 당국이 공인한 현지 파트너를 확보하거나 운영을 중단해야 했다. 8월이 되자 시진핑에게 불명예스러운 것으로 여겨진 몇몇 보도를 이유로 언론에 대한 통제가 더욱 강화되었다. 기자들은 부정적인 보도에 대해 개인적으로 책임져야 한다는 지시를 받았다. AP통신은 다음과 같이 보도했다. "새 규정은 편집 책임자들에게 명확한 책임을 지우며, 뉴스 사이트는 '뚜렷한 방향성, 사실에 기반한 정확성, 적절한 출처'를 보장하기 위해 콘텐츠를 24시간 모니터링해야 한다."[5]

노동환경 개선을 촉구하는 NGO 베리테Verité의 설립자 헤더 화이트Heather White는 책임 있는 공급망 관리를 주장해왔다. 그는 폭스콘을 학대적인 노동 착취 공장이라고 꼬집은 《데일리메일》의 2006년 기사를 계기로 애플이 의뢰한 컨설팅을 수행한 적이 있었다. 2010년대 중반에는 전자제품 공급망 노동자들의 작업환경을 주제로 다큐멘터리를 제작했다. 시진핑의 첫 번째 임기 당시 노동자들을 인터뷰하는 것은 위험한 일이었으나, 두 번째 임기에는 아예 불가능해졌다. "2017년에 시작했더라면 다큐멘터리를 찍는 것은 아예 시도조차 할 수 없었을 거예요. 노동자 단체에 대한 시진핑의 탄압 때문입니다. 나와 함께 일했던 노동자 단체는 2017년까지 사실상 모두 사라졌습니다."

"유용한 꼭두각시"

화이트는 많은 사람이 중국의 강화된 권위주의가 애플에 불리하게 작용했다고 생각하면서 쿡을 비롯한 경영진은 중국이 서구적 가치를 받아들이길 바랄 것으로 추측한다고 말했다. 그는 그 반대가 진실이라고 생각했다. "애플은 시진핑이 벌이고 있는 탄압으로 엄청난 이익을 얻고 있습니다. 보통이라면 노동조건 문제로 압박받아야 하지만, 기본적으로 디지털 감시와 전체주의 환경에서 사업한다며 애플을 비판하는 목소리는 거의 존재하지 않습니다."

쿡은 이런 문제들에 대해 어떻게 생각하느냐고 질문받을 때마다 애플이 일종의 변화 촉진자라고 답해왔다. 그는 2017년에 이렇게 말했다. "당신은 참여할 것인지, 아니면 옆에서 세상이 어떻게 바뀌어야 한다고 소리칠 것인지 선택해야 합니다. 나는 아주 강하게 믿습니다. 직접 나가서 참여해야 합니다. 경기장에 들어가야 합니다. 옆에서 소리친다고 해서 세상은 절대 변하지 않습니다."[6] 하지만 화이트는 쿡이 진정으로 참여하는 것이 아니라 오히려 이용당하고 있다고 보았다. 예를 들어 2019년 10월 쿡이 베이징의 칭화대학교 경제관리학원 자문위원회 의장직을 수락했을 때처럼 말이다. "그들이 쿡에게 원하는 역할은 선전 도구로 활용할 수 있는 유용한 꼭두각시에 불과합니다." 화이트의 관점에서 보면, 삼성은 상당한 불이익을 안고 운영되고 있었다. 한국은 민주주의 국가로 NGO, 노동조합 그리고 활발한 언론이 존재한다. 예를 들어 자식이 삼성 공장에서 일하다가 백혈병에 걸려 슬픔에 잠긴 부모를 인터뷰하기도 한다. "애플은 그런 압력을 전혀 받지 않습니다"라고 화이트는 말했다. "애플은 오히려 사회의 핵심 이해관계자들이 기사를 쓰거나 TV에 출연하는 것을 막는 정부 밑에서 운영되고 있어요. 거기서는 시위조차 할 수 없습니다."

시진핑 집권 시기의 노동문제가 20년 전에 비해 얼마나 철저히 감춰졌는지는 2005년 설립되어 홍콩에 본부를 둔 노동권 옹호 단체인 '불량기업에맞서는학생과학자들Students and Scholars Against Corporate Misbehaviour, 이하 SACOM'의 트위터에서 극명하게 드러났다. 2018년 여름 SACOM은 불법적인 미성년 노동과 관련 시위에 관한 내용을 반복적으로 게시했다. 특히 적절한 보호 없이 일하다가 규폐증이라는 폐질

환에 걸린 수많은 중국 노동자에게 보상하라며 목소리를 높였다. 《뉴욕타임스》에 따르면, 게시물 중 일부가 규제 당국을 특히 곤혹스럽게 했다. 시위자들이 마오쩌둥의 초상화를 들고 사회주의 노래를 부르며, "의무적인 이념 교육을 통해 오랫동안 정부가 주입해온 바로 그 이상"을 내세웠기 때문이다. 한 시위자는 이렇게 외쳤다. "우리는 마르크스주의자다! 우리는 사회주의를 찬양한다! 우리는 노동자들과 함께한다! 정부는 우리를 공격할 수 없다!"[7]

그해 여름 SACOM은 애플 공급망에서 불법적으로 미성년 노동이 이루어진 사실을 폭로했다. 이 단체는 최신 애플 워치를 조립하던 콴타 공장의 학생 노동자 28명을 인터뷰했다. 그들은 '실무 경험' 없이는 졸업할 수 없다는 위협 때문에 초과근무를 강요받고 있었다. 2018년 11월 7일, 아홉 명의 학생이 애플스토어 앞에서 노동자의 권리를 지지하는 문구가 적힌 팻말을 들었다. 학생들은 웃고 있었고, 희망에 차 있었다. 그러나 곧 경찰이 나타나 그중 한 명을 체포함으로써, 나머지 사람들에게 경고의 메시지를 보냈다. SACOM은 그 충돌 장면이 담긴 영상을 트위터에 올렸고, 이후 일주일 동안 구금과 가택 연금에 관한 게시물을 용감히 이어갔다. 그러나 곧 게시물의 행렬이 멈췄다. 13년간의 활동 끝에 단체는 해산되었고, 몇몇 지도자는 사라졌다.

아마추어 연극배우들

2016년 헤인스가 물러나고 애플이 노동시간 보고서를 중단한 이후에도, 애플은 매년 '공급업체 책임 보고서'를 계속 발간해왔다. 그러나 뉴욕에 본부를 둔 중국노동감시단이 한 번에 몇 주씩 노동자로 위장해 조사를 벌이는 반면, 애플의 보고서는 자체 평가 방식이었다. 개별 공장에 대한 감사 결과는 공개되지 않았으며, 직원들을 대상으로 한 외부 인터뷰 같은 것도 전혀 없었다. 화이트의 전문가적 견해에 따르면, 이러한 보고서를 읽는 것은 시간 낭비였다. 선의로 작성되었다고 해도 그 가치는 의심스러웠다. 공급업체들은 검사를 통과해야 사업을 유지할 수 있다는 사실을 잘 알고 있었기 때문이다.

한 전직 애플 임원은 감사팀이 대개 정해진 일정에 맞춰 도착했기 때문에, 공급업체들이 미리 준비할 시간이 충분했다고 지적했다. 그는 그 과정이 아마추어 연극을 보는 것 같았다고 기억했다. 한번은 감사팀의 도착에 맞춰 노동자들이 새로운 환경보호 프로그램의 하나로 트레이 재활용을 시연했다. "한 노동자가 트레이들을 팔레트에 쌓아놓고는 '이건 재활용센터로 갈 거예요'라고 말하더군요. 그걸 어떻게 가져갈지 묻자, 그는 지게차가 올 거라고 답했어요. 그런데 주위를 아무리 둘러봐도 지게차가 드나들 만큼 넓은 출입문을 찾을 수 없었습니다. 그래서 다시 물을 수밖에 없었어요. '지게차가 어떻게 이 방 안으로 들어온다는 건가요?'"

그 임원은 이렇게 말했다. "그 순간 상황이 모두 이해되었습니다. 그들은 몇몇 노동자에게 빈 팔레트를 옆으로 세워 들여오게 하고, 그 위에 빈 트레이들을 한가득 쌓아놓았어요. 그런데 노동자들이 그걸 보여주면서 지게차가 와서 가져갈 거라고 말할 줄은 미처 생각하지 못했던 겁니다."

사전 통보 없이 공장을 방문했다면 이런 문제를 피했을지 모른다. 그러나 공급업체들은 영리한 우회책을 갖고 있었다. 예를 들어 공장 전체에 특정 음악을 틀어 그것을 신호 삼아 미성년 노동자들이 뒷문으로 빠져나가도록 했다. 애플이 정말 원한다면 이런 전술을 파악할 수 있었겠지만, "여우에게 닭장을 맡긴 꼴"이라고 프리드먼은 말했다. 그는 자문위원회에서 자신이 이루고자 했던 일들이 거의 불가능하다는 결론에 도달한 뒤 사임했다. "왜 애플이 자기들의 이익을 해칠 수 있는 규제를 철저히 시행하려 하겠습니까?"

게다가 헤인스가 떠난 후 애플의 목표는 축소되었다. 중국 정부의 광범위한 시민단체 탄압은 그의 급진적인 공급업체 책임 추구 노력을 완전히 무너뜨렸다. 단체들은 체포, 사무실 급습, 괴롭힘에 시달리며, 결국 그들과의 만남 시도 자체가 무의미해졌다. 쿡은 다른 기업들이 애플의 공급업체 책임 노력을 "무작정 베끼길" 원했지만, 오히려 공급업체들에 대한 자체 평가는 더욱 불투명해졌다. 헤인스는 다른 프로젝트를 맡았다. 몇 년 뒤 병을 얻었고 2022년 4월 12일 콜로라도주에서 평화롭게 세상을 떠났다. 그의 나이 64세였다.

34장 | 중국계 관리자의 등장

    2017년 5월 26일 금요일, 상하이의 현지 운영팀은 연례 타운홀 미팅에서 깜짝 이벤트를 준비하고 있었다. 직전 미팅에는 수십 명만이 참석했지만, 이번에는 애플이 다수 직원에게 참석을 의무화했다. 중국 각지에서 엔지니어들이 모여들었고, 캘리포니아주에서는 제조디자인 책임자 닉 포렌자Nick Forlenza와 제품디자인 책임자 댄 리치오 등 여러 부사장이 비행기를 타고 날아왔다. 현지 운영을 총괄하는 로리 섹스턴이 직접 초청장을 보냈다.

 애플 직원들이 구내식당인 카페 맥스Caffe Macs에 도착했을 때, 그곳은 맥주를 마시고 피자를 먹으며 원형 테이블에 자리를 잡거나 위층 공간에서 아래를 내려다보는 수백 명의 사람으로 붐비고 있었다. 사업 현황과 최신 실적을 포함한 기밀 정보를 직원들에게 공유할 예정이었기 때문에 휴대전화 사용은 금지되었다. 그 열기 속에서 주요 발표가 이어졌는데, 이사벨 게 마헤Isabel Ge Mahe가 쿠퍼티노에서 중국으로 자리를 옮기며 새로 신설된 직책인 '중화권 총괄 관리이사Managing Director of Greater China'를 맡게 된다는 내용이었다.

참석자들은 서로 눈빛을 주고받으며 정중하게 박수를 보냈다. 마헤에 대해 들어본 적이 없는 이들도 많았다. 그는 9년 넘게 무선통신기기 부문 부사장으로 재직해왔다. 2008년 7월 그가 합류할 당시, 애플은 주로 아이팟과 맥으로 알려져 있었고, 이들 제품에는 셀룰러 칩이 탑재되어 있지 않았다. 그러나 아이폰의 성장과 함께 아이패드, 에어팟, 애플 워치가 탄생하면서, 그는 셀룰러, 블루투스, NFC, 와이파이 칩이 탑재된 모든 애플 제품을 담당하는 위치에 올랐다. 25명으로 시작한 그의 팀은 1,200명 규모로 성장했다.

"당신은 누구 편입니까?"

디자이너가 제작한 의상을 정성스럽게 차려입고 우아한 분위기를 풍기던 마헤는 직원들에게 질문받겠다고 했다. 먼저 마이크를 든 사람 중 한 명은 30대 여성이었다. 그는 영감을 얻고 싶다며 어머니이자 영향력 있는 임원으로 성공한 비결을 물었다. "저에겐 많은 가사도우미가 있어요." 마헤의 대답은 좌중의 곁눈질을 불러왔다. "그게 필요해요. 도와줄 사람을 많이 두어야 합니다." 현장에 있던 한 사람은 그 순간 분위기가 싸해졌다고 전했고, 또 다른 사람은 이렇게 말했다. "그 여성의 질문은 이런 의미였어요. '저는 가족이 있고, 일하느라 출장이 잦아요. 어머니가 되고 싶어 하는 여성으로서 어떻게 경력을 이어갈 수 있을까요?' 그런데 마헤는 마치 귀족이라도 되는 것처럼 대답했어요. '좋은 가사도우미가 있어야 합니다'라는 식으로요."

그 질문은 비교적 쉽게 대답할 수 있는 것이었지만, 마헤는 크게 실수하고 말았다. 잠시 후 한 젊은 남성이 훨씬 민감한 질문을 던졌다. "중국에서 우리가 더 많은 의사결정 권한을 가지려면 어떻게 해야 하나요? 그 부분에 대해 도와주실 건가요?" 마헤는 담담하게, 중국에 관한 결정은 상하이와 베이징에서 내려질 것이라고 답했다. 그러나 그 답변이 너무 성의 없게 들렸는지, 그 남성은 재차 물었다. "그게 아니라, 왜 우리는 이메일 하나에 답을 받기 위해 쿠퍼티노 사람들이 아침에 일어날 때까지 기다려야 하나요? 왜 우리가 여기서 그 결정을 내릴 수 없는 건가요?"

마헤는 중국에서 충분한 시간을 보내지 않아 상황을 이해하지 못했다. 현지 운영팀은 캘리포니아주에 기반을 두고 있으면서 중국에 상주 인력을 늘려가고 있던 제품디자인팀과 갈등을 빚고 있었다. 현지 운영팀은 자신들의 전문성이 애플의 확장 과정에서 막대한 가치를 창출했다고 믿고, 그런 만큼 제품디자인팀의 권한이 과도하다고 느끼며 불만을 품었다. 공급업체들과 만날 때도 쿠퍼티노에 의존하지 않고 스스로 결정을 내릴 수 있기를 바랐다. 이러한 긴장은 애플이라는 회사 내부의 구조적 문제였다. 쿠퍼티노의 최고경영진 중 일부는 현지 운영팀, 특히 아웃소싱된 제조 부문이 불필요하다고 인식했다. 이들에 따르면 애플을 차별화하는 요소는 혁신적인 산업디자인과 제품디자인이었다. 그러나 현지 운영팀 내부에서는 자신들의 업무야말로 애플 제품이 이렇게 널리 보급되고 높은 수익을 올리는 근본적인 이유라고 여겼다. 타운홀 미팅에 참석했던 한 사람은 이렇게 말했다. "터치스크린 유리 개발이나 블랙베리 키보드의 종말 같은 말은 얼마든지 할 수 있어요. 하지만 진짜 중요한 건 하루에 그걸 100만 개씩 만들어낼 수 있는 능력을 갖추는 겁니다." 결국 질문자가 마헤에게 던진 말의 핵심은 이 것이었다. "당신은 누구 편입니까? 제품디자인팀과 입장을 같이할 겁니까, 아니면 현지 운영팀을 존중할 겁니까?"

마헤는 일종의 시험대에 오른 셈이었지만, 그는 상황을 제대로 이해할 만큼 충분한 사전 설명을 듣지 못한 상태였다. 당황한 채 주위를 둘러보던 그는 섹스턴을 바라보며 도움을 청했다. 현장에 있던 또 다른 사람은 이렇게 말했다. "그 순간을 기억해요. 그 표정은 '제발 날 좀 구해줘!' 아니면 '어떻게 이런 일이 벌어지게 놔둔 거야?' 중 하나였어요." 마헤는 간신히 현지 운영팀이 독립적으로 행동하기보다는 쿠퍼티노에 자문하는 것이 왜 중요한지를 설명하려 했지만, 그 말은 흐릿하게 이어지다 결국 끝맺지 못했다. 더 명확하게 표현했다면, 또 그곳이 쿠퍼티노였다면 적절한 답변이었을지 모르지만, 마헤가 서 있던 곳은 중국에서 애플의 심장부라 할 수 있는 상하이였다. 타운홀 미팅이 열리던 건물에는 8인의 갱 중 운영, 조달, R&D을 대표하는 섹스턴, 브렌던 로리, 스티븐 마처의 사무실이 있었다.

현장에 있던 엔지니어들은 실망감을 안고 자리를 떠났다. 한 사람은 이렇게 말했다. "그는 자리에 맞지 않은 사람처럼 보였어요. 여러모로 좋은 사람이었지만요. 어리석은 사람은 아니었겠지만, 중국 사업이 어떻게 굴러가고 있는지 최소 한두 달 전부터 코칭을 받아야 했어요. 애플은 이런 면에서 악명이 높아요. 그냥 사람을 불 속에 던져놓고, 알아서 불을 끄길 기대하니까요."

좋은 혼란과 나쁜 혼란

마혜는 중국 동북 지방인 랴오닝성의 최대 도시 선양에서 태어났다. 아버지는 중국에서 대학교수로 재직 중이었는데, 마혜가 10대였을 때 캐나다 브리티시컬럼비아주 밴쿠버에서 광산 컨설턴트로 일할 기회를 얻게 되었다.[8] 원래는 마혜의 언니를 데려가려 했지만, 언니는 중국에 남자 친구가 있어 떠나길 거부했다. 마혜는 영어를 배우고 해외에서 공부하고 싶다며 그 기회를 기꺼이 받아들였다. 이후 캐나다를 떠나게 되었을 때, 그는 학업을 계속하고자 아버지를 설득해 남게 되었다. 전직 교수였던 아버지는 피자를 배달하고 주유소에서 일하는 등 허드렛일을 마다하지 않으며 딸을 위해 희생했다. 마혜도 낮에는 식당에서 테이블을 치우고 신발을 판매하며 생활비를 보탰다.

그의 노력은 결실을 보았다. 1992년 마혜는 사이먼프레이저대학교에 장학금을 받고 입학해 공학 학사 및 석사과정을 마쳤다. 2002년에는 PDA 제조업체 팜에 입사해 스마트폰 시대로의 전환을 시도하던 그곳에서 약 6년을 근무했다. 그는 팜에서 무선통신기기팀을 거의 처음부터 만들었으며, 이 성과는 쿠퍼티노의 주목을 받았다. 아이폰이 처음 공개되고 몇 달 뒤, 애플 인사팀은 그를 영입하기 위해 1년간 이어질 설득 작업을 시작했다. 처음에 마혜는 제안을 거절했다. 팀을 떠나는 것이 배신이라고 느꼈기 때문이다. 그러나 영입 시도는 점점 더 강해졌고, 마침내 잡스가 저녁 식사에 초대하면서 절정에 이르렀다. 잡스는 마혜에게 깊은 인상을 남겼지만, 식사에 대해서는 거짓말했다. 마혜는 훗날 《포춘》과의 인터뷰에서 이렇게 말했다. "두 시간 동안 물만 마셨어요. 저녁은 미끼였고 사실은 면접이었습니다."[9] 잡스는 그의 우려를 들은 뒤, 팜에서 함께 일하던 핵심 인력들을 데려올 수 있게 했다. 마헤에 따르면, 잡스의 이 말이 그의 마음을 사로잡았다. "당신은 팜에 남아 사람들이 가득 탄 버스를 절벽 아래로 몰고 갈 수도 있고, 애플에 와서 그들이 더 나은 곳에 착륙할 수 있도록 도울 수도 있어요."

이후 9년 동안 마헤는 기술적 역량을 입증했지만, 동시에 함께 일하기 까다로운 사람이라는 평판도 얻게 되었다. 한 동료는 "그는 누구와도 싸웠어요"라고 회상했다. 하드웨어와 소프트웨어가 모두 포함된 제품에서는 문제가 생겼을 때 어느 한쪽이 다른 한쪽을 탓하는 일이 흔하다. 예를 들어 통화가 끊기는 문제가 발생하면 안테나 때문일 수도 있고, 베이스밴드 소프트웨어(디지털 데이터를 RF로 송수신하게 해주는 프로그램—옮긴이) 때문일 수도 있다. 이상적인 애플 엔지니어는 "무죄가 입증되기 전까지는 유죄라는 생각으로" 문제에 접근하며 스스로 책임지려는 태도를 보인다. 그러나 내부자들에 따르면 마헤는 책임을 남에게 돌리는 쪽이었고, 이러한 태도는 팀 전체로 확산되었다. 그와 긴밀히 일했던 사람은 이렇게 말했다. "그는 쿠퍼티노에서 매우 폐쇄적이고 방어적인 태도로 변했어요. 그와 함께 일하고 싶어 하는 사람이 없었습니다."

애플 유니버시티의 전 학장 조엘 포돌니는 《하버드비즈니스리뷰》와의 인터뷰에서 애플의 제품 개발 과정을 설명하며 여러 부서가 관여하기 때문에 혼란스럽다고 말했다.[10] 그래서 애플은 각 팀의 리더가 "다른 팀들을 모두 통제할 수 없더라도" 제품 전체에 책임감을 느끼도록 장려한다고 설명했다. 포돌니는 "좋은 혼란"은 각 팀이 공동의 목표를 가지고 협력할 때 발생하며, 반대로 "나쁜 혼란"은 각 팀이 자신의 이익만을 앞세울 때 발생한다고 말했다. 그리고 그는 나쁜 혼란을 일으킨 인물은 "리더십을 내놓게 되거나, 심할 경우 애플에서 퇴출당합니다"라고 덧붙였다. 마헤의 경우 중국으로 보내졌다.

중국을 모르는 중국계

8인의 갱은 2014년부터 중국에서 물밑 작업을 해오며 애플이 긍정적인 이미지를 구축하는 데 이바지했다. 그러던 중 이들은 더욱 공식적인 체계를 요구하기 시작했으며, 특히 강력한 리더가 이끄는 조직적인 팀 구성을 원하게 되었다. 일부 동료들에 따르면, 섹스턴이 그 역할을 원하고 있었다. 사실상 그는 명칭만 없었을 뿐 이미 중화권 책임자였다. 부사장 직함을 가진 그는 애플에서 중국에 영향력을 행사할 수 있는 거의 유일한 실세였다. 섹스턴은 엔지니어들을 이끌며 공급업체들과 긴밀히 협력했고, 정부 관계자들과도 자주 소통했다. 한 동료는 그에 대해 이렇게 평가했다. "정치적인 판을 분석하고, 누가 공을 가져가든 개의치 않은 채로 팀을 구축해나가는 데 능한 사람이었어요." 한번은 애플 직원이 통신망 테스트를 한다면서, 인증되지 않은 아이폰 시제품을 보세구역 밖으로 반출한 사건이 벌어졌다. 이 때문에 페가트론의 아이폰 조립 작업이 중단될 뻔했지만, 섹스턴이 이를 수습했다. 그러나 그는 중국인이 아니었고, 중국어도 하지 못했다.

마처도 유력한 후보 중 하나였다. 그는 중국어를 구사했고, 중국에서 15년 이상 거주하며 현지 관료들과 인맥을 쌓아온 인물이었다. 하지만 애플에 합류한 지 얼마 되지 않아, 쿠퍼티노에서 아직 검증되지 않은 인물로 여겨졌다. 한 동료는 마처가 자주 좋은 아이디어를 냈지만, 이를 고위 경영진에게 전달하려 할 때마다 "당신이 누구라고요?" 같은 깔보는 반응을 맞닥뜨렸다고 회상했다. 게다가 애플은 외부 이미지를 매우 중요하게 생각하는 회사였고, 핵심 목표 중 하나가 중국 정부와의 관계 개선이었던 만큼, 백인이 공식적으로 중국 사업을 이끈다는 인상은 바람직하지 않았다.

더그 거스리는 마헤를 처음 만났던 순간을 이렇게 기억했다. 그는 애플에 공식적인 중국 책임자를 두어야 한다고 주장했던 인물 중 한 명이었지만, 인사 결정 과정에 직접 관여하지도 않았고 마헤가 누구인지도 알지 못했다. 그래서 쿠퍼티노를 방문했던 어느 날 마헤가 자신의 사무실로 들러달라고 요청했을 때 놀랐다. 2017년의 춘절이 지난 때였고, 거스리는 이미 고위 경영진 사이에서 상당한 영향력을 구축해놓은 상태였다. 그는 인피니트 루프에 있는 마헤의 사무실에서 인사를 나눴다. 마헤는 거스리를 바라보며 이렇게 말했다. "이게 다 당신 때문인 건가요?" 거스리는 눈이 휘둥그레졌다. 그 질문은 다소 공격적으로 느껴졌다. "우린 처음 보는 사이인데요. 내가 무엇을 잘못했나요?" 그가 대답했다. 그러자 마헤는 이렇게 말했다. "글쎄요. 나는 이제 비행기를 타고 중국으로 가야 하거든요. 그리고 이건 쿡이 '거스리의 말을 들어보는 게 좋을 거예요'라고 했기 때문이에요." 몇 분 지나지 않아 마헤가 말한 중국행이 단순한 출장 차원의 방문이 아니라는 것이 분명해졌다. 그는 중국어를 하지 못하는 남편과 아이들을 데리고 상하이로 이주해야 하는, 경력상 중대한 도전에 직면해 있었다.

애플은 2017년 7월 18일, 타운홀 미팅에서 질의응답이 오가고 약 6주 뒤에 마헤의 새 직책을 공식 발표했다.[11] 그러나 첫 만남 이후부터 이미 내부에서는 그가 그 역할에 적합하지 않다는 말이 끊이지 않았다.

외부에서 보기에는 훌륭한 인사처럼 보였다. 마헤는 부사장급 인사였고, 핵심 기술 분야에서 대규모 팀을 이끌어온 경력이 있었다. 그러나 그는 중국에서 태어났지만 16세에 캐나다로 이주한 뒤로 줄곧 해외에서 살아왔다. 준 거나 마처 같은 인물이라면 현지에 대한 지식과 정치적 지형을 헤쳐나갈 수 있는 수완을 갖췄을지 모르지만, 마헤가 그런 능력을 지녔는지는 분명하지 않았다.

애플 유일의 얼굴마담

이 인사의 부조화는 마헤 개인의 문제라기보다는 애플 측의 책임이 더 컸다. 그 역할은 미중 관계에 대한 깊은 이해와 중국 정치의 작동 방식에 대한 통찰을 가진 인물, 또는 애플의 운영 조직을 여러 단계까지 꿰뚫고 있는 인물이 맡아야 했다. 하지만 마헤는 그 어떤 조건에도 부합하지 않았다. 그가 기술 전문가였던 것은 분명하지만, 해당 직책에 필요한 역량은 갖추지 못했다. 중국 출신이라는 사실은 장점으로 여겨졌지만, 실상은 애플이 얼마나 피상적이고 심지어 냉소적으로 접근했는지를 보여주는 사례에 가까웠다. 쿠퍼티노는 '중국의 얼굴'이 중국인이길 원했을 뿐이고, 마헤의 경력이 그 직책에 실제로 부합하는지는 부차적인 문제에 불과했다.

마헤의 임명에 실망한 직원들이 특히 답답해했던 점은 애플 내부에 그보다 더 자격을 갖춘 사람들이 여럿 있었다는 것이다. 그들 또한 중국어에 능숙한 여성들이었는데, 운영 부문 이사인 아이리스 추이Iris Cui가 대표적이다. 대만 출신으로 1990년대에 베이징대학교에서 공부한 추이는 강단 있고 에너지 넘치는 인물이었다. 또 다른 후보는 정부 업무 부문 부책임자인 빌라 우Villa Wu였다. 그는 상하이에서 공부했고, 인텔에서 일한 뒤 애플의 대외협력팀에 합류해 자사의 신뢰도를 구축하고 중국 정부와의 관계 형성을 촉진해왔다. 다만 애플에는 한 가지 불문율이 있었는데, 어떤 사람이 현재 맡은 일에서 성과를 내고 있다면, 그 사람을 그 자리에서 빼내고 싶어 하지 않는다는 점이었다.

더 근본적인 문제는 그 직책 자체에 있었다. 중화권 총괄 관리이사는 정치적 이유로 만들어진 명목상의 직함이었고, 애플의 운영 방식과는 전혀 맞지 않았다. 일반적인 기업은 사업을 여러 단위로 나누고, 각 단위의 총괄 관리이사가 손익을 책임진다. 그러나 잡스는 애플 전체를 하나의 손익 구조 아래 두었고, 그 위에 마케팅, 엔지니어링, 재무 같은 기능별 조직을 두었으며, 각각을 기술 전문가들이 총괄하도록 설계했다. 애플에는 총괄 관리이사라는 직책 자체가 존재하지 않는다. 그런데 마헤는 중화권 총괄 관리이사로 임명되었다. 이처럼 어정쩡한 역할은 그를 일종의 형식적이고도 공허한 위치에 놓이게 했다. 문서상으로 그는 애플의 가장 중요한 지역에서 1만 4000명의 직원을 총괄하는 인물이었다. 하지만 애플은 철저히 위계적인 조직이었고, 애플스토어 직원, 운영팀, 엔지니어, R&D 인력, 대외협력팀 등은 모두 중국, 또는 쿠퍼티노로 직접 보고하는 독립적인 체계를 갖고 있었다. 어떤 부서도 마헤에게 의미 있는 방식으로 보고하지 않았다.

동료들에 따르면, 마헤는 존재감을 드러내고자 R&D 분야에서 더 많은 책임을 맡으려 했다. 하지만 그의 전문성은 베이스밴드 소프트웨어에 국한되어 있었고, 쿠퍼티노는 그의 하드웨어 역량을 전혀 인정하지 않았다. 대신 마헤는 중국 시장에 대한 월간 보고서를 작성하기 시작했다. 이 보고서에는 현지 상황 요약과 함께 경쟁사들의 마케팅 활동에 대한 관찰이 담겼다. 일부 중국 직원은 이 보고서를 반기며, 마헤를 자신들의 권한 확대 요구를 대변해주는 존재로 여기기도 했다. 한 동료는 마헤가 사람들을 만나기 위해 애썼지만, 정작 그의 역할이 무엇인지에 대해서는 누구도 명확히 인식하지 못했다고 말했다. 그는 존중을 얻지 못했고, 자신 아래에서 실제로 어떤 일이 벌어지고 있는지에 대한 감각도 키우지 못했다. 또 다른 동료는 이렇게 말했다. "그는 정부 관리들을 만날 때 중국을 대표하는 얼굴로 내세워졌어요. 자신이 참석해야 할 행사가 있을 때만 모습을 드러내 정해진 대본을 읽었습니다. 나는 그런 리더들을 전혀 존경하지 않았어요."

실패한 록스타

수년간 중국으로 출장을 다녔던 여러 엔지니어조차 마헤가 누구인지 몰랐다. 중국에 거주 중인 직원들 또한 그가 직무를 맡은 지 7년이 지난 지금까지도 정확히 무슨 일을 하는 사람인지 잘 모른다. 한 임원은 이렇게 말했다. "중국에서의 R&D를 총괄한다고는 하지만, 어디까지나 상징적인 수준이에요. 애플에서 진짜 중요한 건 제품인데, 그는 어떤 제품도 실질적으로 책임지고 있지 않아요." 마헤 본인도 자신의 역할이 독특하다고 언급한 바 있었다. 그가 맡은 업무란 전문가들의 영역과 겹치는 다양한 일을 잡다하게 뒤섞어놓은 것에 가까웠다. 2019년 그는 이렇게 말했다. "애플에는 전 세계 어디에도 총괄 관리이사라는 직책이 존재하지 않았어요. 그래서 스스로 매뉴얼을 써야 했습니다.

나는 영향력을 발휘하는 법 그리고 영업이나 마케팅처럼 나보다 그 분야에 훨씬 더 전문성이 있는 조직들을 이끄는 법 같은 새로운 기술들을 배워야 했어요. 정부 관계자나 비즈니스 파트너를 만나고, 지금처럼 강연도 하고요."[12]

하지만 마헤는 연설을 잘하는 인물이 아니었다. 유튜브에 올라온 몇 안 되는 강연이나 인터뷰 영상을 보면, 단정하고 우아한 인상을 주긴 하지만, 진부한 답변을 반복하거나 상투적인 표현을 되풀이할 뿐 실질적인 내용은 부족한 경우가 많았다. MBA 과정 학생들에게 조언해달라는 요청을 받았을 때는 이렇게 말했다. "어려운 시기일수록 자신을 믿으세요. 그리고 이런 도전이 여러분을 더 강하게 해줍니다."[13] 이러한 식상한 조언은 "마음을 열어라", "사랑하는 사람들과는 시간을 아무리 많이 보내도 지나치지 않다"와 같은 내용이 포함된, 미리 연습된 네 가지 답변 중 일부였다.

2019년 초 쿠퍼티노에서는 마헤의 직책이 사실상 실패로 끝났다는 인식이 분명해지고 있었다. 그는 실질적인 책임을 지지 않는 명목상의 인물이 되어버렸다. 총괄 관리이사라는 직책이 없는 회사에서 총괄 관리이사를 맡고 있었다. 하지만 애플은 정치적인 이유로 이 직책이 필요했고, 마헤를 이동시키는 일은 매우 민감한 사안이 될 수밖에 없었다. 애플은 얼마 전 리테일 부문 수장이자 쿡의 대표적인 인사 중 하나였던 버버리 CEO 출신의 앤절라 아렌츠Angela Ahrendts를 잃었고, 다양성 및 포용성 담당 책임자였던 데니즈 영 스미스Denise Young Smith도 퇴사한 상황이었다. 두 사람 모두 애플 웹사이트의 리더십 페이지에 이름을 올린 몇 안 되는 여성이었다. 이런 가운데 또 다른 여성이자, 임원진 중 유일한 중국인을 잃는 것은 애플로서는 도저히 선택할 수 없는 일이었다.

　게다가 마헤는 누구에게도 위협이 되는 존재가 아니었다. 쿠퍼티노는 그를 편안한 자리에 그대로 두는 것이 최선이라고 판단했다. 자발적인 언론 노출은 허락되지 않았기 때문에 그는 다른 방식으로 자신의 이미지를 구축하려 노력했다. 2019년에는 스타벅스 이사회에 합류했고, 2022년에는 룰루레몬Lululemon 이사회에도 이름을 올렸다. 현재는 주중 미국상공회의소의 이사로도 활동 중이다.

　이러한 직책들 덕분에 마헤는 마치 록스타처럼 보였다. 《포춘》은 그를 여러 차례 '가장 영향력 있는 여성' 목록에 올렸고, 이처럼 언론에 드물게 이름이 언급될 때면, 기자들은 중국에서 애플의 성공이 어느 정도는 그의 리더십 덕분일 것이라고 자연스레 가정하곤 했다. 애플의 비밀스럽고 폐쇄적인 문화는 그가 실제로는 주로 의례적인 역할만 수행했다는 현실을 가렸다.

35장 | 화웨이, 붉은 공급망의 최대 수혜자

쿡은 흰색 보호복과 모자를 맞춰 입은 젊은 중국 노동자들이 줄지어 서 있는 생산라인을 따라 걷는 내내 환한 미소를 잃지 않았다. 2017년 12월 4일, 그날 촬영된 사진에는 파란색 작업복을 입은 쿡이 수백 개가 넘는 생산라인 중 여러 곳에 들르는 모습이 담겼는데, 주변 사람들을 웃음 짓게 하는 장면이 계속해서 이어졌다. 그의 옆에는 럭스셰어 프리시전Luxshare Precision, 이하 럭스셰어의 창립자인 왕라이춘王來春이 함께 있었다. 중국 위탁생산업체인 럭스셰어는 그해 초 대만 경쟁사들을 제치고 에어팟 조립 수주를 따냈다.

왕라이춘이 그 주문을 따낸 경위는 전설처럼 회자되고 있다. 전해지는 이야기에 따르면, 조달 책임자인 블레빈스는 럭스셰어가 이윤 없이 에어팟을 조립하는 조건으로 계약을 성사했다고 한다. 하지만 유사한 일화들과 달리, 이 경우는 블레빈스의 냉혹함보다는 왕라이춘의 교묘함이 핵심이었다. 그는 한 가지 조건을 걸고 무상으로 조립을 맡겠다고 제안했다. 바로 쿡이 자신의 공장을 방문해 생산라인에서 사진을 찍는 것이었다. 실제로 이윤이 전무했는지는 확인하기 어렵지만, 그해 12월 쿡이 럭스셰어의 상하이 공장을 방문했을 때, 그는 환한 미소를 지으며 눈에 보이는 모든 것을 극찬했다. "이것은 중국의 꿈이 실현되는 놀라운 사례입니다."[14] 그는 시나 웨이보에도 직접 글을 올려, 럭스셰어가 "놀라운 정밀도와 정성"으로 에어팟을 만들고 있다며 "왕라이춘 회장은 사람 중심의 탁월한 기업문화를 만들었습니다. 이들과 협력하게 되어 매우 기쁩니다!"라고 밝혔다.[15]

럭스셰어 웹사이트의 뉴스 페이지는 관련 소식으로 도배되었다. 애플이 엔지니어들을 파견해 럭스셰어 직원들을 교육하고 생산 과정을 정비한 뒤, 그들이 감탄하며 돌아갔다는 내용이었다. "쿡 회장은 럭스셰어 직원들에게 깊은 인상을 받았다고 말했다. 개인적으로 그는 왕라이춘 회장이 제안한 직원 복지 방안에 매우 공감한다고 밝혔다."

애플과 손잡고 날아오른 럭스셰어

애플 CEO의 방문은 왕라이춘의 탁월한 수였으며, 한껏 미화된 기사들은 그를 "애플의 다양한 제품을 손바닥 보듯 잘 아는 사람"으로 묘사했다. 왕라이춘이 간파한 것은 애플과 협력하고 있다는 대외적인 명성에 비하면 수익 자체는 그다지 중요하지 않다는 점이었다. 쿠퍼티노는 오랫동안 공급망 운영에 대해 철저한 비밀주의를 고수해온 것으로 유명하다. 업체들은 애플을 위해 제품을 만든다는 사실을 언급하는 것만으로도 제재받을 수 있다. 그러나 애플이 중국에서의 서사를 강화하고자 했을 때 기회를 얻었다. 왕라이춘은 럭스셰어의 이미지를 "수많은 공급업체 중 하나"에서 "진정한 파트너"로 격상하는 이벤트를 정교하게 기획해냈다. 웹사이트에 실린 뉴스들도 이를 강조했다. "끼리끼리 모이는 법이다."

왕라이춘은 두 부류의 주요 청중을 염두에 두고 있었다. 그중 하나는 자본시장이었다. 왕라이춘은 2004년 오빠와 함께 회사를 설립했으며, 두 사람은 회사 지분의 최소 39퍼센트를 보유하고 있었다.[16] 직전 10년간 럭스셰어는 7억 8200만 달러의 순이익을 올렸다. 최종 조립으로 벌어들이는 낮은 이윤보다 주식시장에서 훨씬 큰 수익을 기대할 수 있는 구조였다. 쿡의 방문은 럭스셰어가 폭스콘의 몫을 빼앗는 방식으로 상승 궤도에 올라타리라는, 투자자들에게 보내는 분명한 메시지였다. 쿡이 방문한 그날 럭스셰어의 기업 가치는 120억 달러에 달했다. 이는 지난 10여 년간 애플에 부품을 공급해온 성과가 얼마나 성공적이었는지를 입증하는 수치였다. 다만 폭스콘의 시가총액 570억 달러에 비하면 여전히 5분의 1에 불과했다. 하지만 2년 반 만에 럭스셰어의 시가총액은 380억 달러로 치솟았고, 매출이 13배나 더 많았던 폭스콘의 부진한 시가총액을 앞질렀다. 어떤 재무분석가도 이 상황을 설명하지 못했다. 두 회사 모두 이윤이 낮은 동일한 업종에 종사했고, 유사한 기술을 사용했으며, 비슷한 고객사를 상대하고 있었다. 그러나 자국의 정치적 흐름을 누구보다 잘 이해하는 중국 투자자들은 정세의 변화를 이미 읽고 있었다. 폭스콘도 이 도전을 인식하고 있었으며, 2019년에는 경쟁사들을 분석하기 위한 태스크포스팀을 구성해 그들의 기술, 확장 계획, 채용 전략 그리고 중국 정부의 지원 여부 등을 조사했다.[17]

미소 짓는 쿡의 사진이 겨냥한 두 번째 청중은 중국 정부 관계자들이었다. 1988년 폭스콘의 생산라인에서 일한 최초의 이주노동자 중 한 사람으로 조립 기술을 익힌 왕라이춘은 궈타이밍이 정치적으로 얼마나 노련한지를 이해했다.[18] 그는 애플의 주문을 확보할 수만 있다면, 이를 공장 용지 확보나 각종 인센티브와 연결할 수 있다는 사실을 깨달았다. 한 업계 관계자는 왕라이춘을 "당의 열성적인 일원"이라 부르며, 그가 럭스셰어를 폭스콘의 대안으로 내세웠고, 초기 약속을 이행했으며, 그에 더해 많은 성과를 내어 막대한 보상을 받았다고 평가했다. "그는 엄청난 정부 지원을 받고 있어요. 정부가 돌아가는 방식을 완전히 꿰뚫었죠. 원하는 건 뭐든 손에 넣을 수 있습니다." 왕라이춘은 단호하고 영리하며 전략적인 인물로 알려져 있으나, 매력적인 성격은 아니라는 평도 있다. 그 관계자는 이렇게 덧붙였다. "그가 우아하기 때문은 분명 아니에요."

럭스셰어의 부상은 눈부셨다. 애플 제품용 커넥터 케이블을 처음 생산하기 시작한 2009년, 회사의 매출은 고작 8100만 달러에 불과했다. 럭스셰어의 전략은 폭스콘의 기업문화, 업무 윤리, 배고픔까지 그대로 모방하는 것이었다. 심지어 유니폼도 비슷하게 맞췄다. 공장 벽에는 "오늘 할 일을 내일로 미루지 말자", "성공하는 사람은 방법을 찾고, 실패하는 사람은 핑계를 찾는다" 같은, 궈타이밍이 내뱉었을 법한 격언들이 붙어 있었다. 애플의 까다로운 기준을 충족하기 위해 럭스셰어의 엔지니어와 관리자들은 한 달 내내 공장에서 먹고 자며 근무한 적도 있었다.[19]

2016년까지 럭스셰어의 매출은 19억 달러로 급증했다. 그리고 그때부터 진짜 사업이 시작되었다. 2017년 에어팟 주문을 따낸 후 럭스셰어는 2019년부터 애플 워치 조립을 시작했고, 2021년에는 중국 기업으로는 처음으로 아이폰 제조에 나섰다. 2016년부터 2023년까지 럭스셰어의 매출은 1,455퍼센트 증가해 320억 달러를 넘어섰으며, 이 중 애플이 차지하는 비중은 4분의 3에 달했다. 럭스셰어의 이 놀라운 성공은 두 가지 교차하는 힘으로 추진된 훨씬 더 큰 흐름의 전조였다.

흔들리는 제조패권

쿡, 윌리엄스, 리사 잭슨이 중국공산당 중앙위원회를 방문해 2750억 달러 규모의 투자를 약속한 이후, 예상치 못한 일이 벌어졌다. 경쟁이 촉발된 것이었다. 수년 동안 많은 공급업체가 애플의 높은 요구 수준, 과도한 통제, 낮은 이윤에 불만을 품고 있었다. 한 전직 애플 부사장은 이들이 애플을 "무도회의 여왕"에 비유했다고 말했다. 겉보기에는 아름답지만, 온갖 사연이 가득해 사귀기에는 현명하지 않다는 뜻이었다. "결국 당신은 기약 없이 기다리고, 상처받은 채 버려지며, 밀려나게 될 겁니다. 그게 애플식 비즈니스예요." 그러나 이런 좌절감의 일부는 오해에서 비롯된 것이기도 했다. 많은 중국 공급업체가 궈타이밍이 1990년대 후반에 이미 간파한 사실, 즉 애플과 일하는 진정한 가치는 배움에 있다는 점을 이해하지 못하고 있었다. 하지만 애플이 중국 정부 관계자들에게 자신들이 중국에 미치는 영향력을 홍보하기 시작하자, 중국 공급업체들의 태도가 달라지기 시작했다.

2015년 발표된 시진핑의 '중국제조 2025'는 중국 기업들에 다음과 같이 주문했다. "핵심 기술을 장악하고, 산업 공급망을 완성하며, 자주적 발전 역량을 형성하라."[20] 2017년에 이르러 중국 기업들이 분명히 깨달은 점은 이러한 목표를 달성하는 가장 효과적인 방법이 역설적으로 자본주의의 정점에 있는 기업, 애플과 밀접하게 협력하는 것이라는 사실이었다. 물론 애플이 자발적으로 중국 기업들의 공급망 참여를 확대하려 했던 것은 아니다. 그러나 '애플 스퀴즈'는 결과적으로 현지 업체들에 유리한 구도를 만들었다. 현지 업체들은 애플과 협력함으로써 얻을 수 있는 경험 자체를 위해 일했는데, 그 결과 자본, 국가보조금, 공장 부지, 풍부한 노동력에 쉽게 접근할 수 있었기 때문이다. 한 전직 폭스콘 임원이 말했듯이 지난 40년 동안 중국의 제조업 부문을 크게 성장시킨 대만의 경우 수도꼭지가 잠겼지만, '붉은 공급망'이라고 불리는 중국의 신흥 공급업체들에는 물이 자유롭게 흘러 들어갔다.

애플이 2012년부터 매년 발표 중인 주요 공급업체 목록은 이러한 변화를 잘 보여준다. 매년 약 200곳에 달하는 핵심 공급업체 명단에서 중국 기업 수는 원래 16곳에 불과했지만, 2019년에는 41곳으로 증가하며 처음으로 미국 기업 수를 넘어섰다. 2021년에는 중국 기업 수가 51곳에 이르러 대만을 제치고 1위를 차지했다. 《닛케이아시아》는 "중국 기업 수는 2012년 이후 세 배로 늘어났지만, 미국 기업 수는 3분의 1로 줄었다"라고 보도했다.[21] 게다가 중국은 공장의 규모가 다른 국가에 비해 압도적인 경우가 많아 단순한 수치 분석만으로는 실상을 정확히 파악하기 어렵다. 예를 들어 복수의 내부 문서에 따르면, 2018년 기준 베트남에 있는 애플 공급업체 14곳의 전체 인력 수요는 4만 5000명이었는데, 중국의 경우 유리 공급업체인 비엘 크리스탈Biel Crystal 한 곳에만 7만 2000명이 필요했다.

이처럼 의미심장한 수치들조차 중국이 애플 공급망에서 차지하는 지배력을 과소평가한 것이다. 애플 제품에 이바지하는 대부분의 해외 기업이 중국에서 생산을 수행하고 있기 때문이다. 2023년 《차이나데일리》는 이렇게 보도했다. "현재 애플의 200대 주요 공급업체 중 외국과 중국을 포함해 151곳이 중국에 제조시설을 보유하고 있다."[22]

붉은 공급망의 빅4와 새로운 현실

럭스셰어 외에도 애플 제품을 생산하는 주요 중국 위탁생산업체로는 세 곳이 더 있다. BYD 일렉트로닉BYD Electronic은 외장 부품의 주요 공급업체이자 아이패드 조립업체이며, 고어텍Goertek은 에어팟과 에어팟 프로를 제조하고, 윙텍Wingtech은 맥 미니와 맥북을 생산하고 있다. 이 업체들의 전체 매출은 2015년 60억 달러에서 2020년 250억 달러로 네 배 이상 급증했는데, 2025년에는 520억 달러를 넘을 것으로 보인다. 그들의 성공에는 애플이 큰 역할을 했다. 애플은 기존 대만 업체들인 폭스콘, 콴타, 페가트론, 위스트론Wistron에서 이들 중국 업체로 주문을 이전했다. 2020년 말 아시아 지역 제조업 컨설턴트인 데이비드 콜린스David Collins는 붉은 공급망에 대해 이렇게 말했다. "폭스콘의 주가는 2년 전과 비교해 절반 가까이 떨어졌어요. 붉은 공급망이 먹잇감의 피 냄새를 맡은 겁니다."[23]

붉은 공급망의 '빅4'가 부상한 것은 애플이 새로운 현실에 무의식적으로 발 들였음을 보여준다. 이제 전 세계에서 매년 수억 대의 아이폰을 생산할 수 있는 유일한 나라는 중국이며, 이 과정에 참여하는 기업들도 점점 더 대만, 미국, 또는 글로벌 다국적기업이 아닌 중국 기업들로 채워지고 있다. 전자산업의 이러한 '중국화'는 애플이 순진한 투자자들에게 내세워온 "어디에서나 제조된다"라는 슬로건과 정면으로 배치된다. 수많은 예측과 달리 지난 10년간 애플은 중국과의 거리를 좁히기만 했다.

쿠퍼티노는 시진핑의 기술패권 전략을 공개적으로 지지하는 것이 정치적으로 금기라는 점을 잘 알았다. 그러나 애플의 메시지는 비록 노골적인 지지는 아닐지언정, 그 기조와 보조를 맞추고 있었다. 2023년 《차이나데일리》는 "애플은 중국의 스마트 제조 전환을 기꺼이 도울 준비가 되어 있습니다"라는 마헤의 말을 인용했다.[24] 이어지는 보도에서는 그의 말을 다음과 같이 요약했다. "과거에는 애플 공급망의 스마트 제조 장비가 대부분 외국산이었지만, 이제는 중국산 장비가 점점 더 일반화되고 있습니다." 마헤 또한 쿡과 마찬가지로 이러한 파트너십을 "윈윈"이라고 표현했는데, 적어도 10년 전부터 유행한 다음과 같은 농담에는 무감각한 듯 보였다. "중국에서 '윈윈'이란, 중국이 두 번 이긴다는 뜻이다."

이상 징후

붉은 공급망의 존재감이 커짐에 따라, 애플의 미래에 대한 우려가 제기되었다. 지난 25년간 애플과 협력해온 대만 공급업체들은 수익을 최우선으로 삼는 조직이었고, 고객사인 애플에 봉사하기 위해 존재하는 기업들이었다. 다시 말해 이들에게 애플이란 기쁘게 해야 할 권력이었다. 그러나 중국 기업들은 전혀 다른 틀 속에서 움직인다. 국가에 영광을 돌리고, 당의 이념을 수호하는 것을 최우선 가치로 삼는다. 이러한 목표가 애플의 이해와 반드시 충돌하는 것은 아니지만, 예측하거나 이해하기 어려운 리스크를 내포하고 있는 것은 분명하다. 예를 들어 헤인스의 노동시간 보고서가 폐기된 것도 중국 기업들의 근본적인 지향점 때문이었다. 한 임원은 애플이 근로시간에 전혀 신경 쓰지 않는 업체들과 일하게 되었기 때문이라고 말했다. "그는 올바른 일을 하려고 했지만, 중국 공급업체들은 결코 올바른 일을 추구하지 않았어요." 문제는 중국 업체들이 비윤리적인 것이 아니라, 그들의 동기가 다르고 정치적 목표에 훨씬 민감하게 반응한다는 점이었다. 애플을 만족하게 하거나 단기적인 이익을 내는 것도 여전히 중요했지만, 배울 수 있는 모든 것을 습득하려는 그들의 태도에는 더욱 정치적인 차원이 존재했다. 그것은 공급업체들 사이에서 서열을 높이고, 외국 경쟁자들을 가격경쟁으로 밀어내 장기적인 주도권을 확보하며, 자주적 혁신의 선도자로 우뚝 서기 위함이었다.

쿠퍼티노가 이러한 역학을 얼마나 잘 이해하고 있었는지는 명확히 알기 어렵다. 애플은 이 문제들에 대해 공개적으로 의미 있는 발언을 한 적이 없었다. 일부 전직 임원들은 애플 공급망 내 중국 기업의 존재감 확대를 전적으로 비즈니스 차원에서 설명했다. 즉 저렴한 가격과 품질 높은 공정으로 애플의 수주를 따내는 기업들이 시간이 지남에 따라 자연스럽게 현지화되었을 뿐이라고 말했다. 이러한 주장은 어느 정도 타당하다. 애플의 지원 아래 붉은 공급망은 실제로 더욱 정교해졌고, 비용 절감과 자본 지출 축소에 민감한 애플은 이들의 적극성을 활용했다. 애플이 보유한 '중국 장기 자산'의 가치는 2018년 133억 달러로 정점을 찍은 뒤, 이후 거의 3분의 2가 줄어 48억 달러까지 감소했다. 이는 2011년 이후 최저 수준이다. 이처럼 큰 폭의 자산 감소는 애플이 한발 물러서면서, 고가 장비에 대한 비용 부담을 붉은 공급망이 떠맡도록 했음을 보여준다. 이러한 조치는 애플의 수익률 개선에 크게 이바지했으며, 이는 아이폰 판매량이 정점을 찍은 2015년 이후 점점 더 중요한 과제가 되어왔다. 지난 10년간 애플은 아이폰 출하량에서 별다른 성장을 이루지 못했지만, 평균 판매 단가 상승과 조달 및 조립 비용 절감을 통해 투자자들을 만족시켰다. 실제로 카운터포인트 리서치는 아이폰의 평균 판매 단가가 2018년 756달러에서 2024년에는 908달러로, 아이폰의 영업이익률이 2018년 26퍼센트에서 2024년 상반기에는 34퍼센트로 상승했다고 분석했다.[25]

"도대체 화웨이가 뭐야?"

하지만 '전적으로 비즈니스 차원'이라는 설명은 공급망과 지역 정치의 연결 고리를 간과한다. 대만의 정치학자 우제민吳介民은 대부분의 연구에서 중국 정부의 역할이 "현저히 과소평가되고 있다"라고 지적했다. 그에 따르면, "중국 정부가 자본을 투자하고, 예를 들면 통신 및 휴대전화산업 같은 특정 산업을 선별적으로 육성했다는 사실"을 간과한 지나치게 "탈정치화"된 서사가 문제의 핵심이었다.[26] 이러한 지원 덕분에 현지 공급업체들은 애플의 공급망에 돈을 주고 진입할 수 있었다. 실제로 2020년 7월 럭스셰어는 대만 경쟁사 위스트론이 중국에 설립한 자회사 두 곳을 4억 7200만 달러에 인수하면서 아이폰 조립에 본격적으로 뛰어들었다.[27] 그 이듬해 BYD 일렉트로닉은 미국의 위탁생산업체 자빌에서 청두와 우시에 있는 전자제품 제조시설을 22억 달러에 인수했다.[28] 자빌은 15년간 애플에 부품을 공급해온 업체였다. 또한 이들은 애플과 협업 경험이 있는 폭스콘 및 기타 공급업체 출신 노동자들을 적극적으로 영입했다. 이러한 전략은 놀라울 정도로 효과적이었고, 지정학적 차원의 변화를 끌어내는 데까지 영향을 미쳤다. 애플 관계자들에 따르면, 2012년 FATP 작업은 100퍼센트 대만 업체들이 맡고 있었지만, 이후 수년 동안 이 비율은 50퍼센트 이하로 떨어졌다. 이는 중국 공급업체로의 급격한 전환을 보여주는 지표로서, 그 결과 애플은 중국 정부에서 막대한 인기를 얻게 되었다.

애플 엔지니어들은 2010년대 후반에 핵심 협력업체의 뛰어난 인재들이 붉은 공급망과 샤오미, 비보, 화웨이 같은 스마트폰 브랜드로 대거 이직하던 상황을 기억했다. 한 전직 제조엔지니어는 "사람들이 떼를 지어 떠나고 있었습니다"라고 말했다. 다른 이는 중국 스마트폰 브랜드의 인사 담당자들이 특정 인물을 노리고 공장 주차장에서 대기하곤 했다고 말했다. 예컨대 CNC 기계들과 50명의 기술자를 관리하던 사람 같은 경우다. "그런 인물에게는 기존 급여의 두 배를 그 자리에서 즉시 수표로 건네곤 했어요." 또 다른 애플 엔지니어는 채용 담당자들이 잠재적인 신규 채용자에게 접근하는 방식이 더할 나위 없이 노골적이었다고 말했다. "뭘 알고 있어요? 아는 걸 전부 말해보세요!"라고 요구한 다음 이들은 이렇게 확보한 경험을 마케팅에 활용했다. "우리에게는 애플을 경험해본 인력이 이렇게나 많습니다. 그러니 다른 위탁생산업체 대신 우리를 선택하세요."《인포메이션》에 따르면, 럭스셰어는 2019년 퀀타에서 애플 워치 생산에 참여했던 핵심 관계자 중 절반 이상을 데려왔다.[29]

이러한 관행은 점점 더 뻔뻔해져서 2022년에는 대만 검찰이 현지 위탁생산업체 캐처Catcher에서 영업 비밀을 훔치고 인력을 탈취해 애플의 주문을 따냈다는 혐의로 럭스셰어를 고발하기에 이르렀다.[30] 2024년 5월, 다시 한번 대만 사법당국은 현지에 은밀히 거점을 세워 기술과 인재를 탈취하려 했다는 혐의로 럭스셰어 등 중국 기업 여덟 곳을 수사했다.

이러한 흐름은 2017년 이후 더욱 두드러졌지만, 이미 수년 전부터 이어져오고 있었다. 한 전직 애플 임원은 2012년 무렵의 일을 떠올렸다. 그는 궈타이밍의 최측근 임원 중 한 명과 함께 있었는데, 폭스콘 공장 밖에서 중국 기업의 인사 담당자들이 팻말을 들고 인재를 모집하는 모습을 보게 되었다. 이를 본 폭스콘 임원은 이렇게 외쳤다. "젠장, 여기서 내 최고 인재들을 다 잃겠는걸!" 그러자 그들을 알아본 한 고위 엔지니어가 다가와 악수를 청하며 말했다. "함께 일할 수 있어 영광이었습니다. 이제 화웨이로 갑니다." 그가 자리를 떠나자 두 사람은 잠시 말이 없었다. 곧 애플 임원이 고개를 돌려 이렇게 말했다. "도대체 화웨이가 뭐야?"

36장 | 팀 쿡이 말하지 않은 것

중국 소비자를 겨냥한 저가형 모델인 아이폰 XR이 공식 출시되고 하루 뒤인 2018년 10월 27일, 쿡은 유럽에서 아이폰 판매와 관련된 새롭고도 충격적인 소식을 접했다.[31] 재무 부사장 사오리 케이시Saori Casey는 4분기 아이폰 판매량이 예상보다 최대 710만 대 부족할 것이라는 새로운 전망치를 쿡에게 보고했다. 재무팀은 이 새로운 가이던스(실적 전망)를 '심각한 문제'로 규정했다. 이 전망치는 아이폰 XR에 대한 수요 부진을 반영한 결과였다. 쿡은 간결하게 답장을 보냈다. "이건 분명히 재앙입니다. 지금 당장 모든 직원을 총동원해야 합니다."

새로운 전망치는 이번 분기 매출이 "35억 달러나 급감"했음을 보여주었다. 쿡은 훗날 이 수치가 말 그대로 "24시간에서 48시간 사이에 일어난 변화"였다고 밝혔는데, 이 증언은 여기에서 처음 인용되는 것이다. 아울러 이번 장에서 인용하는 모든 자료는 소송 과정에서 공개된 애플 고위 임원들의 이메일, 증언, 내부 문서 등에 기반한 것으로, 지금까지 보도된 적 없는 내용들이다.[32] 이 자료들은 쿠퍼티노가 판매 실적을 얼마나 정교하게 추적하고 그 데이터를 바탕으로 어떻게 미래 전략을 수립하는지에 대한 전례 없는 통찰을 제공한다. 영업·마케팅·리테일 재무 부사장인 케번 파레크Kevan Parekh는 쿡의 메시지를 동료들에게 전달하면서 건조하게 한마디를 덧붙였다. "추수감사절까지 몇 주간 아주 '즐거운' 시간이 되겠군요."

애플 대 화웨이

아이폰 XR에 대한 경고음은 사실 출시 전인 10월 8일, 즉 2주 반 전에 처음 울렸다. 이후 10월 19일까지 글로벌 리셀러 운영팀은 아이폰 XR의 사전 주문량이 전년도에 출시된 아이폰 8 및 8 플러스 대비 무려 79퍼센트나 감소했으며 "모든 파트너의 판매 실적이 기대에 미치지 못한다"라고 보고했다.

출시 당일의 저조한 판매 실적은 이러한 우려를 더욱 강화했고 쿠퍼티노는 즉시 이를 중대한 문제로 인식했다. 또 다른 재무 부사장 도널 콘로이Donal Conroy는 이후 동료들에게 보낸 이메일에서 "사전 주문을 보며 분명히 우려되는 점이 있었지만, 10월 26일 금요일에 모든 것이 무너졌습니다"라고 썼다. 그는 쿡과 CFO 루카 마에스트리Luca Maestri에게 보낸 이메일에서 4분기에 출하되는 모든 아이폰 모델의 전체 셀인 sell-in(제조업체가 유통업체에 판매한 수량—옮긴이)이 7320만 대까지 떨어질 가능성이 있으며, 최악의 경우 6750만 대까지 하락할 수 있다고 전망했다. 이는 전년도 대비 5퍼센트에서 최대 13퍼센트까지 감소하는 수치였다.

 판매 수치가 이토록 낮은 이유는 명확하지 않았는데, 곧 중국 소비자들이 최신 아이폰의 사양을 자국의 '챔피언' 화웨이 제품과 비교하고 있다는 사실이 드러났다. 화웨이는 독일의 명문 카메라기업 라이카와 공동 개발한 다중 카메라가 탑재된 세련된 스마트폰으로 프리미엄 시장에 진입하고 있었다. 전 세계적으로 긍정적인 리뷰가 이어지면서 화웨이는 국가적 자부심의 상징이 되었고, 중국 소비자들은 화웨이 매장으로 몰려갔다.

 쿠퍼티노로서는 최신 아이폰의 실망스러운 판매 흐름을 이해하는 일이 시급했다. 불과 며칠 뒤인 11월 1일에 애플은 3분기 실적을 발표하고, 가장 중요한 4분기에 대한 전망치를 제시해야 했기 때문이다. 투자자들은 애플의 매출 전망치가 930억 달러에 달할 것으로 기대했다. 아울러 수개월째 경기 둔화가 이어지고 있는 중국 시장에서의 성과에 큰 관심을 보였다. 세계적인 투자은행 UBS의 애널리스트는 "거시적 불확실성을 고려할 때 중국이 가장 큰 미지수"라고 지적했다.

 상황은 좋지 않았다. 10월 말까지 애플은 중국 매출 전망치를 기존의 4퍼센트 증가에서 1퍼센트 감소로 하향 조정했다. 가장 중요한 해외 시장에서 매출이 둔화하는 데 그치지 않고, 감소세를 띠기 시작했던 것이다. 이 새로운 전망치는 쿠퍼티노에 공황에 가까운 반응을 불러일으켰다. 2018년 4분기는 아이폰이 출시되고 12년 만의 재정적 실망으로 가득했다. 마에스트리가 즉시 영업팀과 만나 매출을 끌어올릴 만한 여러 시나리오를 검토했다. 마에스트리는 10월 27일 쿡에게 보낸 이메일에서 "그들의 원래 전망치는 최저 870억 달러였습니다"라고 썼다. 여기서 그는 새로운 하한선을 언급했다. 이 수치는 월스트리트의 예상치보다 무려 60억 달러나 낮았다. "문제의 핵심은 물론 아이폰 XR입니다"라고 그는 인정했다. 그러나 회의를 거치며 전망치의 하한선은 890억 달러로 조정되었다. 구체적인 데이터는 그런 방향을 가리키지 않았지만, "몇 가지 가정"을 전제하면 가능할 수도 있다는 것이 마에스트리의 설명이었다.

같은 날 글로벌 영업 책임자 마이크 펭거Mike Fenger는 직원들에게 "긴급 1분기 대응 계획"이라는 제목의 이메일을 보내 "아이폰 XR의 현재 실적 지표를 고려할 때 우리가 무엇을 할 수 있을지" 물었다. 펭거는 이 과제가 매우 어렵다는 점을 인정하며, 마치 "모자에서 토끼를 꺼내는 것과 같은 일"이라고 표현했다. 그는 이 대응 계획이 "며칠 내로 가이던스를 확정해야 한다는 점에서 극도의 긴급성을 띠고 있습니다"라고 강조했다. 이메일은 힘찬 격려의 말로 마무리되었다. "가자, 가자, 가자Go, go, go."

악화 일로

하지만 상황은 계속 악화되었다. 세계 최대 통신사인 차이나 모바일은 애플에 두 차례나 출하 중단을 요청했다. 애플은 이 통신사가 원래 요청한 24만 1000대보다 많은 25만 4000대의 아이폰 XR을 출하했다. 이는 추가 매출로 잡혔지만, 소비자 수요는 저조했고 통신사는 재고를 떠안을 생각이 없었다. 내부 이메일에 따르면, "애플이 정상적인 재고 수준을 유지하려는 관행을 지키지 못할 경우, 차이나 모바일은 향후 출하에 대한 대금 지급을 보류"하겠다고 명확히 밝혔다. 차이나 유니콤도 재고가 과잉된 상태였으며, 애플에 "출하 수령을 거부하고 향후 대금 지급을 보류하는 방안을 고려 중"이라고 통보했다.

10월 28일 일요일, 아이폰 판매 재무 부문의 선임매니저 마크 앤더슨Mark Anderson은 현재 상황을 "5단계 화재 경보"라고 표현했다. 이는 화재와 관련된 가장 높은 비상 수준으로, 최대 100명의 소방관이 투입되는 위기 상황을 뜻한다. 그는 팀원들에게 체스판의 수싸움 같은 전략적 대응을 검토해보자고 제안했다. 여기에는 가격 인하를 통한 매출 증대까지 포함될 터였다. "이제 실행 모드로 전환해 우리가 할 수 있는 조치를 마련해야 합니다." 그러나 팀이 마련한 대책들은 재무 부문의 선임이사인 래리 맥데빗Larry McDevitt에게 비현실적으로 느껴졌다. 그가 10월 31일에 쓴 이메일에는 이런 내용이 담겼다. "마에스트리가 나한테 8억에서 10억 달러를 찾아오라고 했어요!" 한편 펭거는 "아이폰 XR의 실적 지표"를 언급하며 한 동료에게 "추가 매출을 창출할 수 있도록 최고의 인재들을 긴급히 소집해달라"라고 요청했다. 쿡이 포함된 이 팀은 스프레드시트 문서를 예술적으로 분석하고 판매 흐름을 과학적으로 예측하는 데 잔뼈가 굵은 전문가들로 구성되어 있었다. 그러나 맥데빗은 아이폰 XR의 판매가 회복될 것이라는 기대를 비현실적인 것으로 보았다. 그의 이메일은 이렇게 끝났다. "그냥 N84(아이폰 XR의 코드명)가 지금까지 본 적 없는 궤적을 따라, 분기 말까지 매주 힘을 발휘하며 우리 모두를 놀라게 하길 바랍시다!"

실적 발표를 이틀 앞둔 10월 30일, 직원 레이첼 용Rachel Yong은 "N84 중국 업데이트"라는 제목의 이메일을 10여 명이 넘는 동료들에게 보내 아이폰 XR의 출하 중단을 요청한 핵심 파트너들이 전체 유통 채널의 85퍼센트나 된다고 알렸다. 그는 놀라울 정도로 낮은 예측치를 인용했는데, 이후 한 영업 부사장은 이를 가리켜 "매우 위축된 수치"이자 "신제품 출시에 어울리지 않는 수준"이라고 평가했다.

쿡과 마에스트리에게 가장 무거운 고민은 이것이었다. 월스트리트에 뭐라고 말해야 할까?

과감한 눈속임

애플의 실적 발표 몇 시간 전, 쿡은 이사회에 이메일을 보냈다. 그는 매출이 견고했다고 요약하면서도, 지나치게 낮은 4분기 가이던스를 공개하면 주가에 압력이 가해질 가능성이 크다고 경고했다. "아이폰 XR은 지난주 금요일부터 판매를 시작했지만, 수년 만에 가장 긍정적인 제품 리뷰를 받았는데도 반응은 미미했습니다." 그는 계속해서 설명했다. "이런 유형의 제품에 대한 수요곡선을 예측할 만한 과거 사례가 없어, 매출 전망의 변동 폭이 넓은 범위일 수밖에 없습니다."

그 이메일은 지난 3주간 벌어진 극적인 상황, 즉 "심각한 문제", "5단계 화재 경보", "분명한 재앙"을 전혀 반영하지 않은 지나치게 낙관적인 메시지를 담고 있었다. 매출 전망과 관련해 "넓은 범위"라는 표현은 데이터가 불확실하다는 의미였다. 애플은 그해 세 가지 아이폰 모델을 순차적으로 출시했는데, 두 개의 고급형 모델을 먼저 내놓고 그 뒤에 보급형 아이폰 XR을 출시했다. 반면 1년 전에는 두 개의 보급형 모델을 먼저 출시하고 고급형 아이폰 X를 나중에 출시했다. 이러한 출시 순서의 변화로 예측 능력이 흐려졌다고 이후 애플 측 변호인단은 주장하게 된다.

하지만 이는 부분적으로만 사실이었다. 같은 데이터를 검토하던 운영팀은 주간 회의를 열고 아이폰 XR의 생산량을 대폭 줄이는 방안을 논의했다. 그리고 다음 날 "논의된 수준을 넘어서는 조치"를 단행해 해당 분기의 생산량을 1100만 대 줄이고, 다음 분기까지 누적 1700만 대를 감산하기로 했다. 다시 말해 운영팀은 다양한 매출 시나리오가 전개되기까지 기다리지 않았다. 그들에게는 향후 5개월 치의 생산량을 줄일 만큼 데이터의 설득력이 충분했다.

하지만 쿡이 이사회에 보낸 이메일은 불과 몇 시간 뒤의 실적 발표에서 그와 마에스트리가 애널리스트들에게 한 말에 비하면 오히려 투명한 편이었다. 그들은 4분기에 890억에서 930억 달러의 매출을 예상한다고 밝혔고, 투자자들은 실망했다. 그러나 아이폰 XR의 저조한 판매, 수요 예측의 어려움 그리고 쿠퍼티노가 이제 중국 매출 감소를 예상한다는 사실 등은 단 한 마디도 언급하지 않았다. 대신 그들은 낙관적인 정서로 투자자들을 안심시키려 했다. 이러한 눈속임은 대담할 정도였다. 아이폰 XR에 대해 구체적인 질문을 받자 쿡은 모델이 출시된 지 고작 5일밖에 되지 않았다며 "관련 데이터가 매우 매우 적습니다"라고 답했다. 신흥 시장, 특히 중국에서의 '성장 둔화'에 대한 질문을 받자, 그는 "훌륭한 질문"이라고 한 뒤, "튀르키예, 인도, 브라질, 러시아 같은 시장에서 압력을 받고 있습니다"라고 언급했다. 그러고는 중국 이야기로 넘어가면서 질문의 성격상 현재 시제를 써야 하는 부분에서 교묘히 시제를 바꾸고 지난 분기를 되돌아보았다. "중국에 관해서 말하자면, 나는 중국을 그런 범주에 넣지 않겠습니다. 지난 분기의 중국 실적은 매우 좋았습니다. 16퍼센트나 성장했고, 이는 우리가 매우 만족하는 수준입니다. 특히 아이폰은 매우 강세였고, 두 자릿수의 강한 성장률을 보였습니다."

폭로된 거짓

아무 말도 하지 않는 것 자체가 계획의 일부였다. 실적 발표를 준비하며 애플 직원들은 예상 질문과 모범 답안을 미리 작성했다. "왜 매출 증가율을 1퍼센트에서 5퍼센트 수준으로, 그러니까 890억에서 930억 달러로 제시하나요?"라는 질문에는 "지금까지 휴가철을 앞두고 우리가 선보인 제품 라인업 중 가장 강력합니다"라고 말하게 되어 있었다. 마에스트리는 이 답을 꽤 열정적인 어조로 연습했다. 해당 문서에는 다양한 아이폰 모델의 출시 일정에 대한 세부 내용이 포함되었는데, 문제를 겪고 있는 아이폰 XR이나 그해 예측이 특히 어렵다는 점은 빠져있었다. 대신 "일부 신흥 시장에서의 거시경제 불확실성"을 언급하되, 애플의 최대 해외 시장인 중국은 그 이름조차 거론하지 않았다. 또한 환율 역풍을 언급하게 되어 있었고, 추궁받을 경우 튀르키예를 예로 들기로 했다.

나흘 후인 11월 5일, 홍보 책임자 스티브 다울링Steve Dowling은 《닛케이아시아》의 보도를 경영진에게 전달했다. 쿡과 마에스트리가 투자자들에게 숨겼던 소식이 외부로 유출되었던 것이다.[33] 《닛케이아시아》는 폭스콘과 페가트론이 아이폰 XR의 생산 확대 계획을 중단했다고 보도했다. 소식통에 따르면, 폭스콘은 원래 계획했던 60개가 아니라 45개 생산라인만 아이폰 XR에 투입할 예정이었다. 아울러 새로운 수요 전망을 반영해 하루에 10만 대씩 생산량을 줄일 것으로 추산했는데, 원래의 낙관적 전망보다 20~25퍼센트 감소한 수치라고 전했다. 페가트론도 상황은 비슷했다. 아이폰 XR이 인기를 끌 경우 생산을 시작할 수 있도록 준비하고 있던 위스트론은 아예 생산 준비를 취소하라고 통보받았다.

아이폰 운영 담당 부사장 프리야 발라수브라마니암Priya Balasubramaniam은 《닛케이아시아》 보도가 사실임을 COO 윌리엄스에게 확인해주었다. 그는 "숫자 일부가 실제 수치와 매우 근접한 점을 고려할 때, 생산 라인과 생산량에 관한 정보 상당수가 폭스콘에서 직접 유출되었음이 분명합니다"라고 보고했다. 실제로 애플은 아이폰 XR을 시간당 590대까지 생산할 수 있는 폭스콘의 대형 생산라인을 원래 계획했던 62개가 아니라 45개만 투입하기로 했다. 또한 페가트론은 최대 가동률로 운용되고 있지 않았고, 위스트론에는 실제로 생산 준비를 취소하라는 지시가 내려졌다. 윌리엄스는 동료에게 보낸 이메일에서 "이번 유출은 분노를 일으킵니다"라고 썼고, 쿡도 이에 반응했다. 그는 제조 파트너들에게 책임을 물어야 한다며, "실질적인 금전적 처벌이 있을 때까지 유출은 계속될 것"이라고 강조했다.

"애플의 가장 어두운 날"

2019년 1월 2일, 쿡은 임시 성명을 통해 4분기 매출이 "약 840억 달러"에 그칠 것이라고 발표했다. 불과 8주 전에 그가 예측했던 수치보다 75억 달러 낮았고, 아이폰 XR이 공식 출시되기 전인 10월 중순에 애플 경영진이 기대했던 1000억 달러와는 더 큰 차이를 보였다. 애플의 매출에 경고음이 울린 것은 거의 16년 만의 일이었다. 쿡은 다양한 원인을 거론했지만, 가장 주요한 원인은 중국임을 인정했다.

중국에서의 문제는 정확히 무엇이었을까? 쿡은 이에 대해 매우 모호한 태도를 보였다. 그는 책임을 경제 둔화에 돌리며, 2018년 하반기부터 성장세가 느려졌고, 무역을 둘러싼 미중 간의 긴장이 이 흐름을 더욱 악화시켰다고 설명했다. 그는 제3자 시장 데이터를 인용해 "중화권 스마트폰 시장의 수축이 특히 가파르게 나타났습니다"라고 주장했다. 또한 "불확실성이 금융시장에 부담을 주었고", 그 때문에 애플스토어와 "중국의 유통 파트너 매장"을 찾는 고객이 줄었다고 지적했다.

이 성명은 애플을 넘어 훨씬 더 광범위한 파장을 불러일으켰다.《파이낸셜타임스》는 애플이 "세계경제의 건전성에 대한 우려를 불러일으켜 금융시장을 뒤흔들었다"라고 보도했다.[34] 애플 주가는 하루 만에 거의 10퍼센트 급락했으니, 6년 만에 가장 큰 일일 낙폭이었다.

쿡의 성명을 자세히 살핀 이들은 그가 제시한 이유가 설득력이 떨어진다고 비판했다. 블룸버그통신 칼럼니스트 시라 오비드Shira Ovide는 이렇게 지적했다. "2개월 전에 쿡은 경기 둔화 조짐이 있고 미중 간의 긴장이 수개월째 이어지고 있는데도 애플의 중국 사업이 '매우 강력'하다고 말했다."[35] 그는 쿡이 언급한 흐름이란 '쿠퍼티노 버블Cupertino bubble'(애플이 내부 시각에 갇혀 있음을 지적한 표현—옮긴이) 밖에 있는 사람이라면 누구나 알 수 있는 명백한 사실이었다고 꼬집으며 이렇게 결론지었다. "애플은 상장 기업으로서의 가장 중요한 사명인 투자자들에게 사업에 관해 정직하게 보고해야 하는 일에 실패했다." 또 "회사는 눈앞에 닥친 현실을 끝까지 부정하다가, 더는 부정할 수 없게 되었을 때야 인정했다"라고도 했다. 야후 파이낸스의 브라이언 소지Brian

Sozzi는 쿡이 투자자들과의 "신뢰성 문제"에 직면했다고 평했으며, 평소 애플을 긍정적으로 평가하던 웨드부시Wedbush 증권의 애널리스트 대니얼 아이브스Daniel Ives는 투자자들에게 보낸 보고서의 제목을 이렇게 지었다. 〈아이폰 시대, 애플의 가장 어두운 날Apple's Darkest Day in the iPhone Era〉.

애플이 2018년 11월에 투자자들에게도, 2019년 1월에 매출 경고음이 울리는 와중에도 말하지 않은 사실은 아이폰 XR의 부진이 단순히 중국의 경기 둔화 때문만은 아니었다는 점이다. 실제로 중국 소비자들은 화웨이의 스마트폰을 선택하고 있었다. 애플은 첫 번째 아이폰이 출시되었을 때부터 모방품들과 싸워왔지만, 대부분의 중국 경쟁사는 무시해도 되는 존재였다. 그들은 시장의 저가 부문을 공략했기 때문이다. 그러나 화웨이는 달랐다. 그들은 애플과 같은 프리미엄 부문에서 경쟁했다. 2018년 들어 애플 경영진은 화웨이의 최신 메이트Mate 시리즈가 놀라울 정도로 훌륭하다고 평가하기 시작했다. 가격뿐 아니라 기능 면에서도 애플을 능가하고 있었다.

실적 발표가 있던 11월 1일에서 나흘 전 일요일, 쿡은 최고경영진들과 회의를 열었다. 그는 회의에서 "화웨이의 신형 메이트 기기가 걱정됩니다"라고 말했다. 그의 우려는 타당했다. 불과 몇 년 전까지만 해도 아이폰과 중국산 스마트폰 간의 품질 격차는 뚜렷했다. 하지만 애플이 중국 업계 전반의 품질 수준을 끌어올리면서 그 차이는 점점 줄어들고 있었다. 그리고 1년이 채 지나지 않아, 화웨이는 중국뿐 아니라 전 세계적으로도 애플보다 더 많은 스마트폰을 판매하게 되었다.

37장 | 도널드 트럼프의 위협

2018년 11월 1일의 실적 발표에서 쿡이 뱉은 모호한 발언과 핵심 정보의 누락은 투자자들을 격분하게 했다. 2개월 뒤 실제로 매출 경고음이 울리자 애플의 시가총액은 750억 달러 증발했고, 영국 노퍽 카운티 의회가 주도해 투자자들은 애플을 상대로 소송을 제기했다.[36] 소송이 본격적으로 진행되면서 원고 측 변호인단은 사건 관련자들이 작성한 문서를 증거 개시 절차에 포함해달라고 요청했다. 그러자 애플은 마헤의 이메일을 포함하지 않는 의외의 움직임을 보여 원고 측 변호인단을 놀라게 했다. 뭔가 수상한 낌새를 느낀 그들은 애플이 이처럼 중요한 인물을 제외함으로써, "정당하지 않은 방식으로 증거 개시를 제한"하려 한다고 비판했다. 중국의 경제 상황, 아이폰의 판매·수요 예측, 생산과 관련된 소송에서 애플이 중화권 총괄 관리이사의 관련성을 부정한다는 사실에 원고 측 변호인단은 당혹스러워하며 그를 포함하라고 요구했다.

하지만 애플은 관련 정보가 생성되고 유통되는 과정에 관한 자료를 모두 제출한 상태였다. 다만 마헤가 그 과정 자체에 포함되어 있지 않았을 뿐이다. 그의 누락은 애플이 무언가를 숨기려 해서가 아니었다. 오히려 중화권 총괄 관리이사가 명목상의 인물이라는 사실을 무의식적으로 분명하게 인정한 것이었다. 이 점은 쿡의 증언에서 더욱 분명해졌다. 애플 CEO에게 직보하는 인물이 누구냐는 질문에 답하면서 쿡은 마헤를 언급하지 않았다. 마헤가 그에게 직보한다고 명시된 애플 웹사이트의 리더십 페이지 내용과 모순되었다. 쿡은 또한 매주 월요일에 열리는 최고경영진 회의의 참석자 명단에서도 그를 제외했다. 10~12명 정도가 참석하는 이 회의에 대해 마에스트리는 "애플에서 가장 고위급 인사들로 구성되어 있으며 모두 쿡에게 보고"한다고 설명했다. 증거개시 절차를 통해 드러난 사실은 마헤가 핵심 의사결정 과정에 전혀 관여하지 않았다는 점이다. 매출 전망이나 큰 폭의 생산량 조절을 논의하는 이메일에서도 마헤는 참조조차 되지 않았다. 그런데도 마헤는 실적 발표가 있던 11월 1일 아침에도 월간 보고서를 제출했다. 그 보고서는 애플이 해당 분기에 중국에서 왜 고전했는지를 쿡이나 마에스트리가 말하거나 쓴 어떤 것보다도 명확하게 보여주었다.

제자가 스승을 넘어서다

2018년 4월 초부터 쿠퍼티노는 중국 스마트폰 브랜드들이 시장의 프리미엄 부문에 침투하고 있다는 점을 우려하기 시작했다. 이들 브랜드가 전년도 11월에 출시된 999달러짜리 플래그십 모델인 아이폰 X와 경쟁할 정도가 되었다는 사실이 점점 명확해지고 있었기 때문이다. 아이폰 X는 '10주년 기념 아이폰'으로 지문 인식 대신 페이스 ID로 잠금을 해제할 수 있는 획기적인 기능을 도입했다. 이에 따라 애플은 끝이 보이지 않는 인피니티 풀(경계가 되는 구조물이 보이지 않도록 설계한 수영장—옮긴이)처럼 화면이 확장된 디자인을 구현할 수 있었다. 이 기능은 아이폰이 처음 출시된 2007년 이후 가장 큰 변화로 평가되었다. 비슷한 외관의 스마트폰들 사이에서 아이폰 X는 확실히 돋보였고, 애플의 혁신적 우위를 드러내는 제품이었다. 하지만 그 효과는 겨우 5개월뿐이었다. 2024년 말 마에스트리의 후임으로 애플 CFO에 임명되는 파레크는 동료에게 보낸 이메일에서 화웨이, 오포, 비보의 최신 플래그십 모델들이 애플의 혁신을 놀라울 정도로 빠르게 모방했다는 사실에 충격받았다고 썼다. "믿기지 않게도, 세 모델 모두 아이폰 X와 외형적으로 매우 유사합니다. 심지어 배경 화면, 인물 사진 조명 UI, 마케팅 설명 영상까지도요. 3분기는 우리에게 도전적인 시기가 될 것 같습니다."

아이폰 XR의 판매가 기대에 미치지 못하자, 마헤는 그 부진한 흐름이 단순히 경기 둔화 때문이 아니라 중국 경쟁사의 부상에 더 큰 원인이 있다고 판단했다. 10월 말 그는 미국의 동료들에게 이메일을 보내 아이폰 XR은 중국 소비자들의 관심 밖에 있다고 전했다. 그는 이렇게 썼다. "공항, 옥외광고판 등 어디에서든 화웨이 메이트 20 광고가 보입니다. 그리고 소셜미디어에는 메이트 20이 얼마나 뛰어난지에 대한 온갖 게시물이 넘쳐납니다. 메이트 20 관련 정보가 압도적으로 인터넷을 지배하고 있어요. 솔직히 말해 요즘 아이폰에 대한 이야기는 거의 보이지 않습니다. 특히 아이폰 XR에 관한 관심은 더욱 희미합니다."

중국 영업팀은 〈화웨이: 경쟁력 분석 Huawei: Competitive Analysis〉이라는

여섯 쪽 분량의 보고서를 작성해 애플과 화웨이의 최신 제품들을 비교했다. 화웨이의 플래그십 모델인 메이트 20 프로는 고급형 모델인 아이폰 XS에 필적할 만한 사양을 갖추고 있었지만, 화웨이는 이를 보급형 모델인 아이폰 XR과 경쟁시키는 전략을 택했고, 가격도 아이폰 XR보다 17퍼센트 저렴하게 책정했다. 메이트 20 프로는 더 큰 화면과 더 높은 해상도, 후면 카메라 세 개(아이폰 XR은 한 개), 두 배의 메모리 용량, 더 큰 배터리 그리고 더 빠른 충전 속도를 갖추고 있었다.

11월 1일의 월간 보고서에서 마헤는 애플 최고위 임원 16명에게 화웨이의 "공격적인 가격 전략"이 애플의 신제품 출시 모멘텀을 약화하고 "아이폰 XR의 시장 포지셔닝에 혼란을 초래했다"라고 보고했다. 그는 아이폰 XR 출시가 "다소 가려졌다"라고 평가하며, 메이트 20 프로를 "아이폰에 필적할 만한 경쟁자"로 지목하고, "우리의 보급형 모델인 아이폰 XR보다 무려 360달러가량 저렴하다"라고 덧붙였다. 또한 그는 "화웨이가 최근 상하이에 플래그십 매장을 오픈했는데, 그 매장 디자인이 애플스토어의 신규 디자인과 놀라울 정도로 유사하다"라고 지적했다.

이후 1년간 화웨이의 거센 공세가 이어졌다.[37] 화웨이는 중국 시장점유율을 2019년 상반기 20퍼센트에서 하반기에는 27퍼센트로 그리고 2020년 초에는 29퍼센트까지 끌어올리며, 명실상부한 중국 대표 브랜드로 자리매김했다. 특히 중국 시장에서 아이폰보다 세 배 이상 많이 팔리기 시작했는데, 이는 애플의 지배력에 대한 심각한 위협이었다. 소위 '프리미엄 시장', 즉 600~800달러짜리 스마트폰 가운데 화웨이 제품의 시장점유율은 2018년 초 10퍼센트에서 1년 만에 48퍼센트로 급등했고, 이에 따라 아이폰의 점유율은 82퍼센트에서 37퍼센트로 하락했다. 스마트폰 가격이 800달러를 초과하는 '슈퍼 프리미엄 시장'에서는 아이폰이 여전히 74퍼센트의 점유율로 강세를 유지하고 있었지만, 이 또한 1년 전의 90퍼센트에서 하락한 수치였다.

화웨이의 성공이 중국에서만 그쳤다면, 애플이 입은 타격은 제한적이었을 것이다. 하지만 2019년 화웨이는 전 세계 판매량에서 애플을 추월했다. 그해 화웨이는 2억 3850만 대의 스마트폰을 출하했는데, 애플이 아이폰을 가장 많이 팔았던 2015년의 출하량마저 넘어서는 수치였다. 흔히 말하듯, 제자가 스승을 넘어선 셈이었다.

시진핑보다 무서운 트럼프

애플은 소설처럼 놀라운 반전으로 이 난국에서 벗어났다. 도널드 트럼프는 애플을 위협하며 미국 대통령이 되었지만, 결과적으로 애플을 위기에서 구해냈다. 2019년 5월 트럼프 행정부는 화웨이가 미국의 안보에 위협이 된다고 주장하며, 중국 정부와의 연계 가능성 및 스파이 활동이나 사이버 공격에서 화웨이 통신 장비의 악용 가능성을 제기했다. 곧이어 미국은 전례 없는 제재를 단행해, 화웨이 스마트폰에서 플레이스토어, 지메일, 유튜브, 기타 앱들을 포함한 구글 서비스를 사용할 수 없게 했다. 이는 화웨이의 해외 시장 판매에 치명타를 가했다. 또한 미국 기업이 화웨이에 5G 통신 칩을 공급하는 것도 금지되었다. 5G 스마트폰이 막 시장에 등장하던 시기였고, 통신 장비도 제조하는 화웨이는 그 선도 업체 중 하나였다. 화웨이는 애플보다 14개월 앞선 2019년 8월에 첫 5G 스마트폰을 출시했다. 2020년 6월 한 달에만 700만 대의 5G 스마트폰을 판매하고 있었다. 그러나 미국의 제재가 가해지자, 화웨이의 스마트폰 사업은 붕괴했다. 단 1년 만에 300억 달러의 매출을 잃었다. 화웨이는 구조 조정을 피하고 저가 브랜드 사업을 살리기 위해 서브 브랜드인 아너Honor를 분사시켰는데, 이는 해당 부문이 동일한 제재의 대상이 아니었기 때문이다.

애플은 순식간에 5G 스마트폰 시장에서 독점적인 존재가 되었다. 화웨이의 중국 시장점유율은 29퍼센트에서 7퍼센트로 폭락했고, 그 공백을 애플이 채웠다. 애플의 중국 시장점유율은 9퍼센트에서 17퍼센트로 거의 두 배가 되었다. 단 몇 개월 만에 미중 무역전쟁이 위협에서 호재로 바뀐 셈이었다.

2016년 트럼프가 현대 미국 정치에서 가장 반무역적이고 반중국적인 공약을 내세우며 대선에 출마했을 때만 해도 이후 벌어질 일들은 전혀 예상할 수 없었다. 그는 관세를 핵심 정책으로 내세웠고, 애플에 대한 비난도 서슴지 않았다. 트럼프의 수사는 부정확하고 불규칙했지만, 종종 중국에 초점을 맞추고 애플을 직접 공격했다. 2013년에 CCTV나 《인민일보》가 그랬던 것보다 훨씬 더 심했다. 사망한 테러리스트의 아이폰 잠금을 해제하기 위해 '백도어 소프트웨어'를 개발해달라는 FBI의 요청을 쿡이 거부했을 때, 대선 후보였던 트럼프는 지지자들에게 이렇게 말했다. "내 생각엔 애플이 그 보안 정보를 넘길 때까지 불매운동을 해야 합니다. 그거 어때요? 방금 생각났어요. 애플 불매운동을 하자고요! 쿡은 뭔가 대단한 일을 하려는 모양이에요. 아마도 자기가 얼마나 진보적인지 보여주려고요. 하지만 애플은 그냥 포기해야 해요. 그 보안 정보를 넘기든지, 아니면 다른 방법을 찾든지 해야할 거예요."[38]

2017년 초 트럼프가 대통령으로 취임하자 쿠퍼티노는 비상경계 태세에 들어갔다. 애플 경영진은 시진핑보다도 트럼프를 훨씬 더 우려했다. 시진핑은 독재자이긴 했지만 기본적으로 합리적 행위자였고, 그의 이해관계는 대체로 애플의 입장과 잘 맞아떨어졌다. 시진핑도 쿠퍼티노도 아이폰의 생산거점을 중국 밖으로 옮기기를 바라지 않았다. 그러나 바로 그것이 트럼프가 원한 것이었다. 트럼프는 2017년 7월 쿡에게 이렇게 말했다. "당신이 이 나라에 공장을 짓기 시작하지 않으면 사람들이 내 행정부를 경제적으로 성공했다고 평가하지 않을 겁니다."[39] 트럼프에 따르면, 쿡은 애플이 "아주 멋진 대형 공장 세 곳"을 미국에 짓겠다고 약속했다고 한다. 이런 반체제적 행정부의 위험성을 누구보다 잘 이해하고 있던 쿡은 직접 트럼프에게 전화를 걸거나, 4~6주마다 백악관을 방문했다. 기술사학자이자 《더 코드The Code》의 저자인 마거릿 오마라Margaret O'Mara는 이렇게 말했다. "쿡은 남부 출신답게 트럼프에게 아주 공손했고, 자주 연락했어요. 그는 세계무역이라는 거대한 흐름을 정말 노련하게 헤쳐나갔습니다."

텍사스주에서 맞닥뜨린 재앙

쿡의 외교적 행보는 2019년 11월 절정에 이르렀다. 그는 트럼프를 애플의 맥 프로가 생산되는 텍사스주 공장으로 초청해 직접 안내했다. 행사 직후 트럼프는 트위터에 이렇게 올렸다. "오늘 나는 텍사스주에 주요 애플 공장을 열었습니다. 이 공장은 미국에 고임금 일자리를 되돌려줄 것입니다."[40] 하지만 이 트윗은 명백한 허위였다. 해당 공장의 소유주는 애플이 아니라 위탁생산업체 플렉스Flex였고, 이곳에서는 이미 6년 전부터 맥을 조립하고 있었다. 게다가 이 공장은 새로운 전환점이라기보다는 오히려 미국에서 컴퓨터를 생산하는 일이 얼마나 어려운지를 보여주는 사례였다.

이 공장은 정치적인 이유로 탄생했다. 버락 오바마Barack Obama와 밋 롬니Mitt Romney가 맞붙었던 2012년의 미국 대선에서 일자리 해외 이전 문제로 집중포화를 맞은 애플은 자국에 대한 책임감을 보여줄 필요가 있다고 느꼈다. 애플은 이후 플렉스로 이름을 바꾼 플렉스트로닉스와 협력해 맥 프로를 텍사스주에서 생산하기로 했다. 검은색의 원통형 외관 때문에 '쓰레기통 맥Trash Can Mac'이라 불린 신형 맥 프로는 수익률은 높고 생산량이 적은 제품이라 텍사스주에서 생산해도 리스크가 낮다고 판단했다. 그러나 이 제품은 제조 난도가 극악이었다. 애플은 이 제품을 텍사스주와 중국 양쪽에서 생산했는데, 워낙 복잡한 구조 탓에 두 곳 모두에서 생산에 어려움을 겪었다. 특히 텍사스주의 경우, 한 애플 엔지니어의 표현에 따르면 "완전한 재앙"이었다. 다른 엔지니어는 "애플에서 내가 했던 프로젝트 중 최악은 플렉스트로닉스 공장에서 맥 프로를 생산했던 일이었어요"라고 말했다. 또 다른 엔지니어는 이 경험을 고통스럽고 부끄러운 일이었다고 표현했다.

"애플 내부에서 당연하게 여겼던 많은 일이 텍사스주에서는 전혀 통하지 않았습니다. 우리는 맞춤형 고정 부품이나 나사 같은 것들을 만드는 데 익숙했고, 그런 것들을 즐겨 사용했어요. 예를 들어 중국에서 제품을 만들다가 '젠장, 나사가 너무 짧아. 더 긴 게 필요해'라는 말이 나오면, 그냥 누군가에게 전화 한 통 하면 다음 날 공장에 1,000개가 도착했습니다. 그런데 텍사스주에서는 그런 일이 아예 불가능했어요. 그런 부품을 하나 구하는 데만 2개월이 걸렸습니다. 말도 안 되는 일이었지요."

한 애플 엔지니어는 플렉스트로닉스 직원과 나눈 대화를 기억했다. 엔지니어가 "체중이 많이 나가는 50대 백인 남성"이라고 묘사한 그는 이렇게 말했다고 한다. "모든 애플 엔지니어가 우리를 엄청나게 답답해하는 것 같아요. 우리가 '차이나 스피드'로 움직이지 않으니까요."

심지어 현지 공급업체인 텍사스 인스트루먼트와의 협업조차 쉽지 않았다. 이 반도체기업은 부품을 해외에서 생산하고, 테스트한 뒤 다시 미국으로 역수입하고 있었기 때문이다. 다른 엔지니어는 이렇게 말했다. "그 과정 때문에 그들이 원치 않는 세금 문제가 생겼어요. 그래서 아시아에서 지급하던 가격과 동일한 조건으로 텍사스 인스트루먼트의 부품을 공급받기 위해 6개월간 협상을 해야 했습니다." 또 다른 엔지니어는 생산량을 본격적으로 늘리기 시작하는 시기가 공식적으로는 7월이었지만, 실제로는 10월에나 가능했다고 말했다. 알루미늄 케이스의 마감 품질을 확보하는 데 무려 6개월이 걸렸기 때문이다. "그냥 딱 보기만 해도 쿡이 이걸 얼마나 싫어했는지 알 수 있었어요. 너무 억지로 진행되는 느낌이었습니다."

결정적 10년

결국 맥 프로는 텍사스주에서 출하되었고, 애플은 생산 과정을 담은 멋진 홍보 영상을 만들어 정치적 효과를 극대화했다. 하지만 이 프로젝트가 어떻게든 완수될 수 있었던 건, 애플이 필요한 기술력을 갖춘 단 하나의 국가인 중국에서 공급업체들과 쌓아온 관계를 활용했기 때문이다. 한 엔지니어는 이렇게 말했다. "우리는 문제를 해결하려고 중국에서 사람들을 데려왔습니다. 폭스콘에서 일하는 사람들이었어요." 이루 말할 수 없을 정도로 역설적인 상황이었다. 10년 넘게 엔지니어들을 중국으로 파견해 자신들이 원하는 수준의 품질로 생산하는 법을 교육해온 애플이, 이제는 제품을 완성하기 위해 중국 엔지니어들을 미국의 심장부로 불러들였으니 말이다. 애플이 미국 공장들을 폐쇄한 건 불과 10여 년 전의 일이었지만, 한 엔지니어의 말처럼 그 10년은 "아주 결정적인 시기"였다.

불과 몇 년 전에 인텔의 공동 창립자인 앤디 그로브는 제조업을 잃으면 미국의 혁신 능력도 사라질 것이라고 경고했다. 실제로 수많은 하드웨어 기업이 제품설계를 아시아로 넘기고, 다른 누군가가 그것을 반짝이는 완성품으로 만들어주는 방식으로 운영되었다. 애플의 경우, 그로브의 우려는 부분적으로만 들어맞았지만, 그 자체로 중요한 사실을 드러냈다. 애플은 여전히 제조 방법을 알고 있었다. 문제는 그 계획을 실행하는 데 중국의 존재가 필수적이었다는 점이다. 아이맥 G4의 제품디자인 책임자이자, 애플에서 15년을 일한 베테랑 마이클 힐먼은 이 상황을 다음과 같이 날카롭게 표현했다.

"전 세계적으로 어떤 제품이든 하루에 100만 개를 출하할 수 있는 기업은 손에 꼽힙니다. 애플은 여러 기술 분야에서 바로 그 위치에 올라선 것이지요. 애플이 해온 모든 혁신을 보세요. 전자부품 조달,

SMT와 FATP 작업 그리고 매일 100만 개씩 제조하기 위한 데이터 관리까지 이 모든 것이 애플 고유의 방식이었고, 모두 내부적으로 보호되고 있었습니다. 애플 엔지니어들은 이 제조 공급망 전체를 관리하는 총책임자였어요. 하지만 그 모든 것을 실행에 옮길 수 있는 곳은 지구상 어디에도 중국 외에는 없었습니다."

그래서 2019년 트럼프가 애플의 최신 맥 프로에 대해 사실과 다른 주장을 늘어놓을 때, 그 옆에 서 있던 쿡은 굳이 이를 바로잡을 필요성을 느끼지 않았다. 아니, 그럴 수 없었다. 애플은 이미 중국에 절대적으로 의존하는 구조였고, 트럼프의 예기치 못한 당선은 쿡이 거의 20년에 걸쳐 쌓아온 중국과의 신뢰 관계를 위협하고 있었다. 트럼프는 중국산 수입품에 최대 25퍼센트의 관세를 부과하고 있었는데, 그 대상에 아이폰이 포함되었다면, 애플은 수익성에 직격탄을 맞거나, 아니면 최대 시장에서 아이폰 가격을 올릴 수밖에 없었다.

정치적으로 볼 때 쿡의 대응은 일종의 절묘한 수였다. 애플은 미중 무역전쟁 속에서도 관세 면제를 받아내며 살아남았다. 그리고 미국이 화웨이를 제재했는데도, 중국은 보복에 나서지 않았다. 쿡은 이미 애플이 중국에 얼마나 많은 투자를 하고 있는지를 분명히 보여주었다. 애플은 중국의 전자산업 공급망 전반의 품질 기준을 끌어올리고 있었다. 그 결과 2010년대가 끝날 무렵 애플은 다시 전성기를 맞았다. 2019년 4분기에 애플은 사상 최고치인 918억 달러의 매출을 기록했다. 트럼프의 제재로 애플의 최대 경쟁자가 사실상 시장에서 퇴출당한 덕분에 원래의 모습을 되찾을 수 있었다.

"아무도 자유롭지 않습니다"

2019년 말 거스리는 애플을 떠났다. 그는 수년간 우울증과 싸워왔는데, 일에 집착하고 초인적인 생산성을 발휘하는 자아인 슈퍼 더그에게 점점 더 의존하며 우울한 더그를 억누르고 있었다. 이삼십 대에는 하루 서너 시간만 자도 버틸 수 있었지만, 40대 후반에 접어들자 그 대가가 밀려오기 시작했다. 그는 점점 더 깊은 우울의 늪에 빠져들었고, 자살까지 생각할 정도로 고통받았다. "나는 거의 이 세상에 없을 뻔했어요."[41] 그를 구한 것은 어린 시절 친구의 방문이었다. 그 친구는 12세 때 아버지를 자살로 잃었다. 아버지이기도 했던 거스리는 친구에게 아버지의 죽음을 극복하는 데 얼마나 걸렸느냐고 물었다. 당시 그는 심각한 우울증 상태였고, 누군가에게 그가 세상을 떠나도 괜찮다는 허락을 받고 싶어 했다. 친구는 걱정과 분노가 뒤섞인 반응을 보였다. "네가 무슨 생각을 하고 있는지는 모르겠지만, 그건 36년 전 일이야. 그런데 단 하루도 아버지를 생각하지 않은 날이 없었고, 그 기억에 상처받지 않은 날도 없었어. 그런 일은 절대 극복되는 게 아니야." 이 대화는 거스리를 정신적으로 뒤흔들었고, 그는 마침내 의학적 도움을 받기로 결심했다. 그때서야 그는 제2형 양극성 장애라는 진단을 받게 되었고, 자신의 삶 전체를 새롭게 이해할 수 있는 렌즈를 얻게 되었다.

거스리는 중국을 떠나고, 애플에서도 물러나는 것이 최선이라고 느꼈다. 시진핑이 집권하기 전의 20여 년 동안 그는 무역과 상업이 확대되면 법치와 자유주의가 자연스럽게 따라온다고 믿는 '차이나 불China bull' 관점을 고수했다. 하지만 시진핑은 중국을 너무도 급격하게 바꿔놓았다. 소수 이슬람교도 집단을 사상 재교육 캠프에 강제 수용하고,

홍콩의 민주화 시위대를 탄압하는 등 정치적 강경 노선이 대외적으로도 분명해졌다. 거스리는 이렇게 말했다. "자기 삶이나 정체성을 어떤 신념에 걸면, 결국 그걸 위해 싸우게 돼요. 시진핑은 내 마음을 산산조각 냈어요. 나는 중국에서 꿈에 그리던 직장을 가진 채 그 자리에 있었어요. 그런데 바로 그 자리에서 신장위구르자치구의 수용소를 지켜보고 있었고, 중국이 홍콩에 대한 50년의 약속을 찢어버리는 모습을 목격하고 있었습니다."

한편 애플은 중국과 너무 깊이 얽혀버린 상태였다. 거스리는 중국을 이해하고 그 안에서 길을 찾도록 돕기 위해 채용된 인물이었고, 애플은 그의 조언을 철저히 따랐다. 그리고 그 결과는 매우 성공적이었다. 하지만 이 과정에서 애플은 배를 다 불태우고 나아가는 식으로 돌아올 수 없는 지점까지 가버렸고, 거스리는 애플의 운명이 이제 중국과 단단히 결합되어 빠져나올 수 없게 되었다고 느꼈다. 그는 이후 블로그에 이렇게 썼다. "오늘날 중국에서 사업한다는 건 매우 큰 대가를 치르는 일이다. 그 시장에 진입하려 하거나 노동력을 활용하려는 모든 기업은 그 대가를 치르게 된다. 간단히 말해, 오늘날 중국에서 사업한다는 것은 중국 정부가 원하는 대로 정확히 따라야 한다는 뜻이다. 그게 전부다. 예외는 없다. 아무도 자유롭지 않다."[42]

38장 | 미국을 눈뜨게 한 YMTC 스캔들

애플의 한 엔지니어가 아내와 함께 우한에 머물던 2020년 1월 23일, 도시가 봉쇄되었다. 몇 주 동안 무시하고, 축소하며, 은폐해온 위협을 격리하기 위한 정부 당국의 극단적인 조치였다. 코로나19라는 새로운 바이러스가 빠르게 확산해 수많은 시신과 풀리지 않는 의문들을 남기고 있었다. 부부는 미국으로 돌아가고자 했지만, 우한에서 중국 동부로 향하는 국내선 항공편이 갑작스럽게 취소되었다. 정부 당국은 도로에 바리케이드를 설치해 지역 간 차량 이동을 차단했다. 귀국하고자 하는 부부의 바람은 절박함으로 바뀌었다. 부부는 현지의 도움을 받아 복잡한 탈출 계획을 세웠고, 여러 대의 택시를 갈아타며 검문소를 하나씩 통과했다. 택시를 타고 바리케이드 앞까지 가면 반대편에 다른 택시가 대기하고 있었고, 부부는 짐을 옮겨 실은 뒤 운전사에게 요금을 지급하고 다시 길을 떠났다. 우한에서 상하이까지 837킬로미터의 여정은 보통 아홉 시간이 채 걸리지 않았지만, 이번에는 사흘

이 걸려 도착할 수 있었다. 상하이에 도착했을 때도 부부는 비행기에 탑승할 수 있을지 확신할 수 없었다. 여행 제한이 엄격하게 적용되고 있었지만, 반려동물을 해외로 데려갈 때는 융통성이 발휘되었다. 이 일화를 잘 아는 한 사람은 일종의 구호 작전 같았다고 말했다. 부부는 탈출하기 위해 고양이를 입양할 준비까지 했지만, 상하이의 호텔에서 일곱 밤을 보낸 끝에 그런 연극 없이 샌프란시스코행 비행기를 탈 수 있었다.

애플의 놀라운 회복력

부부가 도착하고 2주 후인 2월 17일, 애플은 1분기 가이던스를 내놓으며 매출 경고음을 울렸다.[43] 불과 13개월 전 가이던스를 하향 조정한 데 이은 또 한 번의 조치였다. 이번에도 문제는 중국이었지만, 그 원인은 이전과 달랐다. 이번에는 아이폰 판매 부진이 아니었다. 오히려 그 반대로 아이폰을 생산하는 것이 문제가 되었다. 그해 춘절은 1월 25일이었다. 매년 이 시기에는 이주노동자들이 고향으로 돌아가기 때문에 공장이 2주 동안 텅 비는 경우가 많았다. 그러나 이번 해에는 많은 직원이 복귀하지 않았다. 애플은 투자자들에게 "정상적인 운영 상태로의 복귀가 예상보다 더디게 이루어지고 있다"라고 밝혔다.

쿠퍼티노는 해당 분기 매출이 9퍼센트에서 15퍼센트 가까이 증가할 것으로 예상했다. 이는 이례적으로 넓은 범위의 추정치였으며, 1월 말부터 이어져온 코로나19의 여파를 이미 반영한 수치였다. 그러나 상황은 빠르게 변했고, 애플은 매출이 실제로 증가할 수 있을지조차 확신할 수 없게 되었다. 주된 문제는 공급업체들의 생산 정상화 속도가 예상보다 훨씬 더디다는 점이었다. 여기에 더해 중국 애플스토어 42곳 모두가 폐쇄된 상태였다. 애플은 심층적인 운영 역량과 실시간에 가까운 소비자 동향 파악 능력을 갖추고 있었기에, 주요 기업 중 가장 먼저 상황의 심각성을 경고한 것이 전혀 놀라운 일은 아니었다.

3주 만에 코로나19는 전 세계로 확산했다. 사무실이 폐쇄되고, 노동자들은 자택에 머물렀으며, 주식시장은 붕괴했다. 3월 초까지 애플의 주가는 거의 3분의 1 토막이 났고, 시가총액은 4400억 달러가 증발해 2018년 8월 처음 도달했던 1조 달러 수준으로 되돌아갔다. 그러나 이후 몇 달 동안 애플은 처음의 암울한 전망을 무색하게 하며, 중국 중심 공급망의 회복력을 입증해보였다.

수년 동안 쿠퍼티노는 신제품 생산 확대를 감독하기 위해 수십 명의 엔지니어를 항공편으로 중국에 보내왔다. 팬데믹 전까지 애플은 샌프란시스코발 상하이행 비행기의 비즈니스석 50석을 매일 예약하고 있었는데, 이 같은 사실은 유나이티드항공의 실수로 유출된 자료를 통해 애플이 단일 기업으로는 최대 고객임이 드러나면서 알려졌다.[44] 그러나 갑작스레 그런 방식은 가능하지 않게 되었다. 다행히 제품별로 중국에서의 생산을 지원하는 팀이 현지에 상주 중이었으니, 이들은 더욱 높은 수준의 역량을 발휘해야 했다. 폭스콘, 럭스셰어, BYD 일렉트로닉은 물론 공급망의 더 깊은 층에 있던 협력업체들도 자신들이 해야 할 일을 잘 알고 있었다. 애플은 협력업체 엔지니어들을 직접 교육했고, 때로는 일정을 의도적으로 늦추는 작은 위기를 꾸며 협력업체들이 어떻게 대응하는지 관찰했다. 한 전직 매니저는 팬데믹 이전의 한 사례를 언급하며 이렇게 말했다. "테스트 중이던 생산라인 하나를 일부러 완전히 무너지게 놔뒀어요. 무엇이 필요한지 스스로 배우게 하기 위해서였습니다." 마치 물고기를 잡아주는 것보다 낚는 법을 가르치라는 오래된 비유와 같았다. 그는 이어서 이렇게 말했다. "이제 많은 협력업체가 애플 제품을 개발하는 데 무엇이 필요한지 이해할 수준에 도달했습니다. 이제는 우리가 한발 물러서더라도 이미 작동하고 있는 시스템이 있고, 제품을 어떻게 만들어야 하는지도 알고 있습니다."

한편 애플 직원들은 쿠퍼티노가 선호하던 화상회의 프로그램인 웹엑스Webex를 통해 일하는 데 익숙했다. 2017년 애플의 새로운 사옥인 우주선 형태의 애플 파크Apple Park가 개관하면서 다양한 혼란이 발생했고, 이 때문에 여러 팀이 원격으로 업무를 수행해야 했던 경험 덕분이었다. 그때는 그 의미가 충분히 인식되지 않았지만, 이는 팬데믹 상황에서의 원격 근무를 미리 체험해보는 계기가 되었다. 중국의 애플 R&D센터에서 근무하던 약 2,000명의 직원도 핵심적인 역할을 하게 되었다. 이들 센터가 단지 정치적 장치에 불과하다고 여겼던 임원들조차, 갑작스럽게 인력이 부족해진 상황에서 이들이 엄청난 도움이 되었다는 점을 인정했다.

홍위병의 후예, 백위병

그렇지만 쿠퍼티노는 여전히 엔지니어들을 중국에 보내길 원했고, 이를 위해 하루 500달러에서 1,000달러 사이의 보너스를 제시했다. 하지만 항공편이 급격히 줄어든 상태였다. 유나이티드항공은 2020년 3월부터 10월까지 샌프란시스코발 상하이행 직항편을 중단했다. 이에 애플은 전세기를 투입했다. 봄이 되자 쿠퍼티노는 산호세에서 출발해 알래스카주에 잠시 들렀다가 상하이로 향하는 전세기에 엔지니어들을 태우기 시작했다. 이 비행에 대해 잘 아는 한 인사는 이렇게 말했다. "한 대에 13명까지 탈 수 있었지만 우리는 6명만 탔어요. 공간이 필요했고, 뭐, 우린 애플이니까요."

도착 후 엔지니어들은 건강 검사를 받고 중국어로 된 디지털 앱을 이용해 거의 세 시간에 걸쳐 각종 절차를 마무리해야 했다. 이후 국영 호텔의 허름한 객실에 투숙해 14일간 격리 생활을 했다. 한 인사는 "정말 아슬아슬한 경험이었습니다"라고 말했다. 애플은 이들을 지원하고자, 현지에 아시아조달사무소를 마련하고 이곳 직원들을 파견했다. 그들은 새로 입국한 직원들이 맨바닥으로 된 객실에 배정되도록 사전에 조율해두었다. 카펫은 제대로 청소되지 않고, 단지 화학약품을 뿌리는 정도에 그친다는 사실을 알고 있었기 때문이다. 그래서 맨바닥이 더 나은 선택이었다.

체크인을 마친 엔지니어들은 에스컬레이터를 타고 위층으로 올라가 주변을 한눈에 내려다보았다. 마치 좀비 영화의 한 장면 같았다. 임시로 설치된 검사소가 드문드문 놓여 있었고, 그곳에는 전신을 흰색 보호복으로 싸맨 중국 당국자들이 배치되어 있었다. 이들은 문화대혁명 시기에 마오쩌둥 사상을 지나치게 열렬히 집행했던 홍위병에 빗대어 '백위병'이라는 별명을 얻었다.[45] 자유아시아방송에 따르면, 백위병들은 "사람을 에워싸고, 구타해서 끌고 가고, 문을 두드려 PCR 검사를 받으라며 압박하고, 그 검사 결과에 따라 격리 시설로 보내버리는" 것으로 악명을 떨쳤다.

엔지니어들이 머무는 객실에는 아시아조달사무소 직원들이 준비해둔 격리 생활용 꾸러미가 놓여 있었다. 그 안에는 요가 매트, 빨래할 때 쓰는 캠핑용 접이식 물통 그리고 먼지떨이처럼 생긴 물건이 들어 있었다. 침대 위에는 접힌 시트가 놓여 있었다. 사람들은 곧 먼지떨이 같은 물건의 용도를 알아차렸다. 그 물건의 상단에는 테이프가 감긴 롤이 달려 있었는데, 긴 손잡이를 잡고 그 부분으로 침대 위를 문지르면 온갖 오물이 달라붙었다. 이로써 오염 상태를 한눈에 확인할 수 있었다. 또한 아시아조달사무소 직원들은 엔지니어들이 격리 생활 중에도 중국동방항공에서 일등석 식사를 제공받을 수 있도록 조치했다. 말만 들으면 훌륭한 조치였지만, 실상은 조금 달랐다. 어쩌다 한두 번이면 몰라도, 2주간 하루 세 번씩 비슷한 음식을 먹기란 어려운 일이었다. 객실에 갇힌 엔지니어들이 영양을 보충할 수 있는 다른 수단은 쇼핑 플랫폼인 타오바오Taobao에서 주문한 컵라면뿐이었다. 그리고 매일 밤 백위병들이 찾아와 기다란 면봉으로 엔지니어들의 코를 10초가량 깊이 찔렀다. 코로나19 검사 규정에 따른 절차였다.

대량생산 이상 무

14일간의 격리가 끝난 뒤, 눈앞에 펼쳐진 현실은 완전히 달라져 있었다. 세계 대부분이 여전히 '대피' 중이던 시기, 중국에서는 강력한 봉쇄와 의무 격리가 포함된 '제로 코로나' 정책 덕분에 2020년 여름 무렵부터 비교적 정상적인 생활이 가능했다. 중국에서 시작된 코로나19가 애플의 공급망에 막대한 타격을 가할 것이라는 초기의 우려는 결국 현실로 이어지지 않았다. 물론 코로나19는 전 세계를 휩쓸며 수백만 명의 생명을 앗아가고 수많은 기업을 마비시켰다. 주요하게 다뤄지지 않던 공급망 문제는 이제 신문의 1면을 장식하는 큰 뉴스가 되었다. 자동차 제조사는 반도체 부족에 시달렸고, 식료품점의 선반은 텅 비었으며, 병원에는 보호 장비가 부족했다. 서구에서는 화장지부터 실내 자전거까지 모든 물품의 공급 부족을 우려하는 목소리가 컸다. 수십억 달러 규모의 상품들이 항구에 발이 묶였다. 그러나 애플은 대량생산에 큰 어려움을 겪지 않았고, 소비자들을 설득하는 데는 더더욱 문제가 없었다. 물론 애플의 공급업체들도 어려움을 겪었지만, 이들에 애플은 거의 언제나 가장 중요한 고객이었다. 따라서 제조업체들의 생산능력이 절반으로 줄어들었더라도, 대체로 애플의 몫은 여전히 확보되고 있었다. 한 은행의 추정에 따르면, 코로나19 발발 이후 4년 동안 부품 부족으로 애플의 매출은 300억 달러 감소했다.[46] 절대적인 수치로 보면 막대한 금액이지만, 이는 전체 매출의 2퍼센트에 불과했다. 재택근무 환경을 개선하려는 소비자들의 수요가 급증하면서 애플 제품의 주문량도 함께 늘어났기 때문이었다.

애플의 2020년 4분기 매출은 21퍼센트 증가해 1114억 달러를 기록했다. 특히 미국의 제재로 화웨이가 무너진 덕분에 중화권 매출이 57퍼센트나 급증했다. 다음 해는 더욱 좋았다. 2021회계연도에 애플의 전세계 매출은 33.3퍼센트 증가했다. 코로나19는 애플에 타격을 가하기는커녕, 역설적이게도 지난 10년간 가장 강력한 성장을 가능하게 했다. 바이러스로 시장이 붕괴하며 애플의 시가총액이 1조 달러까지 하락했던 때로부터 불과 21개월 후, 2022년의 첫 거래일에 애플의 시가총액은 세계 최초로 3조 달러를 돌파했다.

상하이 봉쇄라는 변수

눈부신 성공 속에서도 애플이 자신의 운명을 중국과 결합한 데 따른 예측 불가능한 위험이 계속해서 드러나고 있었다. 시진핑은 기업들이 자신의 권위를 얼마나 진지하게 받아들여야 하는지를 분명히 보여주었다. 팬데믹 초기 몇 달 동안, 중국 정부는 자국의 테크기업들을 대대적으로 단속했다. 다양한 방식으로 국가권력에 도전하거나 요청을 무시한 기업 수십 개가 그 대상이 되었다. 특히 전자 상거래 거대 기업 알리바바를 세운 억만장자 마윈馬雲이 곤욕을 치렀다. 2020년 10월 말 마윈이 중국공산당의 통치를 비판하고 국유 은행들을 전당포에 비유한 직후, 규제 당국은 그를 '감독 면담'에 소환했다.[47] 또한 알리바바의 계열사 앤트 파이낸셜Ant Financial(지금의 앤트그룹)의 기업공개를 전격 취소했다. 앤트 파이낸셜은 국유 은행을 위협하는 혁신적 대출 사업을 벌였으며, 예정된 기업공개에서 세계 최대 규모인 370억 달러를 끌어들일 예정이었다. 투자자들은 앤트 파이낸셜의 가치를 3160억 달러로 평가했는데, 이는 세계 최고의 금융기업 JP모건 체이스JPMorgan Chase를 웃도는 수준이었다. 그러나 마윈은 공개 석상에서 사라졌고, 알리바바의 주가는 50퍼센트 가까이 하락했다.

해당 단속은 35건이 넘는 반독점 조사와 사용자 데이터 수집에 따른 보안 조사까지 포함되었다. 국영 자본은 틱톡의 모회사인 바이트댄스와 중국판 트위터인 시나 웨이보 등 주요 테크기업들의 지분을 매입하고, 이사회를 장악했다. 일부 기업은 전면적으로 국유화되었다. 두 명의 중국 연구자는 《마오쩌둥과 시장Mao and Markets》에서 "오늘날 많은 기업가가 박해받거나 재산을 몰수당할 것을 우려하고 있다"라고 썼다.[48] 2022년 2월까지 이어진 주식 매도로 1조 5000억 달러에 달하는 시가총액이 증발했다.[49] 그 희생자 가운데 애플이 공개적으로 투자하고, 기업 개발 담당 부사장을 이사회에 파견하기까지 했던 차량 공유 스타트업 디디도 포함되어 있었다. 디디는 규제 당국의 경고에도 불구하고 뉴욕 증권거래소에 상장을 강행했다. 이후 열흘 만에 중국 정부는 디디에 대한 조사를 개시했고, 다음 달에는 모든 온라인 스토어에 디디 앱을 삭제하라고 명령했다. 이는 사실상 신규 사용자의 유입을 차단한 것이었고, 결국 디디의 주가는 80퍼센트 이상 폭락했다.

애플은 이런 파국을 피할 수 있었다. 애플은 자신들이 중국에 막대한 이익을 가져다주고 있음을 효과적으로 입증했고, 중국의 권위주의적 행보에 대해 언급을 삼가는 신중함을 유지했다. 그러나 코로나19의 오미크론 변이가 인구 2500만 명의 도시이자 애플 중국 사업의 중심지인 상하이에 확산하기 시작하면서, 애플은 이전과는 전혀 다른 방식으로 도전에 직면하게 되었다. 정부 당국은 4월 1일부터 2개월 동안 상하이 주민 대부분을 자택에 격리하는 강력한 제로 코로나 정책을 시행했다. 지난 10년간 중국이 애플의 이해관계에 이토록 정면으로 반하는 조치를 취한 적은 없었다.

바이러스의 치명성에 대한 불확실성이 컸던 코로나19 확산 초기에는 중국의 강경한 대응을 어느 정도 이해할 수 있었다. 당시에는 의료 전문가들이 기본적인 사항조차 합의하지 못하고 있었다. '마스크는 얼마나 중요한가?', '야외에서 만나는 것도 위험한가?', '아이들도 노인만큼 취약한가?' 등이 논쟁거리였다. 2020년 공장들이 멈춰 섰을 때, 이는 결코 중국만의 일이 아니었다. 미국에서는 캘리포니아주가 테슬라의 프리몬트 공장을 폐쇄하라고 요구했고, 이에 격분한 머스크는 회사

본사를 아예 텍사스주로 이전해버렸다.

하지만 상하이 봉쇄는 성격이 달랐다. 2022년 4월 세계 대부분은 이미 정상화 단계에 접어들었고, 백신도 1년 넘게 보급된 상태였다. 애플은 이번 조치를 부당하고 심각하게 혼란을 초래하는 것으로 여겼다. 한 물류 담당자는 상하이를 중심으로 한 양쯔강삼각주 전역의 상업 운송 상황을 "사실상 정체 상태"라고 표현했다.[50] 양쯔강삼각주는 경제 규모가 일본 GDP에 필적하는 거대도시다. 심지어 화웨이의 고위 임원조차 장기 봉쇄는 "업계 전체에 심각한 결과와 막대한 손실을 초래할 것"이라고 경고했다.[51] 애플의 경우 핵심 협력업체 200곳 중 절반 이상이 영향을 받아 아이폰, 맥북, 아이패드 생산에 차질이 빚어졌다.[52] 쿡은 이에 따른 매출 손실액이 40억에서 80억 달러에 이를 것으로 추산했으니, 이는 팬데믹 기간 중 가장 강력한 경고였다.

"애플은 불장난을 하고 있습니다"

테크기업 단속과 제로 코로나 정책이라는 이중 위협 탓에 운영이 차질을 빚으면서, 애플의 취약성이 뚜렷이 드러났다. 그러나 2022년이 저물 무렵, 애플은 중국 정부의 '중국제조 2025' 계획을 지원하기 위한 노력을 강화했다. 애플은 메모리를 생산하는 국영 반도체기업인 YMTC와 협력하기로 합의했다. 이 새로운 파트너십은 미국과 쿠퍼티노의 이해관계가 얼마나 크게 벌어졌는지를 극명하게 보여주는 사례였다.

바이든 행정부가 들어서며 미국 정가에서는 대중 강경 대응이 초당적 사안으로 자리 잡았다. 미국은 반도체 생산 역량을 강화하려는 중국의 시도를 21세기에 맞닥뜨린 최대 위협 중 하나로 간주했다. 중국은 민간 전자제품은 물론 군사 무기에도 활용될 수 있는 반도체 제조 능력을 끌어올리는 데 집중했고, 이를 위해 수년에 걸쳐 수백억 달러 규모의 '중국집적회로산업투자기금'을 조성, 자국 반도체기업들에 쏟아부었다. 이에 맞서 미국은 일본과 네덜란드에 중국의 시도를 차단하라며 압박했고, 위협이 되는 중국 기업들에 제재를 가했다. 한편 중국은 반도체 공급망의 탈미국화로 대응에 나섰으니, 미국 최대 기업인 애플이 그들을 돕고 있었다.

"애플은 불장난을 하고 있습니다."[53] 2022년 9월 상원 정보위원회 부위원장인 공화당 의원 마코 루비오Marco Rubio는 《파이낸셜타임스》와의 인터뷰에서 이렇게 말했다. "애플은 YMTC가 초래하는 보안 위협을 잘 알고 있습니다. 그런데도 협력을 계속 추진한다면, 연방정부에서 지금까지 겪어보지 못한 수준의 정밀 조사를 받게 될 것입니다. 중국 공산당에 종속된 기업들이 우리의 통신망과 수백만 미국인의 아이폰에 침투하도록 두어서는 안 됩니다." 의회에서는 민주당 의원 척 슈머Chuck Schumer와 마크 워너Mark Warner 등이 포함된 초당적 성격의 상원 의원 집단이 바이든 행정부에 YMTC를 상무부의 블랙리스트에 올릴 것을 촉구했다. 미국 기업들이 YMTC에 기술을 제공하지 못하도록 막기 위해서였다. 애플은 "중국에서 판매되는 일부 아이폰에 사용할 목적으로 YMTC의 부품 조달을 검토 중"이라고 인정하면서도, 이것이 미국에서 판매되는 아이폰에는 사용되지 않을 것이라고 강하게 주장했다. 그러나 그것은 핵심을 비껴간 이야기였다. 하원 외교위원회 공화당 간사인 마이클 매콜Michael McCaul은 이렇게 지적했다. "애플은 사실상 YMTC에 기술과 노하우를 이전하게 될 것이며, 이는 그들의 역량을 비약적으로 끌어올려 중국공산당이 국가적 목표를 달성하는 데 이바지하게 될 것입니다." 의회의 압박이 계속되자, 애플은 결국 해당 파트너십을 중단한다고 밝혔다.

39장 | 완전히 포획되다

자국 테크산업에 대한 중국 정부의 가혹한 탄압과 집요한 제로 코로나 정책은 시진핑이 집권 2기를 마무리할 즈음 얼마나 막강한 권력을 쥐게 되었는지를 여실히 드러낸 힘의 과시였다. 시진핑의 이러한 행보는 20년 전 미국이 품었던, 자본주의를 통해 민주주의를 수출할 수 있다는 희망이 얼마나 순진한 생각이었는지를 일부러 보여주는 것 같았다.

시진핑이 당을 완전히 장악하고 있음을 보여주는 장면이 2022년 10월 22일, 중국공산당 제20차 전국대표대회에서 포착되기도 했다. 세 번째 임기를 수락하려고 준비 중이던 시진핑 바로 옆에 전임 주석 후진타오가 앉아 있었다. 당시 79세였던 후진타오가 앞에 놓인 빨간 서류철에 손을 뻗자 한 정부 관리가 그것을 치웠고, 후진타오가 다시 집으려 하자 시진핑이 보좌관에게 신호를 보냈다. 곧이어 두 명의 보좌관이 후진타오의 양팔을 부축해 회의장에서 퇴장시켰다. 중국 전문 기자 제임스 킨지James Kynge는 이렇게 썼다. "후진타오가 서둘러 끌려 나갈 때, 옆에 앉은 당의 고위 간부 가운데 단 한 사람도 그를 돌아보거나 작별 인사를 건네지 않았다. 모두가 앞만 바라보며 그의 굴욕을 의도적으로 외면했다."[54] 어떤 전문가들은 그 빨간 서류철 안에 후진타오의 핵심 측근이 중국공산당 중앙위원회의 최고 의사결정 기구인 중앙정치국 상무위원회에 들지 못했음을 입증하는 문서가 들어 있었을 것이라고 보았다. 시진핑은 상무위원회를 자신의 측근들로 채우고, 마오쩌둥 이래 어떤 지도자보다도 강력한 권력을 손에 넣었으며, 사실상 종신 집권의 기틀을 마련했다.

천국과 지옥을 오가다

중국의 권위주의적 전환이 애플에 문제가 되었다면, 수익이 감소하고, 이익이 줄며, 운영이 악화되는 모습이 나타났을 것이다. 하지만 불과 며칠 뒤인 2022년 10월 27일, 쿡은 승리를 자축하는 듯한 모습으로 등장했다. 애플은 회계연도 기준 약 4000억 달러의 매출을 올렸다고 발표했으며, 이는 14분기 연속 고속 성장을 이어온 끝에 달성한 새로운 기록이었다. 거시경제의 폭풍 속에서 경쟁사들이 줄줄이 고전하는 가운데 발표된 이 실적은 월스트리트를 놀라게 했고, 더욱 놀라운 점은 애플이 최근 두 번의 '블랙스완black swan'(검은 백조처럼 전혀 예상하지 못한 상황이나 위기―옮긴이)을 겪었다는 사실이었다. 하나는 4년간 이어진 트럼프의 집권, 다른 하나는 3년에 걸친 팬데믹이었다. 이 두 사건 모두 애플의 주요 생산기지인 중국과의 관계에 부담을 줄 수 있는 요인이었지만, 애플은 단지 이를 견뎌낸 것에 그치지 않고, 오히려 이 위기를 계기로 성장했다.

이탈리아 출신으로 언제나 쾌할함을 잃지 않는 애플 CFO 마에스트리는 실적 발표 30분 전 《파이낸셜타임스》와의 인터뷰에서 특히 들뜬 모습을 보였다. "전 세계 모든 지역과 제품군에서 애플 기기의 보급 대수가 사상 최고치를 경신했습니다." 그러나 마에스트리가 가장 만족스러워한 부분은 4분기 가이던스였다. 팬데믹 이후 처음으로 애플의 공급망이 완전히 통제되고 있었기 때문이다. "이번 분기에는 팬데믹이나 반도체 부족에서 비롯된 유의미한 공급 제약이 전혀 없습니다."

애플의 실적 발표가 있은 지 며칠 만에, 아이폰 제조사의 시가총액은 구글의 모회사 알파벳, 페이스북의 모회사 메타 그리고 아마존의 전체 시가총액을 넘어섰다. 애플은 시가총액 2위인 마이크로소프트를 7200억 달러 차이로 앞질렀는데, 그 사이에 테슬라의 시가총액이 들어갈 정도였다. 애플은 그야말로 독보적인 위치에 있었다.

그러나 단 일주일 뒤, 애플의 가장 중요한 제품을 가장 중요한 시기에 생산하는 폭스콘의 핵심 공장에서 위기가 발생했다. 정저우에 자리한 20만 명 규모의 대규모 공장단지, 이른바 '아이폰 시티'에서 코로나19 집단 감염이 발생한 것이었다. 폭스콘은 연말 성수기에 맞춰 제품 생산을 유지하기 위해 필사적으로 공장을 계속 가동하고자 했고, 이에 따라 직원들이 공장을 벗어날 수 없도록 하는 폐쇄형 시스템을 도입했다.[55] 그런데 아이폰 시티에서 2만 명이 코로나19 양성 판정을 받았다는 근거 없는 소문이 퍼지자, 중국의 감옥 같은 격리 조치를 두려워한 수백 명의 노동자가 벽을 무너뜨리고 철조망이 설치된 울타리를 넘어 도망쳤다. 일부는 고향까지 100킬로미터 이상을 도보로 이동하기도 했다.[56] 남은 이들은 식량과 의약품 부족에 시달렸고, 붐비는 숙소에 머물러야 했다.[57] 노동자들이 항의하자,[58] 경찰이 투입되어 곤봉을 휘두르며 폭력적으로 진압했다.[59]

"전례 없는 악몽"

팬데믹이 시작된 지 3년째 되던 시점에 발생한 이 하나의 사건은 거의 20년 동안 잠재되어 있던 애플의 중대한 리스크를 극적으로 드러냈다. 그것은 바로 한 국가에 과도하게 집중된 생산시설이었다. "정저우 사태는 중국의 제로 코로나 정책 때문에 벌어진 일처럼 보이지만, 실제로는 제조업이 조직되는 방식의 구조적 약점을 보여주는 사례입니다." 10년 넘게 중국 공급망을 감사해온 한 인사가 《파이낸셜타임스》와의 인터뷰에서 이렇게 말했다.[60] 어떤 애널리스트는 그 상황을 "애플에 전례 없는 악몽"이라고 표현했다.

수년 동안 쿡은 애플의 운영을 실질적으로 다변화하라는 요구에 저항해왔다. 2020년 4월 그는 투자자들에게 이렇게 말했다. "이번 분기에 공급망이 받은 충격과 그 충격에서 이렇게 빠르게 회복한 과정을 보면, 애플의 공급망은 견고하고 회복력이 있다는 점이 분명히 드러났습니다. 나는 현재의 위치를 긍정적으로 보고 있습니다."[61] 일부 투자자, 언론인 그리고 애플 경영진조차 쿡이 안일하게 대응하고 있다고 느꼈다. 그리고 2022년 11월 우려는 현실이 되었다. 정저우에서 벌어진 항의 시위는 언론의 집중 조명을 받았고, 적어도 12개 도시에서 유사한 시위가 촉발되었다. 이들 시위는 1989년 톈안먼 광장에서 학생들이 벌였던 민주화 운동 이후 중국공산당에 대한 가장 큰 도전이었다. 시위 참가자들은 아무 글자도 쓰지 않은 흰 종이를 들고 나왔는데, "말하고 싶지만 말할 수 없는 모든 것"에 대한 신랄한 상징이었다.[62]

애플은 또다시 매출 경고음을 울려야 했다. 4년 사이에 세 번째로, 모두 중국에서 발생한 문제 때문이었다. 이번에는 공급망 차질로 가장 수익성이 높은 아이폰 프로 모델의 생산이 지연될 것이라고 밝혔다. 이후 애플은 거의 4년 만에 처음으로 매출 감소를 기록했다. 애플은 상황을 진정시키기 위해 공장 정비에 노력하고 있다고 밝혔지만, 시위대에 대한 공개적인 지지는 피했다. 실제로 애플은 중국 시민들이 시위를 조직하는 데 사용하고 있던 에어드롭 기능을 제한했다.[63] 2019년 10월 홍콩의 민주화 시위대가 사용하던 지도 앱을 중국 관영 매체의 비판이 있은 지 며칠 만에 앱스토어에서 삭제했던 조치와 유사했다. 이에 대해 미국 상원 정보위원회 위원장인 민주당 의원 워너는 "에어드롭 기능을 제한한 것은 중국공산당의 뜻을 그대로 따르는 행위"라고 비판했다.

중국을 잘못 이해한 대가

2022년 12월 초 의원들과의 비공개 면담을 위해 미국 의회로 이동하던 쿡이 기자의 질문에 직면했을 때, 그의 머릿속에는 후진타오의 공개적인 퇴장과 빅테크기업에 대한 중국 정부의 탄압이 떠올랐을지 모른다.[64] 폭스뉴스의 힐러리 본Hillary Vaughn 기자는 의사당 복도를 지나던 쿡에게 이렇게 물었다. "중국 국민의 시위할 권리를 지지하십니까? 봉쇄에 항의하다가 구타당하고 구금된 공장노동자들에 대해 어떻게 생각하나요?" 이어서 "인권을 탄압하는 중국공산당과 사업을 하는 게 문제라고 생각하지 않으세요?"라고 덧붙였다. 쿡은 시선을 아래로 떨군 채 아무 말 없이 방향을 틀어 기자를 피했다.

한 공급망 임원은 이 장면을 "쿡의 경력에서 가장 끔찍했던 45초"라고 표현했다. 그러나 쿡에게 가장 날카롭고 통렬한 비판을 가할 수 있는 인물은 어쩌면 바로 그 자신이었을지 모른다. 2017년 쿡은 경영자들이 자신의 가치관을 분명히 밝히고 이에 따라 행동해야 하는 이유를 설명하며, 기자 메건 머피Megan Murphy에게 이렇게 말했다. "침묵은 궁극적인 동의입니다."[65] 이어서 그는 이렇게 덧붙였다.

> "당신이 무언가 잘못된 일이 벌어지고 있다는 것을 보았을 때, 침묵하는 것이야말로 가장 강력한 동의의 표현입니다. 그리고 나는 그것이 당신의 회사에도, 회사에서 열심히 일하는 팀에도, 고객에게도, 당신의 조국에도 용납될 수 없다고 생각합니다. 또한 당신이 사업을 운영하는 모든 나라에도 마찬가지입니다."

뉴스 채널들은 중국 관련 질문을 회피하는 쿡의 모습이 담긴 45초짜리 영상을 반복해서 방영했다. 쿡의 침묵, 즉 그가 말했던 "궁극적인 동의"는 미국에서 가장 가치 있는 기업이 어떻게 권위주의 국가에 예속되었는지를 상징적으로 보여주었다.

하지만 이 이야기의 요점은 쿡이나 애플을 비난하는 데 있지 않다. 그들이 처한 딜레마를 보여주는 데 있다. 밀레니엄 전환기에 미국은 중국과 관련해 한 가지 베팅을 했다. 자유무역이 중국을 개방적으로 만들고, 어쩌면 세계 최대의 민주주의 국가로 이끄는 촉매제가 될 수 있으리라는 기대였다. 그러나 그 결과는 중국을 부유하게 하고, 그 권력자들을 더욱 강하게 만들었을 뿐이다. 20년 전 애플의 생산을 중국에 얽어놓은 것에 대해 쿡을 정치적으로 비난할 수는 없지만, 지난 10년 동안 시진핑이 국내 탄압을 강화하고 세계 무대에서 공격적인 태도를 보이는 와중에도 여전히 중국에 더 깊이 의존해온 점은 그의 실책이라 할 수 있다. 중국에서 공급망 업무를 해온 한 전문가는 이렇게 말했다. "우리가 중국을 잘못 판단했다고 할 수는 있습니다. 마윈도 중국을 오판했어요. 모든 기업가가 중국을 오판했어요. 덩샤오핑과 후진타오가 추진하던 방향만 봐도 기업인들은 이런 변화가 올 거라 상상하지 못했어요. 시진핑은 판 자체를 바꿔버렸습니다. 그는 또 한 명의 블라디미르 푸틴Vladimir Putin이 되어가고 있어요." 그는 이렇게 덧붙였다. "나는 쿡의 팬이 아닙니다. 하지만 그의 상황에 동정심은 생깁니다. 그가 상대해야 할 대상이 누구였는지 몰랐던 겁니다. 아무도 몰랐어요."

40장 │ 인도는 대안이 될 수 있을까

상하이 봉쇄와 정저우에서 발생한 시위는 애플에 중대한 전환점이었다. 10여 년 전 CCTV의 공격과 마찬가지로 단일한 권위주의 정권에 지나치게 의존하는 것이 얼마나 취약한 결과를 낳는지 잠시 멈추어서 곱씹어보게 한 계기였다. 그 결과는 충격적이었다. 애플이 정치적으로 각성한 2013년 중국 브랜드는 전 세계 스마트폰 출하량의 23퍼센트만을 차지하고 있었다. 그러나 2020년에는 이 비중이 50퍼센트를 넘어섰다. 화웨이, 샤오미, 비보가 주도하는 중국 브랜드들은 2022년 기준 중국과 러시아에서 시장점유율 79퍼센트를 기록했고, 인도네시아에서는 73퍼센트, 인도에서는 66퍼센트에 달했다고 카운터포인트 리서치는 분석했다. 실제로 스마트폰을 생산하는 비중국계 대형 기업은 삼성과 애플뿐이었다. 대만의 HTC, 한국의 LG, 캐나다의 블랙베리, 핀란드의 노키아는 사실상 시장에서 사라졌고, 모토로라는 중국의 레노버에 인수된 상태였다. 구글 픽셀의 판매량은 너무 적어

통계상 '기타'로 분류되었다. 게다가 삼성은 애플처럼 중국에 취약하지 않았다. 삼성은 2013년 중국 스마트폰 시장점유율 20퍼센트로 정점을 찍은 뒤, 1퍼센트까지 급락하자 2019년 현지 공장들을 모두 폐쇄했다. 이후 삼성은 아르헨티나부터 베트남까지 6개국에 걸쳐 공급망을 분산했고, 전체 스마트폰의 4분의 3 이상을 중국 밖에서 조립했다. 중국 위탁생산업체를 통한 생산 비중은 4분의 1 미만에 그쳤다. 중국 스마트폰산업의 부상은 애플이 직접 구축한 역량에 스스로 얼마나 의존하고 있는지를 극명하게 드러냈으며, 중국이 값싼 노동력의 공급지를 넘어 정교한 자동화 기술을 갖춘 국가로 탈바꿈했음을 방증했다. 이제 중국에서 중요한 역할을 하는 기업들은 단순 제조업체가 아닌, 세계시장에서 의미 있는 점유율을 차지하는 디자인 중심 브랜드로 자리매김했다.

중국의 대안을 찾아서

상하이 봉쇄 이전까지만 해도 아이폰 생산을 중국 밖으로 이전하려는 본격적인 계획은 없었다. 트럼프 행정부 시절 중국산 제품에 대한 관세 부과 위협을 피하고, 더 낮은 인건비를 활용하기 위해 애플은 아이폰 외의 일부 제품을 베트남과 태국 등에서 생산하기 시작했다. 애플 관계자들에 따르면, 2022년 기준 에어팟 생산의 70퍼센트 이상, 애플 워치 조립의 약 3분의 1, 아이패드 생산의 약 4분의 1이 중국 밖으로 이전된 상태였다. 이는 시장조사기업들이 감지한 것보다 훨씬 빠른 전환이었다. 그러나 중국 특유의 정치적 민감성을 고려할 때, 애플이 이러한 움직임을 대외적으로 강조할 리 없었다. 애플의 주요 대만 제조 파트너들 네 곳의 재무 자료 1,000건을 분석한 결과는 생산 다변화 노력이 상당했음을 보여준다. 투자은행 TD 시큐리티TD Securities의 리서치 부문인 TD 카우언TD Cowen에 따르면, 2018년부터 2023년까지 이 네 개 업체는 인도, 멕시코, 미국, 베트남으로 생산을 다변화하기 위해 토지, 건설, 기계설비에 160억 달러를 지출했다.[66] 이에 비해 아이폰 생산은 상하이 봉쇄 이전까지 거의 다변화되지 못했는데, 생산의 복잡성과 쿠퍼티노 최고위층의 의지 부족 때문이었다.

애플은 폭스콘과 협력해 2010년대 초반부터 브라질에서 아이폰을 생산하려고 시도했지만, 생산량은 전체의 1퍼센트 이하로 미미한 수준에 그쳤다. 이 확장은 수출용 생산거점을 구축하기 위해서가 아니라, 해당 지역의 높은 관세를 회피하려는 조치였다. 그러나 해당 프로젝트에 참여했던 엔지니어들은 이를 재앙이라고 표현했다. 여전히 부담해야 할 세금이 많았고, 어느 공장도 중국의 생산 규모에 필적하지 못했으며, 정치적 환경은 불안정했고, 노동력은 신뢰하기 어려웠다. 체코 공장에서 파견된 한 폭스콘 직원에 따르면, 심지어 무장 갱단이 공장을 공격하는 일까지 발생했다.

애플은 2017년부터 인도에서도 아이폰을 생산해왔다. 브라질과 마찬가지로 생산 규모는 제한적이었으며, 주로 관세 회피가 목적이었다. 그러나 브라질과 달리, 쿠퍼티노에는 더 큰 규모로 인도 생산을 확대하자고 주장하는 세력이 존재했다. 이들의 주장은 그동안 큰 반향을 얻지 못했지만, 2022년 상하이 봉쇄가 상황을 바꾸는 중요한 촉매가 되었다. 한 전직 임원은 "하룻밤 사이에 중국은 믿을 수 있는 공급처에서 전혀 신뢰할 수 없는 공급처로 바뀌었습니다"라고 말했다. 그 결과 아이폰 생산을 위한 '플랜 B'가 승인되었다.

Made in India

인도 생산 확대를 주도한 인물은 아이폰 운영 담당 부사장 발라수브라마니암이다. 전 동료들은 그가 공급업체와의 협상, 공급망 운영, 현장 문제 해결에 매우 능하다고 입을 모았다. 한 제조엔지니어는 그를 이렇게 평가했다. "정말 정말 날카로워요. 본질을 바로 꿰뚫습니다." 하지만 그가 기술적이거나 창의적인 인물은 아니라는 평가도 존재했다. 어떤 이는 이렇게 표현했다. "그는 더 똑똑하게 일하는 사람이 아니라, 더 열심히 일하는 사람입니다." 여러 관계자는 그가 과연 중국에서 인도로의 대규모 전환을 성공적으로 이끌 수 있을지는 여전히 미지수라고 말했다. 그 함의는 이렇다. 필요한 역량이 단순한 추진력과 하루 16시간의 고강도 근무라면, 애플 직원들이 '프리야'라고 부르는 그는 제격이다. 그러나 근본적인 사고 전환이 요구된다면, 그가 최적의 인물일지는 확신할 수 없다는 것이다.

민주주의 국가이자 영어를 제2의 공용어로 사용하는 인도는 지정학적 위험이 중국보다 적고, 중산층이 성장하고 있는 만큼 향후 수십 년간 거대한 시장으로 부상할 가능성이 있다. 2018년 10월 쿡에게 제출된 내부 문서에서도 인도는 "중국과 유사한 성장 경로를 따라갈 준비가 되어 있다"라고 평가되었다.[67] 해당 문서는 인도 경제를 2008년의 중국과 비교하며, 향후 5년간 연평균 7퍼센트의 GDP 성장률이 예상된다고 언급했다. 또 컨설팅기업 맥킨지 앤드 컴퍼니McKinsey & Company

의 추정을 인용해 "인도의 '소비 계층'은 2025년까지 약 9000만 가구로 거의 세 배 증가할 것"이라고 전망했다. 2018년 인도는 1억 2400만 명의 사용자를 보유한 세계 3위의 스마트폰 시장이었으며, 곧 1억 7600만 명 규모의 미국 시장을 추월할 것으로 예상되었다. 문서는 인도 스마트폰 시장을 "활용할 수 있는 거대한 풀"이라고 표현했다.

하지만 애플의 인도 진출은 이후 5년 동안, 상하이 봉쇄 이전까지 미온적이었다. 이러한 속도 조절은 쿠퍼티노의 신중한 태도와 인도가 20년 전 중국처럼 적극적으로 외국 기업을 환영하지 않은 현실을 반영한 결과였다. 쿡은 2015년 나렌드라 모디Narendra Modi 인도 총리를 만나 애플스토어 개장을 요청했다. 그러나 인도는 보호무역주의 정책을 고수하고 있었고, 소비자에게 직접 제품을 판매하는 외국 기업은 부품의 30퍼센트를 현지에서 조달해야 한다는 규정을 적용하고 있었다. 모디는 애플에 예외를 허용하지 않았다. 이후 2017년 규제가 완화되자, 애플은 대만의 위스트론과 함께 인도에서 일부 아이폰 조립을 시작했다. 이는 고율의 관세를 피할 수 있게 해주었고, 인도 중산층이 아이폰을 더 쉽게 구매할 수 있는 기반이 되었다. 그러나 인도에서는 온라인 스토어조차 2020년에야 개설되었고, 첫 번째 오프라인 애플스토어는 그로부터 3년 뒤인 2023년에야 문을 열었다. 이는 중국에서 첫 애플스토어가 문을 연 지 16년이 지난 시점이었다.

발라수브라마니암은 2017년 이후 눈에 띄는 성과를 거두었다. 초기에는 보급형 모델인 아이폰 SE만을 생산하던 수준에서, 2020년에는 주력 플래그십 모델까지 생산했다. 또한 인도에서의 출시 시점도 앞당겨, 중국에서 유통된 아이폰과 인도에서 유통된 아이폰 간의 출시 시차를 수개월에서 단 몇 주로 단축했다. 2023년에는 이 시차가 완전히 사라져, 인도에서 만든 아이폰이 중국에서 만든 아이폰과 같은 날에 출시되는 수준에 도달했다. 또 하나의 이정표는 2024년 9월 아이폰 프로 모델까지 인도에서 생산하기 시작했다는 점이다. 그리고 애플은 단지 인도 내수 시장에만 제품을 공급한 것이 아니었다. 유럽 등지의 소비자들은 자신이 구매한 최신 아이폰이 '메이드 인 인디아'라는 점에 놀라움을 표시하며 소셜미디어에 이를 공유하기도 했다.

아직은 걸음마 단계

이러한 진전에도 불구하고, 애플의 아이폰 생산 다변화는 아직 초기 단계에 불과하다. 2023년 중반 투자은행 모건 스탠리Morgan Stanley의 애널리스트들은 "애플 생산의 90~95퍼센트가 여전히 중국에 집중되어 있으며, 완전한 탈중국화를 이루기 위해서는 최소 수천억 달러 규모의 투자가 필요할 것으로 보이며, 이는 공급망에 막대한 부담이 될 것"이라고 분석했다. 실제로 인도 사업의 성장 속도는 10여 년 전 중국의 사례와는 비교가 되지 않는다. 2016년부터 2023년까지 인도에서의 아이폰 생산량은 0대에서 1500만 대로 늘어났으며, 이 수치는 전 세계 출하량의 약 7퍼센트에 해당한다. 반면 중국은 2006년부터 2013년까지 0대에서 1억 5300만 대로 생산량을 끌어올렸다. 즉 아무리 좋게 보아도 인도의 아이폰 생산 확대 속도는 10년 전 중국의 10분의 1 수준에 그치고 있는 셈이다.

사실 이러한 진전조차 실제 상황을 과장한 면이 있다. 인도에 구축된 공정 대부분은 FATP 작업에 집중되어 있는데, 주로 중국에서 항공편으로 들여온 부품을 대만 업체인 위스트론과 폭스콘이 조립하는, 굉장히 노동집약적인 방식이다. 한 제조엔지니어는 "인도산 아이폰은 사실상 중국에서 조립되었다가 분해된 후 인도로 보내져 다시 조립되는 셈"이라고 반쯤 농담을 섞어 말했다. 2024년 말 기준, 애플의 인도 사업은 신제품 생산에 앞서 관련 역량을 구축하는 단계에 머물렀다. 신제품 생산은 단순 조립을 넘어, 부품 조달, 시제품 개발, 시험 생산, 양산 확대 등 훨씬 더 광범위하고 깊이 있는 운영 역량이 요구된다. 애플은 장기적으로 인도가 모든 측면에서 자립적인 생산능력을 갖추길 원하고 있지만, 그 목표가 실제로 실현되더라도 최소 5~10년은 걸릴 것으로 보인다.

애플의 전직 고위 엔지니어에 따르면, 현재 쿠퍼티노는 인도에 '옆집 next-door' 공급업체들을 조직하려는 큰 목표를 갖고 있다. 이는 최종 조립공장 인근에 다양한 공급업체들을 집약시킨 산업클러스터를 의미한다. 하지만 이 엔지니어는 개발 속도가 절대 빠르지 않다고 지적했다. 이것이 완성된다면 큰 전환점이 되겠지만, 그 전까지는 중국과 인도 양쪽의 아이폰 조립이 동일한 공급망에 의존하고 있어 회복탄력성보다는 오히려 복잡성이 더 커지는 실정이다. 그는 "부품이 중국에서 인도로 이동하는 데 걸리는 시간까지 계산에 넣어야 합니다"라며, 인도의 낮은 인건비가 물류 과정에서 발생하는 추가 비용으로 상쇄되고 있다고 설명했다. 또한 그는 역사적으로 일본, 대만 그리고 중국이 제조업에서 두각을 나타냈을 때, 모두 부품 공급부터 시작해 기술 전문성을 쌓아나갔다고 지적했다. 예컨대 메인보드 공급업체라면 먼저 부품을 납품하고, 그 이후에야 수직통합을 이루며 FATP 작업으로 확장했다는 것이다. 반면 인도에서 애플은 지난 7년 동안 먼저 FATP 작업을 진행하다가, 이제야 부품을 생산할 수 있는 공급업체의 역량을 구축하려 하고 있다. 그는 이를 두고 "내가 보기엔 애플이 완전히 순서를 거꾸로 하고 있습니다"라고 평가했다.

인도와 중국의 시차

애플에서 수년에서 수십 년간 근무한 엔지니어들과 임원들 사이에서는 인도가 중국과 경쟁할 만한 자질을 갖추고 있는지 그리고 애플의 투자가 결정적인 전환점이 될 수 있을지 의견이 극명하게 갈린다. 일부는 인도에 대해 매우 낙관적인 시각을 갖고 있다. 최근 중국과 인도를 모두 다녀온 한 운영엔지니어는 2030년까지 인도가 애플 제품의 무려 60퍼센트를 생산하게 될 것으로 전망했다. 이는 곧 중국보다 더 많은 애플 제품이 인도에서 생산될 것임을 의미한다. 여러 전직 엔지니어는 이러한 전망이 실현 가능하다고 보지만, 다른 많은 이는 이를 지나치게 낙관적이며, 애플의 역량에 대한 자만과 지난 25년간 중국이 수행해온 독특하고 치밀하며 강력한 역할에 대한 무지를 드러낸 것으로 평가한다. 만약 이 운영엔지니어의 예측과 유사한 수준의 결과가 실제로 도출된다면, 그것은 애플의 운영 리스크를 크게 줄이는 동시에 인도를 제조 강국으로 끌어올리는 놀라운 성취가 될 것이다.

인도의 잠재력을 뒷받침하는 두 가지 핵심 논거는 방대한 노동력과 저렴한 인건비다. 2023년 기준 인도의 인구는 14억 3000만 명으로 중국을 추월했다. 이처럼 일할 의지로 가득한 수많은 노동력은, 예컨대 숙련 인력은 존재하지만 인구 규모가 15분의 1에 불과한 베트남과 비교해 큰 자산이 될 수 있다. 2024년 기준 인도의 월평균 제조업 임금은 195달러로, 중국의 1,139달러나 미국의 5,912달러에 비해 압도적으로 낮았다.[68] 오늘날의 인도가 20년 전의 중국과 유사하다는 말이 흔히 나오는 것도 이러한 배경 때문이다. 분명히 인도의 잠재력은 막대하다. 글로벌 컨설팅기업 베인Bain에 따르면, 정책적 지원과 저렴한 비용 덕분에 인도의 제조업 수출 규모는 2022년 4180억 달러에서 2028년에는 1조 달러를 넘어설 것으로 전망된다. 전자제품 수출만 보더라도, 연간 최대 40퍼센트의 성장률이 예상된다고 베인은 분석했다. 그리고 애플은 변화의 현장에서 적극적인 역할을 하고 있다. 2023년 애플과 폭스콘은 인도 카르나타카주에서 노동법을 자유화하는 획기적인 법안의 통과를 성공적으로 이끌었다.[69] 이 새로운 법률은 공장의 근무 교대 시간을 기존 9시간에서 12시간으로 연장할 수 있도록 했으며, 동남아시아의 전자제품 생산라인에서 주로 여성들이 일하는 현실을 고려해 여성의 야간근로 제한도 완화했다.

중국의 압도적인 제조 역량

하지만 "인도가 새로운 중국이다"라는 주장은 피상적으로 느껴질 수 있다. 중국의 강점은 단순히 노동력이 풍부하다는 데 있는 것이 아니라, 그 노동력을 어떻게 배치하고 얼마나 유연하게 운용하는지에 있다. 애플 제품을 조립하는 폭스콘 노동자들의 삶을 다룬 《아이폰을 위해 죽다》의 공동 저자인 제니 챈Jenny Chan은 공장에 이주노동자를 조직적으로 배치해준 국가적 지원이 결정적인 역할을 했다고 지적했다.

"이 점이 정말 중요합니다. 왜냐하면 아이패드나 아이폰 조립 작업에 노동자들이 큰 흥미를 갖는 경우는 거의 없기 때문이에요. 그건 반복적인 작업이고, 노동자는 말 그대로 하나의 로봇, 거대한 기계 속의 아주 작은 톱니바퀴로 전락합니다." 반면 인도에는 이러한 대규모 이주 문화가 존재하지 않는다. 한 연구에 따르면, 인도는 80개국 가운데 "이주율이 가장 낮은 국가"로 나타났다.[70]

게다가 중국의 임금이 크게 상승한 데는 그만한 이유가 있다. 이는 숙련된 노동자의 기술 수준, 산업클러스터의 경쟁력 그리고 세계 최고 수준의 자동화 등이 반영된 결과다. 쉽게 말해 중국 노동자는 로봇과 함께 온다. 미국 정보기술혁신재단에 따르면, 중국의 로봇 도입 수준은 "독보적이며, 중앙정부와 지방정부 모두 로봇 및 자동화 기술 도입을 위해 막대한 재정을 투입"해왔다.[71] 국제로봇연맹에 따르면, 2022년 기준 중국에 설치된 산업용 로봇 수는 29만 대를 넘어 전 세계 총량의 절반 이상을 차지했다. 반면 인도는 5,400대에 불과했다.

실제로 중국은 전문가들이 이해조차 힘들어할 정도의 높은 기술적 정교함을 갖추고 있다. 일반적인 인식과 달리, 폭스콘이 다른 나라에 공장을 세우면 그만일 것으로 생각하는 것은 오산이다. 중국에 있는 폭스콘 공장은 수백 개의 하도급 공급업체에 둘러싸여 있으며, 이들은 대형 주문을 따내기 위해 치열하게 경쟁하고 있다. 테크산업 컨설팅기업 D2D 어드바이저리D2D Advisory의 설립자 제이 골드버그Jay Goldberg는 "애플이 그 시스템을 포기하는 건 굉장히 까다로운 일"이라고 말했다. 예를 들어 폭스콘이 초음파 용접기, 즉 초음파를 이용해 서로 다른 금속이나 플라스틱을 결합하는 용접기를 사용해야 할 경우, 중국에서라면 관련 생산라인을 운영하고 인력을 투입할 업체를 즉시 구할 수 있다. 골드버그는 "이런 하도급 전문 틈새 업체들이 즐비한 곳은 중국밖에 없습니다"라고 말했다. 다시 말해 중국이 제공하는 것은 단순한 노동력이 아니라, 20년 이상 축적되어온 제조 생태계 전반이다.

여기에 문화적 차이도 존재한다. 중국에서는 공급업체와 정부 관리들이 아이폰 생산을 수주하기 위해서라면 무슨 일이든 하겠다는 태도를 보였다. 하지만 인도에서는 그렇게 운영되지 않는다고 한 전직 애플 엔지니어는 말했다. 그는 "긴박감이라는 게 없습니다"라고 덧붙였다. 중국의 강력한 하향식 추진력은 국가에 의해 체계적으로 착취된 순종적이고 근면한 노동자들 덕분에 가능했다. 이와 대조적으로 인도는 정부 권력이 분산되어 있고 중앙집권적이지 않으며, 경제성장에 따른 인센티브가 없어 관리들이 중국의 경우처럼 경쟁하지 않는다. 또한 인도 노동자들은 더 큰 발언권을 가지고 있다. 2024년 9월 삼성의 인도 공장노동자 약 1,500명이 임금 인상을 요구하며 노동조합을 결성하고 파업에 돌입하자, 이들의 이야기는 BBC를 통해 전 세계에 보도되었다.[72] 이 영향으로 삼성은 준법 경영을 우선시하지 않을 수 없게 되었고, 사실상 공개적으로 압박받게 되었다. 중국이었다면 이런 식의 저항은 언론의 지지를 받지도 못하고 탄압당했을 것이다.

후퇴와 확장의 경계

쿠퍼티노가 중국 리스크를 줄이기 위해 진지하게 움직이고 있다는 점은 분명하다. 애플은 공급업체들에 중국에서의 생산능력을 인도에도 그대로 복제하라고 강하게 요구하고 있는데, 한 공급업체 임원은 애플이 말 그대로 "미친 듯이" 압박 중이라고 말했다. 그러나 공급업체들이 실제로 그에 부응하고 인도 정부가 인프라에 투자하더라도, 이러한 시도는 애플에 대한 통제력을 유지하려는 중국의 이해관계 탓에 제한될 가능성이 크다. 골드버그는 이렇게 말했다. "애플이 조금씩 중국에서 벗어나려는 것은 분명하지만, 매우 아슬아슬한 줄타기를 해야 합니다. 애플은 도망치고 싶진 않지만, 기어갈 수도 없어요. 적절한 속도로 걸어야 합니다. 너무 빠르면 중국이 분노할 것이고, 너무 느리면 결국 발이 묶일 테니까요."

전직 임원들에 따르면, 취약성을 민감하게 인식하고 있는 애플은 이번 움직임을 중국에서 후퇴하는 것이 아니라 인도로 확장하는 것이라고 묘사 중이다. 동시에 쿠퍼티노는 중국 정부를 향해서도 이렇게 말하고 있다. 일부 생산이 인도로 이전되는 것은 맞지만, 중국 공급망은 오히려 더 중국화되고 있다고 말이다. 이러한 전략은 폭스콘을 난처한 처지에 빠뜨렸다. 지금까지 인도 이전은 이 대만 조립업체가 주도했지만, 이 변화는 상당 부분 자발적이라기보다는 어쩔 수 없이 이루어졌다. 이 관계에 정통한 여러 인사에 따르면, 폭스콘은 중국에서의 막대한 투자 규모, 정치와 문화에 대한 이해 그리고 거의 40년에 걸친 운영을 통해 쌓아온 신뢰 관계를 고려할 때 인도 사업을 구축하는 데 큰 관심이 없다. 그러나 애플은 전환이 필요하며, 폭스콘에 사실상 이렇게 통보했다. "아이폰 조립을 계속 맡고 싶다면 인도로 생산거점을 확대해야 한다."

애플의 생산 다변화 움직임에 대해 중국 정부가 어떻게 반응하고 있는지는 명확하지 않다. 그러나 중국 정부가 자국 제조업의 경쟁력을 유지하길 원한다는 점은 분명하다. 이러한 맥락에서 애플이 인도와 동남아시아로 생산거점을 다변화하려 하자, 붉은 공급망으로 불리는 중국 공급업체들이 오히려 이 움직임을 지원하고 나섰다. 실제로 베트남에서는 애플의 주요 공급업체 중 3분의 1 이상이 중국 기업이며, 여기에는 럭스셰어, 고어텍, BYD 일렉트로닉 등이 포함된다. 2023년 초 블룸버그통신은 럭스셰어를 필두로 약 14개 공급업체가 인도 정부에서 현지 사업 운영 허가를 받았다고 보도했다.[73] 애플이 해당 기업들을 인도 진출에 필요한 업체로 지정한 다음 이루어진 조치였다. 한 전직 제품 매니저는 다음과 같이 말했다. "애플이 인도에서 성공한다면, 그것은 중국 정부의 지원 덕분일 것입니다." 이어서 그는 아프리카 전역에 대한 중국의 기여를 보라고 덧붙였다. 중국은 거의 모든 아프리카 국가와 개발 협약을 맺고 있으며, 광물자원에 대한 막강한 영향력을 행사하고 있다. 그는 이렇게 말했다. "중국은 아프리카의 인프라 건설에 적극적으로 참여하고 있습니다. 자신들에게 이익이 된다면 인도에 대해서도 마찬가지로 행동할 것입니다. 이 점을 의심한다면 그건 순진한 생각이에요." 그러나 상황은 민감하다. 2025년 초 중국 정부는 인도로의 중국산 장비 수출과 노동자 비자 발급을 중단하며 폭스콘을 곤란하게 했다. 이에 폭스콘은 대만 공장에서 근무하는 인력을 인도로 파견해 대응했다. 이 사례는 중국이 기술 이전을 '일방통행로'로 만들고자 한다는 점, 즉 정보는 중국으로 들어오되 밖으로는 나가지 않기를 원한다는 점을 시사한다.

한편 아이폰 생산을 위한 현지 공급망을 구축하고 확대하려는 가장 야심 찬 인도 기업으로 타타 그룹Tata Group이 부상 중이다. 타타 그룹은 뉴델리 당국의 인센티브를 활용해 더 많은 인도 기업을 유치하고, 애플의 공급망에 참여시키기 위한 '닻' 역할을 자처하고 있다. 타타 그룹은 2020년 타타 일렉트로닉스Tata Electronics를 설립하고, 아이폰 케이스와 케이블 생산을 통해 애플 공급망에 처음 진입했다. 이후 붉은 공급망이 보여준 '인수를 통한 진입' 전략을 따르며, 2023년 위스트론의 인도 공장을 1억 2500만 달러에 인수했다. 2024년 9월에는 호수르 지역의 아이폰 조립공장에서 근무할 직원을 2만 명 이상 새로 채용하겠다고 밝혔으며, 이는 해당 공장의 인력을 두 배로 늘리는 조치였다. 그리고 11월에는 페가트론의 유일한 인도 공장을 손에 넣고자, 거의 대부분의 지분을 인수했다.[74] 사이버미디어 리서치CyberMedia Research의 산업 부문 책임자 프라부 람Prabhu Ram에 따르면, 인도는 장기적으로 전체 가치사슬을 자국 내로 들여오는 것을 목표로 하고 있으며, 이를 위해 정부는 할 수 있는 모든 지원을 아끼지 않을 것이다. 람은 이렇게 덧붙였다. "이건 단지 쿡의 업적에 관한 문제가 아닙니다. 이건 모디의 업적에 관한 일이에요."

41장 | TSMC라는 변수

애플이 중국 의존도를 줄이는 조치를 일부 취했는데도 회사 전략의 다른 측면들은 오히려 취약성을 심화했다. 특히 2020년 애플이 맥 제품군에 인텔 칩을 사용하지 않기로 한 것은 결과적으로 중국 리스크를 더욱 강화하는 결과를 낳았다. 이전 15년 동안 애플의 해당 제품군에 탑재된 CPU는 미국에 본사를 둔 인텔이 생산했으며, 이 칩들은 미국과 이스라엘에서 설계 및 제조되었다. 그러나 쿠퍼티노는 이 미국 업체를 버리고 자사의 애플 실리콘을 선택했다. 애플이 자체 설계한 이 칩은 대만의 TSMC에서만 독점 생산된다. 애플은 이미 아이폰과 아이패드 같은 휴대용 제품에서 삼성 칩을 버리며 이 전략을 추진해왔다. 사업적인 관점으로만 보면, 이 결정은 타당했다. 하드웨어에 대한 통제력을 더욱 강화함으로써, 애플은 오랫동안 유지해온 스마트폰 분야에서의 우위를 자사 제품 전반에 복제할 수 있었다. 그러나 이 결정에는 분명한 단점이 있었다. 오늘날 아이폰, 아이패드, 맥북, 맥의 데스크톱 제품군, 에어팟, 애플 워치에 들어가는 핵심 칩이 모두 단 하나의 작은 섬에서 생산되고 있다. 어떤 상황에서도 이런 집중은 이례적인 일이지만, 중국이 권위주의적으로 변하고 있는 현실을 고려하면 더욱 우려스러운 일이다.

전쟁부터 지진까지

분명히 말하건대, 대만 자체가 지정학적 리스크라는 것은 아니다. 대만은 활기찬 민주주의 국가이자 미국의 강력한 동맹국이다. 하지만 시진핑은 반복적으로 대만 "통일"을 주장하고, "이 세대 안에" 대만 문제를 "해결"하겠다고 공언해왔다.[75] 이러한 발언은 2019년 이후 더욱 위협적으로 들리기 시작했는데, 그해 중국이 홍콩의 자치를 짓밟고 민주화 운동가들을 투옥했기 때문이다. 2024년 1월 대만 국민이 라이칭더賴淸德를 대통령으로 선출하자, 중국은 그를 "완고한 대만 독립 분자"라고 비난하며 무력시위를 벌였다. 중국군은 대만해협에서 모의 공격 훈련을 시행했고, 이는 섬에 대한 "장악 능력"을 시험하는 훈련이라고 밝혔다. 이러한 군사행동은 점점 더 빈번해지고 있으며, 중국군의 기술적 역량이 크게 향상되었음을 보여준다. 2024년 9월 중국은 40여 년 만에 처음으로 태평양을 향해 대륙간탄도미사일을 시험 발사했다. 같은 해 10월 1일, 중국공산당이 집권 75주년을 기념하는 자리에서 시진핑은 대만과의 통일 의지를 다시 한번 천명했다. 그는 "대만은 중국의 신성한 영토"이며, 중국과 대만은 피로 맺어져 있다고 주장했다. 그는 수천 명의 지지자 앞에서 이렇게 말했다. "이것은 되돌릴 수 없는 역사적 대세이자, 정의로운 대의이며, 모든 인민의 염원입니다. 역사의 진군은 누구도 막을 수 없습니다."

중국이 대만을 상대로 군사행동에 나설 경우, 전 세계적으로 최첨단 반도체의 최소 80퍼센트를 생산하는 TSMC는 즉각적인 위협에 처하게 된다. 중국의 대만 침공을 가정한 워게임에서 대만의 반도체산업은 생존하지 못했다. 《칩 워, 누가 반도체 전쟁의 최후 승자가 될 것인가》의 저자 크리스 밀러Chris Miller는 "전쟁이 발발하는 첫날에 바로 문을 닫게 될 것"이라며, "전투가 시작되는 순간 TSMC의 생산은 중단되고, 다시 문을 열 일은 없을 것"이라고 말했다.[76] 이러한 생산 중단은 세계경제에 재앙적 영향을 미친다. 미국 국가정보국 국장 애브릴 헤인스Avril Haines는 대만이 반도체를 수출할 수 없게 될 경우, 전 세계가 부담해야 할 연간 손실액이 첫 몇 년간 "6000억에서 1조 달러 이상"에 이를 것이라고 추산했다.[77] 《뉴욕타임스》 칼럼니스트 니콜라스 크리스토프Nicholas Kristof는 TSMC를 두고 "생산이 멈추면 세계 대공황을 유발할 수 있는 역사상 유일한 기업"이라고 평했다.[78] 애플만 놓고 보더라도 그 파장은 마치 운석이 충돌하는 것과 맞먹는 수준이다. 애플의 전직 제품엔지니어는 해상봉쇄나 격리 수준의 조치만으로도 애플의 운영은 사실상 전면 중단될 것이라고 말했다. "중국으로서도 그렇게 하지 않을 유인은 분명 존재합니다. 하지만 단순히 그럴 가능성만으로도 쿡은 밤잠을 설치게 될 거예요."

TSMC 회장이었던 류더인劉德音은 2022년, 중국의 침공 가능성을 일축하며 투자자들을 안심시키려 했다. 그는 유전과 달리, 반도체 공장은 힘으로 점령할 수 있는 전리품이 아니라고 설명했다. CNN과의 인터뷰에서 그는 이렇게 말했다. "누구도 무력으로 TSMC를 장악할 수 없습니다. 침공을 감행하면 TSMC의 반도체 공장은 작동 불능 상태가 되고 말 것입니다."[79] 하지만 류더인의 판단이 틀릴 경우를 대비해, 미국 당국자들 사이에서는 중국이 공장을 지배하기 전에 미국이 직접 해당 시설을 파괴할 가능성도 제기되고 있다. 2023년 4월 전 미국 국가안보보좌관 로버트 오브라이언Robert O'Brien은 《세마포Semafor》와의 인터뷰에서 다음과 같이 말했다. "미국과 그 동맹국들은 TSMC가 중국의 수중에 넘어가도록 절대 내버려두지 않을 것입니다."[80]

하지만 TSMC에 대한 가장 큰 위협은 대만의 정치적 취약성이 아닐 수 있다. 대만은 전 세계에서 지진이 가장 자주 발생하는 이른바 '지구 최대의 지진대' 위에 자리 잡고 있으며, 전 세계 미진微震의 81퍼센트가 이 지역에서 발생한다.[81] 대만은 매년 수천 건의 작은 지진을 겪고 있으며, 이 중 체감할 수 있는 규모는 일부에 불과하지만 그래도 연간 수백 건에 달한다. 단 한 차례의 대규모 지진만으로도, 지진의 위치와 규모에 따라 생산이 며칠, 몇 주, 또는 몇 달 동안 중단될 수 있다. 그런데도 애플은 10년 넘게 TSMC의 최대 고객으로서, 주요 제품에 들어가는 가장 핵심적인 칩 생산을 이 지역에 의존하고 있다. 미국의 한 반도체 업체 임원은 이에 대해 이렇게 말했다. "이건 거의 직무 유기 수준입니다. 내가 애플 이사회 일원이었다면, 진짜 미칠 듯이 불안했을 거예요."

"오판이나 사고의 위험이 커지고 있다"

애플의 최대 투자자인 워런 버핏Warren Buffett이 불안감을 느끼고 있다는 조짐이 나타나기도 했다. 그는 2023년 초 지정학적 리스크를 이유로 약 50억 달러 규모의 TSMC 주식을 전량 매각했다.[82] 버핏은 대만의 반도체회사를 "세계에서 가장 잘 운영되고 있는 중요한 기업 중 하나"라고 평가하면서도 이렇게 덧붙였다. "그 위치가 마음에 들지 않습니다. 그래서 재평가했어요." 그리고 2024년 8월부터 11월 사이, 버핏은 애플 지분을 1780억 달러에서 699억 달러로 낮추며 거의 3분의 2를 매각했다.[83] 이 같은 움직임에 대한 설명은 없었지만, TSMC 주식을 매각했던 논리가 애플에도 똑같이 적용될 수 있다.

이러한 도전들은 시간이 지나도 쉽게 해소되지 않을 가능성이 크다. 1차 냉전기에 미국은 자국의 우월한 경제성장률에 기대 군비 지출을 늘리면, 이를 따라 할 수밖에 없는 소련이 자연스레 경제적 어려움을 겪다가 자멸에 이를 것이라고 기대했다. 그러나 같은 논리가 중국에는 적용되지 않는다. 중국은 미국보다 인구가 네 배 많고, 지난 40년간 훨씬 빠른 속도로 GDP를 키워왔다. 중국은 정책을 마음대로 결정할 수 있는 권위주의적인 지도자 아래 경제적으로 더 거대해지고 있으며 군사력도 강화되고 있다. 반면 미국은 정치적 분열로 어려움을 겪고 있어, 양국 간 GDP 격차는 해마다 좁혀지고 있다. 또한 1차 냉전기와 달리, 오늘날 미국과 중국의 경제는 머스크의 표현대로 "몸이 붙은 쌍둥이처럼" 얽혀 있다. 실제로 애플이 1년간 중국에서 미국으로 수출하는 제품의 규모는, 1차 냉전기 내내 소련이 미국에 수출한 제품의 전체 물량보다 많다.

2023년 4월 리셴룽李顯龍 싱가포르 총리는 사임 1년을 앞두고 "오판이나 사고의 위험이 커지고 있습니다"라고 경고했다.[84] 같은 해 미군 수송사령부를 이끄는 마이크 미니한Mike Minihan 장군은 미중 전쟁이 빠르면 2025년에 발발할 수 있다고 전망했다.[85] 이런 사태가 현실화할 경우, 애플은 서구 기업 중 가장 큰 타격을 입게 된다. 메타와 알파벳은 대부분의 매출을 온라인 광고에서 창출하고, 아마존은 해당 지역에서 실질적인 사업 기반이 없으며, 마이크로소프트는 전체 매출에서 하드웨어가 차지하는 비중이 약 6퍼센트에 불과하다. 심지어 애플보다 더 많은 스마트폰을 판매하는 유일한 기업인 한국의 삼성조차도 훨씬 덜 취약하다. 삼성은 세계에서 TSMC 다음으로 큰 규모의 파운드리를 보유하고 있으며, 이들 시설은 한국과 미국 텍사스주에 있다. 2023년 삼성은 향후 20년간 신규 파운드리 다섯 곳을 짓기 위해 2300억 달러를 투자하겠다고 발표했다. 실제로 대만에서 정치적 충돌이든 자연재해이든 어떤 형태의 지진이 발생할 경우, 가장 큰 수혜자는 삼성이 될 가능성이 크다. 대만의 공급망이 마비되면 삼성도 일부 부품 조달에 차질을 빚을 수는 있지만, 애플에 비하면 그 영향은 훨씬 제한적이다.

미국으로 향하는 TSMC

쿠퍼티노가 제조거점을 인도로 다변화하려는 가운데, TSMC는 미국 정부의 직접적인 지원을 받아 반도체 생산시설을 분산시키는 중이다. 2020년 5월 TSMC는 미국 애리조나주 피닉스에 파운드리를 건설하기 위한 대규모 투자 계획을 발표했다. 이후 2024년까지 그 계획은 세 곳의 신규 파운드리를 포함하는 규모로 확대되었고, 전체 투자 비용은 650억 달러를 넘어섰다. 이는 고객사의 압박과 미국 정부의 의지를 모두 반영한 결과다. TSMC는 이 세 곳의 시설이 "미국 역사상 최대 규모의 신규 외국인 직접투자"가 될 것이라고 밝혔다. 그러나 대만과 미국의 문화 차이 그리고 6,000명의 인력을 충원하기에는 미국의 기술 인재가 부족한 문제 때문에 본격적인 반도체 생산은 2025년 초로 1년 연기되었다.

설령 TSMC가 애플을 위해 미국 현지에서 최첨단 칩을 생산하더라도, 일부 보도에 따르면 이 칩들은 대만으로 다시 운송되어야 한다.[86] 칩을 보호하고 회로의 전기적 연결성을 강화하는 고난도의 첨단 패키징advanced packaging 공정을 거쳐야 하기 때문이다. 반도체 시장조사기업인 세미애널리시스SemiAnalysis의 수석애널리스트는 이에 대해 이렇게 말했다. "TSMC의 애리조나주 파운드리는 지정학적 긴장이나 대만을 둘러싼 전쟁 상황에서 사실상 서류 더미를 눌러두는 문진처럼 부가적 요소에 불과합니다. 왜냐하면 칩을 대만으로 다시 보내 첨단 패키징 공정을 거쳐야 하기 때문입니다."

장기적으로 보면, TSMC의 애리조나주 파운드리는 애플 공급망에 회복력을 더해줄 결정적인 요소가 될 수도 있다. 그러나 첨단 반도체 제조는 인류가 만들어낸 가장 복잡하고 비용이 많이 드는 공정이며, 대만이 자국 최고의 수출 역량을 국내에 유지하려는 데는 충분한 이유가 있다. TSMC의 창업자이자 현재는 은퇴한 모리스 창조차도 이러한 노력에 회의적인 시각을 내비쳤다. 2022년 그는 "그걸로는 충분하지 않을 것"이라며, "그건 아주 값비싼 헛수고가 될 것으로 생각합니다"라고 말했다.[87] 게다가 트럼프가 재선에 성공할 경우, TSMC의 미국 진출 노력은 크게 제약받거나 무너질 수 있다. 트럼프는 대만이 미국의 반도체산업을 훔쳤다고 비난하며, 반도체및과학법을 폐기하겠다고 위협한 바 있었다.[88] 미래는 극도로 불확실하다.

에필로그 ― 기록되지 않은 유산

애플의 5가지 위기

앞으로 10년 동안 애플과 중국의 관계가 중대한 위기에 직면할 것으로 예측하는 데는 다섯 가지 이유가 있다.

1. 화웨이의 역습

애플에 가장 큰 위협이 되는 중국 기업 화웨이가 완전히 부활했다. 화웨이는 트럼프 행정부가 미국산 칩, 소프트웨어, 5G 안테나를 사용하지 못하도록 제재를 가한 지 불과 4년 만에 스마트폰을 다시 출시했다. 새 스마트폰에는 화웨이가 자체 개발한 칩이 탑재되었는데, 바이든 행정부가 그 일이 어떻게 가능했는지 조사했을 정도로 성능이 뛰어났다.[1] 이 칩은 TSMC가 생산하는 최첨단 칩에는 미치지 못하지만, 대부분의 전문가가 예상했던 수준을 훨씬 능가했다. 게다가 화웨이는 하모니OS$_{HarmonyOS}$라는 스마트폰용 OS마저 개발했다. 2024년 초 하모니 OS는 중국에서 iOS의 시장점유율을 추월했다. 중국 사용자를 위한 최신 버전의 하모니OS는 안드로이드의 흔적을 완전히 지웠는데, 향후 수년 내에 여러 중국 브랜드가 이 OS를 채택할지 모른다. 화웨이는 이제 애플 제품 특유의 호환성, 즉 스마트폰, 태블릿, 컴퓨터, 이어폰이 매끄럽게 연동되는 기능마저 제공하는데, 이를 '슈퍼 디바이스$_{Super Device}$'라고 부르며 대대적으로 홍보 중이다.

 2024년 9월 아이폰 16이 출시되고 몇 시간 후, 화웨이는 세계 최초의 세 번 접는 스마트폰 메이트 XT를 공개했다. 이 제품은 산업공학 측면에서 경이로운 성취로 평가받고 있다. 접었을 때 두께는 12.8밀리미터로 일반 스마트폰보다는 두껍지만, 삼성과 모토로라의 기존 폴더블폰보다는 얇다. 펼쳤을 경우 화면 크기는 10.2인치로 기본형 아이패드와 같으며, 두께는 4.8밀리미터로, 쿠퍼티노가 "역대 가장 얇은 애플 제품"이라 소개한 아이패드 프로의 5.1밀리미터보다도 얇다. 서구 언론에서는 이 제품의 가격이 2,800달러라는 점을 비판했지만, 그런 평가는 더 본질적인 흐름을 놓치고 있다. 2014년만 해도 조너선 아이브는 값싼 중국산 스마트폰이 자신의 디자인을 노골적으로 도용한다고 비난했고, 2018년에는 중국 브랜드들이 애플의 최신 기능을 따라잡는 데 놀라움을 표했다. 그러나 이제는 중국 브랜드들이 더 비싸고 더 매력적인 기능을 갖춘 스마트폰을 설계하고, 제조하고, 출시하는 단계에 이르렀으며, 애널리스트들에 따르면 애플은 2027년까지도 이 수준에 도달하지 못할 것으로 보인다. 유튜브에 올라온 메이트 XT의 개봉기 영상에서 가장 많은 '좋아요'를 받은 댓글이 "이제 왜 미국이 화웨이를 금지했는지 알겠다"라는 것도 놀랄 일이 아니다.[2]

2018년 말 애플이 아이폰 출시 이후 최악의 실적을 기록하자, 최고 경영진은 공황에 가까운 불안을 느끼며 화웨이를 구체적인 위협으로 인식하기 시작했다. 지금의 화웨이는 그때보다 더 큰 위협일 수 있으며, 이 문제는 미중 간의 알력 그리고 중국 민족주의 정서에 따라 더욱 악화될 가능성이 있다.

2. 디커플링의 어려움

애플이 아이폰 조립과 기타 운영을 중국에서 인도로 이전하며 리스크를 분산하려 할수록, 중국 소비자와 정부의 반발에 직면할 가능성은 커진다. 2023년 9월 새 아이폰의 출시 당일에 처음으로 '메이드 인 인디아'가 새겨진 제품이 출고되자, 일부 중국 누리꾼이 소셜미디어를 중심으로 해당 제품의 품질을 비난하고, 악의적으로 근거 없는 소문을 퍼뜨렸다. 심지어 인종차별적 발언을 내뱉거나 본격적인 불매운동을 선동하는 사람도 있었다. 중국 소비자들은 아이폰을 오랫동안 자국 제품처럼 여겨왔다. 따라서 그들이 아이폰을 서구 기업들이 중국에 대해 시도 중인 디커플링의 상징으로 인식한다면, 예측 불가능한 위험이 발생할지 모른다. 중국 정부는 애플의 다변화 시도를 고통스럽게 할 수 있는 위치에 있다. 그들이 다른 기업들에 본보기를 보이기 위해 여러 수단을 동원하는 것을 직접 목격해온 전직 미국 마약단속국 요원 브래디 매카이는 이렇게 말했다. "그들은 수백만 가지 방법을 당신에게 휘두를 내릴 수 있습니다. 예를 들어 원자재 공급을 순식간에 차단하거나, 전기를 갑자기 하루 네 시간만 공급하는 방법들을 생각할 수 있어요."

3. 서비스 검열

또한 주목할 것은 애플이 적극적으로 확장하고 있는 서비스 부문이다. 이 부문은 현재 애플에서 가장 빠르게 성장하고 있으며, 이윤 측면에서도 가장 수익성이 높은 사업이다. 서비스가 애플 제품에 통합됨에 따라 긍정적인 결과가 나타나는 것이다. 게다가 하드웨어와 달리 서비스는 중국의 통제에서 비교적 자유로워, 반복적인 수익을 창출하는 중요한 기반이 된다. 실제로 애플의 서비스 부문 확장은 공급망 변화보다 수익 다변화에 더 큰 역할을 했을 가능성이 크다. 그러나 이와 동시에 서비스 부문 확장은 애플을 정치적으로 더 민감하게 하기도 한다. 2019년 애플이 넷플릭스 스타일의 스트리밍 서비스인 애플 티비플러스Apple TV+를 출시했을 때, 소프트웨어 및 서비스 부문 책임자인 에디 큐는 콘텐츠 파트너들에게 두 가지 지침만을 전달했다.[3] 하나는 노골적인 노출을 피하라는 것이고, 다른 하나는 "중국을 부정적으로 묘사하지 말라"라는 것이었다. 몇 년 뒤 정치 풍자 코미디언 존 스튜어트Jon Stewart는 해당 플랫폼에서 자신의 프로그램을 내렸는데, 그 이유는 향후 방영될 에피소드들, 특히 중국을 다룬 내용과 관련한 이견 때문이었다.

애플 티비플러스는 중국에서 아예 서비스되고 있지 않지만, 쿠퍼티노는 언제 어떻게 스스로 검열해야 하는지를 잘 알고 있다.

4. AI 전쟁

애플이 AI 분야로 확장하는 것도 또 다른 불확실성을 내포하고 있다. 2024년 말 아이폰 16 출시와 함께 애플 인텔리전스Apple Intelligence라는 이름의 획기적인 AI 기능들을 선보인 애플은 이를 통해 매출의 대폭적인 성장을 꾀하고 있다. 대부분의 기존 아이폰 사용자는 이 기능에 접근할 수 없으며, 기기를 최신 모델로 업그레이드해야만 사용할 수 있다. 이는 대규모 하드웨어 교체와 새로운 서비스에 대한 반복 과금을 유도한다. AI 분야에서 애플이 선두를 달리고 있다고 보기는 어렵지만, 하드웨어와 반도체, 소프트웨어를 모두 보유하고 있다는 점에서 애플의 입지는 독보적이다. 프라이버시 보호를 이유로 애플은 외부 개발자가 사용자 데이터에 접근하는 것을 허용하지 않는다. 그러나 애플의 음성 비서 시리는 그러한 접근이 가능하다. 따라서 챗GPT와 같은 경쟁 AI가 아이폰에서 실행되더라도 일반적인 콘텐츠 생성에서만 유용할 뿐, 이메일, 문자, 사진과 같은 사용자 데이터를 바탕으로 더 맞춤화된 응답을 제공하는 데는 애플이 독점적 지위를 유지하게 된다.

AI가 유용한 마케팅 수단이라는 점과 별개로 애플의 시도는 중국에 의존하고 있는 상황에 제약받는다. 예컨대 시리가 사용자의 위치와 관계없이 톈안먼 사태 같은 민감한 질문에 직접적으로 답변하는 것은 애플로서 절대 허용할 수 없는 일이다. 이에 따라 애플은 자신들의 AI가 민감한 질문에 법적·정치적 책임을 피할 수 있는 방식으로 답하도록 챗GPT의 개발사 오픈AI와 제휴를 맺었다. 챗GPT를 활용하는 것은 애플이 처한 난처한 상황에서 빠져나오는 하나의 방법이 될 수 있지만, 사실 그 기술은 중국에서 허용되지 않는다. 그 결과 애플은 현지 파트너를 찾는 데 주력하고 있으며, 이 때문에 AI 서비스 도입이 지연되고 사용자 경험도 저하되고 있다. 중국에서 AI와 관련된 애플의 고전은 현지 브랜드들의 제품을 더 매력적으로 보이게 한다. 실제로 카운터포인트 리서치에 따르면, 2024년에는 샤오미와 화웨이 모두 애플보다 더 많은 스마트폰을 판매했으며, 아이폰 출하량은 13퍼센트 감소했

고, 특히 연말 성수기가 포함되어 있어 가장 중요한 4분기에만 18퍼센트 하락했다.[4]

5. 트럼프 2.0

도널드 트럼프의 복귀는 무역전쟁, 관세 그리고 중국을 첨단 기술 분야의 경쟁자로 간주하는 기조가 2030년 이후까지도 지속될 것임을 사실상 확실하게 한다. 애플이 미국의 최대 경쟁국에 첨단 기술을 전수해왔다는 이른바 '비밀 소스'는 앞으로 큰 위협에 처할 수 있다. 팀 쿡이 개인적으로 트럼프의 취임식에 100만 달러를 기부한 사실은 그가 이러한 위협을 충분히 인식하고 있음을 보여주는 대목이다.

주주의 이익 대 국가의 이익

스티브 잡스가 사망하고 2년 후 오라클 CEO 래리 엘리슨Larry Ellison은 쿡 체제하의 애플이 어려움을 겪는 것은 불가피하다고 주장했다. 그는 1985년 잡스가 애플에서 쫓겨난 이후 회사를 덮친 일들을 보면 알 수 있다고 말했다. 엘리슨은 2013년 찰리 로즈Charlie Rose의 토크쇼에서 "우리는 이미 알고 있습니다. 우리는 보았습니다. 우리는 실험을 해봤습니다"라고 말하며 손가락으로 상승 곡선을 그렸다. 그는 잡스가 처음 애플에 몸담았을 때 회사가 얼마나 성공적이었는지를 강조하며, 잡스가 떠난 이후 곧바로 내림세를 보였다고 설명했다. 그러면서 손가락으로 바닥을 가리켰다. 이어 그는 "우리는 1997년 잡스가 돌아온 뒤의 애플을 봤습니다"라며 손가락을 치켜들었다. 그리고 "이제 우리는 잡스 없는 애플을 보게 될 겁니다"라고 말하며 손가락을 힘없이 떨구었다. "그는 대체 불가능한 인물이에요. 애플은 그만큼 성공적이지 못할 겁니다."

그토록 빗나간 예측은 드물었다. 주주들의 관점에서 보면, 쿡은 잡스의 후계자로서 전례 없는 성공을 거두었다. 2022년 1월 애플은 시가총액 3조 달러를 돌파한 최초의 기업이 되었는데, 이는 쿡이 2011년 8월 CEO에 취임한 이후 애플의 기업가치가 하루 평균 7억 달러 이상 꾸준히 증가했음을 의미한다. 애플이 AI 분야에서 선도적 역할을 할 수 있을지, 또는 아이폰을 대체할 차세대 기기를 만들어낼 수 있을지에 대한 의문은 여전히 존재하지만, 쿡의 명성은 이미 일종의 신화적 지위에 도달했다.

그러나 그 유산은 겉보기보다 훨씬 불안정하며, 중국과 관련된 불확실성 때문에 무너질 수 있다는 생각은 결코 비현실적인 가정이 아니다. 이를 보여주는 대표적인 사례가 잭 웰치Jack Welch다. 그는 1981년부터 2001년까지 제너럴 일렉트릭General Electreic, 이하 GE의 CEO를 역임했다. 웰치가 물려받은 GE는 전등, 토스터, 산업 장비를 생산하는 140억 달러 규모의 제조업체에 불과했지만, 그가 퇴임할 무렵에는 매출이 다섯 배로 증가했고, 금융, 헬스케어, 에너지 분야까지 사업을 확장했으며, 수백 개의 회사를 인수했다. GE의 사업 범위는 놀라웠다. NBC유니버설을 소유했고, 제트엔진을 제조했으며, 세계 각국의 인프라 건설 사업에 자금을 지원했다. GE의 주가는 20년간 연평균 21퍼센트 상승했고, 2001년에는 시가총액이 6000억 달러에 이르며 세계에서 가장 가치 있는 기업으로 등극했다. 1999년 《포춘》은 웰치에게 누구도 따라올 수 없는 "세기의 경영자"라는 칭호를 부여했으며, CBS의 시사 프로그램

〈60분60 Minutes〉은 그의 재임기가 워낙 지대한 영향을 미쳐 "웰치 시대"라고 부르는 이들도 있다고 보도했다.[5]

하지만 웰치가 세상을 떠난 2020년 무렵, 그의 평판은 훨씬 더 복잡해져 있었다. 웰치 시대의 성과는 GE 주주들에게는 탁월한 승리였지만, 소수에게 돌아간 일시적 이익은 시간이 갈수록 그 중요성을 잃었다. GE의 대규모 오프쇼어링 전략이 미국의 러스트벨트 형성에 일정 부분 책임이 있다는 사실이 점차 명확해졌기 때문이다. GE는 미국의 제조업 공동화를 이끈 대표적 사례로 지목되었고, 양질의 제조업 일자리는 해외로 이전되었으며, 사내 청소와 같은 비핵심 업무는 아웃소싱되었다. 이 두 가지 흐름은 불평등을 심화했다. 1950년대까지만 해도 "제너럴 모터스에 좋은 것이 미국에도 좋다" 같은 말이 통용되었지만, 웰치 시대가 개막되며 주주 이익을 최우선으로 하는 자본주의가 새로운 신조로 떠받들어졌다. 이러한 철학은 경제학자 밀턴 프리드먼Milton Friedman이 "기업의 유일한 사회적 책임은 이윤을 증대하는 것"이라고 선언하면서 학문적 정당성까지 부여받았다.

문제는 주주 이익을 우선하는 자본주의가 기업들이 국가의 이익을 무시하거나 심지어 훼손하는 것을 가능하게 했고, 실제로는 이를 조장하기까지 했다는 점이다. 기업 경영진들은 단기적인 이익을 얻기 위한 행동, 예컨대 비용 절감이나 아시아로의 일자리 외주화 같은 전략에 집중하면서, 더 광범위한 사회적 영향을 외면할 수 있게 되었다. 이 책이 보여주었듯 잡스 사망 이후 쿠퍼티노의 이해관계는 미국의 국익과 점차 괴리를 보여왔으며, 그 여파는 결국 쿡의 업적에 오점을 남길지 모른다.

중국에 흩뿌려진 애플의 DNA

웰치의 평판을 뒤흔든 또 다른 요인은 GE의 재무 상태와 주가가 급격히 악화되었다는 점이다. 그가 CEO 자리에서 물러난 지 불과 나흘 만에 테러리스트들이 비행기를 몰고 세계무역센터를 공격했다. 하필 GE의 보험 부문은 쌍둥이 빌딩과 납치된 비행기 네 대의 주요 보험사였다. 미국 경제는 곧바로 침체에 빠졌고, GE도 타격을 피할 수 없었다. 이후 2008년 세계금융위기가 터졌을 때 GE가 다시 한번 소환되었다. 이 회사는 높은 레버리지를 운영하는 미국 최대 규모의 대출기관으로 드러났는데, 세계금융위기를 초래한 서브프라임 모기지 사태에 상당 부분 연루되어 있었다. 웰치의 재임기에 GE는 AAA에 달하는 높은 신용 등급을 활용해 저금리로 자금을 조달하고, 이를 고위험 대출자에게 높은 이율로 빌려주며 차익을 챙겼다. 웰치는 이를 두고 "금속을 구부리는 것보다 쉬운 일"이라고 말하기도 했다.[6] 밀레니엄 전환기에 세계에서 가장 가치 있는 기업이었던 GE는 얼마 지나지 않아 공적 자금을 지원받는 처지가 되었다. 최악의 한 해였던 2009년 GE의 시가총액은 85퍼센트나 쪼그라들며 900억 달러 이하로 떨어졌다.

웰치의 유산을 재평가한 최초의 주요 저서들은 단호하고 날카로웠다. 《뉴욕타임스》 기자 데이비드 젤레스David Gelles는 자신의 책 제목을 《자본주의를 무너뜨린 남자The Man Who Broke Capitalism》라 붙였다. 투자은행가 윌리엄 D. 코핸William D. Cohan은 《정전Power Failure》에서 웰치를 분기별 목표 달성에 집착하며, 산업 혁신이 쇠퇴하고 있었는데도 사업의 건전성에 대해 자신을 기만한 인물로 묘사했다. 코핸은 또한 미국 기업들이 협소하고 단기적인 사고방식에 갇혀 있다는 점을 비판했다. 두 책 모두 웰치 시대를 전면적인 실패로 규정하지는 않았다. 하지만 그들은 웰치가 경쟁자들에게 미국의 경쟁력에 악영향을 미칠 본보기를 보여주면서 동시에 회사에 큰 위험을 안겨주었다는 점을 분명히 했다.

앞으로 20년 동안 쿡도 웰치와 유사한 운명을 맞이할 가능성은 없을까? 애플은 그동안 눈부신 성공을 거두었고, 2025년 초 현재도 사업은 견고해 보인다. 그러나 헤지펀드 투자자 제이 뉴먼Jay Newman은 이렇게 경고했다. "애플이 중국 의존도를 줄이기 위해 아무리 몸부림쳐도, 단 한 줄의 명령만으로 그 가치 대부분을 날려버릴 수 있는 중국 공산당의 권력에는 당해낼 수 없다."[7] 대만 병합, 미중 관계의 깊어지는 단절, 또는 중국이 애플에서 배울 만큼 다 배웠다고 느끼는 순간과 같은 외부 요인들은 경쟁사들의 신제품 출시보다도 훨씬 더 실존적인 위협이다. 중국 민족주의가 애플에 가하는 위험은 사라질 수 없다.

설령 모든 일이 순조롭게 흘러간다고 해도, 중국 경제는 머지않아 미국을 제치고 세계 최대 규모가 될 가능성이 크다. 그러면 사람들은 반드시 묻게 될 것이다. 어떻게 그렇게 된 걸까? 중국은 어떻게 이토록 빠르게, 그것도 첨단산업과 같은 복잡한 분야에서 성장했는가? 이에 대한 불편한 답변은 바로 애플이 가르쳐주었다는 것이다. 애플은 해마다 세계 각지에서 가장 최첨단의 설계, 공정, 기술적 노하우를 가져와 중국에서 이를 대규모로 구현했다. 한 공급망 전문가는 중국 첨단산업 발전의 핵심을 범죄 수사극처럼 묘사하며 이렇게 말했다. "주위를 둘러보세요. 애플의 DNA가 곳곳에 있습니다."

"언제든지 폭발할 수 있다"

1984년 슈퍼볼 경기 중에 애플은 컴퓨터 광고 역사상 가장 상징적인 TV 광고를 내보냈다.[8] 광고에는 세뇌된 듯한 회색 옷 차림의 대중이 등장하며, 그들은 정면의 대형 스크린에 등장한 '오웰식 빅브라더'가 순응의 미덕을 찬양하는 연설에 귀를 기울이고 있다.

> 우리는 역사상 처음으로 순수한 이념의 정원을 창조했다. 이곳에서 각 노동자는 모순된 사고를 퍼뜨리는 해충들에서 안전하게 보호받으며 피어날 수 있다.
> 우리의 통일된 사상은 지상에 존재하는 그 어떤 함대나 군대보다 강력한 무기다.
> 우리는 하나의 민족이며, 하나의 의지, 하나의 결의, 하나의 대의를 공유한다.
> 우리의 적들은 스스로 말하다가 죽을 것이며, 우리는 그들의 혼란으로 그들을 매장할 것이다.
> 우리는 반드시 이길 것이다!

그때 밝은색 옷을 입은 한 명의 운동선수가 등장해 장면을 가로질러 달려온다. 애플의 현신인 그는 양손으로 받쳐 든 대형 망치를 힘껏 던져 스크린과 그곳에서 흘러나오는 주문을 박살 낸다. 그 시절 애플은 반항적이었다. 혁신적이었다. 맥은 획일적 사고를 파괴하는 존재로 자리매김했다. 그러나 그 정신은 1985년 잡스가 처음 애플을 떠났을 때 사라졌다. 12년 뒤 그가 복귀했을 때, 그의 첫 번째 주요 행동은 신제품 출시가 아니었다. 그것은 광고였다. 그해 여름 작성된 내부 회의록에 따르면, 잡스는 동료들에게 이렇게 말했다. "우리는 지금 진짜 위험에 처해 있습니다." 그는 애플이 정체성을 상실했거나 곧 잃게 될 위기를 진단했고, 이를 막기 위해 대대적인 행동에 나섰다. 그 행동은 몇 마디 말로 시작되었다. "여기 미친 사람들이 있습니다. 부적응자, 반항아, 말썽꾼."

애플은 다시금 진짜 위험에 처했다. 재정적으로는 역사상 가장 성공한 기업이지만, 스크린 속 빅브라더는 이제 더는 허구의 존재가 아니다. 오히려 애플을 실질적으로 포획한 한 국가의 지도부로서 실체화되었다. 이 국가의 제조 역량은 세계를 선도하고 있고, 그 결과 여기에서 벗어나려는 애플의 모든 시도는 허망한 꿈에 그칠 가능성이 크다. 애플이 중국에서 첨단 공정의 발전을 계속 촉진한다면, 머지않아 미국인들은 중국이 첨단 전자공학, 로봇공학, 반도체 제조 분야에서 자급자족하는 현실을 마주하게 될지 모른다. 그다음에는 시진핑이 2013년에 다짐했던 "자본주의의 궁극적 종말"까지 겨우 한 번의 짧은 도약만 남을 것이다.

한 전직 애플 수석이사는 애플이 중국과 맺고 있는 관계를 가리켜 "언제든지 폭발할 수 있습니다"라고 경고했다. 애플 경영진은 이사회에 자신들이 중국에 과도하게 의존하고 있지 않다는 점을 보여주기 위해 노력해왔지만, 발표 내용을 잘 아는 한 인사는 이를 "사기"라고 표현했다. 그는 이어서 이렇게 말했다. "앞으로 5년 안에 중국에서 벗어나 의미 있는 방식으로 생산 다변화를 이룰 방법은 없습니다. 그것은 아예 불가능합니다."

감사의 말

이 책은 내가 홍콩, 독일, 샌프란시스코에서 10년간 《파이낸셜타임스》 기자로 활동한 뒤, 일상적인 보도 활동을 18개월간 쉬면서 집필한 것이다. 최근 4년 동안 애플을 취재하면서 이 회사에 큰 존경심을 품게 되었지만, 동시에 애플이 중대한 지정학적 딜레마에 무감각하게 빠져들고 있다는 사실도 깨닫게 되었다. 이 책은 개인적인 프로젝트로, 《파이낸셜타임스》는 책의 내용을 열람하거나 승인하지 않았다.

애플은 비밀스러운 회사로 유명하다. 미군과 애플을 모두 경험한 사람에 따르면 그 정도가 군대보다 더하다고 한다. 큰 위험을 감수하고 인터뷰에 응해 이야기를 들려준 200명이 넘는 분께, 여러분의 신뢰와 시간, 인내 그리고 솔직함에 감사드린다. 간단히 말해 여러분의 도움이 없었다면 이 책은 존재하지 못했을 것이다. 모든 분을 일일이 언급할 수 없는 점은 안타깝지만, 우리의 대화로 만들어진 결과물을 자랑스럽게 여겨주시기를 바란다.

내 취재원의 90퍼센트 이상은 애플에서 일한 경험이 있는 이들로 초기 입사자부터 최근 직원들까지 다양하다. 그들 중 애플에서 3년 미만으로 근무한 사람은 거의 없으며, 10년, 15년, 20년, 심지어 25년 이상 근무한 이들도 많다. 종종 고위직을 맡았던 이들도 있었지만, 가능한 한 이 책을 구성하는 일화와 경험, 관점은 현장에서 직접 일한 이들에게서 얻은 것이다. 애플 홍보팀은 본인의 취재에 대해 사전에 통보받지 않았으며, 출간 전에 원고를 전달받은 적도 없다.

이 책의 자료 조사는 대부분 인터뷰에 기반을 두었지만, 애플, IBM, PC산업, 현대 중국 및 동남아시아에 관한 학술 논문과 역사서들로 보완되었다. 가장 중요한 참고 문헌은 주에 수록되어 있지만, 특히 중국 경제를 이해하는 데 결정적인 역할을 한 두 권의 책을 언급하고자 한다. 하나는 지에민 우Jiehmin Wu의 《경쟁적 동반자Rival Partners》이고, 다른 하나는 이 웬의 《경제 초강국의 탄생The Making of an Economic Superpower》이다. 아울러 컴퓨터역사박물관의 구술사 컬렉션은 초기 연구 단계에서 독보적이고도 소중한 자료로 큰 도움이 되었기에 깊은 감사를 전한다.

36장의 경우 전적으로 1,000쪽이 넘는 문서를 바탕으로 구성되었다. 여기에는 애플 최고경영진 간의 이메일, 중국·인도·화웨이에 대한 내부 문서, 팀 쿡을 비롯한 주요 인물들의 진술서 등이 포함되었다. 이 자료들은 2023년 12월, 애플이 관련 소송을 합의로 마무리하기 몇 달 전에 공개되었지만, 기적적으로 아무도 주목하지 않았고 보도도 되지 않았다. 나는 이 문서들을 30시간 넘게 분석했고, 그 결과물은 법정 밖에서 처음으로 정리된 서술이라고 생각한다. 다른 장들도 익명의 제보자들에게서 얻은 독자적인 자료로 보완되었다. 스티브 잡스가 주재한 일련의 회의(1997년), 중국 소비자 정서에 관한 내부 여론조사(2010년), 중국 공장에서의 노동 수요와 이직률에 관한 내부 문서 그리고 2015년 이후 애플과 공급업체의 관계 및 중국 관련 딜레마를 다룬 자료들이 그 예다.

애플의 중국 사업을 깊이 있게 취재해온 언론인들께 감사를 전한다. 그들의 선구적인 보도는 내 작업에 지대한 도움이 되었다. 특히 《인포메이션》의 웨인 마Wayne Ma, 《뉴욕타임스》의 데이비드 바보자David Barboza, 잭 니커스Jack Nicas, 찰스 두히그Charles Duhigg, 트립 미클Tripp Mickle 그리고 《닛케이아시아》의 라울리 리Lauly Li와 청팅팡Cheng Ting-Fang이 떠오른다. 또한 제임스 팰로스James Fallows가 《애틀랜틱》에 기고한 중국 공급망 관련 3부작 에세이는 업계 최고 수준이었다. 중국 공장의 단조롭고 지루한 노동을 다룬 일부를 제외하면, 애플과 중국의 관계를 본격적으로 다룬 사례는 거의 없다. 그럼에도 내 책상 위에서 꾸준히 함께했던 두 권의 책은 브라이언 머천트Brian Merchant의 《원 디바이스》와 유카리 케인Yukari Kane의 《스티브 잡스 이후의 애플》이었다. 이들 또한 중국 관련 내용을 담고 있는 유익한 저작이다.

이 책이 권위 있는 작업이 되기를 바라지만, 애플과 중국의 관계만으로도 앞으로 여러 권의 책이 더 나올 법하다. 이와 더불어 폭스콘, 위탁생산, 기술 공급망, 제2차 세계대전 이후의 글로벌 제조업 역사, 기술과 지정학의 교차 지점 등은 여전히 연구와 집필이 더욱 필요한 영역이다. 이들 대부분은 안타깝게도 아직 충분히 조명되지 못한 역사이기도 하다. 오늘날 활발히 활동 중인 유능한 언론인들에게 이러한 주제들을 더 많이 듣고 배우게 되기를 기대하고 있다.

편집자 릭 호건Rick Horgan과 출판사 스크리브너Scribner에 모두 깊이 감사드린다. 여러분은 신인 작가를 처음부터 지지해주었다. 여러 출판사와 훌륭한 미팅을 했지만, 오직 스크리브너만이 화상회의에 다섯 명이 참석해주었다. 특히 호건의 '큰 아이디어'를 보는 안목은 이 프로젝트에 완벽하게 어울렸다. 또한 크리스 도일big ideas, 폴 새뮤얼슨Paul Samuelson, 마크 갈라리타Mark Galarrita, 브리아나 야마시타Brianna Yamashita, 소피 기마레스Sophie Guimaraes에게도 특별히 감사드린다.

《칩 워, 누가 반도체 전쟁의 최후 승자가 될 것인가》의 저자 크리스 밀러에게 깊은 감사를 드린다. 그의 책은 내가 출판 제안을 준비하는 데 훌륭한 본보기가 되어주었고, 그는 자신의 에이전트인 에비타스 크리에이티브Aevitas Creative의 토비 먼디Toby Mundy를 소개해주었다. 먼디는 모든 중요한 질문을 빠짐없이 던졌고, 초기 과정 또한 매우 능숙하게 이끌어주었다. 토비, 당신이 "제안서는 언제까지 드리면 될까요?"라고 묻는 내게 "어제"라고 답해준 2023년 1월, 큰 신뢰감이 생겼어요.

《파이낸셜타임스》는 세 개 대륙에 걸쳐 내게 훌륭한 보금자리가 되어주었다. 2013년 홍콩에 도착해 《파이낸셜타임스》 지국이 입주한 마천루 센터The Centre를 올려다보며, 뉴욕에서 아시아로 이주한 일의 무게를 실감하고, 내가 과연 이 지역을 제대로 이해할 수 있을지 자문하던 그 순간이 아직도 생생하다. 나를 《파이낸셜타임스》로 이끌어주고 나의 첫 편집장이 되어주신 메건 머피Megan Murphy께 특별히 감사드린다. 당신은 내가 나 자신을 믿기 전부터 이미 나를 믿어주셨다. 그 열정과 지지에 늘 감사드린다. 프랑크푸르트에서는 클레어 존스Claire Jones 지국장과 영국에 계신 편집자 앤드루 파커Andrew Parker, 데이비드 오클리David Oakley께 특별히 감사드린다. 여러분 덕분에 나는 빠르게 성장할 수 있었다.

샌프란시스코에서는 리처드 워터스Richard Waters와 함께 일할 수 있어 큰 기쁨이었다. 그는 기술 전반에 대한 살아 있는 백과사전 같은 존재로 몇 년 동안이나 세상 물정 모르는 내 눈빛을 묵묵히 받아주었다. 팀 브래드쇼Tim Bradshaw에게도 감사를 전하고 싶다. 애플 담당으로 6년간 활동한 뒤, 당신이 내게 남겨준 인사이트 덕분에 빠르게 따라잡을 수 있었다. 과거와 현재의 샌프란시스코 동료들인 해나 머피Hannah Murphy, 일레인 무어Elaine Moore, 태비 킨더Tabby Kinder, 데이브 리Dave Lee, 섀넌 본드Shannon Bond, 마일스 크루파Miles Kruppa, 조지 해먼드George Hammond, 카밀라 호지슨Camilla Hodgson, 크리스티나 크리들Cristina Criddle, 마이클 액턴Michael Acton, 스티븐 모리스Stephen Morris에게도 감사의 인사를 전한다. 그리고 런던에 계신 기술 담당 편집자 말컴 무어Malcolm Moore와 무라드 아흐메드Murad Ahmed께도 특별히 감사드린다. 내 고집과 고질적인 습관인 분량 초과를 잘 다루어주셨다.

《파이낸셜타임스》에서 보낸 12년 동안 편집국장으로 계셨던 룰라 칼라프Roula Khalaf와 리오넬 바버Lionel Barber께 감사드린다. 두 분은 매일 같이 《파이낸셜타임스》를 세계 최고의 경제지로 만들어주셨다. 그 여정에 작게나마 참여할 수 있어 큰 보람을 느낀다.

《파이낸셜타임스》에서 내가 좋아했던 일은 단연코 '빅 리드The Big Read' 면에 글을 쓰는 작업이었다. 편집자 제프 다이어Geoff Dyer, 댄 스튜어트Dan Stewart, 톰 오설리번Tom O'Sullivan은 내가 쓴 최고의 기사들을 실어주었고, 그중 이 책의 토대가 된 2부작 시리즈도 포함되어 있다. 제프와 댄, 두 분이 시리즈를 게재하도록 지지해주지 않았다면 이 책은 세상에 나오지 못했을 거예요.

토론토대학교 학부 시절, 두 분의 훌륭한 교수님이 내 인생에 깊은 영향을 미쳤다. 샘 솔레키Sam Solecki 교수님은 내게 제임스 조이스James Joyce와 마르셀 프루스트Marcel Proust의 세계를 열어주셨고, 질리언 길리슨Gillian Gillison 교수님은 지그문트 프로이트Sigmund Freud, 브로니슬라브 말리노프스키Bronislaw Malinowski, 멜포드 스피로Melford Spiro를 통해 나를 온전히 사로잡으셨다. 실용적인 기술은 거의 익히지 못한 채 끝없는 호기심만 안고 졸업했지만, 두 분의 수업과 토론, 에세이에 대한 피드백은 그로부터 20년이 지난 지금까지도 내 안에서 울림을 주고 있다.

오랜 시간 변치 않은 우정을 나눈 빅 세이니Vik Saini에게 감사의 인사를 전한다. 2006년 당신과 낸스Nance가 내게 머물 곳을 제공해주지 않았다면 나는 기자가 되지 못했을지 모른다. 이 책이 당신의 베이징 시절을 떠올리게 해주기를 바란다.

동료에서 친구가 된 언론인 여러분께 감사를 전한다. 조던 마이클 스미스Jordan Michael Smith, 미셸 도너휴Michelle Donahue, 댄 시모어Dan Seymour, 케이티 번Katy Burne, 피터 캠벨Peter Campbell, 제미마 켈리Jemima Kelly 등 여러분과 함께 일하며 배움을 얻고, 아이디어를 자유롭게 주고받은 시간은 큰 즐거움이었다. 그리고 특별히 로라 누넌Laura Noonan에게, 당신이 준비되면 핏 핵스Fit Hacks(운동이나 건강 관리에 도움이 되는 실용적인 팁이나 요령—옮긴이)를 언제든 다시 시작할게.

오랫동안 격려해주고 원고 편집을 도와주며 내게 모범이 되어준 형들에게 깊이 감사드린다. 학부 시절 내 첫 과제를 편집해주며 "좋아, 드래그로 전체 텍스트를 선택해. 이제 아무 키나 눌러"라고 말했던 그때보다 내가 많이 성장했기를 바란다. 예고 없이 샌프란시스코까지 와주지 않았다면 원고는 몇 주나 늦어졌을 것이다. 그리고 형수 카티나Katina에게도 감사드린다. 당신이 선물해준 포춘쿠키에서 나온 글귀대로 모든 일이 이루어지길 바란다.

부모님께, 오렌지색 아이맥을 사주셨을 때 그게 제 인생에 이렇게 큰 영향을 미칠 거라고는 생각하지 못하셨겠지요! 어머니께서는 이 책의 초기 원고를 읽고, 오직 어머니만이 줄 수 있는 격려를 해주셨습니다. 그것도 제가 가장 필요로 하던 순간에 말이에요. 질문과 아이디어, 책이 가득한 집에서 저희를 키워주신 것 그리고 아버지를 통해 다양한 기기들과 접할 수 있도록 해주신 것에 진심으로 감사드립니다.

아내에게, 당신은 정말 놀라운 사람이에요. 편집과 관련해 건네준 조언들도 엄청나게 도움이 되었지만, 그것보다 훨씬 소중한 건 배우자, 소중한 친구, 엄마로서 보여준 당신의 모습이었습니다. 위워크에서 야행성 생활을 하며 놓친 데이트와 늦은 밤들은 평생을 걸쳐 보상할게요. 마지막으로 매주 여러 권의 '책'을 써내면서 아빠는 왜 이렇게 오래 걸렸느냐고 묻는 사랑스러운 딸들에게, 너희가 자라는 모습을 지켜보는 것이 내 인생에서 가장 소중한 일이란다.

2025년 1월, 샌프란시스코
패트릭 맥기

주

* David Landes, "The Creation of Knowledge and Technique: Today's Task and Yesterday's Experience," *Daedalus*, 109, no. 1, Modern Technology: Problem or Opportunity? (Winter, 1980), pp. 111-20, https://www.jstor.org/stable/20024651.

프롤로그 | 비교할 수 없는 오만함

1   다음 문헌에서 인용했다. Jiehmin Wu, *Rival Partners: How Taiwanese Entrepreneurs and Guangdong Officials Forged the China Development Model*. Translated by Stacy Mosher. Cambridge, MA: Harvard University Asia Center, 2022.

2   내부 보고서의 제목은 〈시진핑 시대의 소비: 중국의 변화하는 소비 시장 이해(Consumption in the Age of Xi: Understanding China's Evolving Consumer Markets)〉였다.

3   Rebecca Greenfield, "China Has a Way Better iPhone Warranty Than America To Go with Its Apology from Apple," *The Atlantic*, April 1, 2013.

4   Helen Gao, "How the Apple Confrontation Divides China," *The Atlantic* (online), April 8, 2013, https://www.theatlantic.com/china/archive/2013/04/how-the-apple-confrontation-divides-china/274764/.

5   애플의 재무 공시를 통해 독자적으로도 확인했으나, 최초 확인은 다음 문서를 통해서였다. Horace Dediu, "How Much Do Apple's Factories Cost?" *Asymco* (blog), October 16, 201, https://www.asymco.com/2011/10/16/how-much-do-apples-factories-cost/.

6   애플의 공급업체들에서 일하는 노동자들이 애플의 최대 근무시간 기준인 주 60시간을 초과해 일하고 있다는 보고는 2006년까지 거슬러 올라가며, 이는 애플의 공급업체책임팀(Supplier Responsibility team) 창설로 이어졌다. 애플이 공급업체들의 기록 수

백 건을 감사한 결과, "전체 직원의 38퍼센트가 주 60시간 이상 일했으며, 29퍼센트는 하루도 쉬지 않고 6일 이상 연속 근무했다"라고 밝혔다. 이에 대한 상세 내용은 다음 문헌을 참고할 것. Apple, "Final Assembly Supplier Audit Report," February 2007, https://www.apple.com.cn/supplier-responsibility/pdf/Apple_SR_2007_Progress_Report.pdf. 이후 중국노동감시단(China Labor Watch), 공정노동협회(Fair Labor Association) 같은 독립 기관들도 다양한 문제들을 지적했다. 이와 관련한 내용은 다음 저서에 잘 정리되어 있다. Jenny Chan, Mark Selden, and Pun Ngai, *Dying for an iPhone: Apple, Foxconn, and the Lives of China's Workers*. London: Pluto Press, 2020(《아이폰을 위해 죽다: 애플, 폭스콘, 그리고 중국 노동자의 삶》, 2021).

7 Wu, *Rival Partners*.

8 다음 문헌을 참고할 것. "Cross-Strait Relations: Fact Focus," Government Portal of the Republic of China (Taiwan), 2024, https://www.taiwan.gov.tw/content_6.php.

9 이 수치들은 다음 문헌들의 추정치를 인용한 것이다. 100만 개라는 수치는 다음 문헌을 참고할 것. "US Exports to China 2023," the US-China Business Council, 2024, https://www.uschina.org/reports/us-exports-china-2023-0; 260만 개라는 수치는 다음 문헌을 참고할 것. Keith Belton, John Graham, and Suri Xia, "'Made in China 2025' and the Limitations of U.S. Trade Policy," July 30, 2020, https://ssrn.com/abstract=3664347 or http://dx.doi.org/10.2139/ssrn.3664347.

10 이 수치는 카운터포인트 리서치(Counterpoint Research)의 계산에 따른 것이며, 바로 뒤에 나오는 2025년의 예상 실적은 S&P 글로벌 마켓 인텔리전스(S&P Global Market Intelligence)가 집계한 애널리스트들의 추정치를 바탕으로 한 것이다.

11 Zhang Erchi and Yang Ge, "Exclusive: Apple Setting Down Deep Roots in China, CEO Says," Caixin Global, March 21, 2017, https://www.caixinglobal.com/2017-03-21/exclusive-apple-setting-down-deep-roots-in-china-ceo-says-101068558.html.

12 Meghan Bobrowsky, "Facebook Feels $10 Billion Sting from Apple's Privacy Push," *Wall Street Journal*, February 3, 2022, https://www.wsj.com/articles/facebook-feels-10-billion-sting-from-apples-privacy-push-11643898139.

13 Patrick McGee, "Apple's Privacy Changes Create Windfall for Its Own Advertising Business," *Financial Times*, October 16, 2021, https://www.ft.com/content/074b881f-a931-4986-888e-2ac53e286b9d.

14 다음 문헌의 추정치를 따랐다. *The Economist*: "Multinational Firms Are Finding it Hard to Let Go of China," November 24, 2022.

1부 위대한 제조기업의 탄생

1장 IBM과 애플의 PC 전쟁

1   내가 아는 한 이 내용은 지금까지 한 번도 보도된 적이 없다. 내 소식통들의 신원은 비공개이며, 해당 사안에 대해 직접적인 정보를 갖고 있다.

2   Steven Levy, "Steve Jobs Unveils the iMac," *Newsweek*, May 18, 1998, https://www.newsweek.com/steve-jobs-unveils-imac-169734.

3   Gil Amelio and William L. Simon, *On the Firing Line: My 500 Days at Apple*. New York: HarperBusiness, 1998, 34.

4   Michael Malone, *Infinite Loop: How Apple, the World's Most Insanely Great Computer Company, Went Insane*. New York: Doubleday, 1999, 481.

5   Malone, *Infinite Loop*, 480.

6   John Markoff, "Sun's Bid for Apple Computer Placed Below Stock's Price," *New York Times*, January 25, 1996, https://www.nytimes.com/1996/01/25/business/sun-s-bid-for-apple-computer-placed-below-stock-s-price.html.

7   Peter Burrows, "The Fall of an American Icon," *BusinessWeek*, February 4, 1996, https://www.bloomberg.com/news/articles/1996-02-04/the-fall-of-an-american-icon.

8   그 벤처투자자는 현재 클라이너 퍼킨스(Kleiner Perkins)의 회장인 존 도어(John Doerr)다 (Malone, *Infinite Loop*, 486-87).

9   Malone, *Infinite Loop*, 226.

10 David Rosenthal and Ben Gilbert, "Microsoft, Volume 1," *Acquired* (podcast), season 14, episode 4, April 21, 2024, https://www.acquired.fm/episodes/microsoft.

11 Malone, *Infinite Loop*, 225.

12 Malone, *Infinite Loop*, 223.

13 Laine Nooney, *The Apple II Age: How the Computer Became Personal*. Chicago: University of Chicago Press, 2023.

14 Malone, *Infinite Loop*, 197.

15 Malone, *Infinite Loop*, 80.

16 Claire Serant, "CEM Pioneer, Olin King, to Retire from SCI Systems," *EE Times*, May 1, 2000, https://www.eetimes.com/cem-pioner-olin-king-to-retire-from-sci-systems/.

17 Ellin Sterne Jimmerson, "SCI Systems, Inc." Encyclopedia of Alabama, October 5, 2009 (last updated October 14, 2024), https://encyclopediaofalabama.org/article/sci-systems-inc/.

2장 아웃소싱으로 마련한 돌파구

18 Leander Kahney, "A Brief History of Apple's Misadventures in Manufacturing: Part 1," *Cult of Mac* (blog), April 6, 2019, https://www.cultofmac.com/news/a-brief-history-of-apples-misadventures-in-manufacturing-part-1-cook-book-leftovers.

19 Frank Rose, *West of Eden: The End of Innocence at Apple Computer*. New York: Penguin, 1989, 200.

20 Alan Deutschman, *The Second Coming of Steve Jobs*. New York: Broadway Books, 2000, 18.

21 Rose, *West of Eden*, 239-40.

22 Rose, *West of Eden*, 67.

23 Brenton R. Schlender, "Apple's Japanese Ally: Its New Notebook Computer—Made by Sony—Shows Why Alliances Are Hot in the PC Business," *Fortune Magazine*, November 4, 1991, https://money.cnn.com/magazines/fortune/fortune_archive/1991/11/04/75695/index.htm.

24 Max Chafkin, *Design Crazy: Good Looks, Hot Tempers, and True Genius at Apple*. Fast Company/Byliner, 2013 (ebook), 17.

3장 스티브 잡스가 돌아오다

25 Amelio and Simon, *On the Firing Line*, 35.

26 Malone, *Infinite Loop*, 494.

27 Amelio and Simon, *On the Firing Line*, 7.

28 Amelio and Simon, *On the Firing Line*, 84, 144.

29 Amelio and Simon, *On the Firing Line*, 35.

30 KPIX, "KPIX Archive: Steve Jobs unveils the NeXT computer in S.F.," October 12, 1988 (uploaded December 21, 2023), https://www.youtube.com/watch?v=Zs3NwqW4d48.

31 Brent Schlender and Rick Tetzeli, *Becoming Steve Jobs: The Evolution of a Reckless Upstart into a Visionary Leader*. New York: Crown Business, 2015, 95(《비커밍 스티브 잡스》, 2017).

32 Deutschman, *The Second Coming of Steve Jobs*, 130.

33 Deutschman. *The Second Coming of Steve Jobs*, 121.

34 Schlender and Tetzeli, *Becoming Steve Jobs*, 144(《비커밍 스티브 잡스》).

35 Amelio and Simon, *On the Firing Line*, 200.

36 John Markoff, "Why Apple Sees Next as a Match Made in Heaven," *New York Times*, December 23, 1996, https://www.nytimes.com/1996/12/23/business/why-apple-sees-next-as-a-atch-made-in-heaven.html.

37 mickeleh (Michael Markman), "Worst. Apple. Keynote. Ever." YouTube, April 7, 2013, https://www.youtube.com/watch?v=PsBVyUDs-84.

38 Steve Jobs, "Complete Apple WWDC | Steve Jobs talk and answer developers questions | 1997," YouTube, TheAppleFanBoy, uploaded January 28, 2015, https://www.youtube.com/watch?v=yQ16_YxLbB8.

4장 Think Different

39 Ian Parker, "The Shape of Things to Come" (profile of Jony Ive), *The New Yorker*, February 16, 2015, https://www.newyorker.com/magazine/2015/02/23/shape-things-come.

40 Leander Kahney, *Jony Ive: The Genius Behind Apple's Greatest Products*. New York: Portfolio, 2013, 101-105(《조너선 아이브: 위대한 디자인 기업 애플을 만든 또 한 명의 천재》, 2014).

41 Anonymous, "Apple eMate 300," *ancientelectronics* (blog), February 10, 2020, https://ancientelectronics.wordpress.com/2020/02/10/apple-emate-300/.

42 Parker, "The Shape of Things to Come."

43 Mark Landler, "Apple Removes the Dalai Lama from Its Ads in Hong Kong," *New York Times*, April 17, 1998, https://www.nytimes.com/1998/04/17/world/apple-removes-the-dalai-lama-from-its-ads-in-hong-kong.html.

44 "Apple: Dalai Lama Not Big Enough in Asia," *Wired*, April 13, 1998, https://www.wired.com/1998/04/apple-dalai-lama-not-big-enough-in-asia/.

5장 아이맥, 디자인으로 압도하라

45 Ian Parker, "The Shape of Things to Come" (profile of Jony Ive), *The New Yorker*, February 16, 2015, https://www.newyorker.com/magazine/2015/02/23/shape-things-come.

46　Bill Hammack, "Plastic Injection Molding" (video), Youtube, November 14, 2015, https://www.youtube.com/watch?v=RMjtmsr3CqA.

47　Ken Werner, "Brian Berkeley Reflects on His Career at Apple, Samsung, and SID," *ID* (magazine from the Society for Information Display) 37, no. 2 (March/April 2021): 52-57, https://sid.onlinelibrary.wiley.com/doi/10.1002/msid.1202.

48　Walter Isaacson, *Steve Jobs*. New York: Simon & Schuster, 2011, 461(《스티브 잡스》, 2011; 2021).

2부 중국을 향한 대장정

6장 첫 번째 파트너가 된 한국

1　Kahney, "A Brief History of Apple's Misadventures in Manufacturing: Part 1."

2　Steve Jobs, "Steve Jobs Introduces the iMac—1998," YouTube, pil.com, uploaded May 4, 2015, https://www.youtube.com/watch?v=BiWd8ujtK5k.

3　Parker, "The Shape of Things to Come." (profile of Jony Ive), *The New Yorker*, February 16, 2015, https://www.newyorker.com/magazine/2015/02/23/shape-things-come.

4　Doug Bartholomew, "What's Really Driving Apple's Recovery," *IndustryWeek*, March 1999: https://www.industryweek.com/leadership/companies-executives/article/21960994/whats-really-driving-apples-recovery.

7장 LG와 애플의 동상이몽

5　Leon Gooberman, "Business Failure in an Age of Globalisation: Interpreting the Rise and Fall of the LG Project in Wales, 1995-2006," *Business History* 62, no. 2 (2020): 240-60, https://doi.org/10.1080/00076791.2018.1426748.

8장 두 번째 파트너가 된 대만

6　"Dell, the Conqueror," *BusinessWeek*, September 24, 2001, https://www.bloomberg.com/news/articles/2001-09-23/dell-the-conqueror.

7　Kahney, "A Brief History of Apple's Misadventures in Manufacturing: Part 1."

8　광둥 모델과 중국의 성장에서 대만 기업가들이 수행한 역할에 대한 심층적인 고찰은 다음 문헌을 참고할 것. Wu, *Rival Partners*.

9   Forbes Conrad, "Terry Gou at Hon Hai/Foxconn in Shenzhen," September 8, 2010, https://www.forbesconrad.com/blog/terry-gou-foxconn-shenzhen/.

10 Eva Dou, "Tracking Foxconn Chief's Rise from 'Dirt City' to iPhone King," *Wall Street Journal*, March 31, 2016, https://www.wsj.com/articles/behind-foxconns-sharp-deal-gou-left-little-to-chance-1459407097.

11 Jason Dean, "The Forbidden City of Terry Gou," *Wall Street Journal*, August 11, 2007, https://www.wsj.com/articles/SB118677584137994489.

12 Dean, "The Forbidden City of Terry Gou."

13 Joshua B. Freeman, *Behemoth: A History of the Factory and the Making of the Modern World*. New York: W. W. Norton, 2018, 301(《더 팩토리: 공장은 어떻게 인류의 역사를 바꿔왔는가》, 2019).

14 Dean, "The Forbidden City of Terry Gou."

9장 폭스콘이라는 해결사

15 Michael J. Enright, Edith E. Scott, and Ka-mun Chang, *Regional Powerhouse: The Greater Pearl River Delta and the Rise of China*. Singapore: Wiley, 2005. 이 장에서 다룰 ODM과 OEM의 차이는 반도체산업을 예로 들어 어느 정도 설명할 수 있다. ODM은 반도체 제조보다는 설계 능력에 강점을 둔 엔비디아나 퀄컴과 비슷하고, OEM은 위탁생산을 담당하는 파운드리, 즉 반도체를 제조하는 TSMC에 가깝다. 하지만 이 비교가 완전히 들어맞는 것은 아니다. 반도체산업에서는 설계와 제조가 명확히 구분되지만, ODM과 OEM 모두 제조에 관여한다는 점에서 경계가 불분명하기 때문이다. 두 방식의 차이는 수익을 내는 구조에서 나타난다. ODM은 설계를 통해 수익을 얻고, OEM은 수직통합, 즉 부품을 자체 조달해서 조립하는 방식으로 이익을 창출한다.

10장 팀 쿡의 마법

16 Tripp Mickle, *After Steve: How Apple Became a TrillionDollar Company and Lost Its Soul*. New York: William Morrow, 2022(《애프터 스티브 잡스: 잡스 사후, 애플이 겪은 격동의 10년을 기록한 단 하나의 책》, 2024).

17 Sam Colt, "Tim Cook Gave His Most In-Depth Interview to Date—Here's What He Said," *Business Insider*, September 20, 2014, https://www.businessinsider.com/tim-cook-full-interview-with-charlie-rose-with-transcript-2014-9.

18 Austin Carr and Mark Gurman, "Apple Is the $2.3 Trillion Fortress That Tim Cook Built," *Bloomberg Businessweek*, February 9, 2021, https://www.bloomberg.com/news/features/2021-02-09/this-is-how-tim-cook-transformed-apple-aapl-after-steve-jobs.

11장 재고 제로를 달성하다

19   이 시기에는 제조엔지니어의 많은 업무가 제품디자인팀에 의해 수행되었다. 이후 애플은 산업디자인팀과 제품디자인팀이 설계한 내용을 실제로 구현하고 가공하는 데 집중하는 공급망 기반 엔지니어(supply base engineer)를 별도로 채용하기 시작했다. 2010년을 전후해 그들 제조엔지니어는 자신들이 제대로 평가받지 못하고 있다고 느끼며 금전적 보상과 함께 'ID'(산업디자인), 'PD'(제품디자인)처럼 두 글자로 된 공식 약칭을 요구했다. 그때부터 이들은 'MD'(제조디자인)로 불리게 되었다. 애플의 피라미드에서 보면 이들은 독립된 팀으로 존재하지만, 조직적으로는 운영 부문의 일부에 속한다. 제조디자인팀을 대표하는 수석부사장은 존재하지 않는다.

20   Marek Čaněk, "Chapter 4: Building the European Centre in Czechia: Foxconn's Local Integration in Regional and Global Labour Markets," in *Flexible Workforces and Low Profit Margins: Electronics Assembly Between Europe and China*, eds. Rutvica Andrijasevic, Jan Drahokoupil, and Davi Sacchetto. Brussels, Belgium: European Trade Union Institute, 2020, https://www.etui.org/publications/books/flexible-workforces-and-low-profit-margins-electronics-assembly-between-europe-and-china.

21   Rutvica Andrijasevic and Davi Sacchetto, "Made in the EU: Foxconn in the Czech Republic," WorkingUSA 17, no. 3 (2014): 391-415, https://onlinelibrary.wiley.com/doi/10.1111/wusa.12121.

22   Čaněk, "Chapter 4: Building the European Centre in Czechia."

23   Andrijasevic and Sacchetto, "Made in the EU: Foxconn in the Czech Republic."

12장 미국에서 사라지는 공장들

24   Lawrence M. Fisher, "Apple Says Quarterly Profit Won't Meet Expectations," *New York Times*, September 29, 2000, https://www.nytimes.com/2000/09/29/business/apple-says-quarterly-profit-won-t-meet-expectations.html; staff and wire reports, "Apple Bruises Tech Sector," CNN Money, September 29, 2000, https://money.cnn.com/2000/09/29/markets/techwrap/.

25   Michael S. Malone, "Apple R.I.P.," *Forbes*, October 5, 2000 (updated June 6, 2013), https://www.forbes.com/2000/10/09/1005malone.html.

26   Jon Rubinstein, "Oral History of Jon Rubinstein," interviewed by Dag Spicer, Computer History Museum, August 15, 2019, https://archive.computerhistory.org/resources/access/text/2020/02/102717908-05-01-acc.pdf.

27   Apple, "Apple Reports First Quarter Results," Apple press release, January 17, 2001: https://www.apple.com/newsroom/2001/01/17Apple-Reports-First-Quarter-Results/.

28 Brent Schlender, "Steve Jobs: The Graying Prince of a Shrinking Kingdom. Older and Smarter, the CEO Whipped His Company Back into the Black," *Fortune*, May 14, 2001, https://money.cnn.com/magazines/fortune/fortune_archive/2001/05/14/302936/index.htm.

29 Timothy J. Sturgeon, "Network-Led Development and the Rise of Turn-Key Production Networks: Technological Change and the Outsourcing of Electronics Manufacturing," in *Global Production and Local Jobs*, G. Gereffi, F. Palpacuer, and A. Parisotto, eds., Geneva: International Institute for Labour Studies, 1999, https://www.researchgate.net/publication/228538014_Network-Led_Development_and_the_Rise_of_Turn-key_Production_Networks_Technological_Change_and_the_Outsourcing_of_Electronics_Manufacturing.

30 James F. Peltz, "A Leader Behind the Scenes," *Los Angeles Times*, September 27, 1999.

31 Timothy J. Sturgeon, "Exploring the Risks of Value Chain Modularity: Electronics Outsourcing During the Industry Cycle of 1992-2002," Massachusetts Institute of Technology IPC Working Paper Series, May 2003, https://www.files.ethz.ch/isn/29602/2003-002.pdf.

32 Sturgeon, "Exploring the Risks of Value Chain Modularity."

33 Peter Clarke, "Top 50 Contract Manufacturers Ranked," *EE Times*, April 12, 2011, https://www.eetimes.com/top-50-contract-manufacturers-ranked. 매출 수치는 S&P 글로벌 마켓 인텔리전스가 소유한 플랫폼인 S&P 캐피털 IQ(S&P Capital IQ)에 보고된 기업 자료를 참고해 독자적으로 산출했다.

34 Andy Grove, "How America Can Create Jobs," *Bloomberg Businessweek*, July 1, 2010, https://www.bloomberg.com/news/articles/2010-07-01/andy-grove-how-americacan-create-jobs.

3부 아이팟, 아이맥, 아이폰

13장 MP3플레이어에서 아이팟으로

1 이 장에서 언급된 블레빈스에 대한 모든 내용은 그의 생애에 관한 세 가지 기록에 기반한 것이다. Tony Blevins, Deposition Transcript, Case 2:19-cv-00066-JRG, Document 495, August 6, 2020, *Optis v. Apple*; Tony Blevins, "Fired Apple Exec Tells the Real Story," Medium, December 17, 2022, https://medium.com/@fun_tonyb/fired-appe-exec-tells-the-real-story-79f3361450da; Helen Wang, "Mastering Negotiation: The Blevinator with Tony Blevins," *Oceanside Perspectives*

(podcast), YouTube, uploaded on September 24, 2024, https://www.youtube.com/watch?v=uMj83Np46Os. 블레빈스의 협상 전술을 포함한 기타 세부 사항들은 여러 동료와 부하 직원 그리고 경쟁자들에게 직접 듣고 확인했다.

2   Wang, "Mastering Negotiation: The Blevinator with Tony Blevins."

3   Jon Rubinstein, "Oral History of Jon Rubinstein," interviewed by Dag Spicer, Computer History Museum, August 15, 2019, https://archive.computerhistory.org/resources/access/text/2020/02/102717908-05-01-acc.pdf; Isaacson, *Steve Jobs*, 503-12(《스티브 잡스》).

4   Kahney, *Jony Ive*, 172-75(《조너선 아이브》).

5   Steven Levy, "The Perfect Thing," *Wired*, November 1, 2006, https://www.wired.com/2006/11/ipod/.

6   치에코의 이야기 일부는 다음 문헌에도 실려 있다. Leander Kahney, "Straight Dope on the iPod's Birth," *Wired*, October 17, 2006, https://www.wired.com/2006/10/straight-dope-on-the-ipods-birth/.

14장 아이맥 G4를 위한 애플 클러스터

7   Ko-Lin Chin, *Heijin: Organized Crime, Business, and Politics in Taiwan*. Routledge, 2015 [originally published in 2003 by M. E. Sharpe], 19.

8   Joe Wilcox, "iMac Price Hike Roils Apple Community," *ZDNET*, March 21, 2002.

9   잡스의 발언은 다음 문헌에서 인용했다. CNET, "Apple Warns of Revenue, Earnings Shortfall," June 18, 2002.

15장 아이팟의 성공과 인벤텍의 실패

10 Apple iPod marketing video, 2001, JoshuaG, "The Very First iPod Promotional Video," YouTube, uploaded February 11, 2006, https://www.youtube.com/watch?v=e84SER_IkP4.

11 S&P 캐피털 IQ에서 열람한 애플의 재무 보고서를 참고했다.

12 Isaacson, *Steve Jobs*, 530(《스티브 잡스》).

13 James Fallows, "How the West Was Wired," *The Atlantic*, October 1, 2008, https://www.theatlantic.com/magazine/archive/2008/10/how-the-west-was-wired/306990/.

16장 폭스콘의 비밀 무기

14 Isaacson, *Steve Jobs*, 591(《스티브 잡스》).

15 Jon Rubinstein, "Oral History of Jon Rubinstein," interviewed by Dag Spicer, Computer History Museum, August 15, 2019, https://archive.computerhistory.org/resources/access/text/2020/02/102717908-05-01-acc.pdf.

17장 가장 확실한 미래, 아이폰

16 Peter Cohen, "iPod US Marketshare Rises to 82 Percent," *MacWorld*, October 10, 2004, https://www.macworld.com/article/172751/ipodshare.html.

17 Fred Armisen, "Weekend Update: Tina Fey," *Saturday Night Live*, YouTube, uploaded October 25, 2013 (aired November 19, 2005), https://www.youtube.com/watch?v=plx69SIvgWI.

18 Lex Fridman, "Tony Fadell: iPhone, iPod, and Nest," episode 294, June 15, 2022, https://lexfridman.com/tony-fadell.

19 Microsoft, "Rubén Caballero: Another Adventure and Loving It!" (corporate blog), March 24, 2021, https://blogs.microsoft.com/bayarea/2021/03/24/ruben-caballero-another-adventure-and-loving-it/.

20 잡스와 마코프의 대화는 다음 문헌에서 인용했다. Fred Vogelstein, "Inside Apple's 6-Month Race to Make the First iPhone a Reality," *Wired*, June 28, 2017 (originally published in 2013), https://www.wired.com/story/iphone-history-dogfight/.

21 Brian Merchant, "The Secret Origin Story of the iPhone: An Exclusive Excerpt from *The One Device*," *The Verge*, June 13, 2017, https://www.theverge.com/2017/6/13/15782200/one-device-secret-history-iphone-brian-merchant-book-excerpt. 당시 페가트론은 에이수스에 속해 있었으며, 2009년 분사했다.

22 Fred Vogelstein, "And Then Steve Said, 'Let There Be an iPhone,'" *New York Times Magazine*, October 4, 2013, https://www.nytimes.com/2013/10/06/magazine/and-then-steve-said-let-there-be-an-iphone.html.

23 Vogelstein, "And Then Steve Said, 'Let There Be an iPhone.'"

18장 엄격한 스승과 열정적인 제자

24 Fred Vogelstein, *Dogfight: How Apple and Google Went to War and Started a Revolution*. New York: Sarah Crichton Books/Farrar, Straus, and Giroux, 2013, 40(《도그파이트: 애플과 구글, 전쟁의 내막과 혁명의 청사진》, 2014).

25 Brian Merchant, *The One Device: The Secret History of the iPhone*. New York: Little,

Brown, 2017(《원 디바이스: 우리가 모르는 아이폰의 숨은 역사》, 2018).

26 David Barboza, "How a Chinese Billionaire Built Her Fortune," *New York Times*, July 30, 2015, https://www.nytimes.com/2015/08/02/business/international/how-zhou-qunfei-a-chinese-billionaire-built-her-fortune.html; Serena Lin, "The World's Richest Self-Made Woman Shares Her No. 1 Key to Success," CNBC, May 8, 2018, https://www.cnbc.com/2018/05/08/worlds-richest-self-made-woman-zhou-qunfei-shares-the-key-to-success.html.

27 Russell Flannery, "Bobbing With Apple: Taiwan Touchscreen Champion TPK Faces Test Ahead," *Forbes*, May 24, 2012, https://www.forbes.com/sites/russellflannery/2012/05/23/bobbing-with-apple-taiwan-touchscreen-champion-tpk-faces-test-ahead/.

28 Fred P. Hochberg, "The iPhone Isn't Made in China—It's Made Everywhere," *Wall Street Journal*, January 31, 2020, https://www.wsj.com/articles/the-iphone-isnt-made-in-chinaits-made-everywhere-11580485139.

29 Andrew Batson, "Not Really 'Made in China,'" *Wall Street Journal*, December 15, 2010, https://www.wsj.com/articles/SB10001424052748704828104576021142902413796.

30 Charles Duhigg and Keith Bradsher, "How the U.S. Lost Out on iPhone Work," *New York Times*, January 21, 2012, https://www.nytimes.com/2012/01/22/business/apple-america-and-a-squeezed-middle-class.html.

19장 애플의 중국화, 중국의 애플화

31 현재 입소문이 나고 있는 톰 굿윈(Tom Goodwin)의 말을 변주한 것이다. "The Battle Is for the Customer Interface," *TechCrunch*, March 3, 2015, https://techcrunch.com/2015/03/03/in-the-age-of-disintermediation-the-battle-is-all-for-the-customer-interface/.

32 "The Stark Reality of iPod's Chinese Factories," *Daily Mail*, August 18, 2006, https://www.dailymail.co.uk/news/article-401234/The-stark-reality-iPods-Chinese-factories.html.

33 이 이야기의 간략한 버전은 다음 문헌을 참고할 것. Patrick McGee, "How Apple Tied Its Fortunes to China," *Financial Times*, January 26, 2023, https://www.ft.com/content/d5a80891-b27d-4110-90c9-561b7836f11b; 원본 보고서는 다음과 같다. Tony Friscia, Kevin O'Marah, and Joe Souza, "The AMR Research Supply Chain Top 25 for 2007," AMR Research Inc., May 2007.

34 Adam Lashinsky, "Tim Cook: The Genius Behind Steve," *Fortune*, November 23, 2008, https://fortune.com/2008/11/24/apple-the-genius-behind-steve/.

35 Doug Bartholomew, "What's Really Driving Apple's Recovery?" *IndustryWeek*, March 16, 1999, https://www.industryweek.com/leadership/companies-executives/article/21960994/whats-really-driving-apples-recovery.

36 S&P 캐피털 IQ에서 열람한 애플의 재무 보고서를 참고했다.

4부 끝없는 수요

20장 중국이라는 신대륙

1 Stephanie Strom, "A Sweetheart Becomes Suspect; Looking Behind Those Kathie Lee Labels," *New York Times*, June 27, 1996, https://www.nytimes.com/1996/06/27/business/a-sweetheart-becomes-suspect-looking-behind-those-kathie-lee-labels.html.

21장 대륙을 열광시킨 아이폰 4

2 Associated Press, "Unauthorized iPhones on Sale in China," September 4, 2007.

3 미국 노동통계국에 따르면, 2007년 기준 중국 도시 지역 공장노동자들의 평균 임금은 시간당 1.96달러였다. 다음 문헌을 참고할 것. Judith Banister, "China's Manufacturing Employment and Hourly Labor Compensation, 2002-2009," US Bureau of Labor Statistics, June 7, 2013, https://www.bls.gov/fls/china_method.htm.

4 Dae-yub Nam, "Apple's Success Story in China," POSCO Research Institute: Summer 2012, https://www.posri.re.kr/dowload.do?fid=3886&pid=2613

5 Loretta Chao, "High Price for iPhone in China Will Test the Appetite for Apple," *Wall Street Journal*, October 29, 2009, https://www.wsj.com/articles/SB10001424052748703363704574503302512451942.

6 No Comment TV, "Apple iPad Debuts in Beijing," YouTube, September 17, 2010, https://www.youtube.com/watch?v=XlRLS95HrZs; Allison Jackson, "Crowds Turn Out for iPad's China Launch," Agence France-Presse, September 17, 2010, https://phys.org/news/2010-09-crowds-ipad-china.html.

7 Loretta Chao, "China iPhone Craze Breeds Scalpers," *Wall Street Journal*, September 30, 2010, https://www.wsj.com/articles/BL-CJB-10938.

22장 10억 명 규모의 회색시장

8   Nicholas D. Kristof, "Beijing Journal: Counterfeit Train Ticket? No Problem. It's China," *New York Times*, November 24, 1992, https://www.nytimes.com/1992/11/24/world/beijing-journal-counterfeit-train-ticket-no-problem-it-s-china.html.

9   Pete Brook, "World's Fastest-Growing Megalopolis Hides in Fog," *Wired*, August 25, 2010, https://www.wired.com/2010/08/chongqing.

10 쿡의 발언은 다음 문헌에서 인용했다. Edmond Lococo, "Flocks of Customers Have Sent Apple's China Stores to the Top," Bloomberg News, January 26, 2011.

11 "Apple Pursuit Lures Students into 'Usury,'" *Xinhua*, March 21, 2013, usa.chinadaily.com.cn/china/2013-03/21/content_16329739.htm.

12 Melisa Goh, "Chinese Teen Sells Kidney for iPad and iPhone," NPR, April 7, 2012, https://www.npr.org/sections/thetwo-way/2012/04/07/150195037/chinese-teen-sells-kidney-for-ipad-and-iphone.

13 Leslie Horn, "Apple Products Smuggled into China Via Zipline, Crossbow," *PC Magazine*, August 9, 2011, https://www.yahoo.com/news/apple-products-smuggled-china-via-zipline-crossbow-155940033.html.

14 Gregg Keizer, "Chinese Authorities Arrest iPad-smuggling 'Mules,'" ComputerWorld, December 8, 2010, https://www.computerworld.com/article/1438166/chinese-authorities-arrest-ipad-smuggling-mules.html.

23장 중국을 이해하지 못하다

15 Josh Ong, "China iPad 2, White iPhone 4 Frenzy Causes Apple Store Scuffle in Beijing," Apple Insider, May 7, 2011, https://appleinsider.com/articles/11/05/07/china_ipad_2_frenzy_causes_apple_store_scuffle_in_beijing; "Apple iPhone Triggers Fight in Chinese Shop," Associated Press, May 9, 2011, https://www.theguardian.com/technology/2011/may/09/apple-iphone-fight-chinese-shop.

24장 폭스콘과 TSMC의 베팅

16 Henry Paulson, "Oral History: Transcript," Presidential Oral Histories: George W. Bush Presidency, Miller Center, March 11, 2013, https://millercenter.org/the-presidency/presidential-oral-histories/henry-paulson-oral-history.

17 Geoff Dyer, "China Embarks on Infrastructure Spending Spree," *Financial Times*, June 7, 2010, https://www.ft.com/content/dc65a5c8-6fc2-11df-8fcf-00144feabdc0.

18　James Fallows, "China Makes, the World Takes," *The Atlantic*, July/August 2007, https://www.theatlantic.com/magazine/archive/2007/07/china-makes-the-world-takes/305987/.

19　Wen Jiabao, "Premier Wen Jiabao Gives a Joint Interview to Journalists from Malaysia and Indonesia," International Press Center, April 26, 2011.

20　Yi Wen, "The Making of an Economic Superpower—Unlocking China's Secret of Rapid Industrialization," Federal Reserve of St. Louis Working Paper 2015-03-01, https://doi.org/10.20955/wp.2015.006.

21　James McGregor, *No Ancient Wisdom, No Followers: The Challenges of Chinese Authoritarian Capitalism*. Westport, CT: Prospecta, 2012.

22　Chan, Selden, and Ngai, *Dying for an iPhone*(《아이폰을 위해 죽다》).

23　Jason Dean and Peter Stein, "Inland China Beckons as Hon Hai Seeks Fresh, Cheaper Labor Force," *Wall Street Journal*, September 6, 2010, https://www.wsj.com/articles/SB10001424052748704392104575475591957325942.

24　Keith Bradsher, "Defying Global Slump, China Has Labor Shortage," *New York Times*, February 26, 2010, https://www.nytimes.com/2010/02/27/business/global/27yuan.html.

25　Ibid.

26　보스턴 컨설팅 그룹(Boston Consulting Group)의 산출에 따랐다. 다음 문헌을 참고할 것. "China's Next Leap in Manufacturing," December 13, 2018

27　Paul Mozur and John Liu, "The Chip Titan Whose Life's Work Is at the Center of a Tech Cold War," *New York Times*, August 4, 2023.

28　Ibid.

29　TSMC 30th Anniversary Forum 2017—Hosted by Morris Chang.

30　"TSMC Founder Morris Chang," *Acquired* (podcast), Spring 2025, Episode 1, January 26, 2025, https://www.acquired.fm/episodes/tsmc-founder-morris-chang.

25장 중국이라는 거대한 덫

31　"Apple 'Settles China iPad Trademark Dispute for $60m,'" BBC, July 2, 2012, https://www.bbc.com/news/business-18669394; Keith Bradsher, "Apple Settles an iPad Dispute in China," *New York Times*, July 2, 2012, https://www.nytimes.com/2012/07/02/business/global/apple-settles-an-ipad-trademark-dispute-in-china.html.

32　Evan Osnos, *Age of Ambition: Chasing Fortune, Truth, and Faith in the New China*.

New York: Farrar, Straux and Giroux, 2014, 25(《야망의 시대: 새로운 중국의 부, 진실, 믿음》, 2015).

5부 발톱을 드러낸 중국

26장 가면을 벗은 독재자

1   Edward Wong, "Ending Congress, China Presents New Leadership Headed by Xi Jinping," *New York Times*, November 14, 2012, https://www.nytimes.com/2012/11/15/world/asia/communists-conclude-party-congress-in-china.html.

2   Evan Osnos, "Born Red," *The New Yorker*, March 30, 2015, https://www.newyorker.com/magazine/2015/04/06/born-red.

3   Jamil Anderlini, "Bo Xilai: Power, Death and Politics," *Financial Times*, July 20, 2012, https://www.ft.com/content/d67b90f0-d140-11e1-8957-00144feabdc0; Jamil Anderlini, *The Bo Xilai Scandal: Power, Death and Politics in China*. Penguin (ebook), 2012.

4   다이아몬드의 발언은 다음 문헌에서 인용했다. Elizabeth Economy, "The World According to China with Elizabeth Economy," *Uncommon Knowledge with Peter Robinson*, October 23, 2013, https://www.hoover.org/research/world-according-china-elizabeth-economy.

5   Osnos, "Born Red."

6   Elizabeth Economy, "Excerpt: The Third Revolution," Council on Foreign Relations, 2018, https://www.cfr.org/excerpt-third-revolution.

7   Matt Pottinger, Matthew Johnson, and David Feith, "Xi Jinping in His Own Words," *Foreign Affairs*, November 30, 2022, https://www.foreignaffairs.com/china/xi-jinping-his-own-words.

8   David Barboza and Keith Bradsher, "Foxconn Plant Closed After Riot, Company Says," *New York Times*, September 24, 2012, https://www.nytimes.com/2012/09/25/technology/foxconn-plant-in-china-closed-after-worker-riot.html; Evan Osnos: "What the Foxconn Riot Says About China," *New Yorker*, September 15, 2012, https://www.newyorker.com/news/evan-osnos/what-the-foxconn-riot-says-about-china.

9   Jamil Anderlini and Mure Dickie, "China: A Future on Track," *Financial Times*, September 23, 2010.

10 Helen Gao, "How the Apple Confrontation Divides China," *The Atlantic*, April 8, 2013, https://www.theatlantic.com/china/archive/2013/04/how-the-apple-confrontation-divides-china/274764/.

11 Gordon G. Chang, "Did China Just Declare War on Apple? Sure Looks Like It," *Forbes*, March 24, 2013, https://www.forbes.com/sites/gordonchang/2013/03/24/did-china-just-declare-war-on-apple-sure-looks-like-it/.

12 Sean Silbert, "China's Gray Market for iPhones, Even Amid Push for Local Handsets," *Los Angeles Times*, September 26, 2014.

27장 중국을 상대할 8인의 갱

13 David Barboza, "How China Built 'iPhone City' With Billions in Perks for Apple's Partner," *New York Times*, December 29, 2016, https://www.nytimes.com/2016/12/29/technology/apple-iphone-china-foxconn.html.

28장 중국에 속다

14 이에 대해 거스리가 사용하는 용어는 '청각적 기억(audiographic memory)'이며, 때때로 '청각적 영상 기억(eidetic memory for sound)'이라고도 설명한다.

15 Chenggang Xu, "The Fundamental Institutions of China's Reforms and Development," *Journal of Economic Literature* 49, no. 4 (2011): 1076-151.

16 Doug Guthrie, "China's Success Story," YouTube, August 26, 2013, https://www.youtube.com/watch?v=2DLYhZnkeBI.

29장 자발적으로 복종하라

17 Louise Lucas and Emily Feng, "China's Push to Become a Tech Superpower Triggers Alarms Abroad," *Financial Times*, March 19, 2017, https://www.ft.com/content/1d815944-f1da-11e6-8758-6876151821a6.

18 Doug Guthrie, "The Lesson of China's Market Economy," YouTube, August 26, 2013, https://www.youtube.com/watch?v=yCkkER_dWac.

19 Jack Nicas, "He Warned Apple About the Risks in China. Then They Became Reality," *New York Times*, June 17, 2021, https://www.nytimes.com/2021/06/17/technology/apple-china-doug-guthrie.html.

20 Wayne Ma, "Apple Turned Blind Eye to Supplier Breaches of Chinese Labor Laws," *The Information*, December 9, 2020, https://www.theinformation.com/articles/apple-turned-blind-eye-to-supplier-breaches-of-chinese-labor-laws?rc=ropvb4.

21 McGregor, *No Ancient Wisdom, No Followers*.

22 Jiangyu Wang, "CSR as CPR: The Political Logic of Corporate Social Responsibility in China," *USALI East-West Studies* 2, no. 5 (2022), https://usali.org/s/CSR-as-CPR-The-Political-Logic-of-Corporate-Social-Responsibility-in-China.pdf.

23 Michael J. Enright, "Samsung's Contribution to China through FDI," Hinrich Foundation, 2017, https://www.hinrichfoundation.com/media/s04iyovs/hinrich-foundation-fdi-in-china-samsung-case-study-9-5-17.pdf.

24 Katie Kuehner-Hebert, "Apple Pays Chins $71 Million in Back Taxes," CFO, September 11, 2015, https://www.cfo.com/news/apple-pays-china-71-million-in-back-taxes/663299/.

25 Jack Nicas, Raymond Zhong, and Daisuke Wakabayashi, "Censorship, Surveillance and Profits: A Hard Bargain for Apple in China," *New York Times*, May 17, 2021, https://www.nytimes.com/2021/05/17/technology/apple-china-censorship-data.html.

26 Michael Martina, "Exclusive: Tough-Talking China Pricing Regulator Sought Confessions from Foreign Firms," Reuters, August 22, 2013, https://www.reuters.com/article/breakingviews/exclusive-tough-talking-china-pricing-regulator-sought-confessions-from-foreign-idUSBRE97K051/.

27 Paul Mozur, "IBM Venture with China Stirs Concerns," *New York Times*, April 19, 2015, https://www.nytimes.com/2015/04/20/business/ibm-project-in-china-raises-us-concerns.html.

30장 중국의 후원자를 자처한 애플

28 모든 수치는 카운터포인트 리서치 자료를 따랐다.

29 이 수치는 미국 증권거래위원회에 제출된 애플의 연간 보고서(10-K)에서 발췌했다.

30 John Paczkowski, "Patent Wars Are 'Pain in the Ass,' Says Tim Cook (video)," All Things Digital, May 29, 2012, https://allthingsd.com/20120529/patent-wars-are-pain-in-the-ass-says-tim-cook/.

31 Graydon Carter, "Apple's Jonathan Ive in Conversation with Vanity Fair's Graydon Carter," *Vanity Fair*, October 16, 2014, https://www.vanityfair.com/video/watch/the-new-establishment-summit-apples-jonathan-ive-in-conversation-with-vf-graydon-carter.

32 Paczkowski, "Patent Wars Are 'Pain in the Ass,' Says Tim Cook."

33 모든 수치는 카운터포인트 리서치 자료를 따랐다.

34 이 수치는 미국 증권거래위원회에 제출된 애플의 연간 보고서(10-K)에서 발췌했다.

31장 애플의 승리? 중국의 승리!

35 Loretta Chao, "Apple Bolsters Ties with China's Leadership," *Wall Street Journal*, March 28, 2012, https://www.wsj.com/articles/SB10001424052702303816504577309293480251760.

36 Alexander Pantsov and Nikita Pivovarov, "The Secret Negotiations of N.S. Khrushchev and Mao Zedong, July-August 1958," February 2024, Cold War International History Project, February 2024, https://www.wilsoncenter.org/publication/secret-negotiations-ns-khrushchev-and-mao-zedong-july-august-1958.

37 내부 보고서인 〈시진핑 시대의 소비〉는 법정 증거 개시 절차 중에 공개된 것이다. 이 책의 36장을 참고할 것.

38 Paul Mozur and Jane Perlez, "Apple Services Shut Down in China in Startling About-Face," *New York Times*, April 21, 2016, https://www.nytimes.com/2016/04/22/technology/apple-no-longer-immune-to-chinas-scrutiny-of-us-tech-firms.html.

39 Adam Satariano and Aleksandra Gjorgievska, "Closing of iTunes Movies Shows Apple Isn't Immune to Chinese Regulators," Bloomberg, April 21, 2016, https://www.bloomberg.com/news/articles/2016-04-22/apple-says-itunes-movies-book-services-closed-down-in-china.

40 이 책을 집필하며 별도로 확인하긴 했으나, 최초 보도는 《인포메이션》이 했다. 이는 아마도 애플 관련 보도 중 가장 큰 특종일 것이다. Wayne Ma, "Inside Tim Cook's Secret $275 Billion Deal with Chinese Authorities," *The Information*, December 7, 2021, https://www.theinformation.com/articles/facing-hostile-chinese-authorities-apple-ceo-signed-275-billion-deal-with-them.

41 Maggie Haberman, "Donald Trump Says He Favors Big Tariffs on Chinese Exports," *New York Times*, January 7, 2016, https://archive.nytimes.com/www.nytimes.com/politics/first-draft/2016/01/07/donald-trump-says-he-favors-big-tariffs-on-chinese-exports/.

42 Issie Lapowsky, "Trump's Plan for AmericanMade iPhones Would Be Disastrous," *Wired*, March 30, 2016, https://www.wired.com/2016/03/trump-wont-get-apple-make-iphones-shouldnt/.

43 Shannon O'Neil, *The Globalization Myth: Why Regions Matter*, New Haven, CT: Yale University Press, 2022, 107.

44 Niall Ferguson, "Dollar Diplomacy," *The New Yorker*, August 20, 2007, https://www.newyorker.com/magazine/2007/08/27/dollar-diplomacy.

45 Ella Apostoaie, "Barry Naughton on the State of the Xi Jinping Economy," *The Wire*

China, January 6, 2025.

46 Yi Wen, "The Making of an Economic Superpower—Unlocking China's Secret of Rapid Industrialization," Federal Reserve of St. Louis Working Paper 2015-03-01, https://doi.org/10.20955/wp.2015.006.

47 David Landes, *The Wealth and Poverty of Nation*. Norton, 1998, 136(《국가의 부와 빈곤》, 2009).

48 Tripp Mickle, "Apple Pledges New Centers in China as Cook Set to Address Major Government Conference," *Wall Street Journal*, March 17, 2017, https://www.wsj.com/articles/apple-pledges-new-development-centers-in-china-1489758033.

49 Chris Miller, *Chip War*. New York: Scribner, 2022, 176(《칩 워, 누가 반도체 전쟁의 최후 승자가 될 것인가》, 2023).

50 "How China Became a Car-Exporting Juggernaut," *The Economist*, August 10, 2023, https://www.economist.com/graphic-detail/2023/08/10/how-china-became-a-car-exporting-juggernaut#.

51 Selina Xu, "This Chinese Province Has More EV Chargers Than All of the US," Bloomberg, October 21, 2022, https://www.bloomberg.com/news/articles/ 2022-10-22/this-chinese-province-has-three-times-more-ev-chargers-than-all-of-the-us.

52 Wenyi Zhang, "Market Share of Electric Vehicles (BEVs and PHEVs) in China from 2018 to 2021," EV-Volumes.com (JD Power & Associates), republished by Statista, https://www.statista.com/statistics/1050111/china-electric-car-market-share/.

53 International Energy Agency, *Global EV Outlook 2024*, Paris, https://www.iea.org/reports/global-ev-outlook-2024.

32장 통제당한 만큼 보호받다

54 Charles Clover and Leslie Hook, "Jean Liu: Splashing the Cash," *Financial Times*, August 5, 2016, https://www.ft.com/content/4b0a0c56-5afb-11e6-9f70-badea1b336d4.

55 Mike Isaac and Vindu Goel, "Apple Puts $1 Billion in Didi, a Rival to Uber in China," *New York Times*, May 12, 2016, https://www.nytimes.com/2016/05/13/technology/apple-puts-1-billion-in-didi-a-rival-to-uber-in-china.html.

56 Tim Cook, "Jean Liu," the TIME 100, *Time*, 2017, https://time.com/collection/2017-time-100/4742753/jean-liu/.

57 Maya Kosoff, "Apple Just Made a $1 Billion Bet Against Uber," *Vanity Fair*, May 13, 2016, https://www.vanityfair.com/news/2016/05/apple-just-made-

a-billion-dollar-bet-against-uber; Jessica E. Lessin and Amir Efrati, "What Apple's Investment in Didi Means," *The Information*, May 12, 2016, https://www.theinformation.com/articles/what-apples-investment-in-didi-means?rc=ropvb4.

58 Roslyn Layton, "New Pentagon Report Shows How Restricted Chinese IT Products Routinely Enter US Military Networks," American Enterprise Institute, August 12, 2019, https://www.aei.org/technology-and-innovation/new-pentagon-reports-shows-how-restricted-chinese-it-products-routinely-make-their-way-into-us-military-networks.

59 Patrick McGee, "Robotaxis: Have Google and Amazon Backed the Wrong Technology?" *Financial Times*, July 18, 2021, https://www.ft.com/content/46ff4fe4-0ae6-4f68-902c-3fd14d294d72.

60 Wu, *Rival Partners*.

61 Ma Si, "Tim Cook Visits Apple Store in Beijing, with Didi President," *China Daily*, May 15, 2016, https://www.chinadaily.com.cn/business/tech/2016-05/16/content_25294753.htm.

62 그 애널리스트는 중국인터넷데이터센터 소속 전문가인 후옌펑(胡延平)이었다. "Apple CEO Hails Didi Taxi to Meet Chinese Developers in Beijing," CCTV Video News Agency, May 17, 2016, https://www.youtube.com/watch?v=v4PwCfGcFzw&t=2s.

63 Nancy Trejos, "United Starts Flights to China's Fourth Largest City," *USA Today*, June 12, 2014, https://www.usatoday.com/story/todayinthesky/2014/06/12/united-non-stop-service-san-francisco-chengdu/10390597/.

64 "Exclusive: Apple Setting Down Deep Roots in China, CEO Says," *Caixin Global*, March 21, 2017, https://www.caixinglobal.com/2017-03-21/exclusive-apple-setting-down-deep-roots-in-china-ceo-says-101068558.html.

65 Vindu Goel, "Apple Sales Exceed Expectations as Buyers Wait for New iPhones," *New York Times*, August 1, 2017, https://www.nytimes.com/2017/08/01/technology/apple-iphone-earnings.html.

66 Patrick McGee, "Apple Engineer Likened App Store Security to 'Butter Knife in Gunfight,'" *Financial Times*, April 8, 2021, https://www.ft.com/content/914ce719-f538-4bd9-9fdf-42220d857d5e.

67 Tim Bradshaw, "Apple Drops Hundreds of VPN Apps at Beijing's Request," *Financial Times*, November 21, 2017, https://www.ft.com/content/ad42e536-cf36-11e7-b781-794ce08b24dc.

68 Keith Fong, "Apple Removes VPN Apps from China App Store," ExpressVPN (corporate blog), July 28, 2017, https://www.expressvpn.com/blog/china-ios-app-store-removes-vpns/#.

69 Wayne Ma, "Inside Tim Cook's Secret $275 Billion Deal with Chinese Authorities," *The Information*, December 7, 2021, https://www.theinformation.com/articles/facing-hostile-chinese-authorities-apple-ceo-signed-275-billion-deal-with-them.

70 Jack Nicas, "Apple's Compromises in China: 5 Takeaways," *New York Times*, May 17, 2021, https://www.nytimes.com/2021/05/17/technology/apple-china-privacy-censorship.html.

6부 붉게 물든 사과

33장 중국은 탄압하고, 애플은 돈을 번다

1 "Apple's Unkept Promises: Investigation of Three Pegatron Group Factories Supplying to Apple," China Labor Watch, uly 29, 2013, https://chinalaborwatch.org/apples-unkept-promises-investigation-of-three-pegatron-group-factories-supplying-to-apple/.

2 Rob Schmitz, "The People Behind Your iPad: The Bosses," Marketplace, April 12, 2012, https://www.marketplace.org/2012/04/12/people-behind-your-ipad-bosses/.

3 Eli Friedman, Aaron Halegua, and Jerome A. Cohen, "Cruel Irony: China's Communists Are Stamping Out Labor Activism," *Washington Post*, January 3, 2016: https://www.washingtonpost.com/opinions/cruel-irony-chinas-communists-are-stamping-out-labor-activism/2016/01/03/99e986f2-b0bb-11e5-b820-eea4d64be2a1_story.html.

4 Edward Wong, "Clampdown in China Restricts 7,000 Foreign Organizations," *New York Times*, April 28, 2016, https://www.nytimes.com/2016/04/29/world/asia/china-foreign-ngo-law.html.

5 Gerry Shih, "China Tightens Control of Online News After Sensitive Gaffes," Associated Press, August 19, 2016, https://apnews.com/e8567f6879074fd09c311301467d45b0/China-tightens-control-of-online-news-after-sensitive-gaffes.

6 Dan Strumpf, "Apple's Tim Cook: No Point Yelling at China," *Wall Street Journal*, December 7, 2017, https://www.wsj.com/articles/apples-tim-cook-no-point-yelling-at-china-1512563332.

7 Javier C. Hernández, "China's Leaders Confront an Unlikely Foe: Ardent Young Communists," *New York Times*, September 28, 2018, https://www.nytimes.com/2018/09/28/world/asia/china-maoists-xi-protests.html.

34장 중국계 관리자의 등장

8 "SFU Outstanding Alumni Awards 2019," YogaPanda Studios, YouTube, https://www.youtube.com/watch?v=N4TNLJr6XUE.

9 Claire Zillman, "Apple Is Counting on This Star Exec to Reboot its Sales in China," *Fortune*, September 25, 2017, https://fortune.com/2017/09/25/apple-china-iphone-features/.

10 Joel M. Podolny and Morten T. Hansen, "How Apple Is Organized for Innovation," *Harvard Business Review*, November/December 2020, https://hbr.org/2020/11/how-apple-is-organized-for-innovation.

11 Apple, "Isabel Ge Mahe Named Apple's Managing Director of Greater China," Apple, July 18, 2017, https://www.apple.com/jo/newsroom/2017/07/isabel-ge-mahe-named-apple-managing-director-of-greater-china/.

12 "SFU Outstanding Alumni Awards 2019."

13 Isabel Mahe, "CEIBS Executive Lounge: Isabel Ge Mahe (Apple)," China Europe International Business School (interview), YouTube, April 8, 2021, https://www.youtube.com/watch?v=cp3xB_6wWG8. 마헤의 이사회 직위는 회사의 연간 보고서에서 확인되었으며, 그녀의 링크드인에도 등록되어 있다. https://www.linkedin.com/in/isabel-mahe-7603301; 미국 상공회의소의 홈페이지에도 그녀의 소개글이 게시되어 있다. https://www.amchamchina.org/amcham_staff/isabel-ge-mahe-2/.

35장 화웨이, 붉은 공급망의 최대 수혜자

14 "Tim Cook Visits the AirPods Plant: Apple Does Not Intend to Shift Production Capacity to Lower Cost Regions," *The Paper*, reprinted by Luxshare-ICT, December 5, 2017, https://www.luxshare-ict.com/en/news/release/103.html.

15 Wayne Ma, "How Apple Grew Closer to China by Turning 'Little Foxconn' Into a National Champion," *The Information*, December 30, 2021, https://www.theinformation.com/articles/how-apple-grew-closer-to-china-by-turning-little-foxconn-into-a-national-champion.

16 럭스셰어의 연례 보고서에 따르면, 왕라이춘과 그녀의 오빠는 럭스셰어의 지분 39퍼센트를 보유한 지주회사인 럭스셰어유한회사(Luxshare Limited)를 소유하고 있다.

17 Yimou Lee and Josh Horwitz, "Apple Supplier Luxshare Unnerves Foxconn as U.S.-China Feud Speeds Supply Chain Shift," Reuters, October 25, 2020, https://www.reuters.com/article/world/uk/apple-supplier-luxshare-unnerves-foxconn-as-us-china-feud-speeds-supply-chain-idUSKBN27B06M/.

18 Luxshare annual report, 2020, 84, https://www.luxshare-ict.com/Public/Uploads/

uploadfile2/files/20231019/lixunjingmi2020nianniandubaogaoyingwenban.PDF.

19 Wayne Ma, "How Apple Grew Closer to China." 모든 수치는 기업 보고서를 바탕으로 S&P 캐피털 IQ에서 산출한 것이다.

20 다음 문헌에서 인용했다. Wu, *Rival Partners*.

21 Lauly Li and Cheng TingFang, "Apple Moves Closer to China Despite Supply Chain Shifts," *Nikkei Asia*, April 26, 2024; Lauly Li and Cheng Ting-Fang, "Apple's Chinese Suppliers Overtake US for First Time," *Nikkei Asia*, March 18, 2019.

22 Ma Si, "Apple Pushes for 'Smart' Tie-ups with Local Manufacturers," *China Daily*, December 1, 2023, https://global.chinadaily.com.cn/a/202312/01/WS65693446a31090682a5f0e0d.html.

23 Yimou Lee and Josh Horwitz, "Apple Supplier Luxshare Unnerves Foxconn as U.S.-China Feud Speeds Supply Chain Shift," Reuters, October 25, 2020, https://www.reuters.com/article/world/uk/apple-supplier-luxshare-unnerves-foxconn-as-us-china-feud-speeds-supply-chain-idUSKBN27B06M/.

24 Ma Si, "Apple to Enhance Suppliers' Potential," *China Daily*, August 19, 2023, https://www.chinadaily.com.cn/a/202308/19/WS64dff5e2a31035260b81d04b.html. 주: 《차이나데일리》 영문판에는 '지능형 제조(intelligent manufacturing)'로 표기되어 있으나, 일반적인 표현을 따라 '스마트 제조(smart manufacturing)'로 수정했다.

25 카운터포인트 리서치가 제공한 추정치다.

26 Wu, *Rival Partners*, 57.

27 Kathrin Hille and Qianer Liu, "Luxshare Rises as China's Homegrown iPhone Manufacturer," *Financial Times*, August 9, 2020, https://www.ft.com/content/5a9afb09-a9f2-483a-bd90-c30cee996480.

28 피치북(PitchBook)에서 제공한 자료로, 보도자료를 통해 확인되었다.

29 Ma, "How Apple Grew Closer to China."

30 "Taiwan Accuses Chinese Apple Supplier of Trying to Illegally Poach Tech Talent," Reuters, May 30, 2024, https://www.reuters.com/technology/taiwan-accuses-chinese-apple-supplier-trying-illegally-poach-tech-talent-2024-05-31/.

36장 팀 쿡이 말하지 않은 것

31 'XR'에서 'X'는 '10'으로 읽힌다. 이메일에서 경영진은 종종 'Xr'이라고 썼다.

32 이 사건은 노퍽 카운티 의회를 대리하는 투자자들이 미국 캘리포니아주 북부 연방지방법원에 제기한 것으로, 사건 번호는 'Securities Litigation No. 4:19-cv02033-YGR'이다.

33 Lauly Li and Cheng Ting-Fang, "Apple Cancels Production Boost for Budget iPhone XR: Sources," *Nikkei Asia*, November 5, 2018.

34 Robin Wigglesworth, Tim Bradshaw, and Richard Waters, "Apple Warning Bell Triggers Fears for Global Economy," *Financial Times*, January 3, 2019, https://www.ft.com/content/2abeab48-0f79-11e9-a3aa-118c761d2745.

35 Shira Ovide, "As Stock Plummets, Apple Can No Longer Deny the Truth About Its iPhone Business," Bloomberg, January 3, 2019. Republished in Time, https://time.com/5492878/apple-stock-iphone-sales/.

37장 도널드 트럼프의 위협

36 이 법적 분쟁은 5년 이상 이어졌으며, 2024년 9월 종결되었다. 애플은 위법행위를 인정하지는 않았으나, "과도하게 부담스러운" 법정 공방을 피한다는 명목으로 4억 9000만 달러를 지급하기로 했다.

37 시장점유율 수치는 모두 카운터포인트 리서치의 자료에 따른 것이다.

38 Jeremy Diamond, "Trump Calls for Apple Boycott," CNN, February 19, 2016, https://www.cnn.com/2016/02/19/politics/donald-trump-apple-boycott/index.html.

39 Tripp Mickle and Peter Nicholas, "Trump Says Apple CEO Has Promised to Build Three Manufacturing Plants in U.S." *Wall Street Journal*, July 25, 2017: https://www.wsj.com/articles/trump-says-apple-ceo-has-promised-to-build-three-manufacturing-plants-in-u-s-1501012372.

40 Jack Nicas, "No, That Mac Factory in Texas Is Not New," *New York Times*, November 20, 2019, https://www.nytimes.com/2019/11/20/us/politics/trump-texas-apple-factory.html.

41 Episodes 121 and 122, *Courage to Leap & Lead with Doug Guthrie* (podcast), April 18, 2023.

42 Doug Guthrie, "The Age of Cooptation: The Cost of Doing Business in Xi's China," On Global Leadership, January 1, 2020, https://ongloballeadership.com/f/the-age-of-cooptation-the-cost-of-doing-business-in-xis-china.

38장 미국을 눈뜨게 한 YMTC 스캔들

43 "Investor Update on Quarterly Guidance," Apple press release, February 17, 2020, https://www.apple.com/newsroom/2020/02/investor-update-on-quarterly-guidance/.

44 Nick Statt, "Apple Pays United So Much for Corporate Travel It May Help Upgrade Its SFO Terminal," *The Verge*, October 25, 2019, https://www.theverge.com/2019/10/25/20932487/apple-united-airlines-sfo-terminal-upgrades.

45 Rita Cheng, Qiao Long, and Chingman for RFA Mandarin, "China's 'White Guards' Gain Reputation for Brutal Enforcement of Shanghai Lockdown," Radio Free Asia, May 29, 2022, https://www.rfa.org/english/news/china/shanghai-whiteguards-05292022070418.html.

46 Krish Sankar et al., "The Apple Supply Chain's Great Reshoring," TD Cowen, January 4, 2024.

47 James Kynge, Henry Sender, and Sun Yu, "'The Party Is Pushing Back': Why Beijing Reined in Jack Ma and Ant," *Financial Times*, November 4, 2020, https://www.ft.com/content/3d2f174d-aa73-44fc-8c90-45c2a554e97b.

48 Christopher Marquis and Kunyuan Qiao, *Mao and Markets: The Communist Roots of Chinese Enterprise*. New Haven, CT: Yale University Press, 2022, 2.

49 Jeanny Yu, "China's New Crackdown Shows $1.5 Trillion Tech Rout Not Over Yet," Bloomberg, February 18, 2022, https://www.bloomberg.com/news/articles/2022-02-19/china-s-new-crackdown-shows-1-5-trillion-tech-rout-not-over-yet.

50 Lauly Li and Cheng Ting-Fang, "Half of Apple Suppliers Operating in China's Lockdown-Hit Areas," *Nikkei Asia*, April 20, 2022.

51 Cheng Ting-Fang and Lauly Li, "Huawei Exec: Supply Chains at Risk If Shanghai Lockdown Persists," *Nikkei Asia*, April 15, 2022.

52 Li and Cheng, "Half of Apple Suppliers Operating in China's Lockdown-Hit Areas."

53 Demetri Sevastopulo and Patrick McGee, "US Lawmakers Warn Apple on Using Chinese Group's Chips in New iPhone," *Financial Times*, September 8, 2022, https://www.ft.com/content/099a409a-49c2-4ed3-a630-87bf6dc8ce15.

39장 완전히 포획되다

54 James Kynge, "China, Xi Jinping and the Making of 'One People, One Ideology,'" *Financial Times*, February 29, 2024, https://www.ft.com/content/3ae0d3a0-85fa-4d1f-93e9-f3f084147517.

55 Zen Soo, "Workers Leave iPhone Factory in Zhengzhou Amid COVID Curbs," Associated Press, October 30, 2022, https://apnews.com/article/health-china-business-hong-kong-covid-61692fa2d76eeeb8c68b706d0e649de7.

56 Jing Xuan Teng, "'We Were Scared': Workers at Foxconn iPhone Factory in China

Recount Covid Chaos," AFP, November 5, 2022, https://hongkongfp.com/2022/11/05/we-were-scared-workers-at-foxconn-iphone-factory-in-china-recount-covid-chaos/.

57 Viola Zhou, "As Covid-19 Surges in China, Sick Foxconn Workers Are Still Making iPhones," Rest of World, December 19, 2022, https://restofworld.org/2022/covid-foxconn-iphone-factory/.

58 FT reporters, "Inside the Covid Revolt at the Zhengzhou 'iPhone City' Plant," *Financial Times*, December 1, 2022, https://www.ft.com/content/083e038c-9b10-45d1-85e2-3eb339313a38.

59 Selina Cheng and Wenxin Fan, "iPhone Factory Workers Clash With Police at Covid-Hit Plant in China," *Wall Street Journal*, November 23, 2022, https://www.wsj.com/articles/iphone-factory-workers-clash-with-police-at-covid-hit-plant-in-china-11669193001.

60 FT Reporters, "Inside the Covid Revolt at the Zhengzhou 'iPhone City' Plant," *Financial Times*, December 1, 2022, https://www.ft.com/content/083e038c-9b10-45d1-85e2-3eb339313a38.

61 Anna Akins, "Apple Faces Hurdles Amid Renewed Calls to Trim Reliance on Chinese Production," S&P Global, May 14, 2020, https://www.spglobal.com/marketintelligence/en/news-insights/latest-news-headlines/apple-faces-hurdles-amid-renewed-calls-to-trim-reliance-on-chinese-production-58610617.

62 Martin Quin Pollard and Brenda Goh, "Blank Sheets of Paper Become Symbol of Defiance in China Protests," Reuters, November 27, 2022, https://www.reuters.com/world/china/blank-sheets-paper-become-symbol-defiance-china-protests-2022-11-27/.

63 Steven Jiang and Juliana Liu, "Apple Curbs AirDrop File Sharing on Devices in China," CNN, November 11, 2022, https://www.cnn.com/2022/11/11/business/china-apple-airdrop-function-restricted-hnk-intl/index.html.

64 Patrick McGee, "What It Would Take for Apple to Disentangle Itself from China," *Financial Times*, January 17, 2023, https://www.ft.com/content/74f7e284-c047-4cc4-9b7a-408d40611bfa.

65 "Tim Cook Talks Global Leadership," YouTube, uploaded by Mike Bloomberg, September 20, 2017, https://www.youtube.com/watch?v=osGvoS130J8&t=1071s.

40장 인도는 대안이 될 수 있을까

66 Krish Sankar et al., "The Apple Supply Chain's Great Reshoring," TD Cowen, January 4, 2024.

67   그 메모는 법원의 증거 개시 절차 중에 공개된 것이다. 이 책의 36장 참고할 것.

68   Torsten Sløk, "US Wages vs Wages in China and India," Apollo Academy, September 16, 2024, https://www.apolloacademy.com/us-wages-vs-wages-in-china-and-india/.

69   John Reed and Kathrin Hille, "Apple and Foxconn Win Labour Reforms to Advance Indian Production Plans," *The Financial Times*, March 9, 2023, https://www.ft.com/content/86bf4c20-e95a-4f8e-bd8d-b7bdee3bc3ba.

70   Supriyo De, "Internal Migration in India Grows, But Inter-State Movements Remain Low," World Bank: Blogs, December 18, 2019, https://blogs.worldbank.org/en/peoplemove/internal-migration-india-grows-inter-state-movements-remain-low.

71   Robert D. Atkinson, "Chinese Manufacturers Use 12 Times More Robots Than U.S. Manufacturers When Controlling for Wages," Information Technology and Innovation Foundation, September 5, 2023, https://itif.org/publications/2023/09/05/chinese-manufacturers-use-12-times-more-robots-than-us-manufacturers-when-controlling-for-wages/.

72   Cherylann Mollan, "Why Hundreds of Samsung Workers Are Protesting in India," BBC, September 19, 2024, https://www.bbc.com/news/articles/c7488w85n00o.

73   Saritha Rai and Sankalp Phartiyal, "Apple Gets a Boost in India as Chinese Suppliers Given Clearance," Bloomberg, January 17, 2023, https://www.bloomberg.com/news/articles/2023-01-18/apple-gets-boost-in-india-as-chinese-suppliers-luxshare-ningbo-given-clearance?embedded-checkout=true&sref=jnL7D1QX.

74   Shine Jacob, "Tata Electronics to Hire 20K More Employees at Hosur Unit: Chandrasekaran," Business Standard, September 30, 2024, https://www.business-standard.com/companies/news/tata-electronics-to-hire-20k-more-employees-at-hosur-unit-chandrasekaran-124092800322_1.html; "Tata Seals Deal with Pegatron for iPhone Plant in Tamil Nadu, Sources Say," Reuters, November 17, 2024, https://economictimes.indiatimes.com/industry/cons-products/electronics/tata-seals-deal-with-pegatron-for-iphone-plant-in-indias-tamil-nadu-sources-say/articleshow/115380573.cms?from=mdr.

41장 TSMC라는 변수

75   Nectar Gan, "Xi Vows 'Reunification' with Taiwan on Eve of Communist China's 75th Birthday," CNN, October 1, 2024, https://www.cnn.com/2024/10/01/china/china-xi-reunification-taiwan-national-day-intl-hnk/index.html.

76   "Chip War" (interview with Chris Miller), *Slate*, January 28, 2023, https://slate.com/

transcripts/RUZlSOo3UHYydVBib1BqWEV1Q1lMN0puTnFOemRpRVBzVmZ6N3dkT0hmQT0=.

77 "United States Senate: Hearing to Receive Testimony on Worldwide Threats," May 4, 2023, 86, https://www.armed-services.senate.gov/imo/media/doc/23-44_05-04-2023.pdf.

78 Nicholas D. Kristof, "Visiting the Most Important Company in the World," *New York Times*, January 24, 2024.

79 Kif Leswing, "Apple Chipmaker TSMC Warns Taiwan-China War Would Make Everybody Losers," CNBC, August 2, 2022, https://www.cnbc.com/2022/08/02/apple-chipmaker-tsmc-warns-taiwan-china-war-would-make-everybody-losers.html.

80 Steve Clemons, "The U.S. Would Destroy Taiwan's Chip Plants if China Invades, Says Former Trump Official," *Semafor*, March 13, 2023, https://www.semafor.com/article/03/13/2023/the-us-would-destroy-taiwans-chip-plants-if-china-invades-says-former-trump-official.

81 "Where Do Earthquakes Occur?" US Geological Survey, https://www.usgs.gov/faqs/where-do-earthquakes-occur.

82 Michelle Toh, "Warren Buffett's Berkshire Hathaway Sells Entire Stake in TSMC," CNN, May 16, 2023, https://www.cnn.com/2023/05/16/investing/berkshire-hathaway-taiwan-tsmc-stock-exit-hnk-intl/index.html.

83 Eric Platt, "Warren Buffett's Berkshire Hathaway Halves Stake in Apple," *Financial Times*, August 3, 2024, https://www.ft.com/content/2aa3b542-d4e4-4afb-8d81-89bb734d7b17; Eric Platt, "Warren Buffett Slashes Apple Stake as He Boosts Cash to Record High," *Financial Times*, November 2, 2024, https://www.ft.com/content/61a7e376-5ad4-4d58-bbbb-1b443ab69591.

84 Lee Hsien Loong, "PM Lee Hsien Loong at the Debate on the Motion of Thanks to the President 2023," Prime Minister's Office Singapore, April 19, 2023, https://www.pmo.gov.sg/Newsroom/PM-Lee-Hsien-Loong-at-the-Debate-on-the-Motion-of-Thanks-to-the-President.

85 Courtney Kobe and Mosheh Gains, "Air Force General Predicts War with China in 2025, Tells Officers to Prep by Firing 'a Clip' at a Target, and 'Aim for the Head,'" NBC News, January 27, 2023, https://www.nbcnews.com/politics/national-security/us-air-force-general-predicts-war-china-2025-memo-rcna67967.

86 Wayne Ma, "The Flaw in Apple's Plan to Make Chips in Arizona," *The Information*, September 11, 2023, https://www.theinformation.com/articles/apples-plan-to-make-chips-in-arizona-tsmc-nvidia-amd-tesla?rc=ropvb4.

87   창의 발언은 다음 자료에 기반한 크리스토프의 칼럼에서 인용했다. Morris Chang, Jude Blanchette, and Ryan Hass, "Can Semiconductor Manufacturing Return to the US?" *Vying for Talent* (podcast), The Brookings Institution, April 14, 2022, https://www.brookings.edu/articles/can-semiconductor-manufacturing-return-to-the-us/.

88   Seema Mody, "Trump Accuses Taiwan of Stealing U.S. Chip Industry. Here's What the Election Could Bring," CNN, October 28, 2024, https://www.cnbc.com/2024/10/28/trump-accuses-taiwan-of-stealing-us-chip-business-on-joe-rogan-podcast.html.

에필로그 | 기록되지 않은 유산

1   Eleanor Olcott, "US to Check on Chips Used in Huawei's 'Made in China' Smartphone," *Financial Times*, September 6, 2023, https://www.ft.com/content/44f833a0-dc74-47be-833c-cb94a9d9e856.

2   Sami Luo Tech, "Hands-On with the $3000 Huawei Mate XT: A Triple-Fold Masterpiece?!" (English), YouTube, September 11, 2024, https://www.youtube.com/watch?v=7etrsiaoMMU.

3   이 내용은 원래 《버즈피드뉴스(BuzzFeed News)》에서 보도된 것이지만, 여기에서는 다음 문헌들에서 인용했다. Ben Smith, "Apple TV Was Making a Show About Gawker. Then Tim Cook Found Out," *New York Times*, December 13, 2020, https://www.nytimes.com/2020/12/13/business/media/apple-gawker-tim-cook.html#:~:text=Then%2C%20an%20Apple%20executive%20got,back%20in%202008%2C%20as%20gay.

4   Counterpoint Research, "China Smartphone Sales Fall 3.2% YoY in Q4, Only Quarter With YoY Decline in 2024," January 21, 2025, https://www.counterpointresearch.com/insight/post-insight-research-notes-blogs-china-smartphone-sales-fall-32-yoy-in-q4-only-quarter-with-yoy-decline-in-2024.

5   Steve Lohr, "Jack Welch, G.E. Chief Who Became a Business Superstar, Dies at 84," *New York Times*, March 2, 2020, https://www.nytimes.com/2020/03/02/business/jack-welch-died.html.

6   Hettie O'Brien, "Power Failure by William D. 384 Review—Pulling the Plug," *The Guardian*, November 17, 2022, https://www.theguardian.com/books/2022/nov/17/power-failure-by-william-d-cohan-review-pulling-the-plug.

7   Jay Newman, "Apple Is a Chinese Company," *FT Alphaville*, May 2, 2023.

8   "1984 (advertisement)," Wikipedia, https://en.m.wikipedia.org/wiki/1984_(advertisement).

찾아보기

ㄱ

가세, 장루이 69, 70
경제특구 157, 158, 399
　　관리들의 경쟁 350, 569
　　광둥성과 광둥 모델 149, 150, 159, 351, 382, 384, 410
　　보세구역 229, 281, 315, 497
　　선전 147, 150, 157~159, 163, 179, 185, 239, 247, 270, 278, 329, 335, 350~352, 355, 418, 451, 461, 463
　　세금 혜택 136, 186, 191, 229, 315, 450
　　푸둥 344, 357, 371, 399, 438
공정
　　고정구 162
　　금형 101, 103~107, 109, 111, 114, 123, 124, 145, 162, 163, 184, 217
　　다이 162
　　단조 114, 226, 249
　　드래프트 앵글 109
　　리지드 투 리지드 라미네이션 272
　　사출성형 103, 105, 109, 111, 112, 124, 144, 152, 184, 186, 230, 248
　　스탬핑 249
　　CNC 기계 288, 514
　　SMT(표면실장기술) 59, 537
　　FATP(최종 조립, 테스트 및 포장) 122, 248, 514, 537, 564, 565
　　오버몰딩 144
　　유니바디 288, 289
　　파팅 라인 109
　　필름 리소그래피 272
《광명일보》 451
구글 83, 275, 442, 459, 531, 554, 559
　　안드로이드 275, 321, 360, 362, 363, 425, 432, 442, 581
구이저우성 468, 469
그로브, 앤디 194, 256, 536

ㄴ

노박, 크리스 100~105, 110, 113, 114, 125,

127, 144
노키아 261, 271, 275, 283, 284, 290, 363, 397, 398, 432, 433, 462, 559
《뉴요커》 128, 370
《뉴욕타임스》 31, 98, 273, 356, 394, 423, 442, 465, 467, 468, 485, 488, 575, 588
《뉴욕포스트》 362
닉슨, 리처드 407
《닛케이아시아》 509, 523, 524, 594

ㄷ

달라이 라마 98, 99, 276, 348, 467
닷컴 버블 191, 192, 304
대만
  라이칭더 574
  을 향한 중국의 위협 → '중국' 참조
  의 산업 → 'TSMC' 및 '폭스콘' 참조
  지진 52, 572, 578
  타이상 149
WTO 195, 238, 388, 409, 419, 443, 458, 467
《더위크》 341
덩샤오핑 157~159, 383, 385, 410, 444, 558
데디우, 호러스 30, 363, 433
데루카, 게리노 50, 87, 93, 96, 97
《데일리메일》 282, 486
델 51, 52, 78, 143, 147, 149, 155, 184, 190, 445
도시바 212, 213
디디추싱(디디) 454~457, 459, 460, 468, 548
  리우, 진 454~456, 458, 460
  애플의 투자 456, 457, 459~461
  애플의 프로젝트 타이탄 459
  오토나비 459
  의 경쟁자 우버 454, 456

차량 호출(공유) 서비스 454~456, 548

ㄹ

레노버 458, 459, 559
레이건, 로널드 157
로봇 272, 568, 591
루빈스타인, 존 107, 127, 173, 191, 211~213, 223~226, 239, 245, 247, 248, 254, 435
루카스, 조지 81
룬드그렌, 데이비드 110, 111, 113, 123
리치오, 댄 224, 226, 227, 252, 289, 491
리커창 440

ㅁ

마이크로소프트 51, 53~55, 61, 75, 78, 89, 275, 306, 318, 390, 422, 468, 554, 578
  게이츠, 빌 54, 236
  윈도우 49, 51, 55, 60, 75, 78, 83, 235, 236, 249, 306, 425
마셜플랜 444
마에스트리, 루카 517~523, 528, 529, 554
마오쩌둥 141, 156, 157, 271, 315, 324, 382, 383, 384, 407, 418, 441, 443, 488, 544
마헤, 이사벨 게 491~503, 511, 527~530
말레이시아 221, 222
매카이, 브래디 328, 333~335, 346, 365, 366, 582
매킨토시(맥)
  매킨토시 포터블 69
  맥 OS 51, 55, 61, 79, 306
  맥 미니 181, 187, 510
  맥 프로 533, 534, 535, 537

맥북 288, 289, 437, 510, 549, 573
　의 저조한 매출 64, 65
　처음 공개되는 맥 51
　파워 매킨토시 G3 92, 122, 141
　파워 맥 G4 141, 163, 178, 190
　파워 맥 G5 244
맥닐리, 스콧 49, 143
맥킨토시, 데이비드 448
맨스필드, 밥 289, 366
멕시코 20, 58, 132, 138, 188, 444, 561
모토로라 190, 257, 262, 270, 390, 458, 559, 581
무어의 법칙 194
밀러, 웨인 178, 184

ㅂ

바이든, 조(바이든 행정부) 27, 549, 550, 580
　반도체및과학법 27, 579
발라수브라마니얌, 프리야 524, 562, 563
발머, 스티브 53, 318
버핏, 워런 576, 577
베이커, 필 72~74, 142
베트남 32, 366, 367, 509, 560, 561, 566, 571
브라질 522, 561
브루너, 로버트 70, 71, 74, 143
VPN(가상사설망) 31, 467
블랙베리 71, 275, 290, 432, 493, 559
블레빈스, 토니 203~210, 214, 239, 242, 277~280, 429, 458, 482, 504
《블룸버그비즈니스위크》 168
비지캘크 56

ㅅ

삼성 125, 132, 275, 290, 321, 357, 359~361, 363, 390, 420, 421, 424, 430~432, 434, 487, 559, 560, 569, 573, 578, 581
상하이 230, 238, 325, 327, 333, 344, 354, 357, 368, 371, 390, 395, 399, 400, 402, 407~410, 414, 415, 450, 452, 453, 461, 463, 464, 477, 478, 491, 493, 494, 498, 500, 505, 530, 540~544, 547~549, 559~561, 563
세계금융위기 349, 352~354, 356, 359, 588
소니 66, 68, 70, 71, 187
소니 에릭슨 262
슈메이커, 필립 465~467
스컬리, 존 52, 64, 65, 68, 75
스핀들러, 마이클 49, 75, 190
시나 웨이보 339, 392, 393, 414, 505, 547
시진핑 18, 21, 27, 381~386, 414~416, 419~422, 440, 445, 469, 485~487, 508, 511, 533, 539, 547, 552, 553, 558, 591
　보시라이 실각 383
　일대일로 414
　제로 코로나 정책 → '코로나19' 참조
　중국제조 2025 414, 450, 508, 549
실리콘밸리 76, 159, 212, 256, 258, 459
싱가포르 20, 62, 121, 122, 131, 133, 141, 159, 163, 186, 188, 189, 191, 221, 229, 315, 373, 400, 577
썬 마이크로시스템즈 49, 50, 83, 143

ㅇ

아마존 468, 554, 578
아멜리오, 길 75~79, 83~86, 94, 131, 190

아시아 62, 67, 72~74, 93, 98, 99, 123, 194,
        218, 227, 231, 233, 251, 253, 257, 258,
        262, 314, 435, 446, 457, 510, 535, 536,
        587
아이맥
  새로운 차원의 제조공정 105, 106
  아이맥 G3 92, 122, 141
  아이맥 G4 220, 223, 227~230, 244, 536
  LG의 CRT 생산 122~127
  LG의 오만함과 후속 모델 개발 138~140
  의 놀라운 판매량 129
  하드리셋 111, 112, 220
아이브, 조너슨 74, 90~94, 101, 104, 107,
        108, 111~114, 118, 179~181, 204, 213,
        220, 224, 226, 245, 246, 256, 288, 289,
        426, 430, 445, 581
IBM 49, 51, 53~55, 57~60, 165~168, 174,
        190, 191, 206, 207, 360, 422, 423, 458, 478
  선구적인 아웃소싱 도입 53~55
  씽크탱크 458
  IBM PC 53~56, 58, 60, 160, 167,
        190, 290
아이작슨, 월터 108, 253
아이팟
  도시바의 하드디스크드라이브 → '도
        시바' 참조
  4주 만에 만들어진 시제품 232~234
  아이튠즈 211, 235, 236, 307
  아이튠즈 스토어 236, 348, 442, 454
  아이팟 나노 247, 248, 256, 262
  아이팟 미니 246, 247, 256
  아이팟 셔플 256, 262
  MP3 플레이어 204, 211, 213~215,
        236, 241, 255~257

우여곡절 끝에 지어진 이름 215, 216
  의 저조한 매출과 반전의 계기 234~237
  스크린 휠과 클릭 휠 213, 234, 241, 257
아이폰
  멀티터치 263~265, 268
  무선통신 257, 259, 266, 492, 495
  블루투스 259, 266, 492
  스마트폰 275, 279, 319, 320, 345,
        357, 360, 362, 363, 423~425, 430,
        432, 441, 453, 482, 495, 514, 518,
        525, 526, 528~532, 559, 560, 563,
        573, 578, 580, 581, 584
  시리 51, 463, 584
  iOS 363, 463, 581
  아이폰 3GS 319, 321
  아이폰 4 320~322, 325, 337, 350, 354
  아이폰 6 393
  아이폰 X 528, 529
  아이폰 XR 516, 517, 519~524, 526,
        529, 530
  아이폰 16 581, 583
  RF(무선주파수) 259~261, 266, 268
  NFC(근거리무선통신) 463, 492
  와이파이 145, 173, 259, 266, 319,
        321, 492
  의 시장점유율과 이익률 362, 424,
        425, 442, 530~532
  중국에서의 아이폰 열풍 320~336
  터치스크린 유리 273, 274, 427, 432,
        438, 493
  프로젝트 퍼플 260~263
  핑거웍스 263
  황뉴와 회색시장 317~319, 321, 322,
        325~327, 329~331, 335, 340, 343,

345, 364~367, 371~373, 391, 392
《아이폰을 위해 죽다》 567
아타리 56, 72, 466
안드로이드 275, 321, 360, 362, 363, 425, 432, 442, 581
알리바바 547
    마윈 547, 558
    알리페이 460
    앤트 파이낸셜 547
알파벳 554, 578
《애틀랜틱》 351, 392
애플
    "다르게 생각하라" 마케팅 캠페인 98, 99, 128, 168, 348
    맥월드 84, 89, 252
    산업디자인팀 70, 93, 94, 101, 103~106, 109, 111, 112, 114, 123, 124, 127, 179~183, 213, 220, 224~226, 246, 251, 265, 321
    애플 스퀴즈 428, 433, 509
    애플 유니버시티 253, 395, 401, 496
    운영팀 71, 137, 179~183, 213, 236, 241, 242, 245, 314, 396, 428, 491, 493, 494, 500, 517, 522
    을 떨게 한 매출 경고음 190, 235, 517, 525, 526, 527, 541, 556
    의 가혹한 업무 강도와 이혼 회피 프로그램(DAP) 144, 251~254
    의 놀라운 공급망 순위 283~285, 287
    의 매출과 시가총액 21, 22, 24, 25, 28, 33, 49, 65, 77, 78, 129, 191, 229, 235, 236, 237, 256, 307, 333, 362, 370, 386, 441, 516, 518, 524~527, 537, 541, 542, 546, 553, 554, 586
    의 피라미드 구조 179
    인피니트 루프 57, 107, 498
    제품디자인팀 100, 102, 106, 110, 111, 123, 124, 128, 139, 146, 178~180, 182, 183, 213, 217, 233, 241, 242, 246, 493, 494
    제조디자인팀 180, 182, 213, 289
    톱 100 워크숍 171, 480
애플 제품과 서비스
    레이저라이터 67~69, 75
    매킨토시(맥) 시리즈 → '매킨토시(맥)' 참조
    삼성의 배신과 애플 실리콘 개발 359~362
    시네마 디스플레이 244
    아이맥 시리즈 → '아이맥' 참조
    아이무비 211, 235
    아이북 141, 143~145
    아이클라우드 469
    아이패드 320, 327, 329, 335, 337, 338, 350, 354, 358, 362, 368~370, 434, 437, 447, 492, 510, 549, 560, 568, 573, 581
    아이폰 시리즈 → '아이폰' 참조
    애플 I과 애플 II 50, 51, 53, 56~58, 63~65
    애플 뉴턴 52, 71, 72, 74, 142, 204
    애플 워치 488, 492, 508, 514, 574
    애플 인텔리전스 583
    애플 티비플러스 583
    애플 페이 460
    앱스토어 457, 465~467, 556
    에어드롭 556
    에어팟 504, 505, 507, 510, 560, 574
    이맥 229
    이메이트 300 94

이지라이터 56
　　　파워북 69~71, 141, 142, 145, 146,
　　　　181, 221
　　　페이지메이커 67
　애플과 붉은 공급망
　　　기술과 노하우 이전 26, 31, 243, 285,
　　　　429, 432, 433, 445, 448, 449, 550,
　　　　551, 589
　　　모방품 432, 526
　　　비보 357, 428, 432, 514, 529, 559
　　　BYD 452, 510, 513, 542, 571
　　　산업클러스터 163, 230, 290, 387,
　　　　425, 427, 432, 436, 455, 565, 568
　　　샤오미 357, 428, 430, 432, 514, 559, 584
　　　R&D센터와 R&D허브 390, 398,
　　　　448, 455, 461~464, 543
　　　오포 357, 428, 432, 529
　　　YMTC 스캔들 31, 549~551
　　　중국 장기 자산 429, 512
　　　화웨이 432, 450, 514, 515, 517, 518,
　　　　526, 529~532, 537
　애플의 중국 사업
　　　브랜드 이름 정하기 314, 315
　　　CCTV와 〈소비자의 날〉 사태 → '중국'
　　　　참조
　　　유나이티드항공에 직항편 요구 464, 542
　　　을 책임진 8인 → '8인의 갱' 참조
　　　중국의 첫 애플스토어 305~317
　　　중화권 총괄 관리이사 → '마헤, 이사벨
　　　　겔' 참조
　　　춘절의 노동력 부족 문제 357~359, 541
　앤더슨, 프레드 48, 79, 87, 97
　어도비 67, 306
　　　포스트스크립트 67

AI 29, 583, 584, 586
HTC 275, 432, 559
HP 51, 187, 390
에이콘 108~110
엔비디아 28, 31
　　NGO 479, 485~487
　　규폐증 487
　　노동운동 483, 485
　　베리테 486
　　불량기업에맞서는학생과학자들(SACOM)
　　　487
　　전자산업시민연대 480
　　중국노동감시단 477, 479, 483, 489
　　폭스콘의 열악한 노동환경 → '폭스콘'
　　　참조
엘리엇, 제이 59, 65, 66, 68, 69
LG 122, 138~141, 164, 174, 177, 182, 183,
　　559
　　의 구미 공장 123~127, 136
　　의 멕시코 공장 136~138
　　의 웨일스 공장 132~135
오마라, 케빈 283~287, 289~291, 429
오설리번, 조 45~48, 61, 62, 71, 122, 236
오프쇼어링 20, 142, 282, 587
오픈AI 584
　　챗GPT 584
《와이어드》 327
YMTC → '애플의 중국 사업' 참조
왓츠앱 31
왕치산 349
워즈니악, 스티브 50, 56, 58, 59, 61, 65, 80
원자바오 352, 384
《월스트리트저널》 273, 319, 355, 450
웰치, 잭 586~589

위챗 페이 460
위탁생산(업체) 20, 30, 45, 46, 60, 70, 138,
144, 147, 151, 159, 191~193, 203, 204,
208, 219, 232, 262, 277, 281, 286, 481,
482, 504, 510, 513~515, 534, 560, 594
    고어텍 510, 571
    공급업체 24, 31, 32, 52, 54, 62, 69,
71, 114, 121, 122, 125, 140, 142,
143, 146, 148, 158, 163, 174, 180,
182, 192, 208~210, 214, 217~219,
222, 223, 228, 245, 249, 250, 257,
258, 260~262, 264, 265, 270~272,
277, 278, 280, 282, 283, 285, 287,
289, 357, 358, 361, 386, 387, 397,
417, 422, 425~433, 435, 438, 439,
445, 446, 453, 458, 463, 477, 479,
481~484, 488~490, 493, 497, 506,
508~514, 535~536, 542, 546, 562,
565, 566, 568~571, 594
    냇스틸 62
    럭스셰어 프리시전(럭스셰어)과 왕
      라이춘 504~508, 510, 513~515,
542, 571
    렌즈 테크놀로지와 저우췬페이 270,
271, 273, 427, 438
    비엘 크리스탈 509
    BYD 일렉트로닉 510, 513, 542, 571
    셀레스티카 60
    소렉트론 60, 159, 192
    아리마 262
    아웃소싱(업체) 24, 45, 61~63, 70, 71,
75, 121, 131, 132, 166, 189, 193,
194, 219, 284~286, 493, 587
    알파톱 144, 145

SCI 시스템즈(SCI)와 올린 B. 킹 46,
47, 57~61, 122, 159, 192, 193
에이서 160
에이수스 160
ODM(주문자설계생산) 160, 161
OEM(주문자상표부착생산) 161
위스트론 510, 513, 524, 563, 565, 572
윙텍 510
인벤텍 73, 74, 142, 203, 204, 232~234,
237~239, 241, 242, 244
자빌 60, 514
캐처 515
코닝 270, 271, 273, 427
콴타 142, 143, 220, 221, 230, 510
TPK 271, 272
페가트론 262, 287, 357, 477, 510,
523, 524, 572
플렉스트로닉스(플렉스) 60, 159, 534,
535
윌리엄스, 제프 174, 206, 207, 212, 223,
360, 361, 400, 440, 478, 479, 508, 524
인도 32, 522, 559, 561~572, 578, 582
    모디, 나렌드라 563, 572
    애플의 생산 다변화 570
    타타 그룹 571, 572
인도네시아 559
《인민일보》 19, 340, 346, 385, 532
인텔 194, 256, 258, 398, 434, 500, 536, 573
《인포메이션》 457, 514
일본 32, 63, 65, 66, 68~74, 79, 114, 122,
123, 141, 146, 149, 156, 214, 218, 221,
222, 265, 273, 280, 291, 308, 314, 353,
389, 444, 446, 549, 550, 565
    해외경제협력기금 444

ㅈ

잡스, 스티브
    서드파티를 무시한 잡스 56, 57, 80
    아웃소싱에 대한 생각 변화 167, 168, 249, 250
    아이맥을 제조하기 어렵다는 설명에 분노한 잡스 → '아이맥' 참조
    아이폰 디스플레이의 소재 변경을 명령한 잡스 269
    애플에서 쫓겨났다가 8년 만에 복귀한 잡스 79~86
    의 넥스트 설립 80
    의 사망 253, 362
    의 애플 설립 61
    의 픽사 인수 81, 82
    잡스, 로린 파월 220
    잡스, 패티 58
장가오리 461
잭슨, 리사 399, 440, 448, 508
정보기술혁신재단 415, 568
제너럴 일렉트릭(GE) 586~588
존슨, 론 307, 310, 316, 337~339, 365, 368
중국
    강화되는 권위주의 33, 384, 385, 414, 415, 423, 553, 557, 577
    국가발전개혁위원회 442
    국유자산감독관리위원회 419, 420
    대만 문제 574~576
    동부 연안을 경제특구로 지정 → '경제특구' 참조
    만리방화벽 31
    미국 의회의 초당적 중국 규탄 31, 409, 550, 551, 556
    미중 충돌 525, 531, 532, 537, 546, 577, 582, 589
    법의 지배와 법에 의한 지배 418, 419
    베이징 올림픽과 애플스토어 → '애플의 중국 사업' 참조
    CCTV 18, 373, 385, 390, 402, 461, 532, 559, 585
    의 개방정책 추진 27, 157, 306, 409, 418, 450, 557, 558
    의 고속철도 개발 389, 449
    의 WTO 가입 → 'WTO' 참조
    의 사용자 데이터 요구 31, 467~469
    의 앱 검열 465~467
    의 철저한 노동운동 탄압 485~488
    의 톈안먼 사태 98, 345, 382, 405, 555, 584
    의 합작투자 요구 388, 389, 416, 419~423, 434, 442, 451
중국공산당 141, 156, 306, 334, 340, 352, 353, 362, 373, 374, 381~385, 392, 406, 408, 409, 412, 413, 418~420, 440, 443, 451, 457, 460, 469, 485, 508, 547, 550~553, 556, 557, 574, 589
중국집적회로산업투자기금 550
중국공산당 중앙위원회 385, 508, 553
중국공산당 중앙정치국 상무위원회 382~384, 469, 553
지식재산권 139, 289, 388, 389, 415, 423, 433

ㅊ

《차이나데일리》 334
충칭 327, 383

치에코, 비니 215, 216
《칩 워, 누가 반도체 전쟁의 최후 승자가 될 것인가》 575

ㅋ

카노, 스티브 309, 310, 312, 339
카바예로, 루벤 258, 262, 265, 266, 321
캐논 66
캘리포니아주 18, 20, 26, 121, 131, 136, 141, 163, 186, 207, 221, 223, 232, 276, 301, 309, 387, 390, 401, 402, 423, 463, 464, 493, 548
컴팩 51, 52, 55, 78, 142, 167, 169, 177, 186, 187, 190
컴퓨터
    네트워크컴퓨터 85, 89, 90, 94~95
    메인프레임 53, 54, 194, 207
    클라우드 컴퓨팅 85
    PC의 등장 51, 53~55
코로나19 540~542, 545, 546, 548, 554
    백워병 544, 545
    중국의 제로 코로나 정책과 상하이 봉쇄의 여파 545~549, 552, 555, 559~564
    정저우 공장 사건 554~556, 559
    팬데믹 542, 543, 547, 549, 553~555
코스터, 대니 103, 104, 123, 124
쿡, 팀
    중국의 요청으로《뉴욕타임스》앱 삭제 → '중국' 참조
    의 디디추싱 투자 → '디디(추싱)' 참조
    의 럭스셰어 공장 방문 → '위탁생산(업체)' 참조
    의 마법 같은 공급망 관리 169~175
    의 베이징 방문과 대중 투자 MOU 체결 440, 441, 443~450
    의 CSR(사회적 책임) 강조 481~483, 487
    의 IBM 시절 166, 167
    텍사스주 공장으로 트럼프를 초청한 쿡 533~537
퀄컴 422, 423
클린턴, 빌(클린턴 행정부) 388, 399, 467
키신저, 헨리 407

ㅌ

《타임》 28, 228, 460
태국 221, 222, 560
터프먼, 데이비드 231~233, 258
테슬라 185, 445, 450~453, 548, 554
    기가팩토리 상하이 452, 453
    머스크, 일론 450, 548, 577
    메기 효과 452
    자율주행(차) 454, 457, 459
    전기차 450~453
    파리크, 하르시 450, 452, 453
텍사스 인스트루먼트 191, 535
텍사스주 327, 533~536, 549, 578
통신사 162, 259, 300, 319, 328, 329, 371, 372, 420, 463, 519
    버라이즌 259, 371
    AT&T 259
    차이나 모바일 420, 519
    차이나 유니콤 319, 328, 329, 519, 520
    차이나 텔레콤 420
    T-모바일 371

트럼프, 도널드(트럼프 행정부) 443, 531~533, 537, 553, 560, 579, 580, 585
TSMC 33, 359~361, 573, 575~580,
    모리스 창 359, 579
    애플 실리콘 생산 → '애플 제품과 서비스' 참조
    중국의 대만 위협과 미국으로의 이전 → '중국' 참조

ㅍ

파델, 토니 212~214, 231~233, 235, 237, 238, 242, 243, 245, 250, 255~257, 259, 260, 263, 264
파레크, 케반 517, 529
파운드리 578, 579
《파이낸셜타임스》 401, 550, 554
팜 271, 495, 496
    PDA 52, 72, 231, 271, 495
8인의 갱 395, 400, 401, 443, 448, 460, 462, 465, 494, 497
    거, 준 398, 399, 448, 499
    거스리, 더그 401~417, 419~422, 424, 425, 428, 429, 433~439, 443, 448, 498, 538~539
    로리, 브렌던 400, 494
    루, 브라이언 308, 309, 400
    마처, 스티븐 397, 398, 462, 463, 494, 497, 499
    섹스턴, 로리 395~397, 400, 491, 494, 497
    힐스, 칩 262, 263, 400,
팹리스 423
페이스북(메타) 29, 31, 442, 554, 578

《편집광만이 살아남는다》 256
포돌니, 조엘 401, 496
포드, 존 299~305, 307, 309, 310, 312~316, 322, 324~329, 335, 336, 339~344, 346, 347, 364~367, 369~371, 398, 400
《포브스》 190, 392
《포춘》 61, 495, 503, 586
폭스콘
    궈타이밍 147~154, 157, 159~164, 175~179, 184, 186, 241~244, 247, 248, 262, 276, 350, 351, 354, 355, 358, 360, 400, 507, 508, 515
    무조건 보증 277~279
    을 둘러싼 노동문제 148, 187, 282, 283, 354~357
    의 룽화 공장 147, 150, 151, 163, 178, 179, 183, 241, 247~249, 282
    의 아이맥 생산 164, 184~188
    의 아이팟 생산 242~249
    의 아이폰 생산 262, 263, 276~280
    의 인도 진출 → '인도' 참조
    의 탁월한 알루미늄 가공 244~246
필리핀 222

ㅎ

《하버드비즈니스리뷰》 496
한국 20, 122~128, 136, 141, 146, 188, 214, 249, 265, 273, 275, 291, 357, 359, 559, 578
항저우 464
헤인스, 재키 174, 477~483, 485, 488, 490
홍콩 147, 157, 158, 262, 277, 278, 307, 317, 333, 335, 351, 354, 389, 455, 487,

539, 556, 574
화이트, 헤더 486, 487, 489
희닉, 데이비드 78, 79, 91, 92, 105, 106, 110, 113, 124, 125
후진타오 382, 384, 552, 553, 556, 558
휴스, 캐롤 132~134
힐먼, 마이클 217~219, 224~228, 230, 435, 436, 536

옮긴이 이준걸

카카오에서 개발자, 프로덕트 매니저, 프로덕트 리더로 일했다. 현재는 투자자를 위한 콘텐츠 서비스를 운영하고 있으며, 바른번역 소속 번역가로 활동하고 있다. 옮긴 책으로는 《모바일 웨이브》가 있다.

애플 인 차이나
중국에 포획된 애플과 기술패권의 미래

초판 1쇄	2025년 9월 25일
초판 2쇄	2025년 10월 16일
지은이	패트릭 맥기
옮긴이	이준걸
발행인	문태진
본부장	서금선
책임편집	김광연　　편집 2팀　임은선 원지연

기획편집팀　한성수 임선아 허문선 최지인 이준환 송은하 송현경 이은지 김수현 이예림
마케팅팀　김동준 이재성 박병국 문무현 김은지 이지현 전지혜 조용환 김화정 천윤정
저작권팀　정선주
디자인팀　김현철
경영지원팀　노강희 윤현성 정헌준 조샘 이지연 조희연 김기현
강연팀　장진항 조은빛 신유리 김수연 송해인

펴낸곳	㈜인플루엔셜
출판신고	2012년 5월 18일 제300-2012-1043호
주소	(06619) 서울특별시 서초구 서초대로 398 BnK디지털타워 11층
전화	02)720-1034(기획편집)　02)720-1024(마케팅)　02)720-1042(강연섭외)
팩스	02)720-1043
전자우편	books@influential.co.kr
홈페이지	www.influential.co.kr

한국어판 출판권 ⓒ ㈜인플루엔셜, 2025

ISBN 979-11-6834-318-4 (03320)

- 이 책은 저작권법에 따라 보호받는 저작물이므로 무단 전재와 무단 복제를 금하며, 이 책 내용의 전부 또는 일부를 이용하려면 반드시 저작권자와 ㈜인플루엔셜의 서면 동의를 받아야 합니다.
- 잘못된 책은 구입처에서 바꿔 드립니다.
- 책값은 뒤표지에 있습니다.
- ㈜인플루엔셜은 세상에 영향력 있는 지혜를 전달하고자 합니다. 참신한 아이디어와 원고가 있으신 분은 연락처와 함께 letter@influential.co.kr로 보내주세요. 지혜를 더하는 일에 함께하겠습니다.